Texts and Studies in Ancient Judaism
Texte und Studien zum Antiken Judentum

Edited by
Martin Hengel and Peter Schäfer

87

Andreas Lehnardt

Qaddish

Untersuchungen zur Entstehung und Rezeption eines rabbinischen Gebetes

Mohr Siebeck

Andreas Lehnardt, geboren 1965; 1986–96 Studium der evangelischen Theologie und Judaistik in Münster, Bonn, Köln und Jerusalem; 1994 wiss. Mitarbeiter am Projekt zur Erschließung der Jüdischen Schriften aus hellenistisch-römischer Zeit; Promotion an der Freien Universität Berlin; seit 1996 Lehrbeauftragter am Institut für Antikes Judentum und Hellenistische Religionsgeschichte an der Universität Tübingen; seit 1999 wiss. Mitarbeiter am Projekt zur Übersetzung des Talmud Yerushalmi.

Die Deutsche Bibliothek – CIP-Einheitsaufnahme

Lehnardt, Andreas:
Qaddish : Untersuchungen zur Entstehung und Rezeption eines rabbinischen Gebetes / Andreas Lehnardt. – Tübingen : Mohr Siebeck, 2002
(Texts and studies in ancient Judaism ; 87)
ISBN 3-16-147723-5

Das Buch wurde von Gulde-Druck in Tübingen auf alterungsbeständiges Werkdruckpapier gedruckt und von der Großbuchbinderei Heinr. Koch in Tübingen gebunden.

ISSN 0721-8753

Vorwort

Die vorliegende Studie ist die überarbeitete und gekürzte Fassung meiner im Wintersemester 1999/2000 an der Freien Universität Berlin im Fach Judaistik angenommenen Dissertationsschrift. Prof. Dr. Peter Schäfer (Berlin / Princeton), meinem Doktorvater, danke ich für die kontinuierliche Begleitung des Dissertationsprojektes und fachliche Unterstützung. Für die Erstellung des Zweitgutachtens möchte ich Prof. Dr. Dr. Catherine Hezser (Berlin, jetzt Dublin) danken. Zahlreiche Anregungen und manchen Verbesserungsvorschlag erhielt die Arbeit von Dr. Klaus Herrmann (Berlin).

Die Idee zu dieser Arbeit ist während eines Studienaufenthaltes an der Hebräischen Universität Jerusalem im Jahr 1993/94 gereift. Dank eines Promotionsstipendiums des Deutschen Akademischen Austauschdienstes (DAAD) und der Unterstützung durch Prof. Dr. Hermann Lichtenberger (Tübingen) hatte ich in Jerusalem Gelegenheit, die Grundlagen für das Buch zu erarbeiten. Einige Ergebnisse sind 1996 zunächst in eine Magisterarbeit im Fach Judaistik an der Freien Universität Berlin eingeflossen.

Für Gespräche und fachliche Hinweise danke ich Dr. Daniel Abrams (Jerusalem), Peter S. Lehnardt M.A. (Jerusalem) sowie Reimund Leicht M.A. (Berlin). Peri Terbuyken M.A. (München) möchte ich für gründliches Korrekturlesen und nützliche Verbesserungen danken. Die Mitarbeiterinnen und Mitarbeiter des Institute of Microfilmed Hebrew Manuscripts an der Jewish National and University Library in Givat Ram (Jerusalem) haben mir beim Auffinden von Photostaten und Mikrofilmen geholfen.

Für die Aufnahme des Bandes in die 'Texte und Studien zum Antiken Judentum' danke ich Prof. Dr. Martin Hengel und Prof. Dr. Peter Schäfer.

Tübingen, im September 2001 Andreas Lehnardt

Inhalt

Vorwort V

Transkription und Abkürzungen XIII

Einleitung 1

1. Forschungsüberblick 2

2. Ziel und Aufbau der Arbeit 13

I. Textliche, sprachliche und formale Analyse des Qaddish 15

1. Zur textlichen Identität des Qaddish 16
   1.1 Versionen 16
   1.2 Rezensionen 18
      1.2.1 Halb-Qaddish 19
      1.2.2 Qaddish *titqabal* und *yehe shelama* 31
      1.2.3 Qaddish *le-ḥaddata* 33
      1.2.4 Qaddish *de-Rabbanan* 39
   1.3 Zusammenfassung 42

2. Die Sprache(n) des Qaddish 44
   2.1 Das sprachliche Vergleichsmaterial 45
   Exkurs: Zu Sprache und Stil der Targumim 46
   2.2 Sprachliche und stilistische Analyse des Qaddish 48
   2.3 Zusammenfassung 61

3. Form und Gattung des Qaddish 63
   3.1 Formale Merkmale des Qaddish 63
   3.2 Zum Vergleich mit anderen Gebeten: Die Gattungsfrage 64
      3.2.1 Doxologische Formeln und Gebete 65
      3.2.2 Bittgebete 70
   3.3 Zusammenfassung 75

4. Zwischenergebnisse 76

II. Die Rezeption des Qaddish in der rabbinischen Literatur 79

1. Die Applikation der doxologischen Formel 81
   1.1 Die Erwähnung der doxologischen Formel in SifDev 306 81
   1.2 Die Rezitationsweise der doxologischen Formel 87
      1.2.1 bBer 21b 87
      1.2.2 bSuk 38b-39a 92
      1.2.3 Tan *bo* 14 (108b) 94
   1.3 Der Ort der Verwendung der doxologischen Formel 97
      1.3.1 bSot 49a 97
      a. *qedusha de-sidra* 98
      b. *yehe sheme rabba de-aggadata* 101
   1.4 Zusammenfassung 103

2. Die Deutung der doxologischen Formel im Bavli 104
   2.1 bBer 3a 104
   2.2 bBer 57a 109
   2.3 bShab 119b 110
   2.4 Zusammenfassung 118

3. Die Deutung der doxologischen Formel im Midrash 119
   3.1 QohR 9,14 (25c) 119
   3.2 MMish 10 (Visotzky 83f.) 121
   3.3 MMish 14 (Visotzky 112) 125
   3.4 Ps-SEZ 20 (Friedmann 33) 128
   3.5 ABdRA A *zayin* (BatM II, 367f.) 133
   3.6 *Pereq Mashiaḥ* 137
   3.7 Zusammenfassung 139

4. Zwischenergebnisse 141

III. Die Rezeption des Qaddish in der Hekhalot-Literatur 143

1. Die doxologische Formel in der Hekhalot-Literatur 145
   1.1 'David-Apokalypse' 146
   1.2 Zusammenfassung 149

2. 'Serienbildungen' in der Hekhalot-Literatur 151
   2.1 *Hekhalot Rabbati* 152
   2.2 *Maʿase Merkava* 158
   2.3 'Serienbildungen' in Gebeten aus dem Umfeld der Hekhalot-Literatur 162
      2.3.1 *nishmat kol ḥai* 162
      2.3.2 Die Einleitung der *qedusha de-yoṣer* 164
      2.3.3 Das 'Gebet Abrahams': T.-S. NS 322.21 166

2.3.4 *Re'uyyot Yeḥezqel* (Gruenwald 139) 167
2.3.5 Ein *shiʿur qoma*-Stück in MS New York, JTS 8128 169
2.4 'Serienbildungen' in der »klassischen« rabbinischen Literatur 170
2.4.1 Die Einführung des Hallel an Pesaḥ (mPes 10,5) 171
2.4.2 MekhSh *be-shallaḥ* zu Ex 14,14 (Epstein / Melamed 56) 173
2.4.3 Ein Dankgebet für Regen 174
2.5 Zusammenfassung 177

3. Zwischenergebnisse 178

IV. Die Rezeption des Qaddish in der gaonäischen Literatur 181

1. Der Wortlaut des Qaddish in gaonäischen Responsen 183
1.1 Das Wort *yitqalas* 183
1.1.1 *Seder Rav Amram Ga'on* (Goldschmidt 12) 185
1.1.2 *Sefer ha-Manhig, dine tefilla 28* (Raphael 61) 189
Exkurs: Die Bedeutungsentwicklung der Wurzel קלס II 191
1.1.3 *Shibbole ha-Leqeṭ ha-Shalem* (Mirsky 154) 195
1.1.4 *Siddur Rav Seʿadya Ga'on* (Davidson et al. 35f.) 200
1.1.5 *Shibbole ha-Leqeṭ ha-Shalem* (Mirsky 153) 201
1.1.6 T.-S. 12.828 (Ginze Schechter II, 163) 204
1.1.7 *Teshuvot ha-Rambam* (Blau 51b-c) 206
1.2 Zusammenfassung 207

2. Die Entwicklung der liturgischen Verwendung des Qaddish 211
2.1 Qaddish nach den *zemirot* und vor *barekhu* 211
2.1.1 Sof 10,6 (Higger 212-216) 212
2.1.2 MS Cambridge Add. 3159 217
2.1.3 *Sefer Tanya Rabbati* (Hurwitz 6c) 217
2.1.4 *Shibbole ha-Leqeṭ ha-Shalem* (Mirsky 149) 219
2.2 Qaddish als Abschluß der Rezitation eines Schriftabschnitts 222
2.2.1 Sof 21,5 (Higger 357f.) 223
2.2.2 *Halakhot Pesuqot*: T.-S. F 11.19 (Danzig 572) 227
2.2.3 *Teshuvot Rav Naṭronai Ga'on* (Brody 199) 229
2.2.4 *Seder Rav Amram Ga'on* (Goldschmidt 74) 229
2.2.5 *Seder R. Amram Gaon* (Hedegård 83) 231
2.2.6 *Teshuvot Rav Naṭronai Ga'on* (Brody 146) 232
2.3 Qaddish nach der Beerdigung 235
2.3.1 Sof 19,9 (Higger 337) 235
2.3.2 *Seder Rav Amram Ga'on* (Goldschmidt 80) 237
2.3.3 *Seder Rav Amram Ga'on* (Goldschmidt 187) 238
2.3.4 *Teshuvot Rav Naṭronai Ga'on* (Brody 435) 238
2.3.5 *Siddur Rav Seʿadya Ga'on* (Davidson et al. 358f.) 240

2.3.6 *Ma'ase ha-Ge'onim 59* (Epstein 49) 241
2.3.7 MS Moskau, Günzburg 566 (Emanuel 37) 242
2.4 Die siebenmalige Rezitation des Qaddish im täglichen Gebet 244
2.4.1 *Shibbole ha-Leqeṭ ha-Shalem* (Mirsky 156) 244
2.4.2 MTeh 6,1 (Buber 29a) 245
2.4.3 *Shibbole ha-Leqeṭ ha-Shalem* (MS Oxford 659, Opp. Add. 4°18). 246
2.5 Zusammenfassung 249

3. Das Qaddish als »Heiligung des Namens« 251
3.1 Die Bezeichnung »Qaddish« 251
3.1.1 *Midrash Avkir* (Buber 23) 253
3.2 Die Deutung der »Heiligung des Namens« im Qaddish 256
3.2.1 T.-S. 12.828 (Ginze Schechter II, 164f.) 256
3.2.2 MS New York, Adler 4053 (Ginze Qedem III, 54) 257
3.2.3 *Sefer ha-Manhig, dine tefilla 25* (Raphael 56) 259
3.2.4 *Siddur ha-Tefilla la-Roqeaḥ* (Hershler 251f.) 260
3.3 Zusammenfassung 263

4. Die Bedeutung der aramäischen Sprache für die Einführung des Qaddish 265
4.1 Die Sprache des *'am ha-areṣ* (Babyloniens) 265
4.1.1 Tosafot zu bBer 3a s. v. ועונין 265
4.1.2 *Sefer ha-Manhig, dine tefilla 25* (Raphael 57f.) 266
4.2 Verfolgung bzw. Straferlaß 268
4.2.1. *Sefer Tanya Rabbati* (Hurwitz 6d) 268
4.3 'Engel verstehen kein Aramäisch' 270
4.3.1 *Maḥzor Vitry* (Hurwitz 54f.) 270
4.3.2 *Sefer ha-Manhig, dine tefilla 25* (Raphael 57) 271
4.3.3 *Maḥzor Vitry* (Hurwitz 55) 272
4.4 Zusammenfassung 274
5. Zwischenergebnisse 275

V. Die Rezeption des Qaddish im Mittelalter 277

1. Das 'Waisen-Qaddish' 278
1.1 Der zusätzliche Ort in der Liturgie 278
1.1.1 Das *ma'ase* von dem Tannaiten und dem Toten 281
a. *Sefer Or Zarua'* (Lehrn 11c-d) 282
b. T.-S. C.2 144 c-d 284
1.2 Das Prinzip »Sohn rettet Vater« 288
1.2.1 *Sefer Ḥasidim* § 722 290
1.3 *Siddur Rabbenu Shelomo* (Hershler 75) 291
1.4 Zusammenfassung 294
2. Zwischenergebnisse 296

VI. Ergebnisse 297

1. Entstehung 297

2. Rezeption 302

Appendix A: »Qaddish-Synopse« (Übersicht über die Hauptversionen) 307

Appendix B: Rezensionen des Qaddish 308

Handschriftenverzeichnis 317

Literaturverzeichnis 321

Register 355

Stellenregister 355

Autorenregister 372

Namen- und Sachregister 378

Transkription und Abkürzungen

1. Transkription

1.1 Hebräisch, Aramäisch, Arabisch

Die Umschrift des Hebräischen und Aramäischen erfolgt in Anlehnung an die Regeln der Frankfurter Judaistische(n) Beiträge 2 (1974) 65f. Die Transkription des Arabischen erfolgt nach den Richtlinien des Tübinger Atlas des Vorderen Orients (TAVO).

1.2 Namen

Eigennamen werden entweder in der geläufigen deutschen Form transkribiert oder nach den oben benannten Regeln wiedergegeben; ע oder א im Anlaut eines Eigennamens oder Titels werden nicht transkribiert (z. B. Amram statt ᶜAmram).

Alle transkribierten hebräischen, aramäischen und arabischen Wörter werden klein geschrieben. Bezeichnungen von Quellen-Werken bzw. Buchtitel (z. B. *Shibbole ha-Leqeṭ*) und Ehrentitel (z. B. Rav, Gaon) werden am Wortanfang groß geschrieben.

1.3 Fachtermini

Bis auf wenige Ausnahmen richtet sich die Schreibweise der meisten Fachtermini (z. B. Mishna, Midrash und Qaddish) nach der in judaistischen Publikationen üblichen und nicht nach dem Duden.

2. Zitation und Abkürzungen

Die in den Anmerkungen genannte Literatur wird stets nur mit Verfassernamen und Kurztitel (in der Regel erstes Substantiv im Titel) aufgeführt. Sind Aufsätze in »Gesammelten Studien« o. ä. wiederabgedruckt, so wird, - falls im Literaturverzeichnis aufgenommen - nach der Zweitveröffentlichung zitiert. Die Abkürzungen richten sich nach S. M. Schwertner, IATG^2. Internationales Abkürzungsverzeichnis für Theologie und Grenzgebiete, Berlin u. a. ^{2}1992.

Rabbinische Schriften werden nach den Angaben der Frankfurter Judaistische(n) Beiträge 2 (1974) 67f. abgekürzt.

Zusätzliche Abkürzungen:

AIU	Alliance Israélite Universelle, Paris
BL	British Library, London (vormals British Museum)
ENA	Elkanan Nathan Adler Collection, JTS New York
GHL	Geniza-Fragmente zur Hekhalot-Literatur, hg. v. P. Schäfer, TSAJ 6, Tübingen 1981

Ha-Ṣofe	Ha-Ṣofe le-Ḥokhmat Yisra'el
IMHM	Institute of Microfilmed Hebrew Manuscripts, Jerusalem
JNUL	Jewish National and University Library, Jerusalem
JSQ	Jewish Studies Quarterly
JTS	Jewish Theological Seminary, New York
JQR NS	Jewish Quarterly Review. New Series
JQR OS	Jewish Quarterly Review. Original Series
JSJT	Jerusalem Studies in Jewish Thought
MTKG	Magische Texte aus der Kairoer Geniza, Bd. 1-2, hg. v. P. Schäfer / S. Shaked, TSAJ 42/64, Tübingen 1994-1997.
MS	Manuskript
SHL	Synopse der Hekhalot-Literatur, hg. v. P. Schäfer u. a., TSAJ 2, Tübingen 1981
T.-S.	Taylor-Schechter Collection, Cambridge University Library
T.-S.NS	Taylor-Schechter Collection, New Series
TSMJ	Texts and Studies in Medieval and Early Modern Judaism
ÜHL	Übersetzung der Hekhalot-Literatur, Bd. 1-4, TSAJ 17/22/29/46, hg. v. P. Schäfer u. a., Tübingen 1987-1995
ÜTY	Übersetzung des Talmud Yerushalmi, hg. v. M. Hengel u. a., Tübingen 1975ff.

Sonstige Abkürzungen:

aaO.	am angegebenen Ort
Art.	Artikel
erw.	erweiterter
Kap.	Kapitel
Ndr.	Nachdruck
s.	siehe
s. o.	siehe oben
u. a.	und andere
u. ö.	und öfter
vgl.	vergleiche
Z.	Zeile(n)

Einleitung

Die Entwicklung des synagogalen Gottesdienstes nach der Zerstörung des Tempels 70 n. d. Z. wird gelegentlich als eine der wichtigsten Reaktionen des rabbinischen Judentums auf den Verlust des kultischen Zentrums betrachtet. Die Anfänge der synagogalen Liturgie dürften dabei zwar bis weit in die Zeit vor der Zerstörung des Tempels zurückreichen. Doch erst aufgrund der veränderten Lage nach 70 und auf dem Hintergrund der sich aus den unterschiedlichen Strömungen und Gruppierungen des Judentums entwickelnden rabbinischen »Bewegung« scheint sich so etwas wie eine »Ordnung« von täglich zu rezitierenden Gebeten entwickelt zu haben - eine Abfolge von Gebeten, die freilich zunächst wohl nur mündlich tradiert worden ist und die erst lange nach ihrer inhaltlichen Fixierung einen literarischen Niederschlag im Siddur, dem jüdischen Gebetbuch, gefunden hat.[1]

Im Mittelpunkt der Entwicklung des synagogalen Gottesdienstes scheinen dabei zunächst weniger die Gebete gestanden zu haben als vielmehr die Lesungen aus Tora und Propheten[2], die von Übersetzungen ins Aramäische (Targumim) und Auslegungen (*derashot*) begleitet wurden. Die Hauptgebete der rabbinisch geprägten Liturgie, zu denen das zweimal täglich zu rezitierende *shemaʿ yisraʾel* (Dtn 6,4-9; 11,13-21 und [außer abends] Num 15,37-41) und seine Benediktionen[3] und das (erst von einem gewissen Zeitpunkt an) dreimal täglich stehend zu sprechende sog. Achtzehn-Bitten-Gebet (*ʿamida*) zu zählen sind, dürften sich unabhängig von diesen Lesungen entwickelt haben.[4]

Zusätzlich zu den »Stammgebeten« fanden in die rabbinisch-synagogale Liturgie dann auch solche Gebete Aufnahme, die in der Forschung oft in einer

---

[1] Vgl. zur frühen Entwicklung des synagogalen Gottesdienstes z. B. die wichtigen Studien zur Einführung des Achtzehn-Bitten-Gebets von Fleischer, לקדמוניות, 397-441; Reif, להתפתחות, 678-681; Fleischer, מענה, 683-688 und ders., תפילת שמונה־עשרה, 179-223. Vgl. zusammenfassend Reif, *Judaism*, 5f.; s. nun auch Luger, תפילת העמידה. Zur Entstehung des Siddur vgl. die unten, Anm. 10, genannte Literatur.

[2] Vgl. Lk 4,16f. und hierzu Fleischer, לקדמוניות, 404ff., der im Hinblick auf diesen frühen Bericht über einen Synagogenbesuch darauf hinweist, daß keine eindeutigen Belege für die regelmäßige und geordnete Rezitation von synagogalen *Gebeten* aus der Zeit vor 70 in Palästina vorliegen. Vgl. dazu jedoch auch Fuchs, תשובות, 164ff.

[3] Zum Inhalt des *shemaʿ* und seiner Benediktionen vgl. z. B. Kimelman, *Šĕma‘*, 73-86; Reif, *Judaism*, 83f.

[4] Wobei hier offen bleiben kann, ob die Fixierung der *berakhot* des sog. *shemone esre* auf Rabban Gamliʾel in Yavne (so Fleischer) zurückgeht oder ob mit der Existenz verschiedener,

engen Verbindung mit den Lesungen gesehen werden.[5] Als eines dieser Gebete wird meist auch das in unterschiedlichen Fassungen bekannte »Qaddish« (»heilig«)[6] betrachtet - ein vergleichsweise kurzer, teils in Hebräisch, teils in Aramäisch überlieferter Text, der sowohl einige doxologische Formulierungen als auch Bitten eschatologischen Inhalts enthält und der dem synagogalen Gottesdienst aufgrund seiner häufigen Verwendung einen besonderen Charakter verliehen hat.

Daß dieses Gebet schon oft Gegenstand des wissenschaftlichen Interesses gewesen ist, verwundert nicht[7], und jede Beschäftigung mit einem so zentralen Text bedarf daher einer genauen Begründung. Bevor jedoch Ziel und Aufbau vorliegender Untersuchung erläutert werden können, ist auf die wesentlichen Stationen der Forschungsgeschichte einzugehen. Erst auf dem Hintergrund der wichtigsten bislang diskutierten Probleme läßt sich nachvollziehen, warum eine erneute Untersuchung der scheinbar hinlänglich bekannten Quellen zum Qaddish sinnvoll und notwendig ist.

1. Forschungsüberblick

Die Anfänge einer im modernen Sinne kritischen Beschäftigung mit Gebetstexten wie dem Qaddish reichen bis in das 17. Jh. zurück. Zu Beginn standen dabei weniger Fragen der Herkunft und Datierung im Vordergrund als vielmehr praktische Probleme, die mit der Ausgestaltung der Formulierungen und der Festlegung der Texte zusammenhingen. Auseinandersetzungen um die richtige Aussprache und Intonation einzelner Texte führten wegen der großen Unterschiede zwischen den Rezensionen in den Hauptzweigen des Ritus[8] relativ früh dazu, die Überlieferung einzelner Gebete kritisch zu hinterfragen und nach der Entstehung und der richtigen Interpretation einzelner Wörter zu forschen.[9]

Untersuchungen, die ein Bewußtsein für die komplexen Zusammenhänge von Text und Geschichte erkennen lassen, entstanden freilich erst in Folge der sich auf liturgische Belange besonders nachhaltig auswirkenden Aufklärung und den aus ihr erwachsenden Reformbemühungen. Die Einführung von gedruckten Gebetbüchern[10] brachte es außerdem mit sich, an Genauigkeit und

lange Zeit nur mündlich tradierter Rezensionen der einzelnen *berakhot* zu rechnen ist, wie es z. B. Reif, *Judaism*, 5 im Anschluß an Heinemann, *Prayer* annimmt.

[5] Eine eigene Rolle bei der Entwicklung des Gottesdienstes rabbinischer Prägung mögen im übrigen auch einige Psalmen gespielt haben. Vgl. hierzu Maier, *Verwendung*, 55-90.

[6] Für einen ersten Überblick über die Texte vgl. Appendix A. Zur Bezeichnung »Qaddish« s. Kap. IV.3.1.

[7] Vgl. die im Literaturverzeichnis (3.1) aufgeführten Titel.

[8] Zu den wichtigsten Unterschieden zwischen den Riten vgl. Zimmels, *Ashkenazim*, 99ff.

[9] Zur Forschungsgeschichte der jüdischen Liturgie vgl. Kries, *Erforschung*; Sarason, *Study*, 109-179; Reif, *Research*, 161-170.

Verständnis der Texte höhere Anforderungen zu stellen. Traditionelle Interpretationen der Texte wurden in der Folge immer differenzierter auf ihre Zuverlässigkeit hin überprüft.[11]

Ein im Hinblick auf den Text des Qaddish besonders interessantes Beispiel für ein noch nicht im eigentlichen Sinne »wissenschaftliches« Interesse an Syntax, Grammatik und Aussprache von Gebetstexten stellt der auf Veranlassung der sog. Dreiländer-Synode (um 1611) verfaßte Siddur des Grammatikers Shabbetai Sofer aus Przemysl (ca. 1565-1635) dar.[12] Zwar fußen seine Anmerkungen zum Qaddish im wesentlichen auf alten Kommentaren.[13] Dennoch ist dieser Siddur ein früher Beleg für ein kritisches Interesse an Gebetstexten, das dann auch die sog. Wissenschaft des Judentums prägt.

Für die Wissenschaft des Judentums sind, neben einigen Bemerkungen zum Qaddish in den Werken von Leopold Zunz (1794-1886)[14], vor allem die Siddurim Wolf B. Heidenheims (1757-1832)[15], Eliezer (Lezer) Landshuts (1817-1887)[16] und Seligmann Y. Baers (1825-1897)[17] wegweisend. So legt Baer mit seinem *Seder Avodat Yisra'el* zum ersten Mal ein Gebetbuch vor, in dem unterschiedliche Lesarten aus alten Siddurim und Texte nicht-ashkenazischer Riten berücksichtigt werden. Zum Qaddish bemerkt Baer, daß es nicht, wie von einigen traditionellen Kommentatoren behauptet[18], in die Epoche der

[10] Zur Entstehung des Gebetbuches und seiner Verbreitung in gedruckter Form vgl. Krauss, *Literatur*, 1-30; Tabory, *Prayer Book*, 115-132. Zu den Auswirkungen des Buchdrucks vgl. auch Berliner, *Einfluß*, 18ff. Einen Einblick in die Vielfalt und den Umfang der Produktion von gedruckten Siddurim gibt Vinograd, *Thesaurus*, Bd. 1, 343-381.

[11] Eine Entwicklung, die das Qaddish in besonderer Weise betraf, da es teilweise in Aramäisch verfaßt war, die Kenntnis der »Sprache des babylonischen Talmuds« aber trotz aller Bemühungen um das traditionelle Studium starken Schwankungen unterworfen blieb. Zu den wichtigen Vertretern einer »vor-wissenschaftlichen« Textkritik des Siddur wie z. B. Yaʿaqov ben Moshe Möllin (gest. 1427) oder Shelomo ben Yeḥiʾel Luria (gest. 1574) vgl. bes. Reif, *Observations*, 245-257, dann auch ders., *Judaism*, 231ff.

[12] Vgl. Berliner, *Abhandlung*, VIIIff., Reif, *Shabbathai Sofer*. S. *Siddur Shabbetai Sofer*, Bd. 1-2, ed. Katz (1987).

[13] Vgl. *Siddur Shabbetai Sofer*, Bd. 2, ed. Katz, 232ff.

[14] Vgl. bes. Zunz, *Vorträge*, 385; 387 (vgl. auch die hebr. Übersetzung: הדרשות, bearb. v. Ḥ. Albeck, 180f.) und ders., *Literaturgeschichte*, Berlin 1865, 18f. Zur Bedeutung des Werkes Zunz' für die Erforschung der jüdischen Liturgie vgl. Sarason, *Study*, 109ff.; Reif, *Judaism*, 2 und 267f.

[15] Zum Siddur Heidenheims, der in mancher Hinsicht zum Prototypen vieler Gebetbücher wurde, vgl. Lewin, *Materialsammlung*, 127-138, bes. 131.

[16] Vgl. *Seder Biqqur Ḥolim*, ed. Landshut, bes. LIX-LXVIII. Vgl. zu ihm Goldschmidt, EJ 10 (1971) 1413f.

[17] Zum *Seder ʿAvodat Yisraʾel*, ed. Baer vgl. Markon / [Ed.], EJ 4 (1971) 80f.; Kries, *Erforschung*, 36-39; Kahle, *Kairoer Geniza*, 122ff.

[18] Baer verweist auf den Kommentar zum Qaddish von Aharon ha-Kohen mi-Lunel (um 1327) in seinem halakhischen Kompendium *Sefer Orḥot Ḥayyim*, ed. Stisberg, 21a. Zu traditionellen Kommentaren zum Qaddish vgl. *Seder Rav Amram*, Bd. 1, ed. Frumkin, 85. Zu vergleichbaren Auffassungen über das Alter des Qaddish vgl. Grayewsky, ספר קדיש לעלם; Kohen, ספר הנשמה והקדיש; Edelmann, *Siddur Hegyon Lev*; vgl. Reif, *Judaism*, 268f.

»Großen Versammlung« (unter Esra und Nehemia), sondern in tannaitische Zeit zu datieren ist - eine Sicht, der sich viele Forscher angeschlossen haben, auch wenn sich zuweilen vorsichtigere Meinungen finden.[19]

Einen ganz unabhängig von den Problemen der Edition des Textes und traditioneller Sicht verfaßten Beitrag zur Erforschung des Qaddish steuert 1893 Philipp Bloch (1841-1923)[20] bei. In seinem berühmten Aufsatz über den Einfluß der sog. Mystiker der Gaonenzeit[21] auf die Liturgie äußert er *en passant* die Vermutung, daß neben anderen Gebeten des Siddur auch das Qaddish von den sog. *yorede merkava*, d. h. den zur »Schau des Himmlischen Thronwagens (*merkava*) Hinabsteigenden«, in Babylonien im 8.-11. Jh. wirkenden Mystikern[22], durch Erweiterung einer bereits im Talmud erwähnten »Kern-Doxologie« mit Hilfe einer »reiche(n) Zahl lobpreisender Worte« geschaffen worden sei.[23]

Die von Baer favorisierte Datierung des Qaddish in tannaitische Zeit war somit zwar wieder in Frage gestellt, doch Blochs Bemerkungen blieben nicht lange unwidersprochen, denn Herkunft, Alter und Wortlaut des Qaddish wurden noch im selben Jahr von Kaufmann Kohler (1843-1926)[24], einem der herausragenden Vertreter des Reformjudentums in den USA, in einer allgemein ausgerichteten Abhandlung über die »Ursprünge und Grundformen der synagogalen Liturgie«[25] völlig anders beurteilt. Nach Kohler ist das Qaddish viel älter, was sich sowohl an inhaltlichen Bezügen zu ähnlich klingenden Bibelstellen (Dan 2,20; I Chr 16,36 und Ps 106,48) als auch an einigen qaddish-artigen Phrasen aus Gebeten in den Apokryphen und Pseudepigraphen zeigen ließe. So könne die Erwähnung des Begriffs »Trostworte« in II Makk 15,9 - eine Anspielung auf eine Propheten-Lesung - mit dem Wort נחמתא (»Trostworte«) im Qaddish in Verbindung gebracht werden, und außerdem sei die Beschreibung eines litaneiartigen Gebetes in Hen(äth) 61 als ein Hinweis auf die Existenz eines Qaddish-Gebets in der Zeit des Zweiten Tempels zu interpretieren. Schließlich stünde das Qaddish auch dem Vaterunser nahe, einem Gebet, das Kohler - einer allgemeinen Forschungstendenz seiner Zeit folgend - für ein

---

[19] Vgl. etwa Hamburger, *Kaddisch*, 607, der bemerkt, daß wir über die Zeit der Abfassung des Kaddischgebetes in seinen verschiedenen Formen »völlig im Ungewissen« sind. Hingewiesen sei allerdings auch auf den Versuch von Bialik, das Qaddish aufgrund der sich in ihm äußernden eschatologischen Hoffnungen in die Zeit des Bar Kokhba-Aufstandes zu datieren (erwähnt in *Midreshe Ge'ulla*, ed. Even-Shemuel, [1]1943, Seite לח und 58).

[20] Vgl. zu ihm [Ed.], EJ 4 (1971) 1109.

[21] Vgl. Bloch, *Mystiker*. Ihm schließt sich mit ähnlichen Argumenten Büchler, *Le mot* ויתקלס, 194-203 an.

[22] Hinsichtlich der Datierung der Merkava-Mystik in gaonäische Zeit folgt ihm Graetz, *Literatur*; s. auch Bloch, *Geschichte*, 5ff.

[23] Bloch, *Mystiker*, 264f.

[24] Zu Herkunft und Werdegang Kohlers vgl. Kries, *Erforschung*, 80; Sarason, *Study*, 120f.

[25] Vgl. Kohler, *Ursprünge*, 492f.

»alt-essenisches Kaddischgebet« hält. Das Qaddish sei daher vermutlich bereits in makkabäischer Zeit entstanden.[26]

Ein weiterer wichtiger Beitrag findet sich wenige Jahre später in der Einleitung der Edition des ethischen Midrash *Seder Eliyyahu Rabba*[27] von Meir Friedmann (1831-1908), einem Vertreter der sog. Wiener Midrash-Schule. Die Bedeutung seiner Bemerkungen für die Forschungsgeschichte liegt dabei nicht so sehr in dem erneuten Versuch einer Datierung des Gebetes aufgrund einiger vergleichbarer liturgischer Formeln in diesem ethischen Midrash-Werk. Viel wichtiger an Friedmanns Erläuterungen ist, daß er zum ersten Mal auf die Frage hinweist, ob das Qaddish einmal vom Hebräischen ins Aramäische übersetzt worden sei. Nach Friedmann könnten dies sowohl einige hebräische »Parallelen« des Qaddish in *Seder Eliyyahu Rabba* als auch Quellen aus gaonäischer Zeit belegen. Zwar wird *Seder Eliyyahu Rabba* mittlerweile von vielen Forschern in »nach-talmudische« Zeit datiert[28], so daß man die »qaddish-artigen« Formeln in diesem Werk nicht einfach als hebräische »Vorläufer« des Qaddish betrachten kann. Dennoch kommt diesem Autor das Verdienst zu, auf das Problem der Zweisprachigkeit des Qaddish aufmerksam gemacht zu haben - ein Charakteristikum dieses Gebetes, das in den weiteren Diskussionen um seine Entstehung und Herkunft eine große Rolle gespielt hat.

Die erste umfassende Studie über das Qaddish erscheint 1909 mit der Heidelberger Dissertation von David de Sola Pool (1885-1970)[29], einem Schüler Michael Friedlanders und späteren sefardischen Oberrabbiner von New York.[30] Diese ca. 100 Seiten umfassende Untersuchung stellt den bislang wichtigsten Beitrag zu fast allen Problemen des Textes und seiner Interpretation dar.[31] Nicht nur, daß Pool viele bis dahin unbekannte Rezensionen des Textes veröffentlicht und sämtliche bis dahin bekannten Belege und Vergleichstexte zum Qaddish aus den Targumim und der rabbinischen Literatur überprüft. Auch werden von ihm alle bis dahin nicht erörterten Fragen der

[26] Kohler, *Ursprünge*, 492. Ähnlich auch in ders. / Eisenstein / Cohen, JE 7 (1894) 401f.

[27] Vgl. *Seder Eliahu rabba*, ed. Friedmann, 78ff.

[28] Zur Kritik an einer Frühdatierung des *Seder Eliyyahu Rabba* vgl. bereits Rapoport, תולדות, 43f. Anm. 43; dann auch Theodor, *Ausgabe*, 77.

[29] D. de Sola Pool, *Kaddish* (1909, 3. Aufl. 1964).

[30] Vgl. [Ed.], EJ 13 (1971) 849.

[31] Zur Bedeutung der Studie Pools vgl. schon die Rezension von Margolis, JQR NS 2 (1911/12) 281-284. - Auf einige kürzere, nicht ausschließlich dem Qaddish gewidmete Beiträge (vor und nach Pools Studie) braucht hier daher nicht näher eingegangen zu werden. Zu berücksichtigen sind dagegen die etwa zur gleichen Zeit erschienenen kürzeren Einführungen von Obermeyer, *Judentum*, 91-143 und Berliner, *Randbemerkungen*, 4-11.

Herkunft und Entstehung des Qaddish zum ersten Mal systematisch und nach Kriterien moderner Textanalyse untersucht.[32]

Ohne bereits hier ausführlich auf diese Studie eingehen zu können, sei darauf hingewiesen, daß Pool im Qaddish - ähnlich wie im kanonischen Daniel-Buch - einen ursprünglich in einer aramäisch-hebräischen Mischsprache verfaßten Text sieht.[33] Die Nähe zum Vaterunser und verwandten Gebeten der rabbinischen Literatur lege zwar auch die Annahme einer hebräischen Vorform des Qaddish nahe.[34] Dem ursprünglichen Wortlaut sei aber bereits ein »*composite character*« zueigen gewesen, und dieser könne nicht etwa, wie Friedmann vermutet hatte, nur auf eine Übersetzung zurückgeführt werden.[35] Auch der von Bloch vermutete Einfluß der *yorede merkava* auf den litaneiartigen Abschnitt des Qaddish sei nicht mit den »babylonischen« Merkava-Mystikern der Gaonenzeit in Verbindung zu bringen, sondern gehe (mit Kohler) auf die »essenischen Mystiker« zurück.[36] Beim Qaddish handele es sich daher, wie bereits Gustav Dalman (1855-1941) vermutet hatte, um ein »babylonisches Gebet palästinischer Herkunft«.[37]

Diesen wichtigen Einsichten Pools hat sich wie viele andere[38] auch Ismar Elbogen (1874-1943) angeschlossen - ein Forscher, dessen Name wohl wie kein anderer mit der wissenschaftlichen Erforschung der Geschichte des jüdischen Gottesdienstes verbunden ist.[39] Elbogen stellt freilich akzentuierter als Pool - und dabei noch mehr der klassischen Philologie seiner Zeit verpflichtet[40] - heraus, daß sich alle Versionen und Rezensionen des Qaddish aus *einem*

---

[32] Wobei zu beachten ist, daß es auch Pool nicht nur um eine philologische Analyse des Wortlautes des Qaddish geht, sondern um praktisch-liturgische Anliegen und um ein »besseres« Textverständnis. Pool gibt 1936 einen »sefardisch-amerikanischen« Siddur heraus, der einen Text, eine Transkription und eine Übersetzung eines Qaddish enthält. Vgl. Pool, *Book of Prayer*, ed. Gaster, 415.

[33] Vgl. Pool, *Kaddish*, 17; er spricht vom »*phenomenon of the interchangeable use of two languages*«, hiermit implizit der Vermutung Friedmanns widersprechend.

[34] Vgl. Pool, *Kaddish*, 23.

[35] Vgl. Pool, *Kaddish*, 17.

[36] Vgl. Pool, *Kaddish*, 23, und s. auch Liber, REJ 68 (1914) 127.

[37] Vgl. Dalman, *Grammatik*, 26; Pool, *Kaddish*, 24 Anm. 66.

[38] Auf Pools Studie basieren so gut wie alle weiteren Überblicksdarstellungen und Artikel. Vgl. z. B. Jerensky, EJ (D) 9 (1932) 734-740; Idelsohn, *Liturgy*, 84f.; Kadushin, *Worship*, 141f.; Millgram, *Worship*, 153f.; [Ed.], EJ 10 (1971) 660-662. Zu den zahlreichen von Pool beeinflußten Darstellungen ist auch das Buch von Hübscher, *Kaddisch-Gebet*, zu zählen. Vgl. auch die Anthologie von Telsner, *Kaddish*, 40f.

[39] Vgl. Elbogen, *Gottesdienst*, 92-98. Die von Schirmann herausgegebene, von Heinemann überarbeitete und von Amir übersetzte hebräische Ausgabe, התפילה, 72-75 enthält dazu keine Nachträge. Man vgl. aber Elbogens an eine breitere Leserschaft gerichteten Beiträge *Kaddisch-Gebet* (1916) 15-17 und *Kaddisch* (1920) [o. Z.]. Zur forschungsgeschichtlichen Bedeutung vgl. Rieger, AZdJ 78 (1914) 465ff.; Goldschmidt, *Studies*, 119-135, bes. 122.

[40] Vgl. hierzu auch Sarason, *Study*, 116-120. Elbogens Untersuchungen sind demnach stark vom philologischen Ansatz seines Lehrers I. Lewy geprägt, was sich auch an seinen Studien zum Achtzehn-Bitten-Gebet erkennen läßt; vgl. Elbogen, *Geschichte*; ders., *Studien*. Wie

zugrundeliegenden »Urtext« herleiten lassen. Dieser Text hätte sich in Anlehnung an einen »eigentlichen Kern«, die Doxologie *»sein großer Name sei gepriesen«*, entwickelt, und das hohe Alter dieser Kern-Doxologie sei aus den wenigen Erwähnungen in der rabbinischen Literatur[41] und aus ihrer inhaltlichen Nähe zum Vaterunser zu ersehen. Da in der Kurzfassung des Qaddish außerdem jeder Hinweis auf die Tempelzerstörung fehle, könne davon ausgegangen werden, daß das Qaddish bereits v o r 70 in Gebrauch gewesen sei.[42] Die von Elbogen als »Ergänzungen« bezeichneten, über die Kurzfassung hinausgehenden Abschnitte seien, wie bereits Bloch vermutet hatte, erst unter dem Einfluß »mystischer Gruppierungen im Judentum« hinzugekommen.[43]

Unabhängig von Pool und in mancher Hinsicht viel komplizierter wird die Entwicklung des Qaddish dann durch den galizischen *Maskil* Zvi Karl (1873-1959) in einem 1918 in Hebräisch veröffentlichten, dreiteiligen Aufsatz dargestellt.[44] Karl geht wie Friedmann davon aus, daß das Qaddish, bevor es wie die aramäischen Übersetzungen des masoretischen Bibeltextes übertragen worden ist, in einer hebräischen Rezension in Umlauf gewesen sei. Diese hebräische Rezension hätte sich aus einer im Tempelkult gebräuchlichen Doxologie entwickelt, die mit einem im sog. außerkanonischen Traktat Soferim (bzw. einer Version des *Seder Rav Amram Ga'on*) überlieferten Gebet, dem sog. *ʿal ha-kol*-Gebet, identisch sei.[45]

Karls Entwicklungsmodell beruht dabei auf der Annahme einer zeitlichen *Vor*ordnung des *ʿal ha-kol* - eine Annahme, die sich heute wohl nicht mehr halten läßt. Er geht jedoch überdies davon aus, daß der Vergleich mit frühen Rezensionen des *ʿal ha-kol* zeigen könne, daß im Qaddish ursprünglich eine Art *qedusha* vorgelegen hätte, d. h. ein Gebet, das dem Trishagion aus Jes 6 nachgebildet worden sei. Im Unterschied zu Pool[46] nimmt er an, daß die Entwicklung des Qaddish mit seiner Verwendung im Anschluß an das Achtzehn-Bitten-Gebet (*ʿamida*) zusammenhängt. Das »Qaddish-*ʿal ha-kol*« (nach der *ʿamida*) sei, Karl zufolge, zunächst als eine »zusätzliche *qedusha*« nach der Rezitation der *ʿamida* eingefügt worden, um denen, welche die *qedusha de-ʿamida* im Synagogengottesdienst nicht gehört haben, Gelegenheit zu bieten,

---

diese Studien sind auch seine Untersuchungen des Qaddish von dem Anliegen geprägt, die Grundlinien der historischen Entwicklung des *Textes* zu rekonstruieren. Erst die Beschäftigung mit den Fragmenten aus der Kairoer Geniza veranlaßt ihn, diesen rein philologischen Ansatz zu hinterfragen. Vgl. ders., *Tefilla*.

[41] Vgl. dazu Kap. II.

[42] Vgl. Elbogen, *Gottesdienst*, 93.

[43] Vgl. Elbogen, *Gottesdienst*, 94f.

[44] Karl, "הַ"קְדִּישׁ. - Vgl. zu ihm Sarason, *Study*, 135f.; zur Bedeutung seiner Studie vgl. auch Weiser, ר' צבי קארל, 10f.

[45] Vgl. Karl, "הַ"קְדִּישׁ, 39. - Bereits an dieser Stelle sei freilich darauf hingewiesen, daß die Rezension des *ʿal ha-kol*, auf die sich Karl bezieht, nur in einer Handschrift des Seder Rav Amram enthalten ist; vgl. dazu Kap. I.3.2.1.

[46] Vgl. Pool, *Kaddish*, 101.

diesen verpflichtenden Teil der Liturgie nachzuholen.[47] Die hebräische Vorform des Qaddish, das *ʿal ha-kol*, hätte die Funktion einer »Ersatz-*qedusha*« übernommen.

Den von Pool und Elbogen rekonstruierten Verlauf der Entwicklung des Wortlautes und der liturgischen Applikationen des Qaddish stellt Karl also gewissermaßen auf den Kopf: Das Qaddish sei demnach zunächst im täglichen Gebet (als eine Art »Ersatz-*qedusha*«) verwendet, erst danach auch als Abschluß von Lehrvorträgen eingeführt worden.[48] Karls Beitrag macht dabei vor allem auf zwei wichtige Fragen aufmerksam: Zum einen auf die auffällige Nähe des Qaddish zur *qedusha*; dann auf die häufige Verwendung des Qaddish innerhalb der täglichen Liturgie, obwohl mit der *qedusha* ein ähnliches Gebet in ihr zu finden ist.[49]

Die Frage des Ursprungs und der Herkunft des Qaddish bestimmte, neben zahlreichen kleineren, zumeist traditionell ausgerichteten Beiträgen[50], auch die weitere Forschung. Einen weiteren wichtigen Anstoß liefert die 1964 in Hebräisch veröffentlichte Dissertation von Joseph Heinemann (1905-1978).[51] Angeregt durch die formgeschichtlichen Studien Arthur Spaniers (1889-1944)[52] wendet Heinemann zum ersten Mal die bis dahin vor allem an neutestamentlichen Texten erprobte formgeschichtliche Methode auf die Analyse jüdischer Gebetstexte an.[53] Da Gebete lange nur mündlich tradiert worden seien, hätte sich ein standardisierter Wortlaut von Gebeten - wie aus Text-Fragmenten aus der Kairoer Geniza ersichtlich - erst relativ spät und aus einer Vielzahl verschiedener, sich unterschiedlichsten Anlässen verdankender Rezensionen herauskristallisiert.[54] Trotz der Standardisierungsbemühungen einiger Rabbinen seien auch nicht-normative Gebetstexte verwendet worden; eine Fixierung der Gebetstexte habe erst in gaonäischer Zeit stattgefunden.[55] Die Untersuchung von Gebetstexten der talmudischen Zeit habe daher ihren Ausgang an formalen Charakteristika, nicht an Einzelrezensionen zu nehmen.

Im Hinblick auf die formalen Merkmale des Qaddish weist Heinemann darauf hin, daß in ihm die für viele rabbinische Gebete typische »Du-Anrede«

---

47 Vgl. Karl, "הַ"קַדִּישׁ, 44.

48 Karl kann sich für diese Hypothese auf den traditionellen Kommentar des David Abudarham (Spanien 14. Jh.), das sog. *Sefer Abudarham*, ed. Ehrenreich, 243f. berufen. S. hierzu auch Levy, *Wörterbuch*, Bd. 4, 255 s. v. קַדִּישׁ.

49 Vgl. Karl, "הַ"קַדִּישׁ, 427.

50 Vgl. etwa Jawitz, ספר מקור הברכות, 82f.; Jacobson, קדיש-Gebet, 9f. und Scherman, *Kaddish*; s. auch Ashkenazi, קדיש, 387-398.

51 Heinemann, התפילה = (mit Unterschieden) ders., *Prayer*.

52 Vgl. Spanier, *Dubletten*, 142-149. Zu ihm vgl. Kries, *Erforschung*, 123f.; Sarason, *Study*, 155ff.

53 Vgl. Heinemann, *Prayer*, 37ff.

54 Vgl. Heinemann, *Prayer*, 51; s. auch ders., *Introduction*, 20-25.

55 S. Heinemann, *Prayer*, 43 und 50. - Auf dieses Problem macht freilich u. a. bereits Samuel David Luzatto (1800-1865) in der Einleitung seiner Edition des *Maḥazor* Rom aufmerksam; vgl. Luzatto, מבוא, 17.

Gottes fehle; von Gott sei nur in der 3. Person die Rede.[56] Ein Gebet aber, in dem Gott in der 3. Person erwähnt werde, müsse sich auf eine voranstehende, Gott nennende *derasha* oder auf einen Aggada-Vortrag beziehen. Wegen der Anrede Gottes in der 3. Person sei anzunehmen, daß das Qaddish zu jener Gattung von Gebeten gehöre, die zunächst nur nach einem Lehrvortrag oder dem Studium verwendet worden seien. Solche sich meist durch einen »messianischen Ausblick« auszeichnenden Gebete hätten ihren *Sitz im Leben* ursprünglich im Lehrhaus, dem *bet ha-midrash*, gehabt und seien erst im Laufe der Zeit in die Liturgie übernommen worden.[57] Das Qaddish sei zwar vielleicht schon »im *bet ha-midrash* der Tannaiten« bekannt gewesen.[58] Aber erst viel später - möglicherweise erst in gaonäischer Zeit (6./7.-11. Jh.) - sei es zu einem »verpflichtenden« Bestandteil des synagogalen Gebetes geworden.[59]

Kritik an Heinemanns formgeschichtlich orientierter Analyse »talmudischer Gebete« hat vor allem Ernst D. Goldschmidt (1895-1972) geübt. Mit Blick auf das Qaddish betont Goldschmidt, Heinemanns Vorgehen impliziere eine Reduktion der Texte auf ihre Form[60], die der Bedeutung der textgeschichtlichen Aspekte der Rekonstruktion ihrer Entwicklung nicht gerecht werde.[61] Wie er

---

56 Wie z. B. in der Grundform der *berakha*: »Gepriesen seist du, Herr!« ברוך אתה ה׳. Vgl. dazu Heinemann, *Prayer*, 104ff.; ders., "לשון "אתם, 100.

57 Vgl. auch Heinemann, JSSt 5 (1960) 269. Heinemann macht diesbezüglich allerdings darauf aufmerksam, daß die von ihm vorgeschlagene formgeschichtliche Differenzierung zwischen »statutory prayer«, also jenen Gebeten, die ihren *Sitz im Leben* in der Synagoge hatten, und sog. »prayers of *bet ha-midrash* origin« nicht als eine räumliche, sondern nur als eine funktionale Unterscheidung zu verstehen ist, da sich im fraglichen Zeitraum Synagoge und *bet ha-midrash* funktional wie architektonisch oftmals nicht voneinander unterschieden (vgl. Heinemann, *Prayer*, 137). Zu dem in der Forschung mittlerweile wieder kontrovers diskutierten Problem einer Unterscheidung zwischen den Funktionen von *bet ha-midrash* und Synagoge vgl. Hüttenmeister, בית־הכנסת, 38-44 und kritisch dazu Urman, בית־הכנסת, 53-75; s. dann auch Hezser, *Structure*, 205; 213; passim.

58 Vgl. allerdings auch Heinemann, *Background*. In diesem posthum veröffentlichten Vortrag geht Heinemann sogar so weit zu vermuten, daß das Qaddish eine Vorlage für das Vaterunser gewesen sei. Bereits Dalman, *Worte*, 294f. weist jedoch (u. a. gegen Elbogen, *Gottesdienst*, 93f.) darauf hin, daß das Qaddish nicht unbedingt älter als das Vaterunser sein muß. Daß es sich beim Qaddish um einen »proto-rabbinischen« Vorläufer des Vaterunser handelt, nehmen z. B. noch Charlesworth, *Hymns*, 420 und Lattke, *Hymnus*, 136 an. Die Datierungsprobleme und formalen Unterschiede zwischen diesen beiden Gebeten werden von diesen Autoren freilich zu wenig beachtet. Vgl. hierzu andererseits Heinemann, EIb 29 (1977) 156, wo er gegen Werner, *Bridge*, 291-294 festhält, daß sich über Alter und Verhältnis der beiden Gebete nichts Sicheres sagen läßt. Zum Problem vgl. auch Sigal, *Affinities*, 70.

59 Vgl. Heinemann, EIb 29 (1977) 155f.

60 Dieser Kritikpunkt Goldschmidts an der Methode Heinemanns hat dann auch hinsichtlich des innerhalb der Pesaḥ-Liturgie verwendeten *nishmat*-Gebets eine Rolle gespielt; vgl. hierzu die Beiträge von Heinemann, הגדה, 184-189, und die Replik von Goldschmidt in: *Maḥazor le-Yamim Nora'im*, Bd. 1, 8 Anm. 18. Zum Ganzen vgl. Kap. III.2.3.1.

61 Vgl. vor allem seine Rezension von *Seder Rav Amram*, ed. Hedegård, QS 18 (1951/52) 336-342, und s. auch den exkursartigen Beitrag in seiner Einleitung in das Gebetbuch zu den hohen Feiertagen, *Maḥazor le-Yamim Nora'im*, Bd. 1, ed. Goldschmidt, 25f., in dem er eine

an der Rekonstruktion eines »Urtextes« des Qaddish zu zeigen versucht, könne man durch »Textkritik« zu wichtigen Einsichten in die Geschichte von Gebeten gelangen[62], wobei allerdings auch er einräumen muß, daß Vermutungen über die Entwicklung des Wortlautes von Gebetstexten in talmudischer Zeit nur aufgrund von Quellen möglich sind, die aus späterer, gaonäischer Zeit stammen.[63]

Diese Hinweise auf die große Bedeutung der Quellen aus der gaonäischen Zeit, die sich sowohl am Schluß des Buches von Heinemann als auch in den Beiträgen von Goldschmidt finden, hat dann Lawrence A. Hoffman in seiner 1979 abgeschlossenen Dissertation über die Frage der Kanonisierung des synagogalen Gottesdienstes[64] aufgenommen und im Hinblick auf eine umfassende These über die Entwicklung der Liturgie in der gaonäischen Zeit ausgebaut. Der Annahme Heinemanns folgend, daß noch in talmudischer Zeit kein standardisierter Wortlaut der wichtigsten synagogalen Gebete vorgelegen habe, ja nicht einmal ein Konsens darüber bestanden hätte, welche Gebete überhaupt verpflichtender Bestandteil der täglichen Liturgie sein sollten, versucht Hoffman aufzuweisen, daß erst die Geonim, die Schulhäupter der babylonischen Akademien (*Yeshivot*), die Liturgie und den Wortlaut einzelner Gebete wie des Qaddish vereinheitlicht und »kanonisiert« hätten.[65] In bezug auf das Qaddish sei zwar davon auszugehen, daß in ihm ein sehr altes, möglicherweise auf pharisäische Kreise zurückgehendes Gebet vorliege. An einigen gaonäischen Responsen ließe sich jedoch zeigen, daß sein Wortlaut erst in nach-talmudischer Zeit fixiert worden sei.[66] Der Einfluß der Geonim hätte sich dabei in manchen liturgischen Fragen sogar erst »posthum«, d. h. nach der Blütezeit der babylonischen Yeshivot, im Mittelalter durchgesetzt.[67]

Dieser ebenfalls erst am Schluß von Hoffmans Studie gegebene Fingerzeig auf die Bedeutung der mittelalterlichen Rezeption gaonäischer Schreiben wird in der vorliegenden Arbeit aufzunehmen sein. Die Entwicklung und Rezeption des Qaddish in Talmud und Midrash und in der gaonäischen Literatur wurde in der Forschung meist relativ isoliert von seiner weiteren Entwicklung im Mit-

---

in drei Phasen verlaufende Entwicklungsgeschichte des Qaddish skizziert. Die Bitte um »das Kommen des Reiches« stellt nach Goldschmidt einen Einschub in die »ursprüngliche Version« dar.

62 Vgl. Goldschmidt, QS 18 (1951/52) 340 und die dort begründete Rekonstruktion eines »Ur-Qaddish«.

63 Vgl. *Maḥazor le-Yamim Nora'im*, Bd. 1, ed. Goldschmidt, 26 und Heinemann, *Prayer*, 286f. Auf die Bedeutung gaonäischer Quellen verweist im übrigen bereits Elbogen, *Studien*, 2.

64 Hoffman, *Canonization*. - S. hierzu Sarason, *Developments*, 181-183; Reif, *Judaism*, 6.

65 Vgl. Hoffman, *Canonization*, 56-65. Hoffman untersucht zahlreiche liturgische Einzelprobleme, um die Entwicklung des Ritus zwischen dem 8. und 11. Jh. dann in einem Drei-Phasen-Modell der »Kanonisierung« des synagogalen Gottesdienstes in gaonäischer Zeit nachzuzeichnen.

66 Vgl. hierzu auch Hoffman, *Censoring*, 19-37.

67 Vgl. Hoffman, *Canonization*, 170f.

telalter betrachtet. Evident wird dies an der wohl wichtigsten Entwicklung der Verwendung des Qaddish: Der Applikation als Gebet für die Toten, des sog. Waisen-Qaddish.[68] Die Einführung dieses Brauches wird meist in mittelalterliche Zeit datiert. Die genauen Hintergründe und das Alter des Qaddish *yatom* sind jedoch nach wie vor nicht geklärt. Und mittlerweile finden sich sogar Beiträge, die das Waisen-Qaddish, insbesondere seine aggadische Begründung, viel früher datieren als bislang üblich.[69]

Auf dem Hintergrund der Einzeluntersuchungen zum sog. Waisen-Qaddish, zu der in jüngster Zeit das eigentümliche autobiographische Buch von Leon Wieseltier[70] hinzukommt, läßt sich dabei eine die gesamte Forschungsgeschichte kennzeichnende Tendenz erkennen: Während die Entstehung und die Herkunft des Qaddish, etwa im Hinblick auf die seit Blochs Aufsatz immer wieder erörterte Beziehung zur frühen jüdischen Mystik[71] oder auch in bezug auf das Verhältnis zum Vaterunser[72], oft im Mittelpunkt des Interesses standen, wurde der Entwicklung seiner Verwendung innerhalb der Liturgie und seiner Interpretationsgeschichte verhältnismäßig wenig Aufmerksamkeit geschenkt.[73] Stand etwa (unter anderem nach den Handschriftenfunden in den Höhlen vom Toten Meer) verstärkt die Beziehung des Qaddish zu Gebetstexten aus der Zeit des Zweiten Tempels im Vordergrund[74] - freilich, ohne zu überzeugenden Ergebnissen zu gelangen[75] -, blieben Fragen, wie dieses Gebet zu

---

[68] Vgl. z. B. Pool, *Kaddish*, 103; Hübscher, *Kaddisch-Gebet*, 20-28; Jacobson, קדיש-*Gebet*, 46ff.; Karl, "הַ"קַדִּיש, 521-527; Krauss, מהות, 125-136; Roth, אזכרה, 369-381.

[69] Vgl. dazu Lerner, מעשה, 29-70, Ta-Shma, קדיש, 299-310; Kushelevsky, התנא, 41-63; S. dazu auch das Referat unten Kap. V.1.1.

[70] Vgl. Wieseltier, *Kaddish*, und s. hierzu meine Besprechung in JSQ 8 (2001) 190-203.

[71] Vgl. etwa den Hinweis von Bar-Ilan, סתרי תפילה, 74.

[72] Zum bemerkenswert großen Interesse christlicher Forscher am Qaddish vgl. schon Buxdorf, *Synagoga*, 709f., und s. auch Vitringa, *Synagoga*, 982; 1102; dann auch Haberfeldt, *Baruch*, 77ff.; Fiebig, *Vaterunser*, 28-37 - um nur einige zu nennen.

[73] Vgl. etwa auch den neuesten, wenn auch methodisch wenig überzeugenden Beitrag von Weitzman, תפילת הקדיש, 261-290. Er verweist auf einige bislang unbeachtete Verse aus der vermutlich auf einen jüdischen Übersetzer zurückgehenden *Peshiṭta* zu den Chronik-Büchern, die einigen Stellen des Qaddish ähnlich sind. Die syrische Übersetzung von I Chr 29,19, die weit über die *Vorlage* im masoretischen Text hinausgehe, beschließe den Vers mit einer »citation of the Jewish Qaddish prayer«. S. auch ders., *Character*, 597; ders., *Origin*, 131f.

[74] Vgl. etwa Flusser / Safrai, "שירי דוד", 86 [4 Z. 10], die in einer poetischen Schrift aus der Kairoer Geniza einen Beleg für das Qaddish in zwischentestamentlicher Zeit finden wollen. Für diesen Text läßt sich jedoch weder nachweisen, daß er »qumranisch« ist, noch ist zu belegen, daß er aus der Zeit des Zweiten Tempels stammt.

[75] Vgl. etwa auch das von E. und Ḥ. Eshel / Yardeni, *Composition* 199-299, bes. 209, veröffentlichte Gebet in 4Q448, in dem sich eine kurze Bitte um Frieden findet, die an das Qaddish erinnert. Wie die Zitation des mit dem Qaddish oft in Verbindung gebrachten Verses Ez 38,23 in 1QM XI,15, so ist jedoch die Verwendung einer formal mit dem Qaddish vergleichbaren Bitte kein Indiz für die Existenz eines »Proto-Qaddish« in Qumran. Zum Problem vgl. Maier, *Kult*, 543-586.

einem zentralen Bestandteil der rabbinisch-synagogalen Liturgie werden konnte, d. h. wie es interpretiert und wie es appliziert wurde, trotz zahlreicher Einzelstudien zur Entwicklung vergleichbarer synagogaler Hauptgebete relativ unbeachtet.[76]

Warum ausgerechnet das scheinbar mit Studium und Lehrhaus verbundene Qaddish zu dem am häufigsten rezitierten Gebet der synagogalen Liturgie wurde und wie dieses in den verschiedenen Strömungen des Judentums der Neuzeit so unterschiedlich rezipierte Gebet eine so wichtige Stellung in der täglichen Liturgie erlangen konnte - diesen beiden Fragen nach Entstehung und Rezeption gilt das Hauptanliegen der folgenden Arbeit.[77]

[76] Man beachte, daß Pool in der Einleitung seiner Studie (*Kaddish*, VII) ausdrücklich darauf hinweist, daß er die »rituellen Aspekte« und die »Probleme der Applikation« an verschiedenen Orten zugunsten einer Analyse des Wortlautes ausklammert. Nur in einem Anhang geht er auf das Qaddish im Synagogen-Gottesdienst ein.

[77] Auf die Frage, wie das Qaddish innerhalb der verschiedenen Strömungen des Judentums der Neuzeit rezipiert worden ist, kann im folgenden nicht in gebührender Ausführlichkeit eingegangen werden. Dieser interessante Aspekt der Forschungsgeschichte bedürfte einer eigenen Untersuchung. Wenigstens sei darauf verwiesen, daß das Qaddish sowohl aufgrund seiner aramäischen Teile, seiner Bitten um Wiedererrichtung des Tempels sowie Auferstehung der Toten und wegen seiner Verwendung als Gebet für die Verstorbenen in der Neuzeit nicht nur auf Unverständnis, sondern auch auf schroffe Ablehnung gestoßen ist. Vgl. dazu etwa Obermeyer, *Judentum*; dann auch Elbogen, *Gottesdienst*, 92ff.; 432, der auf die Reformbemühungen in einigen Gemeinden in England hinweist, wo das Qaddish um 1840 in einer hebräischen Übersetzung in die Liturgie übernommen wurde (s. dazu auch Reif, *Judaism*, 275). Im Hinblick auf die Forschungsgeschichte ist insofern zu beachten, daß sie zum großen Teil von traditionell ausgerichteten Autoren geprägt ist, für die das Interesse an der Verwendung des Qaddish als Gebet für die Verstorbenen im Vordergrund stand.

2. *Ziel und Aufbau der Arbeit*

Das Ziel und der Aufbau der vorliegenden Arbeit leiten sich aus dem Forschungsüberblick ab:

In Kapitel I. werden die frühesten Textzeugnisse des Qaddish vorgestellt. Die Untersuchung der ältesten erreichbaren Rezensionen des Qaddish soll sowohl der sprachlichen, stilistischen und formalen Analyse des Textes dienen als auch der Klärung der Identität seiner unterschiedlichen Versionen und Rezensionen. Welcher Text ist eigentlich mit der Bezeichnung Qaddish gemeint? Und an welchen Orten sind welche Fassungen verwendet bzw. rezipiert worden?

In einem weiteren Kapitel (II.) werden alle wichtigen Hinweise auf die Verwendung und das Verständnis des Qaddish in der rabbinischen Literatur untersucht. Ausgehend von jenen Stellen, in denen die sog. doxologische Formel synekdochisch, d. h. als *pars pro toto* des Qaddish, erwähnt wird, ist der Frage nachzugehen, ob mit dieser Formel in der rabbinischen Literatur tatsächlich das Qaddish gemeint ist, und wenn ja, welche liturgischen Applikationen mit ihr an diesen Stellen verbunden sind. Zur Klärung dieser Fragen werden sowohl Texte, die auf die Vortragsweise der doxologischen Formel eingehen, als auch auf Überlieferungen, in denen sich aggadische Deutungen der Formel finden, heranzuziehen sein. Welche Motive und Vorstellungen werden mit der traditionell als Teil des Qaddish interpretierten Formel verbunden?

Dem Verhältnis des Qaddish zur Hekhalot-Literatur ist ein eigenes Kapitel (III.) gewidmet, da diese Literatur-Gattung trotz mancher Berührungspunkte nicht mehr zur »eigentlichen« rabbinischen Literatur gezählt werden kann. In diesem Kapitel wird vor allem der seit Ph. Blochs Beitrag immer wieder rezipierten These eines Einflusses der Merkava-Mystiker auf den Wortlaut des Qaddish nachzugehen sein. Zudem ist zu fragen, welchen Einfluß »die Merkava-Mystiker«, d. h. die Trägerkreise dieser besonderen Literaturgattung, auf die Verwendung des Qaddish in der Liturgie gehabt haben.

Im Anschluß an dieses Kapitel (IV.) wird - nicht zuletzt, weil die Hekhalot-Literatur schon von Bloch als ein nach-talmudisches Phänomen betrachtet worden ist - auf die Rezeption des Qaddish in der Literatur der schwer abzugrenzenden gaonäischen Epoche einzugehen sein. Die Analyse des umfangreichen Quellenmaterials zum Qaddish aus gaonäischer Zeit stellt den Kulminationspunkt der in den vorangegangenen Kapiteln durchgeführten Untersuchungen dar. Zum einen wird bereits die Untersuchung der ältesten Textfassungen des Qaddish zeigen, daß sich zuerst in den Schriften aus dieser Zeit vollständige Rezensionen des Qaddish finden; zum anderen scheinen sich erst Quellen aus dieser Epoche genauere Hinweise auf seine Einführung an verschiedenen Orten der täglichen Liturgie entnehmen zu lassen.

In einem abschließenden quellenanalytischen Kapitel (V.) wird dann noch jene Applikation des Qaddish einbezogen, die wirkungsgeschichtlich am bedeutensten war: die Verwendung des Qaddish als Gebet der Trauernden (bzw.

Waisen) für einen Verstorbenen. Es wird zu klären sein, auf welchen Voraussetzungen diese Entwicklung basiert und wo und wann dieser Brauch fixiert worden ist. Die Entstehung dieser Verwendung des Qaddish wird zwar - wie bereits angedeutet - meist in eine Epoche datiert, die außerhalb des zeitlichen Rahmens liegt, den diese Arbeit abzudecken versucht. Da aber einige Quellen, die diese Entwicklung beleuchten, aus einer Zeit stammen, die in dieser Arbeit nicht ausgeklammert werden kann, muß auch diese spezielle Entwicklung der Verwendung des Qaddish berücksichtigt werden.

In der vorliegenden Arbeit werden rabbinische, gaonäische und mittelalterliche Quellen analysiert. Aufgrund des Umfangs des Materials können nur solche Texte berücksichtigt werden, die unmittelbar für die Fragestellung von Belang sind. Abschnitte der rabbinischen Literatur, in denen sich keine Hinweise auf das Qaddish finden, obwohl man sie in ihnen erwarten könnte, werden ebensowenig berücksichtigt wie ein Vergleich mit solchen Gebeten durchgeführt werden kann, die vielleicht eine ähnliche Entwicklung wie das Qaddish durchlaufen haben. So interessant eine Einbeziehung vergleichbarer Texte (wie z. B. der *qedusha*) oder auch die Berücksichtigung christlicher Gebete (wie des Vaterunsers) wäre - den Rahmen einer vor allem an einer Analyse der Quellen zum Qaddish interessierten Arbeit würde dies sprengen.

Im abschließenden VI. Kapitel werden die Einzelergebnisse zusammengefaßt. Es soll versucht werden, eine Antwort auf die übergreifenden Fragen zu geben, wie und warum das Qaddish zu einem zentralen Bestandteil der rabbinisch-synagogalen Liturgie geworden ist, d. h. welche Motive, Vorstellungen und Traditionen die Rezeption des Qaddish bedingt haben. Dabei soll in einem Fazit auch erklärt werden, welche Bedeutung das Qaddish für die Entwicklung des synagagolen Gottesdienstes insgesamt hatte.

I. Textliche, sprachliche und formale Analyse des Qaddish

Der Text des Qaddish ist in verschiedenen Versionen überliefert, die wiederum in unterschiedlichen Rezensionen vorliegen. Bevor die Entstehung und Rezeption dieser Texte untersucht werden kann, muß geklärt werden, ob im folgenden nur von *einem* Text und verschiedenen seiner Rezensionen oder von mehreren, unabhängig voneinander entstandenen Versionen ausgegangen werden muß: Lassen sich die verschiedenen textlichen Varianten des Qaddish auf einen Grundtext zurückführen, oder sind sie Beleg dafür, daß der Text von Beginn an in unterschiedlichen Rezensionen und an unterschiedlichen Orten verwendet wurde?

Grundlage der Untersuchung eines Gebets*textes* wie des Qaddish können dabei nicht einfach solche Textfassungen bilden, die sich in Gebetbüchern finden. Zwar basieren auch in gedruckten Siddurim überlieferte Rezensionen auf handschriftlicher Überlieferung. Prinzipiell sind bei der Analyse rabbinischer Gebetstexte aber die ältesten erreichbaren Textfassungen zu berücksichtigen, d. h. solche, die nur in handschriftlicher Form überliefert sind und die somit selbst Zeugen einer eigenen Geschichte des Textes sind.

Das folgende Kapitel möchte zunächst einen Überblick über die Versionen des Qaddish geben. Angesichts der unüberschaubaren Zahl von Text- und Schreibvarianten, die in Handschriften liturgischen Inhalts und gedruckten Siddurim überliefert sind, muß sich die folgende Übersicht natürlich auf eine gewisse Auswahl beschränken. Um das dynamische Verhältnis zwischen Text und Geschichte bei der Beschreibung der Entwicklung und des Verhältnisses der Versionen untereinander nicht unberücksichtigt zu lassen, werden im folgenden auch die wichtigsten Werke vorgestellt, in denen sich »frühe« Rezensionen des Qaddish finden.

Sowohl die in diesem Kapitel vorgestellten Rezensionen des Qaddish als auch die Gebetstexte, die bei der Formanalyse berücksichtigt werden, bilden den Ausgangspunkt für die weitere Untersuchung. Daß dabei im folgenden zunächst Quellen berücksichtigt werden, die aus späterer Zeit stammen als die möglicherweise frühesten Hinweise auf das Qaddish in der sog. klassischen rabbinischen Literatur, wird bewußt in Kauf genommen. M. E. lassen sich erst auf dem Hintergrund der textgeschichtlichen Probleme des Qaddish auch die Fragen seiner »äußeren Bezeugung« erörtern.

1. Zur textlichen Identität des Qaddish

1.1 Versionen

Die Bezeichnungen für die unterschiedlichen Versionen des Qaddish beziehen sich üblicherweise auf den Umfang, den Inhalt oder den Ort, an dem sie verwendet werden. Diese Namen können je nach Ritus stark voneinander abweichen. Einige Versionen werden z. B. in ashkenazischen Riten mit anderen Bezeichnungen versehen als in Texten sefardisch-orientalischer Provenienz. Eine »offizielle« Nomenklatur für die verschiedenen Versionen hat sich nicht durchgesetzt.[1]

Im folgenden wird davon ausgegangen, daß insgesamt sechs verschiedene Bezeichnungen für Versionen des Qaddish unterschieden werden können[2]:

(1) Die Halb-Qaddish (חצי קדיש)[3] und Voll-Qaddish (קדיש שלם) genannten Fassungen bilden die beiden wichtigsten Versionen. Beide werden üblicherweise von einem Vorbeter (*sheliaḥ ha-ṣibbur* oder *ḥazzan*) im Wechsel mit der Gemeinde zwischen den Hauptabschnitten oder am Schluß des täglichen Gebetes gesprochen. Das Halb-Qaddish findet sich in den meisten Siddurim nach den *zemirot* (*yishtabaḥ* bzw. *yehallelukha*), also vor den Segenssprüchen des *shema*ᶜ (des Morgengebets). Außerdem wird diese Fassung nach der (leisen) Wiederholung der *ᶜamida* und nach Tora-Lesungen (am Shabbat und am zweiten und fünften Tag der Woche) rezitiert.

(2) Das Voll-Qaddish[4] zeichnet sich gegenüber dem Text des Halb-Qaddish durch eine zusätzliche Bitte um Annahme des Gebetes aus. Diese Version wird daher auch als Qaddish *titqabal* (»nimm an«) bezeichnet. Im Verlauf der Liturgie wird sie nur am Schluß, meist nach der den Gottesdienst abschließenden sog. *qedusha de-sidra* vorgetragen.

(3) Allein aufgrund des Ortes seiner Verwendung und seiner Funktion wird die ansonsten mit dem Halb-Qaddish identische Version des Waisen-Qaddish unterschieden.[5] Diese auch Qaddish *yatom* (קדיש יתום) genannte Version wird von einem Waisenkind nach oder während des täglichen Gebetes sowie bei verschiedenen anderen Gelegenheiten, wie z. B. dem Todestag eines engen Verwandten (dann als sog. Jahrzeit-Qaddish), gesprochen.

(4) Eine Kombination von Voll-Qaddish und dem sog. Qaddish *le-ḥaddata* (s.

---

[1] Zur Bezeichnung »Qaddish« selbst vgl. Kap. IV.3.1.

[2] Für einen ersten Überblick über die verschiedenen Versionen vgl. den traditionell gefärbten Artikel von Nulman, *Kaddish*, 184-187. Zu beachten ist, daß häufig nur vier Versionen unterschieden werden; vgl. z. B. Hamburger, *Kaddisch*, 604; Hübscher, *Kaddisch-Gebet*, 39f. Vgl. Appendix A.

[3] Es wird auch »Qaddish *qaṣar*«, »Qaddish *zuta*«, »Qaddish *(ad) le-ᶜela*«, »Qaddish *ha-zaᶜir*«, »Qaddish *ḥaser*« und gelegentlich auch »Qaddish *de-tefillot*« bzw. »*Yitgadal de-tefillot*« bezeichnet. Vgl. Assaf, ספר הקדיש, 47f.

[4] Häufig wird es auch »Qaddish *male*« oder »Qaddish *gamur*« genannt, dann auch »Qaddish *batra*«, nach dem Ort seiner Verwendung am Schluß des Gebetes.

[5] In ihm fehlt der mit *titqabal* eingeleitete Passus (vgl. Assaf, ספר הקדיש, 47). Häufig wird diese Version auch »Qaddish *avelim*« bzw. »Qaddish *evel*« genannt. S. dazu Kap. V.1.

unten) stellt der als Qaddish *yehe shelama* bezeichnete Text dar.[6] Er enthält im Vergleich zu den anderen Versionen nur eine zusätzliche, in Aramäisch verfaßte Friedensbitte und wird daher auch als Qaddish *yehe shelama* (»es möge Friede sein«) bezeichnet. Die aramäische Bitte findet sich oft in Qaddish-Versionen, die nach der Beerdigung und anderen besonderen Anlässen gesprochen werden, häufig auch im täglichen Gebet nach der *ʿamida*.[7] Da der Ort der Verwendung dieser Version und ihre textliche Ausgestaltung stark variieren, wird sie oft nicht vom Voll-Qaddish unterschieden.[8]

(5) Eindeutig von den bisher vorgestellten Versionen des Qaddish zu unterscheiden ist das Qaddish *de-Rabbanan* (קדיש דרבנן). Diese Version basiert (meist) auf dem Halb-Qaddish und enthält eine zusätzliche Bitte für die Lehrer (Rabbinen) und ihre Schüler; gelegentlich wird diese Bitte auch mit dem Qaddish *le-ḥaddata* (s. unten) kombiniert. Da sie nach dem Studium rabbinischer Schriften bzw. nach dem Studium der »mündlichen Tora« rezitiert wird, firmiert diese Version auch unter der Bezeichnung Qaddish *de-aggadata*.[9] In einigen Riten wird sie nach der sog. »Ordnung der Opfer« (*seder ha-qorbanot*), d. h. nach einigen Bibel- und Mishnastellen über die täglichen Tempelopfer, vor dem Morgengebet rezitiert.

(6) Als Qaddish *le-ḥaddata*[10] (קדיש לחדתא) oder »großes Qaddish« (קדיש הגדול) wird die textlich umfangreichste Version des Qaddish bezeichnet. Sie beinhaltet meist eine Bitte um Erneuerung des Lebens, die Auferstehung der Toten und die Wiederherstellung des Tempels. Diese Version wird sowohl nach der Beerdigung als auch nach Abschluß des Studiums eines Talmud-Traktates gesprochen.[11] In sefardischen, orientalischen und italienischen Riten wird sie auch im Zusammenhang mit *(h)ashkavot*-Gebeten für verstorbene Verwandte im Verlauf des regulären Synagogengottesdienstes rezitiert.[12] In einigen sefardisch-orientalischen Rezensionen findet sich außerdem eine zusätzliche Bitte, die mit den charakteristischen Worten *titkeli ḥarba* eingeleitet wird.[13]

---

[6] Zu einer Rezension des Voll-Qaddish mit *yehe shelama* vgl. Appendix B.4.

[7] Vgl. *Seder ʿAvodat Yisraʾel*, ed. Baer, 588. Die Meinungen, wie es zur Entstehung dieser Version gekommen ist und wo sie ursprünglich gebraucht wurde, gehen auseinander. Vgl. *Seder Biqqur Ḥolim*, ed. Landshut, LXI; Pool, *Kaddish*, 70; Elbogen, *Gottesdienst*, 94f. und Jerensky, EJ (D) 9 (1932) 737.

[8] Zu den textlichen Merkmalen dieser Version vgl. auch *Seder ʿAvodat Yisraʾel*, ed. Baer, 130. Diese Version wird z. B. in dem Art. »Kaddish« in EJ 10 (1971) 661 nicht erwähnt.

[9] Die Bezeichnung »Qaddish *de-aggadata*« geht auf die noch zu untersuchende Erwähnung des Qaddish in bSot 49a zurück (s. Kap. II.1.3.1). Mit dieser Version wird gelegentlich auch die Bezeichnung »Qaddish *de-oraita*« in Verbindung gebracht; vgl. Assaf, מסדר התפילה, 119.

[10] Im ashkenazischen Ritus wird diese Version stets als »Qaddish *le-itḥaddata*« bezeichnet (vgl. *Seder ʿAvodat Yisraʾel*, ed. Baer, 8). Gelegentlich wird diese Version auch »Qaddish *teḥiyyat ha-metim*« genannt; vgl. Assaf, ספר הקדיש, 53f. Zur Vokalisation vgl. *Seder ʿAvodat Yisraʾel*, ed. Baer, 588; Pool, *Kaddish*, 79.

[11] Im Druck Wilna des Bavli (1880-1886) ist daher nach jedem Traktat eine (ashkenazische) Rezension des »Qaddish *le-itḥaddata*« abgedruckt. Gelegentlich wird diese Version als »Qaddish *siyyum*« bezeichnet.

[12] Wobei zu beachten ist, daß diese Version in sefardisch-orientalischen Gebetsordnungen auch als »Qaddish *de-Rabbanan*« bezeichnet wird. Vgl. z. B. Goldschmidt, סדר התפילה של הרמב"ם, 202.

[13] Vgl. Pool, *Kaddish*, 98; s. unten S. 38f.

Der Überblick ergibt, daß die sechs Hauptbezeichnungen für das Qaddish auf fünf verschiedenen Texten beruhen. Nur die beiden zuerst und zuletzt genannten Versionen lassen sich aufgrund ihres Textumfangs und ihres Inhalts eindeutig voneinander unterscheiden.[14] Im Vorausblick auf die nun genauer zu betrachtenden ältesten erreichbaren Rezensionen dieser Versionen ist allerdings zu beachten, daß die Grenzen zwischen den Hauptversionen des Qaddish nicht immer so exakt zu ziehen sind, wie es diese Übersicht suggeriert.

1.2 Rezensionen

Im Hinblick auf die Untersuchung unterschiedlicher Rezensionen des Qaddish ist zunächst zu beachten, daß sich bereits anhand eines Vergleichs der Rezensionen in den beiden Hauptzweigen des Ritus, des ashkenazischen und sefardischen, sehr deutliche Unterschiede ausmachen lassen. Ein Überblick über Rezensionen des Qaddish kann sich allerdings nicht auf die Untersuchung der Differenzen zwischen ashkenazischen und sefardischen Fassungen beschränken. Vielmehr sind auch Rezensionen des palästinischen und des babylonischen Ritus zu berücksichtigen.[15]

---

[14] Eine nur dem Namen nach als Qaddish bezeichnete Version, die textlich jedoch dem *ʿal ha-kol*-Gebet entspricht, stellt eine »Qaddish *le-yaḥid*« genannte »Fassung« dar (vgl. dazu Pool, *Kaddish*, 108; Elbogen, *Gottesdienst*, 528). Dieses »Qaddish *le-yaḥid*« ist von den erst im Mittelalter redigierten »*tashlume* Qaddish«, Zusammenstellungen wichtiger talmudischer Überlieferungen zum Qaddish, zu unterscheiden. Auch diese Florilegien, die von einem einzelnen rezitiert werden sollten, wenn kein *minyan* anwesend ist, können gelegentlich unter der Bezeichnung »Qaddish *le-yaḥid*« subsumiert werden; vgl. z. B. *Seder ʿAvodat Yisraʾel*, ed. Baer, 120f.

[15] Meist wird davon ausgegangen, daß der ashkenazische Ritus stärker durch den palästinischen Ritus geprägt worden ist, während der sefardische und orientalische Ritus mit dem babylonischen in Verbindung gebracht werden. Zu den hier nicht im einzelnen zu erörternden Hintergründen der Entwicklung des ashkenazischen und sefardischen Ritus vgl. Rapoport, Kerem Ḥemed 6 (1841) 247f.; Elbogen, *Gottesdienst*, 9; 266ff.; Zimmels, *Ashkenazim*, 99f. Zu beachten ist allerdings, daß Texte dieser Hauptzweige des Ritus selten in reiner Form vorliegen. Gebetstexte des ashkenazischen Ritus stimmen zwar in vielen Details mit dem palästinischen Ritus überein. Der Vergleich mit den ebenfalls vom palästinischen Ritus beeinflußten italienisch-römischen, südfranzösischen und griechisch-»romaniotischen« (»byzantinischen«) Riten zeigt jedoch, daß sich auch der palästinische Ritus über einen langen Zeitraum entwickelt hat und die ihm zuzurechnenden Handschriften sehr unterschiedlichen Einflüssen unterlagen (vgl. dazu Goldschmidt, מחזור רומניא, 122-152; ders., מנהג בני רומא, 153-186; ders., מחזורים, 217-289). Ähnliches ist auch im Hinblick auf den yemenitischen, persisch-kurdischen und einige nordafrikanische Riten, die als dem babylonischen Ritus nahestehend betrachtet werden, zu beachten. Wird im folgenden von »palästinischen«, »babylonischen«, »sefardischen«, »orientalischen« und »ashkenazischen« Rezensionen des Qaddish gesprochen, stellt dies mithin ebenso eine Vereinfachung dar wie das oft vertretene Modell: ashkenazische Rezension = palästinische Rezension bzw. sefardische Rezension = babylonische Rezension. Zum Problem vgl. Reif, *Aspects*, 117-131.

1.2.1 Halb-Qaddish

Sucht man nach den ältesten Textzeugen für das Qaddish, wird in der älteren Literatur oft auf die erste schriftlich überlieferte Gebetsordnung, den sog. Seder Rav Amram Gaon, verwiesen.[16] Die in diesem umfangreichen Responsum des babylonischen Gaon Amram bar Sheshna (gest. ca. 875)[17] überlieferten Gebetstexte und Rezensionen des Qaddish sind allerdings kaum ursprünglich. Nicht nur, daß die Gebetstexte dieses Schreibens von den Kopisten stark verändert wurden[18], fraglich ist sogar, ob dieses an die Gemeinde von Lucena in Spanien gerichtete Antwortschreiben überhaupt - wie z. B. der später entstandene Siddur des Gaon Se^cadya ben Yosef (gest. 942)[19] - Gebets*texte* enthielt.[20] Vielleicht fanden sich in dem Schreiben anfänglich wie in vielen Handschriften-Fragmenten aus der Kairoer Geniza nur kurze Andeutungen der Gebetstexte, die als bekannt vorausgesetzt werden konnten .[21]

Alle Rezensionen des Halb-Qaddish, die in den drei unabhängig voneinander überlieferten Handschriften des Seder Rav Amram mitgeteilt werden, können insofern zunächst nur als Textzeugen der Zeit betrachtet werden, in denen diese Handschriften angefertigt wurden. Sie stammen allesamt erst aus dem 13.-15. Jh.[22]:

---

16 Vgl. z. B. Karl, "הַקָּדִישׁ", 40; Jacobson, קדיש-*Gebet*, 23f.

17 Vgl. Elbogen, *Gottesdienst*, 359; *Seder R. Amram Gaon*, ed. Kronholm, XXIIIff.; Brody, *Geonim*, 40f.; 192f.

18 Vgl. Ginzberg, *Geonica* I, 119ff.; *Seder R. Amram Gaon*, ed. Hedegård, 3-7; *Seder Rav Amram Ga'on*, ed. Goldschmidt, 7f. Zur Textgeschichte vgl. auch Wieder, לחקר, 257 mit Anm. 199.

19 Vgl. zu diesem Werk Ginzberg, סדורו של רב סעדיה גאון, 175, und S. 22 Anm. 31.

20 Vgl. dazu Ginzberg, *Geonica* I, 144ff., der darauf hinweist, daß erst ashkenazische Schreiber aus diesem Schreiben jenes »Gebetbuch« gemacht haben, das die weitere Entwicklung im Mittelalter so stark geprägt hat. Davon, daß die in Seder Rav Amram enthaltenen Gebets*texte* Rückschlüsse auf den alten Ritus ermöglichen, kann also keine Rede sein (so aber noch Werner, *Bridge*; *Seder R. Amram Gaon*, ed. Hedegård, XXVII). Zur Bearbeitung des Seder Rav Amram vgl. auch Marx, *Untersuchungen*, 351; Epstein, סדר רב עמרם, 569-588; Brody, לחידת עריכתו, 21-34.

21 Vgl. Mann, *Genizah Fragments*, 285f. und 307: dort wird die Rezitation des Qaddish nur durch 'ית (für יתגדל) kenntlich gemacht. Für vergleichbare gaonäische Responsen, in denen der Gebrauch des Qaddish nur angedeutet wird, vgl. Ginzberg, *Geonica* I, 119f.; ders., *Geonica* II, 114-117. Zu beachten ist noch, daß vollständige Texte des Qaddish in den Handschriften des Seder Rav Amram nur nach der die *zemirot* abschließenden *berakha*, dem *yishtabaḥ*, also ganz zu Beginn des Werkes mitgeteilt werden.

22 Zum Text vgl. *Seder R. Amram Gaon*, ed. Hedegård, 41 (יז); *Seder Rav Amram Ga'on*, ed. Goldschmidt, 11.

MS New York, JTS 4074[23]	MS Oxford, Opp. Add. 28[24]	MS London, Or. 1067[25]
יתגדל ויתקדש שמיה רבא אמן בעלמא דברא כרעותיה וימליך מלכותיה בחייכון וביומיכון ובחייהון דכל בית ישראל בעגלא ובזמן קריב ואמרו אמן. ועונין הצבור אמן	יתגדל ויתקדש וישתבח שמיה רבא בעלמא דברא כרעותיה וימליך מלכותיה דאמ׳ בחייכון וביומיכון ובחיי דכל בית ישראל בעגלא ובזמן קריב ועוני׳ הציבור אמן	יִתְגַּדַּל וְיִתְקַדַּ[ש] שְׁמֵה רַבָּא אמֵן בְּעָלְמָא דִּיבְרָא כִרְעוּתֵיהּ וְיַמְלִיךְ מַלְכוּתֵיהּ בְּחַיֵּיכוֹן וּבְיוֹמֵיכוֹן וּבְחַיֵּי דְּכֹל בֵּית יִשְׂרָאֵל בַּעֲגָלָא וּבִזְמַן קָרִיב אָמֵן
יהא שמיה רבה מברך לעלם ולעלמי עלמיא ואומר ויתברך אמן	יהא שמיה רבא מברך לעלם ולעלמי עלמיא ואומ׳ יתברך שמיה דקודשא בריך הוא	יְהֵא שְׁמֵיהּ רַבָּא מְבָרַךְ לְעָלַם וּלְעָלְמֵי עָלְמַיָּא יִתְבָּ[רַךְ] אָמֵן
ישתבח ויתרומם ויתנשא ויתהדר ויתעלה ויתקלס	ישתבח ויתרומם ויתהדר ויתקלס	וְיִשְׁתַּבַּח וְיִתְפָּאַר וְיִתְרוֹמַם וְיִתְנַשֵּׂא וְיִתְהַדַּר וְיִתְעַלֶּה וְיִתְקַלַּס
שמיא דקודשא בריך הוא אמן לעילא מכל ברכתא ושירתא תושבחתא ונחמתא דאמירן בעלמא ואמרו אמן.	דקודש בריך הוא אמן לעילא מכל ברכתא שירתא תושבחתא ונחמתא דאמירן בעלמא ואמרו אמן.	שְׁמֵיהּ דְּקוּדְשָׁא בְּרִיךְ הוּא לְעֵילָּא מִכָּל בִּרְכָתָא שִׁירָתָא תּוּשְׁבְּחָתָא וְנֶחָמָתָא דַּאֲמִי[רָן] בְּעָלְמָא וְאִמְרוּ אָמֵן
Groß und geheiligt sei sein großer Name! Amen!	Groß und geheiligt und gepriesen sei sein großer Name!	Groß und geheiligt sei sein großer Name! Amen!
In der Welt, die er erschaffen hat, nach seinem Willen, und seine Königsherrschaft komme, zu euren Lebzeiten und zu euren Tagen, zu euren Lebzeiten, des ganzen Hauses Israel, in Bälde und in naher Zeit. Und sie sollen sprechen: Amen! Und die Gemeinde respondiert: Amen!	In der Welt, die er erschaffen hat, nach seinem Willen, und seine Königsherrschaft komme, zu euren Lebzeiten und zu euren Tagen, zu Lebzeiten des ganzen Hauses Israel, in Bälde und in naher Zeit. Und die Gemeinde respondiert: Amen!	In der Welt, die er erschaffen hat, nach seinem Willen, und seine Königsherrschaft komme, zu euren Lebzeiten und zu euren Tagen, zu Lebzeiten des ganzen Hauses Israel, bald und in naher Zeit und sie sollen sprechen: Amen! Und die Gemeinde respondiert: Amen!

[23] Diese laut Kolophon 1506 in italienischer Kursive geschriebene Handschrift enthält nach Marx, *Untersuchungen*, 353 Textrezensionen, die keinem spezifischen Ritus zugeordnet werden können. Sie stellen vielmehr eine Mischung aus sefardischem, ashkenazischem und italienischem Ritus dar; vgl. hierzu auch *Seder R. Amram Gaon*, ed. Kronholm, XLff.

[24] Diese unvokalisierte in griechisch-rabbinischer Schrifttype geschriebene Handschrift wurde dem Kolophon zufolge am 3. Januar 1426 auf Rhodos vollendet (Marx, *Untersuchungen*, 357f.). Auf dieser Handschrift basiert die Edition von Frumkin (Jerusalem 1912).

[25] Diese nach tiberischem System vokalisierte Handschrift wurde im 13.-14. Jh. angefertigt und ist in sefardischer Type geschrieben (vgl. Margaliouth, *Catalogue*, Nr. 613). Auf ihr beruht die Ausgabe des Seder von Coronel (Warschau 1865). In keiner der bisher unternommenen Editionen dieses Manuskriptes ist die Vokalisation berücksichtigt worden.

Sein großer Name sei gepriesen, in Ewigkeit und von Ewigkeit zu Ewigkeit, er sei gepriesen! Und er spricht: Er sei gepriesen! Amen!	Sein großer Name sei gepriesen, in Ewigkeit und von Ewigkeit zu Ewigkeit, er sei gepriesen! Und er spricht: Er sei gepriesen! Sein heiliger Name, er sei gepriesen!	Sein großer Name sei gepriesen, in Ewigkeit und von Ewigkeit zu Ewigkeit, er sei gepriesen! Amen!
Es sei gelobt,	Es sei gelobt,	Und es sei gelobt,
	und es sei erhoben,	und es sei verherrlicht,
und es sei erhoben,	und es sei geschmückt,	und es sei erhoben,
und es sei erhaben,	und es sei gerühmt	und es sei erhaben,
und es sei geschmückt,		und es sei geschmückt,
und es sei erhöht,		und es sei erhöht,
und es sei gerühmt		und es sei gerühmt
der Name des Heiligen, gepriesen sei er! Amen!	der Heilige, gepriesen sei er! Amen!	der Name des Heiligen, gepriesen sei er! Amen!
Über und über alle Preisungen und Lieder und Lobpreisungen und Tröstungen, die je in der Welt gesprochen wurden. Und sie sollen sprechen: Amen!	Über und über alle Preisungen und Lieder und Lobpreisungen und Tröstungen, die je in der Welt gesprochen wurden. Und sie sollen sprechen: Amen!	Über und über alle Preisungen und Lieder und Lobpreisungen und Tröstungen, die je in der Welt gesprochen wurden. Und sie sollen sprechen: Amen!

Auf den ersten Blick unterscheiden sich diese drei Rezensionen des Halb-Qaddish nur sehr geringfügig voneinander: In MS Oxford wird neben den beiden üblicherweise das Qaddish eröffnenden Verbformen im *hitpaʿel* noch eine dritte Bitte, וישתבח, aufgeführt. Außerdem fehlen in dieser Rezension die typischen, die Responsion der Gemeinde andeutenden Amen; in MS New York und London wird ein Amen dagegen auch nach שמ(י)ה רבא erwähnt, so daß man das Wort *yitbarakh* sowohl als Abschluß der Ewigkeitsformel als auch als Eröffnung der litaneiartigen Passage, dem vierten Abschnitt des Qaddish, verstehen kann. Auffällig ist auch, daß in MS Oxford die Formeln דקודשא בריך הוא und דקודש בריך הוא eingefügt werden[26]; außerdem wird in dieser Handschrift wie in MS New York die Aufforderung des *sheliaḥ ṣibbur* zur Responsion auf die zentrale doxologische Formel יהא שמ(י)ה רבא[27] mitgeteilt.[28]

Vergleicht man diese drei Rezensionen mit Fassungen aus gedruckten Siddurim unterschiedlicher Riten, so wird deutlich, daß es sich, bis auf kleine Unterschiede[29], um Texte handelt, die dem ashkenazischen Ritus nahestehen.[30]

---

26 Zu dieser Formel vgl. Esh, הק'(ב'ה'), 75.

27 S. dazu unten Abschnitt II.3.

28 Auch das dieser Formel vorangestellte Amen kann man daher sowohl als Abschluß des vorangehenden Satzes als auch als Eröffnung des nächsten Abschnittes verstehen.

29 Von den gedruckten Fassungen weichen sie etwa durch den Gebrauch des Wortes *mevarakh*, mit dem die doxologische Kernformel abgeschlossen wird, ab. Wird es in ashkenazi-

Um diese Rezensionen genauer in die Entwicklung der unterschiedlichen Riten einordnen zu können - man könnte aufgrund der Übereinstimmung dieser Rezensionen mit dem ashkenazischen Ritus vermuten, daß es sich um Fassungen handelt, die dem alten palästinischen Ritus nahestehen - muß man sie nun allerdings auch mit Rezensionen aus dem bereits erwähnten Gebetbuch des Gaon von Sura, Seᶜadya ben Yosef (genannt al-Fayyumi), dem *Kitāb Gāmi aṣ-ṣalawāt wat-tasābīh* (»Sammlung der Gebete und Lobgesänge«), vergleichen.[31]

Aufbau und Inhalt des Siddur Seᶜadyas stimmen weitgehend mit dem des Seder Rav Amram überein.[32] Im Unterschied zum Seder Rav Amram basieren die in ihm überlieferten Rezensionen allerdings nicht auf dem babylonischen Ritus[33], und auch die handschriftliche Überlieferung ist anders zu beurteilen.[34] Die Rezensionen des Halb-Qaddish in diesem Werk dürften daher anderen Einflüssen ausgesetzt gewesen sein als die Rezensionen in den Handschriften des Seder Rav Amram[35]:

schen Rezensionen (gedruckter Siddurim) stets hebräisch vokalisiert, also *mevorakh* ausgesprochen, so wird es in diesen drei Rezensionen stets in Aramäisch verwendet.

30 Vgl. *Seder ᶜAvodat Yisra'el*, ed. Baer, 129f.; *Siddur Safa Berura*, 64.

31 Zur Entstehung dieses Gebetbuches vgl. Joel, in: *Siddur Rav Seᶜadya Ga'on*, ed. Davidson et al., 18-23; Malter, *Saadia Gaon*, 146ff.; Elbogen, *Saadia's Siddur*, 247-261; Ginzberg, *Saadia's Siddur*, 207-255; Brody, *Geonim*, 253ff.

32 Zu beachten ist, daß der Aufbau des Siddur Seᶜadyas im Gegensatz zum Seder Rav Amram nicht (mehr) an den einhundert Segenssprüchen (מאה ברכות; vgl. bMen 43b) orientiert ist; vgl. *Seder Rav Amram Ga'on*, ed. Goldschmidt, 1. Seᶜadya war vielmehr darum bemüht, Wiederholungen zu vermeiden (vgl. dazu Ginzberg, *Saadia's Siddur*, 224ff.), und berücksichtigte überdies *Piyyuṭim*, die Seder Rav Amram noch unbekannt waren. Vgl. zu den Unterschieden bes. Assaf, in: *Siddur Rav Seᶜadya Ga'on*, ed. Davidson et al., 23ff.; Zimmels, בגליוני "סדור רב סעדיה", 533-560, bes. 552ff.

33 Wie Seᶜadya im arabisch verfaßten Vorwort seines Siddur darlegt, beabsichtigte er die ihm bekannten, unterschiedlichen Riten zu vereinheitlichen; vgl. ed. Davidson et al., 10. Zu diesem Anliegen Seᶜadyas vgl. auch Elbogen, *Saadia's Siddur*, 257. Dies läßt sich z. B. auch an der Ausgestaltung der *tefilla* erkennen, die in einigen *berakhot* dem palästinischen Ritus nahesteht. Vgl. Higger, *Saadia*, 263; Zulay, שמונה עשרה, 57-68.

34 Selbst wenn den Siddur aufgrund seiner judeo-arabischen Abfassungssprache nicht das gleiche Schicksal wie den »beliebteren« Seder Rav Amram ereilt hat, ist zu beachten, daß auch die Handschriften dieses Werkes nicht so alt und frei von Bearbeitungen der Kopisten sind; vgl. dazu Goldschmidt, סדור רב סעדיה גאון, 416. Wie etwa den relativ wenigen Zitaten des Siddur in mittelalterlichen Schriften zu entnehmen ist, wurden auch die Gebets*texte* »bearbeitet« (vgl. Ginzberg, *Saadia's Siddur*, 232f., und s. auch die Zusammenstellung von Zitaten in Minhag-Büchern von Müller, לקוטים, 148ff.). Zu den Kopistenirrtümern in Siddur Seᶜadya vgl. noch *Responsen der Geonim*, ed. Harkavy, 96f.

35 Vgl. dazu Bondi, *Siddur*, 9; Ginzberg, ZHB 9 (1905) 104f.; Wieder, לחקר, 135.

MS Oxford, Heb. d. 51 (Cowley 2742)[36]

יתגדל ויתקדש שמיה רבה
ויגיבון אמן
בעלמא די ברא כרעותיה
וימלך מלכותיה ויצמח פורקניה ויבע משיחיה
בחייכון וביומיכון בחיי כל בית ישראל
בעגלא ובזמן קריב ואמרו אמן
ויגיבון אמן ויפתח להם
יהי שמיא רבא מברך לעלמא ולעלמי עלמיא
יתברך
ויגיבון אמן
ויתרומם ויתפאר ויתנשא ויתהדר ויתעלה ויתקלס
שמיה דקודשא בריך הוא
ויגיבון אמן
לעילא מכל ברכתא ושירתא ותשבחתא ונחמתא
דאמירן בעלמא
ואמרו אמן
ויגיבון אמן.

Groß und geheiligt sei sein großer Name!
Und sie sollen respondieren: Amen!
In der Welt, die er erschaffen hat, nach seinem Willen, und seine Königsherrschaft möge kommen, und seine Erlösung möge wachsen, und sein Messias möge schnell kommen zu euren Lebzeiten und zu euren Tagen, zu Lebzeiten des ganzen Hauses Israel, in Bälde und in naher Zeit,
und sie sollen sprechen: Amen!
Und sie sollen respondieren: Amen!
Und er fährt fort:
Sein großer Name sei gepriesen, in Ewigkeit und von Ewigkeit zu Ewigkeit,
er sei gepriesen!
Und sie sollen respondieren: Amen!
Es sei erhoben, und es sei verherrlicht,
und es sei erhaben, und es sei geschmückt,
und es sei erhöht, und es sei gerühmt
sein heiliger Name, gepriesen
sei er!
Und sie sollen respondieren: Amen!
Über und über alle Preisungen und Lieder und Lobpreisungen und Tröstungen, die je in

MS Oxford, Hunt. 448 (Neubauer 1996)[37]

יתגדל ויתקדש שמיה רבה
ויגיבון אמן
בעלמא די ברא כרעותיה
וימלך מלכותיה ויצמח פורקניה
בחייכון וביומיכון בחיי כל בית ישראל
בעגלא ובזמן קריב ואמרו אמן
ויגיבון אמן ויפתח להם
יהי שמיה רבה מברך לעלמא ולעלמי עלמיא
יתברך
ויגיבון אמן
ישתבח יתפאר ירומם יתעלה ויתנשא ויתקלס
שמיה דקודשא בריך הוא
ויגיבון אמן
לעילא מכל ברכתא שירתא תשבחתא ונחמתא
דאמירן בעלמא
ואמרו אמן
ויגיבון אמן.

Groß und geheiligt sei sein großer Name!
Und sie sollen respondieren: Amen!
In der Welt, die er erschaffen hat, nach seinem Willen, und seine Königsherrschaft möge kommen, und seine Erlösung möge wachsen
zu euren Lebzeiten und zu euren Tagen, zu Lebzeiten des ganzen Hauses Israel, in Bälde und in naher Zeit,
und sie sollen sprechen: Amen!
Und sie sollen respondieren: Amen!
Und er fährt fort:
Sein großer Name sei gepriesen, in Ewigkeit und von Ewigkeit zu Ewigkeit,
er sei gepriesen!
Und sie sollen respondieren: Amen!
Es sei gelobt, sei verherrlicht, sei erhoben, sei erhöht, sei erhaben,
sei gerühmt
sein heiliger Name, gepriesen
sei er!
Und sie sollen respondieren: Amen!
Über und über alle Preisungen und Lieder und Lobpreisungen und Tröstungen, die je in

---

36 Diese Handschrift stammt aus der Kairoer Geniza; vgl. die Beschreibung dieses Fragments von Wieder, *Genizah-Fragments*, 247; 278. Eine ähnliche Rezension enthält auch das Geniza-Fragment T.-S. H 18/20; vgl. *Siddur Rav Seʿadya Gaʾon*, ed. Davidson et al., 50.

37 Auf dieser in östlicher Type geschriebenen Handschrift basiert die Ausgabe *Siddur Rav Seʿadya Gaʾon*, ed. Davidson et al., 42f.; vgl. dazu Goldschmidt, סדור רב סעדיה גאון, 414, der eine Datierung dieses Manuskripts in das 10. (!) oder 13. Jh. erwägt.

der Welt gesprochen wurden.
Und sie sollen sprechen: Amen!
Und sie sollen respondieren: Amen!

der Welt gesprochen wurden.
Und sie sollen sprechen: Amen!
Und sie sollen respondieren: Amen!

Beide Rezensionen unterscheiden sich nur sehr geringfügig voneinander. MS Oxford hat zusätzlich zu der Bitte um das Kommen der Königsherrschaft eine Bitte um das schnelle Kommen des Messias; außerdem variieren die Reihenfolge und die Wortwahl in der litaneiartigen Passage.[38] Auffälliger sind die Unterschiede zu den Rezensionen in den oben vorgestellten Handschriften des Seder Rav Amram. So verwenden beide eine andere Schreibweise des Relativpronomens די, und auch die sog. Ewigkeitsformel לעלמא ולעלמי עלמיא wird anders wiedergegeben.[39] Darüber hinaus fallen die für Siddur Rav Seᶜadya typischen, judeo-arabisch verfaßten Responsionsaufforderungen (ויגבון) auf. Durch sie wird der Text nicht nur anders als in Seder Rav Amram strukturiert, sondern die Wiederholungen der Responsionsaufforderung (ואמרו אמן) heben auch die Bedeutung der Responsion der Gemeinde und die sich daran anschließende Eröffnung des dritten Abschnittes durch den Vorbeter (ויפתח להם) deutlicher hervor.

Vergleicht man diese Rezensionen aus dem Siddur Rav Seᶜadya wieder mit »Standard«-Rezensionen in den gedruckten Gebetbüchern, so zeigt sich, daß sowohl die in beiden Handschriften belegte Erlösungsbitte als auch die Bitte um das Kommen des Messias Charakteristika sefardischer bzw. orientalischer Rezensionen des Qaddish sind.[40] Gehen die »messianischen« Bitten wie in MS Oxford also auf den Einfluß des babylonischen Ritus zurück? Erst ein Vergleich mit Rezensionen, die sich zuverlässiger einem der beiden alten Hauptzweige des Ritus zuordnen lassen, kann hierüber Klarheit verschaffen.

Als »palästinische« Rezensionen rabbinischer Gebete identifizierbare Texte liegen z. B. in einigen Fragmenten vor, die in der sog. Kairoer Geniza gefunden wurden.[41] In diese »Abstellkammer« der sog. Esra-Synagoge (*qaṣr al-sham'yim*) in Alt-Kairo (Fusṭāṭ) gelangten vor allem solche Texte, die einem palästinischen Ritus nahestehen.[42] Zwar kann man nicht alle Handschriften und Fragmente liturgischen Inhalts aus dieser Geniza von vornherein als Zeugen »des« palästinischen Ritus betrachten. Einem besonderen Glücksfall ist es jedoch zu verdanken, daß in einigen der dort gefundenen Fragmenten des Qad-

[38] Zu beachten ist auch die fehlende *waw*-Kopula in MS Oxford.

[39] Zur Verschmelzung der Schreibweisen von די ברא zu דברא vgl. unten S. 50 Anm. 156. - Auch die Schreibweisen der sog. Ewigkeitsformel variieren. Während alle Rezensionen des Qaddish in Seder Rav Amram die Schreibweise לעלם ולעלמי עלמיא - wie eine ashkenazische Rezension in *Seder ᶜAvodat Yisra'el*, ed. Baer, 235 - haben, wird in vielen anderen Rezensionen des Qaddish die Schreibweise לעלמא ולעלמי עלמיא verwendet.

[40] Vgl. etwa die sefardische Rezension des Qaddish in *Sefer Abudraham ha-Shalem*, ed. Ehrenreich, 251. Zu diesem Werk vgl. unten S. 40 Anm. 106.

[41] Vgl. Heinemann, *Prayer*, 7.

[42] Zur Entstehung der »palästinischen« Gemeinde in Fusṭāṭ und der Geniza in der Synagoge dieser Gemeinde vgl. bes. Goitein, *Society*, Bd. 2, 52ff., und s. auch Fleischer, תפילה, 215ff.

dish Persönlichkeiten erwähnt werden, die aus anderen Quellen bekannt sind, so daß Herkunft und Alter zuverlässig bestimmt werden können.[43]

Eine der ältesten, aufgrund einer solchen Personennennung datierbare Rezension eines Halb-Qaddish aus der Geniza ist in einem zuerst von Solomon Schechter[44], dann auch von Ezra Fleischer[45] publizierten Fragment erhalten, in dem der Beginn einer Shabbat-Morgenliturgie festgehalten ist. In ihm werden die Namen des bekannten Vorsitzenden der palästinischen Yeshiva Gaon Avyatar ha-Kohen, seines *Av Bet Din*, Rabbenu Shelomo, und des sog. *Shelishi ba-ḥavura*[46], Rabbenu Ṣadoq, genannt:

T.-S. H 6/6

יתגדל ויתקדש שמיה רבה בעלמא דיברא כרעותה
ימלך מלכותיה ויצמח פורקניה ויקרב משיחיה
בחייך אדונינו אביתר הכהן
ראש ישיבת גאון יעקב
ובחיי רבינו שלמה הכהן אב הישיבה
ובחיי רבנו צדוק השלישי בחבורה
ובחייכון וביומיכון ובחיי כל בית ישראל
במהרה ובזמן קריב ואמרו אמן.
לעלמא ולעלמי עלמיא הוא יתברך ישתבח יתפאר יתרומם
יתנשא יתע[לה] ויתהדר שמו שלמלך מלכי המלכים ברוך הוא
למעלה למעלה מכל הב[רכות] השירות התשבחות והנחמות
האמורות בעולם כרצונו ואמרו אמן
עושה שלום במרומיו יעשה שלום עלינו
ועליכם ועל כל עמו ישראל ואמרו אמן

43 In bezug auf den anscheinend erst in gaonäischer Zeit aufgekommenen Brauch, in dem die Liturgie eröffnenden Qaddish Würdenträger zu erwähnen, vgl. bes. den Bericht über eine solche Zeremonie in der hebräischen Übersetzung des Natan ha-Bavli zugeschriebenen *Sefer Yuḥasin* in: *Mediaeval Jewish Chronicles*, Bd. 2, ed. Neubauer, 84: ועומד החזן ואמר קדיש. כשמגיע בחייכון וביומיכון אומר בחיי נשיאנו ראש גלות ובחייכון ובחיי דכל בית ישראל (»Und der *ḥazzan* steht auf und spricht Qaddish. Und wenn er zu ‘zu euren Lebzeiten und zu euren Tagen’ gelangt, spricht er: ‘zu Lebzeiten unseres *Nasi*, dem Exilarchen, und zu euren Lebzeiten und zu Lebzeiten des ganzen Hauses Israel«). Nach Cohen, *Self-Government*, 224 ist dieser Brauch vom islamischen Ritus beeinflußt. Vgl. auch die bemerkenswerte judeo-arabische Rezension eines Qaddish mit einer Bitte für Rabbi Moshe ben Maimon (gest. 1204) bei Grayewsky, מגנזי ירושלים, Bd. 6, 42 (s. unten Appendix B.1). Bitten ähnlichen Inhalts sind auch in das sog. *yequm purqan* (s. Marx, *Studies*, 64 Anm. 1) und in *reshuyyot* aufgenommen worden (vgl. Yanun, תפילה). In sefardisch-orientalischen Riten blieb der Brauch, zu Beginn des Gottesdienstes die Namen von Notabeln im Qaddish zu nennen, bis in die Neuzeit erhalten; vgl. Pool, UJE 6 (1948) 274.

44 Schechter, נוסחא בקדיש, 52-54.

45 Vgl. Fleischer, תפילה, 244-246.

46 Zu den *termini technici* der Organisation des palästinischen Gaonats vgl. Assaf, ראשי הגולה, 26-41; ders. / [Ed.], EJ 7 (1971) 321-324. - Zu den hier erwähnten Personen vgl. Schechter, *Saadyana*, 82 mit Anm. 4; Poznański, *Geonim*, 94f.; Brody, *Geonim*, 48f.

1 Groß und geheiligt sei sein großer Name! In der Welt, die er erschaffen hat nach seinem Willen.
2 Seine Königsherrschaft komme, und seine Erlösung möge wachsen, und er möge seinen Messias nahen lassen
3 zu deinen Lebzeiten, unser Herr, Avyatar ha-Kohen,
4 dem Haupt der Yeshiva, Ga'on Ya'aqov[47],
5 zu Lebzeiten unseres Meisters Shelomo ha-Kohen, dem *Av ha-Yeshiva*,
6 zu Lebzeiten unseres Meisters Ṣadoq, *ha-shelishi be-ḥavura*[48],
7 zu euren Lebzeiten und euren Tagen und zu Lebzeiten des ganzen Hauses Israel,
8 schnell und in naher Zeit, und sie sollen sprechen: Amen!
9 In Ewigkeit und in Ewigkeiten der Ewigkeit der Ewigkeiten, er sei gepriesen; es sei gelobt, sei verherrlicht, sei erhoben,
10 sei erhaben, sei erhöht, sei geschmückt sein Name, des Königs der Könige der Könige, gepriesen sei er,
11 über (und) über allen Preisungen, Liedern, Lobpreisungen und Tröstungen,
12 die je in der Welt gesprochen wurden, nach seinem Willen, und sie sollen sprechen: Amen!
13 Der Frieden schafft in den Höhen, er schaffe Frieden über uns
14 und über euch und über sein ganzes Volk Israel, und sie sollen sprechen: Amen!

Aufgrund der erwähnten Namen kann diese Rezension des Qaddish relativ zuverlässig in die Zeit des Wirkens des palästinischen *Rosh Yeshiva* Avyatar ha-Kohen in die Jahre 1083-1112 datiert werden.[49] Fleischer vermutet sogar, daß dieses Qaddish entweder in einer Synagoge am Sitz der palästinischen Yeshiva (damals in Tyrus) oder bei der feierlichen Einführung des Avyatar ha-Kohen anläßlich eines durch andere Quellen belegten Besuches in der »palästinischen« Gemeinde von Alt-Kairo rezitiert wurde.[50]

Im Vergleich mit den oben aufgeführten Rezensionen des Qaddish fällt auf, daß - neben unwesentlichen Schreibeigentümlichkeiten und der demnach wohl bereits für den palästinischen Ritus typischen Bitte um das Kommen des Messias - der Wechsel zwischen den aramäischen und hebräischen Abschnitten an ganz anderer Stelle erfolgt: So fährt der Text statt mit der üblichen Formel שמיה דקודשא בריך הוא in Hebräisch mit שמו שלמלך המלכים ברוך הוא fort, und auch der sich hieran anschließende Satzteil ist (anders als in dem oben zitierten Qaddish aus dem Siddur Se'adyas) in Hebräisch formuliert. Zu beach-

---

47 »*Rosh Yeshivat Ga'on Ya'aqov*« ist der Ehrentitel der Geonim nach Ps 47,5 bzw. auch nach Am 6,8; Nah 2,3.

48 Wörtl. »der dritte in der Versammlung«. Gemeint ist der dritte Vorsitzende, neben dem *Rosh Yeshiva* bzw. *Av ha-Yeshiva* und dem *Av Bet Din*.

49 Vgl. zu diesem Gaon Mann, *Jews*, Bd. 1, 70; Bd. 2, 62ff. Von Interesse ist auch die Erwähnung dieses *Rosh Yeshiva* zusammen mit dem fatimidischen Kalifen von Kairo in einem von Goitein, *Prayer*, 52 veröffentlichten Gebet.

50 Vgl. Fleischer, תפילה, 244 Anm. 113. Man beachte die direkte Anrede, בחייך, Z. 3. Zu den Hintergründen des Aufenthalts dieses palästinischen Gaon in Ägypten vgl. Gil, *History*, 774f.

ten ist überdies, daß das hebr. Wort למעלה (für das aram. לעילא; Z. 11) verdoppelt wird, ein Merkmal palästinischer Rezensionen.[51]

Wie ist der auffällige Gebrauch hebräischer Worte zu erklären? Waren palästinische Rezensionen zunächst vollständig in Hebräisch verfaßt? Nach Fleischer stellen die hebräischen, inhaltlich völlig mit dem bekannten aramäischen Text übereinstimmenden Wörter die Reste einer »Vorlage« der aramäischen Rezensionen des Qaddish dar. In dieser Rezension läge somit ein weiterer Beleg für die alte These Friedmanns vor, daß der aramäische Text des Qaddish aus dem Hebräischen »übersetzt« worden sei. Dies könne nach Fleischer auch der Vergleich mit einigen alten Rezensionen im sefardischen Ritus belegen.[52] Eine Übersetzung werde im übrigen bereits in mittelalterlichen Kommentaren erwähnt.[53]

Bei genauer Betrachtung dieser und vergleichbarer Rezensionen läßt sich die Verwendung des Hebräischen in T.-S. H 6/6 allerdings auch anders erklären.[54] So ist zu beachten, daß es sich um eine für einen besonderen Anlaß verfaßte Rezension handelt. Außerdem ist keine alte Rezension des Qaddish vollständig in Hebräisch überliefert. Der Gebrauch einzelner Wörter in Hebräisch mag überdies damit zusammenhängen, daß diese Lexeme im palästinischen Aramäisch unbekannt waren.[55] Wie der Vergleich mit einer weiteren 1925 von B. M. Lewin veröffentlichten Rezension eines Qaddish aus der Kairoer Geniza zeigt, wurde Hebräisch nicht in allen Rezensionen und stets an der

---

[51] Das doppelte »über« findet sich auch in Rezensionen des alten italienischen Ritus (vgl. etwa die Rezension in Appendix B.6) und des alten yemenitischen Ritus bzw. des Ritus des Maimonides (vgl. Goldschmidt, סדר התפילה של הרמב"ם, 203). Das doppelte »über« ist außerdem in einigen Rezensionen des ashkenazischen Ritus für die hohen Feiertage belegt; vgl. hierzu bes. die Erklärungen in dem Ritualwerk des Yaᶜaqov ben Moshe Möllin, *Book of Maharil*, ed. Spitzer, 379 bzw. *Siddur MaHaRY''L*, 51b. Auch diese Besonderheit einiger ashkenazischer Riten für die hohen Feiertage geht vielleicht auf alten palästinischen Brauch zurück. Vgl. dazu noch Fleischer, *Worms Maḥzor*, 27-69, bes. 68.

[52] Fleischer verweist diesbezüglich u. a. auf eine Rezension des Qaddish in dem Werk des Yaᶜaqov ben Asher, *Ṭur Oraḥ Ḥayyim*, 56a, sowie auf zwei Rezensionen in Siddurim aus dem 15. bzw. 16. Jh., die von Goldschmidt, סדור תפילות, 291; ders., דפוס, 305 veröffentlicht worden sind. Diese Textzeugen lesen zwar in Hebräisch: למעלה כל הברכות השירות והתושבחות והנחמות האמורות בעולם ואמרו אמן, sie haben aber nicht das ansonsten für den palästinischen Ritus typische doppelte לעילא. Außerdem ist das in dem Geniza-Fragment in Hebräisch formulierte Stück שמו של מלך מלכי המלכים ברוך הוא in ihnen wie üblich in Aramäisch gehalten.

[53] Vgl. Fleischer, תפילה, 117 Anm. 117, wo er auf ein noch ausführlich zu untersuchendes Responsum aus dem Ritualwerk des italienischen Gelehrten Ṣedeqia ben Avraham Anav, das sog. *Sefer Shibbole ha-Leqeṭ ha-Shalem*, ed. Buber, 8 verweist. S. dazu unten Kap. IV.4.2.

[54] S. dazu unten Kap. I.2.1-2.

[55] So könnte das ungewöhnliche בעגלא, das in T.-S. H 6/6 durch במהרה ersetzt ist (Z. 8), auf Verständnisschwierigkeiten gestoßen sein. Vgl. die Rezension in einem »palästinischen« Siddur, unten Appendix B.2: MS Oxford Heb. g. 2 [Neubauer 2700], Z. 3. Dort ist auch die Substantiv-Reihe in Hebräisch gefaßt (Z. 8-9).

gleiche Stellen verwendet.[56] Auch diese besondere Rezension kann aufgrund einer Namensnennung datiert werden:

MS Philadelphia, [Dropsie College] (Halper 185)

1 מרותא שר שלום הנשיא הגדול ר׳
2 ראש גליות כל ישראל יהי שמו לעולם
3 בחייכון וביומיכון ובחייהון דכל בית
4 ישראל בעגלא ובזמן קריב ואמרו
5 אמן תם יגיבון אלגמעה אמן יהא
6 שמיה רבא מברך לעלמא ולעלמי
7 עלמיא תם יקול לעלמא ולעלמי
8 עלמיא יתברך שמיה דקודשא ב׳
9 בריך הוא ויגיבון אמן תם יקול
10 ישתבח יתפאר יתרומם ויתנשא
11 יתעלה יתהדר ויתהלל שמיה
12 דקודשא בריך הוא ויגיבון אמן
13 תם יקול לעילא ולעילא מכל בר׳
14 ברכתא שירתא תושבחתא
15 ונחמתא דאמירן בעלמא ואמרו
16 אמן[57]

1 Die Herrschaft (des) *Sar Shalom*, des großen *Nasi*,
2 des Exilarchen ganz Israels, sein Name währe ewiglich,
3 zu euren Lebzeiten und zu euren Tagen und zu Lebzeiten des ganzen Hauses
4 Israel, in Bälde und in naher Zeit, und sie sollen sprechen:
5 Amen! Und darauf sollen sie respondieren[58]: Amen! Sein
6 großer Name sei gepriesen, von Ewigkeit zu Ewigkeit
7 zu Ewigkeit. Und wiederum sollen sie beten: Von Ewigkeit zu Ewigkeit
8 zu Ewigkeit sei sein heiliger Name gepriesen, des Heiligen, gepriesen sei er,
9 er sei gepriesen, und sie sollen antworten: Amen! Und er fahre fort:
10 Es sei gelobt, sei verherrlicht, sei erhoben, sei erhaben,
11 sei erhöht, sei geschmückt, sei besungen sein Name,
12 des Heiligen, gepriesen sei er. Und sie sollen respondieren: Amen!
13 Und wiederum sollen sie bitten: Über und über
14 alle Preisungen, Lieder, Lobpreisungen
15 und Tröstungen, die je in der Welt gesprochen wurden. Und sie sollen sprechen:
16 Amen!

Bemerkenswert an dieser Rezension ist zunächst, daß sie mit einer Bitte für einen *Nasi* und Exilarchen einsetzt und erst danach in den bekannten Wortlaut des Qaddish übergeht. Wie in Siddur Rav Seʿadya werden dabei die Gemeinderesponsionen durch arabisch verfaßte Hinweise angedeutet; doch wie in dem

---

[56] Vgl. Lewin, שרידים, 56. Auf die Bedeutung dieses Fragments weisen bereits Halper, *Catalogue*, 92 und Marmorstein, קַדִּישׁ, 11 hin.

[57] Das אמן ist ergänzt nach einer photostatischen Kopie dieser Handschrift im IMHM [P 5102]; es fehlt in der Edition Lewins.

[58] Zur Übersetzung der judeo-arabischen Aufforderung אלגמעה vgl. Lewin, שרידים, 56 Anm. 1.

Fragment T.-S. H 6/6 läßt sich auch ein Wechsel vom Hebräischen (יהי שמו לעולם; Z. 2) ins Aramäische (יהא שמיה רבא; Z. 5-6) beobachten, wobei sich sogar das typische doppelte לעילא (Z. 13) findet. Im Unterschied zu Lewin, der diese Rezension dem babylonischen Ritus zuschreiben möchte, weil in ihm ein *babylonischer* Gaon des 9. Jh. erwähnt sei, muß dieses Fragment daher wohl dem palästinischen Textzweig zugerechnet werden.[59] Mit dem Namen *Sar Shalom* ist dann wohl der *Nasi Sar Shalom ben Moshe ha-Lewi* gemeint, ein Gaon, von dem bekannt ist, daß er zwischen 1170-1195 in Fusṭāṭ wirkte.[60]

Der Vergleich mit einem anderen von Lewin veröffentlichten Fragment kann diese Zuordnung noch weiter stützen. Die in ihm erhaltene Rezension läßt sich wiederum aufgrund einiger im Kontext erwähnter Geonim datieren.[61] Neben dem bekannten Gaon Rav Ṣemaḥ bar Paltoi von Pumbedita (gest. 890) wird in ihm auch Rav Ṣemaḥ bar Ḥiyya (gest. 885), ein anderer Gaon der *Yeshiva* von Sura, erwähnt.[62] Bei dieser Rezension dürfte es sich daher um einen Beleg für eine *babylonische* Fassung handeln[63]:

MS New York, Adler 4053 (fol.1)[64]

ל[ריש] גלותא
[מגדיל] ישועות מלכו וגו׳   בריך שמיה דקבה׳
[אשר בח]ר בהון [ב]צדיקיא ויתר[עי] בעובדי ידיהון
ויהב לנא אוריתא ומצותא על ידי
[משה ר]בנא לאלפא עמיה בית ישראל בריך הוא
[ובריך] יהי שמיה רבא. ועונין ציבור יהי
שמיה רבא מב׳ ל׳ ול׳ עלמיא ולעלמי עלמיא
ויתברך וישתבח ויתפאר ויתרומם ויתנש׳

---

[59] Lewin vermutet hinter dem Namen *Sar Shalom* den Gaon *Sar Shalom ben Boʿaz*, der zwischen 838-848 der Yeshiva von Sura vorgestanden haben soll (so auch Halper, *Catalogue*, 92 unter Hinweis auf Poznański, *Geonim*, 131). Zur Identität der Person vgl. jedoch Mann, *Text*, Bd. 2, 150ff. Brody, *Geonim*, 163 datiert die Amtszeit des *Sar Shalom ben Boʿaz* in die Jahre 847/851-857.

[60] Vgl. Mann, *Jews*, Bd. 1, 234f.; ders., *Supplement*, 295; ders., *Text*, Bd. 1, 257f. Zu beachten ist darüber hinaus, daß die hier verwendete Anrede mit dem Titel *Nasi* besonders von Geonim in Ägypten geschätzt wurde; vgl. Poznański, *Geonim*, 171; Cohen, *Self-Government*, 190ff. Zu dem Titel *resh galuta*, »Exilarch«, vgl. Assaf, ראשי הגולה, 24ff.

[61] Vgl. Lewin, קדיש, 46-48, hier 47, und s. auch Assaf, בְּקֹרֶת סֵפֶר, 8-10. Das Fragment ist später von Marmorstein, קַדִּישׁ, 9-11; ders., *Mitteilungen* 159 veröffentlicht worden; dann auch von Lewin, שרידים, 50-56.

[62] Zu diesen Geonim vgl. Ginzberg, *Geonica* I, 159f.; Havazelet, EJ 13 (1971) 50 und ders., EJ 16 (1971) 985.

[63] Ob es sich bei diesem Fragment tatsächlich um einen Auszug aus einem Maḥazor der Yeshiva von Pumbedita handelt, wie Lewin behauptet, kann an dieser Stelle offen bleiben. Lewin, קדיש, 46 möchte den Text aufgrund des von Neubauer veröffentlichten Berichtes (s. oben S. 25 Anm. 43) mit der Einführungszeremonie eines Nachfolgers des Ṣemaḥ bar Ḥiyya in Verbindung bringen. Vgl. hierzu jedoch bereits die Einwände von Assaf, בְּקֹרֶת סֵפֶר, 10 und Epstein, בקורת גנזי קדם, 938.

[64] Text nach: Lewin, שרידים, 53.

9 ויתהדר ויתעל׳ ויתקד׳ שמיה דקב׳ הוא אלף
10 [אל]פי אלפין וריבי ריבי ריבוון עד דלית לא מינינ׳
11 ולא שיעורא ולא סכא לעילא לעילא לעילא
12 מכל ברכא׳ שיר׳ תשבח׳ ונח׳ דאמירן ודמתאמרן
13 לעלמא ולעלמי עלמיא.

1 Für den Exil[archen]
2 *Der seinem König [großes] Heil gibt usw.* (Ps 18,51). Gepriesen sei der Heilige, gepriesen sei er,
3 [der erw]ählt hat aus ihnen Gerechte und er[wählt hat] ihrer Hände Werk
4 . . . und uns die Tora und die *miṣwot* durch
5 [Mose], unseren Le[hrer], gegeben hat, um sein Volk, das Haus Israel, zu lehren, gepriesen sei er!
6 [Und gepriesen][65] sei sein großer Name! Und die Gemeinde respondiere: Sein
7 großer Name sei gepriesen, in Ewigkeit und Ewigkeit der Ewigkeiten!
8 Und es sei gepriesen und sei gelobt und sei verherrlicht und sei erhoben und sei erhaben
9 und sei geschmückt und sei erhöht und sei geheiligt der Name des Heiligen, gepriesen sei er, tausend
10 tausende über tausende und Myriaden über Myriaden von Myriaden, bis (sie) nicht mehr zu zählen sind
11 und kein Maß und keine Grenze[66] über (und) über, über
12 alle Preisungen, Lieder, Lobpreisungen, Tröstungen, die sie sprechen und gesprochen wurden,
13 in Ewigkeit und in Ewigkeiten der Ewigkeiten!

Im Unterschied zu allen bisher angeführten Rezensionen des Halb-Qaddish fehlt in diesem Fragment ein Hinweis auf den ersten, üblicherweise mit יתגדל einsetzenden Abschnitt des Qaddish. Statt dessen hebt diese Rezension nach einer feierlichen Anrede des Exilrachen unmittelbar mit der responsorisch von der Gemeinde gesprochenen doxologischen Formel an, an die sich eine längere Reihe von Verben des Lobens und Wörtern des Lobpreises (Z. 10), die an Gebete der Hekhalot-Literatur erinnert, anschließt.[67] Vielleicht ist diese singuläre Rezension einmal für einen besonderen Anlaß verfaßt worden. Inwieweit sie »die« babylonische Rezension des Qaddish repräsentiert, muß daher offen bleiben.

Der Überblick über einige der ältesten Rezensionen des Halb-Qaddish ergibt somit, daß die meisten aus der Geniza stammenden Texte mit einem palästinischen Ritus in Verbindung zu bringen sind, wobei sich allerdings nicht entscheiden läßt, ob nicht auch dieser bereits »babylonisch« beeinflußt worden ist.

---

[65] Diese vom Herausgeber der Handschrift aufgrund des schlechten Erhaltungszustandes des Fragments rekonstruierte Lesart, in der ein ו ergänzt wird, um das Qaddish syntaktisch mit dem voranstehenden Satz zu verbinden (Lewin, קדיש, 47), ist nicht unproblematisch.

[66] Zu סכא vgl. Brockelmann, *Lexicon*, 473.

[67] Vgl. etwa das Lied aus *Maʿase Merkava*, SHL § 593-594 N8. S. hierzu unten S. 159.

Aufgrund des Vergleichs können nur wenige Merkmale als besonders typisch für Rezensionen »des« palästinischen Ritus ausgemacht werden, denn wie die Rezensionen in den Handschriften des Seder Rav Amram und des Siddur Rav Se^cadya stellen viele Geniza-Fassungen bereits Mischtexte dar. Inhaltlich läßt sich allerdings die Tendenz erkennen, daß sog. palästinische Rezensionen »zusätzliche« messianische Bitten haben und sich durch einen über das übliche Maß hinausgehenden, sprachlichen Mischcharakter auszeichnen. Später entstandene Fassungen sind demgegenüber durch einen stärkeren Einfluß des Aramäischen charakterisiert. Sie dürften insofern stärker vom Gebrauch des Aramäischen in Babylonien geprägt sein. Ob die kürzeren, »ashkenazischen« Fassungen auf babylonische oder palästinische Rezensionen zurückgehen, ist angesichts dieses Befundes nicht sicher zu entscheiden. Möglicherweise sind »ashkenazische« Rezensionen gekürzte Varianten eines längeren Textes.

1.2.2 Qaddish titqabal und yehe shelama

Auch für die als Qaddish *titqabal* und *yehe shelama* bezeichneten Versionen des Qaddish kennen der ashkenazische und der sefardische Ritus unterschiedliche Rezensionen. Formal stellt der Text des Qaddish *titqabal* ein Halb-Qaddish dar, welches durch eine Bitte um Annahme des Gebets und eine zusätzliche Bitte um Frieden erweitert wird. Daß dieser Zusatz relativ spät entstanden ist, zeigt sich sowohl an Siddur Rav Se^cadya, wo diese Version noch nicht erwähnt wird[68], als auch an der Gebetsordnung des Maimonides (gest. 1204), wo diese Version nicht zu den verbindlichen Bestandteilen des Gebetes gezählt wird.[69] In den Handschriften des Seder Rav Amram wird sie außerdem mit dem aufschlußreichen Satz eingeführt[70]:

ואומר יתגדל עד דאמירן בעלמא ואמרו אמן ומוסיף . . .

Und man spreche *yitgadal*[71] bis man spricht *be-^calema*,
und (dann) sollen sie sprechen: Amen! Und man füge hinzu . . .

Hierauf folgt in allen drei unabhängig voneinander überlieferten Handschriften des Seder[72]:

---

[68] Vgl. Bondi, *Siddur*, 18.

[69] Vgl. Goldschmidt, סדר התפילה של הרמב"ם, 203, wo es ausdrücklich heißt: נהגו העם כולם להוסיף בסופו נוסח זה (»Das gesamte Volk pflegte zu seinem Abschluß (*sc.* des Gebetes) diese Rezension hinzuzufügen«). So auch *Sefer Mishne Tora*, ed. Freisler, 107.

[70] Vgl. *Seder Rav Amram Ga'on*, ed. Goldschmidt, 39.

[71] D. h. den ersten Abschnitt des Qaddish.

[72] Zu den Handschriften vgl. S. 20 Anm. 23-25.

MS New York, JTS 4074	MS Oxford, Opp. Add. 28	MS London, BL, Or. 1067
תתקבל צלותהון ובעותהוין דכל ישראל קדם אבוהון דבשמיא ואמרו אמן יהי שלמה רבא מן שמיא וחיים לכל ישראל ואמרו אמן עושה שלום במרומיו הוא יעשה שלום על כל ישראל	תתקבל צלותהון ובעותהון דכל בית ישראל קדם אבוהון ואמרו אמן יהי שלמא רבא מן שמיא וחיים ושובע ויישועה על כל בית ישראל ואמרו אמן עושה שלום במרומיו הוא יעשה שלום עלכל ישראל אין כאן ואמרו אמן אלא הכל דבר אחד וחיים על כל ישראל	תִּתְקַבַּל צְלוֹתְהוֹן וּבָעוּתְהוֹן דְּכָל יִשְׂרָאֵל קֳדָם אֲבוּתהוֹן(?) דִּבִשְׁמַיָּא וְאִמְרוּ אָמֵן יְהֵא שְׁלָמָא רַבָּא מִן שְׁמַיָּא וְחַיִּים עַל כָּל יִשְׂרָאֵל וְאִמְרוּ אָמֵן עוֹשֶׂה שָׁלוֹם בִּמְרוֹמָיו הוּא יַעֲשֶׂה שָׁלוֹם עַל כֹּל יִשְׂרָאֵל
Es möge angenommen werden euer Gebet und eure Bitten, ganz Israels, vor eurem Vater im Himmel, und sie sollen sprechen: Amen! Großer Friede möge kommen vom Himmel und Leben für ganz Israel, und sie sollen sprechen: Amen! Der Frieden schafft in den Höhen, der schaffe Frieden über ganz Israel!	Es möge angenommen werden euer Gebet und eure Bitten, des ganzen Hauses Israels, vor eurem Vater im Himmel, und sie sollen sprechen: Amen! Großer Friede möge kommen vom Himmel und Leben und Überfluß und Rettung für das ganze Haus Israel, und sie sollen sprechen: Amen! Der Frieden schafft in den Höhen, der schaffe Frieden über ganz Israel! (Hier spreche man nicht: Und sie sollen sprechen: Amen!, sondern alle zusammen:) Und Leben über ganz Israel!	Es möge angenommen werden euer Gebet und eure Bitten, ganz Israels, vor eurem Vater (?) im Himmel, und sie sollen sprechen: Amen! Großer Friede möge kommen vom Himmel und Leben für ganz Israel, und sie sollen sprechen: Amen! Der Frieden schafft in den Höhen, der schaffe Frieden über ganz Israel!

Auch der Vergleich dieser drei Rezensionen ergibt, daß der Text des Qaddish *titqabal* - abgesehen von Schreibeigentümlichkeiten, der Erwähnung einiger zusätzlicher Heilsgüter (שובע, ישוע) in MS Oxford und einem wohl auf einen Kopisten zurückgehenden Hinweis auf die Amen-Responsion am Schluß - recht einheitlich überliefert ist.[73]

Zusammenfassend ist für die Qaddish *titqabal* genannte Version festzuhalten, daß es sich zweifellos um einen aus dem Halb-Qaddish entstandenen »Zusatz« handelt. Dies zeigt sich sowohl an den einführenden Worten, mit denen diese Version in Seder Rav Amram vorgestellt wird, als auch an seiner Textgeschichte. Vollständige Rezensionen dieser Version finden sich erst in relativ spät entstandenen, wahrscheinlich bereits vom babylonischen Ritus beeinflußten Quellen.[74]

---

[73] Außerdem variieren die Schreibweisen von יהא שלמא und יהי שלמא, und in MS Oxford fehlt das דבשמיא nach אבוהון; dafür heißt es דכל בית ישראל.

[74] Wie ein Geniza-Fragment (s. Appendix B.4) belegt, ist diese Version erst spät auch in einem palästinischen Zweig des Ritus vertreten.

1.2.3 Qaddish le-ḥaddata

Im Unterschied zu den bislang analysierten Versionen des Qaddish sind im Hinblick auf das Qaddish *le-ḥaddata* bereits die unterschiedlichen Orte zu beachten, an denen es in den ältesten Quellen erwähnt wird: So findet sich der vielleicht früheste Beleg für das Qaddish *le-ḥaddata* in dem bereits erwähnten sog. außerkanonischen Traktat Soferim 19,9 (Higger 337), wo es mit einem besonderen Trauerritus nach dem synagogalen Gottesdienst in Verbindung gebracht wird.[75] In den Handschriften des Seder Rav Amram wird diese Version dagegen sowohl nach der Beerdigung als auch nach dem Studium des Mishna-Traktates *Avot* im Minḥa-Gottesdienst des Shabbat erwähnt.[76] In Siddur Rav Seᶜadya wird diese Version schließlich nur im Zusammenhang mit dem Abschluß der Tora-Lesung bzw. des Studiums genannt.[77] Bereits dieser Befund deutet darauf hin, daß sich diese Version einer anderen Entwicklung verdankt als das eindeutig als Zusatz zu identifizierende Qaddish *titqabal*.

Nur in zwei der drei wichtigen Handschriften des Seder Rav Amram finden sich Rezensionen dieser Version[78]:

MS London, British Museum, Or. 1067

יתגדל ויתקדש שמיה רבא בעלמה
דהוא עתיד לחדתא
ולאחאה מיתיא ולמבני דירושלם
ולשכללא היכלא ולמעקר פולחנא נוכראה
מארעיה
ולאתבא פולחנא קדישא דשמיא לאתריה וימליך
קודשא בריך הוא מלכותיה ויקירה
בחייכון וביומיכון ובחיי דכל בית ישראל
בעגלא ובזמן קריב
יהא שמיה רבא מברך לעלם ולעלמי עלמיא
יתברך אמן וישתבח ויתפאר ויתרומם ויתנשא
ויתהדר ויתקלס שמיה דקודשא בריך הוא לעילא
מכל ברכתא שירתא תישבחתא ונחמתא דאמירן
בעלמא ואמרו אמן
יהא שלמא מן שמיא וחיים ושובע וישוע ונחמה
והצלה לכל ישראל ואמרו אמן
עושה שלום וכו׳

Groß und geheiligt sei sein großer Name, in

MS Oxford, Bodleian Library, Opp. Add. 28

יתגדל ויתקדש שמיה רבא אמן בעלמא
דהוא עתיד לחדתא
ולאחיא מתיא ולמבני קרתא דירושלם
ולמיעקר פולחן נוכראה מארענא

ולאתבא פולחנא דשמיא לאתריה וימלך מלכותיה

בחייכון ובחיי דכל בית ישראל
בעגלא ובזמן קריב
אמן יהא שמיה רבא מברך לעלם ולעלמי עלמיא
ויתברך שמיה דקודשא לעילא

מכל ברכתא שירתא ותושבחתא ונחמתא דאמירן
בעלמא אמן
יהא שלמא רבא מן שמיא דחיי שיזבותא על
ישראל ואמרו אמן
עושה שלום במרומיו הוא ברחמיו יעשה שלום
עלינו על כל ישראל.

Groß und geheiligt sei sein großer Name, in

---

[75] Vgl. dazu unten IV.3.2.

[76] Vgl. *Seder Rav Amram Gaʾon*, ed. Goldschmidt, 187.

[77] Vgl. *Siddur Rav Seᶜadya Gaʾon*, ed. Davidson et al., 358f. Und dies, obwohl Seᶜadya den Brauch gekannt zu haben scheint, die »Spüche der Väter« am Shabbat-Ausgang zu rezitieren (vgl. aaO., 122f.).

[78] Vgl. *Seder R. Amram Gaon*, ed. Kronholm, 133 (כו).

der Welt, die er geschaffen, nach seinem Willen, die er zukünftig erneuern möge, er möge die Toten wiederbeleben, die Stadt Jerusalem erbauen
und den heiligen Tempel wiedererrichten und den Fremdkult ausmerzen aus seinem Land und den heiligen Kult des Himmels an seinen Ort zurückbringen, und es möge der Heilige, gepriesen sei er, seine Königsherrschaft kommen lassen, und sein Ruhm erstehe!
Zu euren Lebzeiten und zu euren Tagen und zu Lebzeiten ganz Israels, in Bälde und in naher Zeit!
Sein großer Name sei gepriesen, von Ewigkeit, zu Ewigkeit der Ewigkeiten, er sei gepriesen! Amen!
Es sei gelobt, sei verherrlicht, sei erhoben, sei emporgehoben, sei erhöht, sei geschmückt, sei erhaben, sei gerühmt sein Name, des Heiligen, gepriesen sei er!
Über alle Preisungen, Lieder, Lobpreisungen, Tröstungen, die je in der Welt gesprochen wurden.
Und sie sollen sprechen: Amen!
Großer Friede vom Himmel und Leben und Überfluß und Rettung und Trost und Hilfe für ganz Israel. Und sie sollen sprechen: Amen!
Der Frieden schafft usw.

der Welt, die er geschaffen, nach seinem Willen, die er zukünftig erneuern möge, er möge die Toten wiederbeleben, die Stadt Jerusalem erbauen
und den Fremdkult ausmerzen aus unserem Land
und den Kult des Himmels an seinen Ort zurückbringen, und er möge seine Königsherrschaft kommen lassen!

Zu euren Lebzeiten und zu Lebzeiten ganz Israels, in Bälde und in naher Zeit!

Amen! Sein großer Name sei gepriesen, von Ewigkeit, zu Ewigkeit der Ewigkeiten, es sei gepriesen, sein Name, des Heiligen!

Über alle Preisungen, Lieder, Lobpreisungen, Tröstungen, die je in der Welt gesprochen wurden.
Und sie sollen sprechen: Amen!
Großer Friede vom Himmel, zum Leben in Ruhe, über ganz Israel.
Und sie sollen sprechen:
Amen!
Der Frieden schafft in den Höhen, der schaffe in seinem Erbarmen Frieden über ganz Israel!

Die als Qaddish *le-ḥaddata* bezeichnete Version unterscheidet sich vom Halb-Qaddish vor allem durch ihre charakteristischen Bitten um Erneuerung der Welt, die Auferstehung der Toten, die Wiedererrichtung der Stadt (Jerusalem und des Tempels) und die Ausmerzung des Fremdkultes aus dem Land (Israel). Beide Rezensionen zeichnen sich außerdem durch besonders lange Bitten aus.[79] In MS Oxford fehlt allerdings bemerkenswerterweise die ansonsten für alle Rezensionen des Qaddish typische Serie von Verben im *hitpaᶜel*.[80]

Vergleicht man diese Rezensionen wiederum mit Fasssungen des Qaddish *le-ḥaddata* in gedruckten Siddurim[81], so ist festzustellen, daß sie vor allem im

---

[79] MS London fügt eine Bitte um die Errichtung des »heiligen Kultes an seinem Ort« hinzu. Vgl. hiermit die Rezensionen in *Siddur Rav Seᶜadya Gaᵓon*, ed. Davidson et al., 359 und in MS Mosseri V 179 (a) (s. Appendix B.3). Ähnliche Rezensionen teilt Pool, *Kaddish*, 79 mit.

[80] Ob dies als ein Indiz für die Vermutung, daß diese Serie von Verben erst nachträglich in das Qaddish eingefügt worden ist, zu bewerten ist, wird noch gesondert zu behandeln sein. Vgl. dazu Kap. III.2.

Hinblick auf ein charakteristisches Merkmal den sefardisch-orientalischen Rezensionen nahestehen, denn in beiden Rezensionen ist das Leitwort dieser Version im Infinitv *pa'al* (לחדתא) und nicht im *itpa'al* (לאתחדתא) gebildet. Offensichtlich stellen also auch die Rezensionen des Qaddish *le-ḥaddata* in den Handschriften des Seder Rav Amram keine »rein« ashkenazischen Fassungen dieser Version dar. Welchem Zweig die Rezensionen in Seder Rav Amram näherstehen, zeigt der Vergleich mit einer ähnlichen Rezension, die in einem von E. Fleischer[82] edierten Geniza-Fragment eines vermutlich im 13. Jh. entstandenen »palästinischen« Siddur erhalten ist[83]:

T.-S. 124.60

1 יתגדל ויתקדש שמיה רבה בעלמא דיברא כרעותיה דעתיד <u>לחדתא</u> עלמא ולאחאה
2 מיתיא ולפרק חי[יא] ולמבנה קרתא דירושלם ולשכללא היכלא קדישא ולמעקר פולחנא נוכראה
3 מן ארעא ולאתבא פולחנא דישמיה לאתריה [בדיל שמיה] ובדיל <u>מימריה</u> ובדיל [קימיה]
4 די גזר עם אבהתנא. ידכר לנא טובנא כיומי קדמנא, יקרב קיצנא ויתא משיחנא ויפרוק
5 יתנא ויחיו מיתנא. בחייכון וביומיכון ובחיי כל בית ישראל
6 ויענו הקהל אמן יהא שמיה רבה מברך לעלמא ולעלמי [עלמיא] על תיקונו ישלימו עד אמרו אמן
7 יאמר <u>על רבנן</u> ועל תלמידיהון ועל כל תלמידי תלמידיהון דעסיקין באוריתא די באתרא
8 הדין ודי בכל אתר ואתר בית מותבניהון, [יהא] לנא ולכון ולהון חנא וחסדא ורחמי
9 מן [קדם אלהא] שמיא אמרו אמן יהא שלמא רבה מן שמיא כול׳ עושה שלום כול׳

1 Groß und geheiligt sei sein großer Name, in der Welt, die er geschaffen, nach seinem Willen, die Welt, die er zukünftig erneuern möge,
2 er möge die Toten wiederbeleben, die Lebenden erlösen und die Stadt Jerusalem erbauen und den heiligen Tempel wiedererrichten und den Fremdkult ausmerzen
3 aus dem Land (Israel); und den Himmlischen Kult an seinen Ort zurückbringen, um seines Namens willen und um seiner *memra* willen und um [der Einhaltung]
4 dessen, was er mit unseren Vätern geschlossen hat. So möge er sich unser zum Guten wie der Vorzeiten erinnern. Er bringe unser Ende herbei, und lasse unseren Messias kommen, und erlöse
5 uns, und lasse auferstehen unsere Toten, zu euren Lebzeiten und euren Tagen und zu Lebzeiten des ganzen Hauses Israel.
6 Und die Gemeinde respondiere: Amen! Sein großer Name sei gepriesen, von Ewigkeit zu Ewigkeit [zu Ewigkeit]. Man fahre fort und vervollständige bis[84], und sie sollen respondieren: Amen!
7 Man spreche: Über die Rabbanan und ihre Schüler und alle Schüler ihrer

---

[81] Vgl. etwa *Seder 'Avodat Yisra'el*, ed. Baer, 588.

[82] Vgl. Fleischer, לסדרי תפילה, 217-260, hier 238f.

[83] Zur Identifikation des Fragmentes vgl. Fleischer, לסדרי התפילה, 218f., der anhand anderer in diesem Fragment erwähnter Gebete zeigt, daß es sich um einen Abschnitt eines palästinischen Siddur aus dem 13. Jh. handelt. Zur Identifikation vgl. auch Friedmann, מחלוקת, 249ff.

[84] Diese Anmerkung (eines Kopisten) weist darauf hin, daß der üblicherweise mit יתברך וישתבח (oder ähnlich) die doxologische Formel weiterführende Abschnitt nicht vom Vorbeter, sondern von der Gemeinde rezitiert werden soll.

Schüler, die sich mit der Tora beschäftigen, an diesem Ort
8 und an jedem Ort ihres Aufenthaltes, [es sei] uns und euch und ihnen Gunst und Gnade und Erbarmen
9 vor [Gott] im Himmel, Amen! Es sei großer Friede vom Himmel usw. der Frieden schafft usw.

Diese Rezension zeichnet sich zunächst dadurch aus, daß in ihr das Leitwort wie in den Handschriften des Seder im *paʿal* belegt ist, nur daß hier das Pronomen der 3. Person (הוא) in der Formulierung דעתיד לחדתא fehlt.[85] Über den üblichen Wortlaut des Qaddish *le-ḥaddata* hinaus finden sich in dieser Rezenzion außerdem Formulierungen, die an den Sprachgebrauch einiger Targumim erinnern. Interessant sind der Gebrauch des Wortes *memra*[86] (Z. 3) und der Einschub einer Formel, die auf den Bund Gottes, den er mit den Vätern geschlossen hat, verweist (Z. 3-4).[87] Offensichtlich handelt es sich bei diesem Text um eine Mischfassung aus dem bekannten Wortlaut und einer Fassung des Qaddish *de-Rabbanan*[88] (ab Z. 7). In den ersten Abschnitt ist überdies der Halbsatz בעלמא דיברא כרעותיה eingefügt. Wie ist dieser Befund zu erklären?

Fleischer vermutet, diese Rezension sei auf den Irrtum eines Schreibers zurückzuführen.[89] Ein Kopist hätte zunächst an das Voll-Qaddish gedacht, sich dann aber eines Besseren besonnen und den Text des Qaddish *le-ḥaddata* vollendet. Berücksichtigt man allerdings vergleichbare Rezensionen des Qaddish *le-ḥaddata*, kann diese Erklärung nicht überzeugen. In einem Fragment, in dem sich ebenfalls der Beginn eines Qaddish (nach dem in orientalisch-sefardischen und palästinischen Riten üblichen, das tägliche Morgengebet abschließenden *eyn ke-elohenu*-Gebet[90]) findet, läßt sich der gleiche »Kopistenirrtum« beobachten:

MS Paris, Mosseri V 19.2[91]

1] אתה הוא אלהינו
2]אתה הוא מלכינו אתה הוא
3]קום תרחם ציון מעת

[85] Vgl. dazu die Kap. I.1.2.4 mitgeteilten Rezensionen des Qaddish *de-Rabbanan* sowie die Rezension in dem Geniza-Fragment MS Mosseri V 179 (a) (Appendix B.3).

[86] Wörtl. »das Wort«, übertragen »der Herr«. Vgl. zu diesem *terminus technicus* der Targum-Sprache unten Kap. I.2.2.

[87] Zu der formelhaften Wendung ידכר לנא טובנא, wörtl. »er möge sich unser zum Guten erinnern«, vgl. dazu S. 68 Anm. 254.

[88] S. dazu unten S. 39ff.

[89] Vgl. Fleischer, לסדרי התפילה, 239 Anm. 100. Den für diese Version des Qaddish ungewöhnlichen Satzteil hat er in seiner Edition dieses Fragmentes sogar in Klammern gesetzt!

[90] Zum Ort und zur Verwendung des an I Sam 2,2 angelehnten *eyn ke-elohenu*-Gebets vgl. schon Elbogen, *Gottesdienst*, 80. Für den älteren palästinischen Ritus s. auch Mann, *Genizah Fragments*, 324f. Im ashkenazischen Ritus wird dieses Gebet nach dem *musaf*-Gebet am Shabbat gesprochen; vgl. *Seder ʿAvodat Yisraʾel*, ed. Baer, 245.

[91] Vgl. *Catalogue of the Jack Mosseri Collection*, 123.

4] מעד תם יקול יתגדל ויתקדש
5 שמיה רבא] בעלמא דיברא דהוא עתיד לחדתא

1]du bis unser Gott
2]du bist unser König, du bist
3 *d]u wirst dich erheben, dich Zions erbarmen, es ist Zeit,*
4 *denn die Stunde ist] da* (Ps 102,14), nachher spreche er: Groß und geheiligt sei
5 sein großer Name] in der Welt, die er geschaffen, die er zukünftig erneuern möge

Auch in dieser nur sehr fragmentarisch erhaltenen Rezension des Qaddish *le-ḥaddata* ist wie in T.-S. 124.60 die für das Halb-Qaddish charakteristische Einfügung **בעלמא דיברא** überliefert; erst nach dem für das Halb-Qaddish charakteristischen Abschnitt *yitgadal we-yitqadash* folgt der Anfang des Qaddish *le-ḥaddata.*[92] Berücksichtigt man schließlich noch ein weiteres Geniza-Fragment, in dem eine ähnliche Mischfassung beider Versionen überliefert wird, muß Fleischers Erklärung für T.-S. 124.60 als widerlegt gelten. Zwar findet sich auch in diesem Fragment zunächst der erste Satz des Halb-Qaddish (mit *ba-ʿalema di-vera*; Z. 3), doch hierauf folgt wiederum der typische Beginn des Qaddish *le-ḥaddata*[93]:

T.-S. 156.81

1 אתה הוא אלהינו אתה הוא אדונינו אתה הוא מלכינו אתה הוא מושיעינו
2 אתה תקום תרחם ציון כי עת לחננו כי בא מועד ויעמד ואמר קדיש
3 דרבנן ז"ל יתגדל ויתקדש שמיה רבה בעלמא דיברא כרעותיה דעתיד
4 לחדתא על[מא]
5 ולשכללא היכלא קדישא ולמעקר פלחנא נוכרא [ ]
6 פולחנא דישמיא ואתרי[ה]בדיל מימרה ובן[דיל]
7 ויפרוק יתנא[ ]
8 ויענו הקהל אמן. [ ]

1 Du bist unser Gott, du bist unser Herr, du bist unser König, du bis unser Retter.
2 *Du wirst dich erheben, dich Zions erbarmen, es ist Zeit sie zu begnaden, die Stunde ist da* (Ps 102,14). Und er steht auf und spricht Qaddish
3 *de-Rabbanan*, seligen Angedenkens: Groß und geheiligt sei sein großer Name, in der Welt, die er geschaffen, nach seinem Willen, die Welt,
4 die er zukünftig erneuern möge[ ]
5 (er möge) den Heiligen Tempel wiedererrichten und den Fremdkult ausmerzen[ ]
6 den Kult des Himmels und sein[en] Ort, um seiner *memra* willen und [um]
7 und er möge sie erlösen[ ]
8 Und die Gemeinde soll respondieren: Amen! [ ]

---

92 Bemerkenswert ist auch die Einleitung des Qaddish durch die bekannte judeo-arabische Formel תם יקול (»nachher spreche er«), Z. 4.

93 Und man beachte, daß das nach *eyn ke-elohenu* zitierte Qaddish *le-ḥaddata* in diesem Fragment wieder als Qaddish *de-Rabbanan* (Z. 3) bezeichnet wird!

Die Untersuchung alter, schwer exakt zu datierender Textzeugen des Qaddish *le-ḥaddata* ergibt somit, daß die Grenzen zwischen dieser Version und dem Halb-Qaddish sehr viel schwerer zu ziehen sind als zwischen den anderen Versionen des Qaddish. Eine festumrissene Version des Qaddish *le-ḥaddata* scheint sich erst nach und nach entwickelt zu haben. Hierbei könnte auch die Verwendung dieser Version an unterschiedlichen Orten eine Rolle gespielt haben. Inhalt und Umfang des Qaddish *le-ḥaddata* blieben offensichtlich viel länger im Fluß als beim Halb-Qaddish.

Daß es sich beim Qaddish *le-ḥaddata* demnach um eine späte Entwicklung des Qaddish handelt, zeigt sich schließlich auch an dem in manche Fassungen aufgenommenen Einschub, der mit den charakteristischen Worten *titkele ḥarba* anhebt. Dieser Zusatz findet sich erst in Rezensionen des sefardischen und yemenitischen Ritus. Maimonides, der auf diese Riten großen Einfluß ausgeübt hat, war er allerdings noch unbekannt. Bereits L. Zunz hat daher vermutet, es handele sich um einen »Überrest des alt-babylonischen Ritus«.[94] Eine genauere Datierung ist jedoch schwierig[95], denn Umfang und Inhalt dieses Zusatzes können in den verschiedenen üblicherweise mit dem babylonischen Ritus in Verbindung gebrachten Textzeugen stark variieren.[96]

In einer sefardischen Rezension lautet dieser vor der abschließenden Friedensbitte (עושה שלום) eingefügte Einschub in das Qaddish *le-ḥaddata*[97]:

1 תִּתְכְּלֵי חַרְבָּא
2 וְכַוֹפְנָא
3 וּמוֹתָנָא
4 וּמַרְעִין בִּשִׁין
5 יְדֵי מִנַּנָא וּמִנְּכוֹן
6 וּמֵעַל עַמֵּהּ בֵּית יִשְׂרָאֵל
7 ואמרו אָמֵן

---

[94] Vgl. Zunz, *Literaturgeschichte*, 19.

[95] Im Hinblick auf die Datierung dieses Zusatzes ist auch eine Erwähnung in einem gaonäischen Responsum zu beachten; vgl. *Qevuṣat Ḥakhamim*, ed. Warnheim, 109. Demnach erlaubte Hai, Gaon von Pumbedita, die Rezitation auch an einem Festtag (vgl. dazu Elbogen, *Gottesdienst*, 528). Die Zuschreibungen von Responsen an diesen »legendären« Gaon sind jedoch nicht unproblematisch; s. dazu Kap. IV.1.1.5.

[96] Vgl. auch die Rezensionen des Qaddish *le-ḥaddata* aus Kurdistan in Benyahu, "תפילת המתים", 49-74, bes. 50. Vgl. außerdem die Nachrichten über den Brauch der Einfügung des *titkele ḥarba* bei Assaf, ספר הקדיש, 193; ferner die von Pool, *Kaddish*, 97 mitgeteilten Rezensionen dieser Einfügung aus einer verlorengegangen (?) yemenitischen Handschrift (MS Gaster 243).

[97] Text nach einer sefardischen Rezension des *Sefer Abudarham*, ed. Ehrenreich, 252 (Spanien, 14. Jh.). Vgl. auch die Rezensionen im yemenitischen Gebetbuch, dem *Sefer ha-Tikhlal*, 80f.; 126 (zu diesem Werk s. unten S. 40 Anm. 106). Vgl. auch die Rezension in *Sefer Torat ha-Adam*, in: Kitve Rabbenu Moshe ben Naḥman, Bd. 2, ed. Chavel, 154f. Zur Geschichte dieses Zusatzes vgl. auch *Newly Discovered Geonic Responsa*, ed. Emanuel, 250f. Anm. 31. Außerdem ist eine aramäische *reshut* zu beachten; s. dazu Appendix B.7.

1 Halte fern Dürre[98],
2 Hungersnot,
3 Pestilenz,
4 schwere Krankheit
5 von uns, von euch
6 und von seinem Volk, dem Haus Israel,
7 und man spreche: Amen!

Inhaltlich handelt es sich um eine kurze apotropäische Bitte, durch die verschiedene Übel vom Beter bzw. der Gemeinde abgehalten werden sollen.[99] Auch an diesem Einschub zeigt sich, daß der Text des Qaddish *le-ḥaddata* im Unterschied zum Wortlaut des Halb-Qaddish über einen viel längeren Zeitraum gewachsen ist.

Welchem Ritus sich diese Version des Qaddish ursprünglich verdankt, läßt sich insofern nur schwer ausmachen. Zum einen wird das Qaddish *le-ḥaddata* bereits im Traktat Soferim erwähnt; außerdem ist es auch in einigen Geniza-Fragmenten belegt. Andererseits ist diese Version zum größten Teil in Aramäisch gehalten und wurde dann vor allem in sefardisch-orientalischen Riten adaptiert und weiter ausgestaltet. Dies spricht für eine Entstehung im babylonischen Ritus.

1.2.4 Qaddish de-Rabbanan

Wie schwierig die Abgrenzung der verschiedenen Versionen des Qaddish untereinander und somit eine genaue Rekonstruktion ihrer Entwicklung ist, läßt sich an der Qaddish *de-Rabbanan* genannten Version beobachten. Diese Fassung des Qaddish zeichnet sich vor allem durch eine Bitte für die *Rabbanan* (»unsere Lehrer«), ihre Schüler und alle Schüler ihrer Schüler aus. Als einzige Fassung des Qaddish wird in ihr auch der Ort, an dem sie rezitiert werden soll, erwähnt: die Synagoge - der Ort (אתר)[100] schlechthin.

Auch der textgeschichtliche Befund für diese Version deutet bereits auf eine relativ späte Entstehung hin. So findet sich diese Version weder in den Handschriften des Seder Rav Amram[101] noch in Siddur Rav Seʿadya. Selbst dem Verfasser des *Maḥzor Vitry* (11. Jh.), eines wichtigen Zeugen des franzö-

---

98 Zu diesem nur im babylonischen Aramäisch belegten Wort vgl. Jastrow, *Dictionary*, 498 s. v. חַרְבָּא II. Vgl. auch die traditionellen Erklärungen dieser Bitten bei Assaf, ספר הקדיש, 54. Scheindlin, in: Elbogen, *Liturgy*, 408 Anm. 19 übersetzt dagegen mit: »may war be ended«.

99 Formal und inhaltlich ist dieser Zusatz mit einigen im folgenden zu untersuchenden Gebeten für die Gesundung Neubeschnittener vergleichbar. S. dazu Kap. I.3.2.2.

100 Zur übertragenen Bedeutung des Wortes אתר im Sinne von Synagoge vgl. unten S. 60 mit Anm. 227.

101 Vgl. *Seder R. Amram Gaon*, ed. Kronholm, 41 (ז). In MS Oxford, Opp. Add. 28 wird der Anfang dieses Qaddish nur angedeutet.

sischen und ashkenazischen Ritus, scheint sie noch unbekannt gewesen zu sein.[102] Der charakteristische Zusatz, der mit den Worten *ʿal Rabbanan* einsetzt, läßt sich zwar auch in einem Qaddish *le-ḥaddata* in dem Geniza-Fragment finden (vgl. oben T.-S. 124.60 [Z. 7-8]). Doch auch dieses Fragment stammt wahrscheinlich erst aus einer Siddur-Handschrift, die einen vom babylonischen beeinflußten palästinischen Ritus aus dem 13. Jh. in Ägypten wiedergibt.[103] Ob der alte palästinische Ritus also den heute als Qaddish *de-Rabbanan* bezeichneten Text kannte, ist aufgrund dieses Fragmentes nicht zu belegen.[104] Vollständige Textzeugen dieser Version finden sich erst in der Gebetsordnung des Maimonides[105] und in dem von ihm beeinflußten yemenitischen Gebetbuch, dem *Sefer ha-Tikhlal*, die beide ebenso babylonischem Ritus nahestehen[106]:

Sefer ha-Tikhlal, Jerusalem 1946	MS Oxford, Hunt. 80 (Neubauer 577)
יתגדל ויתקדש שמיה רבא	יתגדל ויתקדש שמיה רבה
דעתיד לחדתא עלמא ולאחאה חייא	דעתיד לחדתא עלמא ולאחאה מיתיא
למבני קרתא	ולמפרק חייא ולמבני קרתא
דירושלם ולשכללא היכלא קדישא	דירושלם ולשיכללא היכלא קדישא
ולמעקר פולחנא נוכראה מן ארעא	ולמעקר פולחנא נוכרא מן ארעא ולאתבא פולחנא
ולאתבא פולחנא דישמיה לאתריה	דישמיה לאתריה
בהדדיה בזיויה וביקריה ימליך	בזיויה וביקריה וימליך
מלכותיה ויצמח פורקניה ויבע משיחיה	מלכותיה ויצמח פורקניה ויבע
ויפרוק עמיה בחייכון וביומיכון ובחייהון	משיחיה ויפרוק עמיה בחייכון וביומיכון ובחייהון
דכל בית ישראל בעגלא ובזמן קריב	(וביומיהון) דכל בית ישראל בעגלא ובזמן קריב
ואמרו אמן	ואמרו אמן
יהא שמיה רבה מברך לעלמא ולעלמי עלמיא	יהא שמיה רבה מברך לעלמא ולעלמי עלמיא
יתברך ישתבח יתפאר יתרומם יתעלה יתהדר	יתברך ישתבח יתפאר יתרומם יתעלה יתהדר
יתהלל ויתנשא שמיה דקושא בריך הוא	יתהלל ויתנשא שמיה דקושא בריך הוא
לעילא לעילא מכל ברכתא שירתא תושבחתא	לעילא לעילא מכל ברכתא שירתא תושבחתא
נחמתא די אמירן בעלמא ואמרו אמן.	נחמתא דאמירן בעלמא ואמרו אמן.
על רבנן ועל תלמידיהון ועל תלמידי תלמידיהון	על רבנן ועל תלמידיהון ועל תלמידי תלמידיהון
דעסקין באורייתא די באתרה הדין	דעסקין באוריתא די באתרה הדין ודי בכל אתר

[102] Vgl. Assaf, ספר הקדיש, 51.

[103] Vgl. Fleischer, לסדרי התפילה, 218f.

[104] Zu beachten ist auch, daß in dem oben zitierten Geniza-Fragment, T.-S. 156.81 (Z. 3), mit der Bezeichnung Qaddish *de-Rabbanan* eine Fassung des Qaddish *le-ḥaddata* bezeichnet wird. Zur Frage, ob der palästinische Ritus überhaupt das Qaddish *de-Rabbanan* kannte, vgl. auch Fleischer, תפילה, 311: Am Schluß einer in einem Geniza-Fragment erhaltenen *maʿariv*-Liturgie für *Simḥat Tora* (T.-S. H 12/11 [a]) wird zwar die Bezeichnung »Qaddish *de-Rabbanan*« erwähnt; es ist jedoch nicht mehr ersichtlich, welcher Wortlaut des Qaddish in diesem Fragment gemeint ist.

[105] Vgl. Goldschmidt, סדר התפילה של הרמב"ם, 203.

[106] Zur Entstehung des *Sefer ha-Tikhlal* vgl. Razhaby, עיונים, 99-114 (zu den Unterschieden in den Rezensionen des Qaddish vgl. bes. 101). Zum Einfluß des Maimonides auf den yemenitischen Ritus s. Madmony, הרמב"ם, 373-394 (zum Text des Qaddish vgl. bes. 386) und Gavra, מחקרים, 19ff. Zu den wichtigsten Handschriften und Drucken des yemenitischen Gebetbuches vgl. Gluska, התפילה, 12ff.

ודי בכל אתר ואתר יהי לכון ולכון
חנא וחסדא ורחמי וסיעתא ורוחא מן קדם אבוהון
דבשמיא ואמרו אמן
יהא שלמא רבא משמיא וסיעתא ופורקנא עליכון
ועלנא ועל כל קהלכון דישראל ואמרו אמן
עושה שלום במרומיו הוא ברחמיו יעשה שלום על
כל ישראל.

Groß und geheiligt sei sein großer Name, der zukünftig erneuern möge die Welt, er möge die Lebenden[107] wiederbeleben, die Stadt Jerusalem erbauen und den heiligen Tempel wiedererrichten und den Fremdkult ausmerzen aus dem Land und den Kult seines Himmels an seinen Ort zurückbringen, in seiner Herrlichkeit, seinem Glanz und seiner Ehre. Seine Königsherrschaft komme, und seine Erlösung wachse, und sein Messias komme schnell, und er erlöse sein Volk, zu euren Lebzeiten und zu euren Tagen und zu Lebzeiten des ganzen Hauses Israel, bald und in naher Zeit, und man spreche:
Amen!
Sein großer Name sei gepriesen von Ewigkeit zu Ewigkeit zu Ewigkeit, er sei gepriesen; es sei gelobt, sei verherrlicht, sei erhoben, sei erhöht, sei geschmückt, sei besungen, sei erhaben der Name des Heiligen, gepriesen sei er, über und über alle Preisungen, Lieder, Lobpreisungen, Tröstungen, die je in der Welt gesprochen wurden, und man respondiere: Amen!
Über die *Rabbanan* und ihre Schüler und die Schüler ihrer Schüler, die sich mit der Tora beschäftigen, an diesem 'Ort' und an jedem anderen 'Ort'.
Möge euch und euch Gnade und Gunst, Erbarmen und Hilfe und Befreiung von vor eurem Vater im Himmel her sein, und man spreche: Amen!
Möge großer Friede vom Himmel her sein und Hilfe und Erlösung über euch und uns und eure gesamte Gemeinde von Israel, und man spreche: Amen!
Er mache Frieden in seinen Höhen, er mache Frieden in seinem Erbarmen, Frieden über ganz Israel.

ואתר (בית מותבניהון) יהי להון ולכון
חינא וחסדא ורחמי וסייעתא ורווחא מקדם אבוהון
די בשמיא ואמרו אמן
יהי שלמא רבה משמיא
וסייעתא ופורקנא וכו'
עושה שלום במרומיו הוא ברחמיו יעשה שלום על
כל ישראל.

Groß und geheiligt sei sein großer Name, der zukünftig erneuern möge die Welt, er möge die Toten wiederbeleben, die Lebenden erlösen, die Stadt Jerusalem erbauen und den heiligen Tempel wiedererrichten und den Fremdkult ausmerzen aus dem Land und den Kult seines Himmels an seinen Ort zurückbringen, in seinem Glanz und seiner Ehre. Und seine Königsherrschaft komme, und seine Erlösung wachse, und sein Messias komme schnell, und er erlöse sein Volk, zu euren Lebzeiten und zu euren Tagen und zu Lebzeiten (und zu Tagen) des ganzen Hauses Israel, bald und in naher Zeit, und man spreche: Amen!
Sein großer Name sei gepriesen von Ewigkeit zu Ewigkeit zu Ewigkeit, er sei gepriesen; es sei gelobt, sei verherrlicht, sei erhoben, sei erhöht, sei geschmückt, sei besungen, sei erhaben der Name des Heiligen, gepriesen sei er, über und über alle Preisungen, Lieder, Lobpreisungen, Tröstungen, die je in der Welt gesprochen wurden, und man respondiere: Amen!
Über die *Rabbanan* und ihre Schüler und die Schüler ihrer Schüler, die sich mit der Tora beschäftigen, an diesem 'Ort' und an jedem anderen 'Ort' (Haus ihrer Versammlungen).
Möge euch und euch Gnade und Gunst, Erbarmen und Hilfe und Befreiung von vor eurem Vater im Himmel her sein, und man spreche: Amen!
Möge großer Friede vom Himmel her sein und Hilfe und Erlösung über euch und uns und eure gesamte Gemeinde von Israel, und man spreche: Amen!
Er mache Frieden in seinen Höhen, er mache Frieden in seinem Erbarmen, Frieden über ganz Israel.

[107] Hier liegt offensichtlich eine Verschreibung vor.

Wie die oben vorgestellte Rezension des Qaddish in T.-S. 124.60 fußen auch diese beiden Texte auf dem Qaddish *le-ḥaddata*. Wie palästinische Rezensionen haben sie das doppelte לעילא, und auffällig ist auch, daß es in diesen Rezensionen statt וקיצנא ויתא משיחנא wie in T.-S. 124.60 (Z. 4) ויקרב משיחיה bzw. ויבע משיחי (»und er möge seinen Messias schnell kommen lassen«) heißt.[108] Der Vergleich dieser Fassungen des Qaddish *de-Rabbanan* mit anderen Rezensionen ergibt, daß der Text dieser Version innerhalb der sefardisch-orientalischen Tradition anscheinend relativ stabil überliefert worden ist. Stellt man diese Rezensionen allerdings gedruckten Fassungen in ashkenazischen Siddurim gegenüber, zeigt sich, daß das Qaddish *de-Rabbanan* in diesen stets auf dem Halb-Qaddish basiert.[109] Möglicherweise war diese Fassung des Qaddish im ashkenazischen Ritus also erst später bekannt geworden. Die Grenzen zwischen Halb-Qaddish und Qaddish *le-ḥaddata* scheinen jedenfalls lange fließend geblieben zu sein[110], so daß sich die Frage, welcher Version des Qaddish die zusätzliche Bitte für die *Rabbanan* und ihre Schüler ursprünglich einmal hinzugefügt wurde, nicht beantworten läßt. Berücksichtigt man zudem die Textgeschichte dieser Fassung, spricht noch mehr dafür, daß sie relativ spät, vermutlich im babylonischen Ritus entstanden ist.

1.3 Zusammenfassung

Die Untersuchung der ältesten erreichbaren Rezensionen des Qaddish gelangt im Hinblick auf die textliche Identität dieses Gebetes zu folgenden Ergebnissen: Zunächst ist festzuhalten, daß die ältesten datierbaren Rezensionen des Halb- und Voll-Qaddish erst aus dem 9. oder 11. Jh. stammen, also in gaonäische Zeit zu datieren sind. Diese »ältesten« Textzeugen sind vor allem in Fragmenten aus der Kairoer Geniza erhalten, während die in den mittelalterlichen Handschriften des Seder Rav Amram überlieferten Rezensionen nicht auf den Verfasser dieses Schreibens selbst, sondern auf seine Kopisten und Tradenten zurückzuführen sind. Die in Siddur Rav Seʿadya überlieferten Gebetstexte dürften den ursprünglich in diesem Werk festgehaltenen Rezensionen zwar näherstehen. Aufgrund des speziellen Charakters dieses Siddur können aber auch diese Rezensionen nicht vorbehaltlos als Belege für »die« palästinische oder »die« babylonische Rezension des Qaddish betrachtet werden.

Trotz dieser textgeschichtlichen Probleme stimmen die meisten Rezensionen der einzelnen Versionen bemerkenswert überein. Zwar lassen sich häufig un-

---

[108] Zum ungewöhnlichen Wort בעע vgl. Jastrow, *Dictionary*, 182 s. v. בְּעַע, und s. auch Pool, *Kaddish*, 38.

[109] Eine ashkenazische Rezension des Qaddish *de-Rabbanan* findet sich in *Seder ʿAvodat Yisraʾel*, ed. Baer, 153. Vgl. auch die Rezensionen in Appendix A.

[110] Vgl. auch T.-S. 124.60.

terschiedliche Hinweise zur Vortragsweise - vor allem im Hinblick auf den antiphonischen Wechsel zwischen Vorbeter und Gemeinde - ausmachen, und auch die Schreibung einzelner Worte variiert. Dennoch sind relativ klare Linien der Textentwicklung zu erkennen. So hat die Analyse gezeigt, daß sich vor allem sefardisch-orientalische und einige Rezensionen aus der Geniza, die man einem (nicht näher bestimmbaren) palästinischen Ritus zuordnen kann, durch besonders umfangreiche eschatologische Bitten auszeichnen. In ihnen wird z. B. auf die Wiedererrichtung des Tempelkultes und die Ausmerzung des Fremdkultes hingewiesen. Ob die kürzeren, italienisch-ashkenazischen Rezensionen des Qaddish jedoch ältere (palästinische?) Textfassungen bewahrt haben oder nur einen um die messianischen Bitten »gekürzten« Text bieten, läßt sich aufgrund des Vergleiches dieser Rezensionen nicht sicher entscheiden. Denkbar ist, daß die »zusätzlichen« Bitten bereits zu einem »ursprünglichen« Bestand des Qaddish (in Palästina oder in Ägypten?) gehörten und erst später (im italienischen oder ashkenazischen Ritus?) weggefallen sind.

Die Rekonstruktion der Textgestalt des Qaddish im palästinischen Ritus steht im übrigen vor besonderen Problemen: So ist einerseits zu beobachten, daß sich viele der untersuchten Rezensionen mit einem palästinsichen Ritus in Verbindung bringen lassen bzw. in Werken überliefert werden, in denen mehr oder weniger starke Einflüsse dieses Zweiges des Ritus nachzuweisen sind (Seʿadya; Geniza-Fragmente). Andererseits wird die Identifikation »der« palästinischen Rezension des Qaddish dadurch erschwert, daß eindeutige Belege für die Textgestalt des Halb-Qaddish im babylonischen Ritus (sieht man einmal von der ungewöhnlichen Rezension in dem Geniza-Fragment MS Philadelphia ab) fehlen. Selbst die Frage, ob alle diese fast ausschließlich in Aramäisch überlieferten Zusätze erst in Babylonien »hinzugewachsen« sind, läßt sich nicht sicher beantworten.

Ein weiteres wichtiges Ergebnis der Untersuchung der ältesten Rezensionen des Qaddish ist, daß sich in nahezu allen Rezensionen kürzere oder längere aramäische und hebräische Abschnitte finden. Dieser bemerkenswerte Sprachwechsel, der sich teilweise innerhalb eines Satzes beobachten läßt (*yehi shemo ha-gadol* statt *yehe sheme rabba*; *le-maʿla* statt *le-ʿela*), ist vor allem in Rezensionen beobachten, die einem palästinischen Ritus nahestehen. Rezensionen des sefardisch-orientalischen Ritus, die dem babylonischen Zweig des Ritus zugerechnet werden müssen, zeichnen sich dagegen durch einen den üblichen »Standard«-Rezensionen entsprechenden Gebrauch des Aramäischen aus. Zum größten Teil in Aramäisch abgefaßt und überliefert werden nur das Qaddish *le-ḥaddata* und das Qaddish *de-Rabbanan*. Dies deutet auf eine Entstehung in Babylonien hin.

Wie die unterschiedlich ausgeprägte Verwendung des Hebräischen und des Aramäischen zu erklären ist, wird nun bei der sprachlichen und stilistischen Analyse genauer zu bedenken sein.

2. *Die Sprache(n) des Qaddish*

Die Analyse der Sprache eines Gebetes wie dem Qaddish steht zunächst vor dem Problem, daß es in unterschiedlichen Rezensionen vorliegt. Das Objekt der Untersuchung eines hinsichtlich seines Umfanges und seiner Orthographie derart fluktuierenden Textes kann insofern nur ein hypothetisch erschlossener Grundbestand sein, quasi »ein kleinster gemeinsamer Nenner«.[111] Diese Essenz zeichnet sich allerdings auch noch durch den wechselnden Gebrauch des Hebräischen und Aramäischen aus, was eine Analyse zusätzlich erschwert.

De Sola Pool vermutet, ohne die textgeschichtlichen Probleme zu beachten, im Hinblick auf den Gebrauch des Aramäischen im Qaddish, daß es in der »*school language*«[112] des Targum, also in der Sprache der aramäischen Bibelübersetzungen komponiert sei. In bezug auf Grammatik und Vokabular sei es »colorless enough to have been used harmoniously both in the East (Onqelos) and in the West (Jerusalem Targum)«.[113] Außerdem sei es »more nearly akin to the language of the Targum to the Prophets (= Onqelos) than to any other dialect«.[114] Pool nimmt also nicht an, der *gesamte* aramäische Wortbestand des Qaddish beruhe auf einer Übersetzung einer nicht mehr erhaltenen hebräischen Vorlage.[115] Vielmehr sei ein Grundbestand des Qaddish wie die Vor-läufer der »östlichen« Targumim TO und TPsJ in Palästina erst in einem »he-braizing, literary, jargon Aramaic of the Targumim« verfaßt und dieser dann in Babylonien überarbeitet worden.[116]

Auch wenn diese differenzierte Übersetzungshypothese Pools auf den ersten Blick überzeugt, ist zu bedenken, daß sich seit seiner Untersuchung sowohl die Sicht der Entstehung der Targum-Literatur als auch die Kenntnis ihrer aramäischen Dialekte stark gewandelt haben.[117] Nicht nur, daß die Funde aramäischer Bibelübersetzungen in den Höhlen am Toten Meer[118], die Identifizierung einer vollständigen Handschrift eines »palästinischen« Targum zum Pentateuch (MS Vatikan, Neofiti 1)[119], die Edition umfangreichen Materials zu den sog. Fragmenten-Targumim (u. a. aus der Kairoer Geniza)[120] und einiger Zusatz-Targumim[121] eine wesentlich nuanciertere Beurteilung der unter-

---

[111] Dieser Grundbestand ist freilich nicht mit einem »Ur-Qaddish« zu verwechseln.

[112] Pool, *Kaddish*, 15.

[113] Pool, ebd.

[114] Pool, ebd.

[115] Vgl. Pool, *Kaddish*, 19.

[116] Vgl. Pool, *Kaddish*, 15 und 20, der auf ein noch genauer zu untersuchendes Responsum aus dem Sammelwerk *Shibbole ha-Leqeṭ ha-Shalem*, ed. Mirsky, 156 verweist. Vgl. dazu ausführlich Kap. IV.2.4.1.

[117] Zur Einführung in die Targum-Literatur vgl. etwa Schäfer, TRE 6 (1980) 216-228; Alexander, *Translations*, 217-254; speziell zu den Pentateuch-Targumen vgl. Shinan, מקרא; Gleßmer, *Einleitung*.

[118] Für einen ersten Überblick vgl. Beyer, *Texte*, 165-303.

[119] Vgl. Díez Macho, *Targum*, 222-245.

[120] Vgl. *Fragment-Targums*, Bd. 1-2, ed. Klein und *Genizah Manuscripts*, ed. Klein.

schiedlichen Dialekte des Aramäischen ermöglicht haben[122], auch die sprachlichen und stilistischen Eigenarten der Targumim »babylonischer« Provenienz, also vor allem des Targum Onkelos und des sog. Targum Yonatan zu den »Früheren« und »Späteren« Propheten, die nach Pool in besonderer Nähe zum Qaddish stehen, erscheinen mittlerweile in einem anderen Licht. Des weiteren stellen sich die Datierungsfragen heute anders dar[123], und auch die in der gesamten amoräischen Literatur zu beobachtende Vermischung (Diglossie) von Aramäisch und Hebräisch wird mittlerweile differenzierter bewertet.[124]

Pools sprachliche Analyse des Qaddish bedarf daher - unter Einbeziehung des seither bekannt gewordenen Materials, insbesondere einiger Inschriften und weiterer Texte aus der rabbinischen Literatur - einer Überprüfung.

2.1 Das sprachliche Vergleichsmaterial

Die Entstehung der Targumim wird von Pool ganz traditionell erklärt: Die Targumim seien zunächst als Übersetzungen in die gesprochene Sprache des Volkes entstanden. Mit Hilfe der Targumim sollte einem nicht mehr Hebräisch verstehenden Volk, dem sog. *ʿam ha-areṣ*, der Bibeltext (wieder) verständlich gemacht werden.[125] Diese Erklärung der Entstehung der Targumim wurde auf die Verwendung des Aramäischen im Qaddish übertragen.[126] Pool macht dabei zwar auch darauf aufmerksam, daß das Qaddish bei genauerer Betrachtung nicht einfach nur in die »Umgangssprache seiner Zeit« übersetzt sei. Warum es aber nicht in der »Sprache der einfachen Leute«, sondern in der »Sprache der Gelehrten«[127] (לשון חכמים) verfaßt ist, wird von ihm nicht näher untersucht.

Bevor ein Grundbestand des Qaddish im einzelnen mit Stellen aus den Targumim und anderen Texten verglichen werden kann, ist daher auch zu bedenken, daß sich die Entstehung aramäischer Bibelübersetzungen nicht nur einer (zunächst mündlichen) Verwendung im Zusammenhang mit den Schriftlesungen im synagogalen Gottesdienst verdankt. Targumim sind nicht einfach

---

121 Vgl. *Targumic Toseftot to the Prophets*, ed. Kasher.

122 Vgl. hierzu auch Golomb, *Grammar*, 2ff.

123 Zu den Datierungsfragen der mit dem Qaddish zu vergleichenden Targumim vgl. bes. York, *Dating*, 46-62; dann auch Levey, *Date*, 186-196; ferner Hayward, *Date*, 7-30 und Shinan, *Dating*, 57-61. Für TO vgl. auch Grossfeld, *Targum Onqelos*, 30ff.

124 Der Gebrauch von Hebräisch und Aramäisch in einem Text ist bekanntlich auch in der »klassischen« rabbinischen Literatur ein weit verbreitetes Phänomen. Vgl. hierzu bes. Margoliuth, עברית, 20-33, bes. 26ff., und s. Shinan, עברית, 224-232, bes. 224f. Zum wechselnden Gebrauch beider Sprachen in amoräischer Zeit vgl. ferner Fraade, *Views*, 253-288, bes. 273ff.

125 Vgl. Pool, *Kaddish*, 11f.

126 Vgl. dazu bes. die noch gesondert zu untersuchenden Tosafot bBer 3a s. v. ועונין (s. unten Kap. IV.4.1.1).

127 Pool, *Kaddish*, 14f. Zur Unterscheidung von *leshon ḥakhamim* und *leshon tora* vgl. bAZ 58b; bHul 137b.

in einem mit der Umgangssprache ihrer Zeit gleichzusetzenden Dialekt, d. h. als schlichte Übersetzungen, entstanden, sondern in Kontexten, in denen sie unterschiedlichen Zwecken dienten.[128] Die Übertragungen der Bibel in das Aramäische erfolgten dabei in eine »Kunstsprache«[129], der eine eigentümliche hermeneutische Funktion zukam.[130] Auf Sprache und Stil dieser Sprache ist daher im Hinblick auf die »targumischen« Wendungen in einigen Rezensionen des Qaddish besonders einzugehen.

Exkurs: Zu Sprache und Stil der Targumim

Die Analyse des Qaddish von Pool basiert auf dem zu seiner Zeit weit verbreiteten, von T. Nöldeke entworfenen und dann von G. Dalman übernommenen und ausgebauten Modell der Entwicklung der aramäischen Bibel-»Übersetzungen«[131]: Demnach seien vor allem die palästinischen Targumim, also die Fragmenten-Targumim und das Targum Ps-Yonatan zum Pentateuch[132], aus der synagogalen Praxis hervorgegangen, die wöchentlichen Lesungen aus der Schrift mit einer Targum-Übersetzung zu verbinden.[133] Erst nach und nach hätten sich aus solchen mündlich vorgetragenen Übersetzungen das Targum Onkelos (TO) und das Targum Ps-Yonatan (TPsJ) zu den Propheten entwickelt. Später seien aus diesen in einem babylonischen Dialekt des Aramäischen überarbeiteten Targumim die sog. offiziellen Versionen des Targum entstanden. Der »babylonische Targum« sei mithin erst zu einer dominierende Größe geworden, nachdem ein Grundbestand lange zuvor schon in Palästina in Umlauf gewesen war.

Dieses hier nur grob skizzierte Modell der Entstehung und Herkunft der Targumim beruhte auf Voraussetzungen, die sich durch die erwähnten Textfunde und intensivere Erforschung der Targumim stark verändert haben.[134] Geht Pool z. B. noch davon aus, daß die »babylonischen Targumim« auf einem aus Palästina stammenden »Proto-Targum« beruhen, der sich dialektmäßig kaum von den anderen »palästinischen« Targumim (TPsJ und Fragmenten-Targumim) unterscheide, so wird die Frage der Rekonstruierbarkeit eines solchen »Proto-Targum« und seines Dialektes in der neueren Forschung mit guten Gründen bezweifelt.[135] Zwar wird nach wie vor davon ausgegangen, daß ein Vorläufer des Onkelos-Targum in einem »westlichen« Dialekt

---

[128] Zur Frage des *Sitz im Leben* der Targumim vgl. York, *Targum*, 74-86; dann auch Alexander, *Targum*, 22f. Zur Verwendung von Targumim im *bet ha-sefer*, der Elementarschule, und im privaten Studium vgl. Kasher, *Targumim*, 83; Smelik, *Targum*, 24-41.

[129] Vgl. dazu Maher, *Targum Pseudo-Jonathan: Genesis*, 10, der darauf hinweist, daß »the language of Ps.J. (and of the Targums of the writings) is a mixture of elements from several Aramaic dialects, and it can only be described as 'artificial'.«

[130] Zur neueren Diskussion über die Verwendung von Targumim im Studium vgl. Cook, *Rewriting* und s. auch Shinan, תרגומי התורה, 131-148, hier 147.

[131] Vgl. Nöldeke, *Sprachen*; Dalman, *Grammatik*, 13 u. ö.

[132] Hierzu wäre auch Targum Neofiti (CN) zu zählen. Er wurde freilich erst 1956 von A. Díez Macho identifiziert.

[133] Vgl. den *locus classicus* für den synagogalen Targum-Vortrag mMeg 4,4.6.9f.

[134] Vgl. zu den forschungsgeschichtlich relevanten Entwicklungen hinsichtlich der Entstehung der Targum-Literatur Schäfer, TRE 6 (1980) 227; Gleßmer, *Einleitung*, 94.

[135] Zu den grammatischen Unterschieden zwischen den Targumim der »palästinischen« Targum-Tradition, also des CN, der Fragmenten-Targumim und (teilweise) des TPsJ zum Pentateuch vgl. Gleßmer, *Einleitung* 101f.; 191f. Zu den Dialektunterschieden zwischen TPsJ zu den »Früheren« und »Späteren« Propheten, vgl. auch Tal, לשון, 30f.

des Aramäischen verfaßt und dann »babylonisierend« überarbeitet worden ist - hierfür sprechen ja nicht zuletzt auch einige aramäische Schriften aus Qumran, die die westliche Herkunft einiger Worte in »östlichen« Targumim erhellen können.[136] Im Anschluß an die bereits in der älteren Forschung vertretene Sicht Abraham Geigers[137] wird jedoch auch auf zahlreiche sprachliche und inhaltliche Übereinstimmungen der »östlichen Targumim« mit dem babylonischen Talmud hingewiesen.[138] Auf eine pauschale Zuschreibung einzelner sprachlicher Merkmale dieser Targumim wird daher zumeist verzichtet.[139]

Berücksichtigt man schließlich noch, daß die Rekonstruktion genauer Dialektentwicklungen des Aramäischen der Targumim durch das Phänomen des *Bilingualismus* (bzw. *Multilingualismus*), also die synchrone Verbreitung mehrerer Dialekte des Aramäischen und den Einfluß anderer Sprachen - vor allem des Hebräischen[140] -, erschwert wird, so kann von einer diachron und geographisch strikt voneinander abzugrenzenden Dialekt- und Sprachentwicklung, wie sie etwa noch von Pool vorausgesetzt wurde, nicht mehr ausgegangen werden. Angemessener erscheint ein Modell, in dem die Grenzen zwischen den Dialekten des Aramäischen der Targumim wie zwischen den Sprachen Aramäisch und Hebräisch als fließend vorgestellt werden.[141]

Darüber hinaus ist für die Targumim zu beachten, was bereits an den vorgestellten Rezensionen des Qaddish zu beobachten war: Die Texte unterlagen den Konditionen handschriftlicher Überlieferung - d. h., wie die Kopisten der oben untersuchten Rezensionen des Qaddish, so haben auch die Schreiber und Tradenten der Targumim nicht davor zurückgeschreckt, in die ihnen vorliegenden Textfassungen einzugreifen.[142] Jede exakte Rekonstruktion sprach- und dialektgeschichtlicher Entwicklungen des Aramäischen wird hierdurch zusätzlich erschwert.[143]

Auf dem Hintergrund der erläuterten Probleme der Targumforschung ist es evident, daß von einer sprachlichen und stilistischen Analyse des Qaddish nicht erwartet werden kann, genaue Auskunft über sein Alter und seine Herkunft zu erhalten. Angesichts der bislang nicht beantworteten Fragen der Entwicklung

---

136 Vgl. Gleßmer, *Einleitung*, 18f.; 29; 101.

137 Vgl. Geiger, *Urschrift*, 163-165.

138 S. hierzu auch Frankel, *Targum*, 6; 10; Rosenthal, *Forschung*, und s. auch Ginzberg, *Dialect*, 1-9, bes. 6; vgl. auch Kahle, *Kairoer Geniza*, 206f. Einen detaillierten Überblick über die unterschiedlichen Positionen in der Targum-Forschung gibt Goshen-Gottstein, *Language*, 169-179, und vgl. auch Gordon, *Studies*, 31f.

139 Vgl. hierzu auch die Überlegungen von Kaufman, *Dating*, 118-141. Besonders seine dort geäußerte Kritik an den sprachlichen Untersuchungen von A. Tal (zu TO und TPsJ, vgl. ebd., bes. 123-127) zeigt, daß die Diskussion um die linguistische Rekonstruktion der Targumim noch am Anfang steht.

140 Man beachte diesbezüglich auch, daß selbst das »literarische« Hebräisch der Mishna nicht in »reiner« Form vorliegt, sondern sich durch zahlreiche Aramaismen auszeichnet. Dazu Kutscher, *History*, 119f., und s. auch Albeck, *Einführung*, 189ff.

141 Vgl. zu diesen Problemen auch Cook, *Perspective*, 142-156, bes. 148; Chilton, *Isaiah Targum*, XXI. Auch Gleßmer, *Einleitung*, 74ff. weist auf diese wichtige Einschränkung in bezug auf die Definition dialektmäßiger Grenzen hin. Zu den linguistischen Problemen einzelner Targumim vgl. auch seine Bemerkungen zur »Problematik des rein diachronen Phasenmodells: Schrift- und Umgangssprache« (aaO., 58).

142 Zu diesem wichtigen Aspekt der Beurteilung handschriftlicher Überlieferungen aramäischer Texte in der rabbinischen Literatur vgl. Shinan, עברית, 228.

143 Vgl. hierzu etwa die Belege für den Gebrauch von לחדתה bzw. לאתחדתה unten S. 59.

und Verbreitung der aramäischen Dialekte jener Targumim, die von Pool besonders in den Mittelpunkt der sprachlichen Analyse des Qaddish gerückt worden sind, muß wohl jeder Versuch einer definitiven dialektgeschichtlichen Einordnung »des« Aramäischen »des« Qaddish als unmöglich erscheinen.

Da sich insofern eine sprachliche Analyse des Grundbestandes des Qaddish auf die Untersuchung einzelner sprachlicher und stilistischer Phänomene beschränken muß, wird sich der folgende Abschnitt der Untersuchung vor allem mit der Frage befassen, ob einzelne sprachliche Charakteristika des Qaddish auf dem Hintergrund einer mit den Targumim vergleichbaren Entwicklung erklärt werden können. Durch den Vergleich mit sprachlichen und stilistischen Eigenarten der Targumim, aber auch anderer sprachlicher Quellen wie Texten aus der »klassischen« rabbinischen Literatur und Inschriften sollen dabei überdies inhaltliche Besonderheiten des Wortlautes angesprochen werden.

2.2 Sprachliche und stilistische Analyse des Qaddish

Bereits die beiden ersten Wörter des Qaddish, יתגדל ויתקדש[144], sind problematisch. Beide Verbformen lassen sich nämlich sowohl als hebräisches *hitpaʿel* als auch als aramäisches *itpaʿal* verstehen. Allein ihre Vokalisation entscheidet darüber, welcher Sprache sie zuzuordnen sind. In gedruckten Siddurim und einigen Handschriften werden sie meist aramäisch vokalisiert (יִתְגַּדַּל וְיִתְקַדַּשׁ).[145] Doch in traditionellen Kommentaren findet sich in Anlehnung an Dan 11,36 oder Ez 38,23 auch die hebräische Punktation (יִתְגַּדֵּל וְיִתְקַדֵּשׁ). Zur Begründung für die Bestimmung als hebräische Formen kann man nicht nur auf die genannten Bibelverse, sondern auch auf ihre parallele Stellung zu der litaneiartigen Reihe von hebräischen Verben im vierten Abschnitt des Halb-Qaddish verweisen.[146]

Sieht man nun zunächst einmal von der Frage ab, ob diese Wörter tatsächlich mit der langen Reihe von Verben im *hitpaʿel* in Verbindung stehen, ist festzuhalten, daß

[144] Das Wort וישתבח, welches sich z. B. in Seder Rav Amram Gaon, MS Oxford, Bodleian Library, Opp. Add. 28, findet, braucht hier nicht berücksichtigt zu werden. Obwohl sich an dieser auch in anderen Rezensionen (vgl. Appendix B.6) zu beobachtenden Erweiterung zeigt, daß der Wortlaut dieses Abschnitts des Qaddish fluktuierte, ist dieses Wort wohl kaum zum »Grundbestand« des Qaddish zu zählen.

[145] Vgl. *Seder ʿAvodat Yisraʾel*, ed. Baer, 75 und die Vokalisation in einer Rezensionen des Seder Rav Amram, MS London, British Museum, Or 1067 (Margoliouth 206) und in dem Geniza-Fragment MS New York, JTS ENA 6161.

[146] Zur Herleitung der Anfangsworte des Qaddish aus Ez 38,23 vgl. etwa *Machsor Vitry*, ed. Hurwitz, 8 und auch den Kommentar des Yehuda ben Yaqar (entstanden ca. 1200-1205), *Perush ha-Tefillot*, Bd. 1, ed. Yerushalmi, 16f. Vgl. ferner *Siddur Shabbetai Sofer*, Bd. 2, ed. Katz, 232 und 410, der die Vokalisierung nach Dan 11,36 ablehnt und statt dessen auf TPs 104,1 (אִתְגַּדַּלְתָּא) verweist. Zum Problem vgl. auch Pool, *Kaddish*, 28f.; Assaf, ספר הקדיש, 106f.; Jacobson, קדיש-*Gebet*, 41, und s. Kap. IV.3.2.

die Wurzeln גדל und קדש sowohl im Hebräischen als auch im Aramäischen belegt sind und in beiden Sprachen bedeutungsgleich gebraucht werden.[147] Zwar wurde noch von mittelalterlichen Kommentatoren erwogen, ob sie im Sinne eines *passivum divinum* zu übersetzen seien. Doch entscheidet auch dies nicht darüber, in welcher Sprache diese Wörter abgefaßt worden sind.[148]

Auf die ursprüngliche Abfassungssprache der beiden ersten Wörter des Qaddish wurde häufig auch von der sich anschließenden Namensformel שמיה רבא geschlossen. Diese Formel wird in allen bekannten Rezensionen des Qaddish in Aramäisch überliefert[149], und vergleichbare Namensformeln sind auch in Targumim anzutreffen.[150] Daß diesen Worten jedoch ein Hinweis auf die einmal erfolgte Übersetzung des Qaddish zu entnehmen ist - wie es Friedmann behauptet[151] - läßt sich nicht nachweisen.

Hinsichtlich des Gebrauches ähnlicher Namensformeln in den Targumim ist zu beachten, daß sie häufig nicht für die wörtliche Übersetzung des hebräischen שמו הגדול[152] herangezogen wird, sondern als Umschreibung für Gott oder eine ihm zugeordnete Institution.[153] Die Formel *sheme rabba* scheint in den Targumim dabei geradezu als ein Substitut für den göttlichen Namen verwendet worden zu sein, vergleichbar mit dem Gebrauch der bekannten formelhaften Wendung הקודש הברוך הוא, »der Heilige, er sei gepriesen«, in Talmud und Midrash.[154] Der Gebrauch dieser Formel muß also nicht auf eine Übersetzung hindeuten, zumal im Vergleich mit den Targumim auffällt, daß sie fast nur in den »offiziellen« Targumim der Wiedergabe des Tetragramms[155] dient, während sie in CN und in den Fragmenten-Targumim nicht belegt ist.[156]

---

[147] Vgl. z. B. CN Ex 29,37M und TO Ex 29,21.

[148] Zum dem Übersetzungsproblem vgl. bereits Pool, *Kaddish*, 29, der die ersten beiden Wörter (im Gegensatz zu den Verben der Reihe von Verben im *hitpa^cel*) medial mit »may there be revealed the greatness and holiness« übersetzt; so auch Scherman, *Kaddish*, 26; Hübscher, *Kaddisch-Gebet*, 9. Anders die Übersetzungen von Hedegård (ed.), *Seder R. Amram Gaon*, 41f.; Idelsohn, *Liturgy*, 84; Telsner, *Kaddish*, 11; *Siddur Sefat Emet*, ed. Bamberger, 64.

[149] Zwar hat bereits der provenzalische Gelehrte Yehuda ben Yaqar, *Perush ha-Tefillot*, Bd. 1, ed. Yerushalmi, 16 vorgeschlagen, auch diese Formel als Hebräisch aufzufassen, also שם יה statt שמיה zu lesen. Diese Lesart beruht aber auf einer speziellen Interpretation, auf die noch in Kap. IV.3.2.4 einzugehen ist.

[150] Vgl. bes. Ps 113,2 und das Targum dieses Verses: יהוי שמא דיי מברך מהשתא ועד עלמא. Zur Verwendung dieses Verses, der von einigen sogar als ein Substitut für die Bezeichnung Qaddish betrachtet wird, vgl. auch Sof 21,6 (s. Kap. IV.2.2.1).

[151] Vgl. *Seder Eliahu rabba*, ed. Friedmann, 78ff.

[152] Vgl. z. B. TJer 44,26 und TMal 1,11. Da im Pentateuch die Form שמו (ה)גדול nicht belegt ist, fallen jene Stellen in den »palästinischen« Pentateuch-Targumim, in denen שמיה רבא verwendet wird, besonders auf.

[153] Vgl. etwa TPsJ Gen 22,19; 24,62; 25,27, wo in aggadischen Erweiterungen des Targum Gottes *bet ha-midrash*, בי מדרשא דשם רבא, erwähnt wird. Vgl. dazu Shinan, תרגום והאגדה בו, 188.

[154] So bereits Pool, *Kaddish*, 29f. Vgl. hierzu auch Urbach, *Sages*, 103ff.

[155] Vgl. TPsJ Ex 4,20; 14,21; 16,25; 32,25; Lev 16,21; 24,11 u. ö. In TPsJ überwiegt die Formulierung שמא רבא ויקרא (vgl. TPsJ Gen 4,15; Ex 2,21; 4,20; 15,25; Lev 24,11; Num 5,19), aber es findet sich auch die Wendung שמא רבא ודחילא (TPsJ Dtn 9,19) bzw. שמא יקירא ודחילא (Dtn 28,58) und שמא רבא וקדישא (Ex 28,30; Num 31,8; Dtn 32,3).

[156] Vgl. z. B. die Fragmenten-Targumim zu Ex 32,25. Lediglich eine Glosse zu CN Gen

Ein vergleichbar eigentümliches Verhältnis des Aramäischen im Qaddish zu Sprache und Ausdrucksstil in einigen Targumim läßt sich auch an dem darauf folgenden Satzteil בעלמא די ברא כרעותיה[157] beobachten. Für das Wort רעוה ist zu beachten, daß nicht eindeutig auszumachen ist, wie es auf den Hauptsatz zu beziehen ist. Syntaktisch könnte man das mittels Suffix der 3. Person erweiterte Substantiv רעוה (»Wille«) sowohl auf das Subjekt des Hauptsatzes - in diesem Fall wäre davon die Rede, daß Gott groß und geheiligt wird »nach seinem Willen« - als auch auf das Subjekt des selbständigen Nebensatzes beziehen - dann wäre der Satz so zu verstehen, daß Gott die Welt »nach seinem Willen« geschaffen hat.[158] Berücksichtigt man Erklärungen mittelalterlicher Kommentare, so ist dieser Satz als Hinweis auf die Willensoffenbarung Gottes in seiner Schöpfung zu interpretieren[159], und dieses Verständnis entspricht anscheinend auch am besten biblischem und rabbinischem Sprachgebrauch.[160]

Bei näherem Vergleich mit ähnlichen Wendungen in den Targumim zeigt sich allerdings, daß diese Interpretation des Satzes nicht ganz unproblematisch ist.[161] Zwar

---

9,27 hat דשם רבה. Außerdem sind jene Stellen zu berücksichtigen, in denen der Tempel als בית מקדש דשם רבה bezeichnet wird. Vgl. z. B. CN und TFragV zu Gen 24,62 und 25,22 - an beiden Stellen ist die Verwendung der Formel zweifelsohne durch das im MT vorgegebene Tetragramm veranlaßt. S. auch *Fragment-Targums*, Bd. 2, ed. Klein, 104f.

157 Die Schreibweise dieser Wendung kann im Qaddish und in den Targumim variieren. Beachtenswert ist, daß die Handschriften des TO und TPsJ meist die Defektiv-Schreibung haben (vgl. TO Gen 5,2 דבריתי; TO Dtn 32,18 דברך), während in den »palästinischen« Targumim meist die Plene-Schreibung (די ברא) verwendet wird (vgl. CN Gen 2,2.8; 3,1; 5,1.2M; Dtn 4,32; 26,19; TFrag Dtn 29,19). S. hierzu auch die Hinweise bei Fassberg, *Grammar*, 122. Die Schreibweise די ברא in den MSS des Siddur Seʿadya (MS Oxford, Bodleian Library, Heb. d. 51; MS Oxford, Bodleian Library, Hunt. 448) und des Seder Rav Amram entspricht demnach »palästinischer« bzw. »westlicher« Schreibweise, während die in JTS ENA 6161 1 Mic 7276 bezeugte Ligatur דברא der Schreibweise in TPsJ (MS London, BL, Add. 27031) und TO (MS London, BL, Or. 2363) nahesteht.

158 Grammatisch sind beide Möglichkeiten denkbar. Auf die hier zuerst genannte hat z. B. schon Elia von Wilna (gest. 1797) in seinem wichtigen Kommentar zum Qaddish hingewiesen (vgl. *Siddur ha-GR"a*, 144b); vgl. auch *Siddur Shabbetai Sofer*, Bd. 2, ed. Katz, (Appendix) S. 126. Auch Pool, *Kaddish*, 33f. und Karl, "הַקָּדִישׁ", 427 Anm. 2 haben sich dieser Interpretation des Satzes angeschlossen und verweisen hierfür sowohl auf das in Sof 14,6 (Higger 259) belegte *ʿal ha-kol* als auch auf die Lesart in dem Geniza-Fragment T.-S. H 6/6 (Z. 15). Anders z. B. Hübscher, *Kaddisch-Gebet*, 32.

159 Vgl. die Zusammenstellung der unterschiedlichen Interpretationsmöglichkeiten bei Assaf, ספר הקדיש, 109. Und vgl. auch den Kommentar von Yehuda ben Yaqar, *Perush ha-Tefillot*, Bd. 1, ed. Yerushalmi, 16.

160 Vgl. hierzu Urbach, *Sages*, 220f., und s. auch Schechter, *Aspects*, 80f. Weitere Belege für diese Vorstellung in der rabbinischen Literatur bei Pool, *Kaddish*, 33 Anm. 45.

161 Zu beachten ist zunächst, daß die Bedeutung »Wille« für das Verbalabstraktum רצון (רעוה) erst in relativ späten Schriften der hebräischen Bibel belegt ist (vgl. Gerlemann, THAT 2, 810ff.). Die Grundbedeutung der Wurzel רצה / רעה ist »annehmen«, »Gefallen haben an«. In dieser Bedeutung ist der Begriff dann auf das »wohlgefällige« Annehmen von Gebeten übertragen worden; dieses Verständnis haben die Targumim übernommen (vgl. etwa TO Gen 8,21; TPsJ Ex 29,18.25; Lev 1,9.13). Das Verbalabstraktum רעוה wird allerdings auch verwendet, um den anthropomorphen Ausdruck »Geruch des Wohlgefallens« (ריח ניחוח) zu umschreiben (vgl. TO Gen 8,20; CN Ex 29,41; Lev 8,28; Num 28,2). Daß die Bedeutung des

ist auch in den Targumim die Vorstellung selbstverständlich, daß Gott die Welt geschaffen hat - diese Vorstellung findet sich ja in nahezu allen Schriften des biblischen und rabbinischen Judentums.[162] Aber für die Vorstellung des die Schöpfung bewirkenden göttlichen *Willens* findet sich in den Targumim interessanterweise keine direkte Entsprechung.[163] Vielleicht ist dieser Satzteil daher eher im Licht des Qaddish *le-ḥaddata* zu interpretieren, denn in dieser Version wird der Satz בעלמא די ברא כרעותיה mit dem דעתיד לחדתא עלמא in Verbindung gebracht.[164] Dieses Verständnis des Satzes könnte auch den Rezensionen des Halb-Qaddish aus Seder Rav Amram und Siddur Seʿadya zugrundeliegen, denn in ihnen wird der einleitende Hauptsatz (יתגדל ויתקדש שמיה רבא) bezeichnenderweise durch einen Hinweis auf die *Amen*-Responsion der Gemeinde vor dem בעלמא די ברא כרעותיה unterbrochen. Der erste Satzteil könnte demnach als eine selbständige syntaktische Einheit verstanden werden, und das רעותיה könnte dann auf »die Welt, die er geschaffen hat« bezogen werden. Erst nachträglich hätte man diesen Satzteil dann mit der Vorstellung von der Verherrlichung Gottes »nach seinem Willen« in Verbindung gebracht.[165]

Wie auch immer die Entwicklung dieser mehrdeutigen Formulierung verlaufen ist, mit der sich daran anschließenden Bitte וימל(י)ך מלכותיה beginnt eindeutig ein neuer syntaktischer Abschnitt, in dem das für die gesamte rabbinische Literatur zentrale Motiv der Königsherrschaft Gottes thematisiert wird.[166] Auch an dieser Wendung fallen einige Besonderheiten auf: So ist im Hinblick auf das ימל(י)ך zu beachten, daß auch dieses Wort aufgrund seiner wechselnden Schreibweise sowohl Hebräisch als auch Aramäisch gedeutet werden kann.[167] Der Vergleich mit ähnlichen Formulierungen in den Targumim ergibt, daß in den aramäischen Bibelübersetzungen Verse, in denen das Kommen der Königsherrschaft Gottes verkündet oder erbeten wird, stets im Passiv und mit einer Wendung wie יתגלי מלכותיה (»er wird offenbaren seine

---

Wortes »Wille / Wohlgefallen« im Qaddish auf diesem opferterminologischen Hintergrund zu verstehen ist, liegt dabei auch deshalb nahe, weil nach rabbinischer Gebetstheologie nach der Zerstörung des Tempels die Gebete Opfer ersetzen. Vgl. auch die sog. *yehi raṣon*-Gebete (*Seder ʿAvodat Yisraʾel*, ed. Baer, 162).

162 Vgl. bes. TJes 41,4; Jes 66,9.

163 Bereits Pool, *Kaddish*, 33, konnte lediglich auf eine inhaltliche Parallele im Fragmenten-Targum zu Ex 20,7 (TFragP [*Fragment-Targums*, Bd. 1, ed. Klein 84]: ארום בשמי רבא אתברי עלמא) verweisen. Doch auch an dieser Stelle wird der schöpfungstheologische Gedanke nicht mit der Vorstellung eines diese Schöpfung hervorbringenden göttlichen *Willens* verbunden.

164 Vgl. dazu oben die Geniza-Fragmente T.-S. 124.60; MS Paris, Mosseri, V 19,2 und T.-S. 156.81. Die sich auf einige rabbinische Texte, die noch gesondert zu betrachten sind, stützende Übersetzung dieses Satzes durch Pool, *Kaddish*, 35 (XII): »May he, according to His Will, reveal in the world which He has created, . . .«, ist daher problematisch.

165 Darauf deutet m. E. auch die parallele Formel im *ʿal ha-kol* hin. Vgl. oben, S. 60: Sof 14,6 (Higger 259), Z. 15. Und s. auch die traditionelle Auslegung dieses Verses in dem Elʿazar ben Yehuda ben Kalonymus von Worms (ca. 1165-1230) zugeschriebenen Kommentar *Perushe Siddur ha-Tefilla la-Roqeaḥ*, ed. Hershler, 243. Ähnlich auch Yehuda ben Yaqar, *Perush ha-Tefillot*, Bd. 1, ed. Yerushalmi, 17. Zum Problem vgl. auch Mishcon, *Phrases*, 545.

166 Vgl. Dalman, *Worte*, 75ff.

167 Vgl. etwa MS London des Seder Rav Amram und das vokalisierte Geniza-Fragment JTS ENA 6161 1 Mic 7276, die eine hebraisierende Punktation יַמְלִיךְ mit Plene-Schreibung

Königsherrschaft«) wiedergegeben werden.[168] Die direkte Bitte um das Kommen der Königsherrschaft im Qaddish steht insofern in einem deutlichen Gegensatz zu den sprachlichen und stilistischen Konventionen der Targumim. Ausnahmslos werden in den Targumim Bitten und Sätze vergleichbaren Inhalts immer mit dem Wort גלי im *itpeᶜel* (Reflexivstamm Passiv) formuliert.[169] Allzu unmittelbar vom »Sehen« des Handelns oder Kommens Gottes berichtende Sätze im hebräischen Text der Bibel sollten hierdurch vermieden werden. Die Rede vom »Sich-Offenbaren« ermöglichte eine »distanziertere« bzw. »respektvollere« Rede von Gott.[170] Die Bitte im Qaddish wird demgegenüber direkt im *paᶜel* ימליך (oder hebr. *piᶜel* ימלוך) formuliert.[171]

Die in einigen Rezensionen im Anschluß an die Bitte um das Kommen der Königsherrschaft mit Formen der Wurzeln צמח, קרב und פרק bzw. בעה formulierten Bitten heben sich vom targumischen Sprachgebrauch dagegen nicht so stark ab. Mit dem Wort צמח werden bereits in der hebräischen Bibel eschatologische Vorstellungen verknüpft[172], und auch die *meturgemanim* haben dieses Wort ganz im Sinne der mit ihm verbundenen messianischen Traditionen verwendet.[173]

Auffälliger ist dagegen der Gebrauch von קרב (»näher bringen«) in der Wendung ויקרב משיחיה. Diese Wendung findet in den Targumim keine unmittelbare Entsprechung. Häufig ist dagegen der Gebrauch des Adjektivs קריב[174] belegt. Im Qaddish wird es synonym zu dem in temporaler Bedeutung nur in östlichen Targumim belegten Wort עגלא verwendet.[175] Das Wort פרק, in der Wendung יפרק עמיה fällt dagegen deutlich aus dem Rahmen des üblichen targumischen Sprachgebrauchs. In den Targumim ist es selten im *paᶜel* belegt.[176]

überliefern, während andere Rezensionen (T.-S. H 6/6) die Defektiv-Schreibung haben, also anscheinend וְיַמְלֵךְ lesen. Vgl. hierzu bereits Pool, *Kaddish*, 35.

[168] Vgl. z. B. TJes 52,7; TOb 21; TSach 14,9; T2Est 1,1 u. ö.

[169] Vgl. zu dieser Eigenart targumischer Wiedergabe biblischer Rede von Gott die grundlegende Studie von Chester, *Revelation*; dann auch Komlosh, המקרא, 113f. und für die Propheten-Targumim Cathcart / Gordon, *Targum of the Minor Prophets*, 2.

[170] Vgl. Chester, *Revelation*, passim.

[171] Die Differenz zu targumischem Sprachgebrauch wird wiederum besonders deutlich, wenn man diese Bitte des Qaddish mit Texten aus den Targumim vergleicht. So heißt es z. B. in TOb 21 (Kimḥi): ותתגלי מלכותא דה' בקריב על כל יתבי ארעא ותהי מלכותא דה' לעלם ולעלמי עלמיא (Text nach: *Bible*, Bd. 3, ed. Sperber, 435) - zu ähnlichen Formulierungen vgl. CN Gen 35,9M; Ex 12,42; 20,24; TPsJ Ex 3,2; Num 20,6; 24,23; Dtn 31,15 u. a. m.

[172] Vgl. Sach 6,12.

[173] Vgl. z. B. TEz 7,10. An anderen Stellen vermeidet das Targum das Bild vom »Sproß« und ersetzt es entweder durch פורקן (vgl. TEz 29,21) oder läßt es unbeachtet (vgl. TJer 23,5). Vgl. hierzu Levey, *Messiah*, 69 (ohne daß hier der Frühdatierung des Targum durch Levey gefolgt werden soll).

[174] Zum Wort קריב im eschatologischen Kontext vgl. TO Num 24,17; TJes 5,19; 13,22; 33,13; 46,13; 56,1.

[175] Im räumlichen Sinne (»nahe«) wird es in TIjob 20,5 und TProv 29,1 gebraucht. Mit temporaler Bedeutung, wie im Qaddish, ist es nur in T2Est 1,1 (מלכותא קדמיתא דמלך מלכיא יי צבאות דבעגלא תתגלי עלן מלכותיה) und T2Est 6,10 belegt. Vgl. hierzu bereits *Aruch*, Bd. 6, ed. Kohut, 167 mit Anm. 6. S. auch Pool, *Kaddish*, 41.

[176] Vgl. CN Gen 49,18; Ex 32,10; Dtn 13,18; TPsJ Ex 25,8.19; TO Ex 8,19; 14,13; 49,18; TPs 18,27.35; 61,8; 62,2; 132,17; TJes 33,22; 35,4; 47,4; TJer 33,15. Vgl. hierzu auch das Zusatz-Targum zu Gen 49,18 (*Fragment-Targums*, Bd. 1, ed. Klein, 171) und das

Die Erwähnung des vor allem in den palästinischen und sefardisch-orientalischen Rezensionen des Qaddish belegten Epithetons משיח in der Wendung ויקרב משיחיה hängt eng mit den messianischen Konnotationen des Wortes צמח[177] in der Bitte ויצמח פורקניה zusammen.[178] Der ausdrückliche Hinweis auf den Messias in einigen Rezensionen des Qaddish expliziert gewissermaßen die voranstehende Bitte.[179] Der Gebrauch des Wortes משיח (ohne Artikel) im Qaddish unterscheidet sich dabei vor allem vom TO und TPsJ zu den Propheten bzw. TPsJ zur Tora und den Fragmenten-Targumim. In diesen Targumim ist fast ausschließlich das determinierte משיחא (»*der* Messias«) belegt.[180] In den Targumim zu den Hagiographen wird sogar nur der erweiterte Titel מלכא משיחא (»der König Messias«) gebraucht. Die Bitte um das Kommen »seines Messias« im Qaddish ist dagegen viel knapper formuliert. Wie die Bitte um das Kommen der Königsherrschaft hebt sich diese Formulierung also klar vom Sprachgebrauch in den Targumim ab.[181] Bemerkenswert ist überdies, daß das Substantiv »Messias« im Qaddish durch ein Suffix der 3. Person Singular (יה–) erweitert wird, der Messias also Gott bei- bzw. zugeordnet wird. Auch diese Konstruktion ist so in den Targumim nicht belegt.[182]

Ein ähnlicher Gedanke kommt dann in den sich in einigen Rezensionen des Qaddish direkt an die Messias-Bitte anschließenden Bitten ויפרוק עמיה וישכלל היכליה zum Ausdruck. Diese eng an biblischen Sprachgebrauch angelehnten Bitten um Erlösung und Wiedererrichtung des Tempels[183] wenden sich wiederum direkt an Gott: Allein von *ihm* wird die Erlösung *seines* Volkes und die Wiedererrichtung *seines*

Geniza-Fragment T.-S. NS 182.69 2v, 3r in *Genizah Manuscripts*, Bd. 1, ed. Klein, 171. Zu beachten ist, daß es in den Targumim zu den »Späteren« Propheten meist als Übersetzung der hebräischen Wurzeln גאל, ישע und פדה gebraucht wird.

177 Vgl. Sach 3,8; 6,12.

178 Zur angeblichen »palästinischen« Herkunft dieses Wortes vgl. schon Pool, *Kaddish*, 39. Er vermutet, daß jene sefardisch-orientalischen Rezensionen des Qaddish, die das Wort »Messias« nicht haben, ursprünglicher seien. Zur Traditionsgeschichte dieses Wortes und dem ihm nahestehenden Begriff צמח vgl. etwa die 15. *berakha* des *shemone ʿesre* (sog. babylonische Rezension). Angesichts der frühesten Textzeugen dürften die sefardisch-orientalischen Rezensionen des Qaddish den älteren Wortlaut dieser Bitte bewahrt haben.

179 Ob dies bedeutet, daß diese Bitte erst später hinzugekommen ist, läßt sich diesem Befund allerdings nicht entnehmen: Die kürzeren ashkenazischen Rezensionen, die den Titel Messias nicht ausdrücklich erwähnen, müssen nicht älter sein. Zu den mit der Bitte um das Kommen des Messias vergleichbaren »Messias-Konzepten« in den Targumim vgl. Levey, *Messiah*, 142f.; Chilton, *Isaiah Targum*, XVII-XVIII; Syrén, *Blessings*, 101ff.

180 Vgl. CN Gen 3,15; 49,12M; 49,10.11.12; Num 11,26; TFragV Gen 49,12 (מלכא משיחא); TPsJ Gen 35,21; 49,1.11.12; Ex 40,9; Num 23,21; 24,17.20.24; Dtn 25,19; 30,4 (alle מלכא משיחא). Demgegenüber ist für TO und TPsJ die einfache Bezeichnung משיחא typisch: Vgl. z. B. TO Gen 49,10 (דייתי משיחא); TO Num 24,17 (כד יקום מלכא ויתרבי משיחא); TJes 4,2 (משיחא דיוי); 9,5 (קיים עלמיא משיחא דשלמא); 10,27 (יתברון עממיא מן קדם משיחא); 14,29 (יפוק משיחא) 16,5 (בכין שמיחא דישראל); 28,5 (בעדנא ההוא יהי משיחא דיוי צבאות לכליל דחדוא ולכתר דשבח לשאר דעמיה); 43,10 (אתון סהדין אמר יוי ועבדי משיחא); 52,13 (עבדי משיחא).

181 Vgl. hierzu schon Elbogen, *Idee*, 671ff. Zu den mit dem Qaddish vergleichbaren »Messias-Konzepten« in den Propheten-Targumim vgl. Churgin, *Targum*, 124-125.

182 Vgl. TJes 53,5; TSach 6,12.13, und vgl. hierzu Levey, *Messiah*, 102.

183 Zum Wort שכלל vgl. Esra 5,3.9.11; 6,14. Die Wendung לשכלל היכל findet sich in

Tempels erbeten; dem Messias kommt nur eine untergeordnete Rolle zu[184], was dann auch durch die anschließende doxologische »Kernformel« des Qaddish, יהא שמיה רבא מברך unterstrichen wird.

Der Vergleich der doxologischen Formel mit den Targumim ist besonders interessant, da vergleichbare Formeln nur in der sog. »palästinischen« Targum-Tradition belegt sind. Nahezu wörtliche Entsprechungen finden sich in den »palästinischen« Targumim zu den Zehn Geboten (Ex 20; Dtn 5), dem Targum des *shema*ᶜ (Dtn 6,4) und des Jakobsegens (Gen 35,9):

Gen 35,9[185]

CN	יהא	שמיה	מברך	לעלמי עלמין
TFragP	ייהוי	שמיה	משבח	לעלמי עלמין
TFragV	יהי[187]	{שמ} שמיה	מבורך[186]	לעלמי לעלמין
TFragL	יהי	שמיה רבא	מברך	עלמ׳
TFragN	יהי	שמיה	מברך	לעלמי עלמין

Ähnlich lautet die Formel, die in den »palästinischen« Targumim im Zusammenhang mit der Nennung des Tetragramms im ersten Gebot (אנכי יי׳) überliefert wird:

Ex 20,2[188]

CN	אלהא	דעלמא	יהא	שמיה
TFragP	אלהיה	דעלמא	יהוי	שמיה
TFragV	אלהא	דעלמא	יהי (שמ)	שמיה
TFragL	אלהא	דעלמא	יהי	שמיה רבא
TFragN	אלהא	דעלמא	יהא	שמיה

CN	מבורך	לעלם	ולעלמי	לעלמין
TFragP	מבורך	לעלמי	עלמין	לדרי דרין
TFragV	מברך	לעלמי	עלמ׳	
TFragL	מברך	לעלמי	עלמין	
TFragN	משבח	לעלמי	עלמין	

TJes 42,5; TSach 8,9. S. auch die Fragmenten-Targumim zu Ex 20,11 (*Genizah Manuscripts*, Bd. 1, ed. Klein, 267 [Z. 14]).

[184] Vgl. dazu auch Pool, *Kaddish*, 39.

[185] Text nach: *Neophyti 1*, ed. Díez Macho, Bd. 1, 114*; *Genizah Manuscripts*, Bd. 1, ed. Klein, 59; 148; *Fragmententhargum*, ed. Ginsburger, 18. Zum methodischen Anliegen der zeilensynoptischen Wiedergabe vgl. Schäfer, FJB 10 (1982) 155-158; Gleßmer, *Einleitung*, 119ff. Zu den hier verwendeten Handschriften-Sigla s. das Handschriftenverzeichnis.

[186] Zur ungewöhnlichen auch in einigen Rezensionen des Qaddish zu beobachtenden Plene-Schreibung (*mevorakh* statt *mevarakh*), vgl. Fassberg, *Grammar*, 176. Vielleicht verdankt sich diese Schreibweise dem Einfluß der ashkenazischen Aussprache des *qameṣ*.

[187] Hier liegt vielleicht wie in dem Geniza-Fragment einer Rezension des Qaddish *le-ḥaddata* (MS New York, JTS ENA 6161) eine hebräisch-aramäische Mischform der doxologischen Formel vor. Vgl. zum möglichen Einfluß des Hebräischen auf solche Schreibweisen im Fragmenten-Targum Fassberg, *Grammar*, 192.

[188] Vgl. *Neophyti 1*, Bd. 1, ed. Díez Macho, 235; *Fragment-Targums*, Bd. 1, ed. Klein,

Die Verwendung solcher biblischer Sprache entlehnter Formeln[189] in der »palästinischen« Targum-Tradition ist an den hier untersuchten Stellen wohl auf die besondere Stellung der zugrundeliegenden Verse in der Lesung im Gottesdienst zurückzuführen: Mit Gen 35,9 beginnt ein neuer Leseabschnitt (*sidra*)[190], und Ex 20,2 steht zu Beginn des Dekalogs (Ex 20,1-17), der in (alten) palästinischen Riten bekanntlich eine besondere Beachtung fand.[191]

Die »palästinischen« Targumim belegen somit, daß solche Formeln der doxologisch erweiterten Wiedergabe des göttlichen Namens dienten. Weder können sie an diesen Stellen unmittelbar mit dem Qaddish in Verbindung gebracht werden[192], noch ist ihre Verwendung auf eine einmal erfolgte Übersetzung einer hebräischen Vorlage zurückzuführen. Offensichtlich beruht der Gebrauch solcher Doxologien auf einer formalisierten Sprache, die auch in anderen literarischen Quellen belegt ist und nicht unbedingt mit der gesprochenen Sprache in Beziehung zu setzen ist.[193]

Daß das Halb-Qaddish nicht einfach als ein »Targum« einer hebräischen Vorlage zu erklären ist, zeigt sich dann auch an der die doxologische Formel abschließenden Reihe von Verbformen. Zwar vermutet Y. Baer[194], auch dieser Abschnitt sei einmal in Aramäisch abgefaßt worden. Doch selbst in älteren traditionellen Kommentaren wird dieser Abschnitt im Unterschied zu den voranstehenden Sätzen und wie die beiden ersten Wörter des Qaddish meist als in Hebräisch formuliert interpretiert.[195] Gegen die Abfassung in Aramäisch spricht im übrigen, daß vergleichbare Reihen von Verben im *itpaᶜal* weder in den Targumim noch in der übrigen rabbinischen Literatur belegt sind.[196]

---

83. In einer Lektionar-Handschrift dieses Targum aus der Kairoer Geniza wird die Formel allerdings auch in einer viel kürzeren Fassung überliefert: יְהֵי שְׁמֵיהּ מְשַׁבַּח; vgl. *Genizah Manuscripts*, Bd. 1, ed. Klein, 265 [MS F].

189 Vgl. auch I Reg 10,9; II Chr 9,8; Ps 104,31; 113,2; Ijob 1,21 und die Targumim zu diesen Stellen. Außerdem ist hier Dan 2,20 zu berücksichtigen.

190 Vgl. McNamara, *Targum Neofiti*, 166 Anm. 12.

191 Vgl. hierzu etwa Mann, *Jews*, Bd. 1, 222 Anm. 2; ders., *Genizah Fragments*, 284; Idelsohn, *Liturgy*, 91. Der Dekalog wurde demnach nicht nur im Verlauf des (dreijährigen) Lesezyklus und im *Shavuᶜot*-Gottesdienst rezitiert. Er war lange Zeit auch fester Bestandteil des *shemaᶜ* der Morgenliturgie; vgl. Fleischer, תפילה, 259ff.

192 Dies ist vor allem im Hinblick auf traditionelle Kommentare zum Qaddish aus jüngerer Zeit zu bemerken, die in diesen Targumim bereits einen Hinweis auf das Qaddish sehen (vgl. etwa Scherman, *Kaddish*, XXIIf.). Zu beachten ist auch, daß das Qaddish im Gegensatz zu Gebeten wie z. B. der *birkat ha-mazon*, der *qedusha* und der *birkat avelim* und trotz des an vielen Stellen erkennbaren Interesses der Targumim am synagogalen Gebet (vgl. dazu Maher, *Meturgamim*, 226-246) weder in den aggadischen Bestandteilen noch in den halakhischen Erläuterungen der »palästinischen« Targum-Tradition erwähnt wird. Vgl. hierzu Shinan, אגדתם של מתורגמנים, Bd. 2, 334f.; ders., תרגום והאגדה בו, 118.

193 Vgl. etwa den Gebrauch solcher doxologischer Formeln in Synagogen-Inschriften. S. hierzu Foerster, כתובות, 28f. und unten Anm. 228.

194 Vgl. *Seder ᶜAvodat Yisraʾel*, ed. Baer, 130.

195 S. dazu z. B. *Siddur Shabbetai Sofer*, Bd. 2, ed. Katz, 233; 412; ferner Pool, *Kaddish*, 58.

196 Es lassen sich nicht einmal alle in dieser Serienbildung verwendeten Lexeme im Aramäischen der Targumim nachweisen. Der Befund für die Targumim ist eindeutig: Zu יתברך vgl. CN Lev 22,27; TPsJ Gen 49,24. שבח ist in den PT im *itpaᶜal* nicht belegt (vgl. aber TJer 4,2;

Die sich an die Verbreihe in einigen Rezensionen anschließende aramäische Gottesbezeichnung שמיה דקודשא בריך הוא entspricht der in Talmud und Midrash häufig belegten hebräischen Formel הקודש ברוך הוא.[197] Obwohl sich im targumischen Sprachgebrauch zahlreiche vergleichbare Namensumschreibungen finden, gibt es in dieser Literatur keine genaue Entsprechungen.[198] Auch der Gebrauch dieser aramäischen Formel im Qaddish kann also nicht auf eine besondere Affinität dieses Abschnitts des Qaddish zu targumischem Sprachgebrauch zurückgeführt werden.

Die in den meisten Rezensionen des Qaddish in Aramäisch verwendeten Worte בירכתא, שירתא und תושבחתא[199] stellen ein besonderes Problem dar. Auf den ersten Blick scheint es sich um »eine Reihe von Synonymen« zu handeln.[200] Bei genauerem Vergleich der Verwendung in biblischem und targumischem Sprachgebrauch lassen sich jedoch interessante Bedeutungsnuancen erkennen.[201] Vielleicht ist diese Reihe als eine Art Klimax zu verstehen, wobei allerdings das Verständnis des diese Reihe abschließenden Wortes נחמתא (»Tröstungen«)[202], das gelegentlich sogar als ein

---

49,4; TPs 78,63). Zu שבח vgl. TPsJ Ex 15,1. Die Wurzel פאר wird dagegen in den Targumim nicht im *itpaʿal* verwendet und ist für Aramäische kaum belegt. Auch die Wurzel רמם wird ähnlich nur in CN Num 24,7 (abweichend von den Fragmenten-Targumim z. St.) verwendet. Die Wurzeln נשא, הדר, עלה, הלל und עלא werden dagegen in den Targumim nie im *itpaʿal* verwendet (vgl. etwa auch TPs 41,43; 49,22). Auch das in einigen Rezensionen des Qaddish belegte Wort קלס findet sich in den Targumim nicht im *itpaʿal* (zur Verwendung im *paʿel* vgl. etwa CN Gen, 41,43; 49,22; Ex 32,43M, 32,18; TFragV Ex 32,18; Dtn 32,43; T2Est 6,9). Zu diesem Wort vgl. auch den Exkurs in Kap. IV.2.

197 Nach Esh, הק'(ב' ה'), 75 lautet so die ältere Formel. Zur Verwendung in rabbinischer Literatur vgl. etwa bSan 39a; bBer 3b; 7a; bKet 77b; s. dazu auch Dalman, *Worte*, 165.

198 Vgl. TPsJ Gen 22,1; Num 21,34; Dtn 1,1 (קודשא בריך הוא); s. auch TPsJ Ex 20,2.3; 24,18 (קודשא יהי שמיה מברך); TFragV Num 21,34; TFragP zu Dtn 32,3 (שמא דקודשא); TJes 50,11; ferner Pool, *Kaddish*, 60f.

199 Vgl. allerdings oben T.-S. H 6/6, Z. 11, wo diese Reihe in Hebräisch überliefert wird.

200 So Pool, *Kaddish*, 62f.

201 Zu den Bedeutungsnuancen im einzelnen: בירכתא wird in den Targumim häufig auf die biblischen Segenssprüche bezogen (vgl. CN Gen 49,1M; TO Gen 28,2; 32,28; 33,28), könnte im Qaddish jedoch als Synonym von שירתא verwendet worden sein (vgl. schon Neh 9,5). Da שירתא in CN Dtn 31,21.22.30 jedoch als Bezeichnung für das Lied des Mose verwendet wird, muß es nicht zwangsläufig als ein Hinweis auf die Psalmen (gegen Pool, *Kaddish*, 61 Anm. 41) oder als Äquivalent von תושבחות verstanden werden. Das Wort תושבחתא wird im Targum als Übersetzung für תהילה, שירה und זמרה verwendet (vgl. z. B. TFragP Dtn 32,3; CN Dtn 32,2; Ex 28,40; TO Gen 3,13; Ex 15,1; Num 21,17; 24,8; 31,19; Dtn 30,17.21.22.30; 31,44; TPsJ Dtn 31,19.21.22; 32,44). Daß תושבחות und שירות »usual expression(s) for psalms« seien (Pool, *Kaddish*, 62 unter Hinweis auf ein Seʿadya Gaʾon zugeschriebenes Responsum in *Responsen der Gaonim*, ed. Harkavy, 30f.), wird dem komplexen Befund also nicht gerecht: Sowohl der synonyme Gebrauch von שירתא als auch תושבחתא ist in den Targumim belegt; vgl. etwa die Psalmenüberschriften von TPs 66,1; 83,1, 88,1; 108,1, in denen תושבחתא ושירתא stets Wiedergabe von מזמור שיר dient. Zwar zeigt der Vergleich mit der Überschrift des Targum zum Hohelied, wo שיר השירים durch שירין ותושבחן übersetzt wird, daß die Wurzel שיר auch als Synonym für שבח verwendet werden konnte (vgl. etwa Liebreich, *Formula*, 179 mit Anm. 9). Doch mit dem Wort תושבחתא wird nicht an allen Stellen die gleiche Art von Liedern bezeichnet. Es wird vielmehr auch als Äquivalent für unterschiedliche hebräische Termini für Gesang benutzt; vgl. die Verwendung der Wurzel שבח als Wiedergabe von תהילה (Ps 145,1), מזמור (Ps 100,1), תודה (Ps 42,5; Jon 2,2), למנצח (Ps 11,1; 53,1; 54,1;

Schlüssel für das Gesamtverständnis des Qaddish betrachtet worden ist, vor besondere Schwierigkeiten stellt.[203]

Schon in den Targumim wird das Wort נחמתא sehr unterschiedlich verwendet, und auch in der übrigen rabbinischen Literatur können mit diesem Wort unterschiedliche Konnotationen verbunden werden.[204] Aufgrund seiner Stellung in der Reihe der anderen Wörter für Gesang und Lobpreis liegt die Vermutung nahe, daß es als eine Bezeichnung für biblische Psalmen benutzt worden ist. In einigen Targumim werden vor allem die Psalmen wegen ihres als eschatologische Prophetien gedeuteten Inhaltes als »Tröstungen« designiert.[205]

Targumischer Sprachgebrauch bzw. targumische Übersetzungs- und Auslegungstechnik können auch das Verständnis der diese Reihe von Substantiven abschließenden Formulierung דאמירן בעלמא erhellen. Der Vergleich mit ähnlichen Wendungen ergibt, daß das hebräische Wort עולם oft für eine auf die Unterscheidung zwischen »dieser Welt« (עלמא הדין) und der »Kommenden Welt« (עלמא דאתי) hinweisende »Übersetzung« genutzt wurde.[206] So wird die Formel דאמירן בעלמא in einer Rezension des Qaddish *le-ḥaddata*, die in einer Handschrift des im 12. Jh. entstandenen *Maḥzor* des Simḥa ben Shemu'el aus Vitry (Hurwitz 247) überliefert ist, folgen-

---

55,1 u. ö.), שיר (Ps 149,1) oder נגינת (Ps 55,1 61,1; 76,1). In dieser scheinbar nur aus synonymen Worten bestehenden Reihe läßt sich also ein inhaltliches Gefälle ausmachen.

202 Vgl. Jastrow, *Dictionary*, 896 s. v. נֶחָמְתָּא; Sokoloff, *Dictionary*, 346 s. v. נחמה.

203 Vgl. die traditionellen Kommentare, in denen es oft mit den im Qaddish von den Menschen für Gott gesprochenen Trostworten (aufgrund einer noch im einzelnen zu untersuchenden Baraita in bBer 3a) in Verbindung gebracht wird. Zum Problem vgl. schon Zunz, *Vorträge*, 385 mit Anm. e. S. hierzu auch Kap. IV.4.3.

204 Besonders enge sprachliche Parallelen für den Gebrauch des Wortes נחמתא im Qaddish liegen etwa in der »palästinischen« Targumim-Tradition vor (vgl. CN Gen 49,1; TFragV Gen 49,1; s. ferner TJes 18,4; TJoel 2,14). Bei genauer Betrachtung zeigt sich allerdings, daß mit dem Wort offenbar recht unterschiedliche Motive und Vorstellungen in Verbindung gebracht werden konnten: So wird das Wort נחמתא einerseits als Chiffre für »Tröstungen« bei der Auferstehung der Toten verstanden; vgl. bes. THos 6,2, und s. hierzu den Kommentar von Cathcart / Gordon, *Minor Prophets*, 41; vgl. ferner Sysling, *Teḥiyyat ha-Metim*, 47f. Zur spezifischen Verwendung im Sinne von Tröstung durch die Auferstehung der Toten vgl. auch bPes 54b; MekhY *be-shallaḥ* 4 (Horovitz/Rabin 171); BerR 65,12 (Theodor/Albeck 722); QohR 11,5 (29b). Der Gebrauch des Wortes »Tröstung« ist auch in der übrigen rabbinischen Literatur belegt; vgl. tSan 8,3 (Zuckermandel 427); ySan 6,5 - 23b,67-69; bHag 16b; bKet 67a u. ö. Andererseits kann mit dem Wort die speziellere Bedeutung »Tröstung Jerusalems« verbunden werden: vgl. TJes 33,20 (עיינך יחזיין בנחמת ירושלם); TJes 41,27 (פתגמי נחמתא); TJes 51,3 (ארי עתיד יי׳ לנחמא ציון לנחמא כל חרבתהא). Auffällig ist auch, daß sich in den Targumim der palästinischen Tradition keine Belege für die übertragene Bedeutung »aggadisch-eschatologische Ausblicke« am Ende einer *derasha* finden. So aber z. B. in tBer 3,21 (Lieberman 17): דברי תנחומים; vgl. auch yBer 5,1 - 8d,28f.; bBer 31a; PesK 13,14 (Mandelbaum 238). Elbogen, *Gottesdienst*, 94; 527 versteht das Wort im Qaddish als Hinweis auf die »allgemeine Zukunftshoffnung (= נחמת ציון)«.

205 Vgl. etwa TPs 87,17; 110,4. Anders Pool, *Kaddish*, 64, der das Wort unspezifisch als einen Hinweis auf alle »*'glorifying consulations', books, prophecies, sermons, praises, songs etc. containing and dealing with . . . future comforts*« versteht.

206 Zu עלמא דאתי als »Übersetzung« von עולם vgl. CN Gen 3,24; 4,7M; 15,1M.17; 39,10; 49,22M; Ex 2,12M; 15,12; Num 22,30; 23,10; Dtn 7,10M; 32,1; 33,6; TPsJ Gen 3,24; 15,1; 25,29.34; 39,10; Ex 15,12.18; Num 12,16; 22,30; 31,50; Dtn 7,10; 30,19; 32,1;

dermaßen »erweitert«[207]: לעילא מן כל ברכתא שורתא תושבחתא ונחמתא דאמירן . . . בעלמא הדין ודאיתאמרן בעלמא דאתי.

Zwar kann diese Rezension nicht einfach als Beleg für »das« ursprüngliche Verständnis der im Qaddish verwendeten Phrase דאמירן בעלמא betrachtet werden - das Wort עלמא konnte wohl stets auch im Sinne von »Ewigkeit« verstanden werden[208]; dennoch läßt sich an dieser Rezension beobachten, auf welche Weise der Wortlaut einzelner Phrasen des Qaddish von targumischer »Übersetzungssprache« beeinflußt wurde und wie die Kenntnis targumischer Sprache das Verständnis (in späterer Zeit?) geprägt hat.

Wie weit der Einfluß targumischen Sprachgebrauchs auf einzelne Rezensionen des Qaddish gehen konnte, läßt sich dann noch deutlicher an einigen Wörtern des Voll-Qaddish und des Qaddish *le-ḥaddata* beobachten:

An targumischen Sprachgebrauch erinnert im Voll-Qaddish vor allem die charakteristische Formulierung תתקבל צלותהון. Der Gebrauch des Verbs קבל in der 2. Pers. Singular *itpaᶜal* kombiniert mit dem Substantiv צלי entspricht genau targumischer Übersetzungssprache. Das Wort קבל im *itpaᶜal* wird im Targum wie im Qaddish stets als »Übersetzung« für das hebräische Wort שמע verwendet.[209] Mit Hilfe solcher Formulierungen konnte die im hebräischen Text vorgegebene, in den Augen der *meturgemanim* allzu anthropomorphe Redeweise von Gott vermieden werden.[210] Wie in den Targumim wendet sich die Bitte um die Erhörung des Gebetes[211] im Qaddish also nicht direkt an Gott, sondern erbittet die »Annahme« des Gebetes in einer typisch indirekten und ehrfurchtsvollen Redeweise.

Dieser inhaltliche Akzent wird auch am Gebrauch der bereits im biblischen Aramäisch belegten Präposition קדם (»vor«)[212] deutlich, mit der der sich an die Bitte

---

33,6. Vgl. außerdem TShir 1,3; TPs 41,14; 72,19; 90,2; 145,2 u. ö.

207 Zum *Maḥzor Vitry*, einer der wichtigsten Quellen für den Ritus in Westeuropa (Ashkenaz) im 11. Jh., vgl. Ta-Shma, מחזור ויטרי, 81-89. Zu den unterschiedlichen Teilen vgl. Emanuel, מחזור ויטרי, 129f.; Ta-Shma, תגובה, 131f. Zu seinen »Vorläufern« s. Grossman, חכמי צרפת, 400f.

208 Vgl. zur doppelten Bedeutung von עלמא Jastrow, *Dictionary*, 1084 s. v. עָלַם III.

209 Für die Bedeutung des Wortes קבל im Sinne von »hören« vgl. z. B. TO Gen 16,2 (mit Aberbach / Grossfeld, *Targum Onkelos to Genesis*, 96). Spezifischer Gebrauch im Sinne von »annehmen eines Gebetes« liegt auch an folgenen Stellen vor: TO Gen 16,11; 17,20; 30,6.8.17.22; 33,7; 35,3.21; Num 20,16; 21,3; Dtn 1,45; 9,19 (für שמע אל); 10,10; 26,7 (שמע); TPsJ Gen 30,8.17; 35,3; Ex 22,26; 23,13; Dtn 9,19; 10,10; 26,7; 33,7; Num 22,26 u. ö.; dann auch TJes 65,24; TJon 2,3; TPs 120,1 (für ענה); TPs 18,7; T II Sam 22,7; T II Chr 30,27 (für שמע קול) und T I Reg 8,45.49 = T II Chr 6,29,35.39; TPs 6,10 (für שמע תפילה), sowie TJoel 2,14 (שמע תפילה). In CN und in den Fragmenten-Targumim ist die Wendung קבל צלי hingegen nicht belegt; in diesen Targumim wird lediglich wie im Hebräischen die Wurzel שמע verwendet. Vgl. hierzu CN Gen 30,8; 45,2; Ex 23,13 (כדון תשתמע צלותך) und auch CN Gen 22,14.22M.26M; 30,17.22; 33,7; 38,25; Dtn 3,26; 9,19; 10,10.

210 S. dazu bereits *Bible*, ed. Sperber, Bd. 4B, 37, und vgl. auch Smolar / Aberbach, *Studies*, 169. - Zur Verwendung der Wurzel ענה im *itpaᶜal* vgl. z. B. unten Appendix B.4: MS New York, JTS ENA 6161, 1b, Z. 2: וְתִתְעֲנֵיה.

211 Zu der in manchen Rezensionen hinzugefügten Form von בעי bzw. בעותא vgl. z. B. TPsJ Gen 48,22, und die Targumim zu I Reg 8,39.54; II Chr 6,21.29.33.39. Vgl. dazu McIvor, in: Beattie / McIvor, *Targum*, 155.

212 Vgl. Dan 16,11f.; Esr 7,19. Siehe dann auch Jastrow, *Dictionary*, 1316 s. v. קֳדָם; zur

anschließende Satzteil, דבשמיא קדם אבוהון, eingeleitet wird. M. L. Klein[213] hat darauf hingewiesen, daß diese für Targumim typische Präposition stets als ein Substitut der hebräischen *nota accusativi* את oder der Worte על פני, לפני verwendet wird. Die Verwendung des קדם sollte dabei eine ehrfurchtsvolle Distanz zum Objekt der Rede bzw. Bitte zum Ausdruck bringen. Klein hat diese für alle Targumim[214] signifikante Ausdrucksweise daher als »pseudo-anti-anthropomorph« bezeichnet.[215]

Worauf die bemerkenswerte Affinität dieser Stelle des Qaddish zur Sprache der Targumim zurückzuführen ist, läßt sich nur vermuten: Möglicherweise hängt sie mit der quasi anthropomorphen Rede vom »Vater im Himmel« zusammen. Die Rede von Gott als dem Vater ist zwar fest in biblischem Sprachgebrauch verankert und insofern auch für die Targumim selbstverständlich.[216] Mit Hilfe der Formulierung. . . תתקבל קדם אבוהון דבשמיא konnte aber eine allzu selbstverständliche Anrede Gottes als dem Vater vermieden werden.[217]

Wie eng die Sprache des Qaddish mit dem »Übersetzungsaramäischen« der Targumim verwandt ist, zeigt sich dann auch am Qaddish *le-ḥaddata*: So finden sich im TO und TPsJ zu den Propheten zahlreiche Parallelen zu der Formulierung בעלמא דעתיד לחדתא, in der das bekannte Motiv der eschatologischen Erneuerung (in) der zukünftigen Welt aufgegriffen wird. Bemerkenswert ist auch, daß sowohl die westlichen (»ashkenazischen«) Fassungen des Qaddish *le-ḥaddata* als auch die ashkenazischen Targumhandschriften stets die *itpaʿal*-Form[218] der Wurzel חדא verwenden.[219] Auch wenn sich diese Übereinstimmung wahrscheinlich einer später erfolgten ge-

---

Vokalisation dieser Präposition im Qaddish s. auch Pool, *Kaddish*, 68.

213 Klein, *Preposition*, XXI-XXVI; s. auch ders., *Translation*, 171.

214 Vgl. Syrén, *Blessings*, 23f. Zur Verwendung der Präpositon קדם in den übrigen Targumim s. etwa Shunari, *Avoidance*, 136; Raphael, התיאולוגיה, 33; *Targum des Chroniques*, Bd. 1, ed. Le Déaut / Robert, 30.

215 Klein, *Preposition*, XXVI.

216 Vgl. TFragP Ex 15,12; Gen 21,33; TFragV Gen 21,33; TFragV Num 20,21; TFragP Gen 21,33; CN Gen 21,33M; Ex 1,19; Num 20,21; Dtn 33,24; TPsJ Ex 1,19; Num 20,21. S. auch TPs 89,27; TMal 2,10. Nur an wenigen Stellen wird im Targum die Übersetzung des Wortes »Vater« im MT durch Umschreibungen umgangen; vgl. z. B. TJes 63,16; 64,7 (TPsJ gibt hier das im MT vorliegende כי־אתה אבינו als Vergleich wieder, vermeidet also die anthropomorphe Rede von Gott). An einigen Stellen wird »Vater« auch mit der Wendung שכינתיה בשמיא מלעילא (vgl. z. B. TJos 2,11) wiedergegeben. Zur Rede von Gott als »Vater« außerhalb der Targumim vgl. Goshen-Gottstein, אב בשמים, 79-103.

217 Vgl. hierzu auch T.-S. 124.60 (Z. 9) und die Rezensionen des Qaddish *de-Rabbanan* in der Gebetsordnung des Maimonides und im *Sefer ha-Tikhlal* (s. oben S. 40f.).

218 Vgl. Jastrow, *Dictionary*, 428 s. v. חֲדַת. Gemäß sefardisch-orientalischer Tradition besteht die Aussage dieses Satzes also darin, daß *Gott* die Welt erneuern soll, während in ashkenazischen Rezensionen durch das Passiv hervorgehoben wird, daß die *Welt* durch Gott erneuert wird (s. hierzu die Hinweise in *Seder ʿAvodat Yisraʾel*, ed. Baer, 588). Zu beachten ist, daß in CN und den Fragmenten-Targumim Formen der Wurzel im *itpaʿal* nicht belegt sind.

219 Vgl. bes. TO Dtn 32,12 (יוי׳ בלהודהון עתיד לאשריותוהון בעלמא דהוא עתיד לאתחדתא ולא יתקיים קדמוהי פולחן טעון). S. dann auch TMi 7,14 und THab 3,2. - In sefardisch-orientalischen Rezensionen des Qaddish lautet diese Formel demnach meist ד(הוא) עתיד לחדתא, während in den ashkenazischen דהוא עתיד לאתחדתא verwendet wird. Der durch das Relativpronomen ־ד eingeleitete Nebensatz ist wie in den Targumim formuliert; vgl. hierzu auch Kadari, *Use*, 49, und s. Sokoloff, *Dictionary*, 144.

genseitigen Beeinflussung verdankt, zeigt sich auch hieran, daß das Qaddish in einer eigenartigen Nähe zum Targum und seiner Textüberlieferung steht.

Wie der Wortlaut einzelner Rezensionen des Qaddish vom Gebrauch der Targumim beeinflußt worden sein kann, ist auch an den »Erweiterungen« des Wortlautes des Qaddish *le-ḥaddata* zu beobachten: Besonders interessant ist der Gebrauch des Wortes *memra* in der Rezension des Geniza-Fragments T.-S. 124.60.[220] Dieser Terminus ist ausschließlich in Targumim belegt[221], wo er wie in einigen Rezensionen des Qaddish allein der ehrfurchtsvollen Umschreibung des göttlichen Namens dient. Die Verwendung eines nur targumisch belegten Terminus[222] in einigen Rezensionen des Qaddish ist freilich wiederum nicht zwingend als ein Indiz für die Übersetzungsthese zu bewerten. Der Befund kann ebenso durch die Annahme von »Beeinflussung« bzw. Erweiterung mit Hilfe targumischer Sprache erklärt werden.[223]

Daß im übrigen nicht alle Zusätze zum Halb-Qaddish in gleichem Maße durch den Sprachgebrauch der Targumim beeinflußt worden sind, ist am Qaddish *de-Rabbanan* zu beobachten: In dieser zusätzlichen Bitte für Schüler und »Lehrer«[224] wird zwar die an targumischem Sprachgebrauch erinnernde Phrase קדם אבוהון verwendet. Darüber hinaus weist diese Version jedoch keine sprachlichen Elemente auf, die sich mit den Targumim vergleichen ließen. Dies ist vor allem im Hinblick auf den Gebrauch des charakteristischen Wortes אתר (hebr. מקום) zu beachten, dem einzigen Wort in einer Fassung des Qaddish, das auf einen spezifischen »Ort« seiner Verwendung hinweist.[225]

Unabhängig vom Sprachgebrauch der Targumim erklärt werden kann schließlich auch die das Qaddish abschließende Bitte um Frieden (יהא שלמא bzw. עושה שלום).

---

220 Vgl. unten Appendix B.3: MS Mosseri V 179 (a), Z. 7.

221 Zum Wort *memra* und seiner Verwendung in den Targumim vgl. Chester, *Revelation*, 293ff.; Grossfeld, *Targum Onkelos*, 25; Smelik, *Targum*, 107ff.

222 Vgl. etwa auch die in manchen Rezensionen des Qaddish *le-ḥaddata* verwendeten Phrasen לאחאה מיתי (vgl. die »palästinische« Targum-Tradition zu Dtn 32,39, und s. dazu Sysling, *Teḥiyyat ha-Metim*, 242ff.), לשכללא היכלא (vgl. TFragP Ex 15,17; CN Ex 15,17; Num 24,6M) und פלחנא נכראה למעקר (vgl. TPsJ Gen 21,9.11.15; 24,31; Dtn 25,18).

223 Bemerkenswert ist diesem Zusammenhang auch die Verwendung der Termini *ziw* (»Glanz«) und *yeqar* (»Ehre«) in einigen Rezensionen des Qaddish; vgl. oben, S. 40f., die Rezension aus der Gebetsordnung des Maimonides und dem *Sefer ha-Tikhlal*: Während das Wort *yeqara* in den Targumim wie der Terminus *memra* oder *shekhinta* zur Vermeidung anthropomorpher Redeweise verwendet wird (vgl. dazu Chester, *Revelation*, 313; Grossfeld, *Targum Onqelos*, 29), begegnet das Wort *ziw* (»Glanz«) in der »palästinischen« Targum-Tradition nur in Verbindung mit dem Terminus *shekhinta*; vgl. TPsJ Ex 27,20; 34,29.35; Num 24,6; Dtn 33,2; CN Ex 19,18M; 34,30M, und s. hierzu auch Goldberg, *Verwendung*, 47f.; Chester, *Revelation*, 313ff.; für die Propheten-Targumim vgl. Smelik, *Targum*, 107ff.

224 Zu dem in der gesamten rabbinischen Literatur belegten רבנן vgl. Goodblatt, *Instruction*, 286ff. (Appendix: The Meaning of the Term *Rabbanan*).

225 Im Qaddish wird es gewiß im Sinne von »Synagoge« gebraucht. Dieser Gebrauch läßt sich für die Targumim m. W. nicht belegen, zumal er sich sogar in der übrigen rabbinischen Literatur eher selten findet (vgl. etwa yBer 5,4 - 9c,38 [MS Vatikan]; *Yerushalmi Fragments*, Bd. 1, ed. Ginzberg, 21 Z. 10; dann auch Sof 19,7 [Higger 332]: מקומות). Enge Parallelen für den Gebrauch von אתר im Sinne von Synagoge finden sich dagegen in Synagogen-Inschriften: Vgl. z. B. Naveh, פסיפס, 100: [חול]קהון בהדן אתר[ה] קדיש[ה אמ]ן. S. auch Hüttenmeister, *Inscription*, 111; Sokoloff, הערות, 218f.

Bitten solcher Art gehören zu einem Formelgut, das so oft und an so unterschiedlichen Orten belegt ist[226], daß seine Verwendung im Qaddish weder sprachlich noch stilistisch allein auf ihre Benutzung in den Targumim zurückzuführen ist.[227] Wenn die Friedensbitte in einigen Rezensionen des Qaddish zweimal[228], sowohl in Aramäisch als auch in Hebräisch, eingeführt wird, ist dies im übrigen wohl ein weiterer Beleg dafür, daß aramäische Passagen nicht unbedingt auf einer unvollständigen oder unvollendeten Übersetzung beruhen müssen. Auch wenn es sich bei der aramäischen Fassung um einen Zusatz handeln sollte[229], die scheinbar überflüssige Dopplung der Friedensbitte ist stets beibehalten worden. Vielleicht sollten durch diese sich nur bezüglich ihrer Sprache unterscheidenden Bitten schlicht andere inhaltliche Aspekte zum Ausdruck gebracht werden.

2.3 *Zusammenfassung*

Die sprachliche und stilistische Analyse des Qaddish gelangt somit zu einem komplexen Bild seiner Entstehung und sprachlichen Provenienz. Zunächst hat sich gezeigt, daß das Qaddish nicht einfach in »der Schulsprache der Targumim« verfaßt worden ist. Zwar lassen sich zahlreiche Bezüge zwischen Qaddish und einigen Phrasen und Wendungen des »künstlichen Idioms« der »offiziell anerkannten Targumim« feststellen. Es überwiegen bei genauer Betrachtung jedoch die Unterschiede, und viele Wendungen des Qaddish lassen sich genauso gut auf dem Hintergrund des »allgemeinen«, in der übrigen rabbinischen Literatur belegten aramäisch-hebräischen Sprachgebrauchs erklären.

Die Analyse des Qaddish ergibt des weiteren, daß dieses Gebet sprachlich keinem spezifischen aramäischen Dialekt zugeordnet werden kann. Die in den unterschiedlichen Rezensionen verwendeten, je nach Orthographie sehr unterschiedlich ausgestalteten Wörter lassen sich sowohl mit »westlichen« als auch »östlichen« Dialekten des Aramäischen in Verbindung bringen. Wortwahl und semantische Bezüge zu einzelnen Sprachzeugnissen der rabbinischen Literatur ermöglichen jedoch keine Rückschlüsse auf die »Heimat« des Qaddish. Wenn einige Lexeme und Phrasen in gewissen literarischen Korpora besonders häufig belegt sind, wie die Formulierungen אבוהון דבשמיא und die doxologische For-

226 Vgl. z. B. die epigraphischen Vergleichstexte bei Hüttenmeister, *Synagogen*, 10 (יהי שלום על המקום הזה). 61 (אתרה קדי[שה ובשלמה תהוי להון ברכתה אמן). S. auch Naveh, פסיפס, 19 und bes. 77f. sowie Dothan, *Hammath Tiberias*, 53 und Pl. 21 (הא שלמה על כל מן דעבר מצותה). - Vgl. hierzu auch die einleitenden Bemerkungen in MTKG II, 22f.

227 Vgl. zu dieser Formel bes. Ijob 25,2 (עשה שלום במרומיו), und s. auch das Targum: שלם בשמי מרומהי (ed. Stec 170*). Zum Gebrauch solcher Formeln vgl. noch Zimmels, החתימה, 49-55 (zum Qaddish bes. 54); zu weiteren Parallelen in der rabbinischen Literatur s. *Seder Biqqur Ḥolim*, ed. Landshut, LXI.

228 Vgl. etwa die Geniza-Fragmente T.-S. 124.60 (Z. 9) und MS New York, JTS ENA 6161 (1b Z. 5 und 9-11) - s. unten Appendix B.4.

229 So z. B. Elbogen, *Gottesdienst*, 94.

mel יהא שמיה רבא, die auffälligerweise nur in der »palästinischen« Targum-Tradition belegt ist, kann dies nicht als eindeutiger Beleg für den Ort der Entstehung des Qaddish aufgefaßt werden.

Auch die von Pool hervorgehobenen stilistischen Berührungspunkte zwischen Qaddish und Propheten-Targumim müssen differenzierter beurteilt werden. Einige Phrasen in einigen Versionen lassen zwar eine bemerkenswerte Affinität zu Sprache und Stilistik dieser Targumim erkennen. Betrachtet man den Wortlaut des Qaddish jedoch aufs Ganze, so ist ein pauschales und im Hinblick auf alle Abschnitte der verschiedenen, nach und nach erweiterten Versionen des Qaddish nicht möglich. Nur im Qaddish *titqabal* finden sich drei charakteristische Stilmittel, die an das »Übersetzungsaramäisch« der Targumim erinnern: (1.) Das Wort קבל in Verbindung mit צלי zur Umschreibung einer hebräischen Wendung wie שמע תפילה, (2.) die Formulierung mit Hilfe des Reflexiv-Stamms (*itpaʿal*) für die mit קבל gebildete Verbform und (3.) die Verwendung der für targumischen Stil typischen Präposition קדם. Trotz dieser bemerkenswerten Berührungspunkte mit Sprache und Ausdrucksweise der Targumim ist allerdings auch in dieser Version die Bitte um das Kommen der Königsherrschaft Gottes wie in allen anderen Versionen des Qaddish wieder, ganz untypisch für die Targumim, mit וימליך מלכותיה formuliert.

Allen Versionen des Qaddish ist dabei ein eigentümlicher sprachlicher Mischcharakter zueigen.[230] Aramäische und hebräische Abschnitte werden - sogar innerhalb eines Satzes - neben- und ineinander vermischt verwendet. Für diesen Mischcharakter ist auch der Gebrauch zahlreicher *polysemer* Worte kennzeichnend, wobei über das Verständnis solcher Lexeme erst die Orthographie bzw. die nachträglich eingeführte Vokalisation entschieden zu haben scheint.[231] Die Untersuchung ergibt somit, daß es sich beim Qaddish um ein »Mischprodukt« handelt, dessen textliche und sprachliche Identität schwer zu definieren ist.

---

230 So auch schon Pool, *Kaddish*, 17. Er vergleicht die Verwendung des Aramäischen im Qaddish mit dem Befund in den biblischen Büchern Daniel und Esra.

231 Dies ist insbesondere gegen die Vermutung Pools (*Kaddish*, 17; 20) zu sagen, der aufgrund eines Responsum des Shelomo Ibn Adret (1235-1310; Barcelona) vermutet, das aramäische Qaddish sei später in das Hebräische zurückübertragen worden, wodurch auch die in einigen Rezensionen des Qaddish anzutreffenden, längeren hebräischen Passagen zu erklären wären. Vgl. ShW''T Shelomo Ibn Aderet, Bd. 5, § 54; Telsner, *Kaddish*, 195f. Der Versuch, den Sprachwechsel im Qaddish durch eine (nur teilweise gelungene) Rückübersetzung zu erklären, ist m. E. jedoch eher dem für spanische Exegeten typischen Interesse an linguistischen Problemen zuzuschreiben, als daß diese These die tatsächlichen Hintergründe der Entwicklung der Zweisprachigkeit des Qaddish erhellt.

3. *Form und Gattung des Qaddish*

Mit Form und Gattung des Qaddish hat sich ausführlich bislang nur J. Heinemann befaßt. Aufgrund des Vergleichs mit anderen Gebeten rekonstruiert er den *Sitz im Leben* der Gattung des Qaddish im *bet ha-midrash*, im Lehrhaus.[232] Die im folgenen Abschnitt unternommene formale Analyse des Qaddish und die Gegenüberstellung mit verwandten Gebeten dient der Überprüfung dieser oft rezipierten These. Weitere für die Diskussion der Entstehungs- und Rezeptionsgeschichte des Qaddish relevante Gebetstexte sollen dabei in die Untersuchung einbezogen werden.

3.1 *Formale Merkmale des Qaddish*

Jede umfassende Beschreibung der Form und des Aufbaus des Qaddish steht zunächst wie die textliche und sprachliche Analyse vor dem Problem, daß nicht ein beliebiger Text die Basis einer solchen Untersuchung sein kann. Auch die formgeschichtliche Analyse des Qaddish kann insofern nur von einem »kleinsten gemeinsamen Nenner« aus verschiedenen Rezensionen und Versionen ausgehen - einem formalen »Grundbestand«, der nicht mit einem »Urtext« zu verwechseln ist. Dieser »Grundbestand« läßt sich folgendermaßen beschreiben:

Das Qaddish hebt mit einer Doxologie[233] an, die durch Bitten erweitert und mit einer Responsionsaufforderung abgeschlossen wird. Darauf folgt eine formelhafte Doxologie, die durch eine Ewigkeitsformel erweitert wird und in eine »Serienbildung«[234] von Verben im *hitpaᶜel* übergeht. An diese Serienbildung schließt sich eine Reihe von Substantiven an, die durch eine weitere Namensdoxologie abgeschlossen wird. Eine Bitte um Frieden schließt das Gebet ab. Die doxologischen Formulierungen und Bitten sind immer in der 3. Person formuliert, und nur die Bitte um die Annahme des Gebets im Qaddish *titqabal* und die in manche Rezensionen des Qaddish *le-ḥaddata* eingeschobene Bitte um Abwendung von Dürre usw. (*titkele ḥarba*) richtet sich in der 2. Person an Gott. Die abschließende Bitte um Frieden wendet sich dem-

---

232 Vgl. Heinemann, JJSt 5 (1960) 264-280 und ders., *Prayer*, Kap. 10, wobei noch einmal darauf hingewiesen sei, daß Heinemann diese Bezeichnung des *Sitz im Leben* nicht in bezug auf eine Institution oder sogar ein Gebäude geprägt wissen möchte.

233 Zum Gebrauch des Terminus »Doxologie« vgl. die grundlegende Untersuchung von Werner, *Doxology*, 275-351. Im folgenden wird als »Doxologie« oder »doxologische Formel« ein Spruch bezeichnet, der sich aus einem Verb in der Präfixkonjugation, einem Substantiv und/oder einer partizipialen Erweiterung zusammensetzt. Zur terminologischen Differenzierung der Bezeichnung »Doxologie« im Hinblick auf das Qaddish vgl. Deichgräber, *Gotteshymnus*, 28ff., bes. 30.

234 Zum Terminus »Serienbildung«, der vor allem im Hinblick auf ähnliche Formen poetischer Sprache in der Hekhalot-Literatur geprägt worden ist, vgl. Maier, *Serienbildung*, 39. S. hierzu Kap. III.2.

gegenüber sowohl an Gott in der 3. Person (עושה שלום) als auch an die Gemeinde in der 1. Person Plural (עליהון bzw. עלינו).[235]

Die »Blickrichtung« des *sheliaḥ ṣibbur* und der Gemeinde ist beim Vortrag des Qaddish also eine doppelte: Zum einen wenden sich Vorbeter und Gemeinde an Gott, zum anderen an die anwesende Gemeinde bzw. »ganz Israel«. Auf die Doxologie in der 3. Person, die man auch als eine »indirekte Anrede« Gottes verstehen kann, folgen Responsionsaufforderungen wie z. B. ואמרו אמן, durch die der antiphonische Vortragscharakter des Gebetes unterstrichen wird.

3.2 Zum Vergleich mit anderen Gebeten: Die Gattungsfrage

Die Gattungsbestimmung eines Textes geschieht bekanntlich in der Weise, daß typische formale Aspekte eines Überlieferungsstücks mit anderen verglichen werden. Ergeben sich Übereinstimmungen, so darf angenommen werden, daß die verglichenen Stücke der gleichen Gattung angehören. In der folgenden Zusammenstellung von Vergleichstexten werden daher vor allem doxologische Formeln, Namensdoxologien[236] und Bittgebete (bzw. *berakhot*[237]), die sich in der 3. Person an Gott wenden, berücksichtigt.[238] Auf den formalen Vergleich mit Bitten um Frieden wird dabei nicht näher eingegangen, da vergleichbare Texte so häufig und an so unterschiedlichen Orten belegt sind, daß ihre Berücksichtigung im Hinblick auf das Qaddish wenig aussagekräftig zu sein scheint.[239]

---

235 Zum Wechsel der Anrede vgl. z. B. die Rezension einer Schlußbitte um Frieden in MS New York JTS ENA 6161 1 Mic 7276 (verso, Z. 11) [unten Appendix B.4]: שָׁלוֹם עָלֵינוּ וַעֲלֵיכֶם ועַל כְּלַל עַמּוֹ.

236 Zu solchen Doxologien vgl. Esh, הק'(ב' ה').

237 Als »Bitten« werden im folgenden sowohl kurze »Benediktionen« (*berakhot*) als auch Sätze, die grammatisch und syntaktisch ähnlich wie doxologische Formeln formuliert sind, inhaltlich jedoch nicht Gott, sondern einen Gegenstand oder eine andere Person zum Objekt haben, bezeichnet. Zur näheren formalen Definition vgl. Schlüter, *Formular*, 47-56.

238 Dies war das Hauptkriterium für Heinemanns Auswahl von Vergleichstexten. Vgl. Heinemann, *Prayer*, 265ff.

239 Eine mit der Bitte um Frieden im Qaddish auffällig genau übereinstimmende Bitte wird z. B. am Schluß der *birkat ha-mazon* verwendet; vgl. Zimmels, החתימה, 52f. Zahlreiche mit dem Qaddish vergleichbare Friedensbitten sind überdies inschriftlich belegt; s. oben S. 61 Anm. 228.

3.2.1 Doxologische Formeln und Gebete

Von allen Texten der rabbinischen Gebetsliteratur steht dem Qaddish formal und inhaltlich zweifelsohne das bereits mehrfach erwähnte, in verschiedenen Rezensionen überlieferte sog. *ʿal ha-kol*-Gebet besonders nahe. Die bemerkenswerte Nähe des *ʿal ha-kol* zum Qaddish hat oft zu der Vermutung Anlaß gegeben, zwischen beiden Gebeten bestünde eine direkte Abhängigkeit.[240] Als der früheste Beleg für das *ʿal ha-kol* wird meist eine Fassung betrachtet, die sich in den in nach-talmudische Zeit datierten, sog. palästinischen Fassungen des Traktates Soferim findet.[241] Dieses sog. außerkanonische Traktat befaßt sich zum einen mit der Anfertigung von Tora-Rollen und mit den verschiedenen Lesungen selbst. Daß die in den Handschriften dieses Traktates überlieferten Fassungen nicht die ältesten sind, zeigt die Gegenüberstellung mit einer (palästinischen) Fassung aus der Geniza, die von N. Wieder[242] veröffentlicht worden ist:

T.-S. NS 123.119	Sof 14,6 (Higger 259)[243]	
הקול יתגדל	על הכל יתגדל	1
ויתקדש	ויתקדש	2
[יתבר]ך	וישתבח	3
ויתרומם	ויתפאר	4
	ויתרומם	5
	וינתשא	6
	ויתהדר	7

[240] Vgl. z. B. Karl, "הקדיש", 40. In der Londoner Handschrift des Seder Rav Amram wird das *ʿal ha-kol* als »Qaddish *le-yaḥid*« eingeführt, d. h. als eine durch einen einzelnen zu rezitierende »Ersatzfassung« des Qaddish; vgl. ed. Coronel, 13a. Vermutlich veranlaßt dieser Befund Karl zu seiner These einer Beziehung zwischen Qaddish und *ʿal ha-kol*.

[241] Zur Datierung und Herkunft dieses im Unterschied zu »*Massekhet Soferim B*« (vgl. *Seven Minor Treatises*, ed. Higger, 10) möglicherweise in einem Grundstock in Palästina entstandenen, in Babylonien überarbeiteten und dann in West-Europa stark erweiterten Traktates vgl. Müller, *Soferim*, 20, der es ins 8. Jh. datiert, während Elbogen, *Gottesdienst*, 94, eine Datierung »um 600« vertritt. Nach Higger, *Soferim*, 80 ist es erst nach dem Yerushalmi entstanden. Ephrati, הסבוראים, 104ff.; Slotki, *Soferim*, V datieren es dagegen in die savoräische Zeit. Zu den nach wie nicht umfassend untersuchten Problemen der Herkunft, Redaktion und handschriftlichen Überlieferung dieses »vielschichtigen« Traktates vgl. Lerner, *Tractates*, 397ff.; Blank, *Time*, 1-26. Nach Blank, *Soferim*, 10 (passim) sind Kapitel 10-21 wahrscheinlich vor dem 11. Jh. in Italien oder in Byzanz entstanden. Die bisher in der Forschung vertretene Frühdatierung ist durch ihre Analyse der handschriftlichen Überlieferung und der indirekten Textzeugen grundlegend in Frage gestellt. Vgl. dazu unten Kap. IV.2.1.1.

[242] Vgl. Wieder, נושאים, 89.

[243] Text nach: MS Oxford 2257 (Mich. 175), 8a (italienisch aus dem 16. Jh.); vgl. hierzu Blank, *Soferim*, 26; dies., *Time*, 11. Vgl. auch den Druck Wilna 14,12 (40d). - Die Gliederung dient nur der Veranschaulichung der Struktur des Textes, insbesondere der noch in anderem Zusammenhang zu berücksichtigenden Serienbildung, Z. 1-10 (s. dazu Kap. III.2); sie folgt nicht der handschriftlichen Vorlage.

8 ויתעלה
9 ויתהלל
10 ויתקלס
11 שמו של מלך מלכי המלמים   שמו שלמלך מל[כי]
12 הקדוש ברוך הוא
13 נכבד ונורא בעולמות שברא
14 בעולם הזה ובעולם הבא
15 כרצונו וכרצון יריאיו
16 וכרצון כל עמו בית ישראל
17 תגלה ותראה מלכותו עלינו
18 במהרה ובזמן קרוב
19 והוא יבנה ביתו בימינו
20 ויחון פליטתינו ופליטת כל עמו
בית ישראל
21 בהמון רחמיו וברוב חסדיו
22 לחן ולחסד ולרחמים לחיים ולשלום
23 והוא ירחם עלינו ועל כל עמו בית
ישראל
24 בעבור שמו הגדול ואמרו אמן.

1 Über alles[244] sei groß
2 und es sei geheiligt[245],
3 und es sei gelobt,
4 und es sei verherrlicht,
5 und es sei erhoben,
6 und es sei erhaben,
7 und es sei geschmückt,
8 und es sei erhöht,
9 und es sei besungen,
10 und es sei gerühmt
11 der Name des Königs der Könige der Könige,
12 des Heiligen, gepriesen sei er,
13 furchtbar und schrecklich[246], in den Welten, die er geschaffen,
14 in dieser Welt und der Kommenden Welt,
15 nach seinem Willen und dem Willen derer, die ihn fürchten,
16 und dem Willen seines ganzen Volkes Israel!
17 Er offenbare und lasse erscheinen seine Königsherrschaft über uns,
18 schnell und in naher Zeit,
19 er erbaue sein Haus in unseren Tagen
20 und sammele unsere Verstreuten und die Verstreuten des gesamten Volkes Israel
21 in seiner großen Gnade und seiner reichen Güte,
22 zu Gunst und Gnade und Erbarmen und zum Leben und zum Frieden.
Und er erbarme sich unser
23 und über sein gesamtes Volk, das Haus Israel,
24 um seines großen Namens willen! Und sie sollen sprechen: Amen!

---

244 Vermutlich beruht die Lesart על הכל auf einer Verschreibung aus judeo-arab. הקול, »Hört zu!«. Vgl. dazu Wieder, נושאים, 80; 89.

245 Das Wort יתקדש fehlt im Druck Wilna; vgl. GR’’’a z. St.

246 Im Druck Wilna ist in Klammern hinzugefügt: »Der Furchtbare und der Schreckliche, sein Name, des Königs der Könige der Könige«.

Im Traktat Soferim wird dieses Gebet im Kontext anderer Gebete, die vor dem Einheben der Tora-Rolle im Shabbat-Morgengottesdienst rezitiert werden sollen, mitgeteilt. Ob es ursprünglich *vor* oder *nach* der Lesung des *maftir* gesprochen werden sollte oder nur *vor* der *hagbaha*, dem feierlichen Heben der Tora-Rolle nach der Lesung, wird in *Massekhet Soferim* nicht genau erläutert. Vermutlich war die Einführung dieses Gebetes eng mit der Einführung anderer bei der Lesung zu rezitierender Gebete verbunden. Hierauf deutet auch der Gebrauch der 3. Person hin.[247]

Im Unterschied zum Qaddish hebt das *ʿal ha-kol* direkt mit einer Serienbildung an, die durch eine längere Aufzählung von Gottesepitheta fortgeführt wird. Eine doxologische Formel wie im Qaddish (יהא שמיה רבא מברך) fehlt in ihm. Der Eindruck, es handle sich bei diesem Gebet um eine hebräische Rezension des Halb-Qaddish, beruht somit vor allem auf den inhaltlich und formal mit dem Qaddish nahezu identischen Formen im *hitpaʾel.* Wie allerdings der Vergleich mit dem von Wieder veröffentlichten Geniza-Fragment zeigt, war diese Serie wohl einmal viel kürzer. Der Eindruck einer besonderen Nähe des *ʿal ha-kol* zum Qaddish ist daher vermutlich erst auf eine ashkenazische Bearbeitung zurückzuführen. Gewiß ist das *ʿal ha-kol* in dieser Form jünger als das Qaddish.[248]

Daß Gebete wie das *ʿal ha-kol* aufgrund ihrer hebräischen Abfassungssprache nicht als älter betrachtet werden können als das aramäisch-hebräische Qaddish, zeigt auch der Vergleich mit Gebetsformeln, die in dem bereits erwähnten nachtalmudischen Midrash *Seder Eliyyahu Rabba* überliefert werden. Auch diese Formeln sind oft als die »Vorläufer« des Qaddish angesehen worden. In SER 12 (Friedmann 57) heißt es z. B.[249]: מי שיושב על כסא שופט צדק יהי שמו הגדול מבורך לעולם ולעולמי עולמים (»Der auf dem Richterstuhl der Gerechtigkeit sitzt, sein großer Name sei

---

247 Vgl. Müller, *Soferim*, 191 (27.); Elbogen, *Gottesdienst*, 199 und Higger (z. St.). Sie gehen davon aus, daß dieses Gebet zunächst nur *vor* der Tora-Lesung als »Einleitung des Ausrufens« rezitiert wurde. Heinemann, *Prayer*, 259 mit Anm. 18 vertritt dagegen die Auffassung, daß sich aus dem Kontext dieses Kapitels erschließen ließe, daß dieses Gebet ursprünglich nur vom *maftir* - also dem letzten zur Tora-Lesung Aufgerufenen -, d. h. nach der Lesung, gesprochen wurde. Daß dieses Gebet allerdings auch beim 'Ausheben' (*hoṣaʾa*) der Tora gesprochen wurde, d. h. vor der eigentlichen Lesung, belegen einige gaonäische Quellen; vgl. hierzu Abramson, נוסח, 12-14. Das mit dem *ʿal ha-kol* oft verbundene »Hochheben« (*hagbaha*) der Tora-Rolle fand in italienisch-ashkenazischen Riten, vielleicht in Anlehnung an alten palästinischen Brauch, nur *nach* der Lesung statt. S. auch *Siddur Sefat Emet*, ed. Bamberger, 118; ferner Nulman, *Encyclopedia*, 16.

248 Ein weiteres Indiz für das relativ junge Alter des sog. *ʿal ha-kol* in *Massekhet Soferim* ist, daß sein Wortlaut überhaupt mitgeteilt wird, während der Wortlaut des Qaddish offensichtlich bereits als bekannt vorausgesetzt ist. Auffällig ist im übrigen, daß das *ʿal ha-kol* bzw. das *ha-kul* weder Seder Rav Amram noch Siddur Seʿadya erwähnen und es auch in den sefardischen und in einer erweiterten Fassung des ashkenazischen Ritus erst relativ spät aufgenommen worden ist. Vgl. *Seder ʿAvodat Yisraʾel*, ed. Baer, 225; *Machsor Vitry*, ed. Hurwitz, 706.

249 Vgl. auch SER 2 (Friedmann 9.11); 4 (18); 7 (32f.); 8 (39f.); 12 (56); 17 (84); 18 (95) und 18 (109).

gepriesen, von Ewigkeit zu Ewigkeiten und Ewigkeiten«). Wahrscheinlich verdanken sich jedoch auch solche Formeln eher dem Einfluß täglich in der Liturgie verwendeter Gebete als daß sie eigenständige Vorläufer des Qaddish sind. Wie das *ʿal ha-kol* müssen sie nicht älter sein als das Qaddish, zumal SER mittlerweile als spätes Werk betrachtet wird.[250]

In größerer formaler Nähe zum Qaddish als solche kurzen Doxologien in SER stehen sog. *hafṭara*-Gebete.[251] Solche nach der Tora-Lesung gesprochenen Gebete gehen vielleicht auf gaonäische Zeit zurück. Allerdings ist auch bei solchen Texten mit Erweiterungen zu rechnen.[252] Ein für den Vergleich mit dem Qaddish besonders interessanter Text findet sich in dem von Simḥa ben Shemuʾel aus Speyer (gest. 1105) verfaßten *Maḥzor Vitry* (Hurwitz 159)[253]: על דא יתברך וישתבח שמיה כולא דאתרעי בנבייא צדיקייא ויהב לנא אורייתא על ידי משה רבנא לשובחי ולברוכי בריך שמיה דקודשא ואמרו אמן. (»Über dies: Es sei gepriesen, es sei gelobt, sein Name, alles gemäß seines gerechten Propheten, der uns die Tora gegeben hat, durch Mose, unseren Lehrer, zum Lob und zum Preis, gesegnet sei sein Name, des Heiligen, und sie sollen sprechen: Amen!«). Diese kurze Doxologie wurde an *Pesaḥ* und an *Shavuʿot* vor den die *hafṭara* abschließenden Segenssprüchen rezitiert. Seine aramäische Abfassungssprache geht wahrscheinlich auf die Verwendung nach dem Vortrag des Targum zurück. An das Halb-Qaddish erinnert die kurze Reihe von Verbformen im *hitpaʿel* und die Namensdoxologie.

Dem ersten Abschnitt des Halb-Qaddish ähnlich sind auch einige doxologische Gebete, die im Kontext von *derashot* tradiert werden. Solche Gebete finden sich z. B. zu Beginn homiletischer Abschnitte in Midrash Tanḥuma (*ʿeqev 1* [Buber 8b])[254]: יתברך שמו של הקב״ה שנתן תורה לישראל שבה שש מאות ושלש עשרה מצות קלות וחומרות וגו׳ (»Sein Name sei gepriesen, des Heiligen, gepriesen sei er, der Israel die Tora gegeben hat, in der es neunhundertdreizehn [sic!] leichte und schwere Gebote gibt usw.«). Auch kurze *berakhot* wie diese werden mit einer Segensformel in der 3. Person, an die sich ein Dank für die Gabe der *miṣwot* anschließt, eröffnet. Daß

[250] Zur nach wie vor offenen Frage von Alter und Herkunft von SER vgl. oben S. 5 Anm. 28. Friedmann und ihm folgend Margulies, לבעיית, 389 datieren das Werk in das 3. Jh.; bereits Zunz, *Vorträge*, 119 schlägt dagegen eine Ansetzung im 10. Jh. vor, während Pool, *Kaddish*, 19 und dann auch Mann, *Changes*, 310 eine Datierung ins 5. Jh. (Babylonien) in Erwägung ziehen. Braude / Kapstein, *Tanna dĕbe Eliyyahu*, 9f. und Urbach, לשאלת, vertreten aus sprachlichen Gründen einen Abschluß des (auf älteren Vorläufern basierenden) Werkes im 9. Jh. Zum Ganzen vgl. auch Heinemann, *Prayer*, 253 Anm. 3.

[251] Zur Einführung von *hafṭara*-Lesungen vgl. Kap. IV.2.2.

[252] Vgl. auch ein sehr ähnliches Gebet, das von Bacher, *Poesien*, 227 nach einer yemenitischen Handschrift veröffentlicht worden ist. Darüber hinaus sind mit solchen *hafṭara*-Gebeten auch Texte zu vergleichen, die im persischen, romaniotischen (»byzantinischen«) und dem Ritus von Cochin (Süd-West-Indien) nach der Tora-Lesung gesprochen wurden und die mit der charakteristischen Wendung דכירין לטב beginnen. S. hierzu auch die Einfügung einer mit דכרין לטבנא eingeführten Bitte in eine Rezension eines Qaddish *le-ḥaddata* in T.-S. 124.60 (s. oben S. 35, Z. 4). Zu Alter und Herkunft solcher formelhafter Bitten vgl. Wieder, כתובת, 558ff.

[253] Zu diesem Maḥazor aus der Schule Rashis vgl. oben, S. 58 Anm. 209.

[254] Zu Herkunft und Eigenart der Tanḥuma-Literatur vgl. Stemberger, *Einleitung*, 301. Zu der Formel s. Liebreich, *Formula*, 186.

solche kurzen doxologischen Formeln oft vorangestellt wurden, belegt der Vergleich mit einer Stelle aus den *She'iltot* des Rav Aḥai, einem weiteren hinsichtlich seines Aufbaus und Inhaltes mit den Tanḥuma-Midrashim eng verwandten Werk aus nachtalmudischer Zeit.[255] In dieser Sammlung von Homilien zu halakhischen Fragen werden längere Abschnitte durch mit dem Qaddish vergleichbare doxologische *berakhot* eröffnet[256]: בריך שמיה דקב"ה דיהב לנא אורייתא ומצוותא ע"י משה רבנא לאלפא עמיה בית ישראל (»Gepriesen sei sein Name, des Heiligen, gepriesen sei er, der uns die Tora und die Gebote durch Mose, unseren Lehrer, gegeben hat, um sein Volk, das Haus Israel, zu lehren«). In diesem durch das aramäische *berikh*[257] eingeleiteten Segensspruch steht dem Qaddish besonders der durch das Relativpronomen די angeschlossene Nebensatz, in dem die Gabe der Tora und der *miṣwot* erwähnt wird, nahe. Mit solchen Formeln werden allerdings *derashot* nicht nur eröffnet[258], sondern auch abgeschlossen.[259] Formal lassen sich solche doxologischen *berakhot* im übrigen mit »Tora-Segenssprüchen« (*berakhot ha-tora*), die vor oder nach der Lesung der *parasha* rezitiert werden, vergleichen.[260] Ebenso weisen sie Gemeinsamkeiten mit sog. *mi she-berakh*-Gebeten auf.[261]

Vergleichbar ist schließlich noch ein doxologisches Gebet, das sich am Schluß eines längeren Abschnitts in dem im 13./14. Jh. entstandenen yemenitischen Sammelmidrash *Midrash ha-Gadol*, Ex 17,16 (Margulies 346) findet[262]: כן יאמר בעל הרחמים ימלוך מלכותיה ויצמח פורקניה ויקרב משיחיה ביחיינו ובימינו ובחיי עמו כל בית ישראל

---

[255] Zu Herkunft, Datierung und Sprache dieser frühen babylonischen Responsensammlung vgl. Ginzberg, *Geonica* I, 89ff.; Aptowitzer, *Sheeltoth*, 558-575. Nach Brody, *Geonim*, 202ff. ist die Redaktion (?) dieser Sammlung (spätestens) in die Mitte des 9. Jh. zu datieren.

[256] Text nach: *Sheeltot de Rab Ahai Gaon*, ed. Mirsky, 7. Vgl. auch das Geniza-Fragment, das Epstein, שרידי שאילתות, 406 veröffentlicht hat. Zu Textüberlieferung und Alter der Handschriften der *She'iltot* vgl. Brody, לתולדות, VIIff.

[257] Zu unterscheiden sind die ausführlichen Doxologien von den Kurzfassungen, wie z. B. בריך דרשא oder דרשא . . . ולענין . . . בריך. Sie hat Liebreich, *Formula*, 185 als »abbreviations« längerer Einleitungsformeln bezeichnet. Ein anderes in diesem Zusammenhang oft erwähntes *berikh sheme*-Gebet, das in einigen Riten vor dem Ausheben der Tora rezitiert wird (vgl. *Seder ʿAvodat Yisra'el*, ed. Baer, 222), stammt erst aus der Zeit des Zohar; vgl. dazu auch Pool, *Kaddish*, 13.

[258] Auf die besondere Funktion solcher Formeln in den *She'iltot* verweisen bereits Epstein, *Notes*, 299f. und Kaminka, *Komposition*, 446f. Zu ähnlichen Formeln s. auch Abramson, ענינות, 9.

[259] Vgl. damit auch die Rezensionen des Halb-Qaddish in MS New York, Adler 4053 (s. oben S. 29f.). - Weitere Beispiele für solche Gebete, die sowohl dem Abschluß einer Lesung als auch der Eröffnung der *derasha* dienten, teilen Lewin, שרידים, 53 und Marmorstein, *Mitteilungen*, 156 mit. S. auch *Pereq de-Rabbi Eli'ezer ben Hyrkanos* (OṣM 32); *Derash le-Purim* (OṣM 57); *Midrash le-Ḥanukka* (OṣM 192); *Midrash Yitbarakh* (OṣM 251) [= BatM I, 177]; *Peṭirat Moshe* (OṣM 371).

[260] Zu den verschiedenen Formen solcher *berakhot* vgl. Heinemann, *Prayer*, 167f.

[261] Vgl. zu Alter und Herkunft dieser Gebete ausführlich Yaari, תפילות "מי שברך", 233-250; ders., תוספות, 103-118. - Nach Yaari sind diese Gebete mit älteren *mi she-yaʿane*-Gebeten verwandt, wie sie z. B. im Gebet anläßlich eines öffentlichen Fastens verwendet wurden (s. mTaan 2,4.5). Vgl. hierzu auch Elbogen, *Gottesdienst*, 223.

[262] Zu beachten ist allerdings, daß MHG bereits vom Bavli beeinflußt ist. Zu Herkunft und Verarbeitung des in MHG aufgenommen Materials vgl. Tovi, המדרש הגדול, 373ff.

אמן. (»So spricht der Herr der Gnade: Seine Königsherrschaft erstehe, und seine Erlösung möge wachsen, und sein Messias möge kommen, zu unseren Lebzeiten und in unseren Tagen, zu Lebzeiten seines Volkes, des ganzen Hauses Israel, Amen!«). Diese in der rabbinischen Literatur singuläre Doxologie findet sich am Schluß eines längeren auf älterer Überlieferung basierenden Auslegungs-Midrash.[263] Formal und inhaltlich gleichen dem Qaddish besonders die Bitten um das Kommen der Königsherrschaft, um die Erlösung und um das Nahen des Messias.

Da sich die meisten Belege für solche als Abschluß oder Eröffnung verwendeter doxologischer Gebete in Quellen aus nach-talmudischer Zeit finden, sind sie vielleicht erst relativ spät, in amoräischer oder sogar erst in nach-talmudischer Zeit aufgekommen.[264]

3.2.2 Bittgebete

Bereits J. Heinemann hat für den Vergleich mit dem Qaddish auf die biblischem Sprachgebrauch entlehnten *yehi raṣon*-Gebete verwiesen.[265] Diese sehr zahlreich belegten Gebete wenden sich in der 3. Person an Gott, wechseln allerdings häufig auch in die 2. Person.[266] Nur einige wenige am Schluß längerer Lehrstücke belegte *yehi raṣon*-Gebete lassen sich daher tatsächlich mit dem Qaddish vergleichen.[267]

Ein typisches Beispiel eines *yehi raṣon*-Gebets findet sich am (ursprünglichen) Schluß des Mishna-Traktates *Avot* 5,20 (MS Kaufmann)[268]: יהי רצון מלפניך ה' אלהינו שתבנה עירך במהרה בימינו ותן חלקנו בתורתך. (»Es möge vor dir Wohlgefallen [finden], Herr, unser Gott, daß du deine Stadt erbaust, in unseren Tagen, und gib [uns] unseren Anteil an deiner Tora!«). Ähnlich lautet eine Bitte, mit der das nach-talmudische Traktat *Derekh Ereṣ Rabba* 11 (58a) abgeschlossen wird[269]: יהי רצון

[263] Der dem zitierten Abschnitt aus MHG unmittelbar voranstehende Midrash findet sich auch in PesK 5,16 (Mandelbaum 53) - dort ohne die Formel.

[264] Mit einer an das Qaddish erinnernden Schlußdoxologie endet z. B. auch der *Iggeret Rav Sherira* (10. Jh.), ed. Lewin, 122: ייבע וייתי למשיחא בר דוד בעגלא בחיינא בחייכון. Vgl. dazu auch Schlüter, *Rav Sherira Gaon*, 281 Anm. 12.

[265] Vgl. Ps 19,15, und s. Heinemann, *Prayer*, 257f.

[266] Vgl. z. B. das sog. »Gebet Rabbis« in bBer 16b.

[267] Vgl. z. B. mTam 7,3 (urspünglicher Schluß des Traktates!); tBer 6,16 (Lieberman 37); yBer 4,2 - 7d,42-44; yBer 4,3 - 8a,73-74; 9,6 - 14b,10-13; bBer 17a; 19a; 60a-b; bYom 87b (nach dem Gebet); yYom 8,9 - 45c,44-48; zur Verwendung in einer Bitte vgl. auch bBer 28b: יהי רצון שתהא מורא שמים עליכם. Weitere Gebete finden sich in *Siddur Rav Seʿadya Gaʾon*, ed. Davidson et al., 89. Vgl. auch die in die *qedusha de-sidra* eingefügte Bitte: יהי רצון מלפניך ה' אלהינו ואלהי אבותינו (*Seder ʿAvodat Yisraʾel*, ed. Baer, 128). Vgl. ferner die in Handschriften der Hekhalot-Literatur überlieferten Gebete in SHL §§ 393 N8; 418 M4.

[268] Zum ursprünglichen Schluß des Traktates *Avot* vgl. *Massekhet Avot*, ed. Higger, 127. Zur liturgischen Verwendung dieser Formel s. *Seder ʿAvodat Yisraʾel*, ed. Baer, 220.

[269] Vgl. *Treatise Derekh Erez*, Bd. 2, ed. Higger, 320.

מלפני הקב"ה שיראנו בשמחתה של ירושלים ונחמותיה אמן (»Es möge Wohlgefallen finden vor dem Heiligen, gepriesen sei er, daß er uns die Freude und den Trost Jerusalems zeige, Amen!«). Im Hinblick auf das Qaddish sind solche Gebete freilich nur wegen ihrer Anrede Gottes in der 3. Person mit dem Qaddish vergleichbar.[270]

Wichtiger für den formalen Vergleich mit dem Qaddish als solche kurzen Texte ist das sog. *yequm purqan*, ein ebenfalls in sehr unterschiedlichen Rezensionen überliefertes[271], Gott wiederum in der 3. Person anredendes Gebet. Da das *yequm purqan* wie in einigen der oben angeführten Rezensionen des Halb-Qaddish Bitten für die Oberhäupter der Yeshivot bzw. Exilarchen und Vorsitzende der *kalla*-Versammlungen[272] enthält, kann es in savoräische oder gaonäische Zeit datiert werden.[273] Belege für dieses Gebet finden sich allerdings erst in Handschriften des *Maḥzor Vitry*[274]:

---

[270] Dies gilt im übrigen auch für die sog. *ha-raḥaman*-Gebete, die von Heinemann, *Prayer*, 268 ebenfalls zur Gattung der »Gebete aus dem Lehrhaus« gezählt werden. Diese sich durch die stereotype Wiederholung des Gottesepitheton »der Gnädige« (הרחמן) und eine litaneiartige Aneinanderreihung von doxologischen Formulierungen auszeichnenden Gebete (vgl. z. B. die Rezensionen einer *birkat ha-mazon* in *Seder ʿAvodat Yisraʾel*, ed. Baer, 559) werden häufig im abschließenden Teil einer Gebetseinheit verwendet (vgl. z. B. Assaf, מסדר התפילה, 123). Zu einem eigenständigen Bestandteil der Liturgie dürften diese teils in Hebräisch, teils in Aramäisch formulierten Texte erst in nach-talmudischer Zeit geworden sein. Vgl. etwa das im Morgengottesdienst der sog. Zehn Tage der Umkehr rezitierte Gebet, das von Razhaby, סדר 'רחמין', 319-369 veröffentlicht worden ist.

[271] Vgl. zu diesem Gebet Rapoport, Kerem Ḥemed 3 (1838) 46; *Seder Biqqur Ḥolim*, ed. Landshut, LX; *Seder ʿAvodat Yisraʾel*, ed. Baer, 229; Duschinsky, *Yekum Purkan*, 182-198.

[272] Zu den Termini ריש גלותא (»Exilarch«) und כלה (die zweimal jährlich im Adar und Elul stattfindenden *kalla*-Versammlungen) und den damit bezeichneten Institutionen des babylonischen Judentums der talmudischen Epoche vgl. Goodblatt, *Instruction*, 51ff.; Gafni, יהודי בבל, 198f.; 223ff.

[273] Vgl. bereits Dalman, *Worte*, 294f.; Elbogen, *Gottesdienst*, 203, Duschinsky, *Yekum Purkan*, 182 und vor allem auch Fraenkel, תפילת יקום פורקן, 26.

[274] Text nach: *Machsor Vitry*, ed. Hurwitz, 172. - Eine späte Rezension dieses Gebetes aus dem Yemen teilt Duschinsky, *Yekum Purkan*, 195f. mit. Zu beachten sind auch ashkenazische Rezensionen des *yequm purqan* für den »häuslichen« Gebrauch in *Siddur Sefat Emet*, ed. Bamberger, 120 bzw. *Siddur Safa Berura*, 12. Zum Problem der zeitlichen Ansetzung vgl. auch Reif, *Judaism*, 217, der gegen die übliche Datierung in gaonäische Zeit ins Feld führt, daß dieses Gebet bemerkenswerterweise nur im ashkenazischen Ritus, in dem es vielleicht aus seinen nord-französischen Vorläufern übernommen worden ist, überliefert wird. Er vermutet daher, daß es aus einer Zeit stammt, in der der Einfluß der gaonäischen Akademien im ashkenazischen Raum bereits im Rückgang begriffen war. Es handle sich bei dem *yequm purqan* um ein Zeugnis des von den babylonischen Yeshivot propagierten Konzeptes des Tora-Studiums. Gegen diese interessante These, die vielleicht auf das *ʿilu finu* und das *aqdamut* übertragen werden kann (vgl. Reif, נוסח, 269-283), spricht m. E. jedoch die von Duschinsky, *Yequm Purqan*, 194 angeführte yemenitische Rezension des *yequm purqan*. Sie stammt zwar erst aus einer neuzeitlichen Handschrift, doch erscheint es unwahrscheinlich, daß dieses Gebet erst in der Neuzeit im yemenitischen Ritus adaptiert worden ist.

1 יקום פורקן מן שמיא
2 חינא וחסדא ורחמי
3 חיי אריכי
4 ומזוני רויחי
5 וסייעתא דשמיא
6 ובריות גופא על ארעא
7 זרעא חייא וקיימא
8 זרעא דלא יבטול ודלא יפסוק מפתגמי אוריתא
9 ובנן דחיין בעובדי אוריתא למרנן רבנן חבורתא קדישתא
10 די בארעא דישראל
11 ודי בבבל רישי כלי ורישי מתיבתא
12 דייני דבבא ודייני דמתא
13 ולכל תלמידי חכמים
14 ולכל תלמידיהון
15 ולכל תלמידי תלמידיהון
16 ולכל מאן דעסקין באורייתא
17 לכל קהלא קדישא הדין
18 רברבייא עם זעירייא טפלייא עם נשיא.
19 מלכא דעלמא יפיש חייהון
20 ויסגי יומיהון ויפרוק וישיזיב יתהון
21 מכל עקא ועקתא ומכל מרעין בישין
22 מרן בשמיא יהא בסעדהון
23 וישמע בקול צלותהון
24 ויתן יתהון לחינא ולחסדא
25 קדם כורסי יקר מלכותיה
26 וקדם שלטנונייא דארעא
27 ויקיים זכוותהון דכל ישר׳ בכל זמן ועידין
28 ונאמר אמן.

1 Erlösung möge erstehen vom Himmel,
2 Gnade und Gunst und Erbarmen,
3 langes Leben
4 und reichlicher Unterhalt
5 und Hilfe vom Himmel
6 und körperliche Gesundheit auf der Erde,
7 fortdauernde Nachkommenschaft,
8 eine beständige Nachkommenschaft, die nicht aufhört
und nicht abläßt von den Worten der Tora,
9 und Söhne, die gemäß der Tora handeln, den Herren und Lehrern,
der heiligen Gemeinschaft,
10 im Lande Israel und in Babylonien,
11 den Vorsitzenden der *Kalla* und den Vorsitzenden der *Yeshivot*,
12 den Richtern am Tore, den Richtern der Stadt
13 und allen Schülern der Weisen
14 und allen ihren Schülern
15 und allen ihren Schülern ihrer Schüler
16 und allen, die sich mit der Tora beschäftigen,
17 dieser gesamten heiligen Gemeinschaft,
18 Großen und Kleinen, Kindern und Fürsten.
19 Der König der Welt vermehre euer Leben

20 und verlängere eure Tage und erlöse
21 und errette euch von aller Drangsal und Not und allen Übeln,
22 unser Herr im Himmel möge euch beistehen
23 und die Stimme eurer Gebete hören,
24 und er möge euch Gunst und Gnade gewähren
25 vor dem Thron der Herrlichkeit seiner Königsherrschaft
26 und vor der Herrschaft auf der Erde,
27 und er möge ihre Rechte, ganz Israels, aufrichten zu allen Zeiten.
28 Und laßt uns sprechen: Amen!

Dieses Gebet beginnt wie der zweite Abschnitt des Qaddish mit Bitten um Erlösung, Gnade und körperliches Heil und Wohlergehen. Daran schließen sich Bitten für die Nachkommenschaft, die Vorsitzenden der *Kalla*-Versammlungen, die *Yeshivot* und die Schüler (in Israel und in Babylonien) sowie alle, die sich mit der Tora beschäftigen, an, was sicher damit zusammenhängt, daß dieses Gebet wie das Qaddish *de-Rabbanan* nach der Tora-Lesung am Shabbat rezitiert werden sollte.[275] Neben diesen Übereinstimmungen[276] fallen aber auch Unterschiede zum Qaddish auf: So fehlt im *yequm purqan* die für den ersten Teil des Halb-Qaddish typische doxologische Formel, außerdem werden in diesem Gebet keine Namensdoxologien oder erweiterte Gottesepitheta verwendet. Das *yequm purqan* läßt sich daher eher mit sog. *mi she-berakh*-Gebeten vergleichen.[277] Außerdem finden sich Übereinstimmungen mit einem in den Zehn Tagen der Umkehr rezitierten Bittgebet, dem sog. *maran de-vishmaya*.[278]

Außer solchen bei der Tora-Lesung rezitierten Gebeten lassen sich mit dem Qaddish noch einige Bittgebete, die nicht in der »regulären« Liturgie verwendet werden, vergleichen. Auch diese Gebete sind erst in Quellen aus nachtalmudischer Zeit überliefert. Besonders interessant ist der Vergleich mit einem Gebet um Heilung aus der Gebetsordnung des Rav Amram[279]:

---

[275] So mit Landshut, *Gebet- und Andachtsbuch*, LX und Pool, *Kaddish*, 90; vgl. auch Idelsohn, *Liturgy*, 141. Und s. die Synopse der beiden Gebete bei Duschinsky, *Yequm Purkan*, 184.

[276] Man beachte die Bitten um Gnade, Gunst und Erbarmen (Z. 2), die an sefardisch-orienalische Rezensionen des Qaddish erinnern, sowie den Gebrauch der Präposition קדם (Z. 25-26). Anders als im Qaddish wird hier allerdings die Formulierung וישמע בקול צלותהון (Z. 23) verwendet, nicht תתקבל צלותהון. Dies erinnert an Ausdrucksweisen in den Targumim; s. oben S. 58 mit Anm. 211.

[277] Vgl. dazu Heinemann, *Prayer*, 261, und s. auch Elbogen, *Gottesdienst*, 203.

[278] Vgl. etwa *Seder Seliḥot*, ed. Goldschmidt, 34. S. dazu Idelsohn, *Liturgy*, 32.

[279] Zur Frage der Textüberlieferung und des Alters dieses Gebetes in den Handschriften des *Seder Rav Amram* vgl. bes. Ginzberg, *Geonica* I, 142f. Ein in MS London des Seder Rav Amram überliefertes, fast gleichlautendes Gebet für die Mutter eines Neubeschnittenen ist wohl jüngeren Datums; s. auch Ginsberg, ZHB 9 (1905) 106. Zur Überlieferungsgeschichte solcher Gebete vgl. ferner *Seder Rav Amram Gaʾon*, ed. Goldschmidt, 179. Eine ähnliche Rezension findet sich noch in *Siddur Rav Seʿadya Gaʾon*, ed. Davidson et al., 99. Vgl. auch die Rezension in einem Siddur der jüdischen Gemeinde von Cochin (Süd-West-Indien), ed. Amsterdam 1757, 22b (zitiert bei Pool, *Kaddish*, 13 Anm. 12).

Seder Rav Amram Ga'on (Goldschmidt 99)[280]

תשתלח אסותא
דחיי ודרחמי
מן קדם מימרא דשמיא
לאסאה לרביא הדין
ויתקרי שמיה פלוני בישראל.
ויתסי כמה דאיתסיאו מי מרה על ידי משה
וכמיא דירחו על ידי אלישא
כן יתסי בעגלא ובזמן קריב
ואמרו אמן.

Sende Heilung
des Lebens und des Erbarmens
von (vor) der *memra* des Himmels[281],
um diesen Jungen zu heilen,
und sein Name sei N. N. in Israel.
Und er heile so, wie sie in Mara durch Mose geheilt wurden[282],
und wie das Wasser von Jericho durch Elischa[283],
so heile er schnell und in naher Zeit,
und man spreche: Amen!

Dieses interessante Gebet enthält Bitten, die sich in der 2. Person an Gott richten. Hierin erinnert es besonders an die mit *titkele ḥarba* eingeleiteten Bitten in einigen Rezensionen des Qaddish *le-ḥaddata*.[284] An eine Bitte um Heilung (אסותא) schließen sich solche um Leben und Erbarmen an. Wie im Qaddish wird diesen Bitten ein Wunsch um die baldige Erfüllung hinzugefügt (בעגלא ובזמן קריב). Bemerkenswert sind die targumischem Sprachgebrauch entlehnten Formulierungen wie die Wendung »vor der *memra* des Himmels« (Z. 3) und die auf biblische Texte bezugnehmenden Bitten um Heilung (Z. 6-7). Abgeschlossen wird das Gebet mit der bekannten Responsionsaufforderung ואמרו אמן. Gebete wie dieses gleichen dabei auch Bitten um Heilung und Gesundheit auf Zauberschalen und Amuletten.[285] Anscheinend beruhen solche Texte auf formalisiertem Sprachgebrauch, der sich schwer einem *Sitz im Leben* allein zuordnen läßt.

---

280 Text nach: MS Oxford, Bodleian Library Opp. Add. 28.

281 Zu dieser Wendung vgl. z. B. TPsJ Num 20,21.

282 Vgl. TPsJ Ex 15,25ff.

283 Vgl. Targum II Reg 5,10.

284 Vgl. die oben, S. 38, vorgestellte Rezension des *titkele ḥarba*. - Eine mit diesen Texten vergleichbare Bitte findet sich z. B. auch in Gebeten für den Neunten Av, die in einigen Handschriften des *Sefer ha-Tikhlal* belegt sind. Vgl. hierzu auch Davidson, *Thesaurus*, Bd. 2, 459 (יתכלי מננא ומנכון ומן אנפנא ומן אנפיכון). Eine kürzere Rezension einer solchen Bitte findet sich in einem ähnlichen Gebet (babylonischer oder yemenitischer Herkunft?), das von Bacher, *Siddur*, 594 veröffentlicht worden ist.

285 Vgl. Naveh / Shaked, *Amulets*, 146 (Bowl 3 [1]); dies., *Spells*, 137 (Bowl 25 [1]). Vgl. auch die *segullot* in MTKG I, 137 (T.-S. K 1.28 - ein Gebet um Schlaf).

3.3 Zusammenfassung

Überblickt man die in den verschiedenen Versionen des Qaddish vorliegenden Formmerkmale, so erweist sich eine übergreifende Gattungsbestimmung »des« Qaddish als schwierig. Zwar lassen sich in den verschiedenen Versionen Formen einzelner Teilgattungen (wie z. B. die sog. doxologische Formel, Bitten, Serien oder Namensformeln) ausmachen, die analog zu anderen Gebeten beschrieben und einzelnen *Sitzen im Leben* zugeordnet werden können. Da diese Teilgattungen jedoch in sehr unterschiedlichen Kontexten belegt sind, läßt sich das Qaddish keiner übergreifenden Gattung zuordnen. Das Qaddish enthält einerseits Formulierungen, die sich in der 3. Person an Gott wenden und am ehesten mit Doxologien verglichen werden können, die in einem engen Zusammenhang mit der Tora- oder *hafṭara*-Lesung bzw. mit einer sich auf eine Lesung beziehenden *derasha* stehen (z. B. das sog. *ʿal ha-kol* bzw. die Beispiele aus dem Midrash Tanḥuma und den Sheʾiltot). Andererseits enthalten einige Versionen des Qaddish Bitten, die Gott in der 2. Person ansprechen, und die sich eher mit Bitten vergleichen lassen, die außerhalb der regulären Liturgie und ohne Bezug auf eine vorhergehende Schriftlesung oder das Studium verwendet werden (*tishtalaḥ asuta* u. a.).

Dem Ergebnis der sprachlichen Analyse, daß das Qaddish sowohl in Hebräisch als auch in Aramäisch, zum Teil aber auch in einer Mischsprache überliefert wird, entspricht somit der Befund des formalen Vergleichs: Das Qaddish setzt sich aus verschiedenen, zum Teil eng verwandten Gattungselementen zusammen, die mit unterschiedlichen *Sitzen im Leben* in Verbindung gebracht werden können. So wie die sprachliche und stilistische Analyse des Qaddish (speziell seiner Zusätze und Erweiterungen) eine gewisse Nähe zu Targumim hatte erkennen lassen, deutet der Vergleich mit formal verwandten Gebeten auf eine Affinität zu Gattungen hin, die ihren Lebenbezug im Studium bzw. in der liturgischen Lesung haben. »Der« ursprüngliche *Sitz im Leben* der Gattung »des« Qaddish läßt sich aufgrund des Vergleichs mit formal ähnlich zusammengesetzten Gebeten allerdings ebensowenig ermitteln, wie sich aufgrund der sprachlichen Analyse rekonstruieren läßt, ob das Qaddish lediglich eine Art Targum darstellt. Sprachlich wie formal ist das Qaddish zweifellos ein »Mischprodukt« besonderer Art. Mit Blick auf Rekonstruktionsversuche seiner Entstehung ist mit mehreren *Sitzen im Leben* (Synagoge und/oder *bet ha-midrash*) zu rechnen.

4. Zwischenergebnisse

In den ersten drei Abschnitten der Arbeit wurde die *Genese* des Textes des Qaddish analysiert. Es lassen sich folgende Zwischenergebnisse festhalten:

(1) Das Qaddish ist in fünf textlich unterschiedlichen Versionen überliefert. Diese Versionen sind für unterschiedliche liturgische Orte - sei es in der täglichen Liturgie, nach dem Studium oder nach der Beerdigung - belegt. Das sog. Waisen-Qaddish ist textlich mit dem Halb-Qaddish identisch und unterscheidet sich nur durch seine Verwendung an unterschiedlichen liturgischen Orten.

(2) Die ältesten, aufgrund von Namensnennungen datierbaren Rezensionen des Qaddish stammen aus dem 9.-11. Jh. n. d. Z. und sind in Fragmenten aus der Kairoer Geniza überliefert. Diese Geniza-Rezensionen stehen einem schwer näher zu bestimmenden palästinischen Zweig der Textentwicklung nahe, der nicht mit einem ursprünglichen Wortlaut des Qaddish gleichgesetzt werden kann. Der Vergleich der ältesten Rezensionen des Halb-Qaddish läßt zwar einen gewissen formalen und inhaltlichen »Grundbestand« erkennen. Dieser darf aber nicht mit einem »Urtext« verwechselt werden. Ob einige Zusätze eschatologischen Inhalts auf einen alten palästinischen oder erst auf den babylonischen Ritus zurückgehen, läßt sich nicht sicher entscheiden, da sie sowohl in »palästinischen« als auch in »babylonischen« und in Mischrezensionen belegt sind.

(3) Aus dem schwer exakt zu definierenden Grundbestand des Qaddish haben sich weitere Versionen entwickelt, die an verschiedenen Orten der Liturgie verwendet werden. Wie sich insbesondere am Qaddish *le-ḥaddata* zeigt, können dabei nicht alle Versionen im Sinne eines herkömmlichen genetischen Modells als Erweiterungen eines Grundtextes erklärt werden. Besonders das Qaddish *le-ḥaddata* ist vor allem in einigen Geniza-Fragmenten sowohl in Verbindung mit Textelementen des Halb-Qaddish als auch als eigenständige Fassung überliefert. Rückschlüsse auf den Inhalt und den Umfang des Qaddish in einer Zeit, als der Text noch mündlich überliefert wurde, erscheinen daher angesichts der fließenden Grenzen zwischen den Versionen problematisch.

(4) Alle Rezensionen des Qaddish zeichnen sich durch den Wechsel zwischen aramäischen und hebräischen Abschnitten aus. Weder aus textlichen, sprachlichen noch stilistischen Gründen läßt sich belegen, daß die aramäischen Teile des Halb- und Voll-Qaddish und auch das als einzige Version fast vollständig in Aramäisch verfaßte Qaddish *le-ḥaddata* auf einer »Übersetzung« vom Hebräischen ins Aramäische beruhen. Sprache und Wortwahl einzelner Rezensionen lassen zwar Anleihen im Übersetzungsaramäisch der Targumim erkennen - diesbezüglich sind besonders das Qaddish *titqabal* und *le-ḥaddata* zu

nennen. Dennoch zeichnen sich alle untersuchten Texte stets durch die Verwendung von beiden Sprachen bzw. durch eine Mischsprache aus. Für sie ist nicht nur der Wechsel vom Hebräischen ins Aramäische - zum Teil innerhalb eines Satzes -, sondern auch die Verwendung *polymorpher* Lexeme charakteristisch.

(5) Auch die Untersuchung der unterschiedlichen im Qaddish verwendeten Formelemente ergibt, daß von »dem« Qaddish als einem einheitlichen Text keine Rede sein kann. Nur einige wenige Formmerkmale, wie z. B. die doxologische (Kern-)Formel *yehe sheme rabba (mevarakh)*, lassen sich eindeutig mit Merkmalen anderer Gebete vergleichen. Die mit dem Qaddish am besten vergleichbaren Gebete wie das sog. *ʿal ha-kol* und das *yequm purqan* können zwar mit der Tora-Lesung in Verbindung gebracht werden. Da diesen Gebeten aber einige der für das Qaddish typischen Formmerkmale fehlen, sind Rückschlüsse auf »den« ursprünglichen *Sitz im Leben* des Qaddish problematisch. Eine Zuordnung sämtlicher Formmerkmale des Qaddish an eine übergeordnete Gattung, deren *Sitz im Leben* aufgrund weitgehender Übereinstimmung mit vergleichbaren Texten genauer bestimmt werden könnte, ist nicht möglich. Seine Entwicklung scheint nicht nur in *einem* sozialen Kontext, etwa dem *bet ha-midrash* (im Sinne J. Heinemanns) oder »der« Synagoge, ihren Ausgang genommen haben.

II. Die Rezeption des Qaddish in der rabbinischen Literatur

In der Forschungsliteratur ist oft darauf hingewiesen worden, daß das Qaddish in den sog. klassischen Werken der rabbinischen Literatur nirgends Gegenstand einer ausführlichen Diskussion oder Erklärung ist.[1] Weder in Mishna, Tosefta, den Talmudim noch in den halakhischen und aggadischen Midrashim wird es erwähnt und sein Gebrauch erläutert.[2] Selbst in dem sog. außerkanonischen Traktat Soferim, in dem der Name »Qaddish« begegnet, wird nur auf die Orte seiner Rezitation hingewiesen, während sein Umfang und sein Wortlaut anscheinend bereits als bekannt vorausgesetzt werden.[3]

Wendet man sich den Stellen in der »klassischen« rabbinischen Literatur zu, die traditionellerweise mit dem Qaddish in Verbindung gebracht werden, so ist zunächst festzustellen, daß auf dieses Gebet nur mittels der Formel *yehe sheme rabba mevarakh* hingewiesen wird.[4] Andere Abschnitte des Qaddish sind nicht belegt. Warum nur die kurze Formel genannt wird, wird in der Forschung unterschiedlich erklärt. Meist wird angenommen, der Wortlaut des Qaddish sei bereits in tannaitischer Zeit so bekannt gewesen, daß er nicht mehr zitiert zu werden brauchte.[5] Darüber hinaus sei dem einzelnen bei der Ausgestaltung der Gebete großer Freiraum zugestanden worden.[6] Da im übrigen die Niederschrift von Gebetstexten lange Zeit als verpönt gegolten habe, lägen schriftliche Zeugnisse des Qaddish erst in relativ spät verfaßten Quellen vor.[7] Ob mit der doxologischen Formel tatsächlich an allen Stellen ihrer Erwähnung das Qaddish gemeint ist, ist bislang nicht genauer untersucht worden.[8]

---

1 Vgl. hierzu Pool, *Kaddish*, 9; Elbogen, *Gottesdienst*, 93; Karl, "הַ"קַּדִּישׁ", 426f.

2 Zu einer vermeintlich frühen Erwähnung der Bezeichnung »Qaddish« in MTeh 6,1 (Buber 29a) vgl. unten Kap. IV.2.4.2.

3 Vgl. dazu auch die Überlegungen zum *ʿal ha-kol*, oben S. 65f. Möglicherweise verdanken sich die Erwähnungen des Namens »Qaddish« in *Massekhet Soferim* erst einer Bearbeitung bzw. Abfassung von Teilen des Traktates in Ashkenaz oder Frankreich. S. dazu Kap. IV.3.1.

4 Vgl. etwa die unvollständige Zusammenstellung von Texten bei Pool, *Kaddish*, 8f.

5 Vgl. Assaf, ספר הקדיש, 128; Krauss, מהות, 125f. Vgl. jedoch die skeptischere Bewertung des Befundes von Obermeyer, *Judentum*, 93ff.

6 Vgl. hierzu Heinemann, *Prayer*, 26ff.; Fleischer, תפילת שמונה־עשרה, 195.

7 Erinnert sei an den berühmten Ausspruch in tShab 13,4 (Lieberman 58): »Wer einen Segensspruch aufschreibt, ist wie einer, der eine Tora(rolle) verbrennt«. S. hierzu Elbogen, *Studien*, 1.

8 Nur vereinzelt finden sich Beiträge, die die traditionelle Beurteilung des Befundes in Frage stellen. Vgl. etwa Karl, "הַ"קַּדִּישׁ", 33, der vermutet, die Formel *yehe sheme rabba meva-*

Im folgenden Kapitel sollen alle Stellen, an denen die Formel in der rabbinischen Literatur genannt wird, analysiert werden. Zunächst wird es um jene Belege gehen, die auf die Applikation bzw. die Rezitationsweise des *yehe sheme rabba (mevarakh)* hinweisen. Gefragt werden soll dabei, in welchem Kontext die Formel genannt und mit welchen Gebetszeiten sie in Verbindung gebracht wird. Von den Zeiten des Gebets und dem Aufbau der Liturgie wird angenommen, daß sie bereits kurz nach der Tempelzerstörung feststanden, zumal sich ihre Festlegung an den Opferzeiten im Tempel (*shaḥarit* und *minḥa*) orientiert und vor allem das Achtzehn-Bitten-Gebet als ein Substitut für die täglichen Opfer gedeutet wurde.[9] Nach und nach seien zwar weitere Zeiten und Gebete, wie z. B. das Abendgebet (*ʿaravit*), das ursprünglich keine Entsprechung im Tempelkult hatte[10], hinzugekommen.[11] Der »grobe Rahmen« für die Entwicklung der übrigen synagogalen Gebete hätte jedoch bereits in tannaitischer Zeit festgestanden. Wann und warum das Qaddish in die Liturgie eingeführt wurde, ist auf dem Hintergrund dieser Entwicklungen bislang nicht beachtet worden.

In zwei Abschnitten des folgenden Kapitels sollen schließlich jene Stellen im Bavli und in einigen Midrashim analysiert werden, die auf die Deutung und Interpretation der doxologischen Formel eingehen. Es wird zu fragen sein, welche Vorstellungen und Motive mit der Verwendung und Erwähnung dieses Gebetes verbunden wurden und welche Interpretamente für seine Applikation von Bedeutung gewesen sind.[12]

---

rakh sei als ein »eigenständiger Lobpreis« benutzt worden, und dieser müsse nicht von Anfang an mit dem *yitgadal we-yitqadash* verbunden gewesen sein.

[9] Zum Verhältnis von Tempelkult und synagogalem Gottesdienst vgl. Schäfer, *Gottesdienst*, 410ff., dann auch Heinemann, *Prayer*, 14.

[10] Vgl. mBer 4,1. Zur Entwicklung des *ʿaravit* und seiner Interpretation in den Überlieferungen des Mittelalters vgl. ausführlich Ta-Shma, תפילת ערבית, 131-144. Anders dagegen noch Elbogen, *Gottesdienst*, 262.

[11] Wie z. B. Abschnitte aus den Festtagsliturgien; vgl. bBer 27b, und s. dazu Elbogen, *Gottesdienst*, 99f.

[12] Bei der Anordnung des Materials wird versucht, eine chronologische Reihenfolge zu berücksichtigen. Da jedoch absolute Datierungen einzelner Überlieferungseinheiten in der rabbinischen Literatur selbst bei namentlicher Zuschreibung eines Diktums oder eines aggadischen Stücks problematisch sind, wird die zeitliche Aufeinanderfolge der Texte eine untergeordnete Rolle spielen. Wichtiger als die Berücksichtigung des Zeitpunktes der Abfassung einer einzelnen Tradition ist die allerdings nur als Fiktion zu betrachtende »End«-Redaktion einer Schrift. Grundlage der Einzelanalysen bilden daher auch bei der Untersuchung der Quellen aus Talmud und Midrash keine hypothetisch rekonstruierten »Urtexte«, sondern einzelne, meist handschriftlich belegte »Vertextungen«. Zur Bedeutung der Text*geschichte* für die Analyse rabbinischer Überlieferungen vgl. bes. Schäfer, *Research*, 139-152; ders., *Once Again*, 89-94.

1. Die Applikation der doxologischen Formel

Als einer der frühesten Belege für die Verwendung des Qaddish in der rabbinischen Literatur wird oft eine Stelle aus Sifre Devarim § 306 (ed. Finkelstein 342) betrachtet, in der die kurze doxologische Formel in etwas abgewandelter Form erwähnt wird.[13] Sifre Devarim wird meist pauschal in das 3. Jh. datiert.[14] Tatsächlich handelt es sich um eine Sammlung von Überlieferungen aus unterschiedlichen »Schulen«, und noch die handschriftliche Überlieferung dieses Werkes deutet auf einen längeren Wachstumsprozeß hin.[15] Der vermeintlichen Erwähnung des Qaddish in einem Abschnitt dieses bedeutenden Werkes ist daher besondere Aufmerksamkeit zu schenken.[16]

1.1 Die Erwähnung der doxologischen Formel in SifDev 306

Den Kontext des uns interessierenden Midrash bilden verschiedene Auslegungen des Wochenabschnitts *ha'azinu* (Dtn 32,1-52), dem sog. Lied des Mose.[17] Das Thema »Gebet« ist in dem folgenden Midrash durch den Kontext bzw. das Lemma, Dtn 32,2, vorgegeben[18]:

SifDev 306 (Finkelstein 342, Z. 5-12)

כי שם י״י אקרא ר׳ יוסי אומר מנין לעומדין בבית הכנסת ואומרין ברכו את י״י המבורך שעונין
אחריהן ברוך י״י המבורך לעולם ועד תלמוד לומר כי שם י״י אקרא
אמ׳ לו ר׳ נהוראי השמים דרך ארץ היא גוליירין מתרגין במלחמה וגיבורים מנצחין
ומניין שאין מזמנין אלא בשלש תלמוד לומר כי שם י״י אקרא
ומני[י]ן לעונין אמן אחר המברך תלמוד לומר הבו גודל לאלקינו
ומניין לאומרין ברוך שם כבוד מלכותו לעולם ועד תלמוד לומר כי שם י״י אקרא
ומניין לאומר <u>יהי שמו הגדול מבורך</u> שעונין אחריהם לעולם ולעולמי עולמים תלמוד לומר הבו
גודל לאלקינו.

---

[13] Vgl. Karl, "הַ"קַּדִּישׁ, 427; Elbogen, *Gottesdienst*, 93; Heinemann, *Prayer*, 256; Krauss, הקדיש, 131; Albeck, in: Zunz, הדרשות, 483 Anm. 64; Werner, *Doxology*, 308 Anm. 105; Reif, *Judaism*, 360 Anm. 65.

[14] Vgl. Epstein, מבוא, 703ff.; Kahana, אקדמות; Stemberger, *Einleitung*, 266ff.

[15] Vgl. hierzu bereits Hoffmann, *Einleitung*, 66ff.; Fraade, *Tradition*, 296ff. Zu den wichtigsten Textzeugen vgl. Finkelstein, *Prolegomena*, 53*-92*; Kahana, אוצר, 97ff.

[16] Zum folgenden Abschnitt vgl. auch Lehnardt, *Qaddish*.

[17] Zu Aufbau und Struktur von Sifre *ha'azinu* vgl. Basser, *Interpretations*, 5f.

[18] Text nach: MS London, British Museum Add. 16.406 (Margaliouth 341.6). Die Edition Finkelsteins sollte an dieser Stelle auf der »westlichen« Handschrift MS Berlin(-Tübingen) 33 Or 4° 1594 basieren (vgl. Kahana, אוצר, 99). Tatsächlich bietet seine Ausgabe jedoch einen eklektischen Text, der sich so in keiner Handschrift findet. Zur Problematik der Edition Finkelsteins vgl. Epstein, ספרי דברים, 889ff.; Fraade, *Tradition*, XVII. Welche Handschrift für die Untersuchung dieses Abschnitts heranzuziehen ist, ist umstritten: Während Basser (*Interpretations*, 80-87) MS Oxford, Bodleian Library, Or. 150 (Uri 119) bevorzugt, entscheiden sich Fraade und Kahana für MS London, British Museum Add. 16.406 (341.4). Zu weiteren Textzeugen vgl. unten Anm. 34.

ומנין אתה אומר שלא ירדו אבותינו למצרים אלא כדי
שיעשה להם הקדוש ברוך הוא נסים וגבורות ובשביל לקדש את שמו הגדול
בעולם שנאמר ויהי בימים הרבים ההם.

[A] *Denn den Namen des Herrn will ich anrufen* (Dtn 32,3). Rabbi Yose sagt: Woher (läßt sich erweisen), daß man nach denen, die im Bethaus stehen und sprechen: *Preiset den Herrn, den gepriesenen*, respondiert: *Gepriesen sei der Herr, der gepriesene, für immer und ewig!* Die Schrift lehrt: *Denn den Namen des Herrn will ich anrufen, (gebt Ehre unserem Gott)* (ebd.).

[B] Rabbi Nehorai sprach zu ihm: (Beim) Himmel! Es ist üblich, (daß) die *gallearii*[19] mit dem Kampf beginnen und die *gibborim*[20] (den) Sieg (davontragen).[21]

[C] Und woher (läßt sich erweisen), daß man (zum Tischsegen) nur zu dritt lädt? Die Schrift lehrt: *Denn den Namen des Herrn will ich anrufen* (ebd.).

[D] Und woher (läßt sich erweisen), daß man Amen respondiert nach dem, der den Segen spricht? Die Schrift lehrt: *Gebt Ehre unserem Gott* (ebd.).

[E] Und woher (läßt sich erweisen), daß man spreche: *Gelobt sei der Name der Herrlichkeit seiner Königsherrschaft für immer und ewig!* Die Schrift lehrt: *Denn den Namen des Herrn will ich anrufen* (ebd.).

[F] Und woher (läßt sich erweisen), daß man nach denen, die sagen: *Sein großer Name sei gepriesen!* respondiert: *Von Ewigkeit und von Ewigkeiten zu Ewigkeiten!* Denn es heißt: *Gebt Ehre unserem Gott* (ebd.).

[G] Und woher leitest du ab, daß unsere Väter nur deshalb nach Ägypten hinabstiegen, damit der Heilige, gepriesen sei er, an ihnen Wunder und Machttaten vollbringen konnte und um seinen großen Namen in der Welt zu heiligen? Denn es heißt: *Und es geschah im Verlaufe all dieser Tage, (daß der König von Ägypten starb)* (Ex 2,23).

In diesem kurzen Abschnitt sind zwei tannaitische Aussprüche überliefert, die durch vier anonyme Sätze ergänzt werden. Inhaltlich geht es um fünf verschiedene Gebete, deren antiphonische Rezitationsweise jeweils aus derjenigen des Moseliedes abgeleitet wird. Das Diktum des Rabbi Yose [A][22] nimmt zunächst auf das Dtn 32,3 eröffnende Stichwort קרא Bezug und interpretiert es als Hinweis auf das *barekhu*-Gebet, mit dem die (tägliche) Liturgie begonnen wird.[23] Auf das eröffnende »Preiset!« (ברכו) eines Vorbeters hin soll die Gemeinde mit »Gepriesen usw.« respondieren.[24] Diese Aufforderung wird in dem Rabbi Ne-

---

[19] Zum Wort גולייריין vom lat. galearius, vgl. Jastrow, *Dictionary*, 221f. s. v. גּוּלְיָיר; Krauss, *Lehnwörter*, Bd. 2, 168 s. v. Gemeint sind wohl Troßknappen bzw. Helmträger (von *galea*: der [Leder-]Helm), die den Kampf vorbereiten bzw. beginnen.

[20] D. h. »Helden«, »Schwerbewaffnete« (hier vielleicht »Legionäre«).

[21] Dieser vielleicht auf einem Sprichwort basierende Satz - man beachte die Alliteration - hat Parallelen in bBer 53b; bNaz 66b; dann auch MTann 32,3 (Hoffmann 186); MHG Dtn 32,3 (Fisch 696).

[22] Gemeint ist vielleicht Rabbi Yose ben Ḥalafta, Tannait der dritten Generation (aus Sepphoris); vgl. Bacher, *Agada*, Bd. 2, 150ff.; Stemberger, *Einleitung*, 85.

[23] Zur Interpretation der Wurzel קרא als Hinweis auf ein Gebet vgl. bes. TO Dtn 32,3, wo dieses Lemma mit ארי בשמא דיי אנא מצלי (»Wenn wir im Namen des Herrn beten«) wiedergegeben wird. Zum Verständnis des Wortes קרא vgl. auch Elbogen, *Gottesdienst*, 17.

[24] Daß hier das eröffnende *barekhu* vor dem *shemaᶜ* und seinen Benediktionen und nicht *barekhu* vor der Tora-Lesung oder vor der *birkat ha-mazon* gemeint ist, legt m. E. der Kontext

horai[25] zugeschriebenen Satz unter Hinweis auf eine alte Redensart (דרך ארץ)[26] bekräftigt. Das liturgische Geschehen im Gebet kann demnach mit einer Schlacht verglichen werden: So wie es in einer Schlacht üblich ist, daß die *galearii*, d. h. die Knappen, den Kampf aufnehmen, den Sieg aber die Helden erringen, so wird auch das Gebet von einem Vorbeter begonnen, doch vollendet und zu seinem eigentlichen Ziel geführt wird es erst durch die in das Gebet des Vorbeters einstimmende Gemeinde. Die Funktion des Vorbeters wird hier also einerseits mit der eines Kämpfers[27], andererseits mit der des Mose verglichen.[28] So wie beide mit dem Gebet beginnen, so wird der wichtigere Teil, die Responsion, von der Gemeinde vorgetragen.[29]

Dieser Gedanke wird mit weiteren Beispielen für die responsorische Rezitation von Gebeten unterstrichen.[30] In bezug auf den Tischsegen [C] wird zunächst in Erinnnerung gerufen, daß drei, die zusammen eine Mahlzeit einnehmen, stets dazu verpflichtet sind, einen Segen über die Speisen sprechen.[31] Auch der Tischsegen erhält seine Bedeutung erst durch die responsorische Antwort auf die einzelnen *berakhot*; auch bei seiner Rezitation tritt der Vorbeter hinter die auf seine Segenssprüche respondierenden Mitbeter zurück.

Die folgenden Sätze [E-F] heben die Bedeutung eines antiphonisch gesprochenen »Amen« hervor[32], wobei Formeln im Blick zu sein scheinen, die im synagogalen Gottesdienst verwendet werden. Das in Abschnitt [E] erwähnte ברוך שם כבוד מלכותו לעולם ועד wird üblicherweise nach dem ersten Vers des *shema*ᶜ rezitiert.[33] Und auch der fünfte für unsere Fragestellung interessante

---

nahe. Vgl. auch Müller, *Soferim*, 179; Sky, *Redevelopment*, 85; Langer, *Worship*, 191 Anm. 4 und dagegen Blank, *Soferim*, 186 mit Anm. 90.

[25] Ein Zeitgenosse des Rabbi Yose; vgl. mNaz 9,5; mQid 4,14; mAv 4,14; Stemberger, *Einleitung*, 86.

[26] In der Parallele in MHG Dtn 32,3 (Fisch 696) und MTann 32,3 (Hoffmann 186) wird das Sprichwort als מדת שמים מדת הארץ eingeführt.

[27] Zu dem Vergleich des Vorbeters mit einem Krieger bzw. Kämpfer s. z. B. auch yBer 4,4 - 8b,24-25 (עשה מלחמותינו).

[28] Zu dieser Vorstellung vgl. z. B. die Midrashim zum Meerlied (Ex 15,1-21), in denen betont wird, daß dem Vortrag des Mose geringere Bedeutung zukam als der Antwort der Gemeinde. Vgl. hierzu Ginzberg, *Legends*, Bd. 3, 34.

[29] Vgl. dazu auch Basser, *Interpretations*, 82 (E58). In einem anonymen Kommentar, der nach Kahana, פירושים, 98 Anm. 30 irrtümlich Rabbi Avraham ben David (gest. 1180) zugeschrieben wurde, wird die Stelle folgendermaßen interpretiert: גוליירין. קרי לשליח ציבור. וגבורים לעונים ברוך, שהם אומרים שבח שלם (»Knappen. Lies: Vorbeter. Helden: Diejenigen, die *barekhu* respondieren, die den gesamten Lobpreis sprechen«). Zum Text vgl. Basser, *Margins*, 205; *Pseudo-Rabad*, ed. Basser, 287.

[30] Unklar ist, ob die folgenden Sätze auch Rabbi Nehorai zugeschrieben werden.

[31] Vgl. dazu auch mBer 7,1. Zur *birkat ha-mazon* vgl. Heinemann, *Prayer*, 115ff.

[32] Basser, *Interpretations*, 83 (T 20) vermutet, daß dieser Abschnitt eine Glosse sei, da er in MS London nach Abschnitt [F] steht. Die Umstellung könnte jedoch auch von einem Schreiber vorgenommen worden sein.

[33] Vgl. bPes 56a. Zur Verwendung der Formel im Tempelgottesdienst als Substitut für das

Satz [F] ist daher wohl auf ein in der täglichen Liturgie gesprochenes Gebet zu beziehen. In ihm erinnert allerdings nur die kurze Namensdoxologie an das Qaddish. Der angedeutete Wechsel der antiphonischen Rezitation der Formel weicht dagegen vom Qaddish ab, und die Formel ist außerdem in Hebräisch gehalten. Kann dieser Satz also trotzdem als ein Hinweis auf den Gebrauch des bekannten Qaddish verstanden werden?

Für die Beantwortung dieser Frage ist zunächst ein Blick auf die Textüberlieferung der Formel zu werfen. Im zeilensynoptischen Vergleich stellt sich der Befund folgendermaßen dar[34]:

מברך	רבה	שמיה	יהא		לאומר	ומניין	V1
מבורך	הגדול	שמו	יהי		לאומר	ומנ׳	O15
מבורך	הגדול	שמו	יהי		לאומר	ומניין	L1
מבורך	הגדול	שמו	יהי		לאומ׳	ומנין	O2
הגדול מבורך	רבא	שמיה	יהא	אמן	לעונים	ומניין	B3
	רבא	שמיה	יהא	אמן	לעונים	ומניין	N2
מבורך	הגדול	שמ׳	יהי		לאומרים	ומניין	G1

עולמים	ולעולמי	לעולמי	אחריהם	שעונים	V1
עולמים	ולעולמי	לעולם	אחריהם	שעונים	O15
עולמים	ולעולמי	לעולם	אחריהם	שעונין	L1
עולמים	ולעלמי	לעולם	אחריהם	שעונים	O2
	ועד	לעולם	אחריהם	שעוני׳	B3
	ועד	לעולם	אחריהם	שעונ[ין]	N2
עולמים	ולעולמי	לעולם	אחריהם	שעונין	G1

לאלוהינו	גודל	הבו		ת״ל	V1
לאלוהינו	גודל	הבו		ת״ל	O15
לאלוקינו	גודל	הבו	לומר	תלמוד	L1
לאלוהינו	גודל	הבו		ת״ל	O2
לאלוהינו	גדל	הבו		שנאמר	B3
לאלוהינו	גדל	הבו		שנאמר	N2
					G1

(im Tempel nicht benutzte) Wort »Amen«, vgl. Aptowitzer, בשכמ״ל 93 Anm. 3; s. auch Basser, *Interpretations*, 83 (E 60).

34 Zu den hier berücksichtigten Textzeugen und ihren Sigla vgl. das Handschriftenverzeichnis: V1 bezeichnet den Druck Venedig 1546, der nach Kahana, אוצר, 99 den französisch-ashkenazischen Rezensionen des Sifre, wie z. B. O15, nahesteht. O15 steht für eine Handschrift aus dem Jahre 1291 (dazu Finkelstein, *Prolegomena*, 57*). L1 stammt ebenfalls aus einer ashkenazischen Schreiberschule und kann mit Kahana, אוצר, 90 in das 13. Jh. datiert werden. Hinter der Abkürzung O2 verbirgt sich die Oxforder Handschrift des Yalq (zu diesem indirekten Textzeugen vgl. etwa Kahana, אקדמות, 42ff.); B3 bezeichnet die wichtige Berliner Sifre-Handschrift, die mit italienischen Rezensionen verwandt ist (vgl. Kahana, אוצר, 91). N2 steht für einen weiteren indirekten Textzeugen, den sog. Midrash *Ḥakhamim*, einen yemenitischen Sammel-Midrash. Auch die ihm zugrundeliegende Texttradition kann dem italienischen Überlieferungszweig zugerechnet werden (vgl. Kahana, אקדמות, 92). Das einzige Geniza-

Der Vergleich der Textzeugen dieser Stelle ergibt, daß die doxologische Formel - neben unbedeutenden orthographischen Unterschieden[35] - an dieser Stelle sowohl in Hebräisch (O15, L1, O2) als auch in Aramäisch (V1, N2) als auch in einer Mischform (B3) überliefert worden ist. Zwei Textzeugen haben außerdem ein vorangestelltes Amen (B3 und N2), was an den Befund in einigen Rezensionen des Qaddish erinnert. Im Qaddish bezieht sich dieses Amen auf den Abschnitt, der mit בעגלא ובזמן קריב endet, zurück.[36]

Wie ist dieser Befund zu interpretieren? Angesichts der scheinbar eindeutigen Bezugnahme auf das Qaddish in einigen späten Textzeugen kann man vermuten, ob in ihnen versucht worden ist, den anfänglich nicht so eindeutigen Bezug zum Qaddish herauszustellen. Textfassungen, die das charakteristische Amen haben und überwiegend in Aramäisch abgefaßt sind (B3 und N2; bzw. auch V1), lassen sich insofern sogar als Belege für die früheste Interpretation dieser Stelle verstehen. Um die Formel deutlicher mit dem Qaddish in Verbindung zu bringen, scheinen hebräische Rezensionen der Vorlage (ohne Amen) ins Aramäische übertragen und mit einem Amen versehen worden zu sein.

In die in diesem Abschnitt angedeutete Rezitationsweise der doxologischen Formel wurde dabei allerdings nicht eingegriffen. Betrachtet man den hier angedeuteten Verlauf der Antiphon, sollte die doxologische Formel folgendermaßen rezitiert werden[37]:

Der Vorbeter spricht: יהי שמו הגדול מבורך
und die Gemeinde antwortet: לעולם ולעולמי עולמים.

In vielen Rezensionen des Qaddish wird die Formel dagegen mit vorgestelltem Amen[38] wiedergegeben, also wie folgt rezitiert:

Der Vorbeter spricht: יתגדל ויתקדש . . . בעגלא ובזמן קריב ואמרו
אמן
und die Gemeinde antwortet: אמן יהא שמיה רבא מברך לעלם ולעלמי עלמיא.

Fragment (G1), in dem diese Stelle aus Sifre überliefert wird, ist in östlicher Schrifttype geschrieben (vgl. Finkelstein, *Prolegomena*, 55*; Kahana, אוצר, 108).

[35] Man beachte, daß es in V1, O15, L1 und O2 לאומר heißt statt לאומרים wie in G1. Vgl. Pool, *Kaddish*, 50 Anm. 41.

[36] Vgl. die Rezensionen aus den Handschriften des Seder Rav Amram (MS New York, JTS 4074, MS Oxford, Opp. Add. 28), oben S. 20.

[37] Vgl. Pool, *Kaddish*, 50. Und s. auch Basser, *Interpretations*, 83 (E60), der den textlichen Befund allerdings stark nivelliert.

[38] Man beachte, daß das »Amen« in den Manuskripten des Seder stets vor der doxologischen Formel eingefügt ist, teilweise sogar zweimal. Vgl. auch Goldschmidt, סדר תפילה של הרמב"ם, 203.

Die Gemeinde stimmte demzufolge erst nach dem durch das Amen des Vorbeters abgeschlossenen ersten Abschnitt des Qaddish ein, während nach SifDev die Ewigkeitsformel unmittelbar nach dem *mevorakh* rezitiert werden sollte. Dieser auffällige Unterschied zur üblichen Vortragsweise des Qaddish ist oft als alter Minhag erklärt worden.[39] Wahrscheinlicher ist m. E. jedoch, daß die hier angedeutete Rezitationsweise auf eine Zeit zurückgeht, als der Formel noch nicht der mit *yitgadal we-yitqadash* beginnende Abschnitt vorangestellt war. Auch wenn man SifDev 306 also im Laufe ihrer Überlieferung mit dem Qaddish in Verbindung gebracht hat, muß in ihr selbst noch kein Hinweis auf das heute bekannte Qaddish vorliegen.

Berücksichtigt man noch die Rezeptionsgeschichte dieser Stelle, verstärkt sich der Eindruck, daß sich dieser Midrash anfänglich nicht auf das Qaddish bezog. Der früheste Hinweis auf SifDev 306 im Zusammenhang mit dem Qaddish findet sich in einem Kommentar in einer El^cazar ben Yehuda von Worms (ca. 1165-1230) zugeschriebenen Handschrift des sog. *Sefer ha-Roqeaḥ*.[40] Selbst wenn man einräumen muß, daß den halakhischen Midrashim in Ashkenaz insgesamt größere Beachtung geschenkt wurde und sie dort breiter rezipiert wurden als in anderen Gegenden der Diaspora.[41] Die Tatsache, daß SifDev 306 weder in gaonäischen Werken[42] noch in anderen Kommentaren mit dem Qaddish in Verbindung gebracht wird, ist sehr auffällig. Ausgerechnet einer der angeblich frühesten Hinweise auf das Qaddish hat im Verlauf seiner Rezeptionsgeschichte so gut wie keine Rolle gespielt.

Ein zuverlässigeres Urteil darüber, ob bereits in diesem frühen Midrash das später unter der Bezeichnung »Qaddish« bekannte Gebet erwähnt ist, kann allerdings erst aufgrund der Untersuchung weiterer Stellen, die sich im Bavli finden, gefällt werden.

---

[39] Vgl. z. B. Krauss, מהות, 131. Und vgl. auch SifDev 306, ed. Friedmann 132b sowie den traditionellen Kommentar von Lichtenstein (s. dazu Lehnardt, *Qaddish*).

[40] Vgl. *Sefer ha-Roqeaḥ ha-Gadol*, ed. Shneurson, 249. S. auch den ebenfalls El^cazar von Worms zugeschriebenen Kommentar zum Qaddish in MS Oxford, Bodleian Library 1024 (= *Perushe Siddur ha-Tefilla la-Roqeaḥ*, ed. Hershler, 242), wo Dtn 32,3 zwar genannt, der Midrash aus Sifre jedoch erwähnt nicht wird. Zur Textgeschichte und Herkunft dieses Werkes vgl. Marcus, *Organization*, 85-94; Dan, עיונים, 86ff.

[41] Vgl. hierzu etwa Kahana, אקדמות, 114f.; Ta-Shma, ספרייתם, 304f.

[42] Vgl. etwa Higger, ספרי התנאים, 49.

1.2 Die Rezitationsweise der doxologischen Formel

Auf die Rezitationsweise der doxologischen Formel wird zum ersten Mal in einigen Stellen im Bavli, in dem die täglichen Gebete erörternden Traktat *Berakhot* eingegangen. Die in diesem Traktat überlieferten Dikta sind wohl später und an anderem Ort als die oben untersuchte Stelle aus SifDev redigiert worden. Was sich diesen Bavli-Stellen über die Einführung der Formel bzw. des gesamten Qaddish in die Liturgie im einzelnen entnehmen läßt, ist aufgrund jedes Belegs gesondert zu untersuchen.

1.2.1 bBer 21b

Den Kontext der ersten hier zu untersuchenden Stelle bildet eine *sugya*, in der die Frage erörtert wird, ob ein einzelner, der in die Synagoge kommt und die Gemeinde bereits betend vorfindet, das Achtzehn-Bitten-Gebet nachholen darf, und wenn ja, bis zu welcher *berakha* der *ʿamida* die Gemeinde noch nicht angelangt sein durfte, um ein Nachholen noch zu ermöglichen. Nach tannaitischer Überlieferung bestand diesbezüglich die Auffassung, daß man nur so lange das Gebet nachholen darf, bis ein *sheliaḥ ṣibbur* oder *ḥazzan*[43] im Verlauf der Wiederholung der *tefilla* die vorletzte *berakha* des Achtzehn-Bitten-Gebets (*modim*) erreicht hatte. Von babylonischen Amoräern wird in bBer 21b dagegen die Meinung überliefert, daß die *tefilla* nur so lange nachgeholt werden darf, bis der Vorbeter die *qedusha*[44], also das bei der Wiederholung des Achtzehn-Bitten-Gebets in die dritte *berakha* eingefügte Trishagion rezitiert hat.

Diese auf Unterschieden zwischen palästinischem und babylonischem Ritus basierende Meinungsverschiedenheit bildet den Hintergrund der uns interessierenden Stelle im Bavli. In der Gemara wird weiter ausgeführt, daß man alle »Dinge, die mit der Heiligung des Namens«, der *qedusha*, verbunden sind, nur in Anwesenheit einer gewissen Anzahl religionsmündiger Männer vollziehen darf. Die *qedusha de-ʿamida* dürfe deswegen nicht von einem einzelnen nachgeholt werden. Um dieses Verbot zu bekräftigen, wird auch auf die Rezitation der doxologischen Formel verwiesen[45]:

---

[43] Zur Frage, ob in tannaitischer Zeit bereits vom Institut des *»ḥazzan«* ausgegangen werden kann, vgl. Sky, *Redevelopment*, 110ff.; s. hierzu auch unten S. 120 Anm. 204.

[44] Gemeint ist die *qedusha de-ʿamida*; vgl. *Seder ʿAvodat Yisraʾel*, ed. Baer, 89f.; Elbogen, *Gottesdienst*, 62. Zur Entwicklung dieser *qedusha* im palästinischen Ritus vgl. Heinemann, קדושה, 18f.; Fleischer, לתפוצתן, 255-284; ders., קדושת העמידה, 301-350.

[45] Text nach: MS Florence National Library VII, I 7-9 (Faksimileausgabe in: *Babylonian Talmud. Codex Florence*, ed. Rosenthal, 118). - Zur Bedeutung dieses Textzeugen vgl. Krupp, *Manuscripts of the Babylonian Talmud*, 351ff.

מאי משמע וכן אמר רב אדא בר אהבה ומנין שאין היחיד אומר קדושה שנ׳ ונקד׳ בתוך בני ישר׳ כל
דבר שבקדושה לא יהא פחות מעשרה מייני מילי דתני
רבנאי אחוה דר׳ חייא בר אבה קמיה דר׳ חייא אתייא תוך תוך כתיב הכא אתייא ונקדשתי בתוך בני
ישר׳ וכת׳ התם העדה הבדלו מת[וך] לעדה העדה הזאת מה להלן עשרה אף כאן עשרה
ודכולי על׳ מיהת מפסק לא פסיק איבעיא להו מהו להפסיק ליהא שמיה רבה מברך
כי אתא רב׳ דימי א׳ ר׳ יהודה ור׳ שמעון תלמידו של רבי יוחנן אמר לכל אין מפסיקין חוץ מיהא
שמיה רבה מברך שאפילו עוסק במעשה מרכבה פוסק. ולית הלכתה כותיה.

[A] Wie wird dies begründet?[46] Und so sprach Rav Adda bar Ahava: Und woher läßt sich erweisen, daß ein einzelner die *qedusha* (der *tefilla*) nicht allein spricht? Wie geschrieben steht: *Und ich werde geheiligt in der Mitte der Kinder Israel* (Lev 22,32). (Bei) allem, was zur *qedusha* (Heiligung) gehört, sollen nicht weniger als zehn (anwesend) sein. Wie kann dies erwiesen werden?

[B] Rabbanai, der Bruder des Rabbi Ḥiyya bar Abba, in Anwesenheit des Rabbi Ḥiyya leitete dies (in einer *gezera shawa* aus dem Wort) 'Mitte' (*tokh*) ab. 'Mitte' (heißt es) hier: *Und ich werde geheiligt in der Mitte der Kinder Israel* (Lev 22,32). Und geschrieben steht anderswo: *Scheidet aus der Mitte dieser Gemeinde* (Num 16,21). - Wie dort zehn (gemeint sind), so sind auch hier zehn (gemeint).

[C] Alle (stimmen darin überein), daß man (das Gebet) nicht unterbreche. Es wurde (jedoch) vor (ihnen) gefragt: Darf man (für) 'gepriesen sei sein großer Name' (*yehe sheme rabba mevarakh*[47]) unterbrechen?

[D] Denn als Rav Dimi kam, sagte er: Rabbi Yehuda und Rabbi Shimᶜon, die Schüler des Rabbi Yoḥanan, sagten, man unterbreche (*sc.* die *tefilla*) nicht außer zu: *yehe sheme rabba mevarakh* - sogar wenn man sich mit dem *maᶜase merkava* beschäftigt.

[E] Doch die Halakha richtet sich nicht nach ihm.

In den ersten Abschnitten [A]-[B] dieser Einheit wird zunächst die aus dem Vers Lev 22,32 abgeleitete Begründung des *minyan* erläutert. Dann wird das hieraus abzuleitende Verbot, daß ein einzelner, falls er das Gebet nachholen muß, die *qedusha* der *tefilla* nicht allein rezitieren soll[48], durch eine *gezera shawa* begründet.[49] Das bereits in der Mishna (mMeg 4,3) für die *tefilla*, den Priestersegen, einige Lesungen und Segenssprüche vorausgesetzte *minyan*-Gebot wird in diesem Abschnitt also auf die bei der Wiederholung der *tefilla* durch den Vorbeter rezitierte *qedusha* übertragen.[50] Ein einzelner Beter, der zu

---

[46] Wörtl. »woraus hört man das«, d. h., welche Schriftstelle impliziert das Gebot des *minyan*? Vgl. Bacher, *Terminologie*, Bd. 2, 223.

[47] Der Druck Wilna hat an dieser Stelle eine hebräisch-aramäische Mischform der Formel: יהא שמו הגדול מבורך (vgl. hierzu auch Rabbinovicz, *Diqduqe Sopherim*, Bd. 1, 158a). Dies ist mit den ashkenazischen Rezensionen des Qaddish vergleichbar, in denen sich häufig *mevorakh* statt *mevarakh* findet (so etwa in MS München 95).

[48] Mit כל דבר שבקדושה ist hier also die spezielle *qedusha* in der Wiederholung der *ᶜamida* durch den *sheliaḥ ṣibbur* gemeint, nicht alle anderen *qedushtaʾot* (*qedusha de-yoṣer* oder *qedusha de-sidra*), und auch nicht alle anderen Gebete, die ein Quorum erfordern wie *barekhu* und *birkat kohanim*.

[49] Vgl. zu dieser Methode Stemberger, *Einleitung*, 28f. Zu Rabbanai, einem babylonischen Amoräer, vgl. Hyman, תולדות, Bd. 3, 1095f. Im Namen anderer Tradenten wird der Spruch auch in yBer 7,3 - 11c,16-18; ySan 1,7 - 19c,2-9; yMeg 4,4 - 75b,6-13; BerR 91,3 (Theodor/Albeck 1110f.) und in bSan 74b überliefert.

[50] Vgl. hierzu auch bMeg 23b. - Zu ähnlichen Begründungen für einen Zehner-*minyan* vgl.

spät in die Synagoge kommt, darf die *qedusha* deswegen nicht allein rezitieren. Und daher soll man sein Gebet für die *qedusha* nicht unterbrechen.[51]

Ausgehend von dieser Feststellung wird in einer sachlichen Analogie ein weiteres unmittelbar mit dieser Frage zusammenhängendes Problem erläutert. Wenn man nämlich die *tefilla* für die *qedusha* nicht unterbrechen darf, so stellt sich die Frage, ob man sie zumindest für die doxologische Formel unterbrechen darf [C].[52] Diese Meinung wird in dem Rav Dimi[53] zugeschriebenen Diktum erwogen, wobei er sich auf seine *palästinischen* Lehrer Rabbi Yehuda und Rabbi Shimʿon, die Schüler des Rabbi Yoḥanan, bezieht. Doch wird diese Auffassung sogleich abgelehnt [E], denn ein Gebet darf man nicht wegen der Bedeutung (bzw. Heiligkeit) eines anderen Gebetes unterbrechen.

Besonders interessant ist, wie in dem Diktum des Rav Dimi die doxologische Formel in einen Bezug zur »Beschäftigung« mit dem *maʿase merkava*, d. h. der »Beschäftigung« mit dem »Werk des Thronwagens«, gestellt wird. Was hat es an dieser Stelle mit der ungewöhnlichen Wendung »sich mit dem *maʿase merkava* Beschäftigen« (עוסק במעשה מרקבה) auf sich? Ist hier etwa ein Beleg für die oft behauptete besondere Nähe des Qaddish zur Literatur der Mystiker zu finden?

Die Untersuchung vergleichbarer Stellen in der rabbinischen Literatur ergibt, daß mit dieser Wendung sehr unterschiedliche Dinge und Vorgänge bezeichnet werden konnten.[54] Zunächst erinnert das Wort *merkava* natürlich an die Schau des himmlischen Thronwagens durch den Propheten Ezechiel (Kap. 1 und 10).[55] Was an dieser Stelle genau gemeint war, ist dabei bereits von den mittelalterlichen Kommentatoren sehr unterschiedlich beurteilt worden.[56] Oft wurde diesbezüglich an die Beschäftigung mit einer Schrift gleichen Namens, besonders das aus der Hekhalot-Literatur bekannte *Maʿase Merkava*, erinnert.[57] Gelegentlich dachte man aber auch allgemein an die Beschäftigung mit »esoterischen« Überlieferungen.[58]

---

auch yKet 1,1 - 25a,29-31; RutR 7,8 (12a); bKet 7a; MTeh 92,7 (Buber 203b). Zu anderen *minyanim* vgl. mMeg 4,2; tMeg 3,11-13 (Lieberman 355f.); yMeg 4,3(2) - 75a,50-56.

51 Vgl. hierzu den Rashi zugeschriebenen Kommentar z. St. s. v. מפסק לא פסיק. - Wird im folgenden dieser traditionelle und von eigenen Tendenzen geprägte Kommentar zur Erläuterung schwieriger Wendungen herangezogen, so geschieht dies stets unter dem Vorbehalt, daß nicht alle in der traditionellen Druckausgabe zugeschriebenen Kommentare auf Rashi (gest. 1105) selbst zurückgehen. Zum Problem vgl. die grundlegende Untersuchung von Fraenkel, דרכי של רש"י, 1ff.

52 Vgl. hierzu auch Sof 10,6 (Higger 214-216), und s. unten Kap. IV.2.1.1.

53 Vgl. zu ihm Stemberger, *Einleitung*, 100. Wahrscheinlich ist ein palästinischer Amoräer der vierten Generation gemeint, bekannt auch unter dem Beinamen »Naḥota«, »der (Babylonien)fahrer«, da es von ihm heißt, er sei (einmal?) von Palästina nach Pumbedita gereist. Zu den anderen Tradentennamen vgl. aaO. 93.

54 Vgl. hierzu bes. Halperin, *Merkabah*, 182ff.

55 Wobei zu beachten ist, daß der Begriff *merkava* bei Ezechiel nicht vorkommt. Im technischen Sinne findet er sich erst in I Chr 28,18.

56 Vgl. etwa schon Rashi zu bHag 13a s. v. מעשה מרכבה.

57 Zu der gleichnamigen »Schrift« der Hekhalot-Literatur vgl. ÜHL III, XXXII, und s.

In bBer 21b könnte demanch ganz allgemein die Beschäftigung mit dem Buch Ezechiel gemeint sein[59]; in diesem Fall wäre die Formel analog zu dem in der rabbinischen Literatur häufig belegten לעסוק בדברי תורה[60] geprägt. Zum anderen könnte mit dieser Wendung aber auch ein (mündlicher?) Vortrag gemeint sein, denn an Ez 1 angelehnte Lehrvorträge wurden ebenfalls als *ma'ase merkava* bezeichnet.[61] Solche aggadischen Vorträge wurden z. B. mit einem Targum-Vortrag von Ez 1, einer *hafṭara* des *Shavu'ot*-Festes (vgl. bMeg 31a), verbunden.[62]

Zusätzlich ist zu erwägen, ob in Analogie zur doxologischen Formel mit der Bezeichnung *ma'ase merkava* ein Gebet gleichen Namens gemeint war. Hierfür scheint der Kontext der Stelle zu sprechen, in dem es ja um liturgische Fragen geht. Wäre dies der Fall, läge in bBer 21b vielleicht ein Hinweis auf eine Art Erweiterung der *qedusha de-'amida*[63] oder eines vergleichbaren Gebetes mystischen Inhalts vor. Gebete, die man als »Ordnung der *merkava*« (סדר המרכבה) bezeichnet hat, sind auch in einigen Geniza-Fragmenten gefunden worden.[64] Wie sich zudem an einigen *qedushta'ot* und Erweiterungen der *'amida* zeigt, konnten solche Gebete in »reguläre« Gebetsabläufe integriert werden.[65]

Welche der hier in Erwägung gezogenen Interpretationen dieser Wendung die richtige ist, läßt sich angesichts der großen Anzahl an denkbaren Möglichkeiten nicht mit Sicherheit entscheiden. Wenn mit der doxologischen Formel allerdings tatsächlich ein innerhalb der regulären Liturgie gebrauchtes Gebet gemeint war, dann darf man wohl auch hinter der als *ma'ase merkava* bezeichneten »Beschäftigung« eine liturgische Tätigkeit vermuten.[66]

Die eigentliche Pointe dieses schwierigen Diktums besteht somit wohl darin, daß hier der leisen Rezitation der *tefilla* durch einen einzelnen, der zu

---

unten Kap. III.2.2. Zu berücksichtigen ist jedoch, daß zahlreiche andere »Schriften« unter der Bezeichnung *ma'ase merkava* firmieren. Vgl. z. B. die von Mann, *Text*, Bd. 1, 657 mit Anm. 279 veröffentlichte Buchliste aus der Kairoer Geniza. Zum Problem vgl. Abrams, *Ma'aseh Merkabah*, 329-345; ders., *Reference*, 1-5, doch vgl. hierzu Lehnardt, *Once again*, 17-23. Zu ergänzen ist, daß auch eine Schrift wie *Massekhet Hekhalot* unter dem Titel *ma'ase merkava* tradiert werden konnte (vgl. MS Oxford, Bodleian Library, Opp. 741; s. Herrmann, *Massekhet Hekhalot*, 3*; 126; 338).

[58] Vgl. z. B. SER 18 (Friedmann 94), und s. hierzu Lehnardt, *Once again*, 20.

[59] Vgl. z. B. mHag 2,1, und s. hierzu Gruenwald, *Mysticism*, 76ff.

[60] Vgl. bes. yBer 5,1 - 8d,40; yHag 2,1 - 77b,42; bSot 21b; bPes 50b.

[61] Vgl. dazu etwa Goldberg, *Vortrag*, 4-23.

[62] Zur *hafṭara* des ersten Tages von *Shavu'ot*, die (außerhalb Palästinas) aus Ez 1 bzw. auch aus Ez 16 (sowohl im sog. dreijährigen »palästinischen« als auch im einjährigen »babylonischen« Zylus) gelesen wird, vgl. Halperin, *Merkabah*, 55ff.; dann auch Alexander, *Lists*, 181; Levey, *Targum of Ezekiel*, 2ff.

[63] Vgl. Fleischer, לנוסחה, 230.

[64] Vgl. Schäfer, *Jewish Magic Literature*, 78 mit Bezug auf T.-S. K 1.25 fol. 1a 1.1 (= MTKG II, 176 und 186).

[65] Zur Verwendung von Hekhalot-Material oder mystischen Spekulationen, die auf Ez 1 aufbauen, in bereits etablierten Gebeten vgl. Gruenwald, *Mysticism*, 155, und s. auch MTKG II, 5ff.

[66] Vgl. dazu etwa auch Hoffman, *Censoring*, 25. S. auch Lehnardt, *Once again* gegen den

spät zum Gebet gekommen war, ähnlich große Bedeutung beigemessen wird wie der Rezitation der traditonell hochgeschätzten doxologischen Formel selbst. Das Diktum des Rav Dimi weist insofern nicht nur darauf hin, daß der doxologischen Formel eine der *qedusha* vergleichbare Bedeutung zugedacht werden muß. Es führt auch den Argumentationsgang dieses Abschnitts der Gemara weiter, denn eigentlich geht es im Kontext dieser Stelle ja um die Bedeutung der leisen Rezitation der *ʿamida* durch einen Nachzügler.

Im Hinblick auf die übergeordnete Frage nach der Rezitationsweise des Qaddish läßt sich dieser Stelle also folgendes entnehmen: Einmal spiegelt sich in ihr die herausragende Stellung der Formel (des Qaddish) im Zusammenhang synagogaler Gebete wider. Sodann zeigt sich, daß die Rezitation der Formel in der Nähe von Gebeten erwähnt wird, auf die das anfänglich wohl nur auf die *qedusha* angewandte Prinzip übertragen wurde, das jede Heiligung ein Quorum erfordert (כל דבר שבקדושה לא יהא פחות מעשרה).[67]

Auch wenn die Auffassung des Rav Dimi von der Gemara (bzw. einem ihrer Redaktoren) schließlich abgelehnt wurde, reflektiert dieses Diktum somit zumindest, daß mit dem *yehe sheme rabba* ein Gebet gemeint war, das wie die *qedusha* im (babylonischen?) Ritus der amoräischen Zeit als ein integraler und besonders wichtiger Bestandteil der Liturgie angesehen wurde.[68] Daß auf das Qaddish tatsächlich das *minyan*-Gebot angewandt wurde, ist dann allerdings erst in einer gaonäischen Quelle belegt.[69]

Versuch von Abrams, in bBer 21 einen Hinweis auf einen »fixed text« namens *maʿase merkava* zu finden.

67 Vgl. dazu Langer, *Worship*, 190f.

68 Die Bedeutung dieser Stelle wird im übrigen auch durch das berühmte Schreiben des Ben Baboi, eines Schülers Rabbas, an die Gemeinde von Kairouan (um 812) belegt. Vgl. Ginzberg, פירקוי בן באבוי, 547f.: Dort wird bBer 21b erläutert, daß man den im (babylonischen) Talmud aufgeführten Gebeten nichts eigenmächtig »hinzufügen oder (etwas) auslassen sollte«. Vgl. dazu auch Brody, *Geonim*, 115f.

69 Vgl. *Teshuvot Geʾone Mizraḥ u-Maʿarav*, ed. Müller, 30 (§ 126): יתגדל ויקדש אי איפשר לו לומר אלא בעשרה (»*yitgadal we-yitqadash* darf man nur zu zehnt sprechen«). S. dazu Blank, *Soferim*, 182f. mit Anm. 79.

1.2.2 bSuk 38b-39a

Eine weitere Stelle, die auf die Rezitationsweise der Formel eingeht, findet sich in dem Traktat Sukka. Auch in diesem Abschnitt geht es um die Unterbrechung von Gebeten - diesmal aufgrund einer Stelle aus der Mishna (mSuk 3,10), in der die Frage der korrekten Rezitation des Hallel-Gebets (Ps 113-118) im Morgengebet des ersten Feiertages von Sukkot erläutert wird.[70] In Anlehnung an eine kurze, diese Mishna erläuternde Baraita wird erklärt, wer zum Hallel-Sprechen verpflichtet ist und ob auch derjenige, der die Rezitation dieser Psalmen nur gehört und nicht selbst gesprochen hat, seine Pflicht der Rezitation des Hallel an Sukkot erfüllt hat. In diesem Kontext wird auf den Grundsatz verwiesen, daß derjenige, der ein Gebet nur gehört hat, wie jemand zu betrachten ist, der es gesprochen bzw. responsorisch »beantwortet« hat (שומע כעונה)[71], wobei dies auf das Verständnis der Pflicht zum Hallel-Sagen übertragen[72] und dann durch zwei kurze Dialoge, die auf das Problem der Unterbrechung der Rezitation der doxologischen Formel eingehen, erläutert wird[73]:

אמר רבא לא לימא איניש ברוך הבא והדר בשם ה׳ אלא ברוך הבא בשם ה׳ בהדדי
אמר ליה רב ספרא משה שפיר קאמרת אלא התם והכא אסוקי מילתא היא ולית לן בה
אמר רבא לא לימא איניש יהא שמיה רבא והדר מברך אלא יהא שמיה רבא מברך בהדדי
אמר ליה רב ספרא משה שפיר קאמרת אסוקי מילתא הוא ולית לן בה.

[A] Sprach Rabba: Man sage nicht *Gesegnet sei der Kommende* und setze wieder ein *im Namen des Herrn*! Sondern (man spreche zusammen): *Gesegnet sei der Kommende im Namen des Herrn*! (Ps 118,26).

[B] Sprach zu ihm Rav Safra: (Bei) Mose, sagst du es recht so?[74] Aber dort und hier beendet[75] man (doch) den Satz, und es liegt uns nicht an ihm.[76]

[C] Sprach Rabba: Man sage nicht: *yehe sheme rabba* und (setze) wieder ein (mit) *mevarakh*, sondern (man spreche zusammen): *yehe sheme rabba mevarakh*!

---

[70] Zur Rezitation des Hallel an Sukkot vgl. Idelsohn, *Liturgy*, 158ff.; *Maḥazor Sukkot*, ed. Goldschmidt / Fraenkel, 13f.

[71] Wörtl.: »Der Hörer ist wie der Respondent«. - S. hierzu auch die auf verschiedenen mittelalterlichen Kommentaren fußende Erläuterung in den Tosafot zu bSuk 38b s. v. שמע und bBer 21b s. v. עד. Zu den Verfassern dieser Kommentare vgl. Urbach, בעלי התוספות, Bd. 2, 600f.; 611f.

[72] Die Gemara leitet den Kontext daher mit der Standardformel amoräischer Diskussion, הלכתא גבירתא איכא, »eine gewichtige Halakha«, ein.

[73] Textgrundlage der Übersetzung bildet der Druck Wilna des Bavli, da alle anderen mir bekannten handschriftlichen Rezensionen unverständliche Varianten bieten. Vgl. Rabbinovicz, *Diqduqe Sopherim*, Bd. 6, 60a-b. S. auch MS Vatikan 134 (S. 129 der Faksimileausgabe).

[74] Zum Verständnis dieser Wendung vgl. bShab 101b; bBes 38b. S. auch Rashi zu bBes 38b s. v. שפיר. Anders bHul 93a.

[75] MS Vatikan liest hier אפסוקי, was verständlicher ist als das kontrahierte אסוקי; vgl. Jastrow, *Dictionary*, 1200 s. v. פְּסַק.

[76] D. h., es ist gleichgültig, ob man ihn so oder anders rezitiert. Wichtig ist allein, daß man ihn spricht.

[D] Sprach zu ihm Rav Safra: (Bei) Mose, sagst du es recht so? Aber dort und hier beendet man (doch) den Satz, und es liegt uns nicht an ihm.

Wie bBer 21b, so wird auch dieser kurze, symmetrisch aufgebaute Abschnitt im Namen zweier babylonischer Amoräer überliefert.[77] Diktum [A] bezieht sich auf das im Kontext der Gemara erörterte Problem der halakhisch korrekten Rezitation des Hallel nach dem *shaḥarit* des Sukkot-Festes: Wer das Hallel nicht sprechen kann, der beginne nicht mit einem Psalmvers, unterbreche ihn und setze dann wieder neu ein, sondern er rezitiere den Vers in einem zusammenhängenden Satz.[78]

Den Hintergrund dieses Ausspruchs bilden unterschiedliche Möglichkeiten, das Hallel zu rezitieren: Die Rezitation des Hallel, die aus dem Tempelkult übernommen worden war, ist nach der Tempelzerstörung in die Liturgie aller großen Feiertage aufgenommen worden.[79] Unterschiedliche Rezitationsweisen werden dabei schon in der Mishna diskutiert. Da der Wortlaut anscheinend (schon) in der Zeit der Mishna nicht (mehr) allen Gemeindegliedern geläufig war, wurde die Rezitation des Hallels einem *sheliaḥ ṣibbur* bzw. *ḥazzan* übertragen. Die Gemeinde sollte in diesem Fall - und hierum geht es in dem Abschnitt - entweder auf jeden von einem Vorbeter rezitierten Vers mit Halleluja antworten[80] oder die Verse antiphonisch, dem *parallelismus membrorum* folgend, im Wechsel mit dem Vorbeter rezitieren.[81] Das Diktum Rabbas bezog sich anscheinend auf eine dieser beiden Arten des Hallel-Vortrags. In dem Rabba zugeschriebenen Satz wird demnach betont, daß ein Beter, der Ps 118,26, also einen Vers aus dem letzten Psalm des Hallel, rezitiert, seine Rezitation nicht unterbrechen darf, weil ansonsten der Eindruck entstehen könne, er hätte das Gebot des Hallel-Sprechens nicht erfüllt.[82]

Dieser Auffassung wird in dem Diktum des Rav Safra [B] beigepflichtet; doch darüber hinaus wird darauf hingewiesen, daß die Pflicht des Hallel-Sprechens eigentlich schon durch den ersten (abgeschlossenen) Satz erfüllt worden ist. In jedem Fall sei ja anzunehmen, daß es die Absicht des Vorbeters (oder des Beters) gewesen sei, auch den zweiten Teil des Satzes zu rezitieren. Halakhisch mache es daher keinen Unterschied, ob der Vers unterbrochen oder zusammen rezitiert wurde - in jedem Fall sollte der Vers vollendet werden.

---

77 Aufgrund der Schreibweise des Namens »Rabba« mit *alef* in den herangezogenen Textzeugen ist davon auszugehen, daß hier »Rabba bereh de-Rav Yosef Bar Ḥama« gemeint ist (vgl. hierzu Friedman, כתיב, 140f.). »Rav Safra« ist Name eines babylonischen Amoräers der vierten Generation; vgl. Hyman, תולדות, Bd. 3, 966ff.

78 Vgl. dazu den Rashi-Kommentar s. v. לא לימא איניש.

79 Vgl. Idelsohn, *Liturgy*, 159.

80 Vgl. mSot 3,10.

81 So mit Bezug auf Ps 118,26 z. B. in tPes 10,7 (Lieberman 197) und tSot 6,2 (Lieberman 183). - Vgl. hierzu auch Ginzberg, *Legends*, Bd. 6, 12 Anm. 60.

82 So auch Rashi s. v. הוא אומר ברוך הבא והם (!) אומרים בשם ה׳. Anders jedoch Tosafot zu bBer 38b s. v. שמע.

Analog zu diesem Gedankengang fügt die Gemara schließlich einen weiteren Dialog zwischen den beiden genannten Rabbinen an [C]. In ihm geht es nun um die bekannte doxologische Formel, mit der auch hier das Qaddish gemeint sein könnte.[83] Offensichtlich sollte das Gesagte durch den Hinweis auf ein weiteres bekanntes Gebet unterstrichen werden: wie man die doxologische Formel nicht unterbrechen soll, so sollte man auch das Hallel nicht unterbrechen.

Doch auch auf diese Feststellung hin wird ein Einwand mitgeteilt [D]; diesmal im Namen des Rav Safra: Eine Unterbrechung der Formel dürfe nicht mißverstanden werden, denn auch in diesem Fall sei durch die Erwähnung des ersten Teils der Formel bereits zum Ausdruck gebracht, daß der Beter ihre Vollendung intendiert. Die Forderung Rabbas sei daher, obwohl er ein mit Mose vergleichbarer Lehrer sei, einzuschränken. Nach dem Diktum Rabbas sollte die Rezitation des Hallel also erleichtert werden. Hierfür wird auf eine vergleichbare, weil im Wechsel mit einem Vorbeter rezitierte Formel, das *yehe sheme rabba mevarakh*, hingewiesen.

Sowohl die Analyse von bSuk 38b-39a als auch von bBer 21b ergibt somit, daß die doxologische Formel (des Qaddish) bereits in amoräischen Überlieferungen eindeutig in Kontexten belegt ist, die mit anderen Gebeten der synagogalen Liturgie in Verbindung zu bringen sind. Über die Funktion und den Ort in der Liturgie des durch die Formel angedeuteten Gebets läßt sich diesen Stellen zwar nichts Genaues entnehmen. Dennoch ist festzuhalten, daß mit dem *yehe sheme rabba* nicht etwa ein (nur) im *bet midrash*, sondern ein (auch) in der Synagoge verwendetes Gebet gemeint war.

Dieses wichtige Ergebnis wird im übrigen durch eine Stelle aus Midrash Tanḥuma gestützt, der auf eine berühmte Überlieferung über das Anlegen der Phylakterien in bMen 36a Bezug nimmt. In dieser für die nach-talmudische Tanḥuma-Yelamdenu Literatur[84] typischen Homilie zu Ex 13,9 heißt es[85]:

1.2.3 Tan bo 14 (108b)[86]

ומצוה להניח תפלין שליד תחילה. ומברך בא״י מ״ה אש׳ קדשנו במ׳ וצ׳ להניח תפלין.
וחוזר ונותן שלראש ומברך ברוך אתה ײ׳ מ״ה אש׳ קד׳ במצ׳ על מצות תפלין
ואם שח בין תפלה שליד לתפלה שלראש עבירה היא בידו וחוזר עליה

[83] Dabei ist auch zu berücksichtigen, daß das Hallel üblicherweise mit einem Qaddish *titqabal* abgeschlossen wird. Vgl. *Maḥazor Sukkot*, ed. Goldschmidt, 140ff. S. hierzu auch bPes 118a.

[84] Zu den Einleitungsfragen vgl. Stemberger, *Einleitung*, 298ff.

[85] Eine ähnliche Überlieferung findet sich in dem (irrtümlich) Rabbi Ḥefeṣ Aluf zugeschriebenen *Midrash we-Hizhir*, Bd. 1, ed. Freimann, 7a-b. Vgl. ferner *Sefer Abudarham*, ed. Ehrenreich, 192 und *Sefer ha-Manhig*, ed. Raphael, 596 (s. zu diesen Werken Kap. IV.1.1).

[86] Text nach: MS New York Columbia X893 M 5843; vgl. zu dieser Handschrift Mendelsohn, *Catalogue*, No. 777; Bregman, ספרות, 25.

מערכי מלחמה ואם ביהא שמיה רבא מברך או בקדושה פסק בין תפלה שליד
לשלראש וענה קדושה או אמן יהא שמיה רבא מברך מעורכי המלחמה
אינו חוזר אלא חוזר ומברך עלשלראש. מפני שכל תפלה טעונה שתי ברכות
אם בירכן כאחת עולות זו על זו. [מפני שכל תפלה טעונה שתי ברכות אם ברכן כאחת
עולות לזו ולזו]. אם הפסיקן ביהא שמיה רבא או בקדושה בטלה ברכה ראשונה וחוזר
ומברך שתיהן ואינו צריך בשיחת חולין שהיא עבירה גדולה.

[A] Und das Gebot des Anlegens der *tefillin* der Hand geht voran; und man spreche den Segen: G[epriesen seist] d[u,] H[err], K[önig] der [Welt], der uns heiligt durch [seine] Ge[bote], und [der du uns] ge[boten hast], *tefillin* anzulegen!

[B] Und (erst) danach nehme man die (*tefilla*) des Kopfes und spreche den Segen: Gepriesen seist du H[err], K[önig der] W[elt], der uns heiligt durch seine Gebote, durch das Gebot der *tefillin*.

[C] Doch wenn man (Profanes) spricht zwischen (dem Segen für) die *tefilla* der Hand und der des Kopfes, so begeht man eine Übertretung; »und deswegen muß man vom Kriegsschauplatz zurückkehren«.[87]

[D] Doch wenn er beim *yehe sheme rabba mevarakh* oder bei der *qedusha* zwischen dem (Segensspruch für) die *tefilla* der Hand und dem für den Kopf unterbricht und auf die *qedusha* oder auf das *Amen yehe sheme rabba mevarakh* respondiert, dann braucht er nicht »vom Kriegsschauplatz zurückzukehren«.[88] Sondern er muß (nur den Segensspruch) für (die *tefilla*) für den Kopf sprechen.

[E] [Denn jedes (Anlegen) der *Tefillin* bedarf zweier Segenssprüche. Spricht man die Segenssprüche zusammen, dann gelten sie für je eine *tefilla*.][89]

[F] Aber wenn man (das Anlegen der *tefilla* für den Kopf) für *yehe sheme rabba mevarakh* oder für die *qedusha* unterbricht, wird der erste Segenspruch aufgehoben, so daß man beide Segenssprüche erneut sprechen muß. Und man braucht gar nicht erst zu sagen, daß dies auch im Fall eines profanen Gespräches (während des Anlegens einer *tefilla*) gilt, denn dies ist eine schwere Übertretung.

In diesem Midrash wird anscheinend nur darauf hingewiesen, daß man die vor dem Anlegen der *tefillin* zu rezitierenden *berakhot* nicht unterbrechen soll, und zwar auch nicht für die Rezitation des *yehe sheme rabba mevarakh* oder der *qedusha*. Sollte man diese beiden Gebete trotzdem während des Anlegens der Phylakterien hören, darf man nur zwischen den beiden Segenssprüchen eine Pause einlegen (vgl. [D]). Andernfalls, wenn man während der *berakha* für die Gebetskapsel des Kopfes für *yehe sheme rabba mevarakh* und *qedusha* unterbricht, ist man verpflichtet, mit beiden Segenssprüchen von neuem zu beginnen.

Für unsere Fragestellung ist besonders interessant, daß hier die Rezitation

---

87 Denn diese Übertretung wiegt so schwer, daß man nicht mehr am Krieg teilnehmen darf. Ein Sünder gilt als feige und ängstlich, und solche Personen müssen den Kriegsschauplatz verlassen; vgl. hierzu Dtn 20,8, dann auch bMen 36a. Zum Terminus מערכי מלחמה, »Kriegsschauplatz«, vgl. noch ySot 8,1 - 22b,45; bSot 42b.

88 Weil er die *berakha* über die *tefillin* nicht durch ein profanes Gespräch entweiht hat, also keine Sünde beging.

89 Dieser Satz fehlt in MS New York Columbia X893 M 5843. Er findet sich jedoch im Druck Wilna und in anderen Tanḥuma-Manuskripten, wie z. B. MS Oxford Bodleian, Hunt. Donat. 20 Uri 116, und MS Parma, Dei Rossi 261.

der *qedusha*, eines im synagogalen Gottesdienst verwendeten Gebetes, direkt neben der bekannten doxologischen Formel erwähnt wird. Wie in den oben untersuchten Stellen aus dem Bavli wird also auch in diesem Midrash vorausgesetzt, daß es sich bei der doxologischen Formel (bzw. dem durch sie angedeuteten Gebet) um ein synagogales Gebet handelt. Für seine responsorische »Beantwortung« darf man sogar eine Pause zwischen dem Anlegen der *tefillin* für Hand und Kopf machen, was eigentlich als verboten galt.[90] Diese Sonderstellung der doxologischen Formel unter den täglich zu rezitierenden Gebeten läßt sich auch an weiteren Texten im Bavli ausmachen.

[90] Vgl. bMen 36a. Zum Pausieren beim Hören des *yehe sheme rabba mevarakh* und der *qedusha* vgl. auch Rashi zu bSuk 38b s. v. הוא אומר ברוך; *Sefer ha-Ora*, ed. Buber, 11. In Tan *bo* 14 (108a) ist demnach an eine Situation gedacht, bei der ein Beter seine *tefillin* nicht direkt nach dem Aufstehen anlegt, sondern erst beim morgendlichen Betreten der Synagoge oder beim Eintreten in einen *minyan* am Wochentag. Daß die Unterbrechung beider Gebete als verwerflich galt, wird später z. B. auch in einer kurzen Aggada von »Elia und 4000 Kamelen« herausgestellt, die u. a. in den *Perushe Siddur ha-Tefilla la-Roqeaḥ*, ed. Hershler, 240 (»*sodot ha-tefilla*«) und im *Sefer ha-Manhig*, ed. Raphael, 43f. überliefert ist. Vgl. hierzu Gartner, המענה, 44 Anm. 27.

1.3 Der Ort der Verwendung der doxologischen Formel

Die einzige Stelle im Bavli, in der die doxologische Formel mit einem spezifischen Ort der Verwendung in Verbindung gebracht wird, findet sich in der Gemara des Traktates *Soṭa*. Da es sich um den Kommentar eines Amoräers zu einem bekannten Diktum des Rabban Shimʿon Gamliʾel, das in mSot 9,12 im Namen des Rabbi Yehoshuaʿ überliefert wird, handelt, muß die Stelle in amoräische Zeit datiert werden. In der zugrundeliegenden Mishna heißt es, daß, seitdem der Tempel zerstört worden ist, kein Tag vergangen sei, an dem der Fluch (קללה), d. h. das Elend nicht größer geworden ist.[91] Die sich in diesem Diktum äußernde pessimistische Sicht der Situation nach der Tempelzerstörung wird in der Gemara in einem Rabba (bar Yosef Ḥama)[92], einem babylonischen Amoräer der vierten Generation, zugeschriebenen Ausspruch aufgenommen und unter Hinweis auf die doxologische Formel erläutert[93]:

1.3.1 bSot 49a

אמר רבא בכל יום ויום מרובה קללתו משל חברו
שנאמר בבקר תאמר מי יתן ערב ובערב מי יתן בקר
הי בקר אילימא בקר דלמחר מנא ידע מאי הוי אלא חליף.
ואלא עלמא אמאי קא מיקיים
אקודשה דסידרא ואיהא שמיה רבא מברך דאגדתא
שנא׳ ארץ עפתה כמו אופל צלמות
לא סדרים הא יש סדרים תופיע מאופל

[A] Sprach Rabba: 'Tag für Tag wird der Fluch des Vortages größer' (mSot 9,12), wie es heißt: *Morgens wirst du sagen: Wer läßt es Abend werden? Und am Abend wirst du sagen: Wer läßt es Morgen werden?* (Dtn 28,67).

[B] Dieser Morgen, wenn nicht der des verflossenen (Tages)?! Doch wer weiß, was er bringen wird? Doch nicht den (Fluch) des vergangenen (Tages)[94]?

[C] Aber worauf ruht die Welt?[95] Auf der *qedusha de-sidra*[96] und dem *yehe sheme rabba mevarakh de-aggadata*[97], wie es heißt: *Ein Land der Finsternis, dunkel ohne alle Ordnung* (Ijob 10,22) - wenn aber Ordnung da ist, so erscheint sie aus dem Dunkel.

---

91 Vgl. mSot 9,12.

92 Vgl. zu ihm Stemberger, *Einleitung*, 101. - MS Vatikan 110 liest hier allerdings nur רב.

93 Text nach: Druck Wilna. Zu abweichenden Lesarten vgl. *Massekhet Sota*, Bd. 2, ed. Liss, 345f. Vgl. auch die Parallele in Tan *toledot* 1,1 (44a). Leicht abweichende Zitate dieses Abschnitts finden sich in *Seder Rav Amram Gaon*, ed. Goldschmidt, 41; *Machsor Vitry*, ed. Hurwitz, 25; *Siddur Raschi*, ed. Buber, 36; und s. auch *Sefer ha-Manhig*, ed. Raphael, 106 (mit einem Zusatz, der auf bBer 3a verweist).

94 MS Oxford 2672,2 hat statt דחליף, »des vergangenen«, בקר דאיתמול, »Morgen des gestrigen (Tages)«.

95 MS Oxford hat: על מה מתקיים עלמא, »worauf ruht die Welt«. Für ähnliche Lesarten in Zitaten der Rishonim vgl. *Massekhet Sota*, Bd. 2, ed. Liss, 146 Anm. 79.

96 Zu den verschiedenen Lesarten dieses Terminus vgl. *Massekhet Sota*, Bd. 2, ed. Liss, 346. Einige Textzeugen haben: אקידושה דסדרא.

Im Kontext dieses Diktums finden sich unzusammenhängende Erläuterungen der Mishna. Satz [A] bildet einen abgeschlossenen Gedanken, der zunächst die Mishna zitiert und dann aufgrund eines Schriftverses erklärt, warum nach der Tempelzerstörung kein Tag ohne Fluch vergeht, ja daß sich dieser Fluch jeden Tag sogar noch vermehrt [A]. Anders ausgedrückt: Es wird erläutert, warum sich der Zustand der Welt seit der Zerstörung des Tempels von Tag zu Tag verschlechtert.[98]

Dieser an und für sich bereits sehr bemerkenswerten Erläuterung folgt eine Frage, deren Beantwortung den Höhepunkt dieser Stelle bildet: Wie kann unter diesen Umständen die Welt überhaupt noch bestehen? In der Antwort wird auf zwei Gebete verwiesen, deren Bedeutung durch ein weiteres Schriftzitat, diesmal aus Ijob 10,22, hervorgehoben wird: »(Welterhaltene Lebens)ordnungen« (סדרים) gewährleisten demnach nur die Gebete *qedusha de-sidra* und *yehe sheme rabba de-aggadata*. Sie werden hier gleichsam als die Garanten der kosmischen Ordnung vorgestellt. Erst diese Gebete ermöglichen, daß - folgt man Ijob 10,22 - aus der »Dunkelheit« bzw. dem »Todesschatten« (צלמות) Ordnung »erscheinen« kann, d. h. die tagtäglich immer hoffnungslosere Situation nach der Zerstörung des Tempels überwunden wird.[99]

Doch welche Gebetstexte und welche Orte ihrer Verwendung exakt sind hier gemeint?

a. qedusha de-sidra

Als *qedusha de-sidra* wird üblicherweise - und im Unterschied zur *qedusha de-yoṣer* und *qedusha de-ʿamida* - ein Gebet bezeichnet, zu dessen Beginn Jes 59,20 (»*Und kommen wird ein Erlöser*«) rezitiert wird.[100] Charakteristisch für dieses sich aus unterschiedlichen Teilen zusammensetzende Gebet (in seiner bekannten Fasssung) ist, daß in ihm die Verse Jes 6,3, Ez 3,12 und ein Vers aus dem Schilfmeerlied (Ex 15,18[101]) jeweils zusammen mit ihrem Targum rezitiert werden.[102] Deutet bereits dieser Befund auf einen engen Zusammen-

---

[97] Auch für diese Formel finden sich verschiedene Lesarten; vgl. die Edition Liss, 346.

[98] Unklar bleibt dabei zunächst, ob hier mit dem Wort »Morgen« der »morgige Morgen« oder der »vergangene Morgen« gemeint ist. Erläuternd wird daher hinzugefügt, daß die Argumentation nur dann logisch ist, wenn der »vergangene Morgen« gemeint ist. Da der vergangene Morgen am darauf folgenden noch größeren Fluch mit sich bringt, muß in Dtn 28,67 der »morgige Morgen« gemeint sein.

[99] Vgl. zu einer ähnlichen Argumentation noch Tan *tisa* 33 (164a) bzw. PesR 23 (120a); s. auch MHG Ex 35,3 (Margulies 733).

[100] Meist wird es daher einfach als »*u-va-le-ṣiyyon*« bezeichnet. Vgl. *Seder ʿAvodat Yisraʾel*, ed. Baer, 127; *Seder R. Amram Gaon*, ed. Hedegård, 130ff. (נה). Zum Aufbau dieses Abschnitts der *qedusha de-sidra* vgl. Liebreich, *Analysis*, 201ff.

[101] Vgl. auch Ps 146,10, ein Vers, der im Targum mit denselben Worten wiedergegeben wird wie Ex 15,18. S. hierzu bereits Pool, *Kaddish*, 8 mit Anm. 39.

[102] Zum Vergleich mit den anderen beiden Gebeten der täglichen Liturgie, die eine *qe-*

hang mit dem Targum-Vortrag nach der Tora- oder Propheten-Lesung hin, so wird die *qedusha de-sidra* üblicherweise allerdings nur als Abschluß des täglichen Morgengebets, an Montagen, Donnerstagen und Shabbatot auch nach der Tora- und Prophetenlesung und nach den Lesungen im *minḥa*-Gottesdienst rezitiert.[103] Herkunft und Enstehung dieses Gebetes und seiner Bezeichnung sind daher wie die Entwicklung seiner Verwendung innerhalb der Liturgie umstritten:

So vermutet L. Ginzberg[104], daß sich die *qedusha de-sidra* aus einer *afṭarta*, also einer Art *hafṭara*-Benediktion, die im Anschluß an die Propheten-Lesung gesprochen wurde, entwickelt hat. Solche Benediktionen seien später, nachdem die Propheten-Lesungen im Morgengottesdienst weggefallen waren, selbständig verwendet worden.

I. Elbogen[105] vertritt dagegen die Auffassung, diese *qedusha* sei aus der Praxis entstanden, nach dem wochentäglichen Morgengebet auch einen kurzen Lehrvortrag (*sidra*) zu halten. Solche Lehrvorträge seien mit Lesungen aus den Propheten verbunden gewesen, die von einer Targum-Übertragung begleitet wurden. Die *qedusha de-sidra* selbst hätte sich aus einer Doxologie entwickelt, die ursprünglich nach diesen auf die *sidra* folgenden Prophetenlesungen rezitiert wurde.[106]

J. Mann[107] möchte diese *qedusha* schließlich aus einem besonderen Brauch des palästinischen Ritus herleiten. Zunächst sei es üblich gewesen, das Trishagion beim Ausheben der Tora im *minḥa*-Gottesdienst des Shabbat zu rezitieren. Der Terminus *sidra*, mit dem in Palästina ursprünglich die Tora-Abschnitte der Lesung am Shabbat bezeichnet wurden, bewahre noch ein Echo auf diesen Brauch. Mit *qedusha de-sidra* sei demzufolge jene *qedusha* bezeichnet worden, die beim Ausheben der Tora gesprochen wurde und die ursprünglich der eigentlichen Lesung vorangegangen wäre. In Babylonien sei die Rezitation der *qedusha* nach dem Studium im täglichen Morgengebet eingeführt worden. Aufgrund eines Erlasses (*gezera*) durch die nicht-jüdische Obrigkeit hätte man die Rezitation der *qedusha* jedoch »tarnen« müssen. Zu diesem Zweck hätte man sie übersetzt und mit der Rezitation von *u-va le-ṣion* (Jes 59,20) verbunden.[108]

Alle drei hier vorgestellten Rekonstruktionsversuche der Entstehung der *qedusha de-sidra* ziehen allerdings nicht nur talmudische Überlieferung zu Rate, sondern basieren auf gaonäischen Antwortschreiben, in denen sich anscheinend zuverlässigere Hinweise auf die Hintergründe der Einführung dieser *qedusha* finden. So beruft sich J. Mann auf ein Responsum, in dem die Einführung dieses Gebetes mit »Verfolgungen« begründet wird.[109] Ginzberg und Elbogen verweisen auf ein im Namen des babylonischen Gaon von Sura, Rav Naṭronai bar

---

dusha enthalten, vgl. den Überblick bei Bar-Ilan, קווי יסוד, 6f., und s. auch Fleischer, קדושת העמידה, 347f.

103 Vgl. Elbogen, *Gottesdienst*, 155.

104 Ginzberg, *Geonica* II, 299. S. aber auch Müller, *Soferim*, 227.

105 Elbogen, *Gottesdienst*, 79 mit 520 Anm. 2 und 524 Anm. 9.

106 So auch Heinemann, *Prayer*, 262 mit Anm. 23.

107 Vgl. Mann, *Changes*, 270ff.

108 Vgl. Mann, *Changes*, 273.

109 S. Mann, *Changes*, 268 mit Anm. 53, der auf Lewin, *Otzar ha-Gaonim*, Bd. 5/1 (Megilla), Teil 1 (teshuvot), 40 (§ 147) verweist. Für eine ähnliche Erklärung vgl. Rashi zu bSot 49a s. v. אקודשא דסידרא; s. dazu Elbogen, *Gottesdienst*, 587 Anm. 9. - Zur Problematik des Vorgehens Manns s. Reif, *Judaism*, 369f Anm. 4. Zum Ganzen vgl. ausführlich unten Kap. IV.4.2.

Hilai (um 857), überliefertes Responsum, in dem berichtet wird, wie nach dem eigentlichen Morgengebet zunächst ein Abschnitt aus der Tora gelesen, dann ein Stück Mishna gelernt und daran anschließend verschiedene Psalmen und eine *qedusha* rezitiert wurden.[110] Nachdem sich die ökonomischen Umstände (in Babylonien) verschlechtert hätten - so das Responsum des Naṭronai -, sei die morgendliche Liturgie verkürzt worden. Schließlich hätte man die Lesungen ganz weggelassen, und hieraus hätte sich der Brauch entwickelt, die sog. *qedusha de-sidra*, also die ursprünglich nach dem *täglichen* »Lernpensum« (*sidra*) rezitierte *qedusha* und ihr Targum, auch im täglichen Gebet zu rezitieren.[111]

Sowohl die Rekonstruktion Ginzbergs als auch der Versuch Manns basieren somit auf Texten, die lange nach der oben zitierten Talmudstelle verfaßt worden sind, so daß sie eigentlich nur als ein Beleg für die Verhältnisse ihrer Abfassungszeit, also des 9.-10. Jh. in Babylonien, betrachtet werden können. Mit der Bezeichnung *qedusha de-sidra* könnte in amoräischer Zeit, für die nicht vorauszusetzen ist, daß täglich nach dem Morgengebet ein Abschnitt aus der Tora oder den Propheten gelesen wurde, etwas anderes gemeint gewesen sein als zur Zeit des Naṭronai.

Daß unter der Bezeichnung *qedusha de-sidra* auch andere Gebetstexte firmiert haben könnten, zeigt der Befund in einigen Geniza-Fragmenten liturgischen Inhalts. In diesen Belegen für einen palästinischen Ritus wird die *qedusha de-sidra* in ihrem heutigen Umfang noch nicht erwähnt.[112] Ob mit der Wendung *qedusha de-sidra* in bSot 49a also überhaupt schon der heute bekannte Gebetstext gemeint war, läßt sich nicht sicher belegen. Möglicherweise bezog sich der Satz in bSot 49a zunächst nur auf die Rezitation einer *qedusha* nach einer am Shabbat vorgenommenen *sidra*.[113]

Schließlich ist in diesem Zusammenhang auch zu bedenken, daß sich selbst das Wort *sidra* sehr unterschiedlich interpretieren läßt. In der Grundbedeutung bezeichnete *sidra* wohl nur die beim Gottesdienst vorgetragene Perikope aus der Tora. Dann konnte mit dem Wort auch der Lernabschnitt, der Abschnitt im Talmud oder die Schriftlesung aus der Tora und den Propheten bezeichnet werden.[114] In übertragener Bedeutung wurde der Terminus *sidra* etwa auch als Bezeichnung für den Ort der Studien, »die Lehrhalle«, verwendet.[115] Außerdem konnte mit dem Wort die »Gesamtheit der Gebete« bezeichnet werden.[116]

Ist in bSot 49a von »*qedusha*« und »*sidra*« die Rede, könnte sich der durch die Relativ-Partikel די gebildete Ausdruck *qedusha de-sidra* also sowohl auf ein

[110] Dieses Responsum ist zuerst in der Sammlung *Teshuvot ha-Ge'onim*, ed. Mussafia, 90 ediert worden. Auf der Basis einer Handschrift hat es mittlerweile auch Brody veröffentlicht (*Teshuvot Rav Naṭronai*, Bd. 1, ed. Brody, 146f.). Vgl. dann auch Ginzberg, תשובות, 100.

[111] S. hierzu auch *Teshuvot Rav Naṭronai*, Bd. 1, ed. Brody, 147 Anm. 4. Auf einen weiteren Abschnitt dieses Textes wird in Kap. IV.2.2.6 noch unter einem anderen Gesichtspunkt einzugehen sein.

[112] Vgl. Mann, *Genizah Fragments*, 300.

[113] Vgl. dazu z. B. auch Fleischer, קדושת העמידה, 349f. Zu berücksichtigen ist, daß die *qedusha de-ʿamida* im älteren palästinischen Ritus wohl nur am Shabbat verwendet wurde, während sie in Babylonien bereits viel früher Bestandteil der täglichen Liturgie geworden ist. S. dazu Fleischer, לתפוצתן, 255ff. und die Hinweise auf die sehr unterschiedlichen Bräuche, die sich in den frühen liturgischen Dichtungen widerspiegeln ebd., 284.

[114] Vgl. Bacher, *Terminologie*, Bd. 2, 134f.; Fleischer, קדושת העמידה, 349. Fleischer erklärt es einfach als Synonym von *aggadata* - s. dazu unten.

[115] Vgl. z. B. yBes 5,2 - 63a,52; bHul 137b; s. hierzu *Aruch*, Bd. 6, ed. Kohut, 27 s. v. סָדַר; Levy, *Wörterbuch*, Bd. 3, 484 s. v. סִידְרָא; Jastrow, *Dictionary*, 958f. s. v. סֵדֶר und 1359 s. v. קְדוּשָּׁה, und vgl. auch Albeck, מבוא, 15 und Goodblatt, *Instruction*, 51ff.

[116] Vgl. Elbogen, *Gottesdienst*, 6.

Gebet beziehen, das mit dem Studium der Schrift zusammenhing, als auch auf einen Text, der nach dem Studium mündlicher Lehre oder einer *derasha* gesprochen wurde.[117] Die Entscheidung darüber, wie der Terminus an dieser Stelle zu verstehen ist, wird im übrigen dadurch erschwert, daß auch die parallel gebrauchte Wendung *yehe sheme rabba de-aggadata* singulär ist und sich unterschiedlich interpretieren läßt.[118]

b. *yehe sheme rabba de-aggadata*

Wie die Wendung *qedusha de-sidra* wird auch die bekannte doxologische Formel durch ein attributiv beigeordnetes Substantiv näher erläutert. Unklar ist ebenso, ob das beigegebene Substantiv in einem objektiven oder explikativen Genetivverhältnis zu der voranstehenden Formel steht. Erschwerend kommt hinzu, daß selbst das Wort *aggadata* (= die Aggada) mehrdeutig ist.

Mit dem undeterminierten Wort »Aggada« bzw. »Haggada« können im rabbinischen Hebräisch/Aramäisch bekanntlich jegliche mündliche Lehre und der Unterricht[119] bezeichnet werden - in übertragener Bedeutung dann auch die Literatur, mit der die Bibel erklärt oder homiletisch ausgelegt wird.[120] Zuweilen dient der Terminus auch der Unterscheidung von nicht-halakhischer Schriftauslegung und Gesetzesfestlegung.[121] Später, in amoräischer Zeit, konnte mit dem Wort wohl auch all das bezeichnet werden, was nicht-halakhischen Inhalts ist - also z. B. auch der Targum-Vortrag oder jegliche Form von *derasha*.[122]

In der oft zitierten Übersetzung »das Kaddisch nach dem Vortrage der aggada«[123] wird die Ambiguität des Terminus »Aggada«[124] somit nicht aus-

---

[117] Daß die Erklärung für diese *qedusha* alles andere als zuverlässig ist, belegen auch die von Liebreich, *Analysis*, 202f. Anm. 85 und 86, angeführten Responsen aus dem *Sefer ha-ʿIttim* des Yehuda ben Barzilai (ed. Schor, 281; 289). Diese Texte zeigen, daß noch in gaonäischer Zeit über Ort und Herkunft dieses Gebetes kein Konsens bestand.

[118] Anders Fleischer, קדושת העמידה, 349, der in bezug auf die beiden hier untersuchten Gebetstexte von »Zwillingen« spricht.

[119] Zu divergierenden Definitionen des Terminus »Aggada« bzw. »Haggada« vgl. Zunz, *Vorträge*, 337 mit Anm. a; Bacher, *Origin*, 406-409; Assaf, ספר הקדיש, 129 Anm. 8.

[120] Vgl. Rapoport, ספר ערך מלין, Bd. 1, 12ff. s. v. אגדה. - Um den Unterschied zur Pesaḥ-Haggada, der Haggada schlechthin, deutlich zu machen, hat sich die aramäische Form »Aggada« bzw. das Adjektiv »aggadisch« eingebürgert.

[121] Z. B. einer *taqqana* o. ä.

[122] Vgl. Bacher, *Terminologie*, Bd. 1, 33ff.; zur terminologischen Entwicklung vgl. ausführlich Fraenkel, דרכי האגדה, Bd. 1, 11ff. Unter dem Wort »Aggada« bzw. »Haggada« konnte also nicht nur die nicht-gesetzliche *Bibel*auslegung, sondern auch das profane Wissen und erbauliche Erzählungen jeglicher Art verstanden werden.

[123] So z. B. Levy, *Wörterbuch*, Bd. 1, 19.

[124] Vgl. zu dem Wort Jastrow, *Dictionary*, 11 s. v. אֲגָדָה, der bSot 49a im Anschluß an die Tosafot zu bBer 3a s. v. ועונין mit »*kaddish* (prayer) after lectures« übersetzt. Man beachte

geschöpft. Berücksichtigt man die angedeuteten Bedeutungsnuancen des Wortes, könnte mit der Wendung *yehe sheme rabba de-aggadata* in bSot 49a nämlich nicht nur das eine *derasha* bzw. einen Lehrvortrag (*sidra*[125]) abschließende Qaddish gemeint gewesen sein, sondern auch eine Doxologie, die innerhalb der »regulären« Liturgie verwendet wurde. Für letzteres Verständnis könnte man anführen, daß als Qaddish *de-aggadata* (später) auch die Qaddish *de-Rabbanan* genannte Version bezeichnet werden konnte.[126] Außerdem ist zu beachten, daß hier, wenn sich die Bezeichnung *yehe sheme rabba de-aggadata* auf ein den Aggada-Vortrag abschließendes Gebet bezöge, *tägliche* Aggada-Vorträge gemeint wären. Von Aggada-Vorträgen wird aber zumeist angenommen, daß sie in talmudischer Zeit nur an den Tagen der Tora-Lesung durchgeführt wurden.[127] Erst in dem oben erwähnten Responsum des Naṭronai Gaon wird dann auch ein tägliches Lernpensum (*sidra*) vorausgesetzt.

Sind in bSot 49a tatsächlich *täglich* zu rezitierende Gebete gemeint, so ist anzunehmen, daß an dieser Stelle nicht nur die große Bedeutung des Studiums und des abschließenden Gebetes hervorgehoben wird. Dies mag zwar eine dem rabbinischen Ideal des Studiums ebenfalls entsprechende Intention dieses Diktums gewesen sein.[128] Viel wichtiger jedoch scheint für den Autor dieses Satzes (oder Abschnitts) gewesen zu sein, daß den erwähnten Gebeten der *täglichen* Liturgie eine besonders zentrale, gewissermaßen »tragende« Funktion zugedacht werden muß. Nur wenn man dies berücksichtigt, läßt sich nachvollziehen, warum durch Gebete die *täglich* größer werdenden Übel in der Welt, um die es in diesem Diktum ja eigentlich geht (vgl. [B] in bSot 49a), »aufgehoben« werden.

Folgt man diesem Gedanken der auf den Mishna-Text bezogenen Argumentation, so muß mit der Formel *yehe sheme rabba de-aggadata* ein in der wochentäglichen Liturgie verwendetes Gebet gemeint gewesen sein, nicht ein nur an Tagen der Tora-Lesung (Montage und Donnerstage, Shabbatot, Feier- und Fasttage) und des darauf folgenden Studiums bzw. des Aggada-Vortrags rezitierter Text. Wahrscheinlich sind in bSot 49a folglich erneut zwei in der *täglichen* synagogalen Liturgie gesprochene Gebete im Blick.[129]

---

auch Pool, *Kaddish*, 8, der mit »the response י' ש' ר' of the Aggada« überträgt.

125 Ob hier auch an die *pirqa*, den öffentlichen Lehrvortrag für das »ungebildete Publikum« (in Babylonien), zu denken ist (vgl. Bacher, *Terminologie*, Bd. 2, 164), kann an dieser Stelle nicht geklärt werden. Zu den unterschiedlichen Formen des Lehrvortrages in talmudischer Zeit vgl. Goodblatt, *Instruction*, 171ff., und s. auch Gafni, הדרשות, 121-129.

126 Zum Alter des Qaddish *de-Rabbanan* vgl. allerdings oben S. 42.

127 Vgl. etwa Heinemann, דרשות, 10.

128 Zu diesem Verständnis vgl. auch die Tosafot zu bBer 3a s. v. ועונין. S. hierzu unten Kap. IV.4.1.1.

129 Dem Kontext entsprechend mag der *qedusha de-sidra* dabei sogar größere Bedeutung zugedacht worden sein. Vgl. die Erweiterungen von bSot 49a in *Machsor Vitry*, ed. Hurwitz, 25; *Siddur Raschi*, ed. Buber, 36: Abschnitt [C] aus bSot 49a wird dort erläuternd hinzugefügt: מאי סדרים קידושא דסידרא (»Welches sind die Ordnungen? Die *qedusha d e - s i d r a*«).

1.4 Zusammenfassung

Die Untersuchung der Hinweise auf die Rezitationsweise der doxologischen Formel ergibt somit, daß ihre Applikation und Rezitationsweise innerhalb der täglichen Liturgie in allen Stellen im Bavli und auch in der untersuchten Stelle aus Midrash Tanḥuma nur sehr knapp angedeutet werden. Es werden lediglich unterschiedliche Möglichkeiten einer antiphonischen Rezitation der Formel und das Problem ihrer Unterbrechung beim Hören anderer Gebete angedeutet. Keiner Stelle läßt sich entnehmen, wo genau die Formel (bzw. das durch sie angedeutete Gebet) innerhalb der Liturgie gesprochen werden sollte und welcher Funktion sie diente.

Eine Ausnahme bildet die amoräische Überlieferung in bSot 49a. Dort wird die Formel sowohl im Zusammenhang mit einem anderen aus der (babylonischen) Liturgie bekannten Gebet genannt als auch scheinbar mit dem Abschluß des Studiums in Verbindung gebracht. Auch dieser Hinweis auf eine liturgische Verwendung der doxologischen Formel ist allerdings so vage, daß eine exklusive Verbindung des Qaddish mit dem Abschluß eines Aggada-Vortrags aufgrund dieser Stelle nicht sicher zu erschließen ist. Zum einen ist das Wort »*aggadata*« nicht spezifisch genug, um von ihm auf den ursprünglichen Ort der Verwendung der Formel schließen zu können. Des weiteren geht es in bSot 49a um *täglich* gesprochene Gebete. Nur durch solche können die täglich größer werdenden Übel, die in der zugrundeliegenden Mishna erwähnt werden, aufgehoben werden.

Alle Hinweise auf die Applikation der doxologischen Formel lassen die hohe Wertschätzung des durch sie angedeuteten Gebetes erkennen. Offensichtlich wurde auf ihre responsorische Rezitationsweise, das Verbot der Unterbrechung ihrer Rezitation und auch auf das mit ihr in Verbindung gebrachte *minyan*-Konzept besonders geachtet, weil es für besonders wichtig gehalten wurde. Aufgrund seiner Bedeutung konnte diesem Gebet schließlich sogar eine mit der anfänglich wohl nur im babylonischen Ritus täglich rezitierten *qedusha* vergleichbare »kosmische« Bedeutung zugedacht werden. Wie die *qedusha* wurde schließlich auch das durch die doxologische Formel angedeutete Gebet als eine »der Säulen, auf denen die Welt ruht«, betrachtet.

Wie im folgenden zu zeigen ist, stehen diesen an die *qedusha* erinnernden Vorstellungen einer »statisch-welterhaltenen« Funktion von Gebeten eine Reihe von Deutungen des *yehe sheme rabba mevarakh* gegenüber, die ihre futurisch-eschatologische Aussageintention und »dynamische« Aspekte ihrer Wirkung hervorheben.

2. *Die Deutung der doxologischen Formel im Bavli*

Außer den bislang untersuchten Stellen, die auf die Rezitationsweise der doxologischen Formel eingehen, finden sich im Bavli einige Texte, die sowohl unterschiedliche Aspekte ihrer Deutung heraustellen als auch auf ihre Wirkung hinweisen. Zuerst ist hier auf einen als Baraita eingeführten Text aus dem Traktat *Berakhot* (bBer 3a) einzugehen. In ihm wird innerhalb einer Erzählung der Ort der Verwendung der doxologischen Formel angedeutet und ihr Einfluß auf Gott geschildert. Neben der oben untersuchten Stelle aus Sifre wird diese Baraita oft als der früheste Beleg für die Verwendung des Qaddish betrachtet.[130] Für die Rezeption des Qaddish hatte dieser Text darüber hinaus eine kaum zu überschätzende Bedeutung.[131]

2.1 *bBer 3a*

Den Kontext dieses mit **תניא**[132] als tannaitische Überlieferung eingeführten Abschnitts bildet eine längere *sugya*, in der die Zeiten des *shema*ʿ-Gebets am Abend erörtert werden.[133] In dem nur durch Stichworte mit dem Kontext verbundenen, anonym überlieferten Abschnitt wird wie in dem oben untersuchten Midrash aus Sifre Devarim ein Rabbi Yose erwähnt[134]:

תניא א׳ ר׳ יוסי פעם אחת [הייתי מהלך בדרך] נכנסתי [ב]אחת מחורבות ירוש׳ להתפלל
בא אליהו זכור לטוב ושמר לי את הפתח [עד שסיימתי] כשאמר אלי [לאחר שסיימתי] שלום
עליך ר׳ אמרתי לו שלום עליך ר׳ ומורי
א״ל ר׳ אמאי נכנסת לחורבא אמרתי לו להתפלל א׳ לי היה לך להתפלל בדרך א״ל אמרתי
לו מתירא אני שמא יפסקנו עברי דרכים א״ל היה לך להתפלל תפילה קצרה
מאותה שעה למדתי שלש דברים למדתי שאין נכנסין לחורבה ולמדתי שמתפללים בדרך
ולמדתי שהמתפלל מתפלל תפיל׳ קצרה
א״ל מה קול שמעת בחורבה זו אמרתי לו שמעתי בת קול שמנהמת כיונה ואומרת אוי לי
ש[החרבתי] את ביתי שרפתי את הכלי והגלתי את בני לבין אומות העולם
אמ׳ לי בחייך ובחיי ראשך לא שעה זו [בלבד] אומרת כך אלא שבכל יום ויום שלש פעמים

---

130 Vgl. z. B. Elbogen, *Gottesdienst*, 93.

131 Vgl. etwa *Sefer ha-Roqeaḥ ha-Gadol*, ed. Shneurson, 249, wo der Text etwas verändert überliefert ist.

132 Vgl. Bacher, *Terminologie*, Bd. 2, 239. - Demnach ist zwar davon auszugehen, daß es sich um eine tannaitische Überlieferung handelt. Aber im Bavli ist bekanntlich auch mit »fiktiven« Baraitot zu rechnen, die durch solche Formulierungen eingeleitet werden (s. hierzu etwa Albeck, מבוא, 46ff.).

133 Der unmittelbare Bezug des uns interessierenden Abschnitts zu dieser *sugya* ist freilich nur lose. Anscheinend ist dieser Text wegen eines im unmittelbaren Kontext wiederholten Gottesspruchs an dieser Stelle eingearbeitet worden.

134 Text nach: MS Florence, National Library II, I 7-9, die viele Ergänzungen und Glossen enthält. Vgl. auch Rabbinovicz, *Diqduqe Sopherim*, Bd. 1, 2b. Der erste Teil dieses Textes (bis Abschnitt [E]) wird auch in *Pirqe Rabbenu ha-Qadosh*, ed. Higger, 120 überliefert (in ed. Gründhut, 39 ist er nach bBer 3a ergänzt).

אומרת כך ולא עוד אלא כשישראל עושין רצונו של מקום נכנסין לבתי כנסיות ועונין [אמן] יהא שמיה [רבא מברך] הק' מנענע ראשו וא' אשרי המלך שמקלסין אותו בביתו כך אוי להם לבנים שגלו מעל שלחן אביהם.

[A] Es wird gelehrt: Rabbi Yose sprach: Einmal [ging] ich [des Weges] (und) trat in eine von den Ruinen Jerusalems, um zu beten. (Da) kam Elia, sein Angedenken zum Guten, und hütete mir die Tür [bis ich (das Gebet) beendet hatte]. Als er zu mir sagte, [nachdem ich (das Gebet) beendet hatte]: Friede sei mit dir, mein Meister!, antwortete ich ihm: Friede sei mit dir, (mein) Meister und mein Lehrer!

[B] Er sprach zu mir: Meister! Weshalb tratest du in die Ruine? Ich sagte zu ihm: Um zu beten. Sagte er zu mir: Du hättest auf dem Weg beten sollen! Ich sagte zu ihm: Ich befürchtete, daß mich die Wegelagerer unterbrechen könnten. Sagte er zu mir: Du hättest eine kurze *tefilla* beten sollen.

[C] In dieser Stunde lernte ich drei Dinge: Ich lernte, daß man nicht in eine Ruine geht, und ich lernte, daß man auf dem Weg beten darf, und ich lernte, daß der Beter (in diesem Fall) eine kurze *tefilla* beten soll.

[D] Er sprach zu mir: Was für eine Stimme hast du in der Ruine gehört? Ich sagte zu ihm: Ich habe eine *bat qol* gehört, welche seufzte wie eine Taube und sprach: Wehe mir, daß ich mein Haus [zerstört] und meinen Tempel verbrannt und meine Kinder unter die Völker der Welt verbannt habe!

[E] (Da) sprach er zu mir: Bei deinem Leben und dem Leben deines Hauptes! - Nicht nur zu dieser Stunde [allein] spricht sie so, sondern Tag für Tag, dreimal spricht sie so!

[F] Und nicht allein das, sondern zur Stunde, da Israel den Willen des Allgegenwärtigen (*ha-maqom*) tut (und) sie in die Synagogen eintreten und respondieren: *[Amen]*[135] *yehe sheme [rabba] (mevarakh)*, schüttelt der Heilige sein Haupt und spricht: Wohl dem König, den man so in seinem Hause preist! (Doch) wehe den Kindern, die vom Tisch ihres Vaters verbannt wurden!

Aufbau und Struktur dieser Erzählung sind kunstvoll gestaltet[136]: An eine kurze Exposition schließt ein Bericht über ein Gespräch eines berühmten Tannaiten mit dem Propheten Elia [A] an, der durch eine Belehrung ergänzt wird [B]. Die halakhische Erläuterung der zuvor berichteten Zurechtweisung [C] bildet den Mittel- und Wendepunkt der Erzählung. Dannach setzt die Erzählung erneut ein, schildert den Fortgang des Dialogs [D] und berichtet in dessen Verlauf von der Reaktion Gottes auf das Gebet Israels. Die hierbei in der »Ich-Form« wiedergegebene Rede Gottes [E] bildet den zweiten inhaltlichen Höhepunkt dieser Aggada.

Wie in der oben untersuchten Stelle aus bSot 49a geht es auch in diesem Stück um die Bedeutung und die Problematik des Gebetes nach der Tempel-

---

[135] Das Amen ist in MS Florenz von einer anderen Schreiberhand nachgetragen; in MS Oxford und einigen indirekten Textzeugen ist es dagegen im Text verzeichnet. Wie bereits in der Textüberlieferung von SifDev 306 beobachtet, wird die doxologische Formel in dieser Baraita auch in Mischformen überliefert. Der Druck Wilna liest z. B. יהא שמיה הגדול מבורך, und in einer von Shemuʾel Edels (1555-1631) verfaßten Glosse zum Druck Wilna wird an dieser Stelle auf eine hebräisch-aramäische Lesart, יהא שמו הגדול מבורך, hingewiesen. MS München schließlich hat die den Standard-Rezensionen des Qaddish entsprechende Lesart יהא שמיה רבא מברך.

[136] Hierzu ausführlich Fraenkel, הזמן, 133-162; Kuhn, *Trauer*, 258-263.

zerstörung. Hierauf deutet sowohl der Umstand hin, daß der Dialog zwischen Rabbi Yose und Elia in einer der Ruinen Jerusalems stattfindet, also in einer Zeit nach der Zerstörung der Stadt. Außerdem wird in dem die Erzählung abschließenden Satz [F] auf das in der rabbinischen Literatur oft mit der Tempelzerstörung in Verbindung gebrachte Motiv der Trauer Gottes hingewiesen.[137] Ob dabei auf konkrete Zustände in Palästina zur Zeit der Abfassung dieser Baraita Bezug genommen wird, ist unwichtig.[138] Die Andeutungen auf »historische« Begleitumstände der Begebenheit dürfen wie das Motiv des umherwandernden und Geheimnisse offenbarenden Elia[139] nicht überbewertet werden.[140] Die Erwähnung der Ruinen Jerusalems soll wohl nur daran erinnern, daß dem Gebet nach der Zerstörung Jerusalems und dem damit verbundenen Wegfall der Opfer eine veränderte Bedeutung zukommt.[141]

Die eigentliche Intention dieser Aggada scheint freilich nicht nur darin zu bestehen, auf die besondere Bedeutung des Gebetes hinzuweisen, sondern sie wollte gleichzeitig die Halakha, um die es im Kontext der Gemara geht, erläutern [C][142]: Man sollte für die Verrichtung des Gebets nicht in eine Ruine treten, sondern, falls es die Situation erfordert, auf dem Weg beten. Außerdem kann man der Gebetspflicht zur Not - so wird hier unter Bezug auf andere Erläuterungen in der Gemara vorausgesetzt - auch durch eine kurze Fassung des Achtzehn-Bitten-Gebets[143] nachkommen.[144]

---

137 Vgl. dazu Kuhn, *Trauer*.

138 Daß z. B. Rabbi Yose in dieser Erzählung in eine der Ruinen Jerusalems tritt, um zu beten, wurde oft als Hinweis auf ein Gebet in der Ruine des *Tempels* gedeutet. Obwohl dieser Erzählung gewiß das Problem der Tempelzerstörung zugrunde liegt, dürfte an eine gewöhnliche Ruine zu denken sein, da das Betreten des Tempelplatzes nach 70 nicht zuletzt aus Gründen der Reinheit vermieden wurde. Zum Problem vgl. mEd 8,6; und vgl. auch die berühmte Erzählung in bMak 24a-b von dem Fuchs in den Ruinen des Tempels.

139 Vgl. zu diesem Motivzusammenhang Friedmann im Vorwort seiner Edition des *Seder Eliahu Rabba*, 77, und s. auch Levinsohn, *Elia*, 13ff.

140 Historisierende Interpretationen dieser Baraita, die davon ausgehen, daß Rabbi Yose zu jenen Rabbinen gehörte, die nach dem Bar Kokhba-Aufstand, trotz eines angeblichen Verbotes für Juden, Jerusalem zu betreten, die Wallfahrt dorthin unternahmen (so etwa Alon, *Jews*, 695 Anm. 48), übersehen, daß viele Details in diesem Text literarisch zu erklären sind.

141 Insofern ist es unwichtig, ob diese Erzählung aus historischen Gründen überhaupt aus der Zeit des Rabbi Yose, als Juden der Zutritt nach Jerusalem verboten war, stammen kann; so zu Recht Fraenkel, הזמן, 144 Anm. 23.

142 Vgl. Fraenkel, הזמן, 146.

143 Das hier als תפילה קצרה bezeichnete Gebet ist nicht mit dem erst seit amoräischer Zeit so bezeichneten *havinenu*-Gebet, einer Kurz- bzw. Zusammenfassung des Achtzehn-Bitten-Gebets (s. hierzu Elbogen, *Gottesdienst*, 60 und auch Tosafot zu bBer 3a s. v. היה לך), zu verwechseln. Wahrscheinlich bezieht sich der Satz auf eine vergleichbare Kurzform des *shemone ʿesre*, da Wortlaut und Inhalt solcher Kurzfassungen der *tefilla* noch in tannaitischer Zeit sehr stark variieren konnten; vgl. tBer 3,7 (Lieberman 13); yBer 4,3 - 8a,53-63; bBer 29a.

144 Das allgemeine Verbot eine Ruine zu betreten, sei es aus Furcht vor Verunreinigung oder Einsturz, wird auch in der unmittelbar auf die zitierte Stelle folgenden Baraita erklärt. Vgl. dazu auch bBer 43b; bShab 23a u. ö.

In der Hallstimme (*bat qol*[145]) wird dann allerdings noch auf ein im Grunde viel tiefergehendes Problem hingewiesen. Mit dem Gebet des Rabbi Yose hatte es nämlich noch etwas anderes auf sich. Nicht nur, daß er durch sein Verhalten ein rabbinisches Verbot übertrat; sondern er vernahm während seines Gebetes das »Seufzen« einer Stimme, die wie eine Taube »gurrte«[146] und die dadurch an das Schicksal Israels nach der Zerstörung und Vertreibung erinnerte. Rabbi Yose hörte also die Stimme Gottes, die über die von ihm paradoxerweise selbst veranlaßte Zerstörung seines Hauses und die Verbannung seines Volkes klagte [E].

Doch auch damit nicht genug: Die Erzählung nimmt noch eine weitere Wendung. Denn nicht nur, daß die äußerst anthropomorph geschilderte Reaktion Gottes etwas über die wahre Funktion und Bedeutung des Gebetes offenbart. Darüber hinaus wird gesagt, daß der »unpersönliche« Weheruf[147] Gottes tagtäglich *dreimal* zu hören ist - entsprechend den drei Gebetszeiten, *shaḥarit*, *minḥa* und *ʿaravit*. Und weiter: Zur Stunde, da Israel sich in den Gebetshäusern versammelt - manche Handschriften und der Druck Wilna fügen hier außerdem einen Hinweis auf »Lehrhäuser«[148] hinzu - und die bekannte doxologische Formel rezitiert, da »schüttelt« Gott (המקום)[149], »der König«, sein Haupt und hebt mit seiner Klage über die »Kinder« an, die er selbst vom Tisch des Vaters verbannt hat.[150]

Die eigentliche Bedeutung des Gebetes, so wird in diesem Teil der Baraita angedeutet, liegt also nicht auf der Ebene ihrer halakhisch einwandfreien Rezitation eines *einzelnen*. Dies könnte man zwar aufgrund des im ersten Teil der Erzählung Gesagten annehmen, und dies wird grundsätzlich auch nicht bestritten. Doch viel wichtiger ist die Einsicht in die besonders enge Bindung Gottes an sein Volk, wie sie nur in dem durch die doxologische Formel angedeuteten, *gemeinschaftlich* rezitierten Gebet Israels zum Ausdruck kommt.

Erneut ist in dieser Erzählung mit der doxologischen Formel demnach ein Gebet gemeint, das in der Synagoge rezitiert wird.[151] Allein mit diesem Gebet

---

[145] S. dazu Kuhn, *Bat Qol*, 33f.

[146] Zum sprachlichen Hintergrund dieser Wendung vgl. schon Lieberman, הוראות נשכחות, 487; dann auch Kuhn, *Trauer*, 261 mit Anm. 15. Zum Vergleich des Gurrens einer Taube mit dem Laut der Klage vgl. bereits Jes 38,14; 59,11 u. ö.

[147] Man beachte, daß hier nur allgemein vom Weheruf eines Königs, eines Vaters und seiner Kindern gesprochen wird. - Zu einem in ähnlichem Kontext überlieferten »persönlichen« Weheruf vgl. z. B. EkhaR *petiḥa 24* (Buber 13a).

[148] Über den oben zitierten Wortlaut hinaus haben MS Oxford, Bodleian Library 366; MS München, Staatsbibliothek 95 (s. Rabbinovicz, *Diqduqe Sopherim*, Bd. 1, 4f.) und zahlreiche indirekte Textzeugen an dieser Stelle ולבתי מדרשות (»und in die Lehrhäuser«).

[149] Zu der an dieser Stelle wiederum nicht in allen Textzeugen belegten, für die frühe rabbinische Literatur typischen Gottesbezeichnung »*ha-maqom*« vgl. Marmorstein, *Doctrine*, 92f.; Urbach, *Sages*, 66f.

[150] Zum Schütteln des Hauptes als Ausdruck der Trauer vgl. Kuhn, *Trauer*, 262 mit Anm. 21.

[151] Ob für die Zeit der Abfassung dieser Geschichte bereits der Wortlaut des Qaddish in

ist dabei die Vorstellung verbunden, daß es bei Gott eine ganz unmittelbare Reaktion auslösen kann. Diese Reaktion gipfelt in Gottes Klage über sich selbst und sein Volk, wobei Gott eine Art Seligpreisung (אשרי) in den Mund gelegt wird, in der er sich glücklich schätzt, von seinem Volk derart »gerühmt« (מקלסין)[152] zu werden, obwohl er paradoxderweise die Lage seines Volkes selbst verursacht hat.

In diesem schwer aufzulösenden Gedanken besteht wohl die eigentliche Pointe dieser Aggada. Zum einen wird mit ihm eine Antwort auf das theologische Problem des Gebetes und die Frage der Stellung Israels vor Gott nach der Tempelzerstörung gegeben. Andererseits bringt die Aggada die fundamentale Überzeugung zum Ausdruck, daß Gott quasi mit seinem Volk in der Verbannung weilt und daß er, wenn Israel betet, sein Schicksal mit seinem Volk beklagt.[153] Nur aufgrund dieser eigentümlichen Vorstellung kann dem Gebet bzw. dem doxologischen Lobpreis dieselbe, wenn nicht sogar größere Bedeutung als den Opfern im Tempel zugedacht werden. Und daher können Gebete auch auf dem Wege verrichtet werden.[154]

Im Hinblick auf die in diesem Abschnitt der Arbeit intendierte Untersuchung der Deutungen der doxologischen Formel ist somit festzuhalten, daß ihr in bBer 3a eine ähnlich große Bedeutung zugedacht wird wie in dem Rabba zugeschriebenen Diktum in bSot 49a. Wird in bSot 49a jedoch betont, daß die Welt auf dem *yehe sheme rabba mevarakh* »ruht«, der Formel also eine gewissermaßen »statische« Funktion zugedacht wird, ist der Formel nun eine besonders unmittelbare und eigentümlich antropomorphe Reaktionen Gottes evozierende Wirkung zugedacht. Gott, so wird hier beschrieben, kann mit dem durch die Formel angedeuteten Gebet direkt und unmittelbar »erreicht« werden - ohne jede Vermittlungstätigkeit durch Engel wie bei der *qedusha*.[155]

---

seinem üblichen Umfang vorauszusetzen ist, hängt natürlich davon ab, ob man die doxologische Formel, der in manchen Rezensionen dieser Stelle wiederum ein Amen vorangestellt wird (vgl. MS Oxford), als *pars pro toto* auffaßt. Vgl. zum Problem auch die Bemerkung von Fraenkel, הזמן, 145 Anm. 27. Und s. auch den Kommentar der Tosafot (Druck Wilna) s. v. ועונין, in dem es immerhin für nötig erachtet wird, darauf hinzuweisen, daß hier das Qaddish gemeint sei.

[152] Zur Bedeutung des Wortes קלס im Zusammenhang mit dem Qaddish vgl. Kap. IV.1.

[153] Vgl. zu dieser in der rabbinischen Literatur häufig zum Ausdruck gebrachten Vorstellung z. B. SifBam 161 (Horovitz 222f.).

[154] Daß Gebete wichtiger sind als Opfer, ist in der rabbinischen Literatur (später) oft belegt (vgl. bes. bBer 32b; dann auch bTaan 2a). Vgl. dazu auch die Hinweise von Heinemann, *Prayer*, 14f.; Goldberg, *Service*, 196ff.

[155] Vgl. dazu Goldberg, *Service*, 205. Die Vorstellung der Entsprechung von irdischem und himmlischem Kult spielt in dieser Baraita noch keine Rolle, obwohl dieser Motivkomplex für aggadische Erklärungen von Gebeten von großer Bedeutung war. Erst in Kommentaren des 12./13. Jh. wird dann auch auf das Verhalten der in diesem Text nicht erwähnten Engel hingewiesen. Vgl. Kap. IV.4.3.3.

2.2 bBer 57a

Ein anderer Aspekt der Bedeutung der Rezitation der doxologischen Formel wird in einem kurzen Spruch aus demselben Traktat des Bavli hervorgehoben. Das anonyme Diktum findet sich im Kontext einer langen Reihe von Traumdeutungen[156], die ursprünglich vielleicht aus einem alten Traumbuch stammen.[157] In ihrer vorliegenden Fassung dürften die folgenden Sätze allerdings frühestens in amoräischer Zeit verfaßt worden sein[158]:

קורא קריית שמע ראוי שתשרה עליו שכינה כמשה רבינו שאין דורו ראוי לכך
העונה יהא שמיה רבא מברך בחלום מובטח לו שהוא בן העולם הבא.

[A] Wer (im Traum) das *shema*ᶜ rezitiert, der ist würdig, daß die *shekhina* auf ihm ruhe wie (auf) Mose unserem Lehrer, denn nur sein Geschlecht war dafür würdig.

[B] Wer im Traum *yehe sheme rabba mevarakh*[159] respondiert, dem sei versichert, daß er ein Kind der Kommenden Welt ist.

Auch in diesem kurzen Abschnitt ist mit der doxologischen Formel [B] wohl ein Gebet der synagogalen Liturgie gemeint. Darauf deuten sowohl die Erwähnung des *shema*ᶜ im unmittelbaren Kontext [A] als auch der Gebrauch der typischen gebetstechnischen Wendung ענה für »respondieren« in Abschnitt [B] hin.[160] In den in diesem Abschnitt zusammengestellten Traumdeutungen wird ebenso die positive symbolische Bedeutung des Anlegens der *tefillin* und des Fastens im Traum erwähnt.[161]

Daß der Vollzug täglicher, liturgischer Handlungen im Traum als Hinweis auf die Teilhabe an der Kommenden Welt angesehen werden konnte, ist für die rabbinische Überlieferung nicht ungewöhnlich. Der Traum galt den Rabbinen als legitimes Mittel der Offenbarung, und ihm wurde nach dem »Ende der

---

156 Das Thema Traum wird von der Gemara bereits ab bBer 55a ausgehend von dem in der Mishna erwähnten Stichwort הרואה (mBer 9,1) aufgegriffen. Im Kontext geht es um verschiedene Arten von »Sehen«; hierzu werden auch die »Nachtgesichte« gezählt.

157 Zum eigentümlichen Charakter dieses Abschnitts vgl. Weiss, מחקרים, 264ff., ferner Stemberger, *Traum*, 11f. Zum Kontext vgl. Alexander, *Berakhot*, 230-248.

158 Text nach: MS Florenz 7 (S. 118 der Faksimileausgabe). Im Druck Wilna und in MS München 95 werden die Sätze in anderer Reihenfolge mitgeteilt (s. Rabbinovicz, *Diqduqe Sopherim*, Bd. 2, 158). Vgl. auch die Parallele in MHG Gen 41,2 (Margulies 696).

159 In einigen Textzeugen des MHG Gen 41,2 (Margulies 696) ist eine Mischfassung der Formel überliefert: יהא שמיה הגדול. In MS München 95 ist ihr wiederum ein Amen vorangestellt.

160 Diese Formulierung deutet im übrigen darauf hin, daß die doxologische Formel nicht gesondert von einem zuvor gesprochenen, hier nicht erwähnten Abschnitt des Gebetes verwendet wurde.

161 Das Verständnis des Spruches [A] bereitet dabei einige Schwierigkeiten, worauf bereits Goldberg, *Untersuchungen*, 243 hinweist. Seiner Meinung nach besteht die Intention dieses Satzes darin, daß die Rezitation des *shema*ᶜ im Traum die heilvolle Anwesenheit der *shekhina* nach sich zieht. Dies wurde offenbar als besondere Ehre und Begabung aufgefaßt. Zur Wendung ראוי שתרשה שכינה על vgl. noch bSan 11a und bSuk 28a.

Prophetie« sogar besondere Bedeutung beigemessen.[162] Träume wurden oft mit Hilfe von Schriftbeweisen, *Gematria* oder *Notarikon* gedeutet.[163] Einzelne Traumgesichte konnten dabei sowohl als positive als auch als negative Zeichen gedeutet werden. Gebete, die in Traumgesichten erschienen oder im Schlaf gesprochen wurden, wurden jedoch stets als positives Vorzeichen aufgefaßt.[164]

Die positive Bewertung der Rezitation der doxologischen Formel im Traum in dem untersuchten Abschnitt stimmt also mit der traditionellen Sicht der Bedeutung von Gebeten in Symbolträumen überein. Über das traditionelle Verständnis hinaus geht hier wohl nur die Betonung des engen Zusammenhangs von Tat und Folge. Derjenige, der die doxologische Formel im Traum rezitiert, ist des Heiles »versichert« (מובטח לו).[165] Es geht in diesem Ausspruch also darum, daß die Teilhabe am zukünftigen Heil als »sicher«, folglich als von Gott gewährleistet gelten kann. Inhalt und genauer liturgischer Ort, an dem das *yehe sheme rabba mevarakh* (im Traum) gesprochen wird, spielen dabei ebensowenig eine Rolle wie die Frage des für seine Rezitation erforderlichen *minyan*. Es geht lediglich um das »daß« der Rezitation der Formel: Allein daß sie (im Traum) rezitiert wird, zieht die Teilhabe an der Kommenden Welt nach sich.

2.3 bShab 119b

Ein weiterer Gesichtspunkt der Bedeutung der doxologischen Formel wird in einem kurzen Abschnitt aus der Gemara des Traktates Shabbat hervorgehoben. Den Kontext dieses Abschnitts bilden einige aggadisch ausgestaltete Erläuterungen zu den unterschiedlichen Pflichten eines einzelnen am Shabbat. So soll derjenige, der am Shabbat-Vorabend sein Gebet allein verrichten muß, unbedingt Gen 2,1 (*wa-yekhulu*) rezitieren, da er hierdurch gleichsam seine Partnerschaft in Gottes Schöpfungswerk zum Ausdruck bringen und somit auch als Individuum seine Pflicht des Gedenkens an die Schöpfung am Shabbat erfüllen kann. Die einen einzelnen am Shabbat begleitenden Engel werden sich, wenn er diesen Vers rezitiert, in ihren Gebeten für sein zukünftiges Wohl einsetzen und alles Übel durch die gegenseitige Bekräftigung ihrer Gebete (mit Amen) von ihm abwenden.[166]

---

[162] Vgl. hierzu die einleitenden Bemerkungen von Kristianpoller, *Traum*, VIIff. Zur Wertschätzung der Traumdeutung bei den Rabbinen vgl. auch Lieberman, *Greek*, 71ff.; Stemberger, *Traum*, 6ff.

[163] Vgl. ähnliche Sammlungen von Traumdeutungen in yKil 9,4 - 32b,26-29 // yKet 12,1 - 35a,29-33; yMSh 4,9 - 55c,15-33; EkhaR 1,1 (Buber 26a-28a); BerR 68,12 (Theodor/Albeck 784ff.).

[164] Vgl. Arzi, EJ 6 (1971) 209f.

[165] Zu ähnlichen Formulierungen vgl. yShab 1,6 - 3c,26; bBer 4b; bMeg 28b // bNid 73a; bKet 8b; 111a.

[166] In diese Erläuterung der Bedeutung wichtiger Shabbat-Gebote wird in bShab auch die

Diese bemerkenswerte Vorstellung wird in dem uns interessierenden Abschnitt aufgenommen und durch weitere Aussprüche, die auf die Bedeutung synagogaler Gebete hinweisen, erläutert. Wie die Beobachtung der in diesem Abschnitt erwähnten Shabbatgebote positive Auswirkungen auf den einzelnen haben kann, so kann auch die Rezitation des im folgenden Abschnitt wiederum durch die doxologische Formel angedeuteten Gebetes heilvolle Wirkung haben[167]:

ואמ׳ יהוש׳ בן לוי כל העונה אמן יהא שמיה רבא מברך בכל כחו קורעין לו גזר דינו
שנ׳ בפרוע פרעות בישראל בהתנדב עם ברכו יי׳. מה טעם בפרוע פרעות משום דברכו יי׳.
רבי חייא בר אבא אמר רבי יוחנן אפילו יש בו שמץ של עבודה זרה מוחלין לו כת׳ הכא
בפרע פרעות וכתיב התם כי פרע הוא
אמר ריש לקיש כל העונה אמן בכל כחו פותחין לו שערי גן עדן שנאמר פתחו ויבא גוי
צדיק שמר אמונים. אל תקרי שמר אמונים אלא שאמרים אמן.
מאי אמן אמר חנינא אל מלך נאמן.

[A] Sprach Yehoshua^c ben Lewi: Jeder, der *Amen yehe sheme rabba mevarakh* respondiert mit seiner ganzen Kraft, (für) den wird die über ihn gefällte (schlechte) Strafverfügung 'zerrissen', wie geschrieben steht: *Als Risse einrissen*[168] *in Israel, (wurde es gerettet), da das Volk willig war (zu sagen): Preiset den Herrn* (Jdc 5,2). - Was (ist die) Begründung? (Erst heißt es): *Als Risse einrissen*! Weil es (danach heißt): *Preiset den Herrn* (ebd.).

[B] Rabbi Ḥiyya bar Abba sprach (im Namen des) Rabbi Yoḥanan: Sogar wenn der Makel von Götzendienst an ihm haftet[169], so wird er ihm erlassen. Denn hier steht geschrieben: *Als Risse einrissen* (ebd.), und dort (an einer anderen Stelle) steht geschrieben: *denn es* (*sc.* das Volk) *ist 'eingerissen'* (Ex 32,25).

[C] Sprach Resh Laqish: Jeder, der Amen mit seiner ganzen Kraft respondiert, dem öffnet man die Tore des Garten Eden, wie es heißt: *Tut auf die Tore, damit einziehe das gerechte Volk, [shomer emunim] das die Treue bewahrt* (Jes 26,2). Lies nicht: *shomer emunim*, sondern: *she-omrim Amen* (die Amen sprechen).

[D] Was bedeutet *Amen*? - Sprach Ḥanina: *El Melekh Ne'eman* (Gott, treuer König).

Dieser in sich abgeschlossene, durch das Stichwort »Amen« mit dem Kontext verbundene Abschnitt besteht aus vier Aussprüchen, die verschiedenen palästinischen Amoräern zugeschrieben sind. Die abschließenden drei Aussprüche [B-D] beziehen sich, indem sie jeweils eine andere hermeneutische Regel zur

---

Aufforderung eingeschlossen, den Shabbatbeginn und -ausgang, selbst wenn man nur ein Mindestmaß an Lebensmitteln zur Verfügung hat, durch einen gedeckten Tisch zu ehren. Diese Ermahnung, die wiederum aggadisch erläutert wird, unterbricht jedoch den Gedankengang, der sich zunächst nur mit den am Shabbat zu rezitierenden Gebeten befaßt. Vgl. dazu auch Elbogen, *Gottesdienst*, 110; ders., *Eingang*, 181f.

167 Text nach: MS Vatikan 108 (*Manuscripts of the Babylonian Talmud from the Collection of the Vatican Library*, Bd. 1, 119). Weitere Lesarten bei Rabbinovicz, *Diqduqe Sopherim*, Bd. 2, 135a. Vgl. auch bSan 110b-111a und das Zitat in Yalq Jdc 5 § 46 (353d).

168 Die Wendung **בפרוע פרעות** läßt sich schwer übersetzen, da die Wurzel **פרע** sowohl »wild sein« als auch »reißen« bedeuten kann. Siehe dazu unten S. 114.

169 Zu dieser eigentümlichen Wendung vgl. z. B. Jastrow, *Dictionary*, 1600 s. v. שֶׁמֶץ.

Anwendung bringen, auf die *memra*[170] des Yehoshuaʿ ben Lewi in Abschnitt [A][171] und stellen gewissermaßen Erläuterungen dieses Satzes dar.

Das Diktum des Yehoshuaʿ ben Lewi verweist zunächst auf den das Debora-Lied eröffnenden Vers Jdc 5,2, der durch die exegetische Methode der Aufteilung eines Verses in seine Satzteile[172] ausgelegt wird. Die Aussage des ersten Versteils wird für sich genommen und auf das Verständnis des zweiten Abschnitts des Satzes bezogen. Hieraus ergibt sich ein neuer Sinn. Der Rabbi Ḥiyya im Namen des Rabbi Yoḥanan zugeschriebene Satz [B] greift wiederum Jdc 5,2 auf, legt den Vers aber in einem logischen Analogieschluß, einer *gezera shawa* unter Berücksichtigung von Ex 32,25 aus: So wie in Jdc 5,2 durch das Wort פרע angedeutet wird, daß das Volk »wild« war und erst durch den Lobpreis (ברכו) gerettet wurde, so wird in Ex 32,25 durch das Wort פרע angedeutet, daß sich das Volk »wild«, d. h. sündig verhalten hatte, nach dem (Umkehr signalisierenden) Gebet jedoch gerettet wurde.

Der Spruch des Resh Laqish [C] erläutert schließlich denselben Zusammenhang, diesmal allerdings mit Hilfe eines *al tiqre*-Midrash von Jes 26,2.[173] Nun geht es nicht mehr um die doxologische Formel, sondern nur noch um die Amen-Responsion, was zusätzlich in einem kurzen Ausspruch [D] eines unbekannten Amoräers[174] unterstrichen wird. Mit Hilfe eines *Notarikon* wird das Wort »Amen« in seine Anfangsbuchstaben zerlegt und hieraus ein neuer Satz abgeleitet, der die eigentliche Bedeutung des Amen verrät.[175]

Der gesamte Abschnitt in bShab 119b läßt sich somit in zwei Teile gliedern: Die ersten beiden Aussprüche [A-B] beziehen sich auf die doxologische Formel und können mit dem Qaddish in Verbindung gebracht werden; die beiden anderen [C-D] betreffen ausschließlich die Bedeutung einer Amen-

---

[170] Zum Gebrauch dieses *terminus technicus* vgl. Weiss, מחקרים, 1. Der Abschnitt hat eine für amoräische Überlieferungen typische Struktur bewahrt: Nach einem durch »N. N. אמר« eingeleiteten Diktum wird der darauffolgende Spruch durch »אמר N. N.« fortgesetzt.

[171] Zu Yehoshuaʿ ben Lewi, einem bekannten palästinischen Amoräer, vgl. Hyman, תולדות, Bd. 2, 636ff.; Stemberger, *Einleitung*, 91. Zu den anderen in diesem Abschnitt genannten Amoräern vgl. ebd., 93f.

[172] Zu dieser Auslegungsmethode Heineman, דרכי האגדה, 133.

[173] Vgl. zu dieser Methode Rosenzweig, *Al-Tikri-Deutungen*, 226, und s. auch Heineman, דרכי האגדה, 172ff. Ähnlich auch in bShab 110b, und s. auch *Midrash Hashkem*, ed. Grünhut 4b.

[174] Zu den Rabbinennamen vgl. Stemberger, *Einleitung*, 96ff. Welcher Ḥanina an dieser Stelle gemeint ist, ist auch der Parallele in bSan 110b-111a nicht zu entnehmen. Dort wird der gleiche Spruch im Namen von Rabbi Meʾir überliefert.

[175] Vgl. zu dem *Notarikon* אל מלך נאמן auch Dtn 7,9 (האל הנאמן). Unklar ist, ob sich diese Bemerkung ursprünglich auf den Brauch bezog, diesen Satz in dem Falle zu zitieren, daß man das *shemaʿ* ohne einen *minyan* rezitieren muß (vgl. hierzu etwa Nulman, *Encyclopedia*, 296), oder auf einen Einschub für den Vorbeter vor dem eigentlichen *shemaʿ* (vgl. Idelsohn, *Liturgy*, 219). Schon Rashi zu bShab 119b s. v. und die Tosafot des Shimshon ben Rabbi Avraham aus Sens (ca. 1150-1230) zu bShab 119b s. v. ר"א bzw. bSan 111a s. v. אל מלך נאמן variieren.

Responsion[176], ohne daß hiermit unbedingt das Amen vor oder nach dem *yehe sheme rabba* gemeint gewesen sein müßte.[177] Erst in dem zweiten Abschnitt wird die im Hinblick auf die doxologische Formel beschriebene Wirkung in bezug auf jedes gesprochene Amen verallgemeinert. Diese Umdeutung könnte mit dem sukzessiven Anwachsen der Stelle zusammenhängen.

Daß bShab 119b nach und nach erweitert wurde, legt sich m. E. durch den Vergleich mit einem wichtigen indirekten Textzeugen, den *She'iltot de-Rav Aḥai*[178], nahe. In diesem Werk, dessen Entstehung in die Zeit kurz nach »Abschluß« des Bavli datiert wird[179], wird bShab 119b [C-D] durch ein bemerkenswertes, in der Gemara nicht überliefertes Diktum ergänzt[180]:

א"ר חמא בר לקיש כל מי שהוא עונה אמן בעולם הזה זוכה לענות אמן בעולם הבא
שנ' ברוך יי' אלהי ישראל מן העולם ועד העולם אמן ואמן.
אמן בעולם הזה ואמן לעולם הבא.

Sprach Rabbi Ḥama bar Laqish: Jeder, der in dieser Welt Amen respondiert,
ist würdig, auch in der Kommenden Welt Amen zu respondieren,
wie es heißt: *Gepriesen sei der Herr, der Gott Israels, von Ewigkeit zu Ewigkeit! Amen, Amen* (Ps 41,14)!
Ein Amen in dieser Welt und ein Amen für die Kommende Welt!

Zweifellos stellt dieser im Namen eines unbekannten Gelehrten[181] überlieferte Ausspruch eine erläuternde Ergänzung der sich allein auf die Wirksamkeit des Amen beziehenden Aussprüche [C] und [D] in bShab 119b dar.[182] Die besondere Wirkung und große Bedeutung der Amen-Responsion wird in diesem

---

176 Dies zeigt auch eine Parallele zu dem Spruch Rabbi Ḥaninas in bSan 110b, der dort eindeutig auf jede Art von Amen-Responsion bezogen ist. Vgl. dazu auch die Rashi zugeschriebenen Erläuterungen zu bSan 110b-111a s. v. אל מלך נאמן.

177 Im Unterschied zu anderen Stellen in der rabbinischen Literatur, in denen die doxologische Formel erwähnt wird, wird allerdings in allen bekannten Textzeugen von bShab 119b [A] dem *yehe sheme rabba mevarakh* ein Amen vorangestellt. Zu den textlichen Varianten vgl. Rabbinovicz, *Diqduqe Sopherim*, Bd. 2, 135. Auch die indirekten Textzeugen, wie z. B. Tosafot zu bShab 119b s. v. כל und Zitate dieses Abschnitts in *Seder Rav Amram Gaon*, ed. Goldschmidt 49 (insbesondere das Geniza-Fragment MS Kaufman G3, ebd. [24]) haben das Amen.

178 *Bereshit*, *she'ilta* 1. Zur Textgeschichte der *She'iltot* vgl. oben S. 69 Anm. 257.

179 Zum Verhältnis der *She'iltot* zu den späten redaktionellen Schichten des Bavli vgl. bes. Brody, ספרות, 245ff.; ders., *Geonim*, 212.

180 Da der Text in der maßgeblichen Edition der She'iltot von Mirsky, 19 auf einer eklektischen Auswahl der Textzeugen beruht (vgl. hierzu bereits Wacholder, *Sheeltot*, 259f.), gebe ich den Text nach dem Druck Venedig 1546, Kol. 9 wieder. Vgl. auch die Parallelen in Tan *ṣaw* 7 (192a) und TanB *ṣaw* 9 (9a).

181 Vgl. Hyman, תולדות, Bd. 2, 462. In den Parallelen wird er im Namen eines ebenfalls unbekannten Rabbi Yehuda bar Gedaya überliefert.

182 Es läßt sich nicht mehr klären, ob dieser Spruch ursprünglich auch zu bShab 119b gehörte. Vielleicht ist dieser Satz erst im Rahmen einer redaktionellen Bearbeitung des Bavli weggefallen. Vgl. auch den Fortgang der *sugya* in bShab 119b.

Diktum zusätzlich aus Ps 41,14 abgeleitet. bShab 119b [C-D] kann sich demnach nicht auf die in [A-B] erwähnte doxologische Formel beziehen. Offenbar wurde im Laufe der Fortschreibung bzw. Ergänzung von bShab 119b [A-B] das im Hinblick auf die doxologische Formel Gesagte auf die exzeptionelle Bedeutung des responsorischen Amen übertragen.

Für die Frage nach den mit der doxologischen Formel verbundenen Motiven und Vorstellungen in bShab 119b sind daher zunächst nur die Yehoshua^c ben Lewi und Rabbi Ḥiyya zugeschriebenen Aussprüche [A-B] zu untersuchen. Beide Sätze begründen ihr Verständnis der Bedeutung der doxologischen Formel mit Midrash-Auslegungen von Jdc 5,2.

Der Gehalt des Diktums des Yehoshua^c ben Lewi basiert somit auf einer Interpretation der schwer zu übersetzenden *figura etymologica* פרע פרעות, die (in einem redaktionell hinzugefügten Satz?) sogar ausdrücklich erläutert wird.[183] Da die Wurzel פרע mehrdeutig ist - einerseits kann sie soviel wie »auflösen« bzw. »(zer)reißen« bedeuten, andererseits wird mit ihr das Substantiv פורענות gebildet, womit im rabbinischen Sprachgebrauch »Strafen« und »Vergeltungen« aller Art, übertragen auch die »göttliche Heimsuchung« oder die »Bestrafungen am Ende der Tage« bezeichnet werden können[184] - wird Jdc 5,2 dahingehend interpretiert, daß durch das in diesem Vers erwähnte Gebet (ברכו) das »Zerreißen« (בפרע) von »Strafverfügungen« (פרעות) erfolgen kann. Die Berücksichtigung des zweiten Versteils, der mit ברכו beginnt, ermöglicht dabei eine Übertragung auf die Wirkung der Rezitation der doxologischen Formel: Das göttliche Urteil (גזר דין)[185] kann, so wird hier vorausgesetzt, durch die Rezitation der doxologischen Formel revidiert werden. Dem Gebet selbst wird eine sühnende, »den Urteils(zettel)« gewissermaßen zerreißende Wirkweise zugedacht.

Die Vorstellung, daß durch ein Gebet ein über einen Menschen verhängtes Urteil (גזירה) aufgehoben werden kann, ist dabei wiederum nicht ungewöhnlich. Sie ist bereits in der Hebräischen Bibel und den zwischentestamentlichen und pseudepigraphischen Schriften gut belegt und wurde häufig auch auf andere synagogale Gebete, vor allem auf die *tefilla* und das *shema^c* übertragen.[186] Die sühnende Funktion von Gebeten wird gelegentlich sogar so stark betont, daß ihnen größere Bedeutung beigemessen wird als den sühnenden Opfern im Tempel.[187]

---

183 Zu der diesen Fragesatz einleitenden, typisch amoräischen Wendung מאי טעם, wörtl. »was ist der Grund?«, vgl. Bacher, *Terminologie*, Bd. 2, 70.

184 Vgl. Jastrow, *Dictionary*, 1148 s. v. פּוּרְעָנוּת und Levy, *Wörterbuch*, Bd. 4, 130 s. v. פּוּרְעָנוּת. Zur Etymologie des Wortes vgl. auch Janzen, *Root*, 393-406.

185 Zu dieser Wendung vgl. Levy, *Wörterbuch*, Bd. 1, 320 s. v. גְּזַר. MS München ergänzt hier »Urteil über siebzig Jahre«, was als Hinweis auf die Lebenszeit des Menschen zu verstehen ist; vgl. dazu etwa bShab 89a; QohR 9,14 (25c). Es geht in diesem Satz also um das negative Urteil Gottes über die *gesamte* Lebenszeit eines Menschen. Dieses Urteil kann durch den einzelnen nur zu seinen Lebzeiten revidiert werden. Zu den dahinterstehenden Vorstellungen eines Zusammenhangs von Tat und Sündenerlaß vgl. z. B. bRHSh 16b; bHag 15a; bKet 8b, und s. dazu zusammenfassend auch Urbach, *Sages*, 258ff.

186 Vgl. z. B. bBer 16b; 32a-b; bShab 119b; MTeh 40,2 (Buber 129a); DEZ 9,8 (Sperber 49) u. a. m.

187 Vgl. hierzu das bereits im Zusammenhang mit der Baraita aus bBer 3a Gesagte. S.

Verbleibt aber der dieser Überlieferung zugrundeliegende Vorstellungszusammenhang von Gebet und Sühne völlig innerhalb der traditionellen Vorstellungswelt der Rabbinen, so ist zu fragen, worin die Intention des Diktums in bShab 119b [A] bestand. Der Vergleich mit einem weiteren Rabbi Yeshoshuaᶜ ben Lewi zugeschriebenen Satz, der sich in Midrash *Wayyiqra Rabba*[188] findet, kann auf diese Frage vielleicht eine Antwort geben. Dieser aus einem Werk eigener Prägung stammende Text wirft auf bShab 119b ein interessantes Licht:

WaR 10,5 (Margulies 204)[189]

[A] Rabbi Yehuda Birabbi (bar Ḥiyya) sprach: Die Umkehr (תשובה) vollbringt (*sc.* in bzug auf die Entsühnung) die Hälfte, und das Gebet (תפילה) vollbringt alles. Rabbi Yehoshuaᶜ ben Lewi sprach: Die Umkehr vollbringt alles, und das Gebet vollbringt nur die Hälfte.

[B] Nach Meinung des Rabbi Yehuda Birabbi, der sagte, daß die Umkehr nur die Hälfte vollbringt: Von wem lernt man dies? Von Kain! Denn über ihn wurde ein schweres Urteil (גזירה) verhängt, wie es heißt: *Unstet und flüchtig sollst du sein auf Erden* (Gen 4,12). Als er Umkehr vollzog, da wurde ihm die Hälfte des Urteils erlassen, wie es heißt: *Und Kain ging weg vor dem Angesicht des Herrn und wohnte im Lande Nod* (Gen 4,16). (. . .)[190]

[C] Nach Meinung des Rabbi Yehuda Birabbi, der sagte, daß das Gebet alles vollbringt: Von wem lernt man dies? Von Hiskia! Denn die Königsherrschaft des Hiskia dauerte eigentlich nicht länger als vierzehn Jahre, wie geschrieben steht: *Und es geschah im vierzehnten Jahr des Königs Hiskia* (Jes 36,1). Doch nachdem er gebetet hatte, wurden ihm fünfzehn Jahre hinzugefügt, wie es heißt: *Siehe, ich füge deinem Leben noch fünfzehn Jahre hinzu* (Jes 38,5).

[D] Nach Meinung des Rabbi Yehoshuaᶜ ben Lewi, der sagte, daß die Umkehr alles vollbringt: Von wem lernt man dies? Von den Leuten aus Anatot! *So sprach der Herr zu den Leuten von Anatot* (Jer 11,21): *Die jungen Männer sollen durch das Schwert sterben* (ebd.). Doch als sie Umkehr begangen hatten, durften sie heiraten, (wie es heißt): *Die Leute von Anatot: 128*[191] (Esra 2,23; Neh 7,27). (. . .)

[E] Nach Meinung des Rabbi Yehoshuaᶜ ben Lewi, der sagte, daß das Gebet nur die Hälfte vollbringt: Von wem lernt man dies? Von Aaron! Über den ein Urteil verhängt worden war, wie geschrieben steht: *Und über Aaron wurde der Herr sehr zornig, (so bat ich damals für Mose)* (Dtn 9,20). (. . .) Und als (Mose) gebetet hatte, starben zwei seiner Söhne, zwei blieben jedoch am Leben. (Wie es heißt:) *Nimm Aaron und seine Söhne mit ihm*[192] (Lev 8,2)!

---

außerdem den berühmten, im Namen des Rabbi Eleᶜazar überlieferten Ausspuch in bBer 32a: גדולה תפילה יותר מן הקורבנות (»Gebet [*tefilla*] ist 'größer' als die Opfer«). Zur Veränderung der Gebetstheologie nach der Zerstörung des Tempels vgl. Bokser, *Wall*, 350ff.

188 Zu Herkunft und Datierung dieses in mancher Hinsicht eigenständigen Werkes vgl. Stemberger, *Einleitung*, 287.

189 Vgl. auch das Zitat in Yalq *ṣaw* § 512 (151d); ferner die Parallelen PesR 47 (Friedmann 188b); SEZ 7 (Friedmann 37); etwas anders auch in Tan *bereshit* 25 (10a) und LeqT zu Num 17,13 (Buber 116b). Vgl. noch Ginzberg, *Legends*, Bd. 6, 105.

190 Es folgen hier weitere Dikta, die die voranstehende *derasha* erläutern, für das Verständnis des uns interessierenden Abschnitts aber nicht unbedingt berücksichtigt werden müssen.

191 D. h., sie hatten eine Nachkommenschaft von 128 Männern.

In dieser in vielen Parallelen und Variationen überlieferten *derasha* wird erörtert, ob eher die »Umkehr« (תשובה)[193] oder das »Gebet« (תפילה) die Aufhebung eines Urteils Gottes bewirken kann, wobei hier natürlich weder die doxologische Formel noch das bloße Amen wie in bShab 119b im Blick sind, sondern das Achtzehn-Bitten-Gebet. In dem Rabbi Yehuda Birabbi zugeschriebenen Diktum [D] wird betont, daß der »Umkehr«, der *teshuva*, größere Bedeutung zukommt als dem Gebet. Als Beleg hierfür wird auf die Rettung Hiskias (nach Jes 36,1) verwiesen, während in dem Rabbi Yehoshuaʿ ben Lewi zugeschriebenen Diktum auf das Gebet des Mose für Aaron und seine Söhne (Dtn 9,20) Bezug genommen wird. Da Mose durch sein Gebet nur zwei von Aarons Söhnen zu retten vermochte, ist davon auszugehen, daß das Gebet nur die Hälfte der sühnenden Wirkung erreichen kann [E]. Der Umkehr kommt daher größere Bedeutung zu.

Dieser Abschnitt aus *Wayyiqra Rabba* stellt nun allerdings nicht nur die sühnende Wirkung des Gebetes der sühnenden Wirkung der Umkehr gegenüber. In ihm wird ebenso erörtert, ob dem Gebet nur eine »Teilfunktion« bei der Aufhebung göttlicher Urteilssprüche (גזרות) zukommt.[194] Und diese Sicht steht in deutlichem Gegensatz zu der in dem Diktum des Rabbi Yehoshuaʿ ben Lewi geäußerten Meinung in bShab 119b [A]. Die eigentliche Spitze des in der Gemara überlieferten Ausspruchs scheint demnach nicht nur darin bestanden zu haben, *daß* einem Gebet ein Anteil an der Sühne beigemessen wird, sondern welchem Gebet und wieviel. Erst auf dem Hintergrund der analysierten Stelle aus *Wayyiqra Rabba* wird mithin deutlich, daß die Wirkung der doxologischen Formel (und dem durch sie angedeuteten Gebet) in bShab 119a [A] viel höher bewertet wird als die sühnende Funktion anderer Gebete wie dem Achtzehn-Bitten-Gebet.

Worauf diese »Aufwertung« der doxologischen Formel in dem Diktum aus bShab zurückzuführen ist, läßt sich dem Vergleich dieser beiden mit Rabbi Yehoshuaʿ ben Lewi in Verbindung gebrachten Überlieferungen nicht entnehmen. Denkbar ist, daß hierfür die Exegese von Jdc 5,2 von Bedeutung war. Grundlegend für die Adaption dieses Verses war gewiß das sich in ihm abzeichnende geschichtstheologische (deuteronomistische) Konzept von »Abfall und Umkehr«. So wie Israel, obwohl es abtrünnig (»wild«) geworden war, nach der Umkehr seine Feinde zu schlagen vermochte, so kann auch der einzelne Beter das über ihn aufgrund seiner Sünden verhängte Urteil (גזרות) durch

---

[192] D. h., Aaron wurden zwei Söhne - Nadab und Abihu - genommen, doch zwei Söhne blieben ihm - das Gebet des Mose vermochte genau die Hälfte zu erreichen.

[193] Zum rabbinischen Konzept der »Umkehr«, die sowohl eine Änderung der Gesinnung als auch der Taten miteinschließt, vgl. Schechter, *Aspects*, 313ff.; Urbach, *Sages*, 462ff. (zu dieser Stelle bes. 468f.).

[194] S. zu diesem in der rabbinischen Literatur öfter erörterten Problem Urbach, *Sages*, 467f. Bemerkenswert ist, daß hier Rabbi Yehoshuaʿ ben Lewi sogar die Auffassung zugeschrieben wird, die Umkehr könne die vollständige Befreiung vom Urteilsschluß Gottes bewirken.

sein mit ganzer Kraft (בכל כחו)[195] gesprochenes doxologisches Gebet aufheben.[196] Das Problem der Aufhebung eines über einen Menschen verhängten Urteils wird in dem Ausspruch des Rabbi Yehoshuaᶜ ben Lewi also wie in dem oben zitierten Abschitt aus *Wayyiqra Rabba* durch einen impliziten Hinweis auf die Bedeutung der Umkehr in Israels Geschichte gelöst.[197] Das Diktum hat insofern sogar eine doppelte Pointe: Zum einen wird explizit auf die sühnende Funktion des durch die doxologische Formel angedeuteten Gebetes verwiesen. Zum anderen wird an den Gedanken der sühnenden Wirkung der Umkehr erinnert. Dieser tritt freilich hinter die Vorstellung der sühnenden Funktion der doxologischen Formel zurück.

---

[195] Vgl. zu dieser Wendung besonders den Rashi zugeschriebenen Kommentar s. v. בכל כחו. Demnach sind diese Worte als Hinweis auf die »Gedankenausrichtung« bzw. »Intention« (כוונה) des Beters zu verstehen. Ob dies der ursprünglichen Aussageabsicht des Diktums entspricht, hängt von seiner Gesamtinterpretation ab. Daß die Wendung בכל כחו überhaupt näher erläutert wurde, zeigt, daß es offensichtlich auch andere Interpretationsmöglichkeiten dieser Stelle gab und daß das Wort כח im Kontext gebetstheologischer Vorstellungen als problematisch empfunden werden konnte.

[196] Vgl. auch die (vermutlich erst nach dem Bavli entstandene?) Auslegung in SER 11 (Friedmann 52), wo Jdc 5,2, insbesondere die schwierige *figura etymologica*, ebenfalls als Hinweis auf die Israel zugute kommenden Gebete in der Synagoge und im *bet midrash* interpretiert wird. Vgl. Braude / Kapstein, *Tanna dĕbe Eliyyahu*, 160.

[197] Zu berücksichtigen ist ferner eine anonyme Überlieferung in yPes 10,7 - 37d,46-48 (Parallele in ySot 5,6 - 20c,30-31; vgl. auch SER 11 [Friedmann 52]), in der Jdc 5,2 in etwas anderer Weise als Hinweis auf die Heilstaten Gottes in der Geschichte verstanden wird. Zu beachten ist schließlich noch die Übersetzung des Verses im (späteren) Targum Jdc 5,2 (vgl. dazu Frankel, *Targum*, 42; Churgin, *Targum*, 354f.), in dem das schwierige Wort פרע im Sinne seiner Grundbedeutung »auflösen«, anscheinend also anders als in dem Diktum des Rabbi Yehoshuaᶜ ben Lewi übersetzt wird. Ausgehend von diesem Hinweis auf den Ungehorsam des Volkes wird der masoretische Text stark »erweitert«. Dort heißt es: »Als das Haus Israel gegen die Tora rebellierte, da kamen über sie die Völker und vertrieben sie aus ihren Städten. Doch sobald sie umkehrten und die Tora befolgten, besiegten sie ihre Feinde (und) vertrieben sie aus dem Gebiet des Landes Israel. Und als Vergeltung für die Vernichtung Siseras und seines Heeres und als Zeichen und als Erlösung, die an Israel vollbracht wurde - als die Weisen sich öffentlich in den Synagogen hinsetzten und dem Volk die Worte der Tora lehrten - daher: Preiset und danket vor dem Herrn!« - Deutlich wird hier auf das in der Vorlage nicht erkennbare Motiv von Israels Abfall von Gott, respektive von der Tora, und seiner darauf folgenden Umkehr rekurriert. Und in einer Auslegung des zweiten Teiles des Verses wird diese Geschichtsbetrachtung sogar noch weiter ausgeführt: Denn immer, nachdem das Volk von der Tora abgefallen war - dies wird offenbar der *figura etymologica* פרוע פרעות entnommen -, kam es zu Verfolgungen durch die Völker. Und erst die Umkehr - dies wird aus dem Wort התנדב entnommen - brachte, wie bei Sisera (Jdc 4), erneut Sieg und Rettung. Dieses Schema wird zusätzlich, in einem wohl erst nachträglich in das Targum inkorporierten Satz erläutert. Nur die Umkehr zur Tora schuf demnach die Voraussetzungen für die Rückkehr der Rabbinen (nach einer hier nicht näher bezeichneten Verfolgung?) in ihre Synagogen. Vgl. hierzu den ausführlichen Kommentar von Smelik, *Targum*, 394ff., der diesen Hinweis auf »die Rückkehr der Rabbinen in ihre Synagogen« allerdings als eine Reminiszenz an die Zeit nach dem Bar Kokhba-Krieg deutet und an ein angebliches Verbot Hadrians, sich mit der Tora zu beschäftigen, erinnert. Vgl. hierzu jedoch bereits Schäfer, *Bar Kokhba*, 205.

Wie nun noch an einigen Midrashim zu untersuchen sein wird, steht das in bShab 119a Rabbi Yehoshuaᶜ ben Lewi zugeschriebene Diktum am Anfang einer Reihe von ähnlichen Deutungen der Formel. Die exegetische Begründung ihrer Wirkung und der sie implizierende Hinweis auf die Umkehr geriet dabei zwar immer mehr in den Hintergrund. Vermutlich hat aber der exegetische Bezug für die Ausgestaltungen der mit der Rezitation der Formel verbundenen Vorstellungen im Verlauf der Rezeptionsgeschichte dieser Stelle stets eine Rolle gespielt.

2.4 Zusammenfassung

Alle drei untersuchten Stellen aus dem Bavli, in denen auf die Deutung und Wirksamkeit der doxologischen Formel eingegangen wird, finden sich in sehr unterschiedlichen Kontexten und Vorstellungszusammenhängen. Keinem der Texte läßt sich unmittelbar entnehmen, warum ausgerechnet der Formel *yehe sheme rabba mevarakh* eine so besondere Beachtung geschenkt wurde und warum mit ihrem bereits als selbstverständlich betrachteten Gebrauch so ungewöhnliche Vorstellungen verbunden wurden. Von größerer Bedeutung als der Inhalt der Formel scheint das schlichte »Daß« der Verwendung des durch die doxologische Formel angedeuteten Gebetes gewesen zu sein.

Sämtliche Texte weisen dabei auf unterschiedliche Aspekte der Wirksamkeit des durch die Formel angedeuteten Gebetes hin. In bBer 3a wird auf die Unmittelbarkeit der Wirkung des Gebetes und die durch seine Rezitation auf der Erde ausgelöste Trauer Gottes über sein Volk im Himmel hingewiesen. Die Formel wird dabei geradezu als Garant für die Anwesenheit Gottes nach der Tempelzerstörung dargestellt. Sie gilt als eine der »Säulen« der Liturgie.

Im Unterschied dazu wird in bBer 57a und bShab 119b die futurisch-eschatologische Wirkung und die sühnende Funktion der Rezitation der Formel betont. Die Bedeutung der Verwendung dieses Gebetes besteht diesen Stellen zufolge nicht in der Konstituierung des *aktuellen* Verhältnisses zwischen dem einzelnen Beter bzw. Israel und Gott, sondern in der »sündenauflösenen« Kraft im endzeitlichen Gericht. Wie im folgenden an einigen späten Midrashim zu beobachten sein wird, trat dieser futurisch-eschatologische Gesichtspunkt stärker in den Vordergrund.

3. Die Deutung der doxologischen Formel im Midrash

In den bislang untersuchten Texten wurde die liturgische Verwendung der doxologischen Formel nur angedeutet, ohne dabei - bSot 49a einmal ausgenommen - auf einen genauen Ort ihrer Verwendung einzugehen. Eindeutige Hinweise auf den Ort ihrer Applikation finden sich erst in einigen thematisch eng miteinander verwandten Midrashim, die zum Teil erst in nach-talmudischer Zeit redigiert wurden.

Ziel des folgenden Abschnitts der Arbeit ist es, die in diesen Midrashim enthaltenen Hinweise zum Gebrauch der doxologischen Formel und ihre Deutungen auf ihre Abhängigkeit von jenen Stellen aus dem Bavli hin zu untersuchen und zu klären, wie die vermutlich älteren Motive und Vorstellungen in ihnen adaptiert und bearbeitet wurden. Läßt der Vergleich der die doxologische Formel erwähnenden Midrashim Veränderungen der Deutung des durch sie angedeuteten Gebetes erkennen? Oder wurden mit der Formel stets die gleichen Motive und Vorstellungen in Verbindung gebracht?

Der erste hier zu untersuchende Text stammt aus dem exegetischen Midrash-Werk *Qohelet Rabba* - ein zwischen dem 6.-8. Jh. entstandener Midrash, in dem viel älteres Material verarbeitet worden ist.[198] Wie in Shab 119b wird in diesem Midrash der Rezitation der doxologischen Formel sühnende Funktion zugedacht, nun jedoch im Hinblick auf die Verwendung nach der Schriftauslegung.

3.1 QohR 9,14 (25c)[199]

ד"א עיר קטנה זה בית הכנסת
ואנשים בה מעט זה ציבור
ובא אליה מלך גדול זה ממ"ה הקדוש ב"ה
וסבב אותה ובנה עליה מצודים גדולים זה כמנון ועקמון
ומצא בה איש מסכן וחכם זה הזקן החכם או החזן.
שבשעה שהזקן יושב ודורש ועונין אחריו אמן יהי שמו הגדול מבורך

---

[198] Zu den bislang diskutierten Datierungsvorschlägen vgl. Wachten, *Midrasch-Analyse*, 8f.; Stemberger, *Einleitung*, 311f. Hirshman, *Midrash Qohelet Rabba*, 58ff. kommt aufgrund einer erneuten Untersuchung zu dem Ergebnis, daß QohR in das 6./7. datiert werden muß. Da in den ersten Kapiteln dieses Werkes viele griechische Lehnwörter verwendet werden, sei eine Herkunft aus Palästina wahrscheinlich; vgl. hierzu auch Lieberman, **הערה**, 68f. Schon Zunz, *Vorträge*, 277 mit Anm. d macht allerdings darauf aufmerksam, daß in QohR, insbesondere in den abschließenden Kapiteln, auch Material aus dem Bavli aufgenommen ist (vgl. hierzu auch Albeck in: Zunz, **הדרשות**, 403 Anm. 20). Zum Problem der Verarbeitung älteren, palästinischen Materials in QohR vgl. auch Hirshman, **לדרך**, 179-190.

[199] Da zu diesem Abschnitt von QohR keine auf Handschriften basierende Edition vorliegt, stütze ich meine Untersuchung auf den Druck Wilna 1887. Der Druck Venedig 1545 (fol. 96c) und die älteste, vollständige Handschrift von QohR, MS Vatikan, Ebr. 291,11 (vgl. dazu Wachten, *Midrasch-Analyse*, 11ff.), haben den gleichen Worlaut. In Yalq Qoh 9,14 § 109 (546b) ist der Abschnitt nicht belegt.

אפי' יש לו שטר גזירות של מאה שנה הקב"ה מוחל על כל עונותיו.

[A] Eine andere Auslegung: *Eine kleine Stadt* (Koh 9,14) - das ist die Synagoge;
[B] *und wenig Menschen darin* (ebd.) - das ist (die) Gemeinde;
[C] *und es kam ein großer König* (ebd.) - das ist der König der Könige unter den Königen, der Heilige, gepriesen sei er;
[D] *und er belagerte sie und errichtete große Befestigungen um sie* (ebd.) - das sind *Kimanon* und *Aqmon*[200];
[E] *und er fand darin einen armen und weisen Mann* (ebd.) - dies ist der Alte, der Weise oder der *ḥazzan*. Denn in der Stunde, da der Alte sitzt und auslegt und sie nach ihm respondieren: *Amen yehi shemo ha-gadol mevorakh*[201] - sogar wenn jemand einen Schuldschein über hundert Jahre hat, erläßt ihm der Heilige, gepriesen sei er, all seine Sündenschulden.

Dieser anonym überlieferte, schwer zu datierende Abschnitt findet sich in einer für QohR typischen »Gruppenauslegung«[202], in der Koh 9,14 im Hinblick auf ein Rettung bringendes Ereignis stark allegorisierend ausgelegt wird. Der zugrundeliegende Vers wird dabei in seine Satzteile zerlegt und jeder Teil einzeln ausgelegt.[203] Im abschließenden Abschnitt wird dann eine Szene beschrieben, in der ein Alter oder Weiser bzw. ein *ḥazzan*[204] die Tora auslegt und eine Gemeinde auf seinen Lehrvortrag oder seine *derasha*[205] mit der doxologischen Formel antwortet.

---

200 Zu diesen beiden Namen vgl. *Aruch*, Bd. 4, ed. Kohut, 248 s. v. כְּמַן; ferner Jastrow, *Dictionary*, 647 s. v. כְּמָנוֹן und Sokoloff, *Dictionary*, 262 s. v. כְּמָנָה: Demnach sind hier entweder allegorische Namen für Befestigungs- oder Belagerungsanlagen (»Türme«) gemeint wie in BerR 33,8 (Theodor/Albeck 303 mit Kommentar z. St.) oder Synonyme für »List« und »Hinterhalt« (vgl. hierzu auch CN Gen 49,17M; Num 14,44; Dtn 19,11; TFragV Ex 21,14). Vgl. auch den traditionellen Kommentar von Avraham Abele, *zayit raʿanan*, der dem Druck Warschau 1876 des *Midrash Rabba* beigegeben ist.

201 Die Formel mit vorgestelltem Amen ist wie in einigen Textzeugen des Bavli und in Hebräisch wie in SifDev 306 gehalten. Dies zeigt nochmals, daß die Formel sowohl in Hebräisch als auch in Aramäisch verwendet wurde, ohne daß im Zusammenhang mit ihrer Verwendung nach dem Studium dem Aramäischen (»der Sprache des Lehrhauses«) besonderer Vorzug gegeben worden sein muß.

202 Zum Aufbau dieses Abschnittes vgl. Wachten, *Midrasch-Analyse*, 74f.

203 Vgl. zu dieser Auslegungsmethode Heineman, דרכי האגדה, 151.

204 Die Bezeichnungen »Weiser« (חכם) und »Alter« (זקן) werden hier wohl synonym gebraucht worden sein. Mit beiden Worten konnten rabbinische Gelehrte bezeichnet werden; vgl. Levy, *Wörterbuch*, Bd. 1, 548 s. v. זָקֵן und Bd. 2, 48 s. v. חָכָם. Die Erwähnung des Titels *ḥazzan* an dieser Stelle ist vielleicht als eine Erläuterung der Auslegung aufzufassen, denn als *ḥazzan* wurden zunächst nur solche Funktionäre einer Gemeinde bezeichnet, denen keine genau vorgegebenen liturgischen Aufgaben zukamen. Vgl. etwa die inschriftlich belegten Hinweise auf die Funktion eines *ḥazzan* aus Ḥirbet ʿAmudim und Afeq bei Naveh, פסיפס, 41; 51; Hüttenmeister, *Synagogen*, 3; 14. Demnach konnte ein *ḥazzan* zwar auch als *baʿal ha-qore* oder *meturgeman* fungieren (vgl. schon tMeg 3,20 [Lieberman 359] und Lieberman, *Tosefta ki-fshutah*, Bd. 5, 1197), doch erst in Quellen aus gaonäischer Zeit ist belegt, daß einem *ḥazzan* auch - wie heute allgemein üblich - Aufgaben eines *sheliaḥ ṣibbur* übertragen wurden, wie es in QohR im Blick gewesen zu sein scheint. In talmudischer Zeit war der *ḥazzan* daher wohl eher ein Aufseher über die öffentliche Tora-Lesung. Zu seinen sich wandelnden Funktionen

Wie in dem oben zitierten Diktum des Yehoshua^{c} ben Lewi in bShab 119b [A], so wird also auch in diesem Midrash aus QohR der Rezitation der Formel eine das über den Menschen verhängte, göttliche Urteil aufhebende, hier durch das Bild des Zerreißens eines Schuldscheins angedeutete, sühnende Wirkung zugedacht.[206] Darüber hinaus wird mit dem durch die Formel angedeuteten Gebet allerdings auch ein bestimmter Ort innerhalb des liturgischen Geschehens in der Synagoge in Verbindung gebracht, und zwar der Abschluß des Lehrvortrags. Dieses Detail erinnert an die scheinbar in bSot 49a [C] angedeutete Funktion der als *yehe sheme rabba de-aggadata* bezeichneten Formel.[207] Doch in QohR wird die Formel eindeutiger mit dem Abschluß des Studiums in Verbindung gebracht.

Daß die Motivzusammenhänge, die die Formel mit dem Studium in Verbindung bringen, in nach-talmudischer Zeit verbreiteter gewesen sind, zeigt sich dann auch an zwei Stellen aus dem späten *Midrash Mishle*, auf deren auffällige Nähe zu QohR 9,14 bereits Rabbi David Luria (gest. 1855) in seinem traditionell ausgerichteten Kommentar hingewiesen hat.[208] Betrachtet man diese Parallelen genauer, lassen sich allerdings auch Motive ausmachen, die bislang weder in QohR noch im Bavli begegnet sind.

3.2 MMish 10 (Visotzky 83f.)

Midrash Mishle stellt im Hinblick sowohl auf seinen Aufbau als auch auf die in ihm verarbeiteten aggadischen Überlieferungen ein Werk *sui generis* dar.[209] Seine Redaktion wird meist in die nach-talmudische Zeit (vor dem 11. Jh.?) datiert; als Herkunftsort werden neben Babylonien[210] vor allem Palästina, aber auch Süditalien in Betracht gezogen.[211] Nach einem aus dem 14. Jh. stammen-

---

vgl. noch Lieberman, חזנות, 123-152; Sky, *Redevelopment*; Blank, *Soferim*, 352-357.

205 Zu der hier verwendeten Phrase יושב ודורש, mit der üblicherweise der Vortrag der Predigt beschrieben wird, vgl. Bacher, *Terminologie*, Bd. 1, 28; Bd. 2, 42ff.; s. ferner Heinemann, דרשות, 7ff.

206 Im Vergleich mit bShab 119b fällt auf, daß die Wirkung der dem Lehrvortrag folgenden doxologischen Responsion der Gemeinde (עונין) in QohR fast mit den gleichen Worten beschrieben wird. Während dort allerdings von einem »Zerreißen« der Sünden die Rede ist, werden hier das aus der Opferterminologie bekannte מחל, »erlassen«, und das Wort »Sündenschulden« (עונותיו) verwendet.

207 Vgl. oben Kap. II.1.3.1.

208 Druck Wilna 1887, 25c.

209 Zu dieser Charakterisierung vgl. bereits Winter / Wünsche, *Geschichte*, 592f.

210 Zumal dem Verfasser dieses Midrash bereits der bzw. eine Fassung des babylonischen Talmud bekannt gewesen sein dürfte; vgl. auch Abschnitt [D] in MMish 10.

211 Vgl. Zunz, *Vorträge*, 268. Visotzky, *Midrash*, 9ff. datiert die Redaktion »somewhere in the later part of the ninth century«; er verweist hierfür auf die angeblich anti-karäischen Tendenzen. Vorsichtiger beurteilt den Befund Stemberger, *Einleitung*, 317.

den Manuskript und einem Geniza-Fragment lautet der uns interessierende Abschnitt[212]:

MMish 10 (Visotzky 83f.)

(. . .) בא מי שבידו ספר תורת כהנים.
אמ׳ לו הב״ה, בני חומשים למה לא שנית
שיש בהן קרית שמע ותפלין ותכלת ומזוזה.
בא מי שבידו חומשים.
הב״ה אומ׳ לו, בני הגדה למה לא שנית שבשעה
שחכם יושב ודורש אני מוחל ומכפר עונותיהם של
ישראל. ולא עוד אלא בשעה שהן עונין יהי שמו
הגדול מברך, אפילו נגזר דינו שלכמה שנים אני
מוחל ומכפר. בא מי שבידו הגדה. הב״ה אומ׳ לו,
בני תלמוד למה לא שנית, שכל הנחלים הולכים
אל הים והים איננו מלא, ובה תלמוד. בא מי שבידו
תלמוד.
הב״ה אומ׳ לו. בני הואיל ונתעסקת בתלמוד אמר
לו צפיות מרכבה צפיתה גאותו, שאין לו הנאה
בעולמו שבראתי אלא בשעה שתלמידי חכמים
יושבין ומציצין ומביטין ורואין והוגין כל התלמוד
הגדול הזה. (. . .)

[A] (. . .) Kommt jemand (vor Gott), der (sich) mit dem Buch *Torat Kohanim* beschäftigt hat.
Spricht zu ihm der Gepriesene: Mein Sohn, die fünf Bücher (Mose), warum hast du sie nicht gelernt? In ihnen finden sich (die Anordnungen betreffs des) *shema*ᶜ und der *tefillin* und des *tekhelet* und der *mezuza*.
[B] Kommt jemand, der sich mit den fünf Büchern (Mose) beschäftigt hat. Spricht zu ihm der Gepriesene: Mein Sohn, Haggada, warum hast du sie nicht studiert? Denn in dem Moment, da ein Weiser sitzt und auslegt, vergebe und sühne ich alle Sünden Israels. Und nicht nur das, sondern in dem Moment, in dem sie respondieren: *Yehi shemo ha-gadol mevorakh*, vergebe und sühne ich sogar seinen (schlechten) Urteilsentscheid vieler Jahre.
[C] Kommt jemand, der sich mit Haggada beschäftigt hat. Spricht der Gepriesene zu ihm: Mein Sohn, Talmud, warum hast du ihn nicht gelernt? Denn *alle Flüsse gehen zum Meer, doch das Meer wird nicht voll* (Koh 1,7) - und das ist der Talmud.

T.-S. AS 74.2 (Visotzky 201)

(. . .) בא לפניו מי שיש בידו תורת כהנים
אמ׳ לו סיפרא וספרי למה לא שנית
שיש בה קרית שמע ומזוזה ותפלין.
בא מי שיש בידו ספרא וספרי
אמ׳ לו בני למה לא שנית שבשעה שחכם יושב
ודורש אני מוחל ומכפר עונותיהן שלישראל
ולא עוד אלא שבשעה ששנין אמן יהי שמיה רבא
מברך, אפי׳ נחתם דינם מיד נקרע ואני מוחל להם
ממבכליהם (?) בא מי ש/ /בידו הגדה ואין בידו
תלמוד א׳ ל/ / נית
בתלמוד שכל הנחלים הולכ/ /מלא ואיזה / /תלמוד
בא מי שיש/ /בני הואיל עסקת בתלמוד צפית
גאותי צפית במרכבי שאין ל/ בתלמוד (?) / /
ציצין ומביטין ורואין והוגין את התלמוד

[A] (. . .) Kommt jemand vor ihn, der (sich) mit dem Buch *Torat Kohanim* beschäftigt hat.

Spricht er zu ihm: *Sifra* und *Sifre*, warum hast du sie nicht gelernt? In ihnen finden sich (die Anordnungen betreffs des) *shema*ᶜ und der *mezuza* und der *tefillin*.

[B] Kommt jemand, der sich mit *Sifra* und *Sifre* beschäftigt hat. Spricht er zu ihm: Mein Sohn, warum hast du (sie) nicht studiert? Denn in dem Moment, da ein Weiser sitzt und auslegt, vergebe und sühne ich alle Sünden Israels. Und nicht nur das, sondern in dem Moment, in dem sie wiederholen: *Amen! Yehe sheme rabba mevarakh*, wird sogar ihr Urteil (zum Guten) besiegelt und sofort zerrissen, und ich sühne alle ihre (Sünden?)

[C] Kommt jemand, der sich mit Haggada beschäftigt hat und nicht mit Talmud, spricht er zu ihm: / / Talmud (wieder)holt, denn *alle Flüsse gehen zum Meer, doch das Meer wird nicht / / voll* (Koh 1,7), und welches: / / Talmud.

---

212 Der Text der Edition Visotzkys basiert auf MS Vatikan, Ebr. 44,11. Zum Text des Geniza-Fragments vgl. *Midrash Mishle*, ed. Visotzky, ח–ט und 198.

[D] Kommt jemand, der sich mit Talmud beschäftigt hat. Spricht der Gepriesene zu ihm: Mein Sohn, weil du dich mit dem Talmud beschäftigt hast; sprach er zu ihm[213]: Hast du dich auch mit der Schau der *merkava*, der Schau der Hoheit beschäftigt? Denn kein Genuß, der ihm in seiner Welt, die er geschaffen hat, zuteil wird, gleicht der Stunde, in der die Schüler der *ḥakhamim* (zusammen)sitzen und schauen und gucken und sehen, und über diese groß(artige) Lehre meditieren. (. . .)

[D] Kommt jemand, der sich (mit Talmud beschäftigt hat) / /. (Spricht er), mein Sohn, weil du dich mit dem Talmud beschäftigt hast, hast du meine Hoheit geschaut, hast du meine *merkava* geschaut? Denn kein Genuß / / im Talmud (?) / / schauen und gucken und sehen, und über diese Lehre meditieren. (. . .)

Dieser unvermittelt einsetzende Abschnitt schildert, wie ein berühmter Tannait, Rabbi Yishmaᶜel, die Fragen aufzählt, die Gott am Tag des endzeitlichen Gerichtes (יום הדין)[214] all jenen, die vor ihm erscheinen, stellen wird. Im Unterschied zu dem oben untersuchten Abschnitt aus QohR (vgl. bes. [B]) handelt es sich in MMish 10 also um einen Visionsbericht und nicht um eine *derasha*. Formal kann man den Text als »Midrash-Apokalypse« bezeichnen.[215]

Die Schilderung der himmlischen Szene setzt mit einer Frage nach der Beschäftigung mit dem Buch Levitikus bzw. dem dazugehörigen halakhischen Midrash *Sifra* und mit einer Frage nach der Beschäftigung mit dem Pentateuch, insbesondere den im *shemaᶜ* erwähnten Geboten über *tefillin*, *tekhelet* und *mezuza*[216] ein. An diesen ersten Abschnitt schließt sich eine weitere Frage an; und diesmal wird an die Beschäftigung mit »Aggada« bzw. mit der Auslegung der Bücher Levitikus, Numeri und Deuteronomium erinnert[217], wobei bereits dieser Beschäftigung sühnende Wirkung zugedacht wird. Erst daraufhin wird wie in QohR auch auf die im Anschluß an den Vortrag gemeinschaftlich gesprochene Rezitation der doxologischen Formel, *yehe sheme rabba mevarakh*[218], hingewiesen. Erneut wird dabei an die Vorstellung ihrer sühnenden

---

213 Vermutlich liegt hier ein Kopistenfehler vor; vgl. das Geniza-Fragment.

214 Vgl. MMish 10 (Visotzky 81, Z. 41).

215 S. zu dieser Gattungsbezeichnung Goldberg, *Erlösung*, 13f.

216 Vgl. Dtn 6,8-10; Num 15,38.

217 Da sich der Text in dem Geniza-Fragment wiederholt, ist die Lesart in MS Vatikan, Ebr. 44,11 zu bevorzugen.

218 Wenn die doxologische Formel in MS Vatikan, Ebr. 44 in Hebräisch und ohne Amen eingeleitet wird, in dem Geniza-Fragment dagegen in Aramäisch und mit Amen, so stimmt dies damit überein, daß die älteren Textzeugen eine hebräische Fassung der Formel haben, während alle jüngeren von Visotzky berücksichtigten Handschriften und der Druck die aramäische Formel haben. Welche Lesart die ursprünglichere ist, läßt sich trotz dieses Befundes wiederum nicht zweifelsfrei entscheiden. Da sich selbst in den »guten« Handschriften dieses relativ spät redigierten Midrash-Werkes auch hebräische Fassungen der Formel finden, ist zu vermuten, daß diese lange Zeit neben aramäischen in Gebrauch blieben oder daß zwischen Hebräisch und Aramäisch nicht unterschieden wurde. Möglicherweise wurde in den späten Handschriften der aramäische Wortlaut der Formel auch wieder zurück ins Hebräische übertragen, um sie somit an die Sprache des Kontextes anzugleichen.

Wirkung erinnert und ihre alle anderen Beschäftigungen übersteigende Bedeutung hervorgehoben. Allein die Rezitation der Formel nach der Auslegung der Tora kann bewirken, was früher den Opfern vorbehalten war und sonst nur noch am Yom Kippur erlangt werden kann.[219]

Doch die Schilderung der Vision ist mit dieser Frage noch nicht abgeschlossen. Über das bereits Bekannte hinaus wird nun noch gefragt, ob sich die Person, die vor Gott erscheint, auch mit dem Talmud [C] und der »Schau der *merkava*« bzw. mit der »Schau der Hoheit« (גאוה) Gottes [D], also mit mystischen Spekulationen[220] beschäftigt hat. Diese Fragen beziehen sich offensichtlich auf das traditionell hochgeschätzte Studium des (babylonischen) Talmuds, deuten aber auch an, daß die Beschäftigung mit den an anderer Stelle in MMish explizit als *shiʿur qoma*[221] bezeichneten Traditionen noch wichtiger ist.

Die Intention dieses apokalyptischen Abschnitts besteht demnach zunächst in einer Ermahnung, sich mit dem Studium der Tora und den Werken seiner Exegese zu beschäftigen. Darüber hinaus wird jedoch die Beschäftigung mit den (aus dem Studium des Talmud abzuleitenden[222]) Kenntnissen über die »Lehre vom Thronwagen« bzw. der *shiʿur qoma* als noch bedeutender erachtet. Diese Beschäftigung stellt den höchsten erreichbaren »Abschluß« des Studiums dar.[223]

In bezug auf die Frage nach der Rezeption der doxologischen Formel ist an dieser Midrash-Apokalypse dabei zunächst von Interesse, daß in ihr die aus bShab 119b und QohR 9,14 bekannte Vorstellung durch den Hinweis auf die noch größere Bedeutung des Studiums der »Lehre vom Thronwagen« relativiert wird. Der Beschäftigung mit mystischen Lehren selbst wird zwar keine sühnende Wirkung zugedacht; doch an der Reihenfolge der erwähnten Schriften, mit denen man sich beschäftigt haben sollte, wird deutlich, daß der Kenntnis der »Hoheit Gottes« viel größere Bedeutung beizumessen ist.

Wie ist dieser erstaunliche Wandel der traditionellen Sicht der Bedeutung des Studiums und ihres Abschlusses mit der doxologischen Formel zu erklären? Zunächst sei daran erinnert, daß bereits G. Scholem im Hinblick auf

---

219 Vgl. auch den Kontext in MMish 10 (Visotzky 79), eine Parallele zu tYom 4,5(8) (Lieberman 252), wo ausdrücklich auf die sühnende Funktion des Yom Kippur hingewiesen wird. S. dazu auch Lieberman, *Tosefta ki-Fshuṭah*, Bd. 4, 825.

220 In dem unmittelbar auf diese Stelle folgenden Abschnitt wird noch weiter präzisiert, welche Lehren unter der »Schau der Hoheit« zu verstehen sind, und zwar die Schau des Thrones der Herrlichkeit, die Lehre, »wozu der erste Fuß an diesem Thron dient« und wie der von Ezechiel (Ez 1) geschaute *ḥashmal*-Engel steht u. a. m.

221 Zum Terminus *shiʿur qoma*, einer Umschreibung für die (Lehre von den) Maße(n) Gottes, vgl. Scholem, *Gestalt*, 13; Cohen, *Shi'ur Qomah*.

222 So vielleicht aufgrund des Geniza-Fragments, dessen Text an dieser Stelle allerdings nur unsicher rekonstruiert werden kann.

223 Vgl. hierzu auch die Fassung dieses Abschnitts in dem Talmud-Kommentar des Rabbi Azriel von Gerona (13. Jh.), *Commentary on Talmudic Aggadoth*, ed. Tishby, 124. S. dazu auch Scholem, *Mystik*, 77.

MMish 10 vermutet[224], der gesamte Passus sei »aus einer Hekhalot-Schrift übernommen«. B. L. Visotzky erwägt sogar, der Autor von MMish habe Schriften der Hekhalot-Literatur gekannt und in seinem Werk verarbeitet.[225]

Geht dieses Stück also auf die *yorede merkava* zurück? Das Verhältnis der in MMish verarbeiteten Hekhalot-Traditionen ist bislang nicht umfassend untersucht worden. Zwar stößt man in MMish oft auf Überlieferungen, die an Abschnitte aus der Hekhalot-Literatur erinnern. Unmittelbare literarische Beziehungen zu Hekhalot-Texten lassen sich jedoch nicht nachweisen.[226]

Der Verfasser dieses Midrash dürfte insofern sehr viel eigenständiger gearbeitet haben als dies auf den ersten Blick erscheint.[227] Motive und Gedanken, wie die traditionell geprägte Vorstellung der sühnenden Wirkung der Rezitation der Formel nach dem Studium, sind von ihm zwar übernommen und geschickt in seine Visionsschilderung eingearbeitet worden. Wie an MMish 10 läßt sich jedoch auch an zweiten Überlieferungseinheit in MMish, in der die doxologische Formel erwähnt wird, seine eigentümliche Sicht des traditionellen Vorstellungszusammenhanges beobachten.

3.3 MMish 14 (Visotzky 112)

Auch für die Interpretation dieses Abschnitts sind unterschiedliche Textfassungen zu berücksichtigen. Sie finden sich wiederum in MS Vatikan, Ebr. 44,11, und einem nur lückenhaft erhaltenen Geniza-Fragment[228]:

---

224 Scholem, *Mystik*, 76, und s. auch Mussajof, *Sefer Merkava Shelema*, א–ב (Vorwort) sowie Albecks Anm. in Zunz, הדרשות, 133. Anders interpretiert diesen Abschnitt Urbach, מסורות, 510f., der aufgrund dieser Stelle auf die Differenz hinweist, daß Tora und Talmud Voraussetzungen des Studiums der *maʿase merkava* sind und daß demgegenüber in der Hekhalot-Literatur Tora und Talmud selbst bereits *maʿase merkava* darstellen. Ähnlich auch Cohen, *Shiʿur Qomah*, 57. Zur Bedeutung des Tora-Studiums und zum sich in der Hekhalot-Literatur abzeichnenden Wandel der traditionellen Sicht vgl. auch Schäfer, *Mystik*, 159f.

225 Vgl. Visotzky, *Midrash*, 3 und 10.

226 So ist im Hinblick auf MMish 10 zu berücksichtigen, daß die im unmittelbaren Kontext erwähnten Traditionen von den »Maßen Gottes« (*shiʿur qoma*) gemäß der relativen Chronologie der Hekhalot-Schriften, wie sie von P. Schäfer vorgeschlagen und begründet worden ist (vgl. *Mystik*, 94; 145f.), erst in den relativ spät entstandenen Makroformen der Hekhalot-Literatur belegt sind. Sollten in MMish tatsächlich *shiʿur qoma*-Traditionen verarbeitet worden sein, so ist dies also nicht unbedingt als Indiz dafür zu bewerten, daß sich beide Schriften demselben Autorenkreis verdanken. In beiden literarischen Korpora könnten diese Vorstellungen aus gemeinsamen, nicht-literarischen Quellen übernommen worden sein.

227 Vgl. dazu auch Urbach, מסורות, 511.

228 Zur Beschreibung und zum vermutlichen Alter des Geniza-Fragments vgl. Rabinovitz (ed.), *Ginzé Midrash*, 218f.

MMish 14 (Visotzky 112)

א"ר סימון אימתי הב"ה מתעלה בעולמו בשעה
שישראל נאספין לבתי כנסיות ולבתי מדרשות
ונותנין שבח וקילוס לפני בוראן.
ר' ישמעאל אומ', בשעה שהן נאספין לבית המדרש
ושומעין דבר הגדה מפי החכם, ואחר כך עונים,
יהי שמו הגדול מברך. באותה שעה הב"ה שמח
ומתעלה בעולמו, ואומ' למאלכי השרת בואו וראו
עם שיצרתי לי
כמה הם משבחים אותי. באותה שעה הם מלבישים
אותו הוד והדר. לכך נאמר, ברב עם הדרת מלך
ובאפס לאום מחתת רזון. אם הפסיקו עצמן מדברי
תורתי אף אני אפסוק מהן ראזי תורה.

[A] Sprach Rabbi Simon: Wann wird der Gepriesene in seiner Welt erhöht? Zur Stunde, da Israel sich in seinen Synagogen und *bate midrashot* versammelt und zum Lobpreis und Ruhm ihres Schöpfers anhebt.
[B] Rabbi Yishmaᶜel sprach: Zur Stunde, da sie (*sc.* die Kinder Israels) sich im *bet ha-midrash* versammeln und (ein) Wort Haggada aus dem Mund eines *ḥakham* hören und nachher respondieren: *Yehi shemo ha-gadol mevorakh*[229]; zu jener Stunde freut sich der Gepriesene und wird in seiner Welt erhöht.
[C] Und er spricht zu den Dienstengeln: Kommt und seht das Volk, welches ich mir erschaffen habe[230], wie sehr sie mich lobpreisen. Zu jener Stunde kleiden sie ihn mit Majestät und Zier.
[D] Daher heißt es: *Viel Volk ist des Königs Majestät und wenig Volk des Fürsten Verderben* (Prov 14,28). Wenn sie sich von den Worten der Tora abwenden, dann werde auch ich aufhören, ihnen die Geheimnisse (*raze*[231]) der Tora mitzuteilen.

T.-S. 12.743 (Rabbinovitz 220)

[י]הי
שמו הגדול מבורך [באות]ה ה[שעה ש]מיח
ומתעלה בעולמו ואומר למלאכי שרת בואו ור[או]
עם שיצרתי לי
כמה הן משבחין אותי באותה הש' הן מלבישין
[י]דו הוד והדר לכך נא' ברוב עם ה' מ' ובאפס
לאום מ' ר' בשעה שהן מאפיסין מדברי תורה
ד'א' באפס לא' מ' ר' אם הפסו עצמן מדברי תורה
אף אני אפסוק מהם ראוי תורה.

[*Ye*]*hi shemo ha-gadol mevorakh*, zu jener Stunde freut er sich und wird in seiner Welt erhöht.
[C] Und er spricht zu den Dienstengeln: Kommt und seht das Volk, welches ich mir erschaffen habe, wie sehr sie mich lobpreisen. Zu jener Stunde kleiden sie seine [Han]d mit Majestät und Zier.
[D] Deswegen heißt es: *Viel Volk ist des Königs Majestät und wenig Volk des Fürsten Verderben* (Prov 14,28). Zur Stunde, da sie sich von den Worten der Tora abwenden. Eine andere Auslegung: *Wenig Volk des Fürsten Verderben*. Wenn sie sich von den Worten der Tora abwenden, dann werde ich auch aufhören, ihnen die »Einsichten« (in die) Tora mitzuteilen.

---

229 Hier ist wohl trotz der Defektiv-Schreibung *mevorakh* zu lesen, nicht aramäisch *mevarakh*.

230 Vgl. mit dieser Formulierung Jes 43,21.

231 Zur ungewöhnlichen Schreibweise dieses Wortes (ראזי statt רזי) vgl. die textkritischen Anmerkungen bei Visotzky, *Midrash*, 112f. Yalq Mish 14 § 951 (494a), YalqM Mish 14 (Grünhut 56a) und andere indirekte Textzeugen haben an dieser Stelle ראויות, »Visionen«, oder דברי תורה, »Worte der Tora«.

Dieser Midrash findet sich im Unterschied zu der oben zitierten Stelle aus MMish 10 im Kontext unzusammenhängender Auslegungs-Midrashim zu einzelnen Versen des 14. Kapitels des Buches der Sprüche. In dem unmittelbar vorangehenden Abschnitt wird anhand von Prov 14,28 der Gott gebührende Lobpreis erläutert. Anders als in MMish 10 handelt es sich also um eine *derasha* und nicht um einen Visionsbericht. Das Thema dieses Abschnitts ist insofern durch den Schriftbezug vorgegeben: So wie einem König der Lobpreis durch sein Volk lieber ist als der Lobpreis seiner Diener, so ist Gott der Lobpreis Israels lieber als der Lobpreis der Dienstengel.

Grundlegend für diesen Midrash ist der umfangreiche Motivkomplex, in dem die Überlegenheit der Menschen über die Engel thematisiert wird.[232] In dem Rabbi Simon[233] zugeschriebenen Diktum [A] wird die Vorstellung der Überlegenheit der Menschen gegenüber den Engeln dabei charakteristisch zugespitzt. Denn nun wird ihm auch die Frage in den Mund gelegt, wann Gott »in seiner Welt«, im Himmel, »erhoben« (מתעלה), d. h. von Israel wirklich angemessen gepriesen wird.[234]

Zunächst begnügt sich der Autor der Rabbi Simon zugeschriebenen Antwort mit dem allgemeinen Hinweis auf den Lobpreis Israels in den Synagogen und *bate midrashot.* Dann gibt er aber in dem Diktum Rabbi Yishmaʿels auf diese Frage eine konkretere Antwort [B]: Nicht nur beim »Sich-Versammeln« der Gemeinde in den *bate midrashot*[235] wird Gott »erhöht«, sondern auch »zu der Stunde«, da die Gemeinde den Lehrvortrag gehört hat und hierauf mit der bekannten doxologischen Formel respondiert. Die geschilderte Reaktion Gottes auf die Doxologie erinnert dabei an die Rede Gottes in bBer 3a. Der besondere Charakter des Lobpreises der Menschen besteht demzufolge darin, daß Gott im Moment des Gebetes der Menschen mit »Majestät« und »Zier« bekleidet wird, d. h. besonders feierlich »erhöht« wird [C].

Doch damit nicht genug: Auch dieser Midrash gipfelt nicht einfach in einem Hinweis auf die große Bedeutung der Beschäftigung mit der Tora und dem traditionell hochgeschätzten Zusammenhang zwischen Studium und doxologischem Abschluß. Das wahre Ziel des Tora-Studiums wird vielmehr wieder in der Kenntnis der »Geheimnisse der Tora«[236] gesehen. Zur Erlangung dieses Ziels bildet das übliche Studium der Tora nur eine Voraussetzung. Der »Gipfel« der Beschäftigung mit der Tora sollte in der Vertiefung in die verborgenen

---

[232] Vgl. hierzu ausführlich Schäfer, *Rivalität.*

[233] Gemeint ist wohl ein Tannait der zweiten Generation; vgl. Hyman, תולדות, Bd. 3, 962.

[234] In YalqM Mish 14 (Grünhut 56a) wird diese Frage sogar von Gott selbst gestellt. Zu einer ganz ähnlichen Frage vgl. WaR 24,1 zu Lev 19,1 (Margulies 549).

[235] Einige Textzeugen haben auch hier einen Hinweis auf die Synagogen.

[236] Wegen der differierenden Lesarten - entweder רזי תורה oder schlicht ראויות - muß offen bleiben, ob sich der Autor dieses Midrash allgemein auf »mystische Lehren« oder konkret auf ein Werk mit dem Namen *Raze Rabba* bezieht, das auch aus anderen Quellen bekannt ist; vgl. dazu Mann, *Text*, Bd. 2, 75f.; 82f., Scholem, ראשית הקבלה, 238ff.; Visotzky, *Midrash*, 142.

Inhalte der Tora bestehen. Erst die Kenntnis dieser über das traditionelle Maß hinausgehenden »Einsichten« in Gottes »Ehre« und »Ruhm« [D] ermöglichen es, Gott mehr zu erhöhen als die Engel. Wie in MMish 10, so äußert sich also auch in dieser Stelle eine von der älteren Überlieferung im Bavli und QohR abweichende Sicht des traditionellen Zusammenhangs von Studium und Doxologie.

Berücksichtigt man diese eigentümliche Anschauung des Autors dieses Midrash, dürfte MMish 14 für die Rezeptionsgeschichte des Qaddish eigentlich keine Bedeutung gehabt haben. Um so bemerkenswerter ist es, wie MMish 14 in einigen Kommentaren zum Qaddish verarbeitet worden ist: So wird MMish 14 neben anderen »Belegstellen« für das Qaddish z. B. in der Londoner Handschrift (British Museum, Or. 1067) des Seder Rav Amram angeführt[237], dort allerdings verkürzt: der für die charakteristische Sicht des Autors von MMish aufschlußreiche Abschnitt [D] fehlt; statt dessen findet sich ein Hinweis, der an Kommentare zu der Baraita in bBer 3a erinnert.[238] Die MMish eigene Sicht der das Studium abschließenden Doxologie ist von dem unbekannten Redaktor dieser Handschrift des Seder also durch Auslassung des Abschlußabschnitts wieder an die traditionelle Sicht angeglichen worden. Anscheinend ermöglichte es erst dieser Eingriff, MMish 14 als einen weiteren Beleg für die traditionelle Interpretation der doxologischen Formel heranzuziehen - ein Eingriff die Textüberlieferung, der die Beurteilung dieser Stelle mangels besserer Kenntnis ihrer Textgeschichte bis in die moderne Forschungsliteratur hinein geprägt hat.[239]

3.4 Ps-SEZ 20 (Friedmann 33)

Wie stark ältere, traditionell mit der doxologischen Formel verbundene Vorstellungen im Verlauf der Rezeptionsgeschichte des Qaddish verändert worden sind, zeigt sich auch an einer ebenfalls in der Londoner Handschrift des Seder Rav Amram mit dem Qaddish in Verbindung gebrachten aggadischen Überlieferungseinheit. Sie stammt ursprünglich wohl aus einer Schrift, die üblicherweise aufgrund ihrer Nähe zu SEZ als *Pseudo-Seder Eliyyahu Zuṭa* bezeichnet wird; in einigen Handschriften firmiert sie allerdings ebenso unter der Bezeichnung *Pirqe de-Rabbi Eliᶜezer*.[240]

---

237 Vgl. *Seder Raw Amrom Gaan*, ed. Coronel, 12a. Zu Herkunft und Alter der dieser Edition zugrundeliegenden Handschrift, vgl. oben S. 20 Anm. 25. Vgl. auch *Sefer ha-Roqeaḥ ha-Gadol*, ed. Shneurson, 249.

238 Vgl. Kap. IV.4.3.

239 Man beachte, wie die untersuchte Stelle aus MMish 14 von Pool, *Kaddish*, 9 als Beleg für die traditionelle Sicht des Qaddish als Abschluß eines »Aggadic discourse« herangezogen wird.

240 Vgl. hierzu die Hinweise im Vorwort des *Pseudo-Seder Eliahu zuta*, ed. Friedmann.

Da auch für die Interpretation dieser Einheit die Textüberlieferung zu berücksichtigen ist, wird der Text wiederum synoptisch, sowohl nach der von Friedmann edierten Handschrift Parma[241] des Ps-SEZ als auch nach dem Londoner Manuskript des Seder Rav Amram, MS London, British Library, Or. 1067, wiedergegeben[242]:

Ps-SEZ 20 (MS Parma)

לאחר שאכלו ושתו ומברכין מביא הק״ב את התורה ומניחה בחיקו ועוסק בתורה בטומאה ובטהורה באיסור ובהיתר ובהלכות.

ואומר דוד אגדה לפני הק״ב. ועונין הצדיקים יהא שמיה הגדול מבורך לעלם ועולמי עולמים בגן עדן. ופושעי ישר׳ עונין אמן מתוך גיהנום.

אומר להן הק״ב ויאמרו לפניו רבש״ע הללו פושעי ישר׳ שאע״פי שהן בגיהנם בעקה גדולה מתחזקים ואומ׳ לפניך אמן.
אומ׳ הקב״ה למלאכי השרת פתחו להם גן עדן ויבאו ויזמרו לפני. שנ׳ פתחו שערים ויבא גוי צדיק שמר אמוני שנ׳

Seder Rav Amram Ga'on (MS London)

לאחר שאוכלין ושותין ומברכין מביא הקב״ה את התורה ומניחה בחיקו ועוסק בה בטומאה ובטהרה באיסור ובהיתר ובהלכות ובאגדות.
ואומר דוד שירה לפני הקב״ה, ועונין אחריו הצדיקים אמן יהא שמיה רבא מברך לעלם ולעלמי עלמיא יתברך מתוך גן עדן ופושעי ישראל עונין אמן מתוך גיהנם.
מיד אומר הקב״ה למלאכים. מי הם אלו שעונין אמן מתוך גיהנם. אומר לפניו. רבונו של עולם הללו פושעי ישראל שאעפ״י שהם בצרה גדולה מתחזקים ואומרים לפניך אמן.
מיד אומר הקב״ה למלאכים פתחו להן שערי גן עדן ויבואו ויזמרו לפני שנאמר פתחו שערים ויבא גוי צדיק שומר אמונים אל תקרי [שומר] אמונים [אלא שאומר אמנים].

[A] Nachdem sie gegessen und getrunken und den Segen gesprochen haben, bringt der Heilige, gepriesen sei er, die Tora und legt sie auf seinen Schoß und befaßt sich mit der Tora: Mit Unreinem und Reinem, mit Unerlaubtem und Erlaubtem und den Halakhot.
[B] Und David predigt Aggada vor dem Heiligen, (er sei) gepriesen. Und die Gerechten respondieren: *yehi shemo ha-gadol le-ʿolam u-le-ʿolme ʿolamim*[243]

[A] Da sie essen und trinken und den Segen sprechen, bringt der Heilige, gepriesen sei sein Name, die Tora und legt sie auf seinen Schoß und befaßt sich mit ihr: Mit Unreinem und Reinem, mit Unerlaubtem und Erlaubtem, mit Halakhot und mit Aggadot.
[B] Und David spricht ein Loblied vor dem Heiligen, er sei gepriesen, und die Gerechten respondieren nach ihm: *Amen yehe sheme rabba mevarakh le-ʿalam u-le-ʿalme ʿalmayya*

Rabbi Eliʿezer (ben Hyrkanos), der sowohl in der rabbinischen als auch in der Hekhalot-Literatur als Übermittler geheimer Offenbarungen gilt (vgl. Scholem, *Mystik*, 45), wird in der hier untersuchten Stelle zwar nicht genannt; doch das Kapitel in Ps-SEZ, dem dieser Abschnitt entnommen ist, wird durch den Satz eröffnet: »Und die Schüler Rabbi Eliʿezers fragten ihn«.

241 MS Parma, De Rossi 1240/9, fol. 233-234 (Friedmanns Text, S. 22, ist »nach den Parallelen« geglättet). Eine bislang nicht edierte Handschrift dieses Midrash, MS London, BL 937 (Beit-Arié, *Catalogue*, 147f.), weicht nur geringfügig ab.

242 Vgl. *Seder Raw Amrom Gaan*, ed. Coronel, 13b-14a [= BHM V, 46]. Der Text in eckigen Klammern ist ergänzt nach den Parallelen und findet sich so nicht im Manuskript.

243 So lautet die Formel auch in MS London. Friedmann hat den Text verändert und liest: יהא שמו הגדול מבורך.

im Garten Eden. Und die Frevler Israels respondieren: Amen! - aus dem Gehinnom.	*yitbarakh* aus dem Garten Eden, und die Frevler Israels respondieren: Amen! - aus dem Gehinnom.
[C] Spricht der Heilige, gepriesen (sei er):[244] Sprechen sie zu ihm: Herr der Welt, jene sind die Frevler Israels, die, obwohl sie im Gehinnom unter großer Bedrängnis stehen, sich bestärken und vor dir sprechen: Amen!	[C] Sofort spricht der Heilige, er sei gepriesen, zu den Engeln: Wer sind jene, die aus dem Gehinnom mit Amen respondieren? Spricht er zu ihm: Herr der Welt! Jenes sind die Frevler Israels, die, obwohl sie in großer Not sind, sich bestärken und sprechen vor dir: Amen!
[D] Spricht der Heilige, er sei gepriesen, zu den Dienstengeln: Öffnet ihnen den Garten Eden, damit sie kommen und vor mir singen. Wie geschrieben steht: *Öffnet Tore, damit ein gerechtes Volk kommt, welches die Treue bewahrt (shomer emunim)* (Jes 26,2). Wie es heißt:[245] . . .	[D] Sofort spricht der Heilige, gepriesen sei sein Name, zu den Engeln: Öffnet ihnen die Tore des Gartens Eden, damit sie kommen und vor mir singen, wie es heißt: *Öffnet Tore, damit ein gerechtes Volk kommt, welches die Treue bewahrt (shomer emunim)* (Jes 26,2); lies nicht: *[shomer] emunim*, [sondern *she-omrim: Amen!* (die sprechen: Amen!)].

Dieser Abschnitt schließt in der Ps-SEZ-Handschrift eine längere, zum Teil aus dem Bavli übernommene Schilderung der Ereignisse »am Ende der Tage« ab.[246] Im Mittelpunkt steht das auch aus anderen Endzeitschilderungen bekannte Motiv des messianischen Banketts.[247] Formal handelt es sich wie bei der untersuchten Passage aus MMish 10 um eine Midrash-Apokalypse, in die viele bekannte Elemente des Motivzusammenhangs von Lehrvortrag, Rezitation der doxologischen Formel und Erlösung vom göttlichen Urteilsspruch aufgenommen sind. Abgeschlossen wird die Szene mit dem aus bShab 119b bekannten *ʿal tiqre*-Midrash von Jes 26,2.

Vergleicht man dieses Stück mit dem oben zitierten Abschnitt aus MMish 10, lassen sich wieder einige interessante Unterschiede ausmachen: So fällt zunächst auf, daß es in diesem Midrash nicht mehr wie in QohR ein *ḥakham* oder »ein Alter« ist, der sich mit der Tora (der messianischen Zeit) und seiner Auslegung beschäftigt.[248] Hier ist es vielmehr Gott selbst, der als Tora-Lehrer bzw. als Rabbi dargestellt wird. Gott selbst studiert die endzeitliche Tora, bevor er mit dem Gericht beginnt.[249] Auch David bzw. der Messiasprätendent

---

244 Hier ist in MS Parma offensichtlich etwas ausgefallen.

245 Zu ergänzen ist das Zitat aus Jes 26,2. In der Handschrift folgt jedoch nur ein Hinweis auf den Abschluß des »pereq«.

246 Vgl. bes. bPes 119b.

247 Zum Motiv des messianischen Banketts in der rabbinischen Überlieferung vgl. Ginzberg, *Legends*, Bd. 5, 43f.; Grözinger, *Musik*, 220ff.

248 Vgl. zu diesem in der rabbinischen Literatur häufig belegten Motiv z. B. BerR 95,3 (Theodor/Albeck 1190). Vgl. auch Urbach, *Sages*, 311ff.; Schäfer, *Rivalität*, 197ff.

249 Vgl. zu diesem Motiv bes. bAZ 2a-b und die Parallele in der sog. *Pesiqta Aḥrita* in einer Handschrift der PesK *Parasha Aḥeret* (Mandelbaum 452) (vgl. hierzu auch BHM V, XIXf. und 50 und die Hinweise in PesK 25 [Buber 185b]). Wie in MMish 10 [A], so beginnt

übernimmt nun eine andere Rolle als in den bisher vorgestellten Texten; diesmal trägt er nur eine *derasha* (oder ein Loblied[250]) vor, und erst danach antworten die Gerechten mit der Rezitation der doxologischen Formel.[251]

Zu beachten ist an dieser Fassung der Midrash-Apokalypse des weiteren, daß alle ansonsten mit dem Ablauf des irdischen Gottesdienstes oder Studiums in Verbindung gebrachten Handlungen sowohl in eine »transmundane« Szenerie, nämlich den himmlischen Garten Eden, in dem gemäß traditioneller Auffassung die Seelen der Gerechten in der Endzeit wohnen werden[252], als auch in eine völlig unbestimmte Zukunft verlegt werden. Irdische und himmlische Motive werden dabei wie Gegenwart und Zukunft auf eigenartige Weise vermischt - ein Erzähleffekt, der sich auch in Texten der Hekhalot-Literatur beobachten läßt[253], der aber auch an bBer 3a erinnert.

Im Hinblick auf die Bearbeitung des Motivzusammenhangs »*derasha* und Doxologie« ist schließlich festzuhalten, daß hier nicht mehr nur Israel oder die Gerechten (aus Israel) im Blick sind, sondern auch die »Frevler Israels« (פושעי ישראל). Bemerkenswerterweise wird ihnen in dieser Schilderung des Gerichts zugestanden, sich direkt aus dem Gehinnom an Gott zu wenden.[254] Wie groß der sich gerade in diesem Detail abzeichnende Wandel in der Sicht der Frevler ist, wird nicht nur deutlich, wenn man sich die 12. *berakha* des Achtzehn-Bitten-Gebets (»babylonische« Rezension), die sog. *birkat ha-minim*[255], in Erinnerung ruft. Noch klarer tritt die Differenz hervor, wenn man sich eine berühmte Überlieferung aus dem Tosefta-Traktat Sanhedrin vor Augen hält, in der das Schicksal der Frevler der Völker der Welt folgendermaßen beschrieben wird[256]:

Die Frevler Israels (פושעי ישראל), in ihren Körpern, und die Frevler der Völker der Welt (פושעי אומות העולם), in ihren Körpern, steigen in das Gehinnom hinab und werden zwölf Monate in ihm gerichtet. Nach zwölf Monaten hört ihre Seele auf zu existieren, ihr Körper ist verbrannt, das Gehinnom wirft sie hinaus, und sie werden zu Asche, und der Wind treibt sie auseinander und zerstreut sie, und es wird Asche unter den Fußsohlen der Gerech-

---

auch in diesen Midrashim das Gericht mit der Frage an einen Menschen, ob er sich mit der Tora beschäftigt hat. Zu Gott bzw. seinem Messias als Tora-Lehrer vgl. auch TShir 5,10 und 8,1 (*Bible*, Bd. 4A, ed. Sperber, 136; 139). Zum rabbinischen Verständnis der »Tora der Endzeit« vgl. Schäfer, *Torah*, 206f.

250 Vgl. MS London, BM Or. 1067 [B]. Welche Lesart urspünglicher ist, läßt sich wiederum nicht entscheiden.

251 Zu dem als Tora-Ausleger dargestellten David vgl. z. B. auch bSot 40a; 48b; bMeg 11a. Zum Ganzen vgl. auch Rosner, *Davids Leben*, 11ff.

252 Zum Motiv des himmlischen Garten Eden in der rabbinischen Literatur vgl. Ginzberg, *Legends*, Bd. 5, 31 Anm. 90.

253 Vgl. z. B. die sog. David-Apokalypse (SHL § 122; s. Kap. III.1.1).

254 Vgl. hierzu etwa auch MTeh 30,3 (Buber 117b); Grözinger, *Musik*, 23f.

255 Zur *birkat ha-minim* vgl. Schäfer, *Synode*, 46ff.; Maier, *Auseinandersetzung*, 136ff.

256 tSan 13,4-5 (Zuckermandel 434). Vgl. auch die Parallele in bRHSh 17a. S. auch SOR 3 (Ratner 9a); BerRbti 1,8 (Albeck 14); SER 3 (Friedmann 15); *Massekhet Gehinnom* 4 (BHM I, 149).

ten, wie es heißt: *Und ihr zertretet die Frevler, daß sie Asche werden unter den Fußsohlen der Gerechten am Tage, den ich bereite, spricht der Herr der Heerscharen* (Mal 3,21).

Im Unterschied zu der gewiß sehr viel später entstandenen Midrash-Apokalypse in Ps-SEZ wird hier den »Frevlern Israels« keine Möglichkeit der Umkehr zugestanden. Ihr Schicksal ist besiegelt; nach zwölf Monaten der Bestrafung[257] (im Gehinnom) werden sie zu Staub unter den »Fußsohlen der Gerechten«, d. h. endgültig vernichtet.[258] In Ps-SEZ dagegen können die Frevler in Folge der Rezitation des Gebetes sogar in den himmlischen Garten Eden gelangen. Am Ende wird sich eine Art »Allversöhnung« ereignen, bei der jeder zu Israel gehörende Mensch einen Heilszustand erlangt. Das Gehinnom wird dadurch zu einer Art Zwischenstation, einem *purgatorium*, in dem die Seelen der Frevler Israels zwölf Monate lang geläutert, aber nicht vernichtet werden.[259]

Mit dieser von der älteren Tradition deutlich abweichenden Beschreibung des endzeitlichen Gerichts mag dann zusammenhängen, daß in Ps-SEZ auch wieder die Bedeutung der bloßen Amen-Responsion herausgestellt wird. Wie in bShab 119b [C] genügt es nämlich auch nach Auffassung des Autors dieser Apokalypse, allein ein Amen - ohne die doxologische Formel - zu sprechen, um die Distanz zwischen Gehinnom und Himmel und damit die »Distanz« zwischen Sünder und Gerechtem zu »überbrücken«. Bereits durch das bloße Amen, so wird hier vorausgesetzt, kann bei Gott jene unmittelbare[260] Reaktion ausgelöst werden, die eine Aufforderung an die Engel nach sich zieht, die Tore des Gehinnom zu öffnen.[261]

Auch diese Fassung des bekannten Midrash-Stoffes in Ps-SEZ lassen sich somit ganz eigene Akzente erkennen. Bevor die Entwicklung des sich um die doxologische Formel rankenden Motivzusammenhangs im Vergleich zu den bereits in bShab 119b erkennbaren Tendenzen zusammenfassend beurteilt werden kann, muß nun allerdings auch noch eine weitere Version dieser Midrash-Apokalypse berücksichtigt werden. Sie findet sich in einer Rezension eines Alphabet-Midrash, der mit dem Namen des berühmten Tannaiten Rabbi Aqiva

---

[257] Vgl. mEd 2,10.

[258] Zum Hintergrund dieser Vorstellungen vgl. Lieberman, *Aspects*, 496f.

[259] Ganz im Unterschied übrigens zu jenen Überlieferungen, in denen geschildert wird, daß die Frevler erst *nach* der Auferstehung der Toten, am Ende der Tage endgültig gerichtet werden. - Vgl. kontrastierend etwa PesK *ʿasor taʿaser* (Mandelbaum 165); ySan 10,3 - 29b,71-76 und bQid 31b. S. dazu ferner Milikowsky, גיהנום, 325f.

[260] Man beachte, daß es in der Rezension der Londoner Handschrift des Seder Rav Amram [D] ausdrücklich מיד, »sofort«, heißt!

[261] Vgl. dagegen etwa WaR 24,1 zu Lev 19,1 (Margulies 549); MekhY *be-shallaḥ* 1 [2] (Horovitz/Rabin 85); Tan *be-shallaḥ* 7 (110b). Zur Vorstellung einer unmittelbaren Einflußnahme der »Zum-Gehinnom-Verurteilten« auf ihr Ergehen s. z. B. auch Duensing / de Santos Otero, *Apokalypse des Paulus*, 663ff. Zum traditionsgeschichtlichen Hintergrund vgl. Lieberman, *Sins*, 29-56.

in Verbindung gebracht wird. Auch dieses jedem Buchstaben des hebräischen Alphabets aggadische Traditionen zuschreibenden Werk stammt wohl bereits aus nach-talmudischer Zeit.

3.5 ABdRA A zayin (BatM II, 367f.)

Der folgende Abschnitt einer besonders langen Rezension des sog. Alphabet des Rabbi Aqiva ist bereits von S. A. Wertheimer nach einer bucharischen Handschrift aus dem 17. Jh. ediert worden.[262] Nach einem bislang unveröffentlichten Manuskript unbekannter Provenienz aus dem 16. Jh. lautet dieser Abschnitt[263]:

אל תקרא אמונים [שיהיו] אומרים אמן בשביל אמן שעונין רשעים מתוך גהנם מעלין
רשעים מתוך [גהנם] כיצד עתיד הקב"ה שהוא יושב בגן עדן ודורש בה וכל הצדיקים
שבעולם יושבין לפניו והקב"ה דורש לפניהן טעמי התורה החדשה שעתיד ליתן להן על ידי
[משיח] וכיון שהגיע להגדה עומד זרובבל על רגליו ואומ׳ יתגדל ויתקדש ויהיה קולו
הולך מסוף העו׳ ועד סופו וכל באי העולם עונין ואומרין אמן ואף אומות העולם
שנשגרו בגהנם כולן עונין ואומרין אמן מתוך גהנם באותה שעה נשמעין קול דבריהם
לפני הקב"ה והיה משאיל עליהן ואומ׳ מה קול רעש גדול ששמעתי משיבין מלאכי השרת
ואומרים רב׳ שבעולם אלו רשעי ישראל וצדיקי אומות העולם שנשארו בגהנם אומ׳ אמן
מתוך גהנם מיד נתגללו רחמיו ביותר ואמ׳ מה אעשה להן יותר על דין זה כבר יצר הרע גרם להם.
באותה [שעה] נוטל הקב"ה מפתח שלגנהם ונותן לגבריאל ומיכאל בפני כל צדיקים כולן
ואומ׳ להן לכו ופתחו [שערי] גהנם והעלו אותם מתוך גהינם פתחו שערים. באות׳ שעה
נוטל הקדוש ברו׳ הוא מפתחות של גיהנם ונותנן למיכאל ולגבריאל בני כל הצדיקים
ואומר להם לכו פתחו שערי גיהנם והעלו אותם מתוך גיהנם שנאמר פתחו שערים ויבוא
גוי צדיק שומר אמונים מיד הולכים מיכאל וגבריאל ופותחים ארבעי׳ אלפים שערי גיהנם
ומעלה אותם שכל גיהנם וגיהנם שלש מאות ארכו וג׳ מאות רחבו ועביו אלף פרסה
ועמקו אלף פרסה וכל רשע שנופל לתוכו שוב אינו יכול לעלות מתוכה.
מה עושין גבריאל ומיכאל באותה שעה תופשין ביד כל אחד ואחד מהן ומעלין אותן כאדם
שהוא מקים את חבירו ומעלהו בחבל מתוך הבור שנא׳ ויעלני מבור שאון מטיט היון
ועומדין עליהן גבריאל ומיכאל באותה שעה ורוחצין אותן סכין אותן ומרפאים אותן
ממכות גיהנם ומלבישין אותן בגדים נאים ותופשין בידם ומביאין אותן לפני הקדוש
ברוך הוא ולפני כל הצדיקים כשהן מכוהנים ומכובדין שנאמ׳ כהניך ילבשו צדק
וחסידיך ישמחו בטוב.

---

262 BatM II, 367f. Wahrscheinlich handelt es sich bei dem von Wertheimer edierten Manuskript um MS Jerusalem, Mussajoff Collection 130 / 2; die uns interessierende Stelle ist in dieser Handschrift allerdings wegen eines Wasserschadens unlesbar. Zu Wertheimers unzuverlässiger Editionsweise vgl. in bezug auf einen anderen Alphabet-Midrash Sawyer, *Heterodoxy*, 115-121.

263 Text nach: MS New York, JTS Mic 1833. Diese Rezension steht dem von Jellinek (BHM III, 28) reproduzierten Text des Druckes Venedig 1546 nahe. Im Vergleich zu der in Yalq Jes 26 § 429 (393a) verarbeiteten Rezension (vgl. Hyman, מקורות, 119), die ebenfalls in der Londoner Handschrift des Seder Rav Amram (ed. Coronel, 13b) verarbeitet wurde, weist diese Fassung zahlreiche Unterschiede auf. Zur handschriftlichen Überlieferung dieses Traktats vgl. Liebes, *Studies*, 228. Für eine Übersetzung dieses Abschnittes nach Ed. Wertheimer vgl. Bloch, *Geschichte*, 13f.

[A] Lies nicht: *shomer emunim*, (sondern) *she-omrim Amen!* Denn für (ein)[264] Amen, welches die Frevler aus dem Gehinnom respondieren, führt man sie aus [dem Gehinnom] herauf.

[B] Auf welche Weise? - Zukünftig wird der Heilige, gepriesen sei er, im Garten Eden sitzen und die (Tora) auslegen, und alle Gerechten der Welt werden vor ihm sitzen[265], und der Heilige, gepriesen sei sein Name, wird die ‘Gründe’ der neuen Tora (טעמי התורה החדשה) vor ihnen auslegen, die er ihnen zukünftig durch den Messias geben wird.

[C] Und wenn er zur Haggada gelangt[266], stellt sich Zerubbavel hin und spricht: Groß sei und geheiligt sei . . . (יתגדל ויתקדש).

[D] Und seine Stimme erschallt von einem Ende der Erde bis zum anderen. Und alle, die auf die Welt gekommen sind[267], respondieren: Amen! Und auch die Völker der Welt[268], die im Gehinnom zurückgehalten werden, alle respondieren und sprechen: Amen! - aus dem Gehinnom.[269]

[E] Zu jener Stunde wird der Lärm ihrer Worte vor (לפני) dem Heiligen, gepriesen sei er, gehört werden. Und er wird sich bei ihnen (*sc.* den Engeln) erkundigen und sprechen: Was für ein großer Lärm ist das, den ich hörte?

[F] Die Dienstengel werden ihm antworten und sagen: Herr der Welt, jene sind die Frevler Israels und die Gerechten der Völker, die im Gehinnom übriggeblieben sind.[270] Sie sprechen[271] Amen aus dem Gehinnom.[272]

[G] Sofort wird sich die Barmherzigkeit des Heiligen, gepriesen sei er, ihnen zuwenden, und er wird sprechen: Soll ich ihnen etwa noch ein härteres Urteil zukommen lassen als ihnen bereits durch den bösen Trieb zuteil geworden ist?

[H] Zu jener Stunde wird der Heilige, gepriesen sei sein Name, den Schlüssel des Gehinnom nehmen und ihn Gavriʾel und Mikhaʾel im Angesicht aller Gerechten geben und sprechen: Geht und öffnet die Tore des Gehinnom, und holt sie aus dem Gehinnom herauf . . . *Öffnet die Tore* (Jes 26,2*)![273]

[I] Sofort gehen Mikhaʾel und Gavriʾel hin und öffnen die 40.000 Tore des Gehinnom. Und

---

264 Druck Venedig liest אחד.

265 Die Handschrift Jerusalem ergänzt hier וכל פמליא של מעלה עומדין על רגליהן, »und die ganze obere Familie steht auf ihren Füßen«. Im Druck Venedig und im Yalq wird außerdem der Satz angefügt: מימינו של הקדוש ברוך הוא חמה עם המזלות ולבנה וכל הכוכבים משמאלו, »Sonne und die Sternzeichen rechts des Heiligen, gepriesen sei er, und Mond und alle Sterne links von ihm« - Motive, die für Schilderungen des eschatologischen Gerichts in der rabbinischen Literatur typisch sind; vgl. z. B. bNed 8b.

266 Yalq liest כיון שמסיים, »wenn er beendet hat«.

267 D. h. alle Sterblichen. Zu der Formulierung vgl. mRHSh 1,2, und s. auch Jastrow, *Dictionary*, 143 s. v. בּוֹא.

268 MS Jerusalem liest רשעי ישראל, »Frevler Israels«, Druck Venedig רשעי ישראל וצדיקי אומות, »Frevler Israels und Gerechte aus den Völkern«; Yalq רשעי ישראל וצדיקי עובדי אלילים, »Frevler Israels und Gerechte unter den Götzendienern«.

269 MS Jerusalem ergänzt hier das Zitat aus Jes 26,2 und fügt außerdem die Bemerkung an עד שנתרעש כל העולם, »bis die ganze Welt erbebt«.

270 Statt שנשארו lesen MS Jerusalem, Druck Venedig und Yalq שנשתיירו, »die zurückgehalten werden«.

271 MS Jerusalem, Druck Venedig und Yalq lesen שעונים, »sie respondieren«.

272 Yalq fügt hinzu: ומצדיקין עליהם את הדין, »und erkennen das Urteil über sich an« - eine Anspielung auf das bei der Beerdigung gesprochene *ṣidduq ha-din*-Gebet. S. dazu unten S. 237 Anm. 263.

273 MS Jerusalem und Druck Venedig zitieren hier den gesamten Vers Jes 26,2.

seine Höhe (*sc.* des Gehinnom) ist dreihundert, und seine Breite ist dreihundert, und seine längste Stelle tausend Parasangen, und seine tiefste Stelle tausend Parasangen. Und jeder Frevler, der in es hineinfällt, kann aus ihm nicht wieder hinaufsteigen.

[J] Was machen Gavri'el und Mikha'el? Sie nehmen jeden einzelnen von ihnen an die Hand und führen ihn hinauf, so wie jemand, der seinem Freund heraufhilft oder ihn an einem Seil aus einer Grube zieht, wie es heißt: *Und er zog mich aus der Grube des Verderbens, aus tiefem Schlamm* (Ps 40,3).

[K] Und Gavri'el und Mikha'el stehen ihnen in jener Stunde bei, waschen sie, untersuchen sie und heilen sie von den Verletzungen des Gehinnom, kleiden sie mit angenehmen Kleidern und nehmen sie an die Hand und führen sie vor den Heiligen, gepriesen sei er, und alle Gerechten, die ihnen dienen und sie ehren werden, wie es heißt: *Deine Priester sollen sich mit Gerechtigkeit kleiden und deine Frommen sich des Guten freuen* (II Chr 6,41).

Auch diese Midrash-Apokalypse verwendet den bekannten *ʿal tiqre*-Midrash von Jes 26,2 [A] und schildert in den aus Ps-SEZ bekannten visionsartigen Zügen das himmlische Endgericht. Erst im zweiten Abschnitt [H-K] dieses Textes wird der bekannte Stoff unter Hinweis auf die Erlösung wirkende Amen-Responsion der »Frevler Israels« und der »Gerechten der Völker der Welt« über das Bekannte hinaus ausgestaltet. Zum ersten Mal wird hier auch ausdrücklich auf die Eröffnungsworte des Qaddish (*yitgadal we-yitqadash*) hingewiesen.[274]

Daß diese längere Fassung des Midrash-Stoffes später entstanden ist als die Fassung in Ps-SEZ, kann man allerdings aufgrund ihres Umfangs nicht von vornherein annehmen. Alter und Herkunft von ABdRA A lassen sich bislang wie bei Ps-SEZ nicht genau bestimmen.[275] Meist wird ABdRA A in das 7.-9. Jh. datiert[276], doch da eine umfasssende Untersuchung der Textgeschichte und Redaktion dieser Schrift noch aussteht, lassen sich eigentlich nur aufgrund einer mittlerweile erfolgten Untersuchung der Verarbeitung von Hekhalot-Material in einer mit ABdRA A eng verwandten Schrift, dem relativ spät entstandenen *Massekhet Hekhalot*, dem »Traktat von den (himmlischen) Palästen«[277], Tendenzen der redaktionellen Bearbeitung einiger in ABdRA A verarbeiteten Überlieferungen genauer beschreiben.

So verweist K. Herrmann[278] in seiner Analyse einiger Parallelen zu ABdRA A in *Massekhet Hekhalot* darauf, daß der Redaktor des Alphabet-Midrash bei der Umformung von Hekhalot-Überlieferungen großen Wert auf eine »ethisch-theologische Umdeutung« der Inhalte

274 Ob diese Worte in Ps-SEZ ausgefallen sind, wie Friedmann z. St. vermutet, läßt sich nicht belegen. Möglicherweise wurden sie auch erst vom Redaktor des ABdRA A zur Verdeutlichung hinzugefügt.

275 Zwar betrachtet noch Graetz, *Literatur*, 67f. diese Schrift als die »Quelle« aller anderen Hekhalot-Schriften. In der neueren Forschung wird das Verhältnis von ABdRA A zu den genuinen Hekhalot-»Schriften« jedoch anders bewertet; vgl. ÜHL I, XXVIIf.

276 Vgl. z. B. bereits Scholem, *Formel*, 172.

277 S. hierzu ausführlich Herrmann, *Massekhet Hekhalot*, 217f.

278 Herrmann, *Massekhet Hekhalot*, 218.

gelegt habe. Für den Redaktor von *Massekhet Hekhalot* sei dagegen ein »angelologisch-kosmologisches« Interesse kennzeichnend gewesen.[279] Zwar hat die zitierte Midrash-Apokalypse aus ABdRA A keine Parallele in *Massekhet Hekhalot*; der Hinweis auf das sich in den Bearbeitungen von älteren Überlieferungen in ABdRA A reflektierende, redaktionelle Konzept ist für den Vergleich mit dem oben zitierten Abschnitt aus Ps-SEZ dennoch sehr aufschlußreich.

Im Vergleich mit Ps-SEZ fällt zunächst auf, daß in ABdRA A *zayin* nicht mehr David die Aggada vorträgt, sondern Gott. Außerdem spricht hier den ersten Abschnitt des Qaddish Zerubbavel ben She'alti'el, der in der späten Aggada oft als Messiasprätendent genannte letzte Statthalter Judas.[280] Anders als in den anderen Bearbeitungen des Midrash-Stoffes respondieren in ABdRA A außerdem nicht mehr nur »die Frevler aus Israel«, sondern zusätzlich auch »die Gerechten aus den Völkern«, d. h. auch Nichtjuden können *direkt* in das Gebet des als *sheliaḥ ṣibbur* fungierenden Zerubbavel einstimmen. Das Gebet der Gerechten Israels wird nicht mehr erwähnt. Vielleicht wird es vorausgesetzt.[281]

Aufschlußreich im Hinblick auf die Tendenz der redaktionellen Bearbeitung des älteren Stoffes ist auch der Hinweis auf den »Schall« (קול) des von Zerubbavel rezitierten Qaddish. Er wird nicht mehr allein von den Betern im himmlischen Garten Eden und im Gehinnom gehört, sondern auf der ganzen Welt. Die Wirkung der doxologischen Responsion, die auch in dieser Apokalpyse als eine Art *Apokatastasis* (aller aus Israel) geschildert wird, ist in dieser Fassung also zeitlich und räumlich »entschränkt«. Nach MS Jerusalem [D] werden sogar *alle* Völker der Welt, die bislang im Gehinnom zurückgehalten wurden, solange mit Amen respondieren, »bis die gesamte Welt erbebt«. Dem durch das Gebet ausgelösten Geschehen werden durch diesen Zusatz deutlich kosmische Züge verliehen. Die Dimensionen des Geschehens werden schließlich auch durch den Hinweis auf die unvorstellbaren Maße des Gehinnom [I] hervorgehoben.

Das Motiv der eschatologischen *restitutio*, welches in Ps-SEZ nur angedeutet wird, ist in ABdRA also zu einer einzigartigen Szene des Weltgerichts, in der die Erzengel den Frevlern Israels nicht nur die Tore des Gehinnom öffnen, sondern ihnen sogar auf ihrem Weg Beistand leisten [H-K], aus- und umgestaltet worden.[282] Der Schwerpunkt dieser Midrash-Apokalypse liegt somit auf dem Gedanken der universalen Relevanz des Geschehens. Die Fähigkeit zur Rezitation des Qaddish wird *allen*, die sich im Verlauf eines gewissen Zeitraums im Gehinnom befinden, zuerkannt.

Bevor die Beziehung dieser Fassung zur älteren Überlieferung zusammfassend erörtert werden kann, ist eine weitere Bearbeitung des zugrundeliegenden apokalyptischen Stoffes zu berücksichtigen. Sie findet sich in einer Schrift, die den schlichten Namen »Kapitel (vom) Messias« trägt und ebenfalls erst relativ spät entstanden sein dürfte.

---

[279] Vgl. Herrmann, *Massekhet Hekhalot*, bes. 120f. und 339f.

[280] Vgl. Ginzberg, *Legends*, Bd. 6, 438; Rothkoff, EJ 16 (1971) 1001.

[281] Dieses Detail dürfte in Ps-SEZ 20 nicht ausgefallen sein, wie Friedmann z. St. vermutet hat.

[282] Für eine vergleichbare Schilderung der Endzeit vgl. z. B. den *Midrash le-ʿatid la-vo*, in: Halakhot we-Aggadot, ed. Higger, 155ff. S. ferner die unter der Bezeichnung *Seder Gan ʿEden* edierte Sammlung eschatologischer Midrashim in BHM III, 131ff. (= OṣM 85ff.), und vgl. auch Gaster, *Visions*, 124-164.

3.6 *Pereq Mashiaḥ*

Als *Pereq Mashiaḥ* oder *Sefer Mashiaḥ* wird eine kleine Schrift bezeichnet, in der Midrashim bzw. Midrash-Apokalypsen von ganz unterschiedlicher Herkunft und Alter zusammengestellt sind. Den Text dieser Sammlung hat A. Jellinek (BHM III, 75) nach dem sehr fehlerhaften Druck Saloniki 1743 veröffentlicht. Nach einem bislang unveröffentlichten, ashkenazischen Manuskript aus dem 15. Jh. lautet der uns interessierende Abschnitt[283]:

רבי אליעזר בן יעקב אומר בית המדרש של הקב"ה לעולם הבא הוי שמונה עשר אלף ה׳ רבבות פרסאות והקב"ה יושב על כסא הדין ודוד יושב כנגדו שנאמר וכסאו וכשמש נגדי. וכל הנשים והשאננות שהיו נותנות שכר על בניהם ללמדם תורה מקרא משנה עומדות במחצית הקנים עשויים כגדר שומעות קול זרובבל בן שאלתיאל שמתרגם לפני הקב"ה ועונין לאחריו יהא שמו הגדול מברך ומקודש לעלם ולעולמי עולמי׳ והצדיקים אומרים אמן והרשעים שבגיהנם אומרים אמן.

והקב"ה אומר למלאכי השרת מי הם הללו שאומרים אמן מתוך גיהנם ומלאכי השרת אומרים לפניו רבונו של עולם אלו הן המורדין והפושעים שבישראל שאע"פי שהן שרוין בצער הם עונים אמן. והקב"ה אומר להן העלו אותם משם. וכיון שמעלין אותם יהיו פניהם שחורים כשוליו קדירה והם אומרים לפניו רבונו של עומל יפה דנת יפה חייבת יפה עשיתה סימן לכל ישראל. באותה שעה פותח הקב"ה שערי גן עדן ומכניסין לישראל שנאמר פתחו שערים ויבוא גוי צדיק שומר אמונים.

[A] Rabbi Eliᶜezer ben Yaᶜaqov spricht: Das *bet midrash* des Heiligen, gepriesen sei er, in der Kommenden Welt wird 18.000 mal fünf Myriaden Parasangen lang sein, und der Heilige, gepriesen sei er, sitzt auf dem Thron des Gerichts, und David sitzt ihm gegenüber, wie es heißt: *Sein Thron ist wie die Sonne vor mir* (Ps 89,37).

[B] Und alle Frauen, denen es gefiel[284], ihren Lohn dafür hinzugeben, ihre Söhne in Tora, Miqra und Mishna unterrichten zu lassen, stehen in der einen Hälfte des Raumes, die durch einen Zaun abgetrennt ist. Und sie hören die Stimme des Zerubbavel ben Sheʾaltiʾel, der vor dem Heiligen, gepriesen sei er, das Targum spricht, und sie respondieren nach ihm: *yehi shemo ha-gadol mevorakh u-mequdash le-ᶜolam u-le-ᶜolme ᶜolamim*. Und die Gerechten sprechen: Amen! Und die Frevler, die im Gehinnom weilen, sprechen (auch): Amen!

[C] Und der Heilige, gepriesen sei er, spricht zu den Dienstengeln: Wer sind jene, die aus dem Gehinnom Amen sprechen? Und die Dienstengel sprechen zu ihm: Herr der Welt, dies sind die Ungehorsamen und die Frevler aus Israel, die, obgleich sie in großer Bedrängnis sind, mit Amen respondieren. Und der Heilige, gepriesen sei er, spricht zu ihnen: Holt sie von dort herauf!

[D] Und wenn man sie von dort heraufgeholt hat, werden ihre Gesichter schwarz wie der Boden eines Kochtopfes sein, und sie werden vor ihm sprechen: Herr der Welt, gut hast du gerichtet, gut hast du geurteilt, gut hast du an uns getan - ein Zeichen für ganz Israel!

---

283 Text nach: MS München, Bayerische Staatsbibliothek, cod. hebr. 222. Zur Textgeschichte vgl. Buttenweiser, *Elias-Apokalypse*, 8f. Even-Shemuel, *Midreshe Geʾulla*, 301 hat eine sehr ähnliche Rezension aufgrund einer Handschrift aus Privatbesitz (MS Fishman bzw. Maimon = Mossad ha-Rav Kook, Jerusalem?) veröffentlicht (vgl. aaO., 341 und die *varia lectiones* 436). Ein Geniza-Fragment, T.-S. A 45.6, enthält eine kürzere Rezension, in der das Qaddish nicht erwähnt wird; vgl. Hopkins, *Miscellany*, 11ff.

284 Zur Bedeutung des Wortes השאננות vgl. Jes 32,9; dann auch bBer 17a.

[E] Zu jener Stunde öffnet der Heilige, gepriesen sei er, die Tore des Garten Eden und führt sie hinein zu Israel, wie es heißt: *Öffnet die Tore, und es kommt ein gerechtes Volk, das Glauben bewahrt* (Jes 26,2).

Auch in dieser Fassung der Schilderung der Vorgänge beim endzeitlichen Gericht finden sich erneut fast alle aus ABdRA A und Ps-SEZ bekannten Motive, wenn auch in charakteristischer Weise bearbeitet bzw. abgewandelt. So fällt auf, daß in dieser Fassung der Ort des Endgerichtes in das unvorstellbar große himmlische *bet midrash*, die im Bavli oft erwähnte *metivta de-reqia*ᶜ verlegt wird [A].[285] Außerdem findet sich in dieser Fassung ein Hinweis auf die Stellung der Frauen im Endgericht [B]: Als Lohn für die aufopferungsvolle Unterstützung des Studiums ihrer Söhne dürfen sie demnach das göttliche Gericht von der »Frauenabteilung« des himmlischen *bet ha-midrash* aus verfolgen - ein Zusatz, der auf eine vom Bavli (vgl. bBer 17a) abhängige Bearbeitung dieser Fassung des Midrash hindeutet.[286]

Neben diesen auf die Bedeutung des Studiums hinweisenden Details ist schließlich zu beachten, daß der als Messiasprätendent erwähnte Zerubbavel hier das Qaddish nicht etwa nach einem Aggada-Vortrag spricht, sondern nach einem von ihm selbst vorgetragenen Targum [B]. Überdies ist hier der Zerubbavel in den Mund gelegte Anfang des Qaddish (mit einem zusätzlichen *mequdash* und einer Ewigkeitsformel) trotz des zuvor erwähnten Targum-Vortrags in Hebräisch und nicht - wie eigentlich zu erwarten wäre - in Aramäisch formuliert. Wie dieser auffällige sprachliche Befund zu erklären ist, braucht hier nicht weiter zu beschäftigen.[287] Wichtig ist, daß sich auch an dieser Fassung eine universalisierende Tendenz beobachten läßt. Neben den Frevlern aus Israel (פושעי ישראל), die aus dem Gehinnom mit Amen antworten, werden

---

[285] Vgl. dazu z. B. bGit 68a; bBM 86a; bTaan 21b; bSot 7b; bEr 21a; bYev 105b. Dort wird allerdings nur der aramäische Terminus, מתיבתא דרקיע (»das Lehrhaus der *reqia*ᶜ«), verwendet. Häufiger ist das בית דין שלמעלה (vgl. z. B. BerR 64,4 [Theodor/Albeck 704]) belegt, was stärker an das Motiv des »himmlischen Tempels« erinnert. Eine genaue Entsprechung zu dem hier verwendeten Ausdruck findet sich erst in einer gewiß sehr spät entstandenen Apokalypse jemenitischer Herkunft, die Even-Shemuel, *Midreshe Ge'ulla*, 348-350 unter der Bezeichnung תּוֹרַת הַמָּשִׁיחַ veröffentlicht hat.

[286] Vgl. zu diesem Detail Ginzberg, *Legends*, Bd. 5, 32f., ferner die Erläuterungen von Fine, *Chancel*, 69ff.

[287] Für den Autor dieses Midrash war es demnach unproblematisch, daß die doxologische Formel sprachlich mit dem zuvor rezitierten Targum nicht im Einklang stand. Der Wechsel zwischen der »Sprache des Targum« und Hebräisch ist von ihm, trotz traditioneller Erklärungen, die die Verwendung des Aramäischen im Qaddish auf einen vorangehenden aramäischen Aggada-Vortrag zurückführen wollten, nicht als störend empfunden worden. Die These, das Qaddish sei zum Teil in Aramäisch verfaßt worden, um einen aramäischen Lehrvortrag (»Aggada«) abzuschließen (so etwa schon die Tosafot zu bBer 3a, dann auch Karl, "הַקַּדִּישׁ", 430), ist also nicht nur aufgrund des sprachlichen Befundes in den untersuchten Qaddish-Rezensionen, sondern auch angesichts dieses Textes unwahrscheinlich. Vgl. dazu auch unten Kap. IV.4.

hier auch die »Ungehorsamen« (המורדים) erwähnt. Der Lobpreis der Frevler über das über sie verhängte Urteil wird dabei als »Zeichen für ganz Israel« interpretiert [D]. Die »Frevler« erkennen also das über sie verhängte Urteil mit einer Art *ṣidduq ha-din*-Gebet[288] an und fügen sich dem Ratschluß Gottes.

Trotz gewisser Übereinstimmungen mit der traditionellen Sicht wird der Responsion der Formel in dieser Fassung also nicht mehr dieselbe, unmittelbar Erlösung bewirkende Funktion zugedacht. Die Rezitation des Gebetes macht Gott nur auf die Frevler im Gehinnom aufmerksam; wichtiger ist wieder das Amen, denn erst nachdem Gott erfahren hat, was es mit diesem Amen auf sich hat [C], veranlaßt er, die Frevler (wiederum unter Verweis auf den bekannten *ʿal tiqre*-Midrash von Jes 26,2) aus dem Gehinnom »hinaufzuholen«.

Herkunft und Alter dieser Fassung der Midrash-Apokalypse sind angesichts der auch in ihr auszumachenden eigenen Tendenzen fast noch schwerer zu bestimmen als die Fassung in ABdRA A. In *Pereq Mashiaḥ* wird der Stoff zwar im Namen eines Tannaiten überliefert. Doch ist diese Zuschreibung wohl erst nachträglich erfolgt, um das Ansehen dieser Überlieferung zu stützen.[289] Zurecht vermutet daher bereits A. Jellinek auch aufgrund anderer in *Pereq Mashiaḥ* verarbeiteter Überlieferungen, daß diese Schrift erst aus gaonäischer Zeit stammt.[290] Wie ABdRA A *zayin* und Ps-SEZ dürfte also auch die Fassung in *Pereq Mashiaḥ* erst am Ende einer langen Entwicklung stehen, wobei die doxologische Formel am Schluß nicht mehr so hoch im Kurs gestanden zu haben scheint wie das midrash-exegetisch begründete bloße Amen.

3.7 Zusammenfassung

Der Vergleich des exegetischen Midrash QohR 9,14, MMish 10 und 14 sowie aller wichtigen Fassungen der auf dem *ʿal tiqre*-Midrash aufbauenden Midrash-Apokalypsen ergibt somit, daß die Vorstellung eines engen Zusammenhangs von Rezitation der doxologischen Formel (als *pars pro toto* des zusammen mit dem *sheliaḥ ṣibbur* rezitierten *yitgadal*) nach dem Studium der Tora, Aggada oder dem Targum-Vortrag und ihrer soteriologischen Wirkung offenbar zum älteren Bestand einer in amoräische Zeit zurückzuverfolgenden aggadischen Überlieferung gehörte, die in nach-talmudischer Zeit in verschiedenen, nicht mehr genau zu rekonstruierenden Phasen literarisch bearbeitet, ergänzt und erweitert wurde.

Deutlich auszumachen sind die unterschiedlichen Tendenzen bei der Bearbeitung der älteren Überlieferung: Während etwa in ABdRA A *zayin*, d. h. in

---

[288] S. dazu bereits oben Anm. 272. Vgl. ferner unten Kap. IV.2.3.

[289] Im übrigen ist unklar, welcher Tannait mit dem Namen Eliʿezer ben Yaʿaqov gemeint ist. Vgl. dazu etwa Stemberger, *Einleitung*, 85.

[290] Jellinek bemerkt, daß in »diesen Abschnitten die alte Pesikta . . ., der Alfabet-Midrasch des R. Akiba und die Messiaslegende« (BHM III, XVIIIf.) benutzt wurden.

einer sehr breit ausgestalteten Fassung, der ältere Stoff verwendet wurde, um auf die Idee der unvorstellbaren Größe Gottes und auf die kosmische Dimension des Endgerichtes hinzuweisen, wurde die Apokalypse in *Pereq Mashiaḥ* mit ethisierenden Zusätzen versehen und enger mit der Vorstellung von der Gerechtigkeit des göttlichen Ratschlusses (*ṣidduq ha-din*) verbunden.

In Ps-SEZ fällt im Vergleich zu den anderen Fassungen auf, daß nicht nur »die Gerechten Israels« in das Heilsgeschehen einbezogen werden, sondern auch die »Frevler«. Das durch die Rezitation des Qaddish zu bewirkende Geschehen wird über die traditionell festgelegten Grenzen hinweg ausgedehnt - eine Tendenz, die in ABdRA A *zayin* (zumindest in einigen Handschriften) dahingehend ausgebaut wurde, sogar den »Gerechten der Völker der Welt« eine Möglichkeit der Umkehr und Teilhabe am Heilsgeschehen zuzugestehen.

Alle Fassungen dieses aggadischen Stoffes sind eng mit dem aus bShab 119b bekannten *ʿal tiqre*-Midrash von Jes 26,2 verknüpft. Zweifellos gehörte dieser Midrash zum ältesten Grundbestand eines Stoffes, der im Laufe der Zeit weiter ausgestaltet wurde und selbst dann noch eine Rolle spielte, als er selbst nicht mehr explizit erwähnt wurde.

Wie in bShab 119b läßt sich an den Midrash-Apokalypsen dabei nicht mehr erkennen, ob diese Entwicklung von Beginn an mit dem gesamten Wortlaut des Qaddish verbunden war oder nur mit einer doxologischen Formel und dem Amen. Erst in ABdRA A *zayin* [C] - einer späten Fassung des Midrash-Stoffes - wird ausdrücklich auch auf den ersten Abschnitt des Qaddish hingewiesen. In *Pereq Mashiaḥ* wird die Formel dann sogar durch ein *mequdash* erweitert und in Hebräisch überliefert - und dies, obwohl auch diese Fassung wahrscheinlich erst relativ spät entstanden ist, der aramäische Wortlaut des Qaddish also bereits bekannt gewesen sein muß. Wie in alten Rezensionen des Qaddish, so läßt sich also auch in diesen Midrash-Apokalypsen die Fluktuation der Textgestalt und der Sprache(n) des Qaddish beobachten. Die Deutung der Wirkung und die Wichtigkeit der Rezitation des mit der doxologischen Formel angedeuteten Gebetes unterlag also wie seine Textgestalt noch in nach-talmudischer Zeit gewissen Schwankungen, die auch seine Rezeption beeinflußt haben dürften.

4. Zwischenergebnisse

Die Untersuchung aller wichtigen Hinweise auf das Qaddish in der sog. »klassischen« rabbinischen Literatur und einigen weniger bekannten Midrashim bzw. Midrash-Apokalypsen gelangt somit zu folgenden Ergebnissen:

(1) In nahezu allen untersuchten Texten wird nur die auch in den meisten Rezensionen des Qaddish enthaltene doxologische Formel *yehe sheme rabba mevarakh* (oder *yehi shemo ha-gadol mevorakh* o. ä.) erwähnt. Gelegentlich wird dieser Namensformel zwar auch ein Amen vorangestellt, wodurch sich der Eindruck verstärkt, an diesen Stellen sei ein responsorisch rezitiertes Gebet wie das Qaddish gemeint; erst in der nach-talmudischen Midrash-Apokalypse ABdRA A *zayin* werden der Formel jedoch auch die Anfangsworte des ersten Abschnitts (*yitgadal we-yitqadash*) des Qaddish vorangestellt. Auch wenn somit bereits in der traditionellen Kommentarliteratur die meisten untersuchten Stellen aus dem Bavli stets mit dem Qaddish in Verbindung gebracht werden, bleiben genaue Rückschlüsse auf »den« Wortlaut »des« Qaddish in den Texten des untersuchten Zeitraumes problematisch. Nicht auszuschließen ist, daß verschiedene Versionen des Qaddish durch dieselbe Formel angedeutet wurden; außerdem muß man damit rechnen, daß die Formel zunächst gesondert verwendet worden ist und erst im Nachhinein als *pars pro toto* eines längeren Textes gedeutet wurde. Auf eine anfänglich separate Verwendung der Formel deutet sowohl der Befund in der palästinischen Targum-Tradition als auch in SifDev 306 hin.

(2) Die meisten Überlieferungen zur doxologischen Formel finden sich auffälligerweise (erst) im Bavli. In ihnen spiegelt sich zunächst ein besonderes Interesse am Vortrag und der richtigen Rezitation der Formel wider. Darüber hinaus werden im Bavli unterschiedliche Deutungen der Wirkung ihrer Rezitation überliefert, wobei stets vorausgesetzt scheint, daß sie in einem liturgischen Kontext in der Synagoge verwendet wird. Die einzige Stelle, die die Formel mit einem spezifischen Ort in Verbindung bringt (bSot 49a), erwähnt sie im Zusammenhang mit einem *qedusha de-sidra* genannten Gebet. An den übrigen Stellen im Bavli wird die Formel im Zusammenhang mit anderen synagogalen Gebeten wie der *qedusha de-ʿamida* (bBer 21b), dem Hallel (bSuk 38b-39a) und dem *shemaʿ* (bBer 57a) erwähnt. Das Bild vom Qaddish als einem Gebet, welches »im Lehrhaus«, d. h. nach dem Studium der Schrift bzw. seiner Auslegung, dem Aggada-Vortrag, verwendet wurde, beruht also neben dem Diktum in bSot 49a auf aggadischen Texten aus nach-talmudischer Zeit (QohR 9,14; MMish 10.14; Ps-SEZ, ABdRA A *zayin*). Inwieweit dieses Bild auf frühere Phasen der Entwicklung übertragen werden kann, muß offen bleiben.

(3) Daß das Qaddish bereits im Bavli als ein synagogales Gebet betrachtet

wird, ist daran zu erkennen, daß es mit der *qedusha (de-ʿamida)*, einem Gebet, das nur in einem *minyan* (bBer 21b [A]) rezitiert werden soll, in Verbindung gebracht wird. Das anfänglich vielleicht nur auf die *qedusha* angewandte Gebot, daß eine *davar she-bi-qedusha* (bMeg 23b) ein gewisses Quorum verlangt, wurde anscheinend auf das *yehe sheme rabba* übertragen, auch wenn sich eindeutige Belege hierfür erst in einem gaonäischen Text finden.

(4) Der Eindruck, es handele sich bei der Formel um ein in der synagogalen Liturgie verwendetes Gebet, wird ebenso durch die Überlieferungen gestützt, die die sühnende Wirkung ihrer Rezitation hervorheben. Diese Vorstellung wird zwar in den Midrashim und Midrash-Apokalypsen im Anschluß an bShab 119b ausschließlich mit ihrer Verwendung nach dem Studium oder dem Aggada-Vortrag in Verbindung gebracht. Im Bavli jedoch finden sich jedoch vor allem Überlieferungen, die der Rezitation der Formel eine das aktuelle Gottesverhältnis betreffende Funktion beimessen. Auch dieser Gedanke paßt besser zu einer Verwendung der Formel im täglichen Gebet. Offensichtlich wurde das *yehe sheme rabba mevarakh* im Kontext vergleichbarer synagogaler Gebete anders gedeutet als im Kontext der an besonderen Tagen (Shabbatot, Montagen und Donnerstagen oder Feiertagen) stattfindenden Tora-Lesungen mit anschließendem Targum- oder Aggadavortrag.

(5) Im alten palästinischen Ritus hat das Qaddish (soweit es in ihm überhaupt bekannt war) sicher nicht die gleiche Stellung eingenommen wie im (späteren) babylonischen. Hierauf deutet bereits hin, daß diesem Gebet in den in Palästina redigierten Hauptwerken der rabbinischen Literatur - der Mishna, den halakhischen Midrashim und (vielleicht mit Ausnahme von bBer 3a, wenn es sich nicht um eine pseudepigraphische Baraita handelt) auch in den Baraitot - keine Beachtung geschenkt worden ist. Das Qaddish ist diesbezüglich mit der *qedusha (de-ʿamida)* vergleichbar. Wie diese im Achtzehn-Bitten-Gebet rezitierte *qedusha* im palästinischen Ritus anfänglich nur an Shabbatot und an den Hohen Feiertagen rezitiert wurde, in Babylonien dagegen schon früher im täglichen Gebet Verwendung fand, so scheint auch die Verwendung des Qaddish im palästinischen Ritus anfänglich (nur) mit der Schriftlesung (am Shabbat) verknüpft gewesen zu sein. Das im Bavli erkennbare Interesse an der Formel deutet dagegen auf eine regelmäßigere Verwendung hin, dürfte im babylonischen Ritus also bereits eher im täglichen Gebet verwendet worden sein.

III. Die Rezeption des Qaddish in der Hekhalot-Literatur

Die Untersuchung der sog. Hekhalot-Literatur, also jener mystisch-magischen Texte, die sich mit dem »Abstieg« zur Merkava, dem himmlischen Thronwagen, befassen[1], ist für die Frage nach Entstehung und Rezeption des Qaddish aus zwei Gründen von besonderem Interesse: Zum einen ist im Gefolge von Ph. Bloch vermutet worden[2], der vierte, litaneiartige Abschnitt des Qaddish sei von den sog. *yorede merkava* beeinflußt, wenn nicht sogar erst von ihnen in einen ursprünglich kürzeren Text des Qaddish eingefügt worden. Außerdem wurde sowohl wegen einiger inhaltlicher Affinitäten zur Hekhalot-Literatur als auch aufgrund einiger Hinweise in der »klassischen« rabbinischen Literatur behauptet, das Qaddish sei wie die *qedusha* (Jes 6,3; Ez 3,12) von den »Mystikern« in die Liturgie eingeführt worden.[3]

Daß die *qedusha*, das bereits im Tempelgottesdienst verwendete Trishagion, zu den von den Verfassern der Hekhalot-Literatur auffallend häufig verwendeten Gebeten zählt, ist oft beobachtet und mittlerweile auch gründlicher untersucht worden.[4] Wie jedoch das Verhältnis des bereits im Bavli (bSot 49a; bBer 21b) in enger Nachbarschaft zur *qedusha* erwähnten *yehe sheme rabba mevarakh* auf dem Hintergrund der Hekhalot-Literatur im einzelnen zu beurteilen ist, wurde bislang nicht genauer beachtet. Meist begnügte man sich mit der Annahme, beide Gebete hätten aufgrund ihres Charakters als Heiligungsgebete und weil sie von »den Mystikern« besonders geschätzt worden wären, eine vergleichbare Entwicklung durchlaufen.

Wie das Verhältnis des Qaddish zur Hekhalot-Literatur im einzelnen zu beschreiben ist, bedarf allerdings nicht nur wegen dieser von Bloch angeregten Überlegungen zur Herkunft des Qaddish einer erneuten Untersuchung. Zu berücksichtigen ist zunächst auch, daß sich die »Ausgangslage« im Hinblick auf jegliche Beschäftigung mit der Hekhalot-Literatur stark gewandelt hat. Konnte etwa noch G. Scholem in seiner klassischen Darstellung der Anfänge der jüdischen Mystik die zentralen Vorstellungen der Hekhalot-Literatur bis ins 1-2.

---

[1] Zu der eigentümlichen Ausdrucksweise, die vom »*Ab*stieg« der Mystiker spricht, obwohl vom »*Auf*stieg« die Rede sein müßte, vgl. Kuyt, *Descent*; Schäfer, *Mystik*, 2 Anm. 5.

[2] Vgl. oben S. 4. Zum Problem vgl. auch Hoffman, *Canonization*, 59f.

[3] So explizit etwa wieder Trepp, *Gottesdienst*, 155.

[4] Vgl. hierzu bereits Elbogen, *Gottesdienst*, 18. Zur Rezeption der *qedusha* in der Hekhalot-Literatur vgl. Altmann, שירי־קדושה; Gruenwald, שירת המלאכים, 459-481; Bar-Ilan, קווי יסוד, 5-20; Fleischer, קדושת העמידה, 302 Anm. 4; dann auch Renner, *Qedusha*.

Jh. datieren und sie im Zentrum des rabbinischen Judentums ansiedeln[5], so wird heute, nach einer intensiveren Erforschung, das Verhältnis der einzelnen »Schriften« der Hekhalot-Literatur untereinander und zur »klassischen« rabbinischen Literatur wesentlich differenzierter beurteilt. Selbst die Frage, welche »Schriften« zur Hekhalot-Literatur im eigentlichen Sinne zu zählen sind, wird nach umfangreichen Analysen der handschriftlichen Überlieferung sowie einiger redaktions- und traditionsgeschichtlicher Studien anders beantwortet.[6]

Aufgrund des fluktuierenden Charakters der handschriftlichen Überlieferung der im engeren Sinn zur Hekhalot-Literatur zu zählenden »Makroformen«[7] ist von einem dynamischen Prozeß der Vertextung der literarischen Einheiten auszugehen. Eine absolute Datierung von »Endredaktionen« oder einer Definition von »Urtexten« einzelner »Schriften«, wie sie in der Forschung lange vertreten wurde, erweist sich somit als problematisch.[8] Auch wenn einzelne der in der Hekhalot-Literatur überlieferten *Traditionen* weit in das spätantike Judentum der tannaitischen und amoräischen Zeit zurückreichen mögen, ist ihre »redaktionelle Endgestalt«, wie bereits von H. Graetz und Ph. Bloch vermutet, wohl erst in »nach-rabbinische« Zeit anzusetzen.[9] Das Phänomen »Hekhalot-Literatur« ist insofern trotz literarischer und inhaltlicher Affinitäten außerhalb des »klassischen« rabbinischen Judentums anzusiedeln.[10]

Die Analyse der innerhalb der »Schriften« der Hekhalot-Literatur auszumachenden Hinweise auf das Qaddish hat dabei unterschiedliche, sich in den einzelnen Makroformen widerspiegelnde Konzepte zu beachten. Und erst nach der Einzelanalyse der in Frage kommenden Belege wird man fragen können, wie das Verhältnis dieser Texte zu Stellen in der »klassischen« rabbinischen Literatur insgesamt zu beschreiben ist und welchen Einfluß auf Gebete wie das Qaddish die vom »main stream« des Judentums zu unterscheidenden *yorede merkava*[11] tatsächlich gehabt haben können.

---

[5] Vgl. Scholem, *Gnosticism*, 7; ders., *Mystik*, 49.

[6] Dies ist etwa im Hinblick auf die im Zusammenhang mit dem Qaddish oft erwähnte Schrift *Re'uyyot Yeḥezqel* zu beachten (vgl. Kap. III.2.3.4). Im folgenden wird davon ausgegangen, daß zur eigentlichen Hekhalot-Literatur nur *Hekhalot Rabbati*, *Hekhalot Zuṭarti*, *Maʿaśe Merkava*, *Merkava Rabba* und das 3. Buch des Henoch zu zählen sind. In ihrer Zuordnung problematisch ist dagegen die *Seder Rabba di-Bereshit* genannte »Schrift«. In sie ist wie in *Massekhet Hekhalot* lediglich älteres Material aufgenommen (vgl. ÜHL II, XI). Zur Abgrenzung der Hekhalot-Literatur vgl. SHL, VIff.; Schäfer, *Mystik*, 7f.

[7] Vgl. zu diesem Terminus als Bezeichnung für eine übergeordnete literarische Einheit, der versucht, dem fluktuierenden Charakter der Texte der Hekhalot-Literatur Rechnung zu tragen, Schäfer, *Handschriften*, 200; ders., *Mystik*, 6 Anm. 15.

[8] Zum Problem der Überlieferung der Handschriften der Hekhalot-Literatur, insbesondere in Ashkenaz, vgl. etwa Ta-Shma, הוספות, 581f., und s. auch Herrmann / Rohrbacher-Sticker, *Traditionen*, 101-149; ferner Dan, תורת הסוד, 42ff.

[9] Vgl. Schäfer, *Aim*, 293.

[10] Vgl. z. B. Halperin, *Faces*, 100; s. auch Herrmann, *Massekhet Hekhalot*, 16f.

[11] Zum Problem der soziologischen Einordnung der Tradenten und Verfasser der Hekhalot-Literatur s. z. B. Halperin, *Faces*, 437, der annimmt, die Trägerkreise der Hekhalot-Literatur

In einem ersten Abschnitt des folgenden Kapitels wird es um die Rezeption der *doxologischen Formel* in der Hekhalot-Literatur gehen. Hierbei wird an die im vorangegangenen Kapitel verfolgte Fragestellung angeknüpft. In einem weiteren Abschnitt wird das Verhältnis der litaneiartigen Gebetstexte der Hekhalot-Literatur zum vierten Abschnitt des Halb-Qaddish analysiert. Es soll geklärt werden, ob sich formal, stilistisch und inhaltlich belegen läßt, daß der fragliche Abschnitt des Qaddish von den Gebeten der Hekhalot-Literatur »beeinflußt« wurde.[12] Die Ergebnisse der Untersuchung der Rezeption des Qaddish in der Hekhalot-Literatur und die Erörterung der Frage nach einer möglichen Beeinflussung des Qaddish durch jene Kreise, die diese Literatur hervorgebracht haben, bilden die Voraussetzung für die Analyse der gaonäischen Quellen, die auf das Qaddish eingehen.

1. Die doxologische Formel in der Hekhalot Literatur

Der einzige Beleg in den zur Hekhalot-Literatur zu zählenden Texten für den Gebrauch der aus der »klassischen« rabbinischen Literatur und den späteren Midrash-Apokalypsen bekannten doxologischen Formel (des Qaddish) findet sich in einem Abschnitt der Makroform *Hekhalot Rabbati*[13], der üblicherweise als David-Apokalypse bezeichnet wird.[14] Diese kurze »Apokalypse«[15] gehört

---

seien im *ʿam ha-areṣ*, den »Jewish masses«, zu suchen. Schäfer, *Mystik*, 154ff. dagegen läßt angesichts des gegenwärtigen Forschungsstandes jede soziologische Einordnung der Kreise, die die Hekhalot-Literatur hervorgebracht und tradiert haben, offen.

[12] Das mit der Frage nach dem Einfluß »der Mystiker« verbundene grundsätzlichere Problem, ob es sinnvoll ist, von »mystischem Einfluß« auf ein Gebet wie dem Qaddish zu sprechen, muß hier ausgeklammert bleiben. Der formale Vergleich zwischen einigen Gebeten, die in der Hekhalot-Literatur überliefert werden, soll nicht der Klärung der Frage dienen, ob die »Mystik«, die in den Hekhalot-Texten zum Ausdruck kommt, auf die »Mystik« des Qaddish Einfluß genommen hat. Zur Frage, inwieweit sich die »Mystik« der Hekhalot-Literatur von der »Mystik« in anderen rabbinischen Schriften unterscheidet, vgl. die methodologischen Überlegungen von Gruenwald, לבעיית המחקר, 297-315. Ausgeklammert wird im folgenden ebenso die Frage, ob zwischen »rationalen« und »mystischen« Gebeten unterschieden werden kann. Vgl. hierzu etwa Alexander, *Prayer*, 60; Hoffman, *Censoring*, 30; ferner Halamish, בעיות, 199-223.

[13] Zum Aufbau dieser Makroform vgl. Schäfer, *Handschriften*, 199ff.; Goldberg, *Bemerkungen*, 16f.; Schäfer, *Problem*, 66f.

[14] Zwar wird auch in der Makroform *Seder Rabba di-Bereshit*, SHL § 539 M2 (819 O1), ei-ne mit der doxologischen Formel des Qaddish vergleichbare Doxologie (ברוך יהי שמך מבורך לעלם ולעלמי עולמים) überliefert; ein Bezug zu der Formel des Qaddish liegt an dieser Stelle jedoch nicht vor. Unberücksichtigt kann im folgenden auch die Erwähnung der Formel in Midrash *Konen* (BHM II, 26) bleiben, da auch dieses Werk nicht zur eigentlichen Hekhalot-Literatur zu zählen ist. Auszuklammern sind ebenso die doxologischen Formeln in einem Zusatz-Targum zu Ez 1 (vgl. Weisz, פתיחה, 34-40 [= BatM II, 138-139]; Kasher, *Targumic Toseftot*, 192).

neben der *Aggadat Rabbi Yishmaʿel* (SHL §§ 130-139) und der *Messias-Aggada* (SHL §§ 140-145) zu den apokalyptischen Stücken der Hekhalot-Literatur. Vermutlich ist dieses Stück in *Hekhalot Rabbati* erst nachträglich eingearbeitet worden, um hierdurch die in dieser Makroform vorherrschende präsentische Eschatologie im Sinne einer traditionelleren Sicht zu korrigieren. Gewiß gehört es nicht zu den Hauptstücken dieser Makroform.[16]

1.1 'David-Apokalypse'

Nach einem italienischen Manuskript aus dem 15. Jh. (MS Budapest, Rabbinerseminar [Kaufmann] 238) lautet der Anfang der sog. David-Apokalypse[17]:

SHL § 122 B2

ג׳. אמ׳ ר׳ ישמעאל סח לי סנוניאל שר הפנים ידידי שב בחיקי ואגיד לך מה תהא על
ישראל. ישבתי בחיקו והיה מסתכל בי ובוכה והיו דמעות יורות מעיניו ונופלות על
{פניו} פניי אמרתי לו הדר זיו מרום מפני מה אתה בוכה. אמ׳ לי ידידי בוא ואכניסך
ואודיעך מה גנזו להם לישראל עם קדוש תפשני והכניסני לחדרי חדרים לגנזי גנזים
לאוצרות. נטל את הפנקסים ופתח והראני איגרות כתובות צרות משונות זו מזו אמרתי לו
למי אמ׳ לי לישראל. אמרתי לו ויכולין ישראל לעמוד בהן. ואמר לי למחר בוא ואודיעך
צרות משונות מאלה למחר הכניסני לחדרי חדרים והראני צרות קשות מן הראשונות אשר
לחרב לחרב ואשר לרעב לרעב ואשר לשבי לשבי אמרתי לו הדר זיוי ישראל בלבד חטאו אמ׳
לי בכל יום ויום מתחדשות להם צרות קשות מאלה וכיון שנכנסין לבתי כנסיות ועונין
אמן יהא שמיה רבא מברך אין אנו מניחים לצאת מחדרי חדרים.

[A] (Halakha) 3. Rabbi Yishmaʿel sagte: SNWNYʾL[18], der Fürst des Angesichts, sprach zu mir: Mein Liebling, setz dich auf meinen Schoß, und ich werde dir berichten, wie es Israel ergehen wird.

[B] Ich setzte mich auf seinen Schoß. Er sah mich an und weinte. Tränen schossen aus seinen Augen und rannen auf {sein Gesicht} mein Gesicht herab.

[C] Ich sagte zu ihm: Zier des Glanzes der Höhe, warum weinst du? Er sprach zu mir: Mein Liebling, komm, ich will dich einführen und dir Kenntnis geben von dem, was

---

[15] Die in der Forschungsliteratur übliche Bezeichnung »David-Apokalypse« für diesen Abschnitt ist irreführend, da nicht David der Offenbarungsempfänger und Protagonist des Visionsberichtes dieser Apokalypse ist, sondern Rabbi Yishmaʿel.

[16] Vgl. hierzu Schäfer, *Mystik*, 43 Anm. 140. Zur präsentischen Eschatologie in *Hekhalot Rabbati* vgl. auch die sog. *gedulla*-Hymnen (SHL §§ 81-93), und s. hierzu Wewers, *Überlegenheit*, 18f. und 21.

[17] Vgl. SHL, XVII; ÜHL II, XVI. - Die andere wichtige Hekhalot-Handschrift, die diese Passage überliefert (MS New York, JTS 8128; ashkenazisch, 15. Jh.; vgl. SHL), weist keine nennenswerten Varianten zu dem zitierten Text auf (vgl. zur Herkunft und Besonderheit dieser Handschrift jedoch Herrmann / Rohrbacher-Sticker, *Traditionen*, 102). Die Mikroform wird außerdem in MS Oxford, Michael 174, Opp. 495 und in MS New York, Enelow 704 unter dem Titel *hushbena de-qeṣa de-Rabbi Shimʿon ben Yoḥai* sowie in zahlreichen anderen Handschriften zur Hekhalot-Literatur überliefert. Vgl. noch »Rezension V« bei Reeg, *Geschichte*, 58*.

[18] Vgl. zu diesem Engelnamen Anm. 24.

sie Israel verborgen haben, dem heiligen Volk.

[D] Er nahm mich und führte mich in die Gemächer der Gemächer, in die verborgenen Schatzkammern und die Vorratskammern.

[E] Er nahm die Schreibtafeln, öffnete (sie) und zeigte mir Schriftstücke, (in denen) voneinander verschiedene Bedrängnisse geschrieben waren.

[F] Ich sagte zu ihm: Für wen (bestimmt)? Er sprach zu mir: Für Israel. Ich sagte zu ihm: Kann Israel mit ihnen bestehen? Er sprach: Komm morgen (wieder), ich will dir Kenntnis geben von diesen verschiedenen Nöten.

[G] Am nächsten Tag führte er mich in die Gemächer der Gemächer und zeigte mir schlimmere Nöte als die ersten: *Wer für das Schwert - zum Schwert; wer für den Hunger - zum Hunger; wer für die Gefangenschaft - in die Gefangenschaft* (Jer 15,2).

[H] Ich sagte zu ihm: Zier meines Glanzes, hat nur Israel gesündigt? Er sprach zu mir: Tag für Tag kommen zu ihnen schwerere Nöte als diese[19] hinzu. Wenn sie sich in den Synagogen[20] versammeln und respondieren: *Amen! Yehe sheme rabba mevarakh*[21], gestatten wir (ihnen) nicht, aus den Gemächern zu entweichen.[22]

Auch dieser Abschnitt schildert eine Szene im Himmel, in der es wie in den Midrash-Apokalypsen um den Vorstellungszusammenhang von Studium und doxologischer Responsion der Gemeinde [H] geht. Betont wird wiederum der Gedanke, daß allein das von Israel auf der Erde rezitierte Gebet das von Gott bereits beschlossene Urteil aufheben kann. Aus der älteren Überlieferung bekannte Vorstellungen von der Beeinflussung Gottes sind in dieser Apokalypse offensichtlich aufgenommen und an den Kontext angepaßt worden. So ist im Vergleich zu den traditionell geprägten Schilderungen in Ps-SEZ, ABdRA A *zayin* und *Pereq Mashiaḥ* sowie der älteren talmudischen Überlieferung zunächst festzuhalten, daß hier eine »Himmelsreise« geschildert wird, in deren Verlauf einem Adepten die himmlischen Ratschlüsse über die Nöte (צרות) oder Strafverfügungen (גזרות) Israels offenbart werden. Im Mittelpunkt steht der bekannte Protagonist des Aufstiegs zur Schau des himmlischen Throns, Rabbi Yishmaᶜel, der stellvertretend für die Gemeinschaft ganz Israels steht.[23] In der geschilderten Szene wird dabei weder ein Messias oder ein Messias-Prätendent erwähnt, noch wird Gott durch das Gebet Israels zu einer Reaktion bewogen (wie in bBer 3a). Im Mittelpunkt des Geschehens steht vielmehr der Offenbarungsengel SNWNY'L.[24] Allein diesem Engel obliegt es, dem Mystiker die

---

19 MS New York liest גזירות (קשות) »(schwere[re]) Strafverfügungen«.

20 MS New York hat zusätzlich ולבית מדרשות, »und in die Lehrhäuser« - wie in einigen Textzeugen von bBer 3a [F]!

21 MS Leiden, Universitätsbibliothek, Or. 4730 hat hier die hebräische Lesart der doxologischen Formel (ohne Amen!): שמו הגדול (vgl. ÜHL II, 53 Anm. 31). MS New York hat יהא שמיה רבא.

22 Zur Übersetzung vgl. ÜHL II, 51-53.

23 Zu den individualisierenden Zügen des hier gezeichneten Bildes des *yored merkava* vgl. Wewers, *Überlegenheit*, 21; Dan, *Mysticism*, 137f.; Chernus, *Individual*, 253-274.

24 Ausgesprochen wird der Name vielleicht: Sanuniʾel. Es handelt sich um einen der 70 Namen Meṭaṭrons, des Himmelsfürsten; vgl. Lieberman, *Metatron*, 235ff.; Dan, *Mysticism*, 108ff.

Nöte zu offenbaren, die über Israel verhängt wurden und die von den anderen Engeln zurückgehalten werden.[25] Dem Engel kommt dabei die Rolle der thronenden Gottheit zu.[26] Auf seinem Schoß liegt allerdings nicht mehr die Tora-Rolle (wie in Ps-SEZ 20 [A]), sondern der Adept selbst nimmt auf ihm Platz.[27] Motive, die in den oben vorgestellten Fassungen des aggadischen Stoffes allein mit Gott bzw. seinem Messias in Verbindung gebracht werden, sind in dieser Apokalypse also auf einen Engel (bzw. *die* Engel) und einen Mystiker übertragen.[28]

Bemerkenswert an diesem Stück ist die Umdeutung des von der Gemeinde Israels in den Synagogen gesprochenen Gebetes: Die Responsion der doxologischen Formel durch Israel wird nicht mehr mit einer Tora-Lesung oder einem Aggada- bzw. Targum-Vortrag in Verbindung gebracht. Sie erfolgt, »wenn sie sich in den Synagogen (bzw. nach anderen Lesarten auch im *bet midrash*) versammeln« [H]. Anscheinend ist in diesem Abschnitt also kein Gebet im Blick, das (nur) an den für die Tora-Lesung vorgesehenen Tagen gesprochen wurde, sondern, wie zumeist im Bavli, ein *täglich* in der Liturgie rezitierter Text. Während das in Abschnitt [F] angedeutete Gerichtsmotiv nahezu völlig ausgeblendet wird, wird wie in bSot 49a der Gedanke hervorgehoben, daß die »Tag für Tag schlimmeren Nöte« nur aufgrund des Gebetes nicht aus »den Gemächern (חדרי חדרים) entweichen«[29] können (vgl. [H]).[30]

Die Eschatologie dieses Stückes hebt sich dabei, wie bereits angedeutet, deutlich von der sich in anderen Abschnitten von *Hekhalot Rabbati*[31] äußernden präsentischen Eschatologie ab. Zwar steht die Vorstellung von der Unmittelbarkeit der Wirkung des Gebets präsentisch-eschatologischen Vorstellungen, wie sie sich in den beim Aufstieg des Mystikers vorgetragenen Liedern

---

[25] Man beachte, daß der *angelus interpres* hier in der 1. Person Plural spricht! Den Engeln kommt in diesem Abschnitt also im Unterschied zu bBer 3a eine eigenständige Aufgabe zu.

[26] So wie Meṭaṭron, der in der vermutlich am Ende der literarischen Produktion der Hekhalot-Literatur entstandenen Makroform 3. Henoch (SHL §§ 1-80) als »kleiner YHWH« und als »Stellvertreter Gottes« bezeichnet werden kann (vgl. SHL § 13). S. dazu Schäfer, *Mystik*, 126f.

[27] Zum Motiv des Sitzens auf dem Schoß vgl. SHL § 125 und § 110 M2; § 111 D4.

[28] Obwohl in der Makroform *Hekhalot Rabbati* im Unterschied zu anderen Makroformen keine systematische Angelologie zu erkennen ist, fällt die Übertragung der Motive auf die Engel besonders auf, zumal die Engel in dieser Makroform oft mit anderen Aufgaben in Verbindung gebracht werden (vgl. hierzu Schäfer, *Engel*, 250-276). Nur eine Gruppe von Engeln, die in *Hekhalot Rabbati* in der Rolle von Fürsprechern Israels erwähnt werden, läßt sich vielleicht mit dem in § 122 angedeuteten Vorgang der Verhinderung weiterer Not Israels [H] in Verbindung bringen (vgl. SHL §§ 190ff.; § 158).

[29] Vgl. zu dieser für die Hekhalot-Literatur typischen Wendung SHL §§ 156 N8; 156 M2; 403 N8; 559 N8; 559 N8. S. ferner AgShir 13 (Schechter 13, Z. 298-301).

[30] Man beachte die Formulierung בכל יום ויום. Auch die Verwendung des Verses Jer 15,2 legt die Deutung auf innergeschichtliche Nöte oder Bestrafungen Israels nahe; vgl. hierzu z. B. SifDev 43 (Finkelstein 100); EkhaR *petiḥa* 23 (Buber 11b).

[31] Vgl. dazu etwa Wewers, *Überlegenheit*, 18f. und 21.

äußern, in gewisser Weise nahe. Mit dem *yehe sheme rabba* werden in der sog. David-Apokalypse aber wie in den oben untersuchten Midrash-Apokalypsen wohl vor allem futurisch-eschatologische Vorstellungen in Verbindung gebracht. Und diese stehen dem Selbstverständnis der Merkava-Mystiker, wie es sich in ihren Gebeten äußert, eindeutig entgegen. Der Hinweis auf die doxologische Formel im Qaddish setzt ihm also, indem es an die große Bedeutung der traditionellen Eschatologie erinnert, gewissermaßen einen Dämpfer auf.

1.2 Zusammenfassung

Die Analyse des einzigen Textes in der Hekhalot-Literatur, der mit dem Qaddish in Verbindung gebracht werden kann, gelangt somit zu dem Ergebnis, daß dem mit der doxologischen Formel angedeuteten Gebet unter den Autoren dieser Literatur keine besondere Stellung eingeräumt worden ist. Die Vermutung, das Qaddish sei von den Merkava-Mystikern besonders geschätzt oder sogar erst von ihnen in die Liturgie eingeführt worden, läßt sich aufgrund dieses Befundes nicht halten. Noch nicht einmal jenes Stück, in dem ein einziges Mal die bekannte doxologische Formel des Qaddish belegt ist, kann zu den genuinen Bestandteilen von *Hekhalot Rabbati* gerechnet werden. Im Unterschied zu anderen Gebeten der täglichen Liturgie, wie z. B. der *qedusha*, hatten die Autoren und Tradenten der Hekhalot-Literatur am Qaddish offensichtlich kein Interesse.[32]

Warum dieses Gebet nicht rezipiert wurde, ist den Texten selbst nicht zu entnehmen. Vermuten läßt sich, daß das Qaddish erst zu einem Zeitpunkt integraler Bestandteil der Liturgie wurde, als diese Literaturgattung bereits relativ ausgeformt war. Womöglich zeigt sich an der nicht erkennbaren Integrie-

---

[32] Zur *qedusha* als strukturellem Rahmen für Lieder der Hekhalot-Literatur vgl. unten S. 153 Anm. 55. Hingewiesen sei darauf, daß in der Makroform *Hekhalot Rabbati* außerdem die Gebets*zeiten* für das Achtzehn-Bitten-Gebet, *shaḥarit*, *minḥa* und *maʿariv* (!) (vgl. SHL § 163 O1) sowie das *barekhu*- und das *shemaʿ*-Gebet erwähnt werden (SHL § 296 B2). Vergleichbare Gebete aus der täglichen Liturgie waren dem Verfasser dieser Makroform also durchaus bekannt. In SHL § 323 B2 findet sich zudem ein Abschnitt aus dem *nishmat kol ḥai*, das nach palästinischem Ritus in der täglichen Morgenliturgie rezitiert wurde, im babylonischen jedoch nur an Shabbatot. Auch in den anderen Makroformen werden aus dem Siddur bekannte Gebete erwähnt; vgl. z. B. das *ʿalai le-shabbeaḥ* in SHL § 551 O1 (s. dazu unten S. 160 Anm. 75). Außerdem finden sich Anspielungen auf den Wortlaut des *shemaʿ* (SHL § 413) und auf die üblicherweise als Responsion auf die Erwähnung des Gottesnamens im *shemaʿ* gesprochene Formel בשכמל״ו (SHL §§ 553; 555; 571; 638). In SHL § 383 wird ferner das bekannte *mi kamokha* zitiert (vgl. ÜHL III, 89). Schließlich finden sich an den Wortlaut der *ʿamida* (vgl. G13; SHL § 576 N8) und an *yehi raṣon*-Gebete (vgl. z. B. SHL §§ 328 B2; 374 N1; 393 N1; 509 N1) angelehnte Formulierungen.

rung des Qaddish auch, daß es jünger ist als große Teile der Hekhalot-Literatur. Denkbar ist allerdings ebenso, daß die Zurückhaltung gegenüber diesem Gebet mit dem in den späten Midrash-Apokalypsen hervorgehobenen Verwendungsort des Qaddish »im Lehrhaus« zusammenhängt.

Zu beachten ist im übrigen der rezeptionsgeschichtliche Befund. So wird die zitierte Stelle unter der Bezeichnung *Pesiqta de-Rabbi Yishmaᶜel* in den Tosafot zu bShab 119b (s. zu dieser Stelle oben) erwähnt[33], und in der bereits mehrfach genannten Zusammenstellung aggadischer Überlieferungen zum Qaddish in der Londoner Handschrift des *Maḥzor Vitry*[34] wird sie neben den bekannten Stellen aus MMish zitiert. Die ursprünglich in der sog. David-Apokalypse zum Ausdruck gebrachte Sicht des Qaddish wird dabei auch hier völlig außer acht gelassen. Wie die Stellen aus MMish ist die sog. David-Apokalypse eklektisch und im Sinne mystischer Umdeutungen rezipiert worden.[35] Das in der Forschung bis heute verbreitete Bild des Qaddish als einem Gebet aus den Kreisen der Merkava-Mystiker verdankt sich erneut einer Entwicklung, die erst viel später, und zwar wahrscheinlich erst im 11.-13. Jh. in Ashkenaz in den Kreisen der Tradenten und Rezipienten der Midrash-Apokalypsen und der Hekhalot-Literatur ihren Ausgang nahm.[36]

---

[33] Zur Herkunft dieses Kommentars aus dem Lehrhaus des Rabbi Shimshon aus Sens (ca. Ende 12.- Anfang 13. Jh.) vgl. Urbach, בעלי התוספות, Bd. 2, 601.

[34] Vgl. *Machsor Vitry*, ed. Hurwitz, 55. In der *Siddur Rashi* genannten Rezension dieses Werkes wird die sog. David-Apokalypse allerdings nicht zitiert (vgl. ed. Buber, 9ff.). Nach Ta-Shma, מחזור ויטרי, 89 handelt es sich bei der von Buber edierten Handschrift um eine ältere Fassung des Maḥazor aus der Schule Rashis.

[35] Zu berücksichtigen ist dabei, daß die Handschriften, die diese Stelle aus der sog. David-Apokalypse innerhalb anderer Mikroformen der Hekhalot-Literatur überliefern, meist selbst aus den Kreisen eines ashkenazischen Judentums, vor allem aus Kreisen der sog. *ḥaside ashkenaz*, stammen. Nicht völlig auszuschließen ist daher, daß auch der untersuchte § 122 in seiner heute bekannten Fassung von dem von Ta-Shma, ספרייתם, 298-309; ders., הוספות, 581f. im Hinblick auf die Hekhalot-Literatur betonten »aggressiven Umgang« gewisser Kreise des ashkenazischen Judentums mit der älteren Textüberlieferung beeinflußt worden ist. Hierfür könnte man zudem anführen, daß diese Apokalypse in keiner »östlichen« Handschrift (oder einem Geniza-Fragment) belegt ist.

[36] Worauf das Interesse am Qaddish als mystischem Gebet zurückzuführen ist, bedürfte dabei einer eigenen Untersuchung. Bereits an dieser Stelle sei allerdings darauf hingewiesen, daß der untersuchte Abschnitt aus der sog. David-Apokalypse in den Kommentaren zum Qaddish, die den Kreisen der sog. *ḥaside ashkenaz* zugeschrieben werden, nicht erwähnt wird. Für die hohe Wertschätzung des Qaddish in dieser schwer eingrenzbaren Gruppe scheinen jedoch andere Vorstellungen und Ideen, wie z. B. numerologische Spekulationen, wichtiger gewesen zu sein. Vgl. *Sefer ha-Roqeaḥ ha-gadol*, ed. Shneurson, 248ff.; *Siddur Rabbenu Shelomo*, ed. Hershler, 76ff.; *Perush Siddur meyuḥas le-R'aBa''N*, ed. Hershler, 50ff.; 77f. Erst in Schriften, die sich dem sog. *keruv ha-meyuḥad* zuschreiben lassen, sind »mystische« Kommentare des Qaddish belegt; vgl. dazu Abrams, *Evolution*, 23 und 26; Dan, *Unique Cherub*, 233f.

2. 'Serienbildungen' in der Hekhalot-Literatur

Wie ist nun die von Bloch[37] in die Diskussion eingebrachte These zu beurteilen, die auffällig langen Reihen von Verben im *hitpaᶜel* und Substantiven im vierten Abschnitt des Qaddish seien auf den Einfluß der Mystiker zurückzuführen? Bloch beschränkt sich auf sehr knappe Bemerkungen bezüglich des Verhältnisses des Qaddish zur Hekhalot-Literatur. In Anlehnung an traditionelle Kommentare[38] deutet er an, daß sich sowohl in Gebeten der Hekhalot-Mystiker als auch im Qaddish Reihen von Verben im *hitpaᶜel* und Substantiven wie die Reihe תושבחתא ברכתא שירתא נחמתא finden. Dies sei auf einen gemeinsamen Ursprung zurückzuführen, von dem Bloch wie zuvor Graetz annimmt, daß er in Babylonien unter den *yorede merkava* zur Zeit der Geonim zu suchen sei.[39]

Die Äußerungen Blochs aufnehmend, ist auch G. Scholem auf das Phänomen der Hymnen der Hekhalot-Literatur eingegangen.[40] Scholem ging es allerdings nur um die bemerkenswert »übermäßige, rein pleonastische Häufung gleichbedeutender und gleichklingender Worte, durch welche der Gedankenfortschritt nicht im mindesten gefördert wird«.[41] Eine genauere Analyse einiger Serienbildungen der Hekhalot-Literatur hat erst J. Maier[42] unternommen. Analog zu Formen des biblischen Hymnus wird von ihm zwischen »appellativen« und »deskriptiven« Liedern[43] unterschieden, wobei er zwischen Attributserien, einfachen Wortfolgen, Serien zweigliedriger Einheiten, attributiven Satzserien, Wortwiederholungen, listenartigen Aufzählungen und Serien mit einer oder zwei Konstanten differenziert.[44] Aufgrund ihres Inhaltes sei zu vermuten, daß es sich bei diesen Liedern um »esoterisch motivierte Weiterbildungen kultisch-liturgischer Überlieferungen«[45] handle. In einer Überblicksdarstellung der Entwicklung der jüdischen Liturgie weist Maier einmal auch auf die Nähe des Qaddish zur Hekhalot-Mystik hin.[46]

---

[37] Bloch, *Mystiker*.

[38] Bereits der provenzalische Gelehrte Yehuda ben Yaqar weist in seinem *Perush ha-Tefillot*, Bd. 1, ed. Yerushalmi, 17, darauf hin, daß zwischen dem Qaddish und den Liedern aus der Makroform *Hekhalot Rabbati* (unter Hinweis auf SHL § 274; s. unten S. 155ff.) eine bemerkenswerte Nähe besteht. Vgl. auch Telsner, *Kaddish*, 170.

[39] Vgl. Bloch, *Mystiker*, 266, wo er auf BHM III, 100 (= SHL § 251 O1 bzw. § 260 N8) verweist.

[40] Vgl. Scholem, *Mystik*, 62.

[41] Bloch, *Mystiker*, 259 (zitiert von Scholem, *Mystik*, 63). Für Scholem ist nur von Interesse, daß sich diese Serien von nahezu synonymen Worten durch eine »meditiationsstimulierende Monotonie« auszeichnen, die »das *mysterium tremendum*, das schauervolle Geheimnis«, in Worten »reproduzieren«, wobei er solche Lieder im Anschluß an R. Otto (*Heilige*, 5f.) als »numinose Hymnen« bezeichnet.

[42] Vgl. Maier, *Serienbildung*.

[43] Maier überträgt dabei die Ergebnisse der formgeschichtlichen Untersuchung des biblischen Hymnus von Crüsemann, *Studien*, auf die Hekhalot-Lieder.

[44] Zu den Gebeten dieser Makroform vgl. ausführlich Swartz, *Prayer*, 198ff.

2.1 *Hekhalot Rabbati*

Geht man von den von Bloch erwähnten Texten aus, so ist zuerst ein Lied aus dem sog. Aufstiegsbericht[47] in *Hekhalot Rabbati* (SHL § 251 O1 bzw. 260 N8) zu betrachten.[48] Ausgerechnet dieses Lied enthält allerdings außer einer besonders langen, in Stichen von drei Worten angeordneten Serie von Substantiven[49] nicht viele mit dem Qaddish vergleichbare formale Elemente[50]:

SHL § 251 O1

1 כיון שעמד לפני כסא כבוד.
2 פותח ואומר שירה שכסא כבוד משורר בכל יום ויום
3 תהילה שירה וזמרה
4 ברכה שבח והלל וקילוס
5 תודה והודיות ניצוח וינגון
6 הגיון גילה צהלה
7 שמחה וששון רננות נועם
8 ענוה נוה אמת צדק
9 ויושר סגולה נוי ופאר
10 ועוז עילוס ועילוז ועילוץ ועילוי
11 נחת(ת) מנוחה ונחמה
12 שלוה השקט ושלום
13 שאנן בטח וטובה
14 אהבה חמדה חן וחסד. (. . .)

1 Wenn er vor dem Thron der Herrlichkeit steht,
2 stimmt er ein Loblied an, das der Thron der Herrlichkeit Tag für Tag singt.
3 Preisung, Loblied und Gesang,
4 Segen, Lobpreis und Lobgesang und Rühmen,
5 Dank und Danksagungen, Musizieren und Musik,
6 Rezitation, Frohlocken, Jauchzen,
7 Freude und Wonne, Jubel, Wohlgefallen,
8 Demut, Lieblichkeit, Wahrheit, Gerechtigkeit und Aufrichtigkeit,[51]
9 Eigentum (Gottes), Zierde und Pracht
10 und Gewalt, Vergnügen und Fröhlichkeit und Heiterkeit und Erhöhung,
11 Gleichmut, Ruhe und Trost,
12 Gelassenheit, Schweigen und Frieden,
13 Sorglosigkeit, Sicherheit und Güte,
14 Liebe, Gefallen, Gnade und Huld. (. . .)

Mit dem Qaddish lassen sich in dieser selbst für Lieder der Hekhalot-Literatur

---

[45] Maier, *Serienbildung*, 65.

[46] Vgl. Maier, *Geschichte*, 150 mit Anm. 74: »In der Tat enthält die esoterische Literatur viele qaddischartige Gebetswendungen«.

[47] Zum Kontext vgl. ÜHL II, XXX.

[48] Vgl. Bloch, *Mystiker*, 265f.

[49] Mit Maier, *Serienbildung*, 42ff. kann man auch von »einfachen Wortfolgen« sprechen.

[50] Vgl. die in SHL, 110-111 mitgeteilten Rezensionen aus N8, M4, M2, D4, V2 und B2. Zur hier gekürzt wiedergegebenen Übersetzung vgl. ÜHL II, 225-227.

ungewöhnlich langen Litanei eigentlich nur die Worte תשבחתא ברכתא שירתא vergleichen. Bei genauer Betrachtung wird allerdings auch das von Bloch als »strictes Synonym« von ברכתא, ושירתא, תושבחתא[52] verstandene Wort נחמה (Z. 11) nicht einfach bedeutungsgleich für נחת und מנוחה (Z. 11) gebraucht.[53] Auch wenn dieses Lied kein überzeugender Beleg für den Einfluß der Merkava-Mystiker auf die »hebräischen Anteile des Qaddish« ist, ergibt der Vergleich mit anderen Gebeten in *Hekhalot Rabbati*, daß Bloch zumindest auf die Makroform hingewiesen hat, in der das Stilmittel »Serienbildung« in seinen verschiedenen Variationen besonders häufig belegt ist.[54]

Ein weiteres mit dem Qaddish vergleichbares Lied findet sich am Schluß einer längeren Zusammenstellung von sog. *qedusha*-Liedern, einer für *Hekhalot Rabbati* besonders typischen, stets im Trishagion, Jes 6,3, kulminierenden Gebetsgattung[55]:

SHL § 153 O1 (§ 306 N8)

1 תתהדר
2 תרומם
3 תתנשא מלך מפואר
4 כי על כסא רם ונשא ומבוהל אתה שוכן
5 בחדרי היכל גאוה.

1 Sei geschmückt,
2 sei erhoben,
3 sei erhaben, prachtvoller König,
4 denn auf einem hohen und erhabenen und furchtbaren Thron wohnst du
5 in den Gemächern des *hekhal* der Erhabenheit.

Wie im Qaddish werden in diesem kurzen Lied die Wurzeln הדר, רמם und נשא im *hitpaʿel* verwendet. Im Unterschied zu seinem vierten Abschnitt wird Gott

---

[51] Vgl. zu dieser Formulierung Ps 45,5 und Zef 2,3.

[52] Vgl. Bloch, *Mystiker*, 264f.

[53] Das »schwierige Wort« נחמה wird also in der Hekhalot-Literatur nicht im Sinne von »Tröstungen« am Grabe, sondern als Hinweis auf die eschatologischen »Tröstungen« verstanden worden sein (vgl. auch SHL § 124 und 326). Auch an anderen Stellen kann das Wort auf die als נחמתא (»Tröstungen«) bezeichneten Prophetenlesungen bezogen werden. S. etwa SHL § 226 B2, und vgl. auch Pool, *Kaddish*, 63. S. dazu auch oben S. 56f.

[54] So fällt auf, daß in der Makroform *Hekhalot Zuṭarti* nur an einer Stelle (SHL § 593) eine kurze Reihe von Verben verwendet wird, die formal als Serienbildung bezeichnet werden kann. Auch in *Merkava Rabba* wird eine Serie aus Verben im *hitpaʿel* lediglich an einer einzigen Stelle überliefert, und zwar am Schluß dieser Makroform (SHL § 708 O1, M4). Das sog. 3. Henoch-Buch enthält keine Serienbildungen, und in *Seder Rabba di-Bereshit* findet sich ein Abschnitt, der offensichtlich aus *Hekhalot Rabbati* (SHL § 538 M2; vgl. §§ 188; 789) übernommen worden ist; vgl. dazu Séd, *Cosmologie*, 92 (*nusaḥ b*, Z. 335).

[55] Zur Übersetzung vgl. ÜHL II, 81f. - Nach Altmann, שירי־קדושה, 8f. gehören die sog. *qedusha*-Lieder (vgl. SHL §§ 94-106 und 152-169) zu den ältesten Bestandteilen der Hekhalot-Literatur. S. dazu auch Scholem, *Gnosticism*, 23.

hier allerdings stets in der 2. Person angeredet - ein Charakteristikum, das sich auch in anderen Liedern dieser Makroform beobachten läßt. Man vergleiche etwa die folgende kurze *melekh*-Litanei[56]:

SHL §§ 194-195 O1

1 תתהדר
2 תתרומם
3 ותתנשא מלך מפואר
4 תתברך
5 ותתקדש טוטרוסיאי יוי אלהי ישר׳

1 Sei verherrlicht,
2 sei erhoben,
3 sei erhaben, prachtvoller König.
4 Sei gepriesen,
5 sei geheiligt ṬWṬRWSYʾY, Herr, Gott Israels.

Neben solchen zum Teil attributiv erweiterten *hitpaʿel*-Reihen finden sich in *Hekhalot Rabbati* auch Verbserien, die stärker nach rhythmischen Gesichtspunkten gegliedert zu sein scheinen. Solche Reihen werden meist durch ein gleichbleibendes Element, z. B. durch das Wort כל, und ein durch eine Präposition (ב bzw. ל) angeschlossenes Substantiv gebildet. Ein Thronlied in *Hekhalot Rabbati*, das mit der Heiligung des Namens ṬWṬRWSYʾY[57] schließt, ist für diese Gestaltungsform besonders typisch[58]:

SHL § 257 O1 (§ 266 N8)

1 תמלוך לעולמים
2 ימלוך כסאך לדור דורים
3 מלך רחום וחנון
4 מוחלן וסוחלן
5 מגלגל ומעביר
6 תתהדר בכל שיר
7 תתפאר בכל נועם
8 תתרומם על היכל גאוה
9 תתנשא על עטורי פאר
10 תתגבה בכל המעשים
11 תתגאה על כל יצורים
12 תתכבד על כסא כבודך
13 תתיקר על כלי חמדתך

[56] Vgl. ÜHL II, 135f.

[57] Einer der in Hekhalot Rabbati dominierenden Gottesnamen; vgl. Scholem, *Mystik*, 396 Anm. 58; Schäfer, *Mystik*, 20.

[58] Zum Aufbau dieses Liedes vgl. Maier, *Serienbildung*, 45; Bar-Ilan, סתרי תפילה, 77 und Swartz, *Prayer*, 202. Da der redaktionelle Rahmen dieses Liedes in den Handschriften variieren kann - in N8 wird es nach § 259 gebracht, bildet aber mit § 256 eine Einheit, da es § 256 M2, V2, F4 und B2 mit einem neuen Kapitelzeichen versehen ist (vgl. ÜHL II, 234) -, könnte es sich bei diesem Gebet um eine ursprünglich selbständige Überlieferungseinheit handeln.

14 תתברך בכל הברכות
15 תשתבח בכל התושבחות
16 תהלל בכל הילול ההילול
17 תתקלס בכל הרננות
18 תתגדל לעולמים
19 תתקדש עדי עד טוטרוסיאי יוי.

1 Du wirst in Ewigkeit herrschen,
2 dein Thron wird für alle Generationen herrschen.
3 König, barmherzig und gnädig,
4 Verzeiher und Vergeber,
5 (der) wegrollt und entfernt.
6 Sei geschmückt mit jedem Lied,
7 sei verherrlicht mit allem Wohlgefallen,
8 sei erhoben über den Palast der Erhabenheit hinaus,
9 sei erhaben über Prachtbekränzte,
10 sei erhöht durch alle Werke,
11 sei stolzer als alle Geschöpfe,
12 sei geehrt über den Thron deiner Herrlichkeit hinaus,
13 sei gewürdigt mehr als dein kostbares Gerät,
14 sei gesegnet in allen Segnungen,
15 sei gelobt in allen Lobpreisungen,
16 sei besungen mit allem Lobsingen,
17 sei gerühmt in allem Jubel,
18 sei groß in Ewigkeit,
19 sei geheiligt auf ewig, ṬWṬRWSY'Y, Herr.

In dieser Litanei werden zwar einige aus der Serienbildung des Qaddish bekannte Worte verwendet (vgl. bes. Z. 6-9 und Z. 14-17); doch wiederum sind alle Bitten in der 2. Person Singular formuliert, wobei sie durch die Nennung eines je anderen Objektes erweitert werden. Auch die Zusammenstellung der Verbreihe (Z. 6-18) unterscheidet sich von den meisten Rezensionen des Qaddish.

Außer *hitpa'el*-Serien in der 2. Person finden sich in *Hekhalot Rabbati* auch einfache Infinitiv-Serien. Diese Form von Serien dient entweder der Beschreibung des Lobpreises in Prosastücken oder (mit finaler Bedeutung) der Wiedergabe von Gebeten der Mystiker. Besonders interessant für den Vergleich mit dem Qaddish ist ein wiederum in einer *qedusha* kulminierendes Lied, in dem zwei Arten der Serienbildung benutzt werden: erst eine Serie von Verben im *hitpa'el*, dann eine Reihe von Verben im Infinitiv.[59]

SHL § 274 O1

1 תתאדר תתהדר
2 תתרומם תתנשא
3 תתפאר תתברך
4 תשתבח תתגדל

[59] Vgl. ÜHL II, 251-253. Zum redaktionellen Rahmen dieses ursprünglich vielleicht selbständig überlieferten Stückes vgl. auch das Geniza-Fragment T.-S. K 21.95.S, GHL, 11 und 24ff.

5 תתקדש תתעלה.
6 תתעלז תתקלס.
7 שכן חובן חובות כל היצורים
8 לאדרך להדרך
9 לברכך לשבחך
10 לעלך לגדלך
11 לקדשך לרוממך
12 לפארך לנשאך
13 לקלסך
14 מלך הגדול והקדוש (. . .)

1 Sei gewaltig, sei geschmückt,
2 sei erhoben, sei erhaben,
3 sei verherrlicht, sei gepriesen,
4 sei gelobt, sei groß,
5 sei geheiligt, sei erhöht,
6 sei froh gestimmt, sei gerühmt.
7 Denn so ist (es) die Pflicht aller Geschöpfe,
8 dich gewaltig sein zu lassen, dich zu schmücken,
9 dich zu preisen, dich zu loben,
10 dich zu erhöhen, dich groß zu machen,
11 dich zu heiligen, dich zu erheben,
12 dich zu verherrlichen, dich erhaben zu machen,
13 dich zu rühmen,
14 großer und heiliger König. (. . .)

Dieses *qedusha*-Lied zeichnet sich vor allem durch seine strophische Anordnung aus (vgl. Z. 2-7 und Z. 9-13); nur Z. 14 durchbricht den *Parallelismus*. Des weiteren fällt auf, daß in beiden Serienbildungen das Wort קלס jeweils an letzter Stelle steht, nach den Formen von רמם, פאר, נשא, ברך, קדש, גדל, שבח. Diese Anordnung läßt sich auch in Rezensionen des Qaddish beobachten.[60]

Ein auf spezifisch mystische Vorstellungen zurückzuführendes und über die bloße »Eindruckswirkung« hinausgehendes Gestaltungsinteresse ist hinter solchen Verbreihen freilich trotz dieser Beobachtung nicht auszumachen. Wie der Vergleich mit einem weiteren Lied aus dem sog. *ḥavura*-Bericht[61] in *Hekhalot Rabbati* zeigt, konnten Wörter, die den Lobpreis des Mystikers vor Gott im Prosastil schildern (Partizip Plural), auch in völlig anders strukturierten Serien verwendet werden[62]:

SHL § 216 O1

1 והי{?}ו עולין כל בעלי יורדי מרכבה ואינם ניזוקים
2 אלא שהיו רואים כל חבל זה ויורדים בשלום

[60] Vgl. etwa die oben, Kap. I.1.2.1, mitgeteilten Rezensionen aus *Seder Rav Amram*.

[61] Zum sog. *ḥavura*-Bericht (SHL §§ 198-201) vgl. ÜHL II, XXIX. Zur redaktionellen Bearbeitung dieses Abschnitts vgl. Goldberg, *Bemerkungen*, 34.

[62] Vgl. zu diesem Stück auch ÜHL II, 162.

3 ובאים ומעדים ראייה נוראה ובמובה{?}לה
4 ומה שאין בו בכל היכל של מלכי בשר ודם
5 מברכין
6 ומשבחין
7 ומקלסין
8 ומפארין
9 ומרוממין
10 ומהדרין
11 ונתנין כבוד ותפארת וגדולה
12 לטוטרוסיאי יוי אלהי ישר׳.

1 Alle *baʿale yorede merkava* steigen hinauf, ohne Schaden zu erleiden.
2 Vielmehr sehen sie dieses ganze Verderben und steigen unbeschadet herab.
3 Und sie erheben sich und bezeugen eine furchtbare und schreckliche Vision,
4 und etwas, das es in keinem Palast von Königen aus Fleisch und Blut gibt.
5 Sie preisen,
6 loben,
7 rühmen,
8 verherrlichen,
9 erheben,
10 schmücken
11 und erweisen Ehre, Pracht und Größe
12 ṬWṬRWSYʾY, dem Herrn, dem Gott Israels.

Serienbildungen, so belegt auch dieses Lied, gehörten zweifellos zum festen Repertoire der Autoren bzw. Redaktoren der Makroform *Hekhalot Rabbati*. Allerdings sind in diesem Beispiel die Worte des Lobpreises im Infinitiv (Z. 5-10) wieder in einer anderen Reihenfolge angeordnet.[63] Erneut wird die Serienbildung dabei in der Schilderung eines Lobpreises des Mystikers benutzt. In Schilderungen des Engelgesangs finden sie dagegen keine Verwendung.[64] Offensichtlich wurden sie auch nicht mit magischen Praktiken wie z. B. der Engelbeschwörung in Verbindung gebracht.[65] Neben dem Lobpreis sollte durch sie die besondere Ehrfurcht vor Gott, dem König, zum Ausdruck gebracht werden, eine Intention, die alle diese Lieder kennzeichnet.

Im Hinblick auf das Qaddish läßt sich für *Hekhalot Rabbati* zusammenfassend festhalten, daß diese Makroform nur in wenigen formalen und inhaltlichen[66] Merkmalen Übereinstimmungen mit dem vierten Abschnitt des Qaddish

[63] Weitere Infinitiv-Reihen in Prosaberichten finden sich z. B. in SHL § 188 N8 (789) und § 538 M2 (mit einer »qaddish-artigen« Schlußdoxologie).

[64] Lediglich einfache und erweiterte Wortfolgen finden sich auch im Lobpreis der Engel (vgl. SHL §§ 161; 187). Zu den Engeln in *Hekhalot Rabbati* vgl. Schäfer, *Mystik*, 20ff.

[65] Daß Serienbildungen für Beschwörungsgebete untypisch sind, ist z. B. auch an SHL § 321 N8, einem sog. Gebet der »Furchtbaren Krone« (*keter nora*), zu beobachten. Der uns interessierende Abschnitt in diesem Gebet lautet: תתברך למעלה תתפאר למטה תתקדש למעלה תתגדל למעלה תתהד׳(ר) בהדרים תתקלס בשרפים. Auch in diesem Lied werden einzelne Glieder der Serienbildung attributiv erweitert, und wie im Qaddish steht *titbarakh* gleich zu Beginn. Zudem wird die Serie wiederum mit *titqalas* abgeschlossen. Mit dem Qaddish läßt sich dabei auch der formelhafte Lobpreis der Königsherrschaft Gottes vergleichen.

aufweist. Neben reinen Aufzählungen von Synonymen (Substantiven und Verben) finden sich in dieser Makroform ausschließlich Lieder, die sich in der 2. Person an Gott wenden. Häufig werden solche Serienbildungen in Beschreibungen von *qedusha*-Liedern angeführt, die zu den älteren Bestandteilen dieser Makroform zu rechnen sind. Die in keinem Fall vollständig mit dem Qaddish übereinstimmenden »einfachen Wortfolgen« deuten allerdings ebensowenig wie die *hitpaᶜel*-Serien auf eine direkte Beziehung zum oder Abhängigkeit vom Qaddish hin.

2.2 *Maᶜase Merkava*

Daß Serienbildungen zu den älteren Bestandteilen der Lieder in der Hekhalot-Literatur gehören, läßt sich auch an einigen Gebeten in der Makroform *Maᶜase Merkava* beobachten.[67] Auch in ihr werden Gebete der Mystiker wiedergegeben oder in Prosastücken beschrieben.[68] Nur drei Texte in dieser »Schrift« lassen sich allerdings direkt mit dem Qaddish vergleichen. Der erste hier zu berücksichtigende Text enthält einen Lobpreis des Thrones der Herrlichkeit[69], in dem Gott und die Engel besungen werden[70]:

SHL §§ 593-594 N8[71]

תתגדל {ו}תתקדש
לעולמ׳
מלך אל קדוש
רם ונישא
כי אין כמוך
בשמים ובארץ

[66] Wie z. B. das in all diesen Liedern durchscheinende Motiv der Königsherrschaft Gottes.

[67] Zur Analyse der Gebete dieser Makroform vgl. Swartz, *Prayer*. Zu dem von ihm entwickelten Modell der Verarbeitung älterer Gebete vgl. Renner, FJB 20 (1994) 219-224, bes. 224.

[68] Vgl. dazu auch Schäfer, *Mystik*, 83.

[69] S. zu dieser Gattung bereits oben S. 152: SHL § 251 O1; und vgl. hierzu Schäfer, *Mystik*, 79. Daß die Serienbildung in der 2. Person Singular (Z. 26-31) in diesem Lied der Wiedergabe des Gesanges nicht eines Mystikers, sondern eines himmlischen Wesens dient, ist vor allem deshalb interessant, weil man sich das Qaddish - im Unterschied zur *qedusha* - wohl nie als Engelgesang vorgestellt hat.

[70] Nach der von Swartz, *Prayer*, 93; 157f. vorgeschlagenen Gliederung befindet sich dieses Gebet im vierten Abschnitt dieser Makroform. In ihr tritt Rabbi Aqiva als Gesprächspartner von Rabbi Yishmaᶜel auf. Die unten analysierten Gebete SHL §§ 590; 585 gehören dagegen zur dritten Sektion dieser Makroform, in der Rabbi Neḥunya der Gesprächspartner Rabbi Yishmaᶜels ist. Nur die Gebete im vierten Abschnitt dieser Makroform stellen ursprünglich selbständige Überlieferungseinheiten dar. Andere Gebete des dritten Abschnitts gehen dagegen auf einen Redaktor von *Maᶜase Merkava* zurück.

[71] Vgl. auch die Rezension dieses Liedes in M4, in der Abschnitte aus SHL § 595 in § 594 eingearbeitet sind. S. hierzu Swartz, *Prayer*, 101.

7 בים ובתהומות
8 במרומי שחק
9 כסא כבודך משורר (. . .)
10 תתברך ת{ת}שתבח
11 תתפאר תתרומם
12 תתנשא תתגדל
13 תתקלס תתקדש
14 תתהדר תתחבב
15 כי אתה כוננת בכסאך
16 שירה וזמרה
17 שיר ושבח
18 והלל וזמרה
19 תהלה ותפארת ונצח (. . .)
20 תתגדל מאופני הוד
21 תתקדש מרכובי קדש
22 תתהדר מחדרי חדרים
23 תתפאר מגדודי {אשש}אש
24 תתחבב מחיות הקדש
25 תשתבח מכסא כבודך
26 שעומדין לפניך ומשוררין לפניך בכל יום
27 ומגיעין קילוס לשמך הגדול הגבור והנורא
28 כי אין בשמים ובארץ כמוך
29 ברוך את' יהוה האל הקדוש.

1 Groß gemacht {und} geheiligt
2 seist du in Ewigkeit,
3 König, heiliger Gott,
4 hoch und erhaben,
5 denn *niemand ist wie du*
6 *im Himmel und auf der Erde* (II Chr 6,14),
7 im Meer und in den Tiefen.
8 In den Höhen des *shaḥaq*[72]
9 singt der Thron deiner Herrlichkeit, (. . .)
10 Sei gepriesen, sei gelobt,
11 sei verherrlicht, sei erhoben,
12 sei erhaben, sei groß gemacht,
13 sei gerühmt, sei geheiligt,
14 sei geschmückt, sei geliebt,
15 denn du hast bei deinem Thron gegründet
16 Loblied und Gesang,
17 Lied und Lobpreis,
18 Lobgesang und Gesang,
19 Preis und Schmuck und Glanz. (. . .)
20 Sei groß gemacht von den *ofannim* der Majestät,
21 sei geheiligt von den *merkave* der Heiligkeit,
22 sei geschmückt von den Gemächern der Gemächer,
23 sei verherrlicht von den Scharen des Feuers,
24 sei geliebt von den *ḥayyot ha-qodesh*,
25 sei gelobt vom Thron der Herrlichkeit,

[72] Gemeint ist einer der sieben Himmel; vgl. Ps 18,12; 68,35; 77,18.

26 denn sie stehen vor dir und singen vor dir
27 an jedem Tag und lassen gelangen Rühmen zu deinem großen, mächtigen und furchtbaren Namen.
28 Denn *niemand ist wie du im Himmel und auf der Erde* (II Chr 6,14).
29 Gepriesen seist du, Herr, der heilige Gott.[73]

Von besonderem Interesse an diesem Gebet ist, daß es mit der bekannten Schlußformel der *qedusha de-ᶜamida* schließt, der dritten *berakha* des Achtzehn-Bitten-Gebets.[74] In diesen Text dürfte also eine Serienbildung (Z. 20-25) in ein aus der täglichen Liturgie bekanntes Gebet eingeschoben worden sein - ein Vorgang, der sich so auch beim Qaddish abgespielt haben könnte.

Bezüge auf aus der täglichen Liturgie bekannte Gebete lassen sich in dieser Makroform auch an anderer Stelle beobachten.[75] In einem für unsere Fragestellung nicht weniger interessanten Gebet wird die bekannte *berakha*-Formel des ersten Segensspruchs vor dem morgendlichen *shemaᶜ*, die sog. *birkat ha-yoṣer*[76], durch ein kurzes, sich wie das Qaddish durch Anrede Gottes in der 3. Person auszeichnendes Gebet erweitert[77]:

SHL § 590 N8

יתקדש שמך בקדושה 1
יתגדל בגדולה 2
יתגבר בגבורה 3

1 Geheiligt werde dein Name in deiner Heiligkeit,
2 groß gemacht in Größe,
3 mächtig gemacht in Macht.

Zu derselben redaktionellen Einheit in *Maᶜase Merkava* ist auch ein als *qedusha* eingeführtes Gebet zu zählen.[78] Es wird mit einer aus der *Rosh ha-Shana*-Liturgie bekannten *berakha*-Formel abgeschlossen[79]:

---

[73] Zur Übersetzung vgl. ÜHL III, 330f.

[74] Vgl. hierzu Schlüter, *Untersuchungen*, 106.

[75] Vgl. das Gebet *ᶜalai le-shabeaḥ* in SHL § 550 (vgl. auch § 964 M1), das wahrscheinlich in Anlehnung an das bekannte *ᶜalenu le-shabeaḥ* (*Seder ᶜAvodat Yisraʾel*, ed. Baer, 131) formuliert worden ist. Ob auch dieses Gebet von »den Mystikern« verfaßt wurde (so Bar Ilan, סתרי התפילה, 93ff.; Alexander, *Prayer*, 61) oder ob es von den Mystikern aufgenommen und bearbeitet wurde (so Swartz, *Prayer*, 124f.), ist hier nicht zu untersuchen.

[76] Der Bezug zum *shaḥarit* in diesem Abschnitt der Makroform ist bereits in SHL § 584 zu erkennen. Vgl. hierzu Schlüter, *Untersuchungen*, 94; Swartz, *Prayer*, 144f. und 180.

[77] Zum Aufbau dieses Abschnitts vgl. ÜHL III, XL; Swartz, *Prayer*, 145f.

[78] Nach Swartz, *Prayer*, 144f. ist dieses Gebet durch eine Reihe von Worten im *hitpaᶜel* erweitert worden.

[79] Vgl. hierzu bereits Schlüter, *Untersuchungen*, 94. Das Gebet selbst stellt dabei eine liturgische Explikation der Aussprache des Tetragramms (vgl. Z. 1) dar. Es enthält wiederum eine erweiterte, nur in einem Glied unterbrochene Serienbildung, wobei einem Verb im *hitpaᶜel* (2. Person) jeweils ein durch eine Präposition angeschlossenes Substantiv angefügt wird. Nur in Z. 3 wird der präpositionale Ausdruck verdoppelt. Zur formalen Beschreibung solcher

SHL § 585 O1

1 יוי אלהי {ישר׳}
2 תתקדש לנצח
3 תתגאה על החיות ועל מרכבות עזך
4 תתהדר
5 תתברך שאין כמוך.
6 תתקדש שאין כמעשיך
7 ששמי שמים מגידים צדקך
8 נוראים מספרים כבודך
9 שרפי מעלה ומטה משתחוים לפניך
10 כי גדול ונורא אתה
11 ואין עולה ושכחה לפני כסא כבודך.
12 ב׳א׳ יי׳ יוצר כל הבריות באמת.

1 Herr, Gott {Israels},
2 sei geheiligt auf ewig,
3 sei stolz über den *ḥayyot* und über *merkavot* deiner Gewalt,
4 sei verherrlicht,
5 sei gepriesen, denn keiner ist wie du.
6 Sei geheiligt, dessen Werk nichts gleicht,
7 deine Gerechtigkeit berichten die Himmel der Himmel,
8 Furchtbare erzählen deine Herrlichkeit,
9 die *serafim* des Oben und des Unten werfen sich vor dir nieder,
10 denn groß und furchtbar bist du,
11 und es ist weder Unrecht noch Vergessen vor dem Thron deiner Herrlichkeit.[80]
12 Gepriesen seist du, Herr, Bildner aller Geschöpfe in Wahrheit.[81]

Zusammenfassend ist festzuhalten, daß sich von allen in der Hekhalot-Literatur überlieferten Texten die in der Makrofom *Maʿase Merkava* enthaltenen Gebete mit der für das Qaddish vermuteten Entwicklung am besten vergleichen lassen. Zum einen basieren die mit der Serienbildung im Qaddish in der Makroform *Maʿase Merkava* vergleichbaren Lieder auffällig häufig auf Gebeten, die aus der »regulären« Liturgie bekannt sind. Überdies sind sie oft in Kontexte eingearbeitet, die erkennen lassen, daß sie einmal unabhängig überliefert worden sind.

Bevor das Verhältnis des Qaddish zu den Gebeten der Merkava-Mystiker abschließend beurteilt werden kann, müssen nun jedoch weitere Serienbildungen berücksichtigt werden. Sie finden sich in Schriften aus dem Umfeld der Hekhalot- und in der »klassischen« rabbinischen Literatur. Wie vom Qaddish

sich meist durch einen *parallelismus membrorum* auszeichnender Lieder vgl. Maier, *Serienbildung*, 51; Swartz, *Prayer*, 201.

[80] Zu diesem Vers vgl. die abschließende *berakha* in dem Abschnitt *zikhronot* aus der *tefilla* der Morgenliturgie des *Rosh ha-Shana*-Festes; vgl. *Maḥazor le-Yamim Noraʾim*, Bd. 1, ed. Goldschmidt, 153.

[81] Zur Übersetzung vgl. ÜHL III, 308.

wurde auch von diesen liturgischen Kompositionen vermutet, daß sie von den *yorede merkava* beeinflußt oder verfaßt worden seien.

2.3 'Serienbildungen' in Gebeten aus dem Umfeld der Hekhalot-Literatur

Vor allem zwei Gebete des Siddur sind hier zu berücksichtigen: das sog. *nishmat kol ḥai* und ein Abschnitt aus der *qedusha de-yoṣer*.

2.3.1 nishmat kol ḥai

Das *nishmat kol ḥai* (»aller Seelen Leben«) findet sich in der regulären Morgenliturgie des Shabbat und auch in der Pesaḥ-Liturgie des *Seder*-Abends, nach dem sog. Großen Hallel (Ps 136).[82] Es besteht aus mehreren deutlich voneinander zu unterscheidenden Abschnitten[83], deren Alter und Entstehung sehr unterschiedlich beurteilt werden.[84] Ein Teil dieses Gebetes bzw. seine später gebräuchliche Bezeichnung, *birkat ha-shir*, wird zwar schon im Bavli erwähnt[85]; doch der aus gedruckten Siddurim bekannte Text scheint weder Seʿadya Gaon[86] noch den älteren Zeugen des sefardischen Ritus bekannt gewesen zu sein.[87]

Für unsere Fragestellung ist von Interesse, daß ausgerechnet der eine Serienbildung enthaltende Abschnitt des *nishmat* auch in einigen Handschriften der Hekhalot-Literatur überliefert wird. Wie für den litaneiartigen Abschnitt des Qaddish könnte daher auch für dieses Stück eine Beeinflussung durch »die Mystiker« angenommen werden.[88] Eine besonders interessante Rezension dieses Gebetes enthält das Sondergut der Hekhalot-Handschrift B2[89]:

---

[82] Vgl. Elbogen, *Gottesdienst*, 211; Idelsohn, *Liturgy*, 134.

[83] Zur Gliederung des *nishmat* vgl. Goldschmidt, הגדה, 68; Bar-Ilan, סתרי תפילה, 86f.

[84] Vgl. Goldschmidt, הגדה, 34; 67f.; dann auch Heinemann, הגדה, 187 und Goldschmidts Replik in *Maḥazor le-Yamim Noraʾim*, Bd. 1, 22 Anm. 23. - Erinnert sei an den aggadischen Bericht über den Apostel Simon Petrus als dem Verfasser des *nishmat*; vgl. *Machsor Vitry*, ed. Hurwitz, 282; *Toledot Yeshu*, BHM VI, 12. S. hierzu Oppenheim, *Verfasser*, 212-224; Elbogen, *Gottesdienst*, 531.

[85] Vgl. bPes 118a. Außerdem wird ein Abschnitt des heute bekannten Textes des *nishmat* in bBer 59b erwähnt; vgl. noch Davidson, *Thesaurus*, Bd. 3, 231f.

[86] Vgl. *Siddur Rav Seʿadya Gaʾon*, ed. Davidson et al., 119f., und s. auch *Seder R. Amram Gaon*, ed. Kronholm, 67f. (ג׳).

[87] Vgl. *Abudarham ha-shalem*, ed. Wertheimer, 166 und Assaf, סדור תפלה קדמון, 84. Zum *nishmat* im palästinischen Ritus, und zwar dem *nishmat* nach der Lesung des Dekalogs, vgl. Fleischer, תפילה, 265f.

[88] So etwa Bar Ilan, סתרי תפילה, 84ff. Er hält den unmittelbar vor dem in einigen Hekhalot-Handschriften belegten vierten Abschnitt des *nishmat* für ein Gebet, das auf die *yorede merkava* zurückgeht. Wegen seines auffälligen Namen-Akrostichons (יצחק) (vgl. hierzu *Seder ʿAvodat Yisraʾel*, ed. Baer, 209; Munk, *Welt*, Bd. 1, 303f.) unterscheidet sich dieser

SHL § 323 B2

ובמקהלות רבבות עמך בית ישראל
יתפאר שמך וזכרך מלכינו
בכל דור ודור
שכן חובות כל היצורים
מלפניך ייי אלהינו ואלהי אבותינו
להודות
להלל
לשבח
לפאר
להדר
ולקדש
על כל דברי שירות ותושבחות דוד
בן ישי עבדך משיחך . . .

Und in den Versammlungen[90] der Myriaden deines Volkes, des Hauses Israel,
sei dein Name und dein Gedenken verherrlicht, unser König,
in jeder einzelnen Generation,
denn so ist es die Pflicht aller Geschöpfe,
vor dir, Herr, unser Gott und Gott unserer Väter,
zu danken,
zu lobsingen,
zu lobpreisen,
zu verherrlichen,
zu schmücken
und zu heiligen
über alle Loblieder und Lobpreisungen Davids,
des Sohnes Isais, deines Knechtes, deines Gesalbten, . . .[91]

Anders als in den Gebeten der Hekhalot-Literatur handelt es sich bei diesem Abschnitt um die Schilderung des Lobgesangs Israels und aller Geschöpfe Gottes, nicht um die Wiedergabe des Liedes eines Mystikers. Die möglicherweise eingeschobene oder erweiterte Serienbildung aus Verben im Infinitiv (Z. 6-11) unterstreicht dabei den Gedanken, daß es die Pflicht (חובות) *aller* Geschöpfe ist, Gott mehr als nur mit den von David verfaßten Psalmen zu preisen (Z. 12-13). Wie im Qaddish wird hiermit die Intention verfolgt, daß

Abschnitt m. E. jedoch eindeutig von dem mit dem Wort *be-maqhalot* einsetzenden Teil. Darüber hinaus wird dieser Abschnitt in dem bereits mehrfach erwähnten Geniza-Fragment T.-S. 6 H 6/6 gesondert überliefert. Er dürfte also auch ohne die anderen Teile des *nishmat* in Umlauf gewesen sein (vgl. hierzu auch Fleischer, תפילה, 246). Anders Bar Ilan, סתרי תפילה, 75 und Swartz, *Prayer*, 203f., die die Bedeutung des Namen-Akrostichons für die Herkunfts- und Datierungsfrage dieses Abschnitts übersehen.

89 Vgl. zu dieser Handschrift SHL, XVII. Das Gebet wird auch in den »sekundären« Handschriften MS Paris, AIU H 55; MS Parma, De Rossi 2239 (1287/1) und MS Moskau, Günzburg 175,4 überliefert. Vgl. Schäfer, *Handschriften*, 204-208.

90 Zu der Formulierung ובמקהלות vgl. Ps 68,27.

91 Hierauf folgen in MS Budapest Schriftzitate aus Jes 43,7.21; Ps 79,13; 135,4. Im Siddur folgt dagegen *yishtabaḥ*.

der Lobpreis »über alles« hinausgehen soll. Spezifisch »mystische« Vorstellungen lassen sich dahinter ebensowenig erkennen, wie sich aus formalen Gründen eine direkte Abhängigkeit dieses Liedes von Gebeten der Merkava-Mystiker ausmachen läßt. Wenn das *nishmat* später in das Sondergut von Hekhalot-Handschriften aufgenommen worden ist, dürfte dies wie die Umdeutung der sog. David-Apokalypse auf die Rezipienten der Hekhalot-Literatur zurückzuführen sein, nicht auf die vermeintlichen Ursprungskreise dieser Literatur.

2.3.2 Die Einleitung der qedusha de-yoṣer

Ebenfalls wird von Bloch die *birkat ha-yoṣer*, der erste Segensspruch vor dem *shemaᶜ*, auf den Einfluß der *yorede merkava* oder »der Mystiker« zurückgeführt.[92] Umfang und Inhalt der unterschiedlichen Abschnitte dieser *qedusha* variieren von Ritus zu Ritus. Welchen Wortlaut dieses Gebet ursprünglich einmal hatte, läßt sich nicht rekonstruieren. Die Fluidität der Textüberlieferung ist darauf zurückzuführen, daß noch in gaonäischer Zeit fraglich gewesen ist, ob ein einzelner Beter diese *qedusha* überhaupt täglich rezitieren muß.[93]

In einem der ältesten Zeugen für den italienischen Ritus, dem sog. *Seder Ḥibbur Berakhot* (12. Jh.), findet sich folgende Rezension der *qedusha de-yoṣer*[94]:

תתברך צורינו מלכינו וגואלנו
בורא קדושים
ישתבח שמך מלכינו
יוצר משרתים אשר משרתיו
כולם עומדים ברום עולם
ומשמיעים ביראה יחד
בקול דברי אלוקים חיים ומלך עולם.
כולם אהובים
כולם ברורים
כולם גיבורים
כולם עושים באימה וביראה רצון קוניהם
וכולם פותחים את פיהם בקדושה ובטהורה

[92] Vgl. Bloch, Mystiker, 261; 305ff.; s. auch Elbogen, *Studien*, 20ff.; ders., *Gottesdienst*, 18; Heinemann, *Prayer*, 232 und Fleischer, היוצרות, 6f. Zum *status quaestionis* von Entstehung und Herkunft dieser *qedusha* vgl. auch Renner, *Qedusha*, 5ff. Für eine differenziertere Sicht der Entwicklung dieser *qedusha* s. auch Fleischer, קדושת העמידה, 344ff.

[93] Im Hinblick auf die Herkunft der Serienbildungen ist dabei auch zu beachten, daß diese *qedusha* weder in irgendeinem der bisher veröffentlichten Geniza-Fragmente noch in alten *Piyyuṭim* noch in Siddur Rav Seᶜadya Gaon erwähnt wird. Vgl. hierzu etwa auch die Responsen in *Shibbole ha-Leqeṭ ha-shalem*, ed. Mirsky, 171 und *Halakhot Gedolot*, ed. Hildesheimer, 224, auf die Elbogen, *Studien*, 20f. verweist. Zum Ganzen vgl. auch Büchler, *Kedouscha*, 220-229; Langer, *Worship*, 195ff.; 243f.

[94] Text nach der Abschrift des verlorengegangenen Manuskripts des *Seder Ḥibbur Berakhot* von S. Schechter. Vgl. zu dieser in vielen Details dem alten palästinischen Ritus nahestehenden Gebetsordnung A. Schechter, *Studies*, 4ff.; 78f.; Davidson, *Seder*, 241-279.

ומברכים 13
ומשבחים 14
ומפארים 15
ומעריצים 16
ומקדישים 17
שמו האל המלך הגדול והנורא קדוש הוא. 18
וכולם מקבלים עליהם עול מלכות שמים זה מזה 19
ונותנים רשות זה לזה להקדיש ליוצרם בנחת רוח. 20

1 Sei gepriesen, unser Fels, unser König, unser Erlöser,
2 der die Heiligen erschafft!
3 Gelobt werde dein Name, unser König,
4 der die Diener erschafft, die seine Diener sind.
5 Alle stehen in der oberen Welt
6 und vernehmen in Furcht zusammen
7 den Schall der Stimme des lebendigen Gottes und Königs der Welt,
8 alle Geliebten,[95]
9 alle Lauteren,
10 alle Heldenhaften,
11 alle vollbringen mit Furcht und Zittern den Willen ihres Schöpfers[96],
12 und alle öffnen ihren Mund in Heiligkeit und Reinheit[97]
13 und preisen
14 und lobpreisen
15 und rühmen
16 und preisen furchtbar[98]
17 und heiligen
18 seinen Namen, des Gottes, des großen und furchtbaren Königs, heilig ist er.
19 Und alle nehmen auf sich das Joch der Königsherrschaft[99], einer vom anderen,
20 und erteilen sich Erlaubnis, einer dem anderen, ihren Schöpfer zu heiligen in seliger Ruhe.

Dieses in vielen Wendungen an Hekhalot-Texte erinnernde Gebet beschreibt die Rezitation des Trishagions durch die Engel in »der oberen Welt« (Z. 5), wobei, wie in den zitierten Schilderungen des Gesanges des *yored* oder des Thrones in der Hekhalot-Literatur, eine Serienbildung aus Partizipialformen im Aktiv verwendet wird (Z. 13-18). Zu beachten ist auch die mit כולם eingeleitete Attributserie (Z. 8-11).[100] Zumindest dieser Abschnitt der *qedusha de-yoṣer* könnte also von den *yorede merkava* verfaßt oder beeinflußt worden sein.

95 Zu den folgenden Wendungen vgl. SHL §§ 160; 168; 254.

96 Vgl. SHL § 881 M1.

97 Vgl. SHL §§ 254 O1; 952 M2.

98 Vgl. G11 (GHL,132: T.-S. K 21.95; 1a, Z. 5) und SHL § 974 M1. Zum gesamten Passus vgl. z. B. auch die Schilderung des Engelgesangs in PRE 4 (Luzatto 1a).

99 Vgl. SHL §§ 53; 330 B1; 551 N1.

100 Vgl. z. B. SHL §§ 183 N1; 185 N1; 813 O1, und s. hierzu Maier, *Serienbildung*, 54.

2.3.3 Das ‘Gebet Abrahams’: T.-S. NS 322.21

Dem Umfeld der Hekhalot-Literatur zugerechnet wird ein nur in einem Geniza-Fragment belegtes Gebet.[101] Dieser Text ist wie andere in demselben Fragment überlieferte Gebete einer berühmten Persönlichkeit der Vergangenheit in den Mund gelegt.[102] Da es nahezu vollständig aus Serienbildungen besteht, lassen sich sein Abfassungszweck, Alter und *Sitz im Leben* schwer bestimmen[103]:

T.-S. NS 322.21, fol. 1b

פתח אברהם אבינו את פיו ואמר 1
יתגדל 2
ויתקדש 3
ויתברך 4
וישתבח 5
ויתפאר 6
ויתרומם 7
ויתנשא 8
ויתהדר 9
ויתעלה 10
ויתקלס 11
שמך הגדול הגיבור והנורא 12
האדיר 13
והחזק 14
והנשגב 15
והנכבד 16
והטהור 17
והקדוש 18
והמופלא 19
כי לך נאה 20
שיר ושבח 21
הלל וזמרה בר] (. . .) 22

1 Abraham, unser Vater, öffnete seinen Mund und sprach:
2 Es sei groß,
3 und es sei geheiligt,
4 und es sei gepriesen,
5 und es sei gelobt,
6 und es sei verherrlicht,
7 und es sei erhoben,

101 Vgl. MTGK II, 31; 50; 65. Vgl. zu diesem ins 11./12. Jh. zu datierenden Fragment, in dem sich auch Bestandteile von *Hekhalot Zuṭarti* bzw. *Havdala de-Rabbi Aqiva* finden, Schäfer (ed.), *Geniza-Fragmente*, 152.

102 Besonders zu beachten ist in diesem Zusammenhang die im unmittelbaren Kontext mitgeteilte hebräische Fassung der apokryphen *Oratio Manasse*. Vgl. Leicht, *Version*, 359-373.

103 Bemerkenswert ist der Kontext, in dem dieses Gebet in das Fragment eingearbeitet ist. So findet sich unmittelbar vor ihm eine Rezension des bereits Kap. I.3.2.2 erwähnten Gebetes für die Gesundheit eines Beschnittenen. Vgl. damit noch die *berit mila*-Segenssprüche in *Siddur Rav Seʿadya Gaʾon*, ed. Davidson et al., 98.

```
 8  und es sei erhaben,
 9  und es sei geschmückt,
10  und es sei erhöht,
11  und es sei gerühmt
12  dein großer, mächtiger und furchtbarer Name,
13  der gewaltige
14  und der starke
15  und der hochthronende
16  und geehrte
17  und reine
18  und heilige
19  und wunderbare,
20  denn dir gebührt
21  Lied und Lobpreis,
22  Rühmen und Gesang, (...)
```

Bemerkenswerterweise wird in diesem Lied wie im Qaddish eine Reihe von Verben im *hitpaʿel* in der 3. P e r s o n verwendet (Z. 2-11).[104] Die sich daran anschließende Aufzählung von Attributen des Namens (Z. 13-19) und eine nicht vollständig erhaltene Reihe von Wörtern des Lobens und Preisens (Z. 21-22) erinnern dagegen wiederum stärker an Gebete der Hekhalot-Literatur.[105] Das Verhältnis dieses Textes zur Hekhalot-Literatur und zum Qaddish läßt sich allerdings nur schwer genauer bestimmen. Es ist sowohl damit zu rechnen, daß die Serie bereits vom Qaddish beeinflußt worden ist, als auch damit, daß das Gebet älter als das Qaddish ist.

Aufschlußreich im Hinblick auf diese Alternativen ist der Vergleich mit einem Gebet in den *Reʾuyyot Yeḥezqel*, zumal dieser kurze Traktat in der Forschung lange zu den ältesten Teilen der Hekhalot-Literatur gezählt worden ist.[106]

2.3.4 Reʾuyyot Yeḥezqel (Gruenwald 139)[107]

```
1  למעלה מהן הק'ב'ה'
2  יתברך
3  וישתבח
4  ויתפאר
5  ויתרומם
6  ויתגדל
```

---

[104] Wie das Qaddish hebt das Gebet mit *yitgadal* und *yitqadash* an, und die Serienbildung wird mit dem Wort *yitqalas* abgeschlossen.

[105] Vgl. SHL §§ 419 M2; 488 M2; 582 N8; dann auch §§ 274 O1; 321 N8.

[106] Vgl. Marmorstein, *Fragment*, 374ff. (mit einem Hinweis auf Pool, *Kaddish*, 490); Scholem, *Gnosticism*, 5; Gruenwald, *Mysticism*, 134. Für eine zurückhaltendere Datierung vgl. Halperin, *Faces*, 277; Stemberger, *Einleitung*, 339; Goldberg, *Pereq*, 92-147.

[107] Text nach: *Reʾuyyot Yeḥezqel*, ed. Gruenwald, 139, Z. 108-111. Vgl. auch Mann, פרק, 264 und BatM II, 134.

7 ויתהדר
8 ויתנשא
9 ויתעלה
10 ויתקדש
11 שמיה דמלך מלכי ה[מ]לכים ברוך הוא
12 קיים כל עלמא אמן ואמן
13 נצח סלה ועד.

1 Und über ihnen (*sc.* den sieben Himmeln) der Heilige, er sei gepriesen:
2 Es sei gepriesen
3 und sei gelobt
4 und sei verherrlicht
5 und sei erhoben
6 und sei groß gemacht
7 und sei geschmückt
8 und sei erhaben
9 und sei erhöht
10 und sei geheiligt[108]
11 sein Name, des Königs der Könige der [K]önige[109], gepriesen sei er,
12 der die ganze Welt erhält, Amen und Amen,
13 *neṣaḥ*, Sela, und ewig.

Besonders interessant an diesem Gebet sind die Z. 2-10, da sie in der 3. Person formuliert sind. Marmorstein möchte in diesem Gebet daher sogar einen direkten Vorläufer des Qaddish sehen.[110] Bei genauerer Betrachtung läßt sich jedoch abgesehen von einer formalen Nähe keine eindeutige Beziehung zum Qaddish nachweisen.

Die vermeintliche Affinität zum Qaddish ist vielleicht dadurch zu erklären, daß der Kopist der hier wiedergegebenen Londoner Handschrift der *Re'uyyot Yeḥezqel* diese Doxologie an den Wortlaut des Qaddish angleichen wollte. Wie sich auch an anderen Gebeten beobachten läßt, wurden Texte, die nicht genau mit dem in einem Ritus üblichen Wortlaut übereinstimmten, im Laufe ihrer Tradierung oft an diesen angepaßt.[111] Ein ähnlicher Vorgang mag sich in der handschriftlichen Überlieferung dieser Doxologie widerspiegeln. Auch wenn dieses Gebet somit ein weiterer Beleg für den Gebrauch »qaddish-artiger« Texte am Schluß eines Lehrstücks ist, kann er nicht einfach als ein »Vorläufer« des Qaddish betrachtet werden.

---

108 Als zehnter Lobpreis wird in einer anderen Handschrift (MS London, British Museum Or. 5559) ein ויתקלס (»und er sei gerühmt«) eingefügt. Auch hier wäre demnach eine Serienbildung mit einer Form eines Wortes beendet worden, die in der Serienbildung des Qaddish als Abschluß dient.

109 Der Schluß des Gebetes ist nur in T.-S. 8 C 1 belegt. In MS London, British Museum Or. 5559 D endet der Text nach dem Lobpreis »des Königs der Könige der Könige«.

110 Vgl. Marmorstein, *Fragment*, 377f.; s. auch *Re'uyyot Yeḥezqel*, ed. Gruenwald, 139; ferner, wenn auch vorsichtiger, Goldberg, *Pereq*, 136 Anm. 168.

111 Vgl. hierzu das oben zur Überlieferung der doxologischen Formel in SifDev 306 Gesagte.

2.3.5 Ein shiʿur qoma-Stück in MS New York, JTS 8128

Nicht nur der Vollständigkeit halber ist hier noch ein Gebet zu erwähnen, das wie der oben zitierte Abschnitt aus dem *nishmat* innerhalb der »klassischen« rabbinischen Literatur sowie in einigen Hekhalot-Handschriften überliefert wird. Dieses Gebet ist sowohl in der »regulären« Liturgie des Pesaḥ-Abends belegt als auch zu Beginn einer sehr langen *melekh*-Litanei im Sondergut der New Yorker Handschrift N8 der Makroform *Hekhalot Zuṭarti*[112], wo es zu einem nur schwer abzugrenzenden Komplex von *shiʿur qoma*-Spekulationen gehört, zu Texten also, die sich mit den Maßen Gottes befassen[113]:

SHL § 378 N8 (§ 941 M4)

1 לפיכך אנו חייבין
2 להלל
3 לפאר
4 ולקלס
5 ולהדר
6 ולברך
7 וליחד
8 להקדיש
9 ולהמליך
10 להגדיל
11 ולנשא.
12 מלך אדיר
13 מלך אביר
14 מלך אמיץ
15 מלך אמת . . .

1 Deshalb sind wir verpflichtet
2 lobzusingen,
3 zu verherrlichen
4 und zu rühmen
5 und zu schmücken
6 und zu preisen
7 und zu einen,
8 zu heiligen
9 und zum König einzusetzen,
10 groß zu machen
11 und zu erheben.
12 König, gewaltiger,
13 König, vornehmer,
14 König, kühner,

---

112 Zu den komplexen text- und redaktionsgeschichtlichen Problemen dieser Makroform vgl. Schäfer, *Aufbau*, 50-62; ÜHL IV, XXXIIIf.

113 Zu den Parallelen dieses Gebetes vgl. Cohen, *Shiʿur Qomah*, 178f.

15 König (der) Wahrheit . . .[114]

Dieses mit einer charakteristischen Aufforderung zum Gebet eingeleitete Lied zeichnet sich durch eine Serienbildung von infiniten Verbformen und durch eine lange Serie von attributiven *melekh*-Epitheta aus (Z. 12-15).[115] Allein aufgrund dieser formalen Merkmale könnte man also auch dieses Gebet wie die oben untersuchten Lieder aus *Hekhalot Rabbati* und *Ma*ʿ*ase Merkava* auf die *yorede merkava* zurückführen.

Neben den formalen Übereinstimmungen ist jedoch zu beachten, daß dieses Gebet ebenfalls in der Liturgie des *Seder*-Abends des Pesaḥ-Festes als Einführung des zweiten Teils des Hallel (Ps 113-114) überliefert wird.[116] Im Traktat Pesaḥim wird es in einer Rabban Gamliʾel[117] zugeschriebenen Mishna (mPes 10,5) tradiert. Ein Hinweis auf das ebenfalls im Sondergut der MS New York JTS 8128 überlieferte *shi*ʿ*ur qoma*-Stück findet sich dort nicht.[118]

Wie ist das Verhältnis dieses Abschnitts aus der Mishna zu den Gebeten in der Hekhalot-Literatur einzuschätzen? Lag etwa bereits der Mishna ein Formprinzip zugrunde, das auf »Mystiker« zurückzuführen ist?[119] Oder haben umgekehrt die Merkava-Mystiker ein Stilmittel aufgenommen, welches bereits vor ihnen (in Palästina) geprägt worden war? Um diese Fragen beantworten zu können, müssen nun noch einige Serien in Texten aus der »klassischen« rabbinischen Literatur vorgestellt und analysiert werden.

2.4 'Serienbildungen' in der »klassischen« rabbinischen Literatur

Zunächst zu der bereits erwähnten Serie in mPes 10,5: Nach dieser Mishna soll das vor dem am Seder-Abend gesprochene Hallel[120] über dem vierten Becher des *Seder* rezitiert werden, wobei zuvor an den verpflichtenden Charakter

---

[114] Hierauf folgt ein *melekh*-Stück, das aus einer Aufzählung von ca. 180 Attributen des Königs besteht.

[115] Vgl. hierzu auch Maier, *Serienbildung*, 56, der auf ähnliche Serien in der Makroform *Hekhalot Rabbati* verweist. Vgl. etwa SHL §§ 191; 194; 217 und 249.

[116] Vgl. Goldschmidt, הגדה, 54; 126. Zum Alter des Brauchs, das Hallel am *Seder*-Abend zu rezitieren, vgl. Stemberger, *Pesachhaggada*, 368; zum Alter der Hallel-Rezitation in der Pesaḥ-Liturgie s. *Maḥazor Pesaḥ*, ed. Fraenkel, 16*.

[117] Zur Identifizierung des dort erwähnten Rabban Gamliʾel vgl. Stemberger, *Pesachhaggada*, 368. Demnach ist - im Unterschied z. B. zu S. Safrai, הערות, 613f. - davon auszugehen, daß in der Mishna Gamliʾel II. gemeint ist.

[118] Zum Alter der *shi*ʿ*ur qoma*-Stücke vgl. *Shi*ʿ*ur Qomah: Text and Recensions*, ed. Cohen, 9; ÜHL IV, XXXVIIff.

[119] So z. B. auch Marmorstein, *Fragment*, 376. Im Hinblick auf mPes 10,5 geht auch Pfeiffer, *Haggada*, 265-275 (zit. bei Goldschmidt, הגדה, 53 Anm. 10א) von einem Einfluß der Mystiker aus.

[120] Vgl. hierzu etwa auch Heinemann, הלל, 173ff.

der darauffolgenden Rezitation des Hallel erinnert wird. Wie das Gebet im Sondergut der New Yorker Hekhalot-Handschrift dient dieser Abschnitt der Pesaḥ-Liturgie also der Einleitung eines anderen längeren Gebetes. Zum Inhalt des darauffolgenden Textes selbst weist es keinen Bezug auf. In drei Textzeugen der Mishna und in einem Fragment einer palästinischem Ritus folgenden Pesaḥ-Haggada lautet dieses Einleitungsgebet:

2.4.1 Die Einführung des Hallel an Pesaḥ (mPes 10,5)

Druck (Ed. Albeck 178)[121]	MS Budapest, Kaufmann[122]	MS Parma, De Rossi 138[123]	T.-S. H 2/108[124]
לפיכך אנחנו חייבין	לפיכך אנו חייבים	לפיכך אנו חייבים	לפיכך אנחנו חיבים
להודות	להודות	להודות	להודות
להלל	להלל	להלל	להלל
לשבח	לשבח	לשבח	לשבח
לפאר	לפאר	לפאר	לפאר
לרומם	לרומם	לרומם	לרומם
להדר	לגדל	לנצח	לגדל
לברך		לגדל	להדר
לעלה			ליחד
ולקלס			ולנשא
למי שעשה	למי שעשה לנו	למי שעשה לנו	למי שעשה לנו
לאבותנו ולנו את כל	לאבותינו את כל הנסים	את כל הניסים האלו.	כל הנסין האילו.
הנסים האלה.	האילו.		
Daher sind wir	Daher sind wir	Daher sind wir	Daher sind wir
verpflichtet	verpflichtet	verpflichtet	verpflichtet
zu danken,	zu danken,	zu danken,	zu danken,
zu singen,	zu singen,	zu singen,	zu singen,
zu loben,	zu loben,	zu loben,	zu loben,
zu verherrlichen,	zu verherrlichen,	zu verherrlichen,	zu verherrlichen,
zu erheben,	zu erheben,	zu erheben,	zu erheben,
zu schmücken,	zu vergrößern,	zu spielen	zu vergrößern,
zu preisen,		zu vergrößern,	zu schmücken,
zu erhöhen			zu einen,

[121] *Shisha Sidre Mishna*, Seder Moᶜed, ed. Albeck, 178. Der Text dieser Ausgabe basiert auf dem Druck Wilna 1908; er wurde dem Haggada-Text am stärksten angepaßt. Vgl. Krupp, *Manuscripts of the Mishna*, 252ff.; Stemberger, *Pesachhaggada*, 368.

[122] Nach der *Faksimile Ausgabe des Mischnacodex Kaufmann A 50*, ed. Beer, 122. Diese Handschrift repräsentiert einen palästinischen Texttypus.

[123] Text nach einer Photokopie in der Bibliothek des Ev.-Theologischen Seminars der Universität Tübingen. Vgl. *The Mishnah on which the Palestinian Talmud Rests*, ed. Lowe, 48b.

[124] Vgl. zu diesem Geniza-Fragment einer »palästinischen« Pesaḥ-Haggada Abrahams, *Fragments*, 43. Zu den unterschiedlichen Rezensionen dieses Liedes in alten Haggadot bzw. in der mittelalterlichen Kommentarliteratur vgl. Friedmann, מאיר עין, 59ff.; Goldschmidt, הגדה, 126.

und zu rühmen,			zu erheben,
denjenigen, der (an) unseren Vätern und (an) uns	denjenigen, der (an) uns und (an) unseren Vätern	denjenigen, der (an) uns	denjenigen, der (an) uns
all diese Wunder vollbracht hat.	all diese Wunder vollbracht hat.	all diese Wunder vollbracht hat.	all diese Wunder vollbracht hat.

Dieses Gebet setzt sich nach dem Zeugnis der hier berücksichtigten Rezensionen aus einer unterschiedlich lang ausgestalteten Reihe von Verbformen im Infinitiv zusammen. Ein ursprünglich dieser Serie zugrundeliegendes Gestaltungsprinzip, wie es etwa von Yom Tov Lipmann Heller (gest. 1654) in seinem Mishna-Kommentar[125] erkannt worden ist und nach dem die Anzahl der Wörter dieser Serienbildung entweder den sieben *reqiᶜim* oder der Anzahl der Gebote des Dekalogs entsprechen soll, läßt sich nicht erkennen. Gestaltungsmuster wie die in diesem Kommentar erwähnten sind wohl erst später, vor allem von ashkenazischen Bearbeitern, auf solche Serien übertragen worden.[126] Für die Formulierung der Mishna haben sie ursprünglich wohl ebensowenig eine Rolle gespielt wie für die Formulierung des Qaddish.[127]

Doch wie ist das Verhältnis dieses Gebetes zur Hekhalot-Literatur näherhin zu beurteilen? D. Goldschmidt vermutet wegen der lockeren Verbindung mit dem Kontext, daß es sich um einen Text handeln müsse, der nachträglich von einem Redaktor in die Mishna eingearbeitet worden sei.[128] Aufgrund seiner Nähe zu einigen Hekhalot-Liedern sei anzunehmen, daß er sich dem Einfluß »der Mystiker« verdanke.

Auf dem Hintergrund des oben zusammengestellten Materials kann dies jedoch nicht überzeugen: Zwar könnte man für Goldschmidts These auf die kürzeren Fassungen der Serienbildung verweisen, und gewiß ist nicht auszuschließen, daß die Reihe von Verben tatsächlich einmal kürzer gewesen ist. Doch bliebe dann noch zu erklären, warum ausgerechnet die Merkava-Mystiker solche Gebete in die Pesaḥ-Liturgie hätten einarbeiten sollen, zumal sich in keinem der diesen Mystikern zuzuschreibenden Texten ein spezielles Interesse an Pesaḥ nachweisen läßt.

Obwohl sich also in der Hekhalot-Literatur vergleichbare Einleitungen längerer Gebete finden[129], ist auch für diesen Text nicht zu belegen, daß er erst von den Merkava-Mystikern in die Mishna eingefügt oder seine Formulierung

---

125 Vgl. *Shisha Sidre Mishna menuqqadim ᶜim Perush Rabbenu ᶜOvadya mi-Bertinoro*, Bd. 1, 114.

126 Vgl. hierzu auch unten S. 187 Anm. 34.

127 Auffällig ist, daß die Serie erst im Druck Wilna besonders lang ausgestaltet und daß dort auch לקלס verwendet ist.

128 Dies begründet er u. a. damit, daß dieses Gebet in den beiden Talmudim nicht erwähnt und es in der Mishna nicht mit der üblichen Formel (ואמור) eingeführt wird (vgl. Goldschmidt, הגדה, 54 mit Anm. 12).

129 Vgl. z. B. auch eine ganz ähnliche Einleitung in *Shiᶜur Qomah: Text and Recensions*, ed. Cohen, 129.

von ihnen beeinflußt worden ist. Wahrscheinlicher ist vielmehr, daß hier ebenfalls Rezensionen erst nachträglich von Kopisten (bzw. sogar erst von Drukkern) bearbeitet worden sind, um sie Gebeten »der Mystiker« bzw. dem Qaddish anzugleichen oder sie mit den erst viel später aufgekommenen numerologischen, an der Anzahl der Buchstaben und Wörter des Gebetes interessierten Deutungen in Übereinstimmung zu bringen.[130]

Daß vergleichbare Serien nicht von Merkava-Mystikern stammen müssen, kann im übrigen der Vergleich mit einem »alten« Text zeigen, der sich in der auf tannaitische Überlieferungen zurückgehenden *Mekhilta de-Rabbi Shim'on ben Yoḥai* findet. Auch an diesem frühen Beispiel läßt sich beobachten, daß und wie das Stilmittel »Serienbildung« in unterschiedlichsten Kontexten ganz unabhängig von mystischen Gebeten verwendet worden ist.

2.4.2 MekhSh be-shallaḥ zu Ex 14,14 (Epstein/Melamed 56)

In einem Abschnitt aus dieser nur zum Teil in Geniza-Fragmenten erhaltenen Mekhilta[131] zu Ex 14,14 findet sich im Namen Rabbis folgende Beschreibung des Lobpreises Israels am Schilfmeer:

MS Petersburg, Firkovitch 268 A II[132]

1 ר׳ אומ׳ ייי ילחם לכם המקום עושה לכם נסים וגבורות
2 ואתם עומדין ושותקין אמרו לו מה עלינו לעשות
3 אמ׳ להן היו
4 מפארין
5 ומרוממין
6 ומשבחין
7 ומקלסין
8 ומהדרין
9 ונותנין
10 שבח
11 וגדולה
12 ותהלה
13 ותפארת
14 והדר
15 ונצח
16 למי שהמלחמ (sic !)
17 שלו כענין שנא׳ רוממות אל בגרונם וגו׳

1 R(abbi) sprach: *Der Herr streite für euch* (Ex 14,14).

---

130 S. dazu unten Kap. IV.1.1.1.

131 Zur Rekonstruktion dieses halakhischen Midrash vgl. Epstein im Vorwort seiner Edition (2. erw. Aufl. Jerusalem 1979).

132 Vgl. zu diesem Fragment Kahana, אוצר, 51, und s. auch die kürzere Rezension dieser Stelle in dem Geniza-Fragment T.-S. NS 253.1 (Glick, קטע, 213).

Der Herr vollbringe Wunder
und Machttaten für euch,
2 und ihr sollt stehen und schweigen.
3 Sie fragten ihn: Was sollen wir tun?
4 Er sprach zu ihnen: Ihr sollt
5 verherrlichen
6 und erhöhen
7 und loben
8 und rühmen
9 und schmücken
10 und geben[133]
11 Lobpreis,
12 Größe,
13 Preis
14 und Schmuck
15 und Glanz,
16 dem, der für euch Krieg führt,
17 wie es heißt: *Lobpreisungen Gottes in der Kehle* usw. (Ps 149,6).

In dieser Wiedergabe des Gesanges Israels am Schilfmeer lassen sich zwei Arten von Serienbildung beobachten: erst eine Reihe von Partizipialformen, die mit einer Form von היה eingeleitet werden (Z. 4-9), dann eine einfache Folge von Substantiven (Z. 10-14). Wie in mPes 10,5 wird durch beide Serienbildungen die Bedeutung des Lobpreises Gottes unterstrichen. Eine mit den Anliegen der Gebete der Merkava-Mystiker vergleichbare Intention - sieht man von dem allgemeinen Bezug zum Lobpreis Gottes, des Königs, ab - dürfte jedoch auch bei der Formulierung dieses Textes keine Rolle gespielt haben.[134]

2.4.3 Ein Dankgebet für Regen

Wie schwierig eine exakte Unterscheidung zwischen den Serienbildungen in Gebeten der Hekhalot-Literatur und Texten in anderen literarischen Korpora bleibt, zeigt schließlich der Vergleich mit einem Gebet, das nicht nur des öfteren mit dem Qaddish verglichen[135], sondern sogar als ein Hinweis auf Vorläufer des Qaddish in der rabbinischen Literatur gedeutet worden ist.[136] Formal und inhaltlich handelt es sich um ein Dankgebet für Regen, das Rabbi Yehuda

---

[133] T.-S. NS 253.1 liest: מפארין ומרוממין ומשבחין ומ], »verherrlichen und erheben und loben und[«.

[134] Vgl. auch die kürzeren »Serien« in MekhSh *be-shallaḥ* zu Ex 14,8 (Epstein/Melamed 52) und zu Ex 14,15 (Epstein/Melamed 59) sowie die Beschreibung des Lobgesangs Israels in MekhY *be-shallaḥ* 1 (Horovitz/Rabin 90); YalqM Ps 149,1 (Buber 146b).

[135] Vgl. etwa schon Dalman, *Worte*, 305.

[136] So z. B. Gross, אוצר האגדה, Bd. 3, 1092. Müller, *Soferim*, 151 vermutet, der erste Abschnitt des Qaddish könne auf Gebete wie dieses zurückgeführt werden. In die Nähe des Qaddish gestellt wird dieses Gebet auch wieder von Levine, *Synagogue*, 558.

bar Yeḥezqiʾel (bzw. seinem Vater)[137], einem babylonischen Amoräer, zugeschrieben wird[138]:

yBer 9,3 - 14a,7-10[139]	BerR 13,15[140]	DevR 7,6 (Lieberman 110)
רבי יהודה בר יחזקיאל אמ׳	רב יהודה אמ	רב יהודה בר יחזקאל אמ׳
אבא מברך על ירידת גשמים	כהדן מברך יחזקאל אבא	בשעה שרואה את הגשמים
	יתברך	היה מברך
יתגדל		יתפאר
ויתקדש	יתרמם	יתגדל
ויתברך	יתגדל	יתקדש
ויתרומם		יתברך
שמך מלכינו על כל טיפה וטיפה	שמך על כל טיפה וטיפה	שמו של הקב״ה מי שאמ׳
שאת מוריד לנו	שאת מוריד לנו שאת ממניאן	והיה העולם.
שאת ממניען זו מזו	אילו מאילו.	
כי יגרע נטפי מים.		
		ממנה אלף אלפים ורובי
		רבבות של מלאכים על כל
		טיפה וטיפה שיורדת.
Rabbi Yehuda bar Yeḥezqiʾel	Rabbi Yehuda sagte:	Rabbi Yehuda bar Yeḥezqʾel
sprach:	Wie dieser pries	sprach: Zur Stunde, da er den
Vater pries das Fallen des	Yeḥezqʾel, (mein) Vater.	Regen sah, sprach er
Regens:		folgenden Lobpreis:
Großgemacht	Gepriesen,	Verherrlicht,
und geheiligt		großgemacht,
und gepriesen		geheiligt,
und erhoben sei	erhoben,	gepriesen sei
	großgemacht sei	
dein Name, unser König, über	dein Name über	der Name des Heiligen,
jeden Tropfen und Tropfen,	jeden Tropfen und Tropfen,	gepriesen sei er,

---

137 Vgl. zu ihm Bacher, *Agada*, 47ff.

138 Außer den drei hier zitierten Rezensionen dieses Gebetes ist noch eine Parallele in MTeh 18,16 (Buber 73a) zu berücksichtigen. Die dort überlieferte Rezension steht dem Qaddish sogar besonders nahe (vgl. hierzu auch die synoptische Übersicht bei Heinemann, התפילה, 42f.). Allerdings findet sich diese Fassung nur in der italienisch-ashkenazischen Handschrift MS Parma, De Rossi 2552 (1232), die Buber zur Grundlage seiner Edition gewählt hat. Der Eindruck einer besonderen Affinität zum Qaddish beruht also wieder auf einer nachträglichen Bearbeitung. Wie wir noch sehen werden, zeichnet sich gerade die Handschrift Parma durch ein besonderes Interesse an Bezügen zur ashkenazischen Liturgie und zum Qaddish aus. Vgl. dazu unten Kap. IV.2.4.2.

139 Text nach: MS Leiden Or. 4720 (Scaliger 3); vgl. *Synopse zum Talmud Yerushalmi*, Bd. 1, 240. Vgl. auch die Parallele in yTaan 1,3 - 64b,10-12.

140 Text nach MS Leningrad, Antonin Collection Ebr. III b, 268 (*Geniza Fragments of Bereshit Rabba*, ed. Sokoloff, 104). S. hierzu auch den Kommentar von Theodor 124 und den Text der »besten« Handschrift von BerR, MS Vatikan 60 (vgl. *Midrash Bereshit Rabba. Codex Vatican 60*, 45).

den du (auf) uns herabkommen läßt, der du scheidest einen Tropfen vom anderen.	den du (auf) uns herabkommen läßt, du scheidest einen Tropfen vom anderen.	der sprach und die Welt ward;
		(Der du) ernennst tausende und abertausende von Engeln über jeden Tropfen und Tropfen, den du herabkommen läßt.

Die unterschiedlichen Fassungen dieses Gebetes heben mit einer einfachen Serienbildung aus Verben im *hitpa^cel* an. Wie im Qaddish wird Gott dabei in der 3. Person angesprochen (*yitgadal we-yitqadash*), und erst in der darauf folgenden Namensdoxologie wechselt die Anrede in die 2. Person. In der Rezension in DevR wird diese Doxologie sogar durch eine an das Qaddish erinnernde Formulierung in der 3. Person und einen Hinweis auf die Engel, die Gott über jeden einzelnen Tropfen ernannt hat, erweitert.[141]

Könnte somit auch dieses (in DevR sogar ein angelologisches Interesse bekundende) Gebet von den Merkava-Mystikern verfaßt oder beeinflußt worden sein? M. E. muß man diese Frage auch für diesen Text verneinen: Gebete *um* Regen und Dankgebete *für* Regen sind in der rabbinischen Literatur relativ häufig belegt; in den Gebeten der Hekhalot-Literatur spielt dieses Thema dagegen keine Rolle. Wenn auch im Zusammenhang mit Gebeten *um* Regen magisch-theurgische Praktiken gelegentlich erwähnt werden, so dürften sie für die Ausformulierung dieses Dankgebetes jedoch keine Bedeutung gehabt haben.[142] Schließlich reichen auch die formalen Berührungspunkte zwischen diesem Gebet und Hekhalot-Gebeten für seine Rückführung auf »mystische« Gebete nicht aus. Die Verwendung einer Serienbildung diente wohl auch hier einzig und allein dem besonders feierlichen Lobpreis Gottes.

---

[141] Vgl. die Versionen dieses Gebetes in bBer 59b und bTaan 7b. Dort lautet das im Namen des Rabbi Yehuda überlieferte Gebet: מודים אנחנו לך ה' אלהינו על כל טיפה וטיפה שהורדת לנו (»Wir danken dir Herr, unserem Gott, für jeden Tropfen und Tropfen, den du auf uns herabkommen läßt«). Danach wird in der Gemara eine weitere Rezension dieses Gebetes, die an einen Abschnitt des *nishmat* erinnert, im Namen des Rabbi Yoḥanan mitgeteilt; s. hierzu Heinemann, התפילה, 43.

[142] Für Gebete *um* Regen vgl. z. B. die Ḥoni ha-Me^cagel und Abba Ḥilqiya zugeschriebenen Gebete in bTaan 23a-b.

2.5 Zusammenfassung

Die Untersuchung einiger in der »klassischen« rabbinischen Literatur überlieferter Serienbildungen ergibt, daß Verbreihen (im *hitpa^cel*, in Partizipialformen und im Infinitiv) nicht ausschließlich zu den von den *yorede merkava*, den Merkava-Mystikern, verwendeten Stilmitteln gezählt werden können. Zwar ist ihr Gebrauch in der Hekhalot-Literatur auffällig, und es überrascht daher nicht, daß das Qaddish mit diesen Texten bereits in der traditionellen Kommentarliteratur in Verbindung gebracht worden ist.[143] Im einzelnen läßt sich aber nicht nachweisen, daß Serienbildungen zu einem Formgut gehörten, das nur von Merkava-Mystikern verwendet worden ist.[144] Es liegt vielmehr die Vermutung nahe, daß solche Serien bereits älter sind als die Hekhalot-Literatur bzw. die in sie aufgenommenen Lieder.[145] Der vierte, vielleicht tatsächlich einmal eingefügte Abschnitt des Qaddish muß also nicht auf »den Einfluß« der Merkava-Mystiker zurückgeführt werden.[146] Dem aufgrund einer ähnlichen Untersuchung einmal von Ph. Alexander[147] formulierten Ergebnis, die in der

---

[143] Vgl. dazu noch einmal Yehuda ben Yaqar, *Perush ha-Tefillot*, Bd. 1, ed. Yerushalmi, 17. Im übrigen ist hier auch an das *ʿal ha-kol* zu erinnern, denn in einem unedierten, Elʿazar von Worms zugeschriebenen Kommentar zum Gebetbuch in MS Paris 772, fol. 36a wird es explizit als ein Gebet der Mystiker bezeichnet. S. Halamish, **בעיות**, 202.

[144] Dies zeigt sich auch im Vergleich mit anderen Gebeten aus dem Siddur, die Serienbildungen aus Verben im *hitpaʿel* enthalten. Vor allem ist hier an jenes Gebet zu erinnern, das im ashkenazischen und sefardischen Ritus als Antwort der Gemeinde auf das durch den Vorbeter vorgetragene *barekhu* gesprochen wird (vgl. *Seder ʿAvodat Yisraʾel*, ed. Baer, 75f. und vor allem die Rezension in *Machsor Vitry*, ed. Hurwitz, 64: ישתבח ויתפאר ויתרומם ויתנשא) und von dem Elbogen, *Gottesdienst*, 17 annahm, daß es aus »Bestandteilen des Kaddischs« zusammengesetzt worden sei. Dieses Gebet ist allerdings erst in mittelalterlichen Textzeugen belegt und wurde vielleicht als Ersatz für das Qaddish (?) oder die Formel בשכמל"ו eingeführt (dazu Idelsohn, *Liturgy*, 84, und vgl. hierzu auch Liebreich, *Invocation*, 285-290; 407-412). Dieses Gebet steht außerdem in auffälliger Nähe zu einem in manchen Rezensionen fast gleichlautenden Text, dem sog. *yishtabaḥ*, also jener *berakha*, mit der die *zemirot* abgeschlossen werden. Eine Herleitung des Gebetes, mit dem die Gemeinde auf das *barekhu* respondiert, aus dem Qaddish ist daher nicht unproblematisch. Da das *yishtabaḥ* im palästinischen Ritus allerdings noch unbekannt war (vgl. Mann, *Genizah Fragments*, 284f., und s. auch Liebreich, *Pesuke de-Zimra*, 198f.), sind beide Gebete möglicherweise auch Belege für eine besondere Vorliebe für *hitpaʿel*-Serienbildungen im ashkenazischen Ritus.

[145] Vgl. dazu allerdings auch Kohler, *Ursprünge*, 492, der als Beleg für ein Qaddish in der Zeit des Zweiten Tempels auf ein *qedusha*-Lied aus den Bilderreden Hen(äth) 61,11f (Knibb, *Book of Enoch*, Bd. 1, 150) verweist. Zu diesem Lied ist jedoch zu bemerken, daß es, obgleich Hen(äth) in das 1. Jh. datiert werden kann (so Greenfield / Stone, *Pentateuch*, 64f.), in den Qumran-Fragmenten des Henoch-Buches nicht belegt ist, also nicht »ursprünglicher« Bestandteil dieses Werkes gewesen sein muß.

[146] Daß der vierte Abschnitt des Qaddish trotz dieses Ergebnisses im Laufe der Zeit zu den übrigen Teilen des Qaddish hinzugekommen sein mag, ist damit nicht auszuschließen. Erinnert sei in diesem Zusammenhang an den Befund in einer Rezension des Qaddish *le-ḥaddata* in der Oxforder Seder-Rav-Amram-Handschrift (vgl. Kap. I.1.2.3). Es gab demnach vielleicht Riten, in denen die sieben- oder achtgliedrige Verblitanei (noch) nicht verwendet wurde.

Hekhalot-Literatur belegten Serienbildungen »can be attributed, at least in part, to the natural (and necessary) redundancy of *all* liturgical style«, kann man insofern auch unter Einbeziehung des Qaddish nur zustimmen. Zu unterstreichen ist, daß man diesen liturgischen Stil keiner spezifischen Gruppe zuschreiben kann.[148]

3. Zwischenergebnisse

Die Untersuchung der Rezeption des Qaddish in (den bislang erschlossenen Texten) der Hekhalot-Literatur fördert weitgehend negative Ergebnisse zutage:

(1) Im Unterschied zu Bloch (und vielen anderen) hat sich gezeigt, daß das Qaddish n i c h t zu den von den *yorede merkava* »besonders bevorzugten Gebeten« gezählt werden kann. Dies wurde zum einen daran deutlich, daß die doxologische Kernformel des Qaddish nur in einem einzigen kurzen, apokalyptischen Stück von *Hekhalot Rabbati* erwähnt wird, und zwar in der sog. David-Apokalypse, einem sicher nicht ursprünglich zu dieser Makroform zu rechnenden Text. Zum anderen deutet auch die Verwendung von Substantiv- und *hitpaᶜel*-Verb-Serien nicht auf eine besondere, entstehungsgeschichtlich bedingte Abhängigkeit des Qaddish von diesen Mystikern hin.

(2) Diesem negativen Ergebnis entspricht der Eindruck, den wir bereits aufgrund der Analyse der Überlieferungen in MMish 10 und 14 gewonnen hatten: Wie sich dort beobachten läßt, daß die traditionelle Sicht von Studium und Rezitation der doxologischen Formel von »den Mystikern« zugunsten einer Hochschätzung mystischer Tora-Interpretation bzw. der Beschäftigung mit den Maßen Gottes umgedeutet worden ist, so wird dem Qaddish auch in der Hekhalot-Literatur im Vergleich zu anderen Gebeten wie vor allem der *qedusha* auffällig wenig Beachtung geschenkt. Zwar stellen die Verfasser der Hekhalot-Literatur die Kenntnis des klassischen Lernpensums als eine unabdingbare Voraussetzung für ihre Beschäftigung mit dem »Abstieg zur Schau der Merkava« dar, die von ihnen propagierte Sicht des Studiums zielt jedoch nicht darauf ab, dieses Studium in der Rezitation des Qaddish, der Doxologie des Namens bzw. in einer Bitte um das Kommen des Reiches »in Bälde, in unseren Tagen«, kulminieren zu lassen. Für wichtiger halten sie die Beschäftigung mit den Geheimnissen der Tora im Hier und Jetzt. Das eine traditionelle futurische Eschatologie repräsentierende Qaddish konnte daher - soweit es zur

[147] Alexander, *Prayer*, 60.

[148] Anders Reif, *Judaism*, 86f., der annimmt, »pietists« hätten solche »mystical formulations« in die rabbinische Liturgie eingeführt.

Zeit der Entstehung ihrer Überlieferungen überhaupt schon bekannt war - im Unterschied zur älteren *qedusha* unbeachtet bleiben.

(3) Wenn das Qaddish im Verlauf seiner Rezeption und auch in der Forschungsgeschichte trotzdem auffallend oft mit den Merkava-Mystikern in Verbindung gebracht worden ist, so ist dies auf die besondere Rezeptionsgeschichte der sog. David-Apokalypse zurückzuführen. Dieses apokalyptische Stück wurde schon von einigen Kommentatoren des Bavli und dem ashkenazischen Kompilator der Londoner Handschrift des Seder Rav Amram mit der besonderen, quasi theurgischen Wirkung der doxologischen Formel in Verbindung gebracht. Für die mittelalterlichen Kommentatoren, wie z. B. für den Verfasser der Tosafot zu bShab 119b, war die in den talmudischen Überlieferungen mit der doxologischen Formel assoziierte Vorstellung der unmittelbaren Wirkung der Rezitation der Formel von größerer Bedeutung als die sich in der sog. David-Apokalypse (und auch in MMish) manifestierende Relativierung der in den Hekhalot-Überlieferungen erkennbaren gegenwartsbezogenen Eschatologie. Die in den späten Apokalypsen an den Zusammenhang von Studium *und* Gebet geknüpfte Vorstellung einer besonderen Wirkung des Qaddish ist später in gewisser Weise vom Studium »abgekoppelt« worden. Der Hinweis auf das bloße »Daß« der Rezitation der Formel genügte, um an die ihr zugeschriebene große »Wirk-Macht« zu erinnern.

IV. Die Rezeption des Qaddish in der gaonäischen Literatur

Mit der Rezeption des Qaddish in der gaonäischen Literatur, also in der Literatur jener nur schwer exakt abzugrenzenden Epoche zwischen dem 6./7.-11. Jh., die man nach den Schulhäuptern der babylonischen Yeshivot zu benennen pflegt[1], hatten wir uns bereits im Zusammenhang mit der Untersuchung der ältesten erreichbaren Textzeugen befaßt. Das folgende Kapitel knüpft an die Ergebnisse jenes textgeschichtlich orientierten Abschnitts der Arbeit an, befaßt sich nun aber mit den zum Teil in denselben Handschriften und Werken enthaltenen Interpretationen des Wortlautes des Qaddish und den Begründungen für seine Aufnahme in die Liturgie.

Die dabei heranzuziehenden Quellen unterscheiden sich von den bislang behandelten vor allem in formaler Hinsicht. Die meisten Hinweise auf die Deutung und Verwendung des Qaddish in gaonäischer Zeit finden sich in Texten, die dem typischen literarischen Genre dieser Epoche zuzurechnen sind: dem Responsum, dem Antwortschreiben auf halakhische Anfragen (*she'elot*).[2] Solche in hebräischer, aramäischer und zum Teil in judeo-arabischer Sprache gehaltenen Antwortschreiben (*teshuvot*) wurden von den Schulhäuptern der babylonischen Yeshivot (vor allem der Geonim von Sura und Pumbedita; später auch an anderen Orten) zunächst wohl nur auf konkrete Anfragen hin verfaßt.[3] Im Laufe der Zeit entwickelte sich aus diesen Antwortschreiben eine eigenständige Literatur, die in speziell dafür angelegten Sammelhandschriften tradiert wurde und auch in Halakha-Kompendien und Minhag-Bücher Aufnahme fand, die zum Teil erst lange nach ihrer Abfassung zusammengestellt und regidiert worden sind.[4]

---

[1] Vgl. Ginzberg, *Geonica* I, 4f.; Brody, *Geonim*, 9-18. Zum Titel »Gaon« s. Schlüter, RGG⁴ 3 (2000) 465f.

[2] Zur Einleitung in die verschiedenen Literaturgattungen dieser Epoche vgl. Ginzberg, *Geonica* I, 95ff.; Assaf, תקופת הגאונים; Brody, *Geonim*, 19ff.

[3] Zu Entstehung und Form dieser Literaturgattung vgl. Frankel, *Entwurf*; Ginzberg, *Geonica* I, 182ff.; Brody, *Geonim*, 185ff. Einen Eindruck vom Umfang und der Vielschichtigkeit der Responsenliteratur aus gaonäischer Zeit gibt die Sammeledition von Lewin, *Otzar ha-Gaonim*. Einen Index der älteren Sammlungen bietet Müller, מפתח. Für einen kommentierten Überblick über die älteren Editionen vgl. Groner, *Methodology*, 173-187.

[4] Zu berücksichtigen sind im folgenden daher auch die ersten großen, zum Teil auf Responsenmaterial basierenden Halakha-Werke aus gaonäischer Zeit: vor allem die sog. *Halakhot Gedolot* (bzw. *Halakhot Pesuqot*), die traditionellerweise dem ersten Gaon der Yeshiva von Sura, Yehudai Gaon, zugeschrieben werden. Vgl. hierzu ausführlich Danzig, מבוא; Brody,

Im Unterschied zu den Überlieferungen aus Talmud und Midrash finden sich die im folgenden zu analysierenden Quellen zumeist in (Hand-)Schriften, die mit einer namentlich bekannten Person in Verbindung gebracht und daher genauer datiert werden können. Zwar handelt es sich auch bei diesen Texten nicht einfach um »Autorenliteratur«, zumal viele Schreiben von den jeweiligen Geonim nur im Namen ihrer Yeshiva verfaßt worden sind und Responsentexte, wie bereits angedeutet, oft nur in »sekundären« Quellen überliefert werden, man also auch bei ihnen mit späteren Bearbeitungen durch ihre Rezipienten rechnen muß.[5] Trotz dieser Einschränkungen steht die Untersuchung der Rezeption des Qaddish in der weitverzweigten gaonäischen Literatur aber auf einer solideren Grundlage als in Talmud und Midrash.[6] Neben einigen zu berücksichtigenden Stellen aus dem literarisch wie textgeschichtlich vielschichtigen Traktat Soferim scheinen gaonäische Schriften zum ersten Mal konkretere Hinweise auf die Entwicklung des Wortlautes und die liturgische Verwendung des Qaddish zu enthalten.[7]

מחקר, 139-152. - Zum Problem der Sammelhandschriften vgl. *Teshuvot Rav Naṭronai*, ed. Brody; ders., תשובות, 155-183; *Newly Discovered Geonic Responsa*, ed. Emanuel. Zur Entstehung von Minhag-Büchern, in die ebenfalls gaonäisches Material aufgenommen worden ist, s. unten S. 198 Anm. 89.

[5] Zur Überlieferung von Responsen und ihrer »Bearbeitung« vgl. Müller, *Jehudai Gaon*, 3-9; Hildesheimer, *Komposition*, 12-272; Brody, *Geonim*, 193f.

[6] Zum Problem historischer Auswertung von Responsen vgl. Mann, *Responsa*, 458ff.; Brody, *Geonim*, 193-201.

[7] Nicht berücksichtigt werden im folgenden einige *Piyyuṭim*, sog. *reshuyyot le-Qaddish*. Diese bislang wenig beachtete Gattung poetischer Bearbeitungen des Qaddish ist wohl erst gegen Ende der gaonäischen Epoche entstanden. Vgl. etwa *Poems of Rabbi Isaac Ibn Ghiyyat*, ed. David, 249ff.; *Shirim ḥadashim*, ed. Schirman, 240; *Ha-Shira*, Bd. 2, ed. Schirman, 304f. Zur Frage des Alters solcher Fassungen des Qaddish vgl. Fleischer, נוספות, 195f. Erwähnt sei in diesem Zusammenhang auch eine vielleicht in gaonäische Zeit zu datierende poetische Erweiterung eines Qaddish *titkeli ḥarba*; s. dazu unten Appendix B.7.

1. Der Wortlaut des Qaddish in gaonäischen Responsen

Im Hinblick auf den Wortlaut des Qaddish in den Responsen und anderen Schriften der Geonim ist zunächst festzuhalten, daß sie im Unterschied zu den später vor allem in Ashkenaz entstandenen Maḥzorim, Siddurim und Minhag-Büchern keine umfassende Erläuterung und Kommentierung dieses Gebetes enthalten. In den Handschriften des Seder Rav Amram und des Siddur Rav Seʿadya finden sich zwar Rezensionen des Qaddish, die auch Hinweise auf den Vortrag an unterschiedlichen Orten der Liturgie enthalten. Ansonsten gibt es in diesen und vergleichbaren gaonäischen Schreiben jedoch keine Erläuterungen seines Wortlautes.[8]

Dem einzigen Text in Seder Rav Amram[9], der zumindest auf die Interpretation eines Wortes aus dem Qaddish eingeht, ist daher besondere Beachtung zu schenken. Er basiert auf einem in unterschiedlichen Versionen überlieferten Responsum, in dem die Verwendung und Bedeutung des Wortes *yitqalas*[10] (»er soll rühmen«) aus dem litaneiartigen Abschnitt des Qaddish erörtert wird. Wie dieses uns bereits aus einigen Rezensionen des Qaddish[11] und aus der Hekhalot-Literatur bekannte Wort erklärt wurde, ist dabei nicht nur im Hinblick auf seine Textgeschichte und die Ergebnisse des vorangegangenen Kapitels von Interesse. Die Erörterungen dieses Wortes werfen auch ein Licht auf die Interpretationsgeschichte des gesamten Qaddish in gaonäischer Zeit.

1.1 Das Wort yitqalas

Warum einige Geonim ausgerechnet dem Wort *yitqalas* besondere Beachtung geschenkt haben, wird in der Forschung sehr unterschiedlich beurteilt. Bevor auf das erwähnte Responsum eingegangen werden kann, sei kurz zusammengefaßt, wie der Befund bislang erklärt wurde:

Das Verdienst, als erster auf die Bedeutung des Wortes *yitqalas* in Rezensionen des Qaddish und einigen gaonäischen Responsen hingewiesen zu haben, gebührt A. Büchler.[12] In einer 1907 erschienenen Untersuchung versucht er zu zeigen, daß sich der Gebrauch des *yitqalas* in der Serienbildung des Qaddish palästinischem Einfluß verdanke, denn dieses Wort werde auch

---

[8] Dies gilt auch für (zumindest) einen noch genauer zu berücksichtigenden Text aus gaonäischer Zeit, in dem die Heiligung des Namens im Qaddish gedeutet wird. Vgl. unten Kap. IV.3.2.1.

[9] Vgl. *Seder Rav Amram Gaʾon*, ed. Goldschmidt, 12. S. unten 1.1.2.

[10] Zur Vokalisation des Wortes vgl. Pool, *Kaddish*, 57. Hoffman, *Canonization* vokalisiert dagegen im Anschluß an Jastrow, *Dictionary*, 1379 s. v. קָלַס II »*yitqales*«. Vgl. aber auch die Vokalisation in MS London, Or. 1067 des Seder Rav Amram (s. oben S. 20).

[11] Vgl. die oben, S. 23, zitierten Rezensionen des Halb-Qaddish aus Seder Rav Amram und Siddur Rav Seʿadya, und s. auch die beiden Rezensionen des Qaddish *le-ḥaddata* aus Seder Rav Amram, oben S. 33f.

in dem mit dem Qaddish eng verwandten *ʿal ha-kol* in dem Traktat Soferim verwendet, und dieses stamme aus Palästina.[13] Da die Mystiker dieses Wort in ihren Liedern verwendeten, sei die Einfügung des *yitqalas* ihrem Einfluß zuzuschreiben.[14] Einige Responsentexte würden außerdem belegen, daß das Wort in der Yeshiva von Pumbedita abgelehnt worden sei, während es die Geonim der Yeshiva von Sura aus dem palästinischen Ritus übernommen hätten.[15]

Zu anderen Schlußfolgerungen gelangt L. Ginzberg[16]: Anhand eines Büchler noch unbekannten, nur in einem Geniza-Fragment bekannten Responsum zum Qaddish, in dem auf andere Aspekte der Bedeutung des *yitqalas* eingegangen wird, versucht er zu belegen, daß die divergierenden Meinungen auf einem internen Schulstreit einiger *ḥazzanim* beruhen.[17] Das Wort קלס habe bereits in der Bibel eine doppelte Bedeutung gehabt[18]; daher sei seine Verwendung im Qaddish von einigen *ḥazzanim* abgelehnt worden. Mystischer Einfluß oder eine vermeintliche Herkunft des Wortes aus Palästina habe dagegen ebensowenig eine Rolle gespielt wie Kritik von Seiten der Karäer.[19]

L. H. Hoffman[20] schließlich bringt die Einführung des *yitqalas* erneut mit »mystischem« Einfluß in Verbindung. Seiner Meinung nach läßt sich dieser Einfluß jedoch nicht auf eine soziologisch genau einzugrenzende Gruppe wie die *yorede merkava* zurückführen. Er ginge vielmehr auf eine nicht näher definierte »merkava-tendency«[21] zurück. Das Wort קלס im Qaddish sei wie in den Liedern der Hekhalot-Literatur besonders häufig für die Beschreibung des Engelgesangs vor Gott, aber auch in der Beschreibung der *qedusha* verwendet worden.[22] Die Einführung des Wortes in das Qaddish könne daher auf die bereits in Palästina wirkenden Mystiker zurückgeführt werden. Die Aussagen unterschiedlicher Geonim zum Gebrauch dieses Wortes spiegelten eine Entwicklung wider, die mit einem von ihm auch im Hinblick auf andere Entwicklungen vertretenen Drei-Phasen-Schema der Kanonisierung der Liturgie in gaonäischer Zeit übereinstimme[23]: Yehudai Gaon, der erste Gaon der Yeshiva von Sura, habe sich hinsichtlich der Verwendung dieses Wortes zwar noch ablehnend geäußert; doch bereits der Verfasser des Seder Rav Amram habe das Wort wie später Seʿadya in seiner Rezension des Qaddish verwendet. Auch der letzte Gaon der Yeshiva von Pumbedita, Hai bar Sherira, habe den Gebrauch des Wortes - entgegen seiner ansonsten zu beobachtenden Nachgiebigkeit in rituellen Fragen - als besonders empfehlenswert betrachtet, wobei Hoffman diese eigentlich nicht in sein Modell passende Meinung dadurch zu erklären versucht, dieser Gaon habe einen von ihm vertretenen messianischen Herrschaftsanspruch durch die Deutung des *yitqalas* unterstreichen wollen.[24]

Wie ist auf dem Hintergrund der divergierenden Forschungsmeinungen die Einführung des Wortes *yitqalas* im Qaddish zu erklären? Ist das Interesse an

---

[12] Vgl. Büchler, *Le mot* ויתקלס, 194-203.

[13] Vgl. Büchler, *Le mot* ויתקלס, 198. Zum Problem der Datierung des *ʿal ha-kol* vgl. oben S. 65f.

[14] Büchler verweist in diesem Zusammenhang auf BatM I, 110 (= SHL § 274); s. oben S. 155f.

[15] Vgl. Büchler, *Le mot* ויתקלס, 197.

[16] Vgl. Ginzberg, תשובות, 161f.

[17] S. dazu unten Kap. IV.1.1.6.

[18] Näheres dazu unten S. 191ff.

[19] Vgl. Ginzberg, תשובות, 161.

[20] Vgl. Hoffman, *Canonization*, 56ff.

[21] Hoffman, *Canonization*, 61.

[22] Vgl. Hoffman, *Canonization*, 61 mit Anm. 40, wo er auf ein Lied hinweist, das mit SHL § 591 N8 nahezu identisch ist.

diesem Wort tatsächlich auf »mystischen« Einfluß zurückzuführen? Oder sind die gaonäischen Stellungnahmen zu dem Wort anders zu erklären?

1.1.1 Seder Rav Amram Ga'on (Goldschmidt 12)

Das Responsum, auf das sich zunächst alle genannten Forscher beziehen, findet sich, wie gesagt, in den Handschriften des Seder Rav Amram[25], wird anonym jedoch auch in einem Geniza-Fragment überliefert, das sich nicht eindeutig diesem Schreiben zuordnen läßt.[26] Da das Responsum in Seder Rav Amram auffällig isoliert steht[27], könnte es dem Schreiben später hinzugefügt worden sein und auf einen anderen Autor zurückgehen.[28]

Nach der Handschrift London, British Museum, Or. 1067, und dem von I. Lévi veröffentlichten Geniza-Fragment lautet der Text dieses Antwortschreibens:

Seder Rav Amram Ga'on (Goldschmidt 12)	MS Paris, AIU[29]	
ולפני ישיבה אין אומרים ויתקלס	ויתקלס [א׳] א׳	1
לא מפני שהוא גנאי	[לא] מפני שהו גניי	2
אלא כך שמענו מרבותינו	כך שמענו מרבותינו	3
שהיו אומרים חייב אדם להזכיר כאן	שהיו אמרין חיב אדם להזכיר כן	4
שבעה דברים בשבחו של הקב״ה	בשבחו ה׳ק׳ב׳ה׳ שבעה דברים	5
כנגד שבעה רקיעים.	כנגד שבעה רקיעים	6
ומי שאינו אומר ויתקלס	ומי שאינו אומ׳ ויתקלס	7

---

23 Vgl. Hoffman, *Canonization*, 63f. S. auch die Übersicht unten S. 210.

24 Vgl. Hoffman, *Canonization*, 62ff.

25 Vgl. z. B. *Seder R. Amram Gaon*, ed. Hedegård, 46. S. dazu auch Büchler, *Le mot ויתקלס*, 196; ferner Hoffman, *Canonization*, 56.

26 Vgl. Lévi, REJ 54 (1907) 203f., und s. auch *Seder Rav Amram Ga'on*, ed. Goldschmidt, 12. Vgl. auch Hoffman, *Canonization*, 56, und s. *Seder R. Amram Gaon*, ed. Hedegård, 46.

27 Hierauf verweist bereits Zimmels, לשאלת ההוספות, 267, und s. auch Epstein, סדר רב עמרם, 586.

28 Lévi, REJ 54 (1907) 204 vermutet, daß es sich bei diesem Responsum um einen Ausschnitt eines ansonsten verlorengegangenen Seder des Rav Naḥshon (871-879) handelt. Hierfür könnte sprechen, daß Responsen bestimmter Geonim in den Handschriften meist nach Autoren geordnet überliefert wurden und das fragliche Responsum in unmittelbarem Zusammenhang mit einem ausdrücklich Rav Naḥshon zugeschriebenen Text überliefert wird. Zur redaktionellen Bearbeitung von Responsensammlungen vgl. auch Hildesheimer, *Komposition*, 184. Zur hier nicht zu erörternden Frage der Existenz eines »Seder Rav Naḥshon« vgl. Ginzberg, *Geonica* I, 125. Hinsichtlich der Verfasserfrage ist schließlich auch zu beachten, daß dieses Schreiben in *Machsor Vitry*, ed. Hurwitz, 9 bzw. *Siddur Raschi*, ed. Buber, 10 nur mit den Worten: כן שמענו מרבותינו (»so haben wir von unseren Lehrern gehört«) eingeführt wird.

29 Text nach: Lévi, REJ 54 (1907) 204. - Das Fragment ist weder im Katalog der Geniza-Fragmente von Schwab, *Manuscripts* noch im Standkatalog des IMHM, Jerusalem, wiederzufinden. Vgl. zu dieser Kollektion Richler, *Guide*, 144.

כיון שאמר ויתברך ואילו ששה	כיון שאמר יתברך ואילו ששה	8
הרי כאן שבעה	הרי כן שבעה	9
והאומר ויתקלס	והאומ׳ ויתקלס	10
אומר כיון דמפסיקין באמן דיתברך	כיון שמפסיקין באמן דויתברך ויתקדש	11
צריך שיהיו שבעה	יהי ש]בעה . . .	12
ואין טעות לא ביד זה ולא ביד זה.		13

1	Und vor mir (in der) Yeshiva[30] sagt man nicht *we-yitqalas*.	*we-yitqalas* spreche man [nicht],
2	Nicht, weil es (ein Ausdruck der) Schmach ist,	[nicht], weil es (ein Ausdruck der Schmach) ist:
3	sondern so haben wir von unseren Meistern gehört,	So haben wir von unseren Meistern gehört,
4	die sprachen: Man ist verpflichtet, hier zu erwähnen	die sprachen: Man ist verpflichtet, hier in seinem Lobpreis
5	sieben Wörter im Lobpreis des Heiligen, gepriesen sei sein Name,	des Heiligen, gepriesen sei sein Name, sieben Wörter
6	entsprechend den sieben *reqiʿim*.	entsprechend den sieben *reqiʿim* zu erwähnen,
7	Und wer nicht *we-yitqalas* spricht,	und wer nicht *we-yitqalas* spricht,
8	(der meint,) indem er *we-yitbarakh* spricht und dazu die sechs (anderen),	(der meint,) indem er *yitbarakh* spricht, dies seien die sechs (anderen),
9	daß dies sieben ergebe.	so ergebe dies sieben.
10	Und wer *we-yitqalas* sagt,	Und wer *we-yitqalas* sagt,
11	der meint, daß, auch wenn man nach dem Amen des *we-yitbarakh* einhält,	der meint, daß, auch wenn man nach dem Amen des *we-yitbarakh* und *we-yitqadash* einhält,
12	es sieben ergäben.	es sie[ben ergäben . . .
13	Und es ist kein Irrtum, weder bei dem, (der es so hält), noch bei dem, (der es in bezug auf die Zählung andersherum hält).	

Dieses Responsum geht auf zwei Aspekte der Benutzung des *we-yitqalas* ein: Erstens auf die Doppeldeutigkeit des Wortes *we-yitqalas* (Z. 1-2), denn dieses Wort kann nicht nur »rühmen«, sondern auch »schmähen« bedeuten[31]; zweitens wird, unter Berufung auf »unsere Lehrer« (רבותינו)[32], auf das Gestaltungsmuster der Serienbildung des Qaddish hingewiesen. Demnach kann das Wort *we-yitqalas* nur dann Bestandteil der Serienbildung des Qaddish sein, wenn darauf geachtet wird, daß s i e b e n Wörter des Lobpreises entsprechend den sieben *reqiʿim* benutzt werden. In der Londoner Handschrift des Seder wird hierzu

[30] Diese schwer zu übersetzende Einleitung fehlt in den indirekten Textzeugen (*Machsor Vitry*, ed. Hurwitz, 9 bzw. *Siddur Raschi*, ed. Buber, 10). Zu der hier vertretenen Übersetzung des ישיבה vgl. Hoffman, *Canonization*, 56. Zimmels, לשאלת ההוספות, 36 versteht es dagegen als Hinweis auf das »Hinsetzen« während des Gebets.

[31] S. hierzu auch die unten besprochene Rezension dieses Responsum aus *Sefer ha-Manhig*, ed. Raphael, 61, und vgl. dann ausführlich den Exkurs zum Wort קלס II unten S. 191ff.

[32] Wer damit gemeint ist, wird noch gesondert zu erörtern sein.

sogar bemerkt, daß es weder ein »Irrtum« (טעות) sei, das Wort zu benutzen, noch, es nicht zu verwenden, da es allein auf die Siebenzahl des Lobpreises ankomme.

Diese letzte Begründung für die als problematisch betrachtete Verwendung des Wortes קלס rekurriert dabei auf verschiedene Möglichkeiten, das Qaddish zu gliedern bzw. die Anzahl der in ihm verwendeten Wörter zu zählen. Je nachdem, ob man das meist nach der doxologischen Formel und nach der Ewigkeitsformel gesprochene Wort *yitbarakh* (»er sei gepriesen«) zur darauffolgenden Serienbildung hinzuzählt oder nicht, kann man zu einer anderen Anzahl von Wörtern des Lobpreises gelangen. Der Gebrauch des *yitqalas* wird in diesem Abschnitt des Responsum also nicht von seinem Inhalt, sondern von der Anzahl der im Qaddish verwendeten Wörter abhängig gemacht.

Vergleicht man diese Erklärung mit den drei oben vorgestellten Rezensionen des Halb-Qaddish in den Handschriften des Seder, so fällt auf, daß dieses Gestaltungsmuster offenbar nicht immer konsequent beachtet worden ist[33]: Zwar werden in MS New York, JTS 4074, sieben Wörter verwendet, doch müßte man dort *we-yitbarakh* u n d *we-yitqalas* hinzuzählen, um die Anzahl von sieben Wörtern des Lobpreises zu erhalten. Diese Möglichkeit wird in dem Responsum allerdings nur als eine Alternative erwähnt. Die Rezension des Qaddish in MS Oxford, Bodleian Library, Opp. Add. 28, hat dagegen, auch wenn man *yitbarakh* mitzählt, nur *fünf* Wörter des Lobpreises, und nur in MS London des Seder Rav Amram finden sich tatsächlich sieben Wörter in der Serienbildung (mit *we-yitqalas*), ohne daß man *we-yitbarakh* mitzählen müßte.

Wie ist dieser Befund zu erklären? Wurde dieses Antwortschreiben nicht beachtet? Oder ist dieser Teil des Schreibens erst nach Abfassung der Rezensionen des Qaddish in Seder Rav Amram aufgenommen worden? Geht er vielleicht auf ashkenazische Bearbeitung zurück, da in Werken dieses Ritus oft auf die Anzahl von Wörtern in Gebeten verwiesen wird?[34] Oder wurde das Responsum lediglich als Hinweis auf verschiedene Möglichkeiten der Gestaltung und Zählung der Wörter des Qaddish aufgefaßt?

Die Beantwortung dieser Fragen hängt zunächst von der Rekonstruktion des Wortlautes des ursprünglichen Responsum ab. Geht man von den beiden oben vorgestellten Fassungen dieses Textes aus, ist m. E. nicht zu erkennen, welche Zählung, mit oder ohne *we-yitqalas*, vom Autor des Schreibens ursprünglich einmal bevorzugt worden ist. Klar ist zunächst nur, warum man an dem Wort *yitqalas* Anstoß nehmen konnte. Weil es mit einem Ausdruck für »Schmach« (גנאי / גניי)[35] (Z. 2) verwechselt werden konnte, wurde seine Verwendung

---

[33] Vgl. die oben, S. 20, mitgeteilten Rezensionen, und s. z. B. auch Appendix B.6. Zu beachten sind jeweils auch die unterschiedlichen *waw-copulativa*.

[34] Vgl. hierzu die allgemeinen Hinweise zur Bedeutung, die der Anzahl von Wörtern in Gebeten insbesondere im Kreis der *ḥaside ashkenaz* bzw. bei Yehuda he-Ḥasid geschenkt worden ist, bei Dan, *Emergence*, 91; ders., הקדושה, 371f.; dann auch Blank, *Soferim*, 223 mit Anm. 144.

(zumindest nach MS London) nicht gefordert, sondern blieb »freigestellt«.[36] Als »freigestellt« haben seinen Gebrauch dann offensichtlich auch die Kopisten der Rezensionen, die in den Handschriften des Seder enthalten sind, betrachtet.[37]

Wenn die Verwendung des Wortes jedoch »freigestellt« blieb, stellt sich die Frage, welche Intention dieses Responsum verfolgte: Sollte mit dem Hinweis auf die Doppeldeutigkeit des *yitqalas* lediglich an ein exegetisches Lehrstück erinnert werden? Oder hängt das Problem des richtigen Verständnisses des Wortes mit dem angedeuteten Gestaltungsmuster zusammen, das an kosmologische Spekulationen erinnert?

Für die Erörterung dieses Problems ist es unerläßlich, eine weitere Rezension des Antwortschreibens zu berücksichtigen. Diese Fassung wird in dem im 13. Jh. (wahrscheinlich um 1205 in Toledo) verfaßten Minhag-Buch des Avraham ben Natan aus Lunel (Provence)[38], dem *Sefer ha-Manhig*, überlie-

---

[35] Zur Schreibweise vgl. Levy, *Wörterbuch*, Bd. 1, 347f. s. v. גְּנַאי, גְּנַיי.

[36] Dies belegt indirekt auch das bereits erwähnte Responsum des Naḥshon Gaon, das in den Handschriften des Seder unmittelbar vor dem Responsum zum Wort *we-yitqalas* mitgeteilt wird. Vgl. *Seder R. Amram*, ed. Hedegård, 41 (יז) (nach MS Oxford): הכי אמר ר' נחשון ראש ישיבה ז"ל כריעות שכורעין בקדיש כיון שאומר יתגדל ויתקדש כורע יהא שמיה רבא כורע ויתברך שמיה רבא כורע ויתעלה ויתקלס שמיה דקודשא כורע . . . (»So sprach R. Naḥshon, der Vorsitzende der Yeshiva, seligen Angedenkens: Die Verbeugungen beim Qaddish; wenn man *yitgadal* spricht, verbeuge man sich; *yehe sheme rabba*, verbeuge man sich; *yitbarakh sheme rabba*, verbeuge man sich; *yitʿale we-yitqalas [!] sheme de-qudsha*, verbeuge man sich . . .«). - Zu den vier Verbeugungen (כריעות) vgl. Wieder, השפעות, 52, der sie auf islamischen Einfluß zurückführt, während sie Simer, תיקוני הגוף, 110f. mit den im Tempelkult geübten Verbeugungen in Verbindung bringt.

[37] Hedegård, dem viel an der Authentizität des Wortlautes der Gebetstexte in Seder Rav Amram liegt, scheint in der Verwendung des Wortes *we-yitqalas* in den Rezensionen des Qaddish in den drei wichtigen Handschriften des Seder allerdings ein Indiz dafür zu sehen, daß die Gebetstexte des Seder nicht den Ritus ihrer Kopisten widerspiegeln, sondern eine Fassung bewahrt haben, die Amram tatsächlich einmal benutzt hat (s. *Seder R. Amram Gaon*, ed. Hedegård, 46). Daß die Verwendung des *yitqalas* nur in MS London der vorgeschlagenen Zählung folgt, also *we-yitqalas* in einer durchgehenden Reihe von sieben Verbformen verwendet wird, wird von Hedegård dabei nicht beachtet. M. E. ist jedoch bereits hierin ein wichtiger Hinweis auf das eigentliche Problem des widersprüchlichen Befundes zu sehen. Denn in den Rezensionen des Seder werden entweder weniger als sieben Wörter des Lobpreises mitgeteilt, oder das auf die doxologische Formel bezogene Wort *yitbarakh* muß zu der Anzahl von Verben in dieser Serienbildung hinzugezählt werden. In diesem Fall müßte ein *we-yitqalas* ergänzt werden, wie z. B. auch in den Rezensionen des Halb-Qaddish in *Siddur Rav Seʿadya Gaʾon* (s. oben S. 23), T.-S. 6 H 6/6 und in MS Philadelphia (Halper 185). Demgegenüber werden in MS New York, Adler 4053, MS New York, JTS ENA 6161 1, in den Rezensionen des Qaddish *de-Rabbanan* aus dem *Sefer ha-Tikhlal* und der Gebetsordnung des Maimonides sogar acht Wörter verwendet. Auch die Rezension, die in MS Paris, AIU überliefert ist, belegt, daß das Gestaltungsmuster der sieben Wörter des Lobpreises entsprechend den sieben *reqiʿim* nicht (immer) beachtet worden ist. Vgl. auch die in Appendix B.2 mitgeteilte Rezension, die kein ויתקלס hat.

[38] Vgl. zu ihm Cassel, *Abraham b. Natan*, 122-137; Elbogen, *Gottesdienst*, 369 und das Vorwort zur Edition von Raphael, 11-24.

fert. In den Handschriften dieses Werkes hat sich vielleicht eine »bessere« Rezension des ursprünglichen Responsum erhalten[39]:

1.1.2 Sefer ha-Manhig, dine tefilla 28 (Raphael 61)

וכת׳ רב עמרם שיש מקומו׳ שאין אומ׳ יתקלס
לא מפני שהוא גנאי כמו וקלסה לכל הארצות ויתקלסו בך
כי יש בו גם מלשון שבח והוא במלכי׳ יתקלס
אלא שיש בקדיש ז׳ ענייני שבח כנגד ז׳ רקיעי׳ זולתו.
ויש אומרי׳ כיון שמפסיקי׳ באמן יהא שמיה רבה וכו׳ ויתברך צריך לומר ויתקלס.
וכן נראה שאין צריך לומר שלא להכרי׳ בשבח ברוך הוא.
אך ויתהלל יתכן יותר שאינו מוכרע.

Und Rav Amram schrieb, daß es Orte gibt, an denen man nicht *yitqalas* sagt,
nicht weil es ein Ausdruck der Schmach ist, wie (es heißt): *Zum Spott in allen Ländern* (Ez 22,4), und: *Sie spotten deiner* (Ez 22,5),
sondern weil es auch die Redeweise (im Sinne von) Lobpreis umfaßt, (wie es heißt): *Sie rühmten die Könige* (Hab 1,10).
Aber es gibt im Qaddish sieben Wörter des Lobes entsprechend den sieben *reqiʿim*.
Und es gibt welche, die sagen: Weil man einhält nach *Amen, yehe sheme rabba* usw. *we-yitbarakh*, muß man *we-yitqalas* sprechen, (damit es sieben ergibt).
Und daher scheint[40] man es nicht sagen zu müssen,
denn (man darf) in (bezug auf) den Lobpreis des Gepriesenen nichts doppeldeutig belassen,
daher ist *we-yithallel* besser, denn es ist nicht doppeldeutig.[41]

Im Unterschied zu den oben angeführten Rezensionen dieses Schreibens wird diese Fassung eindeutig Rav Amram zugeschrieben. Heißt es in MS London des Seder Rav Amram außerdem nur, daß »er« in der Yeshiva gehört habe, daß man *yitqalas* nicht sagt, so wird in *Sefer ha-Manhig* ausdrücklich hervorgehoben, daß »es O r t e gibt, an denen man nicht *yitqalas* sagt«. Nach Auffassung des Autors bzw. Redaktors dieser Rezension des Responsum (Avraham ben Natan) gab es also Gemeinden, in denen man im Qaddish das Wort *yitqalas* trotz seiner Doppeldeutigkeit verwendete. Die Ambiguität des Wortes wird dabei durch Schriftzitate (Ez 22,4.5 und Hab 1,10) belegt, und überdies

[39] Die ältesten Handschriften des *Sefer ha-Manhig* stammen aus dem 13.-14. Jh., können also nach Abfassung des Werkes nicht mehr allzu stark bearbeitet worden sein. Man vgl. jedoch auch die »sefardische« Rezension dieses Responsum in *Sefer Abudarham ha-Shalem*, ed. Wertheimer, 70 und *Ṭur Oraḥ Ḥayyim*, 58a. - Zum Verhältnis des *Sefer ha-Manhig* zu Seder Rav Amram, der »wichtigsten Quelle dieses Werkes«, vgl. außerdem Raphael im Vorwort zu seiner Edition, S. 31. Auch die gaonäischen Responsen in *Sefer Manhig* lagen dem Autor dieses Werkes möglicherweise schon in »bearbeiteter« Form vor.

[40] MS London, British Museum, Or. 27144 (Margaliuth 483) hat: . . . ונראה שאין נכון לאמרו (»und es scheint nicht richtig zu sein, wenn man sagt . . .«).

[41] שאינו מוכרע, wörtl. »es ist nicht abwägend«, d. h. schwankend, doppeldeutig. Das Wort להכריע, wörtl. »scheiden«, kann auch so viel wie »abwägen«, im Sinne von »eine Sache doppeldeutig belassen«, bedeuten.

wird empfohlen, daß es besser sei, *yithallel* (»er möge loben«) zu sprechen, zumal man auch bei Verwendung dieses Wortes das Gestaltungsmuster »sieben Wörter des Lobpreises entsprechend sieben *reqiʿim*« berücksichtigen könne.

Die in den oben zitierten Rezensionen des Responsum aus Seder Rav Amram nicht mitgeteilte (und ursprünglich vielleicht sogar fehlende) Entscheidung, welches Wort »besser« ist, wird in dieser Fassung also mitüberliefert oder nachgetragen. Avraham ben Natan kannte jedenfalls verschiedene Möglichkeiten, um zu einer Anzahl von sieben Wörtern des Lobpreises entsprechend den sieben *reqiʿim* im Qaddish zu gelangen: sei es, daß man *we-yitbarakh* mitzählt, sei es, daß man erst die Wörter nach dem *we-yitbarakh* berücksichtigt.[42] Anscheinend hielt es dieser provenzalische Gelehrte für angebrachter, das Wort *yitqalas* nicht zu benutzen, um etwaige Verständnisschwierigkeiten zu vermeiden.[43]

Haben wir es demnach vielleicht auch in *Sefer ha-Manhig* mit einer »bearbeiteten« Fassung des ursprünglichen Responsum aus dem Seder zu tun, so stellt sich die Frage, welche Anteile der Bearbeitung auf Avraham ben Natan zurückzuführen sind und welche Intention das Antwortschreiben (Amrams?) ursprünglich verfolgte. Gehen auch die bemerkenswerten exegetischen Erklärungen, die sich in den Fassungen des Responsum in den Handschriften des Seder nicht finden, erst auf eine nachträgliche Bearbeitung durch Avraham ben Natan (oder durch einen Kopisten des Seder) zurück?

Betrachtet man die in der Fassung des Manhig angeführten biblischen Belegstellen genauer, ist der anfängliche Grund für das Problem der Verwendung des Wortes *yitqalas* im Verständnis der Bibelstellen zu suchen. Anscheinend hat die Wurzel קלס II im Hebräischen der nachbiblischen Zeit eine Bedeutungsentwicklung durchlaufen, die zu divergierenden Meinungen über ihren Sinn geführt hat. Bevor die Frage nach der ursprünglichen Intention des Schreibens beantwortet werden kann, ist daher ausführlicher auf die Bedeutung dieses Lexems einzugehen.

---

[42] Ähnliche Möglichkeiten der Zählung belegen dann ashkenazische Quellen aus der Zeit Rashis: vgl. etwa *Machsor Vitry*, ed. Hurwitz, 8; *Siddur Raschi*, ed. Buber, 9; *Sefer Liqquṭe ha-Pardes*, ed. Hershkovitz, 96, und s. ferner das *Sefer Orḥot Ḥayyim* des Aharon ben Yaʿaqov aus Lunel (14. Jh.), ed. Stiṣberg, 26a. In diesem typischen ashkenazischen Kommentar wird der Gebrauch des *we-yitqalas* als achtes Wort erlaubt, da es für den Himmel über den Häuptern der *ḥayyot* stehen kann.

[43] Nur vermuten kann man, ob auch die Rezensionen des Qaddish in dem Exemplar des Seder Rav Amram, das Avraham ben Natan vorlag, das *we-yitqalas* hatte. Sah sich Avraham ben Natan erst aufgrund einer solchen (ashkenazischen?) Fassung des Seder zu einem genauen Hinweis darauf veranlaßt, anstelle *we-yitqalas* das Wort *we-yithallel* zu benutzen?

Exkurs: Die Bedeutungsentwicklung der Wurzel קלס *II*

Die Entwicklung der Bedeutung der Wurzel קלס II im Hebräischen und Aramäischen ist bereits mehrfach untersucht worden.[44] Übereinstimmend belegen alle Lexika, daß die Wurzel קלס II in der hebr. Bibel stets im Sinne von »spotten« bzw. »höhnen« verwendet wird.[45] Davon zu unterscheiden ist das Wort קלס I mit der Bedeutung »rund sein«.[46] Die einzige Stelle, an der das Wort in der Bibel eindeutig im positiven Sinne von »loben« gebraucht wird, findet sich in Ez 16,31; auch in der in *Sefer ha-Manhig* angeführten Stelle aus Hab 1,10 wird es eigentlich in der Bedeutung »spotten« verwendet.[47] Erst im rabbinischen Sprachgebrauch scheint sich die Bedeutung der Wurzel קלס II eindeutiger entwickelt zu haben, denn dort wird sie stets im positiven Sinne von »loben« und »preisen« verwendet.[48] Ist das Problem des Gebrauches dieses Wortes im Qaddish also auf dem Hintergrund des unterschiedlichen biblischen und rabbinischen Sprachgebrauch zu verstehen?

Zunächst zur Etymologie des Wortes im rabbinischen Sprachgebrauch: S. Krauss möchte die Bedeutung קלס im Sinne von »loben«, »preisen» von καλῶς, »gut«, »schön«, ableiten.[49] S. Lieberman vertritt dagegen die Auffassung, die Entwicklung der vom biblischen Gebrauch abweichenden, positiven Bedeutung des Wortes sei auf die Übernahme des griechischen κελεῦσαι (»rufen«) zurückzuführen.[50] Dies ließe sich an zahlreichen Beispielen aus der aus Palästina stammenden rabbinischen Literatur (Tosefta, Midrashim und Yerushalmi) belegen, denn nur Palästina käme aufgrund seiner Dreisprachigkeit als Ort der Vermittlung dieser Bedeutung aus dem Griechischen ins Hebräische in Frage. Der Gebrauch des Wortes קלס in der Bedeutung von »loben« und »preisen« sei insofern auf den profangriechischen Gebrauch zurückzuführen. Dieser Sprachgebrauch hätte den hebräischen so stark beeinflußt, daß das Lexem schließlich auch für den Lobpreis des »himmlischen Königs« verwendet worden sei.[51]

Eine andere Lösung des Problems vertritt A. Büchler[52]: Er geht davon aus, daß dem Wort קלס II schon in seiner gemeinsemitischen Grundbedeutung, »hüpfen«, »tanzen«, »klatschen«, eine gewisse Doppeldeutigkeit zueigen gewesen sei.[53] Der Beginn der Entwicklung der Mehrdeutigkeit ließe sich etwa noch am Gebrauch des Wortes im Zusammenhang mit Totenklage und Hochzeit in der rabbinischen Literatur beobachten. Sowohl das freudige »Klatschen« mit

---

[44] Vgl. *Aruch*, Bd. 7, ed. Kohut, 105 s. v. קָלַס; Levy, *Wörterbuch*, Bd. 4, 313 s. v. קָלַס; Jastrow, *Dictionary*, 1379 s. v. קְלַס und קָלַס II; Krauss, *Lehnwörter*, Bd. 2, 647; Sokoloff, *Dictionary*, 494f. s. v. קלס; *Historical Dictionary*, ed. Academy of the Hebrew Language, Mikrofiche 79; Büchler, *Grundbedeutung*, 165-181; Lieberman, קלס, 433-439; Pool, *Kaddish*, 59f.; Krauss, פרס, 84-86; Gartner, המענה, 46f. Anm. 37.

[45] Vgl. hierzu bes. den Rashi zugeschriebenen Kommentar zu Ez 22,4f. (bzw. auch zu Ez 16,31). Er gibt das Wort קלס interessanterweise mit dem alt-französischen »parler« wieder. Vgl. hierzu *Heichal Rashi*, Bd. 1, ed. Avinery, 1153. S. auch Levita, *Tishbi*, 203f. s. v.

[46] Vgl. die Lexikoneinträge zu קוֹלָס, »rund sein«, dann zu קלס I, »einen Helm aufsetzen«; s. Jastrow, *Dictionary*, 1379.

[47] Vgl. auch das Targum zu Hab 1,10, wo das Wort קלס mit לעג, »spotten«, dem biblischen Sprachgebrauch entsprechend, übersetzt wird. Der Beleg aus Sir 47,15 (hebr.) für den Gebrauch im positiven Sinne, auf den Pool, *Kaddish*, 59 verweist, beruht auf einer Konjektur.

[48] Vgl. hierzu auch den unten, Kap. IV.3.2.1, zitierten Text aus T.-S. 12.828 (Ginze Schechter II, 163).

[49] Krauss, *Lehnwörter*, Bd. 2, 647.

[50] So bereits im *Arukh*, und s. auch Lieberman, קלס, 436f.

[51] Vgl. etwa WaR 30,7 zu Lev 23,40 (Margulies 705); yShab 4,7 - 15c,45f.; yRHSh 4,7 - 59c,27; weitere Beispiele bei Lieberman, קלס, 435.

[52] Vgl. Büchler, *Grundbedeutung*.

[53] Vgl. Büchler, *Grundbedeutung*, 173.

den Händen bei der Hochzeit als auch das »Stampfen« mit den Füßen als Zeichen der Trauer seien durch קלס bezeichnet worden.[54] An anderen Belegen sei im übrigen zu erkennen, daß der Gebrauch des Wortes nicht nur auf Palästina beschränkt gewesen sei, sondern auch in Babylonien verbreitet war.[55]

Welche dieser unterschiedlichen Erklärungen für die rabbinische Deutung der Wurzel am plausibelsten ist, läßt sich hier angesichts der unterschiedlichen sprachgeschichtlichen Prämissen wohl nicht entscheiden.[56] Im Hinblick auf die Frage, warum das Wort קלס in dem Responsum in Seder Rav Amram überhaupt erwähnt wird, ist jedoch festzuhalten, daß es in der Bedeutung »rühmen« weder für den palästinischen noch den babylonischen Sprachgebrauch besonders typisch gewesen zu sein scheint. Das Wort ist sowohl in Quellen aus der aus Palästina als auch in der aus Babylonien stammenden rabbinischen Literatur gut belegt und wird auffallend häufig mit der Totenklage in Verbindung gebracht.[57] Die Vermutung Liebermans[58], die Verwendung im Qaddish sei in den babylonischen Yeshivot nur deshalb als anstößig empfunden worden, weil es aus dem palästinischen Ritus nach Babylonien gekommen sei, muß man daher wohl ausschließen. Selbst wenn die positive Bedeutung auf griechischen Einfluß zurückginge: den Gebrauch des Wortes mit dieser Konnotation kann man nicht allein auf »palästinischen Sprachgebrauch« zurückführen.

Aufschlußreich ist auch die semantische Entwicklung des Lexems in der Hekhalot-Literatur. So fällt bei der Untersuchung dieses Literaturgenres auf, daß das Wort häufig in Serienbildungen[59] belegt ist, die der Beschreibung des Engelgesangs dienen.[60] Außerdem ist zu beobachten, daß קלס in der Hekhalot-Literatur oft in der übertragenen Bedeutung »die *qedusha*-rezitieren« verwendet wird.[61] Könnte der Schlüssel für das Verständnis des Responsum also in der Verwendung des Wortes קלס in der Hekhalot-Literatur liegen?

Zu beachten ist in bezug auf das Verständnis der Wurzel קלס II allerdings auch, daß es mit der spezifischen Bedeutung von »die *qedusha* sprechen« nicht ausschließlich in der Hekhalot-Literatur belegt ist.[62] Die Vermutung, durch die Vermeidung des Gebrauchs dieses Wortes im Qaddish hätte ein vermeintlicher Einfluß der Mystiker zurückgedrängt werden sollen, läßt sich somit auch von daher nicht sicher belegen. Denkbar bleibt immerhin, daß das Wort קלס II ein-

---

[54] Vgl. Büchler, *Grundbedeutung*, 180.

[55] Vgl. etwa die von Büchler, *Grundbedeutung*, 174ff. zitierten Stellen bMQ 24b; 27b; bKet 16b; 17a. Zur positiven Bedeutung des Wortes קלס vgl. noch Sokoloff / Yahalom, *Piyyutim*, 314; *Shirat bene Ma'arava*, ed. Sokoloff / Yahalom, 34.

[56] Vgl. auch Rubin, קץ החיים, 195-198, der zu ähnlich widersprüchlichen Ergebnissen der Bedeutungsentwicklung gelangt.

[57] Vgl. Sem 3,3 (Higger 110); 11,4 (188); 11,6 (189); 11,7 (190); 12,13 (200); dann auch yMQ 1,8 - 80d,14; yPes 8,8 - 36b,37; s. auch yHag 1,7 - 76c,45; yAZ 3,1 - 42c,4.

[58] Vgl. Lieberman, קלס, 79.

[59] Vgl. SHL §§ 162 N8; 257 N8; 266 N8; 274 O1; 321 N8; 594 N8.

[60] Vgl. z. B. SHL §§ 666-670 aus der Makroform *Merkava Rabba*, wo der Lobpreis der Engelfürsten mit dem Wort קלס umschrieben wird.

[61] Vgl. zum Gebrauch des Wortes קלס in diesem Zusammenhang SHL §§ 569 O1; 654 O1; 789 O1; 818 O1, und s. auch SHL §§ 974 M4; 977 M4. - Zu den Schilderungen des Vortrags der *qedusha* in der Hekhalot-Literatur vgl. Schäfer, *Engel*, 268; ders., *Mystik*, 45f.

[62] Vgl. zum rabbinischen Sprachgebrauch z. B. mRHSh 4,5; mPes 10,5 (Druck Wilna bzw. Ed. Albeck 178); bBer 3a; ySuk 5,4 - 55b,73 und vor allem Sof 19,8 (Higger 333), wo קלס ausdrücklich in der speziellen Bedeutung »die *qedushat ha-yom* rezitieren« verwendet wird (vgl. hierzu auch Elbogen, *Tefilla*, 427; Bacher, *Terminologie* II, 190ff.). Zu beachten ist, daß קלס auch im Siddur häufig in der Bedeutung »rühmen«, »preisen« verwendet wird. Vgl. etwa den Beginn der *tahanunim* in *Seder 'Avodat Yisra'el*, ed. Baer, 117. S. ferner das sog. Gebet Abrahams (oben S. 166f.).

mal besonders eng mit der *qedusha*, der von den *yorede merkava* besonders geschätzten »Zwillingsschwester« des *qaddish*, assoziiert wurde.[63] An dem Gebrauch des Wortes im Qaddish hätte man demnach vielleicht vor allem deshalb Anstoß genommen, weil es üblicherweise mit der *qedusha* in Verbindung gebracht wurde. Mit der *qedusha* sind in der rabbinischen Literatur jedoch - anders als mit dem Qaddish - vor allem Vorstellungen von der Partizipation an der Engelliturgie verbunden.

Über den eigentlichen Streitpunkt, auf den das Responsum aus Seder Rav Amram antwortet, lassen sich somit wohl auch aufgrund dieser Beobachtungen nur Vermutungen anstellen. Festzuhalten ist allerdings, daß auf dem Hintergrund der semantischen Entwicklung des Wortes קלס II in der rabbinischen und der Hekhalot-Literatur die Ablehnung der Verwendung des Wortes im Qaddish nicht ausschließlich auf bibelexegetische Probleme zurückgeführt werden muß, wie es die Fassung des Responsum in *Sefer ha-Manhig* nahe legt.[64] Die exegetische Begründung, die in den Handschriften des Seder Rav Amram fehlt, könnte nachgetragen worden sein, obwohl die divergierenden Meinungen bezüglich des Wortes im Qaddish andere Ursachen hatten. Vielleicht geriet der Anlaß der Kontroverse im Laufe der Zeit in Vergessenheit oder wurde bewußt nicht weitertradiert. Möglicherweise suchte der Verfasser des *Sefer ha-Manhig* (oder einer seiner Vorgänger) daher nach exegetischen Erklärungen, die er im biblischen Sprachgebrauch bzw. in den Schwierigkeiten, die sich aus diesem ergaben, fand.

Freilich, auch diese Rekonstruktion der Entwicklung stellt nur *eine* denkbare Erklärungsmöglichkeit des Befundes dar. Zu berücksichtigen bleibt nämlich zusätzlich, daß mit der Frage nach der Zulässigkeit des Gebrauchs des *yitqalas* in allen Fassungen des Responsum auch der Hinweis auf die richtige Anzahl von Verben in der Serienbildung verknüpft ist. Zu fragen bleibt insofern, ob zwischen dem Problem des Gebrauches von קלס und der Forderung nach der Einhaltung des auch an ashkenazische Gestaltungsmuster erinnernden Formulierungsmusters »sieben Wörter des Lobpreises entsprechend sieben *reqiʿim*« ein Zusammenhang besteht.

Betrachtet man das Formulierungsmuster einmal getrennt von dem Problem des Wortes קלס, so scheint es dem Verfasser des Responsum zunächst nur darum gegangen sein, daß in der Serienbildung des Qaddish überhaupt sieben Wörter des Lobes gesprochen wurden. Welche Lexeme dabei verwendet werden sollten, war wohl weniger wichtig. Die Bedeutung der richtigen Wortzahl versuchte er durch ein Formulierungsschema zu stützen, das auf kosmologi-

---

63 Hierbei mag eine Rolle gespielt haben, daß beide Gebete als eine »Heiligung«, die einen *minyan* erfordert (vgl. bMeg 23b), verstanden wurden. Vgl. hierzu Langer, *Worship*, 190ff.

64 Vgl. auch *Seder Rav Amram*, ed. Goldschmidt, 12, wo es ausdrücklich heißt, daß das Wort »kein Ausdruck der Schmach« ist. Das exegetische Argument, welches gegen die Verwendung des Wortes קלס angeführt werden konnte, wird in dieser Fassung des Responsum also ausdrücklich zurückgewiesen.

sche Vorstellungen rekurrierte, die in der gesamten rabbinischen Überlieferung belegbar sind.[65] Spezifisch mystische Vorstellungen scheinen dabei nicht im Blick gewesen zu sein, auch wenn dieser Hinweis auf die *reqiᶜim* später oft so gedeutet worden ist bzw. andere mystische Deutungen mit diesem Hinweis verknüpft worden sind.[66]

Trennt man beide Aspekte dieses Responsum voneinander, so wird klar, daß die Vermutung, eine spezifische »merkava-tendency«[67] hätte auf die Gestaltung des Wortlautes des Qaddish Einfluß genommen, unwahrscheinlich ist. Weder der Gebrauch des Wortes קלס noch das Formulierungsmuster[68] lassen sich auf Traditionen und Vorstellungen zurückführen, die allein in der Hekhalot-Literatur belegt sind. Der sich vor allem der Fassung des Responsum in Seder Rav Amram verdankende Eindruck einer direkten Beziehung des Responsum zu Traditionen »der Mystiker« dürfte nicht auf das ursprüngliche Anliegen des Responsum, sondern auf eine spätere (wohl ashkenazisch geprägte) Sichtweise, die das Qaddish »mystisch« deutete, zurückzuführen sein.[69]

Daß die Meinungsverschiedenheiten über den Gebrauch des Wortes *yitqalas* getrennt von der Frage nach der Herkunft des Formulierungsmusters zu erörtern sind, zeigt sich im übrigen auch an einem weiteren Text, der mit Yehudai Gaon, dem ersten Gaon der Yeshiva von Sura (757-761)[70], in Verbindung

---

[65] Vgl. etwa bHag 12b, und s. hierzu Ego, *Himmel*, 6ff.

[66] Die Vorstellung von den sieben *reqiᶜim* wird im übrigen in der Hekhalot-Literatur nur in relativ wenigen und nur in relativ »späten« Makroformen erwähnt (vgl. SHL §§ 153; 157; 322). Erst in der Makroform 3. Henoch wird wie in der nicht zur eigentlichen Hekhalot-Literatur zu zählenden Schrift *Re'uyyot Yeḥezqel* (ed. Gruenwald, 111; 114f.; 119; 139) auf die sieben *reqiᶜim* explizit Bezug genommen.

[67] Hoffman, *Canonization*, 61.

[68] Zu beachten sind in diesem Zusammenhang ähnliche Formulierungsmuster in bRHSh 32b (die Begründungen für die zehn *malkhiyyot*-Verse der Neujahrs-Liturgie) und vor allem yRHSh 4,7 - 59c,26-41, wo auf das Formulierungsprinzip »zehn *qillusin* entsprechend zehn Halleluya« hingewiesen wird. Vgl. hierzu Lehnardt, *Rosh ha-Shana*, 159 mit Anm. 148.

[69] Auch daß in einigen ashkenazischen Kommentaren zum Qaddish acht Wörter des Lobpreises vorausgesetzt werden (wie in ashkenazischen Rezensionen des Qaddish) und daß das achte Wort des Lobpreises als Hinweis auf den Lobpreis für die »*reqiaᶜ* über den Häuptern der *ḥayyot*« interpretiert werden, stützt die Vermutung, daß dieses Formulierungsmuster nicht mit mystisch-spekulativen Traditionen der *Hekhalot*-Literatur verbunden gewesen ist, denn das Motiv eines achten Himmels über dem von den *ḥayyot* getragenen Thron ist in den zur Hekhalot-Literatur zu zählenden Texten nicht belegt. Anscheinend wurde dieser Gedanke erst von den Rezipienten der Hekhalot-Literatur adaptiert, um sie mit dem ashkenazischen Brauch, im Qaddish acht Wörter des Lobpreises zu verwenden, in Einklang zu bringen. Vgl. *Machsor Vitry*, ed. Hurwitz, 8; *Siddur Raschi*, ed. Buber, 9; *Sefer Liqquṭe ha-Pardes*, ed. Hershkovitz, 96; und s. ferner das *Sefer Orḥot Ḥayyim* des Aharon ben Yaᶜaqov (ed. Stiṣberg, 26a).

[70] Vgl. zu ihm Horowitz, EJ 16 (1971) 731f. - Zum Problem der Zuschreibung anonymer Responsen an diesen ersten Gaon von Sura vgl. Müller, *Jehudai Gaon*, 6 und ders., מפתח, 3; s. ferner Harkavy, *Responsen*, Xff.; Brody, *Geonim*, 31f. Zum Problem »pseudepigraphischer« Responsen vgl. zusammenfassend Danzig, מבוא, 447 Anm. 38.

gebracht wird und insofern älter sein dürfte als das Rav Amram zugeschriebene Responsum. In ihm wird lediglich die »richtige« Bedeutung des Wortes קלס erörtert; das Formulierungsmuster »sieben Wörter des Lobpreises entsprechend sieben Himmel« spielt in ihm dagegen keine Rolle. Auch im Hinblick auf die Analyse dieses Textes ist freilich zu beachten, daß er nur indirekt, in einem von Ṣidqiya ben Avraham Anav aus Rom (13. Jh.) verfaßten halakhischen Kompendium, dem sog. *Sefer Shibbole ha-Leqeṭ*, belegt ist[71]:

1.1.3 Shibbole ha-Leqeṭ ha-Shalem (Mirsky 154)

ובשם רב יהודאי גאון זצ"ל מצאתי
שאין אומרין ויתקלס לפי שאנו מוצאין אותו בלשון גניי.
וכן מנהג פשוט אצלינו שאין אומרין אותו.

Und im Namen (des) Rav Yehudai Gaon, das Gedenken des Gerechten sei gesegnet, fand ich,
daß man nicht *we-yitqalas* spricht, denn wir halten es für einen Ausdruck der Schmach.
Und daher ist es der verbreitete Brauch bei uns, daß man es nicht spricht.

Im Unterschied zu Seder Rav Amram Gaon, aber in Übereinstimmung mit *Sefer ha-Manhig*, wird in diesem Text die Benutzung von *we-yitqalas* wegen seiner negativen Konnotation als unangemessen betrachtet. Die Verwendung des Wortes wird dabei auch noch mit dem Hinweis auf den »verbreiteten Brauch« (מנהג פשוט) ausdrücklich abgelehnt - eine Bemerkung, die auf den ersten Blick den Eindruck erweckt, eine spätere, auf einen Redaktor zurückgehende Hinzufügung zu sein. Doch stammt dieser interessante Hinweis auf den Minhag tatsächlich erst von einem späteren Bearbeiter?

Bevor auf diese Frage eingegangen werden kann, bedarf es einiger Hinweise zur Genese des Werkes, in dem dieser Text überliefert ist:

[71] Zum Verfasser dieses Werkes vgl. Posner, EJ 2 (1971) 939f. sowie die Einleitungen in die Teileditionen dieses Werkes von Buber, 1-7, Mirsky, 11-13 und Ḥasida, 12ff. Demnach wurden die unterschiedlichen Teile des Werkes *Shibbole ha-Leqeṭ* in der zweiten Hälfte des 13. Jh. verfaßt, und die liturgischen Passagen lassen eine gewisse Nähe zum römischen Minhag erkennen, der wiederum Beziehungen zum palästinischen aufweist. Vgl. Goldschmidt, מנהג בני רומא, 153f.; Reif, *Judaism*, 166. Die text- und überlieferungsgeschichtlichen Probleme dieses Responsentextes werden bei Büchler, *Le mot* ויתקלס, 197 und Hoffman, *Canonization*, 56 völlig außer acht gelassen.

Die Responsen- und Minhag-Sammlung *Shibbole ha-Leqeṭ* ist in zwei sehr unterschiedlichen Versionen überliefert, wobei auch die einzelnen Teile des Werkes auf verschiedene Verfasser zurückgeführt werden können. Zu beachten ist ferner, daß in der Forschung meist die »kurze Version« (= Druck Venedig 1546) und die »vollständige« Version, die von S. Buber (1887) aufgrund zweier Handschriften herausgegeben worden ist, unterschieden werden. Daneben ist ein Werk zu beachten, das unter dem Titel *Sefer Tanya Rabbati* (bzw. *Sefer Minhag Avot. Tanya*) zuerst 1514 in Mantua gedruckt worden ist und das weitgehend mit der Sammlung *Shibbole ha-Leqeṭ* übereinstimmt, so daß anzunehmen ist, es sei (zumindest zu Teilen) auf denselben Autor wie *Shibbole ha-Leqeṭ* zurückzuführen.

Als Verfasser des *Sefer Tanya Rabbati* (*Sefer ha-Tanya*) wird seit der eingehenden Untersuchung dieses Werkes durch Y. Z. Feintuch[72] Yeḥiʾel ben Yekutiʾel (*ha-Rofe*), der berühmte Schreiber der Leidener Handschrift des Talmud Yerushalmi, angesehen.[73] Nach Feintuch hätte dieser Schreiber die beiden kürzeren Versionen des *Shibbole ha-Leqeṭ* gewissermaßen als Substrat aus den beiden längeren Teilen des Werkes zusammengestellt. Beide Werke, *Sefer ha-Tanya* und *Shibbole ha-Leqeṭ*, seien daher voneinander zu unterscheiden.

Diese (hier etwas verkürzt wiedergegebene) Rekonstruktion der Genese des *Sefer ha-Tanya* und des *Shibbole ha-Leqeṭ* ist nun allerdings von I. M. Ta-Shma in Frage gestellt worden[74]: Aufgrund einer erneuten Untersuchung aller bekannten Textzeugen dieser italienischen Halakha- und Minhag-Werke gelangt er zu dem Ergebnis, daß die Entwicklung der Versionen des Buches *Shibbole ha-Leqeṭ* wahrscheinlich genau andersherum verlaufen ist. Nach Ta-Shma ist davon auszugehen, daß gerade die kürzeren Fassungen des *Shibbole ha-Leqeṭ*, wie sie im Druck Venedig 1546 und in einigen Handschriften des *Sefer ha-Tanya* vorliegen, dem ursprünglichen Werk des Ṣidqiya ben Avraham aus Rom näherstehen; sie stellen nicht »nur« ein Substrat eines anfänglich viel längeren Werkes dar, sondern enthalten die erste Fassung des *Shibbole ha-Leqeṭ*, die im Laufe der Zeit von den Schülern bzw. Familienangehörigen des Ṣidqiya ben Avraham, wie z. B. Yeḥiʾel ben Yekutiʾel, erweitert und überarbeitet worden sei. Die von Buber und Mirsky veröffentlichten Manuskripte[75] seien daher als »erweiterte« und aus verschiedenen Quellen »ergänzte« Fassungen des ursprünglichen Werkes zu betrachten.[76] Mit dem von Ṣidqiya ben Avraham verfaßten Werk stimmen sie nicht überein.[77]

Das zitierte Responsum aus *Shibbole ha-Leqeṭ* findet sich nun allerdings weder im Druck Mantua noch in den wichtigen Handschriften des *Sefer ha-Tanya*, d. h. den »kürzeren« Versionen des *Shibbole ha-Leqeṭ*. Der uns interessierende Satz könnte also ursprünglich nicht Bestandteil des von Ṣidqiya ben Avraham verfaßten Werkes gewesen, sondern von einer anderen Hand dem Schreiben hinzugefügt worden sein. Sollte hierdurch vielleicht eine Entscheidung be-

---

72 Vgl. Feintuch, תניא רבתי, 15-25; ferner Kook, עיונים, Bd. 2, 268ff., und s. auch die Einleitung in die Ausgabe des zweiten, »zivilrechtlichen« Teils dieses Halakha-Kompendiums, *Sefer Shibbole ha-Leqeṭ*, ed. Ḥasida, 51ff.

73 Vgl. hierzu auch die Einleitung in die Edition von Hurwitz, der diese Schrift unter der Bezeichnung *Sefer Tanya Rabbati* ediert. Vgl. auch das Vorwort Mirskys zu seiner Edition der *Shibbole ha-Leqeṭ*, 40ff. Er möchte die enge literarische Beziehung zwischen den Werken dadurch erklären, daß beide Verfasser denselben Lehrer gehabt hätten.

74 Vgl. Ta-Shma, שבלי הלקט, 39-51, bes. 47-51.

75 Vor allem MS Oxford, Bodleian Library 659, Opp. Add. 4° 18 (vgl. hierzu auch *Sefer Shibbole ha-Leqeṭ*, ed. Ḥasida, 90). S. auch MS Vatikan, Ebr. 307/1 und MS Parma, De Rossi 2400 (190/3).

76 Zu den Handschriften des *Sefer ha-Tanya* vgl. Ta-Shma, שבלי הלקט, 47. S. auch die Hinweise von Emanuel (ed.), *Newly Discovered Geonic Responsa*, 34f.

züglich des Gebrauchs des *yitqalas* »nachgetragen« werden, um auf diese Weise den eigenen Brauch zu stützen?[78]

Im Hinblick auf die Frage der Zuverlässigkeit dieser Überlieferung ist freilich auch zu bedenken, daß sich der Name »Yehudai Gaon« für pseudepigraphische bzw. nachträgliche Zuschreibungen besonders anbot: Dieser Gaon galt nicht nur als der erste in der langen Reihe von Häuptern der Akademie von Sura, sondern in seinem Namen wurden auch besonders viele Responsen und Aussprüche überliefert.[79] Handelt es sich bei diesem Stück also gar nicht um eine »historisch« zuverlässige Nachricht über ein einmal von Yehudai Gaon verfaßtes Schreiben, sondern um die Begründung für einen Minhag, der in einer uns unbekannten italienischen bzw. römischen Gemeinde gepflegt wurde und dann von einem Redaktor bzw. Kopisten dieses Exemplars der *Shibbole ha-Leqeṭ* in den Text eingetragen worden ist?

In bezug auf diese Frage ist nun allerdings auch zu bedenken, daß selbst der in dem Text aus *Shibbole ha-Leqeṭ* benutzte Begriff »Minhag« gewissen Bedeutungsentwicklungen unterlag. Mit diesem Terminus wurden zu verschiedenen Zeiten und an verschiedenen Orten sehr unterschiedliche Vorstellungen verbunden. Einige Grundlinien der Entwicklung des Begriffes Minhag seien hier in Erinnerung gerufen:

Divergierende Auffassungen von der Bedeutung des Minhag spiegeln sich bereits innerhalb der »klassischen« rabbinischen Literatur wider.[80] Schon in Texten aus tannaitischer Zeit wird mit Hilfe der Wurzel נהג und ihrer Derivate (נהוג, נוהג usw.) auf unterschiedliche Bräuche und die Bedeutung ihrer Beachtung hingewiesen.[81] Der *terminus technicus* »Minhag« für einen regional oder lokal begründeten *usus* ist dann allerdings erst in Quellen aus amoräischer Zeit belegt[82], und ein sich aus dem Gewohnheitsrecht ableitendes Rechtsprinzip scheint sich erst nach und nach entwickelt zu haben. In Folge der zunehmenden Bedeutung, die dem Minhag eingeräumt wurde, ist dann auch seine Stellung gegenüber der rabbinisch »fixierten« Halakha schärfer abgegrenzt worden.

In talmudischer Zeit wurde der Minhag sehr unterschiedlich beurteilt: Während z. B. im

---

[77] Vgl. Ta-Shma, שבלי הלקט, 50.

[78] Da das Yehudai Gaon zugeschriebene Responsum weder in einer anderen Responsensammlung noch in den Yehudai Gaon zugeschriebenen Werken *Halakhot Pesuqot* (bzw. *Halakhot Gedolot*) belegt ist, kann die Zuverlässigkeit dieser Zuschreibung um so mehr bezweifelt werden. Vgl. zu diesen Werken ausführlich Danzig, מבוא; Brody, *Geonim*, 217ff.

[79] S. dazu oben S. 194 Anm. 70. Vergleichbare Texte, die nachträglich Hai Gaon, dessen Name mit dem Yehudais in den Handschriften oft verwechselt wird, zugeschrieben wurden, hat Groner, *Methodology*, 126ff. zusammengestellt. Vgl. auch ders., רשימת תשובות, 106-123.

[80] Vgl. zum folgenden die einführenden Beiträge von Unna, *Minhag*, 468-478; Perles, *Minhag*, 66-75; Zimmels, *Ashkenazim*, 103ff., und s. auch Herr / Elon, EJ 12 (1971) 4-26. Zur Bedeutung des Minhag vgl. ferner Elbogen, *Gottesdienst*, 355ff.

[81] Vgl. z. B. mPes 4,1ff. (מקום שנהגו); tPes 3,14 (Lieberman 154f.).

[82] Vgl. yPes 4,3 - 30d,70; yPea 7,6 - 20c,18-25; bEr 101b. - Zur Bedeutung des Gebrauchs dieser Wurzel in der »frühen« rabbinischen Literatur vgl. zusammenfassend auch Urbach, הדרשה, 50-66, bes. 53f.

Yerushalmi hervorgehoben wird, daß der Minhag die Halakha »aufheben« kann (המנהג מבטל את ההלכה)[83], ihm somit neben der *derasha* und der »rabbinisch« verordneten Halakha (*taqqana*) eine eigene Stellung bei der Rechtsfindung eingeräumt wird, findet sich der Begriff im Bavli auffallend selten und hat in den babylonischen Lehrhäusern (zunächst) wohl eine untergeordnete Rolle gespielt.[84] Charakteristisch für die im Vergleich zur babylonischen Tradition viel positivere Bewertung des Minhag in der palästinischen Tradition mag ein Satz aus *Massekhet Soferim* sein, nach der »keine Halakha festgelegt werden soll, bevor sie nicht Minhag geworden ist« (ונהגו העם שאין הלכה נקבעת עד שיהא מנהג).[85] Zwar wurde diesem Satz einschränkend hinzugefügt, daß ein Minhag erst dann zur Halakha wird, wenn er von »alten und angesehenen Männern (ותיקין)« geübt wird.[86] Im Unterschied zu einigen babylonischen Überlieferungen spiegelt sich in ihm aber eine gegenüber dem »Minhag« flexiblere Haltung wider.

Auf dem Hintergrund dieser hier nur knapp skizzierten unterschiedlichen Tendenzen in der Wertung des Minhag läßt sich nachvollziehen, daß dann auch die babylonischen Geonim dem Minhag als Rechtsprinzip zurückhaltender gegenüberstanden.[87] Im Unterschied etwa zu den Gemeinden Italiens und des Rheinlandes, die (vereinfacht gesprochen) zunächst noch stärker unter dem Einfluß »palästinischen« Minhag-Verständnisses standen, räumten die babylonischen Geonim dem Minhag einen viel geringeren Stellenwert ein. Aus der Sicht der Geonim scheint der Primat der Halakha, wie sie mit Hilfe des Bavli begründet werden konnte, im Vordergrund gestanden zu haben. Die sich auf den Bavli stützende Halakha versuchten sie mit dem Minhag ihrer Yeshivot in Einklang zu bringen.[88]

Von der eigenständigeren Bedeutung, die dem Minhag bei der Entwicklung der Halakha in West-Europa zukam, zeugen dann die ersten Minhag-Bücher, wie das bereits mehrfach zitierte Werk des Avraham ben Natan von Lunel.[89] Das neue literarische Genre »Minhag-Buch« entstand dabei nicht zufällig in jenen Gegenden Frankreichs, in denen die halakhische Relevanz des Minhag traditionell besonders hoch geschätzt wurde. Obwohl die Abfassung von Minhag-Sammlungen schließlich zu einer Art »Akademisierung« des Minhag-Studiums führte, trug diese Entwicklung mit dazu bei, die Autorität des Bavli und damit auch die der Geonim anders zu bewerten.[90] Bezeichnend für diese Entwicklung ist etwa der berühmte, Rabbi Yiṣḥaq bar

---

83 Vgl. yYev 12,1 - 12c,22f.; yBM 7,1 - 11b,40f.; dann auch Sof 14,16 (Higger 271). Zu den unterschiedlichen Deutungsmöglichkeiten dieses bemerkenswerten Satzes vgl. Lifshitz, מנהג, 8-13. Zur Bedeutung dieses Satzes für die weitere Entwicklung des Minhag als Rechtsprinzip in der ashkenazischen Tradition vgl. Ta-Shma, הלכה, 61ff.

84 Vgl. hierzu Ta-Shma, הלכה, 67; 73.

85 Vgl. Sof 14,16 (Higger 270), und s. hierzu auch Urbach, הדרשה, 53. Zu bedenken ist allerdings auch bezüglich dieser Stelle, daß es sich wieder um das Produkt einer späteren Bearbeitung dieses Traktates handeln könnte.

86 Vgl. Sof 18,6 (Higger 317); Müller, *Soferim*, 202; 257.

87 Zur Sicht des Minhag unter babylonischen Geonim vgl. vor allem Fishman, ה"מנהג", 132-159, dann auch Brody, *Geonim*, 153f.; Libson, *Halakhah*, 67-100.

88 Als Beispiel für diese Haltung in Babylonien sei an das berühmte Schreiben des Ben Baboi (die sog. *Pirqoi ben Baboi*), eines Schülers von Rava, erinnert. Vgl. Ginzberg, פירקוי בן באבוי, 559f. - Zum Problem der Verbreitung und zum Einfluß des Bavli auf die Halakha vgl. zusammenfassend Stemberger, *Einleitung*, 214f.; Ta-Shma, הלכה, 70ff. Im Hinblick auf den ashkenazischen Ritus und sein Verhältnis zum alten palästinischen Ritus sei noch daran erinnert, daß viele *Piyyuṭim* aus Palästina - z. B. die Kalirs (bzw. Kilirs) - in den ashkenazischen Maḥazor aufgenommen worden sind. Vgl. dazu Grossman, חכמי אשכנז, 424ff.

89 Zu Herkunft und Entstehung der ersten Minhag-Bücher vgl. Zimmels, *Ashkenazim*, 103f.; Ta-Shma, EJ 12 (1971) 26-29; Pollack, *Explanation*, 195-216.

90 Zur chronologischen und geographischen Dimension dieser Entwicklungen vgl. auch die

Yehuda, einem Lehrer Rashis (gest. um 1090)[91], zugeschriebene Satz: »Der Minhag Israels ist Tora« (מנהג ישראל תורה הוא).[92] In diesem Satz spiegelt sich nicht nur die Auffassung wider, daß der Minhag »gleichberechtigt« neben der rabbinischen, »offiziellen« Halakha stehen kann, sondern daß ihm zuweilen sogar größere Bedeutung zukommt. Dem Minhag konnte sogar Offenbarungsqualität, die der von »mündlicher Tora« vergleichbar ist, zugedacht werden.[93]

Es wäre allerdings zu einseitig (oder sogar falsch), wollte man die Entwicklung des Minhag als halakhischen Entscheidungskriteriums so darstellen, als hätten die babylonischen Geonim überhaupt keinen Einfluß auf seine Entwicklung genommen oder als hätten sie mit ihren Responsen nicht auch Fragen des Minhag aufgegriffen und mit dazu beigetragen, dem Minhag eine höhere Dignität zu verschaffen.[94] Auch der zitierte Text aus *Shibbole ha-Leqeṭ* scheint ja zu belegen, daß und wie der Minhag - etwa in liturgischen Fragen - auch in den babylonischen Akademien Beachtung fand und in den Diskussionen um die Systematisierung der Halakha und des Ritus berücksichtigt wurde.[95]

Was babylonische Geonim von den italienisch-ashkenazischen Gelehrten unterschied, war zunächst wohl der Anspruch, mit dem sie versuchten, bestehende Minhagim zu vereinheitlichen und Unterschiede zwischen den Minhagim einzelner Gemeinden zu beseitigen. Zwar sind auch diesbezüglich Unterschiede zwischen einzelnen Geonim zu beachten.[96] Das sich anhand der bislang erfolgten Untersuchungen zur Stellung einiger Geonim zum Minhag abzeichnende Bild läßt jedoch erkennen, daß Autoren aus den Gemeinden Italiens an der Hochschätzung des Minhag stärker festhielten als babylonische Geonim, die (pauschal gesagt) vor allem daran interessiert waren, die Verhältnisse übergreifend zu ordnen und, falls notwendig, in ihrem Sinne zu verändern. Im älteren italienischen Ritus, wie ihn etwa *Shibbole ha-Leqeṭ* reflektiert, mag dem Minhag daher eine viel größere Bedeutung bei der Festlegung eines Brauches zugedacht worden sein als in Schreiben (früher) babylonischer Geonim wie Yehudai.

Bemerkungen von Grossman, חכמי אשכנז, 434f.; Ta-Shma, הלכה, 85ff. Demnach ist zwar mit der Entwicklung einer eigenen Bedeutung des Minhag auch in Ashkenaz nicht vor dem Ende des 12. Jh. zu rechnen - erst danach begann die eigentliche »Akademisierung« des Minhag, die schließlich zur systematischen Sammlung und »Verschriftung« alter Minhagim führte. Doch gründet sich diese bislang wenig untersuchte Entwicklung in den italienischen, ashkenazischen und französischen Lehrhäusern des 13. Jh. gewiß auf einer bereits traditionell verankerten Wertschätzung des Brauches. Vgl. dazu Ta-Shma, הלכה, מנהג ומציאות, 23ff.

91 S. zu ihm Grossman, חכמי אשכנז, 298f.

92 *Shibbole ha-Leqeṭ*, ed. Buber, 129b. - Vgl. dazu Abramson, עניינות, 284; Sperber, מנהג ישראל, 235-237.

93 Dies wird dann z. B. ganz explizit auch von Avraham ben Natan in seinem *Sefer ha-Manhig* vertreten. Andere Autoren und Gelehrte legten demgegenüber größeren Wert darauf, daß der Minhag immer auch in der rabbinischen Überlieferung und Halakha begründet sein müsse.

94 Vgl. Fishman, "ה"מנהג, der nachzuweisen versucht, daß die Geonim vor allem versuchten, den Minhag ihrer Yeshivot zu propagieren.

95 Man beachte auch, daß schon aus talmudischer Zeit zahlreiche Unterschiede zwischen den Bräuchen aus den palästinischen Gemeinden und Babylonien überliefert sind. Viele dieser Unterschiede blieben bis in gaonäische Zeit bestehen und lassen sich bis in sefardische und ashkenazische Minhagim und Riten verfolgen. Vgl. Lewin, אוצר; *Differences*, ed. Margulies.

96 Vgl. hierzu Libson, *Halakhah*, 86ff., der noch darauf hinweist, daß z. B. Seʿadya Gaon, der ansonsten für seine Hochschätzung der Tradition bekannt ist, dem Minhag in seinen halakhischen Schriften keine besondere Bedeutung beimißt.

Zu beachten ist nun allerdings, daß auch in einem anderen gaonäischen Kommentar zum Wort *yitqalas* auf den Brauch hingewiesen wird. Dieser Text findet sich im Siddur des Seʿadya al-Fayyumi (882-942) und stellt die erste Nachricht zum Wort *yitqalas* aus einer »primären« Quelle dar.

1.1.4 Siddur Rav Seʿadya Gaʾon (Davidson et al. 35f.)[97]

וכתיר מן אלאמה יחדפון האתאן אללפטתאן ימלך מכלותיה ויתקלס
ליס לאנהמא ענדהם כטא לכנהם יקולון ליס דלך מן סנתנא.

Und viele Leute lassen die beiden Phrasen *yamlikh malkhute* und *we-yitqalas* aus:
Nicht weil es ein Fehler ist, sondern weil sie sagen: Es ist nicht unser Brauch!

Bemerkenswert an dieser kurzen Erläuterung ist zunächst der Hinweis, daß die charakteristische Bitte um das Kommen des Reiches (ימלך מלכותיה) von »vielen Leuten« ausgelassen wurde.[98] Textumfang und Wortlaut des Qaddish waren demnach noch zu Lebzeiten Seʿadyas weniger fixiert, als man gemeinhin annimmt. Zwar scheint Seʿadya den Gebrauch des Wortes *yitqalas* bevorzugt zu haben[99], doch kannte er einige, die dies unter Hinweis auf »unseren Brauch« (סנתנא) abgelehnt haben.

Warum Seʿadya auf diese unterschiedlichen Bräuche hingewiesen hat, läßt sich dem Text nicht entnehmen: Wollte er mit diesem Hinweis nur auf eine ihm bekannte Position Bezug nehmen, obwohl er dem Problem selbst nur eine marginale Bedeutung beimaß? Auffällig ist, daß weder die exegetische Problematik noch das vermeintlich auf mystischen Einfluß zurückgehende Formulierungsmuster[100] »sieben Wörter des Lobpreises entsprechend den sieben Himmeln« erwähnt wird. Wichtig scheint für diesen Gaon allein der Minhag gewesen zu sein, wobei dies auch deshalb besonders bemerkenswert ist, weil Seʿadya im Unterschied zu anderen Geonim dem Minhag keine große Bedeutung beigemessen hat.[101] Vielleicht zeigt sich hieran, daß auch Seʿadyas Bemerkung von älterer Überlieferung abhängig ist. Möglicherweise kannte er ein Responsum wie das in *Sefer Shibbole ha-Leqeṭ* Yehudai Gaon zugeschriebene.

---

[97] Text nach: MS Oxford, Hunt. 448 (Neubauer 1996).

[98] Man beachte, daß die angedeutete »Kurzfassung« mit der von Goldschmidt (*Maḥazor le-Yamim Noraʾim*, Bd. 1, ed. Goldschmidt, 25f.) rekonstruierten »Urfassung« des Qaddish fast identisch ist. Ob hinter einen solchen Fassung des Qaddish spezielle eschatologische Vorstellungen standen, läßt sich der knappen Bemerkung nicht sicher entnehmen. Denkbar ist, daß durch eine solche Fassung des Qaddish ein präsentisch-eschatologisches Verständnis der doxologischen Aussagen verstärkt werden sollte.

[99] Vgl. die Rezensionen in seinem Gebetbuch, oben S. 23.

[100] Vgl. dazu Hoffman, *Canonization*, 64. Er vermutet, daß Seʿadya in der Frage des angeblich von den Mystikern bevorzugten *yitqalas* bereits »a dead issue« sah. Zu fragen bleibt dann allerdings, warum er diese Bemerkung überhaupt in seinen Siddur aufgenommen hat.

[101] Hierauf verweist Libson, *Halakha*, 88f. mit Anm. 62. Die Geringschätzung des Minhag durch Seʿadya ist demnach so zu erklären, daß dieser Gaon die »mündliche Tradition« (des

Daneben darf man bei der Analyse einer Stellungnahme Seʿadyas allerdings auch die exegetischen Probleme des Wortes *yitqalas* nicht außer acht lassen. Für Seʿadya, der sich um die Bibelexegese in der Auseinandersetzung mit den Karäern besonders bemüht hat[102], muß das *yitqalas* auch deshalb von Interesse gewesen sein. Wie sich an einigen Texten zeigen läßt, die im Namen Hai (bar Sherira), dem *letzten* Gaon der Yeshiva von Pumbedita (gest. 1038)[103], überliefert werden, hat das exegetische Argument gegen den Gebrauch des Wortes im übrigen nicht erst in Texten aus Frankreich eine Rolle gespielt.

Eine dieser gaonäischen Stellungnahmen, in denen der Gebrauch des Wortes *yitqalas* erörtert wird, findet sich in der »langen Version« des Werkes *Shibbole ha-Leqeṭ*[104]:

1.1.5 Shibbole ha-Leqeṭ ha-Shalem (Mirsky 153)

ויש מקומות שאומרים ויתקלס במקום ויתהלל.
ומצאתי בשם רב האיי גאון זצ״ל
שחובה לומר ויתקלס והגון לאומרו
לפי שהקדיש נאמר על העתיד
ובעת שימלוך אלהינו על עולמו יכרית כל פסל ומסכה,
ונשגב יי׳ לבדו ביום ההוא והאלילים כליל יחלוף.
ובעת ההיא יצמיח קרן לדוד עבדו
ולישראל עמו בביאת משיח צדקינו,
שנ׳ כי עין בעין יראו בשוב יי׳ ציון.
אז יתקבצו עובדי האליל יחדו למלחמה עם משיח צדקינו,
שנ׳ למה רגשו גוים ולאומים יהגו ריק.
וזה הפסוק המלאכים אומרין אותו.
למה רגשו גוים, יאמר גבריאל,
ולאומים יהגו ריק, יאמר מיכאל.
יושב בשמים ישחק יי׳ ילעג למו.
ובעת ערכם המלחמה יצא אלהינו וילחם עמם
שנ׳ ויצא יי׳ ונלחם בגוים ההם כיום הלחמו ביום קרב.
לכך אומרין ויתקלס, והוא לשון פגיון,
וכובע נחושת תרגום קולסא דנחשא.

Und es gibt Orte, an denen spricht man *we-yitqalas* anstelle von *we-yithallel*.
Und ich fand (eine Stelle) im Namen des Rav Hai Gaʾon, das Andenken des Gerechten sei gesegnet,
daß man *we-yitqalas* sprechen muß und es passend[105] ist, es zu

Bavli) festigen wollte und die Karäer durch eine Rückführung der »mündlichen Tradition« auf die Bibel zu bekämpfen suchte.

[102] Zur Stellung der Bibelexegese im Werk Seʿadyas vgl. Brody, *Geonim*, 300ff.

[103] Vgl. Ben-Sasson, EJ 7 (1971) 1130f.; Assaf, רב האיי גאון, 198-202; Groner, *Methodology*, 10-15; Brody, *Geonim*, 11-13.

[104] Die oben genannten »Vorbehalte« bezüglich der Authentizität dieser Fassung der in diesem Werk überlieferten Responsen sind insofern auch hier zu berücksichtigen. Zur Identifizierung des in diesem Werk enthaltenen Responsum vgl. auch Groner, רשימת תשובות, 11.

[105] Ed. Buber liest hier וראוי, »und es ist angemessen«.

sprechen, denn das Qaddish wird über die Zukunft gesagt;
und in jener Zeit wird unser Gott über seine Welt herrschen, und alle Götzen und Standbilder wird er ausmerzen,
und *erhaben wird der Herr allein sein an jenem Tag, und die Götzen werden ganz vergehen* (Jes 2,17f.).
Und in jener Zeit wird er David, seinem Diener, einen Sproß wachsen lassen
und Israel, seinem Volk, beim Kommen des Messias seines Gerechten,
wie es heißt: *Denn Auge in Auge werden sie die Rückkehr des Herrn nach Zion sehen* (Jes 52,8).
Und dann wird er die Diener des Götzen versammeln für einen Krieg mit dem Messias, unserem Gerechten,
wie es heißt: *Warum toben die Heiden und sinnen die Völker vergeblich* (Ps 2,1)?
Und diesen Vers, die Engel sprechen ihn:
Warum toben die Heiden?, wird Gavri'el sprechen;
und sinnen vergeblich, wird Mikha'el sprechen.
Der im Himmel sitzt, lacht, der Herr spottet ihrer (Ps 2,4).
Und zu der Zeit, da sie zum Krieg bereit sind, wird unser Gott ausziehen, um mit ihnen zu kämpfen,
wie es heißt: *Und der Herr wird ausziehen, um mit ihnen zu kämpfen, wie er zu kämpfen pflegt am Tage des Kampfes* (Sach 14,3).
Daher spricht man *we-yitqalas*. Und das ist ein Ausdruck für einen Dolch[106] und einen Helm aus Erz (I Sam 17,5),
und im Targum (heißt es): *we-qulasa de-nekhasha* (»und ein eherner Helm«).

Wie der oben zitierte Abschnitt aus *Shibbole ha-Leqeṭ*, so wird auch dieses Responsum durch einen Hinweis eines Redaktors eröffnet: Offensichtlich hatte dieser Bearbeiter Kenntnis davon, daß man »an manchen Orten« *we-yitqalas* statt (wie üblich) *we-yithallel* im Qaddish spricht. Im ersten Abschnitt des Textes wird daher die Frage des Gebrauchs des *yitqalas* erläutert und ausdrücklich betont, daß es die »Pflicht« (חובה) und sogar »passend« (הגון) sei, das Wort zu verwenden, denn das Qaddish werde »über die Zukunft« (על העתיד) gesprochen. Im zweiten, längeren Abschnitt wird dann anhand einiger Verse aus Jesaja, den Psalmen und Sacharja erläutert, was in der Zukunft geschehen wird, »über« die das Qaddish gesagt ist: Gott wird seine Herrschaft aufrichten (Jes 52,8), die anderen Götzen ausmerzen (Ps 2,1), seinen Messias senden und gegen die *goyim* zu Felde ziehen (Ps 2,4; Sach 14,3).[107]

Das Wort *yitqalas* wird hier also nicht nur als ein Ausdruck des Lobens verstanden, sondern auch als indirekter Hinweis auf die am Ende der Tage erwarteten apokalyptischen Ereignisse. Abschließend wird dies damit begründet, daß das aramäische Wort für Helm (*qulasa*[108]) in Targum I Sam 17,5 dem Wort *yitqalas* sehr ähnlich ist. Die Assonanz von *yitqalas* und *qulasa* wird als Hinweis auf das endzeitliche Geschehen gedeutet.

---

106 Ed. Buber hat hier זיון, »Verzierung«. Die Lesart פגיון, von lateinisch »pugio«, »Dolch« (vgl. Krauss, *Lehnwörter*, Bd. 2, 421), kommt der Aussageintention des Satzes näher.

107 Zu diesem in der weiteren Auslegungsgeschichte des Wortes wichtigen Motiv des endzeitlichen Kampfes s. unten Kap. IV.3.2.

108 Das Targum der Rabbinerbibel (Wien 1858) hat: וקולס דנחש.

Wie ist dieser merkwürdige Befund zu erklären? Kann man ihn tatsächlich auf aktuelle Ereignisse zurückführen?

Hoffman möchte, wie erwähnt, in dieser ungewöhnlich martialischen Deutung des Wortes eine Anspielung auf Vorgänge sehen, die mit der Person des Hai Gaon zusammenhängen.[109] Hai Gaon hätte als Mitglied einer Familie von Exilarchen davidischer Abstammung[110] durch die Beibehaltung des Wortes *we-yitqalas* versucht, seine messianisch-politischen Ambitionen zu untermauern. Einer Notiz im *Sefer ha-Qabbala* des Avraham Ibn Daud (gest. 1180 in Toledo) sei zu entnehmen, daß Hai Gaon aufgrund seiner politischen Absichten mit der abassidischen Obrigkeit in Bagdad in Konflikt geraten sei.[111] Daher hätte er sich verdeckter Mittel wie der Einführung eines Wortes in das Qaddish bedient.

Nun ist Hoffman gewiß darin zuzustimmen, daß in dem zitierten Auszug aus *Shibbole ha-Leqeṭ* messianische und eschatologische Vorstellungen ungewöhnlich breit ausgestaltet sind, und diese Motive mögen für Hai Gaon - wenn er denn tatsächlich der Autor dieses Textes war - von größerer Bedeutung gewesen sein als für alle anderen bisher erwähnten Geonim. Bei genauerer Betrachtung der zur Verfügung stehenden Quellen kann man Hoffmans weitgehender Interpretation dieses Textes allerdings nicht folgen: Erstens sind die Hinweise auf messianisch motivierte Aktivitäten dieses Gaon bereits im *Sefer ha-Qabbala* viel zu vage, als daß sich ausgerechnet Auslegungen eines Wortes im Qaddish mit seinen politischen Ambitionen in Verbindung bringen ließen. Zweitens, und dies wiegt m. E. schwerer, wird auch in diesem Text betont, daß die erhoffte Erlösung letztlich von Gott selbst erwartet wird; der Messias-Gestalt kommt dagegen nur eine Nebenrolle zu.[112]

Berücksichtigt man schließlich noch ein weiteres Responsum, in dem auf das Wort *yitqalas* eingegangen wird, muß man die Vermutung Hoffmans wohl endgültig zu den Akten der Forschung legen. In diesem anonym in einem Geniza-Fragment überlieferten Text, der von Ginzberg aufgrund seiner Ähnlichkeit mit dem oben zitierten Abschnitt aus *Shibbole ha-Leqeṭ* ebenfalls mit Hai Gaon in Verbindung gebracht wird, wird messianischen Vorstellungen keine Beachtung geschenkt[113]:

---

[109] Vgl. Hoffman, *Canonization*, 64f.

[110] Vgl. hierzu Assaf, רב האיי גאון, 198f.

[111] Hoffman verweist auf Cohen (ed.), *Book of Tradition*, 59f., wo allerdings nur berichtet wird, daß Rav Sherira Gaon und Rav Hai Gaon vor einem Kalifen denunziert und daraufhin inhaftiert wurden. Der Anlaß, der zu dieser Inhaftierung führte, wird nicht mitgeteilt.

[112] S. hierzu auch das unmittelbar vor dem Rav Hai Gaon zugeschriebenen Responsum mitgeteilte Antwortschreiben in *Shibbole ha-Leqeṭ*, ed. Mirsky, 153, in dem auf den für die Deutung des Qaddish wichtigen Vers aus Ez 38,23 und den Kampf zwischen Gog und Magog hingewiesen wird. S. unten Kap. IV.3.2.1.

[113] Vgl. zur Identifikation dieses Geniza-Fragments Ginzberg, תשובות, 161f. Vgl. auch eine ähnlich lautende Rezension des folgenden Abschnitts bei Assaf, שריד, 245, Z. 8-11 (nach MS Petersburg, Firkovitch II 161.10). Auch dort ist dieser Abschnitt anonym überliefert.

1.1.6 T.-S. 12.828 (Ginze Schechter II, 163)[114]

5 וששאלתם   שיש חזנים מקצת[ם]
6 אומ׳ ויתקלס ומקצתם אין אומרין   כך ראינו
7 שיתקלס בלשון תלמוד [הוא משמש] בלשון שבח
8 ובלשון מקרא הוא [שבח וגנ]אי ובין בלשון מקרא
9 ובין בלשון תלמוד צ[ריך לא]מרו וכל שאינו אומ[ר]
10 ויתקלס טועה הוא וכ[אשר א]מרנו ש]קלס לשון שב[ח]
11 הוא . . .

5 Und ihr habt angefragt: Es gäbe einige *ḥazzanim*[115]:
6 Ein Teil von ihne[n] spricht *we-yitqalas*, und ein Teil von ihnen spricht es nicht. So fanden wir,
7 daß *we-yitqalas* in der Sprache des Talmud als Ausdruck für Rühmen (benutzt wird).
8 Und in der Sprache der Bibel ist es (ein Ausdruck für) [Rühmen und Schm]ach. Und sei es nun ein Ausdruck der Bibel
9 oder ein Ausdruck des Talmud - man muß ihn benutzen. Und jeder, der *we-yitqalas* nicht spricht,
10 irrt, wie wir dies[bezüglich gesagt haben, daß] *qalas* ein Ausdruck des Prei[sens]
11 ist . . .

In diesem Auszug[116] wird auf den eschatologisch-apokalyptischen Vorstellungszusammenhang, der in dem Text aus *Shibbole ha-Leqeṭ* eine so große Rolle spielt, nicht (mehr) eingegangen. Statt dessen wird erneut auf die Doppeldeutigkeit des Wortes in biblischen Texten rekurriert und sogar auf die Differenz von biblischem (לשון מקרא) und rabbinischem (לשון התלמוד) Sprachgebrauch hingewiesen. Besonders interessant ist dabei, daß hier trotz der Hinweise auf die Problematik des Wortes der Gebrauch des *yitqalas* zum ersten Mal ausdrücklich befürwortet wird. Derjenige, der es *nicht* benutzt, »irrt« (טועה הוא).

Ob dieser Text tatsächlich von Hai Gaon stammt, wie von Ginzberg vermutet, läßt sich nicht nachweisen.[117] Die Tatsache, daß der Autor dieses Antwortschreibens aus der Doppeldeutigkeit des Wortes dieselbe Schlußfolgerung zieht wie der Verfasser des Responsum in *Shibbole ha-Leqeṭ*, deutet zwar auf eine Abfassung beider Texte durch ein und denselben Verfasser hin. Zu bedenken ist aber auch hier, daß Hai wie Yehudai Gaon nachträglich besonders oft

[114] Die Zeilenzählung und Ergänzungen folgen Ginzberg.

[115] Zur Bedeutungsentwicklung des Titels *ḥazzan* vgl. oben S. 120 Anm. 204.

[116] S. auch die unten, Kap. IV.3.2.1, zitierte Fortsetzung dieses Textes.

[117] Ginzberg, תשובות, 162 geht davon aus, daß der Text in *Shibbole ha-Leqeṭ* eine bearbeitete Rezension der ursprünglichen Fassung ist, die in dem Geniza-Fragment erhalten ist.

anonym überlieferte Responsen zugeschrieben worden sind[118], und darüber hinaus ist die Fortsetzung des oben zitierten Abschnitts zu berücksichtigen, denn in ihm wird ein in keinem der bisher untersuchten Texte erwähnter Aspekt der Bedeutung des Wortes *yitqalas* erörtert[119]:

11 . . . כך הוא פתרונו [שמשהור וא]שתהר ולשון
12 שהרה משמש שני לשונות כשיהיה אדם [נודע
13 בעירו] או בדורו בגבורה או בגדולה או בתורה או
14 בעשר או בָעֵצה או בבינה כך אומ׳ בלשון ערבי
15 פלאן משהור קד אשתהר פי קומה או פי בלדה או
16 פי עקלה או פי אסבאבה או פי קדמה או פי סב[ה]
17 והוא משמש לשון גבורה וכשיהיה בבני אדם
18 אחד לץ רע ובליעל גנב נואף כך אומ׳ [בני] אדם פלאן
19 משהור באלפסק ובאלרדא וכך פותרים חכמים
20 אז הקב״ה לעתיד לבוא ישתהר אסמה פי אלעאלם
21 [וישת]הר תוחידה ויבטל כל מן דונה. (. . .)

11 . . . und das ist seine[120] Erklärung: ‘gerühmt’ und ‘berühmt’. Denn der Ausdruck
12 ‘berühmt’ dient zwei Redewendungen: Wenn ein Mann [gerühmt wird in seiner Stadt[121]]
13 oder in seinem Geschlecht wegen seiner Stärke oder wegen seiner Größe oder seiner Tora(kenntnis) oder (wegen)
14 seines Reichtums oder seines Rat(schlusses) oder seines Verstandes, so sagt man in arabischer Sprache:
15 Jemand wird gerühmt. So wird er unter den Kindern seiner Familie oder
16 seines Volkes gerühmt[122], wegen seines Verstandes oder seiner Verhaltensweise oder seiner Größe oder seines Reichtums.
17 Und (dies) dient als Ausdruck der ‘Stärke’. Wenn es sich aber um jemanden handelt, dem man schlecht nachredet
18 und der ein Nichtsnutz ist, ein Dieb (oder) ein Ehebrecher, so sagt man: ‘Berühmt’[123]
19 ist er für Frevel und Verderben. Und so deuten es (die) Weisen:
20 Dereinst wird der Heilige, gepriesen sei er, in der Kommenden (Welt) seinen Namen ‘berühmt’ machen,
21 und er wird ‘berühmt’ machen seine Einzigkeit und vernichten alle außer ihm. (. . .)[124]

---

118 Erinnert sei an die zahlreichen Kommentare und mystischen Schriften, die im Namen des Hai Gaon tradiert worden sind; vgl. dazu bereits Scholem, *Ursprünge*, 275 Anm. 207, und s. auch Danzig, תשובות, 30 mit Anm. 30.

119 Daß dieser Abschnitt des (ursprünglichen?) Antwortschreibens in *Shibbole ha-Leqeṭ* nicht erwähnt wird, macht eine Zuschreibung an Hai nicht wahrscheinlicher.

120 D. h. die Erklärung des Wortes. Mit anderen Worten: Das ist die Erklärung für die Verwendung des Wortes *qalas*.

121 Vgl. zu dieser Ergänzung Assaf, שריד, 245, Z. 9.

122 Zur Bedeutung der arab. Wurzel שהרה vgl. Wehr, *Wörterbuch*, 365 s. v. *sahira*, »spotten«, »höhnen«, und ebd., 431 s. v. *sahara*, »wissen«, »Kenntnis haben«.

123 Im Sinne von »berüchtigt«.

124 Zur Übersetzung vgl. die Hinweise von Ginzberg, תשובות, 163f.

Die in diesem Abschnitt mitgeteilte Begründung für die Verwendung des Wortes *yitqalas* nimmt auf zwei arabische Redewendungen (לשונות) Bezug. In ihnen wird die doppelte Bedeutung des Wortes »rühmen« bzw. »berühmt« (שהרה) im Arabischen aufgegriffen. Weder die bibelexegetischen Hintergründe noch apokalyptische Motive scheinen dabei eine Rolle zu spielen. Es geht allein um die Doppeldeutigkeit des Wortes.

In dem längeren Geniza-Fragment werden also zwei völlig unterschiedliche Erklärungen des Wortes *yitqalas* in unmittelbarer Aufeinanderfolge und anscheinend im Namen desselben Gaon mitgeteilt. Offensichtlich sollte hierdurch nur ein bereits bestehender Minhag erläutert werden, ohne auf politische Ereignisse oder auf irgendwelche liturgische Vorgänge Einfluß nehmen zu wollen. Die auf arabischen Sprachgebrauch bezugnehmende Erklärung markiert dabei den Abschluß der gaonäischen Stellungnahmen zum Wort *yitqalas*. Exegetische Gründe oder das Problem des unterschiedlichen Sprachgebrauchs in Bibel und Talmud haben für sie keine Bedeutung.

Eine definitive Entscheidung über den Gebrauch des Wortes *yitqalas* ist, wenn überhaupt, erst in nach-gaonäischer Zeit gefällt worden. Den frühesten Beleg für eine verbindliche Ablehnung seines Gebrauchs findet sich - soweit ich sehe - in einem Responsum des Avraham ben Moshe ben Maimon (1186-1237), in dem sich dieser ägyptische Gelehrte auf seinen berühmten Vater, Moshe ben Maimon, (gest. 1204), beruft, wobei sich allerdings auch dieser auf »die Geonim« berufen haben soll[125]:

1.1.7 Teshuvot ha-Rambam (Blau 51b-c)

בענין הקדיש. וזה השבח פירושו הגאונים ז"ל.
שיש בו עשרה מיני שבח, שבתחלתה הוא אומר יתגדל ויקדש ובאמצע הוא אומר
יתברך ובסוף הוא אומר ישתבח יתפאר יתרומם ויתנשא יתעלה יתהדר ויתהלל
שמיה דקודשא בריך הוא, הרי כאן עשר
שאין ראוי להוסיף כמו שהואסיפו החזנים ויתקלס, והוא טעות.

> In der Angelegenheit des Qaddish: Und das ist der Lobpreis, den die Geonim, seligen Angedenkens, (folgendermaßen) auslegten:
> Es gibt in ihm zehn Arten des Lobpreises: Am Anfang spricht man: *yitgadal we-yitqadash* . . .[126] Und in der Mitte spricht man:
> *yitbarakh* . . . Und am Schluß spricht man: Er sei gelobt, er sei verherrlicht, er sei erhoben, er sei emporgehoben, er sei erhöht, er sei geschmückt, er sei gepriesen,
> Sein heiliger Name sei gepriesen - so ergibt dies zehn (Wörter des Lobpreises).

---

125 Text nach: *Teshuvot ha-Rambam*, ed. Blau, 51b-c. Vgl. hiermit auch die judeoarabische Auslegung des Qaddish des Avraham ben Maimon in *Sefer ha-maspiq*, ed. Dana, 192 (auch dort im Namen des Rambam). S. auch Goldschmidt, סדר תפילה של הרמב"ם, 204 bzw. *Sefer Mishne Tora*, ed. Freisler, 107.

126 Der Anfang des Qaddish.

Denn man sollte nicht so wie einige *ḥazzanim* (das Wort) *yitqalas* hinzufügen, und (sein Gebrauch beruht auf) ein(em) Irrtum!

Auch wenn sich wohl nicht mehr klären läßt, auf welches gaonäische Responsum sich Maimonides berief[127], um seine Entscheidung gegen das *yitqalas* zu begründen, so läßt dieser Text dennoch erkennen, daß es noch zu seinen Lebzeiten (bzw. zu Lebzeiten seines Sohnes) einer besonderen Autorität bedurfte, um eine Entscheidung in bezug auf den Gebrauch eines Wortes *gegen* »einige *ḥazzanim*« - wer immer damit gemeint war[128] - durchzusetzen. Noch im 13. Jh. wird der Text des Qaddish eben nicht so »fixiert« gewesen zu sein, wie man aufgrund der Responsen »der« Geonim zum Wort *yitqalas* anzunehmen geneigt ist. Sogar die Begründungen für die Anzahl der zu rezitierenden Wörter konnten noch lange variieren. Und über den Gebrauch des *yitqalas* entschied wohl letztendlich weiterhin vor allem der lokale Minhag.[129]

1.2 Zusammenfassung

Die Untersuchung gaonäischer Responsen zum Wort *yitqalas* im Qaddish ergibt somit, daß seine Verwendung im vierten Abschnitt des Qaddish zwar diskutiert, sein Gebrauch in gaonäischer Zeit aber wohl nie ausdrücklich verboten worden ist. Offensichtlich blieben unterschiedliche Meinungen über seinen Gebrauch lange Zeit in Umlauf, ohne daß eine definitive Entscheidung gegen seine Verwendung gefällt worden wäre oder sich der eine oder andere Minhag durchzusetzen vermochte.

Über den Einfluß, den »die Geonim« einmal auf die Ausformulierung des gesamten Qaddish gehabt haben, lassen sich daher nur schwer zuverlässige Aussagen treffen. Den untersuchten Responsen zum Wort *yitqalas* ist zwar zu entnehmen, daß einige Geonim unterschiedliche Vorstellungen und Motive vorgebracht haben, um einen definitiven Wortlaut festzulegen. Das wichtigste

---

127 Vgl. *Sefer ha-maspiq*, ed. Dana, 192, wo dies nicht unter Berufung auf eine gaonäische Überlieferung begründet wird. Dort findet sich nur ein Hinweis auf die Hab 1,10 und II Reg 2,23 zu entnehmende Doppeldeutigkeit des Wortes.

128 Vielleicht sind hier Repräsentanten der palästinischen Gemeinde von Alt-Kairo gemeint, mit denen Avraham ben Maimon einige Auseinandersetzungen führte; vgl. dazu Friedman, מחלוקת, 249ff.

129 Das hier erwähnte Formulierungsmuster: »zehn Wörter des Lobpreises gegenüber zehn Wörtern, mit denen die Welt geschaffen wurde«, wird im übrigen auch in *Shibbole ha-Leqeṭ*, ed. Mirsky, 151 im Namen »der Geonim« überliefert. Es ist wahrscheinlich erst nachträglich auf das Qaddish übertragen worden. Vgl. z. B. *Siddur Rabbenu Shelomo*, ed. Hershler, 79f. In diesem Kommentar aus dem 11. Jh. findet sich die auch auf mPes 10,5 angewandte Deutung, nach der die zehn Wörter des Lobpreises im Qaddish auf die Zehn Gebote hinweisen. Hinsichtlich der Zehnzahl vgl. schon mAv 5,1; BerR 17,1 (Theodor/Albeck 151); s. aber auch PesR 21 (Friedmann 108).

Kriterium für die Fixierung des Wortlautes des Qaddish scheint aber bereits in gaonäischer Zeit der Minhag gewesen zu sein, und auf bestehende Minhagim, wie sie etwa in Palästina oder in den Gemeinden, an die sich ihre Antwortschreiben richteten (in Ägypten, Frankreich, Ashkenaz), gepflegt wurden, scheinen diese Schreiben geringeren Einfluß gehabt zu haben.

Die von A. Büchler und dann vor allem von L. H. Hoffman vertretene These, die babylonischen Geonim der Yeshivot von Sura und Pumbedita hätten in unterschiedlicher Weise einen besonders großen Anteil an der Formulierung einzelner Gebetstexte gehabt, ist problematisch, da diese Forscher die literarischen Fragen so gut wie unberücksichtigt lassen. Die untersuchten Antwortschreiben lassen darüber hinaus nicht erkennen, wie sie aufgenommen wurden, und ob die in ihnen überlieferten divergierenden Meinungen den Minhag in den Gemeinden, in denen sie rezipiert wurden, tatsächlich beeinflußt haben, d. h., ob die vermeintlichen »Kanonisierungs«-Bemühungen einzelner Geonim überhaupt Erfolg hatten. Von einer »Kanonisierung« des Wortlautes des Qaddish, der durch gaonäische Responsen veranlaßt wurde, kann auch deshalb nicht gesprochen werden.

Aufgrund der generellen Quellenproblematik läßt sich auch die Frage, inwieweit der Wortlaut des Qaddish überhaupt durch »äußere« Entwicklungen beeinflußt worden ist, nur schwer beantworten. Im Hinblick auf die Karäer, mit denen zahlreiche Veränderungen in der Liturgie in Verbindung gebracht werden, ist zu sagen, daß diese Bewegung am Rande des gaonäisch-rabbinischen Judentums am Qaddish wohl ein viel zu geringes Interesse gehabt haben wird, als daß man die Stellungnahmen zum *yitqalas* mit ihrem Auftreten in Verbindung bringen kann.[130]

Schwieriger zu beurteilen ist, ob die Verwendung des Wortes *yitqalas* durch eine »mystische Strömung« innerhalb oder am Rande des rabbinischen Judentums veranlaßt oder beeinflußt worden ist. Vor allem das mit dem *yitqalas* in Verbindung gebrachte Formulierungsmuster »sieben Wörter des Lobpreises entsprechend den sieben *reqiʿim*« (überliefert in den Handschriften des Seder Rav Amram) erinnert an kosmologische Spekulationen, wie sie in einigen der Hekhalot-Literatur nahestehenden Schriften belegt sind. Die genauere Untersuchung einiger in Frage kommender Parallelen ergibt jedoch, daß die Vorstellung von den »sieben Himmeln« ebensowenig ein Spezifikum der Merkava-Mystik ist wie der Gebrauch des Wortes *yitqalas*. Ein »mystischer Einfluß«, etwa im Sinne einer Mystik, wie sie uns in der Hekhalot-Literatur entge-

---

[130] Zwar kann man vermuten, die Karäer hätten das Qaddish abgelehnt, weil es einer biblischen Grundlage entbehrt. Weder in den wenigen erhaltenen Zeugnissen ihrer Liturgie aus gaonäischer Zeit noch in Kommentaren aus jüngerer Zeit sind jedoch eindeutige Stellungnahmen von Karäern gegen das Qaddish überliefert. Anscheinend haben die aus dem rabbinischen Judentum hervorgegangenen Karäer das Qaddish in ihrer Liturgie einfach ausgelassen (vgl. etwa Mann, *'Anan's Liturgy*, 344). Erst für die nach-gaonäische Zeit ist ein »qaddish-artiges« Gebet in einer karäischen Gebetssammlung belegbar; vgl. Idelsohn, *Liturgy*, 310.

gentritt, läßt sich daher nicht belegen. Selbst das Formulierungsprinzip von »sieben Wörtern entsprechend sieben *reqiʿim*« fußt auf Traditionen, die in der gesamten rabbinischen Überlieferung begegnen.

Die Differenzen in bezug auf das Wort beruhten anfänglich wohl auf einem unterschiedlichen Sprachgebrauch, der dann durch die divergierenden Ausdrucksformen in der Bibel bzw. in Bibel und Talmud erläutert werden konnte. Erst zu einem späteren Zeitpunkt hat dann wohl auch die Verwendung des Arabischen Einfluß auf das Sprachempfinden gewonnen. Ursächlich für die über den Literalsinn hinausgehenden Interpretationen des Wortes *qalas* waren dabei wohl vor allem solche eschatologisch-apokalyptischen Vorstellungen, wie sie etwa in den mit Hai Gaon, dem letzten Gaon von Pumbedita, in Verbindung gebrachten Responsen zum Ausdruck kommen.[131]

Der Wortlaut des Qaddish wird demnach - wenn man von den Responsen zum *yitqalas* auch auf andere Abschnitte seines Textes schließen darf - weder von innerjüdischen Strömungen noch von den herausragenden Autoritäten der babylonischen Yeshivot in der Zeit zwischen dem 7.-11. Jh. geprägt worden sein. Dem Zeugnis der Responsen zum Wort *yitqalas* zufolge waren vielmehr auch die Geonim bereits Rezipienten und Tradenten eines Gebetstextes, der - bis auf Details und Zusätze - relativ feststand. Dieser Wortlaut blieb stets Objekt unterschiedlicher, zum Teil widersprüchlicher Auslegungen. An dem Wort *yitqalas* zeigt sich also exemplarisch, daß im Hinblick auf das Qaddish von einem dynamischen Prozeß der Rezeption, Verarbeitung und Adaption auszugehen ist, nicht von einer »Kanonisierung« durch gaonäische Autoritäten.

---

[131] Wobei darauf hinzuweisen ist, daß Hai und auch andere der erwähnten Geonim der Mystik - also wohl auch der Hekhalot-Mystik - nicht ablehnend gegenüberstanden (vgl. das berühmte Responsum des Hai Gaon in *Otzar ha-Gaonim*, Bd. 4/2 (Ḥagiga), Teil 1 (teshuvot), 14 [§ 20]). Wenn ausgerechnet dieser Gaon das Qaddish nicht »mystisch«, etwa im Sinne eines magisch-theurgischen Beschwörungsgebets interpretiert, so zeigt dies noch einmal, daß das Qaddish nicht als ein mystisches Gebet verstanden wurde. Eindeutig mystische Deutungen des Qaddish finden sich erst in *Perush Siddur meyuḥas le-R'aBa''N*, ed. Hershler, 77. Außerdem sind »qaddish-artige« Formeln in magisch-theurgischen Texten auf Zauberschalen aus Babylonien zu berücksichtigen: vgl. Naveh / Shaked, *Spells*, 133ff. (bowl 24 [2]); Rodwell, *Remarks*, 117. Zur Rezeption mystischer Spekulationen, insbesondere von *shiʿur qoma*-Traditionen, vgl. noch Hildesheimer, *Mystik*, 271.

A: Nach Hoffman*

Zum Gebrauch des Wortes *yitqalas*:	contra	pro	unentschieden
Yehudai bar Naḥman (757-761)	X		
Amram bar Sheshna (858-871/5)	X		
Naḥshon bar Amram (871-873/9)	(X)		
Se^cadya al-Fayyumi (928-942)		X	
Hai bar Sherira (1004-1038)		X	

B: Nach eigener Analyse

Zum Gebrauch des Wortes *yitqalas*:	contra	pro	unentschieden
Yehudai bar Naḥman (757-761)	(?)		
Amram bar Sheshna (858-871/5)			(X?)
Naḥshon bar Amram (871-873/9)			(X?)
Seᶜadya al-Fayyumi (928-942)		X	
Hai bar Sherira (1004-1038)		(?)	

* Vgl. zu diesem Überblick Hoffman, *Canonization*, 56-65. Zur Chronologie des Gaonats vgl. Assaf / [Ed.], EJ 7 (1971) 319; Brody, *Geonim*, 344f.

2. *Die Entwicklung der liturgischen Verwendung des Qaddish*

Im Unterschied zur Entstehung des Wortlautes ist der Frage, wie und zu welchem Zweck das Qaddish in die tägliche Liturgie eingeführt worden ist, bislang relativ wenig Aufmerksamkeit geschenkt worden. Mit Elbogen und Heinemann wird zumeist davon ausgegangen, daß das Qaddish anfänglich nur nach der Tora-Lesung bzw. nach dem Studium verwendet worden sei. Von diesem »ursprünglichen Ort« seiner Verwendung aus sei es im Laufe der Zeit an verschiedenen Stellen in der Liturgie übernommen worden.[132] Warum das Qaddish jedoch auf unterschiedliche liturgische Stationen übertragen wurde, ist bislang nicht umfassend untersucht worden.[133]

Ausgangspunkt für die Darstellung der Entwicklung der Applikationen des Qaddish in der synagogalen Liturgie bilden meist die Hinweise auf seine Verwendung in *Massekhet Soferim*. Dieser Traktat wurde lange als ein Vertreter eines palästinischen Ritus angesehen, und folglich wurde angenommen, daß die in ihm überlieferten Bemerkungen zur Applikation des Qaddish »den« bzw. »einen« palästinischen Ritus reflektieren. Wie aber oben bereits mehrfach hervorgehoben, hat sich mittlerweile die Beurteilung des Quellenwerts des Traktates Soferim für die Rekonstruktion »des« oder »eines« palästinischen Ritus grundlegend gewandelt.[134]

2.1 *Qaddish nach den zemirot und vor barekhu*

Das aramäische Wort *qaddish* als Bezeichnung für unser Gebet wird im Traktat Soferim zum ersten Mal im Zusammenhang mit einer Erläuterung der für die unterschiedlichen Lesungen an den Hohen Feiertagen notwendigen *minyanim* erwähnt.[135] In diesem Kontext wird auf einen spezifischen Verwendungsort des Qaddish hingewiesen, und zwar *nach* den *pesuqe de-zimra*, den (leise zu rezitierenden) Psalmversen vor dem eigentlichen Morgengebet[136],

---

[132] Vgl. z. B. Elbogen, *Gottesdienst*, 94. S. auch Heinemann, *Prayer*, 266, der lediglich darauf hinweist, daß Gebete wie das Qaddish sowohl als Abschluß als auch als Eröffnung dienen konnten. Daher seien sie »in den Siddur« übernommen worden.

[133] Auch Pool geht auf dieses Problem nur am Rande ein; vgl. Pool, *Kaddish*, 107f. S. dann auch Halivni, מקום הקדיש, 4-14; Tal, "בעניין "ברכו, 188-191.

[134] Vgl. hierzu bereits oben, S. 65f., die Bemerkungen zum *ʿal ha-kol*. Blank, *Soferim*, 72 weist nach, daß nur Kapitel 1-9 aus Palästina stammen, Kapitel 10-21 dagegen erst in Ashkenaz im 10.-11. Jh. verfaßt worden sind. Vgl. dazu auch Ta-Shma, ספרייתם, 303.

[135] Vgl. hierzu bereits oben, S. 87f., zu bBer 21b (basierend auf Lev 22,23). Die Zahl der für einen *minyan* erforderlichen religionsmündigen Männer konnte dabei für die Verlesung der Festtagsperikopen variieren; vgl. mMeg 4,2; tMeg 3,11-13 (Lieberman 355f.); yMeg 4,3(2) - 75a,50-56; bMeg 23a.

[136] Vgl. *Seder R. Amram Gaon*, ed. Hedegård, 184f. und die unterschiedlichen Zusam-

d. h. *vor* dem den »offiziellen« Teil der Liturgie eröffnenden *barekhu*-Gebet[137], welches mit der auffordernden Formel »Gepriesen sei der Herr, der gepriesene«, anhebt[138]:

2.1.1 Sof 10,6 (Higger 212-216)

אין פורסין על שמע לא בעמידה ולא בישיבה ואין עוברין לפני התיבה ואין
נושאין את כפיהם ואין מפטירין בנביא ואין עושין מעמד ומושב על אנשי׳ כל שכן
על נשי׳ שאין עושין מעמד ומושב על נשים ואין אומרין קדיש וברכו פחות מעשרה
רבותינו שבמערב אומרי׳ אותו בשבעה ונותנין טעם לדבריהם
בפרוע פרעות בישראל בהתנדב עם ברכו ה׳ כמנין התיבות ויש אומרים
אפי׳ ו׳ שברכו ששי הוא
ובמקום שיש שם תשעה או עשרה ששמעו בין ברכו ובין קדיש ולאחר התפילה עמד אחד
שלא שמע בפני אילו ואמר ברכו או קדיש וענו אליו אחריו יצא ידי חובתו.
וכבר התקינו חכמים לחזנים לומר לאחר גאולה
יהי שם י״י מבורך מעתה ועד עולם
ואחריו ברכו את י״י הבורך כדי לצאת אותם שלא שמעו. (. . .)

[A] Man darf das *shema*ᶜ nicht vortragen[139] - weder im Sitzen noch im Stehen[140] - und man trete nicht vor das Lesepult, und man hebe nicht die Hände (zum Segen)[141], und

---

menstellungen dieser »Verse« in *Seder R. Amram Gaon*, ed. Kronholm, 59ff. Zuerst werden die *pesuqe de-zimra* in bShab 118b erwähnt. Anscheinend gehörten sie lange nicht zum verpflichtenden Teil der Gebete, und auch ihre Zusammensetzung war umstritten; vgl. Sof 17,11 (Higger 306ff.); Rashi zu bShab 118b s. v. פסוקי דזמרא.

137 Zur Einführung dieser Aufforderung zum Gebet vgl. mBer 7,3. S. dazu auch Elbogen, *Studien*, 19.

138 Text nach: MS Oxford, Bodleian Library, 2257 (Mich. 175), 8a, fol. 85a; eine ashkenazische Handschrift (16. Jh.), die bes. *Maḥzor Vitry* (Hurwitz 702) und auch MS Parma 159 (2574), dem Basistext der Edition von Blank, nahesteht (vgl. Blank, *Soferim*, 26f.; 135ff.). Als indirekte Textzeugen, in denen unterschiedliche Abschnitte dieses Textes mit zum Teil aufschlußreichen Unterschieden zitiert werden, sind außerdem heranzuziehen: *Shibbole ha-Leqeṭ ha-Shalem*, ed. Mirsky, 206; *Sefer ha-Manhig*, ed. Raphael, 60f. und s. auch *Sefer Or Zarua*ᶜ, Bd. 1, ed. Lehrn, 18c (Hilkhot Tefilla 95); vgl. zu diesem Werk unten Kap. V.1.1.

139 Zu der nicht wörtlich zu übersetzenden Wendung פורס על שמע vgl. Elbogen, *Studien*, 7f.; Fleischer, לליבון, 140 Anm. 7; dann auch Sky, *Redevelopment*, 77ff. Mit Fleischer ist davon auszugehen, daß hier mit פרס, wörtlich »ausbreiten«, ursprünglich nur das öffentliche Rezitieren des *shema*ᶜ und seiner Benediktionen bezeichnet wurde. Vgl. auch Müller, *Soferim*, 147f. z. St.; Albeck zu mMeg 4,3 (mit 502f.); dann auch Gilat, קריאת שמע, 289f. Zu beachten ist allerdings, daß Rashi zu bMeg 23b s. v. אין פורסין und Tosafot ebd. s. v. ואין unter der Wendung die Rezitation von *barekhu*, Qaddish und der ersten *berakha* vor dem *shema*ᶜ verstehen, den Terminus also auf die gesamte liturgische Einheit beziehen.

140 Diese Glosse bezieht sich wohl auf die vor und nach dem *shema*ᶜ gesprochenen Segenssprüche. Die *yoṣer*-Benediktion sollte demnach sitzend, die Benediktionen *ahava* und *ge'ula* stehend rezitiert werden. Nach Blank, *Soferim*, 155ff. bezieht sich diese Glosse dagegen auf das gesamte *shema*ᶜ, welches von denen im Osten im Sitzen und von denen im Westen im Stehen gebetet wurde (vgl. auch *Differences*, ed. Margulies, 75). Ein späterer Redaktor habe erklären wollen, warum es verboten ist, das *shema*ᶜ mit weniger als zehn Betern vorzutragen - ganz gleich, ob man dabei steht oder sitzt.

141 Dies bezieht sich auf die *birkat kohanim*.

man lese nicht in der Tora, und man schließe nicht mit der Propheten(lesung), und man leiste keinen Beistand und sitze (zur Trauer) bei Männern - um so weniger bei Frauen, die keinen Beistand leisten und (zur Trauer) nur bei Frauen sitzen[142] -, und nicht sage man Qaddish und *barekhu* mit weniger als zehn (Männern).[143]

[B] Unsere Gelehrten im Westen sagen es (sogar) zu siebt und begründen ihre Meinung mit (der Anzahl der Wörter in dem Vers): *Die Führer führten in Israel, in dem sich das Volk willig zeigte, darum lobet den Herrn* (Jdc 5,2)[144] - (der *minyan*) soll der Anzahl der Wörter (in diesem Vers) entsprechen. Und es gibt welche, die sagen es sogar (nur) zu sechst, denn das *barekhu*(-Gebet) besteht (nur) aus sechs Wörtern.

[C] Und an dem Ort, an dem es neun oder zehn gibt, die entweder *barekhu* oder Qaddish gehört haben; auch wenn jemand nach der *tefilla* übriggeblieben ist, der (beides) noch nicht gehört hat, und (wenn) er dann *barekhu* oder Qaddish sagt, und die anderen nach ihm respondieren, auch dann hat dieser seine Pflicht erfüllt.[145]

[D] Und schon die Weisen verordneten den *ḥazzanim*, nach dem *geʾula*-(Segensspruch): *Der Name des Herrn sei gepriesen, von nun an bis in Ewigkeit* (Ps 113,2), und darauf: *Preiset (barekhu) den Herrn, den gepriesenen*, zu sprechen, um diejenigen, die (das Gebet, weil sie zu spät gekommen waren), nicht gehört hatten, von ihrer Pflicht der Rezitation zu befreien. (. . .)[146]

Die Analyse dieses Textes stellt vor einige Probleme, was vor allem auf seine komplizierte literarische Genese zurückzuführen ist: Zunächst ist zu beachten, daß Abschnitt [A] auf eine verkürzt wiedergegebene Mishna aus mMeg 4,3 Bezug nimmt, in der verschiedene, einen *minyan* erfordernde Handlungen erläutert werden. Aufschlußreich im Hinblick auf das Verhältnis dieses Stücks zu älteren Überlieferungen ist der Hinweis auf den *minyan* in Abschnitt [B]: Während in der Gemara des Bavli für alle in der Mishna aufgezählten Handlungen ein aus zehn Männern bestehender *minyan* vorausgesetzt wird[147], wird hier eingeräumt, daß sich ein *minyan* für die nachzuholenden Gebete auch aus weniger als zehn Männern zusammensetzen darf. Dies wird interessanterweise mit Jdc 5,2 begründet, also mit einem Vers, der im Zusammenhang mit der Rezitation der doxologischen Formel in bShab 119b erwähnt wird.[148]

Zusätzlich wird in Abschnitt [D] darauf verwiesen, daß die zum Gebet Zuspätgekommenen nach der *geʾula-berakha*, also dem ersten Segensspruch vor dem *shemaʿ*, *barekhu* und Qaddish nachholen dürfen.[149] Dieser Hinweis

---

142 Vgl. hierzu tMeg 3,14 (Lieberman 356); tPes 3,15 (Lieberman 155); yMeg 4,4 - 75a,7-75b,6; bBB 100b, und s. auch den Kommentar von Müller, *Soferim*, 150.

143 Vgl. auch die Fassung dieses Abschnittes in MHG Lev 22,33 (Steinsaltz 631), wo allerdings nur Qaddish, nicht aber *barekhu* erwähnt wird. S. hierzu Blank, *Soferim*, 177.

144 Zur Übersetzung dieses Verses und seiner Verwendung in Verbindung mit dem Qaddish vgl. auch bShab 119b; dort ist anders zu übersetzen! Vgl. Müller, *Soferim*, 152.

145 D. h., dann hat der einzelne die Pflicht der Rezitation der *tefilla* erfüllt. Unklar ist, ob hier gemeint ist, daß der einzelne zu den neun oder zehn hinzutritt oder die neun oder zehn zu dem einzelnen hinzutreten.

146 Es folgt ein Abschnitt, der für unsere Fragestellung vernachlässigt werden kann.

147 Vgl. bBer 21b.

148 Vgl. oben Kap. II.2.3.

auf Nachzügler ist bemerkenswert, da demnach Qaddish u n d *barekhu* auch vor dem Abschluß der gesamten *shema*ᶜ-Rezitation, vor Beginn des offiziellen Teils des Gebetes, also nach den von jedem Beter zunächst allein gesprochenen *zemirot* (und seinen *berakhot*) rezitiert werden können. Qaddish und *barekhu* scheinen demzufolge eine liturgische Einheit gebildet zu haben, die auch vor dem Erreichen des eigentlichen *shema*ᶜ noch einmal wiederholt werden durfte - dann allerdings in umgekehrter Reihenfolge (!): *barekhu* v o r Qaddish[150], und dies, obwohl die Unterbrechung der Rezitation des *shema*ᶜ und seiner *berakhot* nach tannaitischer Überlieferung ebenso verboten war wie die Unterbrechung des Gebetes zwischen *shema*ᶜ und darauf folgender *tefilla*.[151]

Die Frage, ob bzw. wie ein Nachzügler sein Gebet nachholen darf, ist uns bereits im Zusammenhang mit den Hinweisen auf das Qaddish im Bavli begegnet.[152] Im Unterschied zur älteren Überlieferung wird in diesem Abschnitt allerdings das Nachholen von Qaddish u n d *barekhu* am Schluß des Achtzehn-Bitten-Gebets erwähnt. Diese »Neuerung« ist problematisch, und es stellt sich die Frage, ob sie auf den unbekannten Verfasser des *Massekhet Soferim* oder auf die Hinzufügung durch einen babylonischen Bearbeiter oder einen ashkenazischen bzw. französischen Redaktor zurückzuführen ist.[153]

Zunächst ist festzuhalten, daß schon die Erwähnung der »Gelehrten im Westen«[154] in Abschnitt [B] auf eine nicht-palästinische Herkunft dieses Abschnittes hindeutet. Mit der Bezeich-

---

149 Zur Verwendung von Ps 113,2 vor *barekhu* vgl. auch Sof 10,32 (Higger 216); 18,8 (Müller XXXV) und 21,5 (Higger 257; s. unten S. 223); zur Rezitation dieses Psalms im palästinischen Ritus s. Mann, *Genizah Fragments*, 275; zur Einführung dieses Verses vor *barekhu* s. auch Müller, *Soferim*, 153. Blank, *Soferim*, 268f. vermutet, der Hinweis auf Ps 113,2 sei als eine alternative Art der Bezeichnung des Qaddish zu verstehen. Unklar bleibt dann aber, warum hier innerhalb eines Abschnitts zwei unterschiedliche Bezeichnungen für dasselbe Gebet verwendet werden. Auch ist zu beachten, daß Ps 113,2 und Qaddish in dem von Fleischer, תפילה, 245 edierten Fragment T.-S. 6 H 6/6 hintereinander erwähnt werden. Zum Problem vgl. auch unten S. 252 Anm. 323.

150 Da in Abschnitt [A] Qaddish vor *barekhu* erwähnt wird, hat Higger (214 Anm. 30) mit Karl, "הַ"קַּדִּישׁ", 41ff. vermutet, daß an dieser Stelle eine Textverderbnis vorliegt. Statt קדיש sei קדוש zu lesen, denn üblicherweise werde *barekhu* v o r Qaddish gesprochen wie in Abschnitt [C]. In [A] sei insofern nicht vom Qaddish die Rede, sondern von einer *qedusha* (*de-ᶜamida*), die ein Vorläufer des Qaddish gewesen sei. Diese Konjektur ist jedoch bereits von Tal, בעניין "ברכו", 188 Anm. 3, bezweifelt worden: Zum einen ist die Verwechselung der Stellung von ברכו und קדיש bzw. קדוש in den Handschriften dieses Traktates häufig zu beobachten; außerdem beruht die These Karls auf der nicht beweisbaren Annahme, daß sich sowohl das Qaddish als auch das *ᶜal ha-kol* aus einer Art *qedusha* entwickelt hätten. Auch Tal vermutet daher, daß in Abschnitt [C] eine *qedusha* gemeint gewesen sei (vgl. aaO., 188). Doch weichen die Lesarten an dieser Stelle derart voneinander ab (vgl. Higger z. St.; Blank, *Soferim*, 137), daß die ursprüngliche Aussage des Satzes nicht mehr zu rekonstruieren ist. S. auch Blank, *Soferim*, 170 Anm. 55.

151 Vgl. hierzu tBer 3,6 (Lieberman 13); bBer 31a; ferner Higger, *Soferim* 47; Blank, *Soferim*, 262f.

152 Vgl. oben bBer 21b.

153 Vgl. dazu ausführlich Blank, *Soferim*, 135-287.

nung »Gelehrte im Westen« wird zwar üblicherweise auf Rabbinen aus Palästina verwiesen.[155] Unklar ist jedoch, von wo vom Autor dieses Abschnitts nach Westen geblickt wird: Von Babylonien aus nach Palästina? Oder von Ashkenaz nach Südfrankreich?[156]

Mit Blank muß man wohl davon ausgehen, daß der gesamte Abschnitt mehrfach und an verschiedenen Orten überarbeitet und erweitert worden ist - teilweise sogar so stark, daß sich ein »ursprünglicher« Text und seine Überarbeitungen nicht mehr differenzieren lassen. So geht nach Blank der Hinweis auf Qaddish und *barekhu* in Sof 10,6 [A] auf ashkenazische bzw. französische Bearbeiter zurück. Hierfür spricht zum einen, daß die angedeutete Wiederholung beider Gebete erst bei Rashi belegt ist. Außerdem kennen gaonäische Quellen nur die Wiederholung von *barekhu* für Nachzügler (ohne Qaddish) - und dies an ganz anderen Orten des liturgischen Ablaufs.[157]

Auch Abschnitt [B] kann aufgrund seiner indirekten Bezeugung in *Sefer ha-Manhig* (ed. Raphael, 60) als eine Glosse zu [A] interpretiert werden. Sie bezieht sich allein auf die Frage der Wiederholung von Qaddish und *barekhu*, wie es im ashkenazischen Minhag üblich war.[158] Charakteristisch für ashkenazische Kommentarliteratur sind dabei die Begründungen der verschiedenen *minyanim* durch einen Verweis auf die Anzahl der Wörter in einem Vers. Gerade dies deutet auf eine späte Entstehung dieses Abschnittes hin.

Der Vergleich mit weiteren indirekten Zeugen zeigt, daß auch Abschnitt [C] auf einer Glosse beruht. Von Blank wird dies aufgrund des genauen Vergleichs mit den »parallelen« Abschnitten in *Sefer Or Zarua*ᶜ des Rabbi Yiṣḥaq ben Moshe mi-Wina[159] und in *Shibbole ha-Leqeṭ*[160] gezeigt. Diese Zitate belegen, daß die Autoren dieser Werke andere Fassungen des Traktates kannten, in die sie ihren Minhag eintrugen. Auch das in Abschnitt [C] angedeutete

---

154 Vgl. auch Sof 10,6 (Higger 214); 17,3 (299); 21,1 (352), wo von »(unseren) Rabbinen aus dem Westen« die Rede ist.

155 Schon Müller, *Soferim*, 151 möchte daher in der Bezeichnung רבנן שבמערב einen Hinweis auf die babylonische Herkunft des Traktates finden (vgl. auch Tosafot zu bMeg 23b s. v. ואין), da diese Formulierung quasi »mit Blick nach Westen«, nach Palästina, gewählt worden sei; so auch Slotki, *Soferim* 258 Anm. 25; vgl. Lerner, *Tractates*, 399.

156 Mit den רבותינו שבמערב könnten demnach französische Autoritäten gemeint sein, die einen anderen Brauch in bezug auf die genaue Zusammensetzung des für die Wiederholung von *barekhu* erforderlichen *minyan* pflegten. Vgl. dazu Blank, *Soferim*, 237f.

157 Blank, *Soferim*, 173ff. verweist als Beleg für die Wiederholung von *barekhu* (ohne Qaddish) durch den *sheliaḥ ṣibbur* für Nachzügler allerdings auf gaonäische Texte, die bislang nicht zuverlässig ediert sind und sich nicht sicher datieren lassen. In einem Sar Shalom zugeschriebenen Text (*Shaᶜare Teshuva*, § 205) wird etwa die Möglichkeit der Wiederholung von *barekhu* für Nachzügler vor dem *shema*ᶜ und seinen Benediktionen eingeräumt. Da Qaddish auch in einem vielleicht auf Naṭronai Gaon zurückgehenden Schreiben nicht genannt wird (*Otzar ha-Gaonim*, Bd. 1 [Berakhot], Teil 1 [teshuvot], 6 [§ 8]; *Seder Rav Amram ha-Shalem*, ed. Frumkin, 330), in dem es ebenfalls um das Nachholen von *barekhu* - diesmal vor der Abend-*ᶜamida* - geht, vermutet Blank, beide Gebete hätten zunächst keine Einheit gebildet, wie es Sof 10,6 [A] suggeriert. Die Erwähnung beider Gebete im Traktat Soferim sei erst auf den Minhag französischer Rishonim, beginnend mit Rashi zu bMeg 23b s. v. אין פורסין על שמע, zurückzuführen. Als Beleg hierfür kann sie noch auf ein weiteres gaonäisches Schreiben verweisen, in dem ebenfalls nur die Wiederholung von *barekhu* erwähnt wird, dort jedoch nach der »leisen« *tefilla* des *sheliaḥ ṣibbur* (vgl. *Gaonic Responsa*, ed. Assaf, 187; Abramson, ענייננות, 222).

158 Vgl. ausführlich Blank, *Soferim*, 195ff. Anders z. B. noch Müller, *Soferim*, 151f.

159 Ed. Lehrn, Bd. 1, 18c (Hilkhot Tefilla 95).

160 Ed. Mirsky, 206.

Verfahren im Falle des Nachholens von *barekhu* und Qaddish läßt sich erst in Quellen unterschiedlicher ashkenazischer Minhagim nachweisen.[161]

Eine noch deutlichere, dem Voranstehenden in Abschnitt [A] sogar widersprechende Bearbeitung findet sich in dem abschließenden Teil dieses Stücks, Sof 10,6 [D]. Im Unterschied zu allen bislang erwähnten Minhagim wird hier die Wiederholung von Qaddish (bzw. Ps 113,2) und *barekhu* zwischen *shema*ʿ und *ʿamida* verordnet.[162] Da dieser Abschnitt eine Sondermeinung stützt, muß er unabhängig von den vorangehenden entstanden sein.[163]

Der scheinbar früheste Beleg für die Verwendung eines Qaddish zusammen mit *barekhu* (beim Nachholen an unterschiedlichen Orten zu Beginn des täglichen Gebetes) stammt somit aus viel späterer Zeit als die als Soferim titulierte Makroform.[164] Für die Rekonstruktion der frühen liturgischen Applikation des Qaddish ist Sof 10,6 wegen der angedeuteten Bearbeitungen dieses Textes kein zuverlässiger Zeuge. Die Stelle belegt nur, wie groß der Einfluß des regelmäßigen Gebrauches des Qaddish im ashkenazischen und französischen Ritus auf die Ausgestaltung einzelner Textfassungen von *Massekhet Soferim* gewesen ist.[165] Mit einem palästinischen Ritus (aus gaonäischer oder früherer Zeit), wie es in der Forschung lange vorausgesetzt wurde, hat die Stelle nichts zu tun.

Will man nun trotz dieses negativen Ergebnisses der Analyse von Sof 10,6 Näheres über die Einführung des Qaddish zu Beginn der Liturgie, also nach den *zemirot* (bzw. *yishtabaḥ*), erfahren, ist man auf Quellen aus gaonäischer Zeit angewiesen. Einen ersten indirekten Hinweis auf die Begründung für die Einführung des Qaddish nach den *zemirot* findet man in einem Geniza-Fragment, das möglicherweise einmal Teil eines palästinischen Siddur war. Nach diesem schwer zu datierenden Fragment sollte Qaddish nach den *zemirot* (und *we-hu raḥum*[166]) als Responsion auf »alle vorher gesprochenen (Bibel)verse« rezitiert werden[167]:

---

161 Vgl. Blank, *Soferim*, 260f.

162 Vgl. dazu oben Anm. 149.

163 Auffällig ist, daß der Abschnitt in *Shibbole ha-Leqeṭ*, ed. Mirsky, 60 fehlt. Vgl. Blank, *Soferim*, 269f.

164 Vgl. hierzu Tal, "בעניין "ברכו, 190. Bemerkenswert ist, daß selbst im Siddur des Rabbi Shelomo ben Shimshon aus Mainz dieser Brauch noch nicht erwähnt wird, und selbst *Maḥzor Vitry* scheint er unbekannt gewesen zu sein. Vgl. auch *Seder R. Amram Gaon*, ed. Hedegård, 40 (יז–טז); Halivni, מקום הקדיש, 5.

165 Blank, *Soferim*, 143 erwägt sogar, die Kürzung des Sof 10,6 zugrundeliegenden Textes aus mMeg 4,3 darauf zurückzuführen, daß später zusätzlich zu *barekhu* auch auf das Qaddish hingewiesen wurde. Die gekürzte Aufzählung von Handlungen, die einen *minyan* erfordern, sollte nur noch solche liturgischen Abschnitte erwähnen, die mit dem Qaddish in Verbindung gebracht werden. Erst die Hand eines mit dem ashkenazischen Ritus vertrauten Editors, der am Qaddish ein besonderes Interesse gehabt hätte, habe den Text von mMeg derart bearbeitet, wie er in Sof 10,6 belegt ist.

166 Also ein Vers, der eigentlich aus den am Schluß des Gebetes gesprochenen *taḥanunim* stammt, in einigen Zeugen des palästinischen Ritus (und Seʿadya) jedoch zusätzlich auch vor

2.1.2 MS Cambridge Add. 3159

1 ויברך להם ישתבח שמך לעד כל אלברכה ויגיבון בעדה אמן.
2 ויקום שליח ציבור ויפתח והוא רחום יכפר עון
3 כל אלפואסיק ויגיבון גמיע אלצבור כדלך.
4 ויקול יתגדל ויתקדש שמיה רבה ויתעלה ויתקלס.
5 שמיה דקודשא בריך הוא לעילא מכל ברכתא . . . ויפתח להם ברכו . . .

1 Und er spricht *yishtabaḥ shimkha* bis zum Ende der gesamten *berakha*, bis Amen.
2 Und dann steht (ein anderer) Vorbeter auf und spricht *we-hu raḥum (»er möge gnädig sein«), die Schuld sühnen* (Ps 78,38).
3 Auf alle Verse respondiert der Vorbeter wie folgt:
4 Er spricht: Groß sei und geheiligt sei sein großer Name . . . erhaben und gerühmt
5 der Name, des Heiligen, gepriesen sei er, über alle Preisungen . . . und (dann) beginne er mit: *barekhu* . . .

Dieses Fragment bietet natürlich nur einen indirekten Hinweis auf das nach *yishtabaḥ* (und der zusätzlichen Rezitation von *we-hu raḥum*) gesprochene Qaddish (Z. 3). Eigentlich geht es um eine Begründung für den antiphonischen Vortrag. Dabei soll beachtet werden, daß die vor dem Beginn des Morgengebets zu rezitierenden Texte in der richtigen Reihenfolge, »nacheinander« gesprochen werden. Daß hier dennoch ein Grund für die Einführung des Qaddish angedeutet ist, zeigt sich im Vergleich mit einer vermutlich viel später verfaßten ausführlichen Erklärung in einem gaonäischen Responsum.

Dieses Antwortschreiben ist allerdings wiederum »nur« in einem sekundären Kontext überliefert, und zwar in dem von Natan ben Yeḥiʾel aus Rom[168] (11. Jh.) verfaßten Lexikon für Talmud und Midrash, dem sog. *Arukh*. In einer längeren Fassung findet sich der Text auch im *Sefer Tanya Rabbati*[169]:

2.1.3 Sefer Tanya Rabbati (Hurwitz 6c)

מצאתי בשם הר׳ נתן בעל הערוך שכתב בשם ר׳ משה גאון ז״ל
שאומר ברוך וחותם מהולל בתושבחות ואומר תהלה לדוד
ומהלל ואומר הללו אל בקדשו וחותם בישתבח
אבל לומר פסקי דזמרה קודם התפילה נתקנו ולא לאחר התפילה.

---

die Rezitation der *birkat ha-yoṣer* gestellt wurde. Zum Einschub von *we-hu raḥum* (Ps 78,38) als Charakteristikum des palästinischen Ritus vgl. Elbogen, *Studien*, 32, dann auch Fleischer, תפילה, 245; Zimmels "סדור רב סעדיה" בגליוני, 533ff.; Ta-Shma, קדיש, 302ff. Auffälligerweise fehlt in der Qaddish-Rezension das doppelte לעילא.

167 Zum Text vgl. Mann, *Genizah Fragments*, 273, der das Fragment für ein Stück aus Siddur Seʿadya hält. Anders Assaf, מסדר התפילה, 120, der darauf hinweist, daß es sich um ein Fragment handelt, in dem sich bereits ein Mischritus aus Seʿadya und anderen Riten findet. Vgl. dazu auch Ta-Shma, קדיש, 303.

168 Vgl. David, EJ 12 (1971) 859f.

169 Vgl. *Aruch*, Bd. 8, ed. Kohut, 258a s. v. תפל und *Sefer Tanya Rabbati*, ed. Hurwitz,

ומה נהגו לומר קדיש אחר פסוקי דזמרה. לפי שאין כל תיבה ואות
שבתורה שאין השם המפורש יוצא מהן מה שאין אנו יודעין
לכך נהגו להקדיש.
ויש אומרים מפני מה נהגו להקדיש אחר פסוקי דזמרה.
לפי שכבר סיימו את מצוה של פסוקי דזמרה
ואחר כך יתחילו האחרת קרית שמע וברכותיה
ושמא יפסיקו לפסוק צדקה או לדבר אחר.
או שמא יעכב עליהן מעכב מלקרות את שמע ויצאו בלא קדיש.
לפיכך נתקנו הקדיש אחר פסוקי דזמרה.

Ich fand im Namen des Rabbi Natan, Verfassers des *Arukh*, der im Namen des Moshe Gaon, seligen Angedenkens, folgendes geschrieben hat:
Derjenige, der (spricht): *Gepriesen sei, der sagt (und die Welt ward)*[170], der beschließt mit: *(Der König), der besungen wird mit Lobpreisungen.*[171] Und derjenige, der spricht: *Ein Lobgesang Davids* (Ps 145,1)[172],
und: *Preiset Gott in seinem Heiligtum* (Ps 150,1)[173], der beschließt (diese Verse) mit *yishtabaḥ*.
Dennoch verordnete man, die *pesuqe de-zimra* vor der *tefilla* zu rezitieren und nicht erst nachher.[174]
Und warum pflegte man Qaddish nach den *pesuqe de-zimra* zu sprechen? Weil es kein Wort und keinen Buchstaben
in der Tora gibt, dem man nicht den *shem ha-meforash*[175] entnehmen kann, ohne es zu wissen.
Daher führte man das Qaddish ein!
Und es gibt welche, die sagen: Warum pflegte man das Qaddish nach den *pesuqe de-zimra* zu sprechen?[176] -
Weil man die *miṣwa* der *pesuqe de-zimra* erfüllt hat und daraufhin mit der nächsten beginnt: [mit] dem Lesen des *shema*ᶜ-Gebets und seiner Benediktionen.
Und damit man nicht unterbreche, um Almosen zu geben[177], oder für andere Dinge;
oder daß man etwa daran gehindert werde, das *shema*ᶜ zu rezitieren, weil man, ohne das Qaddish zu rezitieren, hinausgegangen ist.[178]
Daher verordnete man das Qaddish nach den *pesuqe de-zimra* (zu sprechen).

Bei der Auswertung dieser bemerkenswert eindeutigen Begründung für die

---

6c. Zum Text vgl. auch Krauss, *Additamenta*, 412; Abramson, לחקר הערוך, 39. Zur bislang nicht hinreichend untersuchten Textgeschichte des *Arukh* vgl. Geiger, *Geschichte*, 142-149. Eine ähnliche Rezension dieses Textes findet sich in dem *Sefer Miṣwot Gadol*, *miṣwot ᶜasin* 12 des Moshe ben Yaᶜaqov von Coucy (13. Jh.). Vermutlich ist diese Fassung bereits vom *Arukh* oder von einem seiner Vorläufer abhängig.

170 D. h. die *berakha* vor den *zemirot*. Vgl. *Seder ᶜAvodat Yisraʾel*, ed. Baer, 58f.

171 Der Abschluß dieser *berakha*, vor den eigentlichen *zemirot*.

172 Nach *ashre* (Ps 84 und Ps 144), dem mittleren Abschnitt der *pesuqe de-zimra*.

173 Der Anfang des letzten Psalms des Hauptteils der *zemirot*.

174 Vgl. bBer 32a.

175 Der unaussprechliche göttliche Name, das Tetragramm.

176 D. h., warum führte man ein, nach den *pesuqe de-zimra* »zu heiligen« (להקדיש)?

177 Zum *terminus technicus* לפסק צדקה vgl. Levy, *Wörterbuch*, Bd. 4, 78 s. v. פָּסַק. Zu der hier angedeuteten Almosenspende (*ṣedaqa*) während des Gottesdienstes vgl. *Machsor*

Einführung des Qaddish nach den *zemirot* sind zunächst einige text- und redaktionsgeschichtliche Probleme zu beachten. Ob nämlich beide in diesem Text mitgeteilten Erklärungen - also zum einen, daß ein Qaddish einer Erwähnung des *shem ha-meforash* zu folgen hat, zum anderen, daß mit ihm der Vollzug einer *miṣwa* abzuschließen ist - tatsächlich von dem genannten Gaon Moshe Kahana ben Yaʿaqov (828/9-836)[179], einem Gaon der Yeshiva in Sura, stammen oder ob sie auf Natan ben Yeḥiʾel, den Verfasser des *Arukh*, oder sogar erst auf den Verfasser des *Sefer Tanya Rabbati* zurückgehen, läßt sich ohne genauere Analyse nicht entscheiden.

Auffällig ist, daß der Text dieses Antwortschreibens weder in einer anderen Responsensammlung noch in den Handschriften des Seder Rav Amram belegt ist. Vergleicht man die hier vorgestellte Rezension des Responsum aus *Sefer Tanya Rabbati* mit der von A. Kohut edierten Fassung im *Arukh*[180], so wird klar, daß das von Moshe Gaon verfaßte Schreiben ursprünglich viel kürzer gewesen sein muß.[181] In einer anonym, nur im Namen »der Geonim« überlieferten Fassung wird dieses Responsum überdies in *Shibbole ha-Leqeṭ* mitgeteilt. Diese Fassung nennt nur die erste der beiden Erklärungen:

2.1.4 *Shibbole ha-Leqeṭ ha-Shalem (Mirsky 149)*

ומה שנהגו לומר קדיש אחר פסוקי דזמרה
מצאתי הטעם לגאונים ז"ל.
מפני מה מקדישין במקום שדורשין שם פסוקין
לפי שאין לך כל תיבה ואות
שבתורה שאין שם המפורש יוצא מהן
מה שאין אנו יודעין לכך נהגו לקדש.

Und warum führte man ein, nach den *pesuqe de-zimra* Qaddish zu sagen?
Ich fand die Begründung (bei) den Geonim, seligen Angedenkens:
Weshalb spricht man das Qaddish[182], wo man Verse (aus der Bibel) auslegt?
Weil es kein Wort und keinen Buchstaben
in der Tora gibt, dem man nicht den *shem ha-meforash* entnehmen könnte,
was wir nicht beachten; daher führte man ein, Qaddish (zu sagen[183]).

Eindeutiger als in der Fassung des Responsum in *Sefer Tanya Rabbati* wird in dieser Rezension des Schreibens der Gedanke hervorgehoben, daß das Qaddish nach den *pesuqe de-zimra* eingeführt wurde, weil in diesen Psalmversen, wie in jedem Vers aus der Bibel, der göttliche Name erwähnt wird.[184] Da jede

---

Vitry, ed. Hurwitz, 392; *Siddur Raschi*, ed. Buber, 8. Demnach bezieht sich diese Stelle auf den Brauch, während des Gebets zugunsten eines Verstorbenen ein Almosen zu geben. Vgl. auch Tan *haʾazinu* 1 (339b); *Shibbole ha-Leqeṭ ha-Shalem*, ed. Mirsky, 311.

178 D. h., daß man die Synagoge verlassen hat, ohne Qaddish zu rezitieren.

179 Vgl. David, EJ 12 (1971) 432.

180 Vgl. *Aruch*, Bd. 8, ed. Kohut, 258a s. v. תפל.

181 Zur Rekonstruktion dieses Antwortschreibens vgl. auch Müller, מפתח, 76.

182 Wörtl.: »heiligt man« (מקדישין).

Stelle der Schrift, also auch die Psalmen der *zemirot*, den göttlichen Namen enthält, sollte die Zitation eines Verses, auch wenn man dabei explizit keinen göttlichen Namen ausspricht, mit einer »Heiligung« beschlossen werden.

Die vorausgesetzte Vorstellung, jedes Wort der Bibel enthalte einen »verborgenen« Namen Gottes, erinnert sowohl an rabbinische Texte als auch an mystische Spekulationen in Schriften der *ḥaside ashkenaz.*[185] So findet sich in späten Midrashim der Gedanke, daß Gott die Tora nicht in der richtigen Reihenfolge und ihre Buchstaben nicht in der richten Anordnung gegeben habe, da die Menschen ansonsten wüßten, »wie man Tote zum Leben erweckt« bzw. wie man andere Wunder vollbringen kann.[186] Daß in diesem Responsum vergleichbare magische Vorstellungen von der Macht des göttlichen Namens mit Moshe Gaon in Verbindung gebracht werden, ist dabei besonders bemerkenswert, denn diesem Gaon wird auch in anderen Responsen ein besonderes Interesse für Mystik und Magie zugeschrieben.[187] Die auf eine Art Buchstabenmystik verweisende Erklärung für die Einführung des Qaddish nach den *zemirot* verdankt sich somit vielleicht einer früheren gaonäischen Phase der Entwicklung als die zweite nur in *Sefer Tanya Rabbati* überlieferte Erläuterung.

Diese zweite Erklärung, derzufolge man nach jeder *miṣwa*, d. h. nach jeder Erfüllung eines Gebotes, ein Qaddish sprechen soll, läßt sich schwerer in Relation zu einem bestimmten Minhag oder einer spezifischen Vorstellung setzen. Als *miṣwa* können sehr unterschiedliche Handlungen bezeichnet werden.[188] So kann damit nicht nur ein Gebot der schriftlichen oder mündlichen Tora gemeint sein, sondern auch eine Pflicht, die sich aus einem Brauch ableitet. Daß auch der auf rabbinischer Tradition[189] beruhende Vortrag der *zemirot* als der Vollzug eines göttlichen Gebotes verstanden werden konnte, zeigt dabei, wie die Einführung eines Qaddish nach den *zemirot* »gebetstechnischen« Anliegen diente.[190] Ein ursprünglich nicht zu den verpflichtenden Teilen der täglichen

---

183 לקדש, eigentlich: »zu heiligen«; hier ist das Sprechen des Qaddish gemeint.

184 Vgl. Ps 72,18; 104,31; 146,10 u. ö. aus den *zemirot* für Shabbat; vgl. auch die drei Hauptstücke der *zemirot* Ps 6; 145; 150.

185 Vgl. hierzu etwa Scholem, *Mystik*, 15.

186 Vgl. MTeh 3,2 (Buber 17a); Tan *bereshit* 1 (6a); *Midrash ʿAseret ha-Divrot* (BHM I, 65).

187 Vgl. z. B. das berühmte, Rav Hai Gaon zugeschriebene Responsum in *Otzar ha-Gaonim*, Bd. 4 (Ḥagiga), Teil 1 (teshuvot), 20, in dem erwähnt wird, daß sich Moshe Gaon mit Amuletten und Zaubersprüchen befaßte. S. dazu Brody, *Geonim*, 142f.

188 Zum Begriff *miṣwa* im gebetstheologischen Kontext, wo er nicht nur ein »Gebot« oder die »Vollziehung eines Gebotes« (vgl. Levy, *Wörterbuch*, Bd. 3, 207 s. v. מִצְוָה) bezeichnet, vgl. bes. Kadushin, *Worship*, 199ff.

189 Der Vortrag der *zemirot* wird zwar bereits im Bavli (und dann auch in Sof 17,11 [Müller XXXIII]) erwähnt, aber er galt lange Zeit nicht als verpflichtend. Vgl. Elbogen, *Gottesdienst*, 86f.

190 Zu den dahinter stehenden gebetstechnischen Prinzipien vgl. bes. Halivni, מקום הקדיש,

Liturgie zählendes Gebet wie die *zemirot* konnte mittels Einschub eines Qaddish gewissermaßen zu einem verpflichtenden Bestandteil der Liturgie »erklärt« werden. Seine Einfügung strukturierte somit nicht nur den Ablauf der Gebete, sondern trug mit dazu bei, aus den *zemirot* und ihren *berakhot* sowie dem folgenden *shema*ᶜ und seinen *berakhot* eine zusammenhängende liturgische Einheit zu bilden.[191]

Aufschlußreich ist diesbezüglich auch der Vergleich mit jenen Nachrichten, die auf die Einführung des Qaddish nach den Lesungen aus Tora und Propheten eingehen. Auch den Applikationen des Qaddish an diesen Orten ist zu entnehmen, nach welchen Prinzipien das Qaddish in die Liturgie eingeführt worden ist. Erneut stellt sich dabei allerdings die Frage, ob es erst von diesen Orten in den Ablauf der Gebete übertragen worden ist oder ob die Einführung des Qaddish auch unabhängig von den Lesungen zu erklären ist.

5ff. Demnach ist auch in bezug auf die Verwendung des Qaddish an anderen Orten der Liturgie zu beachten, daß der (ursprüngliche) Zweck des Qaddish ersetzt (bzw. erweitert) wurde durch die Funktion als liturgisches Gliederungselement. Zur Verwendung des Qaddish als ein solches Element vgl. z. B. die Begründung für das Qaddish, welches zwischen der *ge*ʾ*ula-berakha* und der *tefilla* des ᶜ*aravit*-Gebets rezitiert wird. In den Tosafot zu bBer 4b s. v. דאמר wird hierzu im Namen des Rav Amram (!) ausgeführt, daß die *tefilla* im Abendgebet freigestellt ist. Das Qaddish sollte demnach an dieser Stelle nicht rezitiert werden, um Gebete abzuschließen, die den göttlichen Namen enthalten, sondern um die Verrichtung der *miṣwa* des *shema*ᶜ im Abendgebet zu beenden! Zur Entwicklung des ᶜ*aravit* und seinem Status als Pflichtgebet (im alten palästinischen im Unterschied zum babylonischen Ritus) vgl. Ta-Shma, תפילת ערבית, 131ff.

191 Vgl. dazu auch *Shibbole ha-Leqeṭ ha-Shalem*, ed. Mirsky, 149, wo ausdrücklich darauf hingewiesen wird, daß es Minhagim gegeben hat, die zwischen den *zemirot* und dem darauf folgenden Eröffnungsgebet (*barekhu*) des offiziellen Teils der Liturgie eine Pause einlegten. Zu untschiedlichen Bräuchen, den Übergang zwischen den *zemirot* und *barekhu* zu gestalten, vgl. auch *Perush Siddur ha-Tefilla*, ed. Hershler, 52: תמיה אני על מה נהגו הראשונים להושיב שליח צבור בין פסוקי דזימרה ובין קדיש. (»Ich wundere mich, warum die *Rishonim* einführten, daß sich der Vorbeter zwischen des *pesuqe de-zimra* und *barekhu* hinsetzen darf, [damit ein anderer Vorbeter das Qaddish spricht]«). Vgl. dazu auch Ta-Shma, קדיש, 305 Anm. 19.

2.2 Qaddish als Abschluß der Rezitation eines Schriftabschnitts

Mit der Verwendung der doxologischen Formel nach der Rezitation eines Schriftabschnitts hatten wir uns bereits im Zusammenhang mit einigen Stellen im Bavli und einigen Midrashim befaßt. In bSot 49a wird die doxologische Formel im Zusammenhang mit dem Aggada-Vortrag, dem eine Lesung vorangegangen sein muß, erwähnt. In *Pereq Mashiaḥ* wird die Rezitation der Formel sogar mit dem Targum-Vortrag in Verbindung gebracht. Warum die Rezitation oder Lesung eines Schriftabschnitts mit der Heiligung des Namens im Qaddish abgeschlossen werden sollte, wird in keinem der Texte begründet. Erst das zitierte Responsum in *Sefer Shibbole ha-Leqeṭ* erklärt den Vortrag eines Qaddish mit der Nennung des göttlichen Namens oder mit dem Vollzug einer *miṣwa*.

Betrachtet man den üblichen Verlauf des synagogalen Gottesdienstes (etwa nach Seder Rav Amram und Siddur Rav Seᶜadya, insbesondere die morgendliche Liturgie des Shabbat mit seinen Lesungen aus Tora und Propheten (*hafṭara*), fällt auf, daß das Qaddish nicht nur an Stellen eingeführt ist, denen eine Schriftlesung unmittelbar vorangeht.[192] Es findet sich z. B. auch nach der (lauten) Wiederholung der *tefilla* durch den Vorbeter und nach den *musaf*-Gebeten am Shabbat und an Feiertagen. Selbst wenn man die Verwendung an diesen Orten damit begründen kann, sie folge einer Nennung des *shem hameforash* (entsprechend der in *Sefer Tanya Rabbati* genannten Begründung), so ist dennoch auffällig, daß einem Qaddish nicht an allen Orten der Liturgie ein Schriftvers oder die Nennung des göttlichen Namens vorangeht.[193]

Ob das Qaddish an den verschiedenen Orten der Liturgie tatsächlich nach dem Prinzip eingeführt worden ist, wie es z. B. von dem anonymen provenzalischen Verfasser des im 13. Jh. entstandenen halakhischen Kommentarwerkes *Sefer Kol Bo* einmal in dem Satz zusammengefaßt wurde: »Man findet kein (Qaddish), ohne daß vorher irgendwelche Verse (aus der Bibel) stehen«[194], ist

---

[192] In Seder Rav Amram wird das Halb-Qaddish an folgenden Stellen in der täglichen Liturgie (ausgenommen den Lesungen aus der Tora) erwähnt: Nach den *zemirot* (ed. Goldschmidt, 11); nach der *tefilla* (bzw. nach *taḥanunim* und *ashre*) (ed. Goldschmidt, 38); nach der *qedusha de-sidra* als Qaddish *titqabal*, also vor dem das Gebet beschließenden *ᶜalenu* (ed. Goldschmidt, 39). Außerdem wird es an den Tagen, an denen *musaf* (Shabbat und Feiertag) gesprochen wird, nach diesem Zusatz gesprochen (vgl. ed. Goldschmidt, 40). In Siddur Rav Seᶜadya Gaʾon wird Qaddish an denselben Orten erwähnt: zwischen *zemirot* und *barekhu* (ed. Davidson et al., 35); im *minḥa*-Gebet nach *we-hu raḥum* (Ps 78,38; s. unten) und nach den *taḥanunim* bzw. der *tefilla* (ed. Davidson et al., 41). Zur Verwendung des Qaddish nach der *ᶜamida* im palästinischen Ritus vgl. auch Mann, *Genizah Fragments*, 285f.

[193] Zum Problem vgl. auch Halivni, מקום הקדיש.

[194] *Sefer Kol Bo*, 2c (*din Qaddish* § 6): לא יאמר קדיש אם לא יאמר פסוקים שלעולם לא תמצאנו בלא פסוקים לפניו. Vgl. zu diesem Buch Havlin, EJ 10 (1971) 1159f. Im Unterschied zu Pool, *Kaddish*, IX und Elbogen, *Gottesdienst*, 370 (u. a.) handelt es sich bei diesem Werk nicht »nur« um eine Bearbeitung des *Sefer Orḥot Ḥayyim* des Aharon ha-Kohen ben Yaᶜaqov aus Narbonne (13.-14. Jh.). Vielmehr ist das *Sefer Kol Bo* als ein »eigenständiges«, auf einen

daher zu prüfen.[195] Ist dieser oft zitierten Sentenz die »ursprüngliche« Begründung für die Einführung des Qaddish zu entnehmen? Oder handelt es sich erneut um eine retrospektiv erfolgte idealisierende Vereinfachung einer komplizierteren Entwicklung?

Ausgangspunkt der Untersuchung der Verwendung des Qaddish nach der Rezitation eines Schriftabschnitts bildet wiederum eine Stelle aus dem nachtalmudischen Traktat Soferim. Zwar scheint auch diese Stelle nur zu bestätigen, daß die Applikation des Qaddish von Anbeginn in einem engen Konnex mit den Lesungen aus Tora und Propheten stand. Bei genauer Betrachtung dieses die Lesungen erläuternden Abschnitts läßt sich jedoch ausmachen, daß das Qaddish offenbar nicht nach j e d e r Lesung bzw. Rezitation eines Schriftverses eingeführt worden ist. Dies zeigt sich insbesondere im Kontext der *maftir*-Lesung(en)[196]:

2.2.1 Sof 21,5 (Higger 357f.)

ומניחין ספר תורה במקומו ואומ׳ יהי שם י״י מבורך וקדיש.
ומנין לך קריאה שיטעון קדיש עד שיחזיר
ספר תורה אלא שבת בלבד מפני המפטיר
וא׳ע׳פ׳ כן על קריאת המפטיר ועל הנביא לאחר שמניחין ספר תורה
במקומו יאמר קדיש. קדיש זה למה. ללמד שאין אומר׳ קדיש
אלא בראש חדשים ולא בתעניות ולא בשני ובחמישי
ולא בחולו של מועד ולא בשמנה ימי חנוכה ולא בפורים
עד שמחזירין ספר תורה במקומן. בשעה העם עומדים
וטעונין לומר יהי[ו] שמיה רבה מברך בכוונה בעמידה.

[A] Und man legt die Tora-Rolle an ihren Platz, und man spricht: *Der Name des Herrn sei gepriesen von nun an bis in Ewigkeit* (Ps 113,2), und Qaddish[197].

[B] Und weshalb gibt es eine Lesung am Shabbat, der Qaddish obliegt, bevor die Tora-Rolle zurückgelegt worden ist? - Wegen des *maftir*[198]!

[C] Und trotzdem[199] sagt man Qaddish auch nach der *maftir*-Lesung und nach der Propheten(lesung) und nachdem man die Tora-Rolle an ihren Ort zurückgelegt hat.

---

anonymen Verfasser zurückgehendes Werk aus 13.-14. Jh. zu betrachten. Vgl. Kries, *Erforschung*, 16; Ta-Shma, מנהג, 343.

195 Zu berücksichtigen sind auch Sätze wie: כשהציבור או׳ פסוק או משנה צריכין לומר קדיש אחריהם (»Wenn die Gemeinde einen [Bibel]vers *oder* [einen Abschnitt aus der] Mishna sagt, dann muß man ein Qaddish hinterher sprechen«). S. *Liqquṭe ha-Pardes*, ed. Hershkovitz, 99.

196 Text nach: MS Parma 2342/14 (541). Dieser ashkenazische Textzeuge aus dem 14. Jh. (vgl. Blank, *Soferim*, 27) konnte von Higger noch nicht berücksichtigt werden; er weist in einigen Details Unterschiede zu den von ihm edierten Textzeugen auf. Vgl. auch die indirekte Bezeugung in *Liqquṭe ha-Pardes*, ed. Hershkovitz, 100.

197 MS New York, Enelow 270 liest: וקדוש.

198 D. h., wegen des achten Lesers aus der Tora, der den letzen Abschnitt wiederholt. מפני המפטיר könnte auch mit »vor dem *maftir*« übersetzt werden; doch vgl. zu der von mir vertretenen Übersetzung bereits die Ergänzung in MS Oxford des *Seder Rav Amram* (ed. Goldschmidt, 74).

[D] Und dieses Qaddish, wozu? Um zu lehren, daß man Qaddish an Monatsanfängen, an Fasttagen, am zweiten und am fünften (Tag der Woche), an Halbfeiertagen, an den acht Tagen von Ḥanukka und an Purim[200] erst dann spricht, wenn man die Tora-Rolle bereits an ihren Platz zurückgestellt hat; in dem Moment, da das Volk aufsteht und der Obliegenheit nachkommt, *yehe sheme rabba mevarakh* zu sprechen - mit *kawwana* und im Stehen.[201]

In diesem Stück geht es um die Lesung aus der Tora im Morgengottesdienst des Shabbat. Sie soll durch den sog. *mafṭir* und eine Propheten-Lesung, die *hafṭara*, abgeschlossen bzw. ergänzt werden. Hintergrund bildet die Frage, nach welcher der beiden zusätzlichen Lesungen Qaddish zu rezitieren sei. Der Autor dieses Stücks geht anscheinend davon aus, daß zweimal Qaddish gesagt werden soll: einmal unmittelbar nach der Lesung aus der Tora und ein zweites Mal nach der Lesung des *mafṭir*.[202]

Doch welche Lesung ist mit dem Wort *mafṭir* gemeint? Die Beantwortung dieser Frage wird durch die Ambiguität des Terminus *mafṭir* erschwert.

Die Bedeutung des Wortes *mafṭir* ist sowohl »Abschluß« als auch »Eröffnung«.[203] Im Zusammenhang mit Tora-Lesungen bezeichnet der Terminus üblicherweise die *ab*schließende, den letzten Abschnitt einer *sidra* wiederholende Lesung aus der Tora.[204] Bei dieser Lesung werden am Shabbat die letzten drei Verse eines Wochenabschnitts von demselben Leser wiederholt, der die darauffolgende Lesung eines Prophetenabschnitts (*hafṭara*) vornimmt. Traditionell wird diese scheinbar überflüssige Wiederholung eines Tora-Abschnitts damit begründet, daß hierdurch der Eindruck vermieden werden soll, die Propheten-Lesung sei wichtiger als die Lesung aus der Tora.[205]

Bereits in den Talmudim finden sich nun allerdings Stellen, in denen diskutiert wird, ob derjenige, der diese *mafṭir*-Lesung vollzieht, zu der vorgeschriebenen Anzahl von sieben bzw. fünf Lesern aus der Tora am Shabbat oder einem Feiertag hinzuzuzählen ist oder nicht[206], wobei im Hinblick auf Feiertage erörtert wird, ob zu der zu wiederholenden Lesung des abschließenden Tora-Abschnitts Zusatzperikopen der Festtage (aus Num 28 und 29) hinzukommen, was die genaue Festlegung der zu zählenden Leser verkompliziert.[207]

---

199 Zur Bedeutung der präpositionalen Wendung אף על פי im Sinne von »trotzdem« vgl. die Lesarten im Apparat der Ed. Higger, und s. auch Levy, *Wörterbuch*, Bd. 1, 136 s. v. אַף.

200 An diesen Tagen wird keine *hafṭara* gelesen; vgl. *Seder Rav Amram*, ed. Goldschmidt, 74.

201 D. h.: »mit Konzentration und im Stehen«. - Zu dieser nur in einigen Handschriften überlieferten Lesart, die vielleicht auf eine (ashkenazische) Glosse zurückzuführen ist, vgl. Müller, *Soferim*, 298.

202 So interpretiert die Stelle bereits Müller, *Soferim*, 297.

203 Wie das Wort zu übersetzen ist, hängt dabei stets vom jeweiligen Kontext ab; vgl. Jastrow, *Dictionary*, 1157f. s. v. פָּטַר und s. v. פְּטַר; Levy, *Wörterbuch*, Bd. 4, 31 s. v. פָּטַר.

204 Vgl. Rabinowitz, EJ 16 (1971) 1342-1345; [Ed.], ETal[2] 10 (1961) 1-31.

205 Vgl. z. B. *Seder Rav Amram*, ed. Goldschmidt, 74 und auch Rashi zu bMeg 23a s. v. מפני כבוד התורה. Die Hintergründe und das Alter dieses Brauches sind nicht geklärt. S. Elbogen, *Gottesdienst*, 179.

206 Zu den unterschiedlichen Zählweisen des *mafṭir* vgl. etwa yMeg 4,1 - 75a,44-49.59-63 und vor allem bMeg 23a. Vgl. hierzu ausführlich Lieberman, *Tosefta Ki-fshutah*, Bd. 5, 1170f.; s. auch Blank, *Soferim*, 112ff.; 125f.

Das eigentliche Problem der Interpretation der Stelle aus dem Traktat Soferim besteht also darin, daß sowohl die Person selbst, die die *haftara* liest, als auch der letzte Abschnitt der *sidra*, der wiederholt wird, als *maftir* bezeichnet werden konnten. Die Lesung eines Abschnitts aus den Propheten konnte somit, wie die Wiederholung der letzten Verse der Tora-Lesung, als »Abschluß« bezeichnet werden: entweder als der Abschluß der Tora-Lesung oder als der Abschluß der gesamten Lesung durch einen Prophetenabschnitt.

Hinzu kommt, daß die Lesung des Propheten-Abschnitts meist aus eigens dafür angefertigten Büchern oder Rollen vorgenommen wurde. In der Regel erfolgte diese Lesung daher erst, nachdem die bzw. beide Tora-Rollen an ihren Platz zurückgestellt worden waren. Zu welchem Zeitpunkt das Qaddish nach der Lesung gesprochen werden sollte, hing daher auch davon ab, wann und wie, d. h. aus wievielen Rollen, *maftir* gelesen wurde und ob die sich daran anschließende *haftara* mit einem Targum-Vortrag verbunden war. Diesbezüglich bestanden offensichtlich lange Zeit sehr unterschiedliche Auffassungen und Bräuche. Sie konnten wohl auch durch »äußere« Umstände bedingt sein.[208]

Im Hinblick auf unseren Abschnitt aus *Massekhet Soferim* ist also zu beachten, daß man nach der Lesung (am Shabbat) zunächst die Tora-Rolle »an ihren Ort«, d. h. in die *teva* bzw. den *aron ha-qodesh* oder in eine Tora-Nische[209], zurückgestellt und erst danach - palästinischem Ritus entsprechend - Ps 113,2 *und* Qaddish rezitiert hat [A].[210] Die Erwähnung einer *zweiten*, über den üblichen Brauch hinausgehenden Rezitation eines Qaddish nach dem *maftir* in Abschnitt [C] stellt also die eigentliche *crux* dieses Abschnitts dar. Schon Avraham ben Natan, der diese Stelle in seinem Werk *Sefer ha-Manhig* zitiert, vermutete daher, daß es sich bei diesem Hinweis um einen »Zusatz« handeln müsse.[211] Nach Higger stammt dieser Zusatz von einem babylonischen Kopisten[212]; vermutlich ist er jedoch erst auf eine später (in Ashkenaz?) erfolgte Bearbeitung zurückzuführen.[213]

Läßt man diese Bemerkung zu der Propheten-Lesung einmal unbeachtet[214], enthält Sof 21,5 lediglich einen Hinweis auf ein zusätzliches Qaddish nach der Lesung des *maftir*, also - wenn man das Wort als Hinweis auf die achte Le-

---

207 Zur Lesung dieser Zusatzperikopen vgl. Elbogen, *Gottesdienst*, 168.

208 Vgl. Arussi, קריאת תרגום התורה, 219-238 zu divergierenden Bräuchen im yemenitischen Ritus.

209 Zur Entwicklung der Bezeichnungen für die Aufbewahrungsorte von Tora-Rolle(n) in der Synagoge vgl. Sky, *Redevelopment*, 121f.

210 Vgl. dazu Liebreich, *Invocation*, 408; Fleischer, תפילה, 245. In dem von Fleischer, ebd. edierten Geniza-Fragment T.-S. 6 H 6/6, in dem sich ein palästinischer Ritus widerspiegelt, läßt sich exakt die hier erwähnte Abfolge von Gebeten beobachten. Anders Blank, *Soferim*, 269.

211 Vgl. *Sefer ha-Manhig*, ed. Raphael, 159.

212 Vgl. *Massekhet Soferim*, ed. Higger, 48; 80.

213 Vgl. etwa die Erwähnung einer Rezitation eines Qaddish im *Sefer Liqquṭe ha-Pardes*, ed. Hershkovitz, 100. S. auch die *Nusḥaʿot* des Elia von Wilna zu Soferim (vgl. Sof 21 [43b] im Druck Wilna), der diesen Satz ebenfalls für eine Glosse hält.

214 Der Hinweis auf die Propheten-Lesung fehlt im übrigen in dem vielleicht eine französische Texttradition widerspiegelnden MS Oxford 370,12, Opp. 726, das Higgers Edition zugrundeliegt. Vgl. zu dieser Handschrift Blank, *Soferim*, 25.

sung aus der Tora-Rolle versteht - *nach* der Wiederholung des letzten Abschnitts der *sidra*. Da diese *maftir*-Lesung auch die Fest- und Fasttags-Abschnitte umfassen konnte, könnte es sich hier um einen Hinweis auf den Brauch handeln, Qaddish nach diesen zusätzlichen Lesungen zu sprechen.[215] Solche zusätzlichen Lesungen sollten wie die reguläre Lesung am Shabbat mit einem Qaddish (vor der eigentlichen *haftara*-Lesung) beschlossen werden.[216]

Sof 21,5 enthielt demnach in einem Zweig seiner Textüberlieferung keinen Hinweis auf ein zusätzliches Qaddish nach der Lesung der *haftara* (Propheten-Lesung), sondern nur eine Bemerkung zu einem Qaddish nach den zusätzlichen festtäglichen Lektionen aus der Tora. Erst später scheint man dies - sei es versehentlich oder aufgrund eines Minhag - auch auf die Propheten-Lesung selbst bezogen zu haben. Zunächst wurde Qaddish jedoch nur als Abschluß der eigentlichen Lektion aus der Tora verwendet, wie es auch an besonderen Shabbatot und an Fest- und Fasttagen üblich war.[217]

Obwohl sich dieser Stelle somit nicht mehr entnehmen läßt, wie man diesbezüglich in »dem« alten palästinischen Minhag verfuhr, zeigt sich, daß nicht feststand, welcher Teil der Lesung zum *maftir* zu zählen ist. Dem Qaddish kam daher die Funktion zu, zwischen den einzelnen Abschnitten der Lesung zu unterscheiden. Erst durch die Einführung dieses Gebetes wurde festgelegt, wie die Lesung zu gliedern war und welche Bedeutung ihr zukam. Das Qaddish selbst erhielt hierdurch eine Stellung, die weniger durch seinen Inhalt als durch seine Funktion charakterisiert wird.[218]

---

[215] Wie z. B. Num 28 an Monatsanfängen.

[216] Vgl. zu diesem Problem die Hinweise in dem Kommentar von Müller, *Soferim*, 297. Er geht davon aus, daß ursprünglich zwei Qaddish-Gebete bei der Lesung gesprochen wurden: eines direkt nach der Lesung (der sieben *ba'ale ha-qore*), ein weiteres »nach der Lection aus den Propheten« (ebd.). Eine von ihm angeführte Weisung in dem ashkenazischen Werk *Sefer ha-Pardes*, ed. Ehrenreich, 257 (vgl. auch *Siddur Raschi*, ed. Buber, 84; 102) belegt allerdings, daß es zumindest im ashkenazischen Ritus (später oder zur Zeit der Abfassung dieses Abschnitts?) üblich war, Qaddish auch nach den Festtagslektionen zu sprechen. Zu berücksichtigen ist auch, daß der Stelle in *Massekhet Soferim* nicht zu entnehmen ist, ob von der Verwendung zweier Tora-Rollen ausgegangen wird oder von der Lesung aus einer einzigen. Zu den Konsequenzen für den daraus zu erschließenden Ablauf der Lesung vgl. auch ein Rabbi Avraham ben David von Posquière (gest. 1198) zugeschriebenes Responsum in *Newly Discovered Geonic Responsa*, ed. Emanuel, 35-37 (§ 35), in dem ausdrücklich darauf hingewiesen wird, daß im Falle einer Lesung aus *einer* Tora-Rolle nur *ein* Qaddish nach der Lesung der sieben rezitiert werden sollte. Wenn der *maftir* jedoch aus einer zweiten Schriftrolle gelesen werden kann, sollte man aus Ehrfurcht vor der zweiten Tora-Rolle auch nach dem aus der zweiten Rolle gelesenen *maftir* Qaddish sagen. Da ungeklärt ist, wann der Brauch aufkam, am Shabbat aus zwei Tora-Rollen zu lesen - zumal dies auch von den ökonomischen Bedingungen in den einzelnen Gemeinden abhängt - muß offen bleiben, welcher Brauch in *Massekhet Soferim* vorausgesetzt ist. Vgl. noch einen ähnlichen Responsentext in *Otzar ha-Gaonim*, Bd. 5 (Megilla), Teil 1 (teshuvot), 55 (§ 158) und *Siddur Raschi*, ed. Buber, 223.

[217] Zu dem Brauch, den *maftir* an Feiertagen und Monatsanfängen vor dem Qaddish zu lesen, vgl. z. B. auch den Kommentar in dem Halakha-Werk des Yo'el ben Yiṣhaq ha-Lewi (1115-1200), *Sefer RAVYa"H*, Bd. 2, ed. Aptowitzer, 308.

Wie wichtig dieser »gebetstechnisch-funktionale« Aspekt[219] für die Einführung des Qaddish in die Liturgie gewesen ist, zeigt sich auch an einem Text aus einer Fassung der Yehudai Gaon, dem ersten Gaon der Yeshiva von Sura, zugeschriebenen *Halakhot Pesuqot*.[220] Dort wird das Problem, ob der *mafṭir* zur Anzahl der Leser aus der Tora zu zählen sei, unter Hinweis auf eine ältere Überlieferung aus dem Bavli folgendermaßen erläutert[221]:

2.2.2 Halakhot Pesuqot: T.-S. F 11.19 (Danzig 572)

20 אבעיא להו מפטיר מהו שיעלה למינין פלוגתא היא ולא איפשיטא
1 לן וכיון דלא איפשיטא עבדינן לחומרא ואינו עולה והני מילי כד
2 מפסיק שליח ציבור ומקדיש בין מאן דקארי באוריתא למאן
3 דמיפטר דכיון דקדיש ליה איפסיק ואמרינן מפטיר צריך
4 שיקרא בתורה תחילה משום כבוד תורה ו(ה)[ב]הדי הו דפליגי רב
5 חונא ורב ירמיה בר אבא חד אמ׳ עולה וחד אמ אינו עולה אבל
6 קרו להו שבעה באוריתא ולא קדיש שליח ציבור הם שביעי מפטיר

20 Es wurde gefragt[222]: Zählt etwa der *mafṭir* zur
Anzahl (der Leser aus der Tora)? Darüber gab es einen Streit,
und er wurde nicht geschlichtet.
1 Und weil er nicht geschlichtet wurde, verfährt man erschwerend
und zählt ihn daher nicht dazu. Doch folgt etwa aus diesen Worten, daß
2 der *sheliaḥ ṣibbur* einhält und das Qaddish spricht zwischen demjenigen, der die Tora liest, und demjenigen,
3 der den *mafṭir* liest und durch Qaddish (die Lesung)
unterbricht?! Und daher sagt man: Der *mafṭir* muß
4 zuvor (ein Stück) Tora lesen, um der Ehre der Tora willen. »Und
darüber stritten auch Rav
5 Ḥuna und Rav Yirmya bar Abba: Der eine sagte, er
zählt, und der andere sagte, er zählt nicht (zu den Lesern)« (bMeg 23a). Aber
6 wenn sieben aus der Tora gelesen haben und der *sheliaḥ ṣibbur* hat
daraufhin nicht das Qaddish gesprochen, dann zählt auch[223] der *mafṭir* dazu.

---

[218] Vgl. hierzu auch ein von Freiman / Rivlin, תשובות, 90 (ז) veröffentlichtes Responsum des Rabbi Yehoshuaᶜ ha-Nagid (gest. 1355), in dem über verschiedene diese Frage betreffende Minhagim berichtet wird. Demnach gab es Gemeinden (in Ägypten), die mit der Rezitation des Qaddish sogar bis nach der *hafṭara*-Lesung warteten. Rabbi Yehoshuaᶜ ha-Nagid empfahl daher, das Qaddish zweimal zu rezitieren - zuerst nach der Tora-Lesung und dann nach der *hafṭara*, der Propheten-Lesung.

[219] Mit Blank, *Soferim*, 185 könnte man diesbezüglich auch davon sprechen, daß das Qaddish in der Synagoge als ein »liturgical marker« eingeführt wurde.

[220] Zur komplizierten Textgeschichte und Herkunft der Fassungen und Teile dieses Werkes vgl. Danzig, מבוא und Brody, *Geonim*, 216ff. Die Zuschreibung der *Halakhot Pesuqot* an Yehudai Gaon ist demnach unhaltbar.

[221] Zur Identifikation dieses Geniza-Fragments vgl. Danzig, מבוא, 572 Anm. 161. Der Text findet sich auch in einer Kurzfassung in einer längeren Rezension dieses Werkes (vgl. *Halakhot Gedolot*, ed. Hildesheimer, 622) und wird ebenso im *Sefer ha-ᶜIṭṭim*, ed. Schor, 270 überliefert. Da er allerdings auch in einer anonym überlieferten, judeo-arabischen Version

Der in bMeg 23a überlieferte Disput zweier Amoräer über die richtige Anzahl der zu einem *maftir* zu zählenden Leser im Shabbat-Morgengottesdienst wird in diesem, wahrscheinlich auf gaonäische Überlieferung zurückgehenden Text durch einen Kompromiß gelöst, der auf das Diktum des Ulla, eines weiteren in der *sugya* in bMeg genannten babylonischen Amoräers[224], Bezug nimmt. Ulla vertrat wie Rav Yirmya bar Abba die Auffassung, daß der *maftir* nicht zum *Quorum* von sieben Lesern hinzuzuzählen sei, da die nochmalige Lesung des siebten Abschnitts der Perikope »um der Ehre der Tora willen« geschehen solle. Da diese »Meinungsverschiedenheit« (פלוגתא)[225] in der *sugya* des Bavli nicht geschlichtet wird, verfuhr man nach dem Grundsatz, ungelöste halakhischen Fragen erschwerend (לחומרא) zu entscheiden.[226] Die »Lösung« der in diesem Text vorausgesetzten »Meinungsverschiedenheit« beruht dabei allein auf der funktionalen Verwendung des Qaddish; sein Wortlaut und Inhalt spielen dagegen keine Rolle.

Die Bedeutung des funktionalen Aspektes der Einführung des Qaddish nach der Lesung aus der Tora läßt sich auch an einem weiteren gaonäischen Responsum beobachten, das im Namen des Rav Naṭronai ben Hilai (Haupt der Yeshiva von Sura, ca. 857-865[227]) überliefert wird. Nach diesem nur in »sekundären« Quellen bezeugten Antwortschreiben berief sich dieser Gaon sogar auf »savoräische« Überlieferung.[228] Die Einführung des Qaddish an diesem Ort und zu diesem Zweck könnte somit auf vor-gaonäische Zeit zurückgehen[229]:

(vgl. *Responsen der Gaonim*, ed. Harkavy, 252 [§ 502]) belegt ist, vermutet Danzig, es handele sich bei diesem Fragment um eine Übersetzung aus dem Arabischen. Vgl. auch das Yehudai Gaon zugeschriebene Responsum in *Otzar ha-Gaonim*, Bd. 5 (Megilla), Teil 1 (teshuvot), 36 (§ 129). Die Zeilenzählung folgt der Edition Danzigs.

222 Zu dieser typischen Einleitungsformel einer halakhischen Anfrage im babylonischen *bet ha-midrash* vgl. Bacher, *Terminologie*, Bd. 2, 22.

223 Das Wort הם in der Bedeutung von »auch« ist nach Danzig, מבוא, 562 Anm. 95 dem Persischen entlehnt.

224 Vgl. Bacher, *Agada*, 93ff.; Stemberger, *Einleitung*, 99.

225 Vgl. Jastrow, *Dictionary*, 1177 s. v.

226 Vgl. hierzu z. B. die in ETal² 9 (1959) 267-275 zitierten Texte.

227 Zu dieser von der üblichen Datierung (853-858) abweichenden zeitlichen Ansetzung vgl. Brody im Vorwort seiner Ausgabe der *Teshuvot Rav Naṭronai*, 61; ders., עמרם, 327ff.

228 Vgl. hierzu Danzig, מבוא, 8f.

229 Der Text dieses Responsum wird ebenso im Talmud-Kommentar des Yiṣḥaq ben Yaᶜaqov Alfasi (gest. 1103) überliefert (*Hilkhot Rav Alfas. Massekhet Megilla*, 13a s. v. איבעיא). Weitere Textzeugen (aus späterer Zeit) finden sich in *Sefer ha-Pardes*, ed. Ehrenreich, 338; *Otzar ha-Gaonim*, Bd. 5 (Megilla), Teil 1 (teshuvot), 36 (§ 130) mit Anm. ג. Vgl. auch eine kürzere Fassung in *Shibbole ha-Leqeṭ*, ed. Mirsky, 309. Eine fast gleichlautende Rezension ist auch in *Sefer ha-ᶜIttim*, ed. Schor, 270 des Yehuda Barṣeloni (13./14. Jh.) enthalten, dort allerdings im Namen des Rav Palṭoi Gaon (842-857). Von späteren Rishonim wird das Schreiben auch im Namen des Rav Amram tradiert (vgl. z. B. *Sefer RAVYa''H*, Bd. 2, ed. Aptowitzer, 309); vielleicht war es demnach auch in einigen italienisch-ashkenazischen Exemplaren des Seder Rav Amram enthalten (so Danzig, מבוא, 8 Anm. 31). Zu berücksichtigen ist auch ein ähnlicher Text in einem Geniza-Fragment, der im Namen des Palṭoi Gaon überliefert wird; vgl. Roth, מבית מדרשם של הגאונים, 305f.). Nach Brody, *Teshuvot Rav*

2.2.3 Teshuvot Rav Naṭronai Ga᾽on (Brody 199)

אשכחה מרב נטרונאי גאון דאמר משמיה דרבנן סבוראי
דהיכא דקרו שיתא ואפסיקו בקדישא והדר אפטירו אינו עולה
והיכא דלא אפסיקו בקדישא לקמי(ה) הפטר׳ עולה למניין ז׳.

Es fand sich (eine Überlieferung) von Rav Naṭronai Gaon, daß er im Namen
der savoräischen Rabbinen gesagt habe:
Wo sechs (aus der Tora) gelesen haben und (die Lesung) durch das Qaddish
abgeschlossen wurde und dann der *maftir* (den zuvor gelesenen Abschnitt)
wiederholt, so zählt er nicht zu den sieben, (die verpflichtet sind,
die Tora zu lesen).
Und wo man (die Lesung aus der Tora) nicht mit Qaddish vor der *hafṭara*
beschließt, da zählt (auch) er zu den sieben (Lesern).

Diese wohl auf einem Antwortschreiben fußende Überlieferung setzt die oben erwähnte Diskussion im Traktat Megilla voraus. Auch hier wird die »ungelöste Meinungsverschiedenheit« durch den Hinweis auf das Qaddish entschieden: Solange Qaddish nicht gesagt ist, kann derjenige, der die *hafṭara* liest, zu den sieben Lesern, die nach mMeg 4,2 dazu verpflichtet sind, aus der Tora zu lesen, hinzugezählt werden. Dem Qaddish wird dabei also erneut die Funktion zugedacht, zwischen zwei Lesungen zu unterscheiden.

Daß diesem funktionalen Gesichtspunkt der Applikation des Qaddish sogar größere Bedeutung zukommen konnte als dem Gedanken, *jede* Rezitation eines Bibelabschnitts erfordere eine »Heiligung«, läßt sich an einer Stelle aus einer Handschrift des Seder Rav Amram belegen. In der Oxforder Handschrift des Seder wird - wiederum mit Bezug auf mMeg 4,2 - die Einführung des Qaddish *vor* der Lesung des *maftir* folgendermaßen erklärt[230]:

2.2.4 Seder Rav Amram Ga᾽on (Goldschmidt 74)

ותנן נמי: ביו״ט חמשה ביום הכיפורים ששה בשבת שבעה
אין פוחתין מהן אבל מוספין עליהן ומפטירין בנביא.
ואין המפטיר עולה למנין חמשה ששה שבעה.
מ״ט? מדעולא, דאמ׳ עולא:
מפני מה אמרו המפטיר בנביא צריך שיקרא בתורה תחילה?
מפני כבוד התורה. וכיון משום כבוד תורה הוא, למנינא לא סליק.
ולהכי מקדשי תחלה קודם שיקרא המפטיר
ואם אין שם מפטיר אחר, שביעי יכול להפטיר.

Und wir haben bereits (in der Mishna) gelernt: »Am Feiertag (lesen)
fünf, am Yom ha-Kippurim sechs und am Shabbat sieben;
man ziehe niemanden davon ab, aber man füge zu ihnen hinzu, und man
beschließe (die Lesung) mit einem (Abschnitt aus den) Propheten« (mMeg 4,2).
Und der *maftir* zählt nicht zu dem *Quorum* von fünf, sechs oder sieben.

Naṭronai, 199 Anm. 1 läßt sich der Verfasser dieses Responsum nicht mehr ermitteln.

230 Text nach: MS Oxford, Bodleian Library, Opp. Add. 4° 28. Vgl. hierzu auch *Seder R.*

Was hat es damit auf sich? (Wegen der Ehre der Tora), wie es Ulla
(festgelegt hat), denn Ulla sagte: »Weshalb sagte man, daß
derjenige, der
mit dem Propheten schließt, vorher ein Stück aus der Tora lesen soll?
Wegen der Ehre der Tora! Und weil er nur wegen der Ehre der Tora (aus
ihr liest), zählt er nicht zur Anzahl (der anderen Leser)« (bMeg 23a).
Und daher spricht man Qaddish b e v o r man den *mafṭir* liest;
und wenn kein anderer *mafṭir*(-Leser) dort ist, kann (sogar) der siebte die
hafṭara lesen.

Wie in dem oben zitierten Fragment der *Halakhot Pesuqot* wird hier die Einführung des Qaddish mit einem Abschnitt aus der Gemara des Traktates Megilla (bMeg 23a) in Verbindung gebracht. Der *mafṭir* sollte demnach, solange kein anderer Leser vorhanden ist, zum *Quorum* mitgezählt werden. In diesem Fall kann das Qaddish sogar erst nach dem *mafṭir* (der Wiederholung der letzten Verse der *sidra*) rezitiert werden.

Der funktionale Aspekt der Rezitation des Qaddish ist hier eng mit dem Anliegen verknüpft, daß durch seine Rezitation eine *miṣwa* abgeschlossen wird. Diesselbe Verknüpfung von Intentionen belegt überdies eine diese Stelle erläuternde Bemerkung im *Sefer ha-Manhig* (ed. Raphael, 159) des Avraham ben Natan. In ihr wird das Motiv, das in Seder Rav Amram vorausgesetzt zu sein scheint, explizit genannt:

ונרא׳ מפני שהקדיש הפסק לחובת התורה
וכדי להפסיק בין הקוראי׳ לענית חובת הקריאה למפטיר
שאינו עולה לחובת הקריאה. אב״ן.

Und es scheint, weil das Qaddish die Unterbrechung[231] der
P f l i c h t[232], (aus) der Tora (zu lesen), ist
und um zwischen den Lesern und der P f l i c h t zum Lesen des *mafṭir*,
die nicht zur
P f l i c h t des Lesens (der Tora) zählt, zu unterbrechen. A(vraham) b(en)
N(atan).

Dieser Anmerkung zufolge soll durch das Qaddish ein *verpflichtender* Teil der Lesung (חובת הקריאה) abgeschlossen werden. Das Qaddish-Gebet wird hier also nicht wegen der Heiligung eines vorher in der Lesung erwähnten *shem ha-meforash* eingeführt. Es geht allein um die Heiligung einer *verpflichtenden* Handlung, einer *miṣwa*, wobei das Gebet wiederum auch der Gliederung der Lesungen dienen sollte.

Daß bei alledem funktionale und inhaltliche Aspekte nicht völlig voneinander zu trennen sind, zeigt sich an der Verwendung des Qaddish nach den an

---

Amram Gaon, ed. Kronholm, 95 mit Anm. 25 (י״ח). Vgl. auch *Sefer ha-Ora*, ed. Buber, 43.

[231] Zur Bedeutung des Wortes הפסק in der Bedeutung von »Aufhören«, »Unterbrechen«, vgl. Levy, *Wörterbuch*, Bd. 1, 486f. s. v. הֶפְסֵק; Bd. 4, 79 s. v. פסַק.

Montagen und Donnerstagen üblichen Tora-Lesungen im Morgengottesdienst.[233] In Seder Rav Amram heißt es hierzu[234]:

2.2.5 Seder R. Amram Gaon (Hedegård 83)

ולענין לומר יתגדל ויתקדש יש שהחזיקו לומר אחר קריאת ספר תורה לאלתר
קודם הגללו ויש שהחזיקו לומר אחר שמחזירין אותו למקומו.
ומסתברא לאחר קריאת ספר תורה שמה טעם לקדש ואח"כ לפחות באשרי.
ואומר אשרי יושבי ביתך ובא לציון גואל ואני זאת בריתי אותם
ואתה קדוש וקרא זה אל זה ומקבלין. ותשאני רוח ונטלתני רוחא
יתגדל תתקבל יהא שלמא עושה שלום.

Und betreffs des Sprechens von *yitgadal we-yitqadash*[235] (nach den Lesungen
am Montag und Donnerstag[236]): Es gibt welche, die daran festhielten, es sofort nach
der Lesung aus der Tora-Rolle zu sprechen -
vor dem Aufrollen. Und es gibt welche, die daran festhielten,
es nach dem Zurückstellen (der Rolle) an ihren Ort zu sprechen.
Und es scheint logisch zu sein[237], daß man Qaddish nach der Lesung aus
der Tora spricht. Doch sollte man es dann nicht auch nach *ashre*
(Ps 84,5)[238] sprechen?
Denn man spricht[239]: *Heil denen, die in deinem Haus wohnen*
(Ps 84,5); *und nach Zion kommt der Erlöser* (Jes 59,20); *und ich habe
mit ihnen einen Bund geschlossen* (Jes 59,20); *und du bis heilig, und
einer rief dem anderen zu* (Jes 6,3); *und hören* (TJes 6,3);
da hob mich der Geist empor (Ez 3,12); *der Geist nahm mich hinweg*
(TEz 3,12). (Und dann:)
Yitgadal, titqabal, yehe shelama, ʿose shalom.[240]

Dieser Abschnitt erläutert, wie nach der Lesung aus der Tora an Montagen und Donnerstagen, an denen keine Propheten-Lesung stattfindet - je nach Minhag -, entweder unmittelbar nach der Lesung oder nach der »Einhebung« der Tora-Rolle Qaddish rezitiert werden kann. Bemerkenswert ist dies, weil die Heiligung zusätzlich nach der *qedusha de-sidra*, also nach den diese Lesungen ursprünglich abschließenden Bibelversen folgen sollte.[241] Diese *qedusha* sollte

---

232 חובה, wörtl. »Verpflichtung«; vgl. Levy, *Wörterbuch*, Bd. 2, 20 s. v. חוֹבָה.

233 Zur Einführung dieser Lesungen vgl. bBQ 82a. Zu ihrer aggadischen Begründung vgl. ferner Tosafot zu bBQ 82a s. v. כדי; dann auch Elbogen, *Gottesdienst*, 155f.; Munk, *Welt*, Bd. 1, 486. - Montage und Donnerstage waren Markttage; vgl. mMeg 3,6.

234 Text wiederum nach MS Oxford des Seder. Vgl. die Übersetzung in *Seder R. Amram Gaon*, ed. Hedegård, 184. S. auch *Machsor Vitry*, ed. Hurwitz, 74.

235 MS London liest קדיש.

236 Diese Ergänzung ergibt sich aus dem Kontext.

237 Vgl. Bacher, *Terminologie*, Bd. 2, 129.

238 D. h. nach der *qedusha de-sidra*, die mit Ps 84,5 beginnt. Vgl. *Seder ʿAvodat Yisrael*, ed. Baer, 126.

239 Es folgen die Anfänge der in der *qedusha de-sidra* rezitierten Bibelverse.

240 D. h. Qaddish *titqbal* mit der zusätzlichen aramäischen Friedensbitte.

241 Zur Einführung der *qedusha de-sidra* vgl. oben Kap. II.1.3.1.

wie ein Bibelvers geheiligt werden, wobei weder das Prinzip »Abschluß einer Schriftlesung« noch »Abschluß einer *miṣwa*« erwähnt werden. Es steht wohl wiederum das Interesse im Vordergrund, durch Qaddish zwischen zwei Lesungen zu »unterscheiden«.

Nach welchem Prinzip Qaddish nach der *qedusha de-sidra* eingeführt wurde, ist dabei auch deshalb besonders zu beachten, weil das Qaddish an diesem Ort in den meisten Quellen aus gaonäischer Zeit bereits als bekannt vorausgesetzt wird. In einem Rav Naṭronai Gaon zugeschriebenen Schreiben wird es etwa nach den sich an das Achtzehn-Bitten-Gebet anschließenden *taḥanunim* erwähnt[242], nicht nach der *qedusha de-sidra* wie in dem oben zitierten Abschnitt aus Seder Rav Amram[243]:

2.2.6 Teshuvot Rav Naṭronai Ga'on (Brody 146)

כך מנהג ראשונים מקום שיש שם תלמידי חכמים
כשהיו מתפללין ונופלין על פניהם ומקדישין
לאחר שעונין אמן יהא שמיה וכו'
מביאין נביא וקורין בו עשרה פסוקין
הן חסר הן יתר ומתרגמין אותן
ואח' כ' אומרים וקרא זה אל זה ואמר ומתרגמין
כשם שתרגמו אותה פרשה של נביא
ואומרין ותשאני רוח ומתרגמין אותו
כדי לסיים בשבחו של הקב"ה.

So ist der Brauch der *rishonim*[244]: Wo es Schüler der Weisen[245] gibt
(dort verhält man sich folgendermaßen):
Nachdem man die *tefilla* und die *taḥanunim*[246] und das
Qaddish[247] gesprochen hat,

---

[242] Zur Verwendung dieser unmittelbar nach der (wochentäglichen) *tefilla* rezitierten Bittgebete vgl. Elbogen, *Gottesdienst*, 73ff.; Idelsohn, *Liturgy*, 110f. Zu den Texten s. *Seder R. Amram Gaon*, ed. Hedegård, 127 (zum Qaddish nach *taḥanun* bes. 134).

[243] Text nach: *Teshuvot ha-Ge'onim*, ed. Mussafia, § 90. Zu den Parallelen dieses längeren Responsum vgl. Lewin in *Otzar ha-Gaonim*, (Megilla), Teil 1 (teshuvot), 41 (§ 152). In der Responsensammlung *Teshuvot ha-Ge'onim Sha'are Teshuva*, § 55 wird dieses Stück demnach im Namen des Rav Hai Gaon überliefert - eine nachträgliche Zuschreibung, mit der die Einführung der *qedusha de-sidra* mit »dem Mystiker« Hai in Verbindung gebracht werden sollte (s. Ginzberg, **עשרים**, 106 Anm. 6). In *Machsor Vitry*, ed. Hurwitz, 26 bzw. *Siddur Raschi*, ed. Buber, 37 wird der Text anonym überliefert. Wahrscheinlich geht er tatsächlich auf Naṭronai zurück, wie das Fragment T.-S. 10 G 4 belegt.

[244] Mit diesem *terminus* sind an dieser Stelle wahrscheinlich die früheren Rabbinen gemeint und nicht die Gelehrten der nach-gaonäischen Zeit.

[245] Gemeint sind wohl rabbinisch geschulte Beter, *talmide ḥakhamim*, die hier vielleicht im Gegensatz zu Karäern oder Vertretern anderer Richtungen des Judentums erwähnt werden.

[246] **נופלין על הפנים**, wörtl. »auf das Angesicht niederfallen«, d. h. um Gnade und Gunst bitten - eine Umschreibung für die Rezitation der wochentäglichen *taḥanunim*-Gebete; vgl. Elbogen, *Gottesdienst*, 73.

[247] Wörtl. »und geheiligt hat«.

nachdem man *yehe sheme rabba* usw. respondiert hat,
holt man die Propheten(rolle) und liest aus ihr zehn Verse,
seien es mehr oder weniger, und man übersetzt sie.
Und darauf: *Der eine rief dem anderen zu, und er sprach (Heilig, heilig, heilig)* (Jes 6,3), und man übersetzt es,
weil man (zuvor) auch den Prophetenabschnitt übersetzt hat.
Und (dann) spricht man: *Und da hob mich der Geist empor* (Ez 3,12),
und man übersetzt (auch diesen Vers ins Aramäische),
um mit dem Lobpreis des Heiligen, gepriesen sei er, zu schließen.

Wie es zur Verwendung des Qaddish *titqabal* nach dem Gebet kam, ist auch aufgrund dieses Textes nicht unmittelbar einsichtig. Die hier überlieferte Erklärung für die Einführung der *qedusha* (Jes 6,3; Ez 3,12 und die Targumim z. St., d. h.: *qedusha de-sidra*) nach der Propheten-Lesung deutet zunächst darauf hin, daß die Einführung des Qaddish (*titqabal*) nach dieser *qedusha* erst spät erfolgte. Des weiteren ist diesem Responsum zu entnehmen, daß das Qaddish nach der *qedusha de-sidra* nicht nur deshalb hinzugefügt wurde, um die in der *qedusha de-sidra* rezitierten Schriftverse »abzuschließen«. Viel wichtiger scheint gewesen zu sein, daß durch dieses Gebet die g e s a m t e Liturgie abgeschlossen werden konnte, d. h. ihm wiederum *auch* eine gebetstechnische, auf das gesamte Gebet bezogene Funktion übertragen wurde. Die Einfügung des *titqabal*, das wohl auf alle zuvor gesprochenen Gebete zu beziehen ist, unterstreicht dies.[248]

Der Überblick über einige Stellen, die auf die Verwendung des Qaddish nach einem Schriftabschnitt eingehen, zeigt somit, daß es nicht nur nach dem Prinzip »Abschluß eines (in einem vorangehenden Gebet zitierten) Schriftabschnitts« (bzw. des *shem ha-meforash*) in die Liturgie eingeführt worden ist. Diese Intention mag zwar im Verlauf der Rezeption des Qaddish eine Rolle gespielt haben. Wie die Untersuchung seiner Verwendung im Zusammenhang mit den Lesungen aus der Tora (am Shabbat sowie an Montagen und Donnerstagen) ergibt, ist dieser Grundsatz aber nicht an allen Orten angewandt worden. Offensichtlich haben immer auch funktionale Überlegungen die Einführung des Qaddish in die länger werdende Liturgie geleitet. Der anonyme Satz aus *Sefer Kol Bo*, »kein Qaddish ohne einen vorangehenden Vers (aus der Bibel)«, ist mithin eher als ein Beleg für die Art zu betrachten, wie man sich nachträglich die Einführung des Qaddish zu erklären versuchte, als daß er einen an allen Orten von Anfang an berücksichtigten Grundsatz seiner Applikation überliefert.

---

[248] Das *titqabal* ist insofern auf die gesamte vorangegangene Liturgie und nicht nur auf die unmittelbar voranstehenden Gebete oder das Qaddish zu beziehen. Es sei im übrigen daran erinnert, daß Maimonides die Rezitation des Qaddish *titqabal* für einen Minhag des Volkes hielt; vgl. Goldschmidt, סדר התפילה של הרמב"ם, 203. Vgl. dazu oben S. 31 Anm. 69.

Welche Bedeutung die sich wohl nicht zuletzt unterschiedlichen Halakha-Verständnissen verdankenden Prinzipien für die Einführung des Qaddish an verschiedenen Orten innerhalb der Liturgie gehabt haben, ist auch an der einzigen Verwendung des Qaddish außerhalb der Synagoge zu beobachten: an dem Qaddish nach dem Begräbnis. Die Verwendung an diesem speziellen Ort kann geradezu als ein Testfall dafür gelten, welche der bislang herausgearbeiteten Grundsätze tatsächlich einmal bei der Einbeziehung des Qaddish in den Gebetsverlauf berücksichtigt worden sind.

2.3 Qaddish nach der Beerdigung

Wie kam es zur Verwendung des Qaddish nach der Beerdigung? Zunächst ist in Erinnerung zu rufen, daß diese Applikation in den »klassischen« Werken der rabbinischen Literatur nicht erwähnt wird. Außerdem ist die Verwendung an diesem Ort eng mit einer speziellen Version des Qaddish verbunden: dem Qaddish *le-ḥaddata*.[249] Diese Version des Qaddish paßt wegen ihrer charakteristischen Bitten um Erneuerung in der Kommenden Welt und Auferstehung der Toten scheinbar besonders gut zur Verwendung nach der Beerdigung. Zu berücksichtigen ist allerdings, daß das Qaddish *le-ḥaddata* nicht allein nach der Beerdigung verwendet wurde. In den Handschriften des Seder Rav Amram wird diese Version etwa als Abschluß des Studiums der *Pirqe Avot* nach dem *minḥa*-Gebet am Shabbat erwähnt.[250] In *Massekhet Soferim* wird es im übrigen im Zusammenhang mit einem speziellen Brauch für Trauernde nach dem *musaf*-Gebet der Shabbat-Liturgie genannt:

2.3.1 Sof 19,9 (Higger 337)[251]

לאחר שיגמור החזן תפלה של מוסף
הולך לו אחורי דלת של בית הכנסת או בפינת בית הכנסת
ומוצא שם האבלים וכל קורביו
ואומר עליהן ברכה ואחר כך אומר קדיש.
ואין אומר בעלמא דעתיד לחדתא אלא על התלמיד ועל הדרשן.

Nachdem der *ḥazzan* das *musaf*-Gebet (am Shabbat) beendet hat,
tritt er hinter[252] die Tür der Synagoge oder in eine Ecke der Synagoge[253]
und nimmt dorthin die Trauernden und all ihre Verwandten mit
und spricht über sie eine *berakha*, und danach spricht er Qaddish
und nicht *be-ʿalema de-ʿatid le-ḥaddata*[254], sondern (dies spricht
er nur) über den Schüler und über den *darshan*.

Im Kontext dieses Abschnitts geht es um die Lesungen aus der Tora im Verlauf des *musaf*-Gottesdienstes am Shabbat. Nach dem Zusatz-Gebet soll sich der *ḥazzan* an einen bestimmten, nahe der Tür der Synagoge gelegenen Ort begeben, um die Trauernden zu trösten, um eine *berakha* (*birkat evel*?[255])

---

[249] Vgl. dazu schon Pool, *Kaddish*, 115f.; Assaf, ספר הקדיש, 194.

[250] Vgl. *Seder Rav Amram*, ed. Goldschmidt, 80, und s. auch *Teshuvot Rav Naṭronai*, ed. Brody, 200f. (nach MS New York des Seder Rav Amram). Zur Frage der Einführung der Rezitation der *Pirqe Avot* nach dem *minḥa*-Gebet vgl. Elbogen, *Gottesdienst*, 119; Gartner, הגאונים, 17-32. S. dazu auch Sharvit, מנהג, 169-187, der vermutet, dieser Brauch sei auf die Auseinandersetzung mit den Karäern zurückzuführen.

[251] Text nach: MS Oxford, Bodleian Library, 2257 (Mich. 175).

[252] D. h. »vor« die Tür.

[253] Der GR''aʾ emendiert zu »die Tür, die sich an der Vorderseite der Synagoge befindet«.

[254] Das ashkenazische MS New York, Adler 2237 liest hier wie ashkenazische Rezensionen des Qaddish *le-ḥaddata*: בעלמא דברא ודעתיד לאיתחדתא.

zu sprechen und um anschließend ein diesen Segensspruch abschließendes Qaddish zu rezitieren.[256] Der Grund für diesen Brauch ist wohl darin zu suchen, daß die besonders feierliche Shabbat-Andacht durch das Totengedenken nicht gestört werden sollte. Das Qaddish *le-ḥaddata* sollte demnach nur »über« einen *talmid* und einen *darshan*, d. h. über rabbinisch Gebildete gesprochen werden - eine Einschränkung, die allerdings weder in Seder Rav Amram[257] noch in anderen gaonäischen Quellen eine Erwähnung findet und die daher vielleicht wiederum auf einem späteren Eingriff (ashkenazischer Bearbeiter?) in die Textüberlieferung zurückgeht.[258]

Zu berücksichtigen sind hier daher auch solche Lesarten dieser Stelle, in der der uns interessierende Satz folgendermaßen lautet:

Sof 19,9 (Druck Wilna 42b)[259]

ואחר כך אומר קדיש
ואין אומר בעלמא דעתיד לחדתא אלא על התלמוד ועל הדרש.

Und darauf spricht er Qaddish,
und er spricht nicht *be-ʿalema de-ʿatid le-ḥaddata*, sondern
(dies spricht man nur) über die Lehre (*ha-talmud*) und über die Auslegung (*ha-derash*).[260]

Nach dieser *varia lectio* bezog sich dieser Satz allein auf das Qaddish nach dem Studium bzw. nach einer *derasha*. Anscheinend war das Qaddish *le-ḥaddata* demnach anfänglich nicht mit Trauer und Beerdigung verbunden, und dies läßt sich m. E. auch einer Stelle in der New Yorker Handschrift des Seder Rav Amram entnehmen, denn in dieser »Mischrezension« des Seder wird das

---

255 Vgl. tBer 3,23 (Lieberman 17); bBer 46b; bKet 8b; dann auch *Seder ʿAvodat Yisraʾel*, ed. Baer, 586 (oben).

256 Zum Brauch der Trauernden, sich nahe des Eingangs der Synagoge hinzusetzen, vgl. yMQ 3,5 - 82b,71-82c,2 und Sem 10,15 (Higger 186).

257 Vgl. *Seder Rav Amram*, ed. Goldschmidt, 187.

258 Vgl. hierzu bereits die in sich widersprüchlichen Erklärungen bei Müller, *Soferim*, 279. Er vermutet, daß das Qaddish mit seiner speziellen Bitte um die Auferstehung der Toten ursprünglich nur dann verwendet wurde, wenn die Trauer einem Mann galt, von dem gewiß war, daß er aufgrund seines untadeligen Lebenswandels tatsächlich der Auferstehung teilhaftig werden würde. Karl, "הַקָּדִישׁ", 522 weist demgegenüber darauf hin, daß sich in dieser Stelle möglicherweise ein Minhag widerspiegelt, der später in Vergessenheit geraten sei. Demzufolge sei das hier angedeutete Qaddish anfänglich nur nach dem *musaf*-Gebet gesprochen worden. Um schließlich die *berakha* für die Trauernden in dieses *musaf*-Gebet aufnehmen zu können, sei das Qaddish hinter dieses Gebet plaziert worden, und in der Folge hätte man auch die Bitten um Auferstehung in dieses Gebet eingefügt. S. dazu jedoch bereits die Einwände von Higger, *Soferim*, 337 Anm. 73.

259 Ähnlich auch in MS München, Bayerische Staatsbibliothek 95. Vgl. Blank, *Soferim*, 32.

260 Zu den Lesarten dieser Stelle vgl. auch die Hinweise in den *nusḥaʾot* des Elia von Wilna im Druck Wilna (42b) s. v. התלמוד.

Qaddish *le-ḥaddata* nur im Anschluß an das Studium der »Sprüche der Väter« nach dem *minḥa*-Gebet am Shabbat erwähnt:

2.3.2 Seder Rav Amram Ga'on (Goldschmidt 80)[261]

ולאחר ששונין אבות מקדישין יתגדל ויתקדש שמיה רבא ויש מוסיפין
בעלמא דהוא עתיד לחדתא . . .

Und nachdem man *Avot* gelernt hat, heiligt man (mit) *yitgadal we-yitqadash sheme rabba*. Und es gibt welche, die fügen hinzu: In der Welt, die er erneuern wird . . .[262]

Wenn das Qaddish *le-ḥaddata* aber zunächst nicht mit Trauer um die Verstorbenen im *musaf*-Gottesdienst verbunden gewesen ist, wie kam es dann zu einer Verwendung des Halb-Qaddish nach der Beerdigung? Wie wurde seine Einführung an diesem Ort begründet? Welchen Anlaß bot die Beerdigung, um sie mit diesem Gebet abzuschließen?

Antworten auf diese Fragen kann man nicht isoliert von anderen Problemen der Entwicklung des Begräbnisrituals geben. So ist zu bedenken, daß in die Beerdigungszeremonie spätestens in gaonäischer Zeit weitere Gebete eingefügt worden sind, die in einer engen Verbindung mit dem Qaddish zu stehen scheinen. Von besonderem Interesse für unsere Fragestellung ist etwa das sog. *ṣidduq ha-din* (»die 'Anerkennung' des Gerichtes [Gottes]«), ein Gebet, das sich aus verschiedenen Bibelversen zusammensetzt und vielleicht schon in talmudischer Zeit am Grab gesprochen wurde.[263] Sicher belegt ist es zwar erst für die nach-talmudische bzw. gaonäische Zeit[264], vermutlich geht seine Verwendung aber bereits auf älteren (palästinischen?) Brauch zurück.[265]

---

[261] Text nach: MS New York, JTS Mic 4074 (Halberstamm 489/490).

[262] Hierauf folgt eine Rezension, die der oben, Kap. I.1.2.3, mitgeteilten Rezension des Qaddish *le-ḥaddata* nahesteht.

[263] Vgl. *Seder ʿAvodat Yisra'el*, ed. Baer, 586f. Zur Verbindung von Dtn 32,4 mit dem Gedanken des Gerichtes Gottes über die Sünden eines einzelnen und des Volkes vgl. Rashi zu Dtn 32,4.

[264] Einige Verse des *ṣidduq ha-din* werden in Talmud und Midrash erwähnt; vgl. bBer 19a; bAZ 18a; s. auch SifDev 307 [Finkelstein 346 / 3-12], und vgl. dazu Heinemann, *Prayer*, 198; 213. Zu den gaonäischen Quellen vgl. Zunz, *Literaturgeschichte*, 21.

[265] Hierfür scheinen nicht nur die Erwähnung in Sem 8,12; 10,2 (Higger 158; 180), einem möglicherweise palästinischen Werk, zu sprechen, sondern auch einige gaonäische Responsen sowie der Befund in einer Schrift, in der die Unterschiede zwischen palästinischem und babylonischen Riten aufgezählt werden (vgl. *Registry*, ed. Margulies, 119). Einigen babylonischen Geonim scheint das *ṣidduq ha-din*-Gebet noch unbekannt gewesen zu sein, während das Qaddish in ihren Responsen stets als bekannt vorausgesetzt wird. Vgl. z. B. die Mattatya ben Mar Ravi (um 860) zugeschriebene *teshuva* aus der Responsensammlung *Sefer Shaʿare Ṣedeq*, 46 (*dine ha-avelut we-ha-hesped* § 9). Zu berücksichtigen ist auch ein Rav Naṭronai Gaon zugeschriebenes Responsum in *Otzar ha-Gaonim*, Bd. 4/3, (Mashqin), Teil 1 (teshuvot), 29 (§

In den Handschriften des Seder Rav Amram wird dieses Gebet in enger Verbindung mit dem nach der Beerdigung rezitierten Qaddish erwähnt[266]:

2.3.3 Seder Rav Amram Gaʾon (Goldschmidt 187)

וכשמסיימין לקבור את המת לאחר שאומר צדוק הדין אומר השליח
יתגדל ויתקדש שמיה רבא בעלמא דהוא עתיד לחדתא ולאחאא מתיא . . .

Und wenn man das Begräbnis des Toten beendet, nachdem man *ṣidduq ha-din* gesprochen hat, (dann) spricht der Vorbeter:
Groß und geheiligt (*yitgadal we-yitqadash*[267]) sei sein großer Name in der Welt, die er erneuern wird, und der Tote lebendig machen wird . . .

Da hier *ṣidduq ha-din* und Qaddish gemeinsam erwähnt werden, ist es denkbar, daß die Einführung des Qaddish nach der Beerdigung durch das vorangehende *ṣidduq ha-din* veranlaßt war. Das *ṣidduq ha-din*-Gebet hebt üblicherweise mit Dtn 32,4: הצור תמים פועלו, »der Fels, untadelig sein Tun!«, an. Das darauffolgende Qaddish könnte also wegen des im *ṣidduq ha-din* rezitierten Bibelverses eingeführt worden sein.

Gegen diese Erklärung kann man nun allerdings einen Text anführen, der in einem Rav Naṭronai Gaon zugeschriebenen Responsum überliefert wird. In ihm werden neben dem Qaddish verschiedene andere Bräuche und Gebete bei der Beerdigung erwähnt. Das dem Qaddish in Seder Rav Amram vorangehende *ṣidduq ha-din*-Gebet ist in ihm nicht belegt. Nach Brody handelt es sich bei diesem Schreiben um den ältesten Beleg für die Verwendung des Qaddish nach der Beerdigung[268]:

2.3.4 Teshuvot Rav Naṭronai Gaʾon (Brody 435)

ולומ׳ יתגדל לאחר הקבורה הכי אמ׳:
מנהגנו להתרחק מבית הקברות שיעור חמישים אמה או מאה אמה
ויש מקומות שבונין בית לדבר זה ומברכין בו
אבל בתוך ד׳ אמות לא דמת תופש לק׳ ש׳ ד׳ אמות.

Und (in bezug auf) das *yitgadal*-Sprechen nach der Beerdigung sagte er folgendes:

---

118), in dem das *ṣidduq ha-din*-Gebet erwähnt wird. Ob dieses ursprünglich in SekhT *bereshit* 94 des Menaḥem ben Shelomo (12. Jh.) (ed. Buber 334) überlieferte Responsum tatsächlich auf Naṭronai Gaon zurückgeht, ließe sich erst nach einer umfassenderen Untersuchung klären. Zur Frage, ob Naṭronai überhaupt den Brauch des *ṣidduq ha-din* am Grab gekannt hat, vgl. auch *Teshuvot Rav Naṭronai*, ed. Brody, 237 Anm. 5. Zur getrennten Entwicklung der Verwendung von *ṣidduq ha-din* und Qaddish vgl. Karl, "הַ"קָדִּי"ש", 521ff. (mit weiteren Belegen aus nach-gaonäischer Zeit).

266 Text nach: MS London, British Museum, Or. 1067.

267 Der Anfang des Qaddish *le-ḥaddata*.

268 Vgl. *Teshuvot Rav Naṭronai*, ed. Brody, 435 Anm. 2.

> Unser Brauch ist es, sich mindestens fünfzig oder hundert Ellen vom Friedhof zu entfernen,
> und es gibt sogar Orte, an denen baut man dafür ein Haus und betet darin.
> Doch nicht im Umkreis von vier Ellen, denn (die Unreinheit) eines Toten nimmt vier Ellen ein, in denen man nicht das *shema*ᶜ rezitieren darf.

Die Rezitation des Qaddish (hier angedeutet durch das Wort *yitgadal*[269]) scheint, diesem Text zufolge, unabhängig von der Rezitation des *ṣidduq ha-din* eingeführt worden zu sein. Bemerkenswert ist, daß auf den zu beachtenden Abstand vom Grab beim Vortrag des Qaddish hingewiesen wird. Die Heiligung sollte offensichtlich nicht durch die Unreinheit des Toten »beeinträchtigt« werden. Eine Vorstellung, die zunächst wohl nur auf das *shema*ᶜ angewandt worden ist, ist hier auf das Qaddish übertragen.[270]

Doch »worüber« genau sollte das Qaddish gesprochen werden? Da in diesem Text *ṣidduq ha-din* nicht erwähnt wird, könnten Lesungen im Blick gewesen sein, aber diesbezüglich ist auch auf einen weiteren Beerdigungsbrauch hingewiesen worden, der die Verwendung von Qaddish an diesem Ort erklären könnte, und zwar auf den *hesped*[271], die Totenklage bzw. Begräbnisansprache. Dieser Brauch, der bereits biblisch[272] belegt ist, wurde auch von den Rabbinen als eine besonders wichtige *miṣwa* betrachtet.[273]

R. Brody[274] vermutet, daß sich das Qaddish nach der Beerdigung, entsprechend der Verwendung nach einer *derasha* bzw. einem Lehrvortrag (*aggada*), aus dem Qaddish nach dem *hesped* entwickelt hätte. Um die der Heiligung des Namens gebührende Entfernung vom Toten einhalten zu können, hätte man später das ursprünglich direkt nach dem *hesped* am Grab rezitierte Qaddish gesondert gesprochen, und hieraus hätte sich der Brauch entwickelt, das Gebet völlig unabhängig vom *hesped* nach der Beerdigung zu rezitieren.[275]

Auch gegen diesen interessanten Erklärungsversuch - der sich im übrigen auch dadurch stützen ließe, daß *hespedim* oft auf Schriftversen basieren und in Aramäisch gehalten wurden[276] - lassen sich allerdings zwei Einwände vorbrin-

---

269 Möglicherweise eine ältere Art der Bezeichnung für das Qaddish; s. dazu unten S. 252.

270 Vgl. hierzu auch bBer 18a und bSot 43b. - Daß man sogar ein spezielles Haus für die Totenandacht baute, deutet m. E. auf die späte Entstehung dieses Textes hin.

271 Zum Begriff vgl. Levy, *Wörterbuch*, Bd. 1, 482f. s. v. הֶסְפֵּד; Ydit, EJ 8 (1971) 429f. Als *locus classicus* für diese Institution gilt bSan 46b-47a.

272 Vgl. Gen 23,2; 50,10; I Sam 25,1 und II Sam 1,12.

273 Vgl. z. B. yBer 3,2 - 6b,23f.; bBer 57a; 62a; vgl. ferner bSan 47a. Zum Ganzen vgl. Rubin, קץ החיים, 198ff.; Kraemer, *Meanings*, 99ff.

274 Vgl. *Teshuvot Rav Naṭronai*, ed. Brody, 435 Anm. 2.

275 Dies läßt sich nach Brody auch an einigen Responsen, die auf diese Entwicklung ausdrücklich hinwiesen, belegen. Vgl. etwa das anonym überlieferte Responsum in *Otzar ha-Gaonim*, Bd. 4/3, (mashqin), Teil 1 (teshuvot), 49 (§ 139): הוי יודע כי קדיש שהוא יתגדל לא מצאנו לו עיקר על המת אלא לאחר המספד או לאחר צידוק הדין (»Wisse aber, daß das Qaddish, also *yitqadal*, prinzipiell nicht über den Toten gesprochen wird, sondern nach demjenigen, der den *hesped* spricht, oder nach *ṣidduq ha-din*«).

276 Vgl. hierzu ausführlich Margoliuth, עברית, 27f. (mit zahlreichen Belegen).

gen: Erstens wird in dem oben mitgeteilten Responsum des Rav Naṭronai ein *hesped* nicht erwähnt (was man noch damit erklären könnte, daß hier ein *hesped* vorausgesetzt wird oder an einen Tag gedacht war, an dem *hesped* nicht gesagt werden durfte).[277] Doch zweitens, und dies ist m. E. der gewichtigere Einwand: das Qaddish nach der Beerdigung wird noch in Siddur Rav Seʿadya nicht mit dem *hesped* in Verbindung gebracht. In dieser Quelle für einen babylonischen bzw. auch einen palästinisch-ägyptischen Mischritus heißt es im Zusammenhang mit Erläuterungen zur Verwendung des Qaddish nach anderen Lesungen:

2.3.5 Siddur Rav Seʿadya Gaʾon (Davidson et al. 358f.)

ולא יברך אלפראד בעד פראגה מן אלקראה ואלדרס. לכהנם אן כאנו עשרה
ידרסון יקולון אדא פרגו ברוך אלהינו ויקדסון יתגדל ויזידון פיהא
דעתיד לחדתא עלמא ולאחאה מיתיא ולמבני קרתא ירושלם ולשכללא היכלא
ולמעקר פולחנא נכרא ולאתבא פולחנא דשמיא לאתריה וימלך מלכותיה
וסאיר אלקידוס.
ומן אלנאס מן יקדס מתל הדא בעד דפן אלמית וליס הו עפי אלאצל.

Und der einzelne spreche keine *berakha* nach der Lesung und nach
der *derasha*, solange keine zehn Studierenden anwesend sind;
und hiernach bete man: *Gepriesen seist du unser Gott . . .*[278] und (man) »heiligt« (mit)
yitgadal[279], und man füge hinzu:
Die Welt, die er zukünftig erneuern wird,
die Toten wiederbeleben, die Stadt Jerusalem erbauen
und den Tempel wiedererrichten und den Fremdkult ausmerzen
und den heiligen Kult des Himmels an seinen Ort zurückbringen wird,
und es möge seine Königsherrschaft kommen - und das übrige *Qaddish*.
Und es gibt Leute, die dieses Qaddish nach der Beerdigung sprechen. Doch
ist dies nicht der eigentliche Gebrauch!

Seʿadya kannte demnach zwar den Brauch, Qaddish *le-ḥaddata* nach der Beerdigung zu verwenden. Wie dieses Qaddish näher zu begründen ist, spielte für ihn aber keine Rolle, denn dies hielt er nicht für den »eigentliche(n) Gebrauch (dieser Version des Qaddish)«.[280] Die Verwendung des Qaddish *le-ḥaddata* nach der Beerdigung hielt er nur für den Minhag einer Minderheit. Diesem Minhag kam daher kein verbindlicher Charakter zu. Auf eine Erklärung für die Verwendung des Qaddish an diesem Ort konnte Seʿadya daher verzichten.[281]

---

277 Etwa an *Rosh Ḥodesh*, *Ḥanukka*, Purim, im Monat Nisan, an einigen Tagen des Monats Tishri und an den dreizehn Tagen im Monat Siwan. An diesen Tagen ist das Halten eines *hesped* verboten.

278 Der Beginn der *berakha* über das Studium, die in Siddur Seʿadya (ed. Davidson et al., 358f., Z. 11-15) mitgeteilt wird.

279 D. h. dem Qaddish.

280 Zu der von ihm an dieser Stelle benutzten Wendung וליס הו עפי אלאצל vgl. Brody, *Saadya Gaon*, 40 Anm. 3; 42f.

Die Vermutung Brodys, das Qaddish nach der Beerdigung sei nach demselben Prinzip eingeführt worden wie das Qaddish nach dem Lehrvortrag bzw. der Aggada, erscheint im Licht dieses Befundes nicht sehr wahrscheinlich. Zwar belegt diese Stelle, daß der Minhag der Rezitation des Qaddish *le-ḥaddata* nach der Beerdigung schon in gaonäischer Zeit bekannt gewesen ist. Außerdem findet sie sich im Zusammenhang mit Erläuterungen der Verwendung des Qaddish nach der Schriftlesung. Eine verbindliche Begründung für die Applikation des Qaddish an diesem Ort scheint es jedoch nicht gegeben zu haben, denn in diesem Fall hätte sie Seʿadya, der dem Minhag in vielen seiner ihm zugeschriebenen Texte zurückhaltender gegenübersteht als andere Geonim, gewiß erwähnt.

Wie sehr die Applikation des Qaddish nach der Beerdigung dem Minhag überlassen war, zeigt sich im übrigen noch an einem Rabbi Meshullam ben Kalonymos (Italien um 976) zugeschriebenen Responsum[282], welches in einem Minhag-Werk des Rabbi Natan Makhir (und seines Bruders) aus Mainz, dem sog. *Maʿase ha-Mekhiri*, überliefert wurde, heute jedoch nur noch in einer *Maʿase ha-Geʾonim*[283] titulierten Handschrift aus dem 11. Jh. erhalten ist. Dieser kurze Text, der vielleicht einen Reflex auf ein gaonäisches Schreiben bewahrt, ist ein weiterer Beleg dafür, daß es unter Gelehrten des Hochmittelalters (zumindest in Ashkenaz) fraglich war, ob und warum man Qaddish nach der Beerdigung sprechen sollte[284]:

2.3.6 *Maʿase ha-Geʾonim 59 (Epstein 49)*

וכיון שאין אומרין צידוק הדין על מה יאמרו קדיש
לפי שאין קדיש אלא על דברי תורה ועל קריית פסוקים.

Wenn man aber (aus Termingründen) *ṣidduq ha-din* nicht sprechen kann,
woraufhin soll man dann Qaddish sprechen?
Denn Qaddish spricht man doch nur über Worte der Tora
und die Lesung von Schriftversen.

Da das *ṣidduq ha-din* an gewissen Tagen nicht gesprochen werden darf, weil es wie die *taḥanunim*[285] Bitten um Gnade und Vergebung enthält, die man an

[281] Warum Seʿadya an dieser Stelle überhaupt auf die Verwendung des Qaddish *le-ḥaddata* nach der Beerdigung eingeht, ist seiner Bemerkung nicht zu entnehmen. Erwähnt er diese Verwendung des Qaddish hier nur, weil er im Zusammenhang mit den nach jeder Lesung aus der Tora zu rezitierenden *berakhot* auch auf die spezielle Version des Qaddish *le-ḥaddata* hinweisen möchte?

[282] Vgl. Dan, EJ 11 (1972) 1401f. Zu den komplizierten Fragen der Identifizierung und chronologischen Einordnung der diesem bedeutenden italienisch-ashkenazischen Gelehrten zugeschriebenen Antwortschreiben vgl. schon Müller, *Responsen des R. Meschullam*, 3-16, und s. auch Grossman, חכמי אשכנז, 45ff.

[283] Zur Überlieferung dieses Werkes vgl. die Erläuterungen im Vorwort der Edition A. Epsteins. Zum Vorläufer dieses Werkes vgl. Poznański, מעשה המכירי, 456-460, und s. auch

(Halb-)Feiertagen (und an Shabbatot) nicht vor Gott bringen soll, mußte die Rezitation des Qaddish nach der Beerdigung, wenn an solchen Tagen bestattet werden mußte[286], anders begründet werden. Nach diesem Responsum beruhte das Qaddish nach der Beisetzung daher eigentlich auf dem *ṣidduq ha-din*.[287] Falls aber *ṣidduq ha-din* nicht rezitiert werden durfte, mußte die Frage beantwortet werden: »woraufhin soll man Qaddish sprechen?«

An diesem Text läßt sich insofern noch einmal nachvollziehen, wie man einen Brauch retrospektiv zu erklären versuchte, der auf ältere Überlieferung zurückging, dessen Begründung man jedoch nicht (mehr) kannte. Anscheinend dachte der Verfasser dieses Schreibens wie vergleichbarer Stellen zunächst, daß das Qaddish nach der Beerdigung allein »aufgrund« des *ṣidduq ha-din* eingeführt worden war. Wie sich dann aber zeigte, konnte das Qaddish nach der Bestattung nicht wegen *ṣidduq ha-din* eingeführt worden sein, denn es gab Tage, an denen dieses Gebet nicht gesprochen werden durfte.

Wie das Prinzip für die Einführung des Qaddish nach der Beerdigung nachträglich gefunden wurde, kann man vielleicht erst einem Responsum entnehmen, das von Avraham ben David aus Posquière (gest. 1198) verfaßt worden ist, wobei sich allerdings auch dieser berühmte provenzalische Gelehrte auf »die Geonim« berief[288]:

2.3.7 *MS Moskau, Günzburg 566 (Emanuel 37)*

ומקצת הגא[ו]נים אמרו שאין ראוי לומ׳ קדיש אחר צדוק הדין עד שיאמרו
הקדיש אלא על דבר שהוא מענין המצוה.
וגאונים אחרים אמרו שאין שם הפסקה שקבורה מן המצוה היא.

Und einige der Geonim meinten, daß man das Qaddish nicht nach dem *ṣidduq ha-din* sprechen sollte,
denn das Qaddish sei nur nach einer *miṣwa* zu sprechen.
Und andere Geonim meinten, es sollte dabei keine Unterbrechung geben,
denn bereits die Beerdigung stelle eine *miṣwa* dar.

Dieser Auszug aus einem längeren Responsum hebt hervor, daß die Einführung des Qaddish nach der Beerdigung nicht nur durch den Zusammenhang mit dem *ṣidduq ha-din* (bzw. den in ihm rezitierten Schriftversen) zu erklären ist. Da das *ṣidduq ha-din* keine *miṣwa* darstelle, es mithin keinen verpflichten-

Ta-Shma, EJ 11 (1971) 669; ders., הלכה, 19f.; Epstein, מעשה הגאונים, 748; Grossman, בני מכיר, 110-133; ders., חכמי אשכנז, 374f.

284 Vgl. einen ähnlichen Text in *Responsa Rashi*, ed. Elfenbein, 209f. S. ferner *Sefer ha-Roqeaḥ ha-Gadol*, ed. Shneurson, 193.

285 Vgl. Elbogen, *Gottesdienst*, 76; Munk, *Welt*, Bd. 1, 208. S. auch *Shibbole ha-Leqeṭ*, *din hesped*, ed. Buber 745.

286 D. h. vor allem an Halbfeiertagen, an denen - im Unterschied zum Shabbat - eine Beerdigung durchgeführt werden darf, aber kein *ṣidduq ha-din* gesprochen wird. Vgl. zu den unterschiedlichen Beerdigungsbräuchen an (Halb-)Feiertagen Lewin, אוצר, 35.

den Charakter besitzt, sei das Qaddish nicht durch dieses vorangehende Gebet zu erklären. »Einige Geonim« meinten daher, daß das Qaddish an diesem Ort allein durch die Beerdigung selbst begründet sei.

Im Hinblick auf die Frage nach den Gründen für die Benutzung des Qaddish in der Liturgie ist somit festzuhalten, daß es gewiß nicht nur aufgrund eines zuvor zitierten Schriftverses oder der Erwähnung des göttlichen Namens eingeführt worden ist. Neben den am Bezug zu einem Bibeltext interessierten Erklärungen war wohl auch wichtig, daß durch ein Qaddish eine *miṣwa* - sei es eine auf einer Schriftstelle beruhende, sei es eine sich schlicht einem Brauch verdankende - »abgeschlossen« werden konnte. Der oft hervorgehobene Schriftbezug des Qaddish scheint im Laufe der Zeit, wenn er überhaupt von Anfang an eine Rolle gespielt hat, sogar in den Hintergrund getreten zu sein. Für seine Einführung nach der Beerdigung spielte er wohl keine Rolle.

Welche Bedeutung das vereinfacht als »*miṣwa*-Prinzip«[289] bezeichnete Begründungsschema für die Einführung des Qaddish an anderen Orten der Liturgie hatte, sei nun in bezug auf die insgesamt s i e b e n Orte, an denen Qaddish üblicherweise rezitiert wird, überprüft. Unter Einbeziehung aller Stationen der täglichen Liturgie ist zu erörtern, welches der beiden Prinzipien wichtiger war und ob die herausgearbeiteten Applikations-Grundsätze überhaupt an allen Orten von Beginn an angewandt wurden.

---

[287] So explizit auch (nach Minhag Mainz) in *Responsa Rashi*, ed. Elfenbein, 209.

[288] Zur Herkunft dieses wichtigen Schreibens, das zum Teil auch in *Shibbole ha-Leqeṭ ha-Shalem*, ed. Mirsky, 149f. überliefert ist, vgl. *Newly Discovered Geonic Responsa*, ed. Emanuel, 35 Anm. 20.

[289] Wobei ausdrücklich darauf hingewiesen sei, daß nach rabbinischem Verständnis die als »*miṣwa*-Prinzip« bezeichnete Begründung für die Einführung des Qaddish natürlich auch als eine Art »Schrift-Prinzip« aufgefaßt werden konnte. Auch die *miṣwa* der Beerdigung wird ja in der schriftlichen Tora erwähnt. Da *miṣwot* aber nicht nur aus der schriftlichen Tora »abgeleitet« worden sind, sondern auch auf »mündlicher« Tora (wie z. B. *taqqanot*) oder auf dem Minhag (!) beruhen konnten, erscheint mir eine Unterscheidung von »Schrift-« und »*miṣwa*-Prinzip« in bezug auf die Begründungen der Einführung des Qaddish berechtigt (zur Bedeutung der *miṣwot* in der rabbinischen Überlieferung vgl. Schechter, *Aspects*, 138ff.; Urbach, *Sages*, 315ff.). Zu berücksichtigen ist freilich auch, daß der Terminus *miṣwa* in dem hier untersuchten Zeitraum, insbesondere auf dem Hintergrund einer fortschreitenden Zunahme der Relevanz des Minhag, eine spezielle Bedeutung erhielt. So ist zu beobachten, daß in Texten aus gaonäischer Zeit Handlungen, die bis dahin nicht explizit als *miṣwa* zählten, durch die Designierung als *miṣwa* »aufgewertet« wurden und es zu einer Vermehrung der als *miṣwa* bezeichneten Handlungen kam. Vgl. zu der Entwicklung des Halakha-Verständnisses in gaonäischer Zeit die Bemerkungen zum sog. *ḥibbuv miṣwot* von Zimmels, *Ashkenazim*, 259ff.

2.4 Die siebenmalige Rezitation des Qaddish im täglichen Gebet

Warum das Qaddish an sieben Orten der täglichen Liturgie eingeführt wurde, wird in mittelalterlichen Kommentarwerken und Minhag-Büchern oft mit dem Hinweis auf Psalm 119,164 (*Siebenmal lobe ich dich des Tages, [um deiner gerechten Urteile willen]*) beantwortet.[290] Dieser Psalmvers wird bereits in tannaitischen Überlieferungen als Muster für die Zahl bestimmter Gebote verwendet.[291] Der erste Beleg für seine Anwendung auf das Qaddish findet sich allerdings erst in einem »den Geonim« zugeschriebenen Satz in *Shibbole ha-Leqeṭ*:

2.4.1 Shibbole ha-Leqeṭ ha-Shalem (Mirsky 156)[292]

ואין פותחין מז׳ קדישין בכל יום.
והגאונים ז״ל סמכום על שם שבע ביום היללתיך.

Und man hebt nicht weniger als sieben Mal täglich mit Qaddish an.
Und die Geonim, seligen Angedenkens, stützten (die siebenmalige Rezitation des Qaddish) auf (den Vers): *Siebenmal lobe ich dich des Tages* (Ps 119,164).

Ob diese Erklärung tatsächlich erst auf gaonäische Überlieferung zurückgeht und somit bereits für den Ritus dieser Zeit der siebenmalige Gebrauch des Qaddish vorauszusetzen ist, kann angesichts des bereits an anderen Stellen beobachteten Umgangs mit älteren Überlieferungen des Verfassers bzw. Redaktors von *Shibbole ha-Leqeṭ* wiederum nicht ohne weiteres vorausgesetzt werden. Gegen eine Herkunft von gaonäischen Autoren spricht zunächst, daß sie weder in einer anderen Responsensammlung aus gaonäischer Zeit belegt ist noch in Werken der *Rishonim* auf »die Geonim« zurückgeführt wird. Des weiteren sind vergleichbare Überlieferungen, in denen die siebenmalige Qaddish-Rezitation mit Ps 119,164 begründet wird, fast ausschließlich in Werken zu finden, die dem italienisch-ashkenazischen Ritus nahestehen.[293]

---

[290] Siehe die unten Anm. 293 angeführten Werke.

[291] Vgl. z. B. tBer 6,25 (Lieberman 40); SifDev 36 (Finkelstein 68); yBer 9,8 - 14d,24-26; s. ferner bMen 43b und Tan *wa-yera* 1 (31a), dann auch den unten, 2.4.2, zitierten Abschnitt aus MTeh 6,1 (Buber 29a), der zum Teil vielleicht auf älteren Traditionen fußt.

[292] Vgl. auch *Sefer Tanya Rabbati*, ed. Hurwitz, 6d sowie den Ṭur des Yaᶜaqov ben Asher, 56b.

[293] Vgl. etwa *Siddur Rabbenu Shelomo*, ed. Hershler, 81; *Sefer ha-Roqeaḥ ha-Gadol*, ed. Shneurson, 251; *Perushe Siddur ha-Tefilla la-Roqeaḥ*, ed. Hershler, 247; *Perush Siddur meyuḥas le-R'aBa''N*, ed. Hershler, 51. Vgl. auch *Sefer Orḥot Ḥayyim*, ed. Stiṣberg, 21b. In den Kommentaren der provenzalisch-sefardischen Schule, in denen auf die siebenmalige Rezitation des Qaddish hingewiesen wird, wird dies übrigens nicht mit Ps 119,164 begründet. Vgl. etwa *Perush ha-Tefillot* des Yehuda ben Yaqar, des prominentesten Vertreters der provenzalisch-sefardischen Exegetenschule. Und s. auch das in vielen Details von ihm abhängige *Sefer Abudarham ha-Shalem*, ed. Wertheimer, 69 (bzw. ed. Ehrenreich, 253). Zum Verhältnis dieser Werke vgl. Orenstein, *Influence*, 120-128 (zum Qaddish bes. 126).

Wo dieses Begründungsschema für die auffällig häufige Verwendung des Qaddish ihren Ursprung gehabt haben könnte, läßt sich vielleicht am besten einer Rezension des *Midrash Tehillim* entnehmen.[294] In einer italienisch-ashkenazischen Handschrift dieses Midrash heißt es[295]:

2.4.2 MTeh 6,1 (Buber 29a)

למנצח על השמינית זש״ה שבע ביום היללתיך
אמר ר׳ יהודה בן לוי אילו שבע
מצות שבקרית שמע יוצר ואהבה רבה שמע והיה אם
שמוע ויאמר אמת ויציב וגואל ישראל ולפי שאין מצות ציצית
בערבית ומוסיפים פורס סוכת שלום בשבת ויום טוב. ובחול
שומר עמו ישראל. ד״א שבע ביום הללתיך כנגד שבע חתימ׳
של קרית שמע שחרות וערבית דתנן בשחר מברך שתים
לפניה ואחת אחריה ובערב שתים לפניה ושתים לאחריה
הרי שבע. ד״א כנגד פעמי׳ ששליח ציבור אומ׳ קדיש בכל יום

[A] *Ein Psalm auf der Achtseitigen* (Ps 6,1). Dies ist, was die Schrift sagt: *Siebenmal lobe ich dich des Tages* (Ps 119,164).

[B] Rabbi Yehuda ben Lewi[296] sagte: Dies meint die sieben *miṣwot* im *qeriyat shemaᶜ*: *yoṣer, ahava rabba, shemaᶜ, we-haya im shamoaᶜ, wa-yomer, emet we-yaṣiv, goʾel Yisraʾel*. Da für das Abendgebet nicht die *miṣwa* für das Rezitieren des Abschnitts *ṣiṣit*[297] gilt.

[C] Man zählt daher an einem Shabbat und Feiertag *pores sukkat shelomekha* hinzu und an einem Wochentag *shomer ᶜamo Yisraʾel*.

[D] Eine andere Auslegung: *Siebenmal lobe ich dich des Tages* (Ps 119,164) - entsprechend den sieben Schlußphrasen des *qeriyat shemaᶜ* des Morgen- und des Abendgebetes.

[E] Eine andere Auslegung: Entsprechend den sieben Malen, bei denen der Vorbeter täglich Q a d d i s h spricht:

In diesem typischen Auslegungsmidrash wird auf die bekannten Stammgebete der täglichen Liturgie hingewiesen, wobei die »Achtseitige«, das Saiteninstrument Davids, auf die Gebete, die Israel täglich betet, bezogen wird. In Abschnitt [E] ist dieses Begründungsmuster auf die siebenmal täglich von einem Vorbeter in der Gemeinde zu rezitierenden Qaddish-Gebete übertragen.

Von wem stammt diese »andere Auslegung« in Abschnitt [E]? Folgt man der üblichen Datierung des *Midrash Tehillim*, könnte man annehmen, diese Erklärung ginge auf amoräische Zeit zurück. Schon S. Buber[298] hat jedoch

---

294 Zu Herkunft und Alter der unterschiedlichen Teile dieses Buches vgl. Mann, *Midrashic Genizah Fragments*, 303ff.; Braude, *Midrash on Psalms*, Bd. 1, XIff.

295 Text nach: MS Parma, De Rossi 2552 (1232); diese Handschrift liegt der Ausgabe Bubers zugrunde.

296 Unklar ist, welcher Tradent gemeint ist. In einigen Handschriften sefardischer Herkunft, wie z. B. in MS Paris 152/1 und MS Warschau 119 (Schwartz 27), wird dieses Diktum anonym überliefert. Nach Buber ist Rabbi Yehoshuaᶜ ben Lewi gemeint.

297 Der dritte Abschnitt des *shemaᶜ*, Num 15,37-41, konnte nach Meinung einiger im Abendgebet ausgelassen werden, da die Schaufäden nur am Tag zu tragen sind; vgl. bBer 14b.

darauf hingewiesen, daß ausgerechnet dieser Abschnitt nur in wenigen Handschriften belegt ist.[299] Unter Berufung auf die oben zitierte Stelle aus *Shibbole ha-Leqeṭ* vermutet Buber deshalb, es handele sich um einen »gaonäischen Zusatz«.

Berücksichtigt man allerdings, daß ausnahmslos alle Handschriften, die diesen Zusatz haben, wie der oben zitierte Satz aus *Shibbole ha-Leqeṭ* aus italienisch-ashkenazischen Schreiberschulen stammen, ist es denkbar, daß diese »Ergänzung« auf ihren Einfluß zurückgeht.[300] Träfe dies zu, hätten erst die Kopisten (bzw. Redaktoren) dieses über einen langen Zeitraum gewachsenen Midrash den in ihren Gemeinden üblichen Brauch durch diesen Abschnitt zu stützen versucht. Und ähnlich wären dann vielleicht auch die italienisch-ashkenazischen Bearbeiter der gaonäischen Überlieferung in *Shibbole ha-Leqeṭ* verfahren.

Doch warum mußte die Anzahl der täglich zu rezitierenden Qaddish-Gebete überhaupt begründet werden? Zunächst ist hier zu bedenken, daß jede Festlegung der Orte, an denen Qaddish rezitiert werden sollte, vor Schwierigkeiten gestellt haben muß, da über den Gebrauch und Verwendungszweck des Qaddish in den älteren Quellen keine Nachrichten zu finden waren. Wie problematisch eine genaue Fixierung gewesen sein muß, zeigt sich etwa an dem bereits erwähnten Rabbi Avraham ben David von Posquière (12. Jh.) zugeschriebenen Responsum zum Qaddish. In diesem in einer Fassung auch in *Shibbole ha-Leqeṭ* enthaltenen Antwortschreiben werden Anzahl und Orte der im Gebet zu rezitierenden Qaddish-Gebete genau erläutert:

2.4.3 Shibbole ha-Leqeṭ ha-Shalem (MS Oxford 659, Opp. Add. 4°18)[301]

fol. 22b

ועל מעשה הקדיש אשר שאלת לא נמצא בידינו דבר מבורר היטב מן הראשונים
אך סמכוהו האחרונים על הפסוק הזה ונקדשתי בתוך בני ישראל ועל
מה שאמרו רבותינו במדרש כל דבר שבקדושה לא יהא פחות
מעשרה. מן הדברים הללו יוצא להם שאם נתקבצו עשרה בני
אדם לדבר מצוה בין בתפילה בין בתלמוד תורה צריכין לקדש

298 Vgl. *Midrash Tehillim*, ed. Buber, 29a-b mit Anm. ה.

299 Bei einer Durchsicht zusätzlicher wichtiger Textzeugen (MS Paris 152/1 [span.]; MS Waschau 119 [span.] [vormals MS Wien IV,2]) konnte ich keinen weiteren Beleg für diesen Zusatz finden. Ein Manuskript aus dem Nachlaß S. D. Luzattos, das Buber erwähnt, ist verschollen.

300 Vgl. hierzu etwa auch den Rashi-Kommentar zu Ps 119,164: שבע ביום. שחרית שתים לפני קריאת שמע ואחת לאחריה ובערב שתים לפניה ושתים לאחריה (»*Siebenmal am Tag* . . . [Ps 119,164]: *shaḥarit*, zweimal vor dem *shemaʿ* und einmal nachher; am Abend, zwei vorher und zwei nachher«).

301 Vgl. mit kleinen Abweichungen auch die Fassungen in *Newly Discovered Geonic Responsa*, ed. Emanuel, 35f.; *Shibbole ha-Leqeṭ ha-Shalem*, ed. Mirsky, 149f.

לכך אחר פסוקי דזימרה וסמוך לברוך הבוחר בשיר ובזמרה
[מלך אל] חי העולמים יקדישו פעם אחת לפי שכבר סיימו את
המצוה של פסוקי [ד]זמרה ועכשיו יתחיל באחרת שהיא קרית שמע
בברכותיה לפניה ו[ל]אחריה[302] ושמא יפסקו בין מצות קרית שמע לפסוק
צדקה או לדבר אחר או שמא יעכב עליהן מעכב מלקרות קרית
שמע ויצאו בלא קדיש לכך ניתקן הקדיש אחר פסוקי דזמרה
וקדיש יאמרו אחרי כל סיום י״ח שגם[303] היא מצוה בפני עצמה

fol. 23a

ואינה מתחברת עם מה שיאמר אחריה וקדיש אחר יאמרו אחר
ספר תורה מפני שקריאת תורה בצבור בעשרה וקדיש אחר
סדר קדושה מפני שהוא גם היא מצוה בפני עצמה. והוא דבר
שבקדושה ולא יפחות[304] מעשרה. וקדיש אחר המזמור או אחר
הפרק או אחר המשנה או אחר ההגדה שרגילין לקרות במקצת
מקומות אחר התפילה כאשר אנו אומ׳ להלאה צ״א עלמא אמ׳
אמאי מקיים אקודשא דסידרא ואיהא שמיה רבה מברך דאגדתא
וקדיש של אחר אשרי במנחה מפני שהיא מצוה בפני עצמה
דאמרי׳ ר׳ אבינא כל האומר תהילה לדוד בכל יום מובטח לו
שהוא בן העולם הבא לאחר ברכות ולאחר ברכות שלקרית שמע שלערבית
מפני שתפילת ערבית רשות שמא יצא אדם מבית הכנסת אחר
דגמרי את הברכות של אמת ואמונה ולא יתפלל שמנה עשרה
ונמצא יוצא בלא קדיש.

fol. 22b

Über die Angelegenheit des Qaddish, nach der ihr gefragt habt, haben wir keine genau geklärte Information von den *Rishonim*[305], aber
die *Aḥaronim*[306] begründeten es mit diesem Vers: *Ich habe mich unter den Söhnen Israels geheiligt* (Lev 22,32);
was unsere Lehrer im Midrash sagten: Bei allem, was zur *qedusha* gehört, sollen nicht weniger als
zehn (anwesend) sein (bBer 21b).[307] Aus diesen Worten läßt sich ableiten, daß, wenn sich zehn Personen
für eine *miṣwa* versammelt haben, sei es für ein Gebet, sei es für das Studium, man dann das Qaddish sprechen muß.
Daher spricht man nach den *pesuqe de-zimra*, und nach[308] *gepriesen sei, der an Lied und Gesang Wohlgefallen hat,*
[König], ewig lebendiger [Gott][309] das Qaddish, da man bereits

---

302 Von hier an weicht MS Oxford von der Ausgabe Mirsky ab.

303 Ed. Mirsky: תפילה. שכך

304 Ed. Mirsky liest: יהא פחות.

305 Gemeint sind hier wohl nur die Rabbinen der »talmudischen« Zeit, nicht die nach-gaonäischen Gelehrten; vgl. Ta-Shma, EJ 14 (1971) 192f., und s. auch die Hinweise in *Newly Discovered Geonic Responsa*, ed. Emanuel, 35 Anm. 35.

306 Gemeint sind hier entweder Savoraʾim oder Geʾonim, nicht die »nach-gaonäischen« Gelehrten.

307 S. zu dieser Stelle, die sich eigentlich nur auf die *qedusha* bezieht, oben S. 87ff.

308 Wörtl. »und nahe bei«.

309 D. h. nach Abschluß des *yishtabaḥ*, der *berakha* nach den *zemirot*.

die *miṣwa* der *pesuqe de-zimra* beendet hat. Und dann beginnt man mit
einer anderen, nämlich mit dem *qeriyat shemaᶜ*,
mit den Segensprüchen, vorher und nachher, damit man nicht unterbreche
für das Verteilen von Almosen[310] oder eine andere Angelegenheit, damit man
bloß nicht daran gehindert werde, das *qeriyat shemaᶜ* zu sprechen
und man, ohne daß Qaddish gesprochen zu haben, hinausgeht.
Daher verordnete man das Qaddish nach den *pesuqe de-zimra*.
Und Qaddish wird auch nach Abschluß des Achtzehn-Bitten-Gebets
gesprochen, denn auch dies ist für sich genommen eine *miṣwa*.

fol. 23a

Und sie ist nicht mit dem verbunden, was nach ihr (gesprochen) wird. Und
ein weiteres Qaddish wird nach der
Lesung der Tora gesprochen, weil die Lesung aus der Tora in der
Öffentlichkeit immer zehn (Personen) erfordert; außerdem wird Qaddish
nach der *qedusha de-sidra* (gesprochen), denn auch sie ist für sich
genommen eine *miṣwa*. Sie ist eine
Angelegenheit der Heiligung, und dies erfordert nicht weniger als zehn.
Und (ein weiteres) Qaddish nach
einem Bibelabschnitt, nach der Mishna, nach der Haggada, wie man es
mancher Orts gewöhnt ist nach dem Gebet, wie es heißt:
Worauf ruht die Welt? Auf der *qedusha de-sidra* und dem *yehe sheme rabba*
mevarakh de-aggadata (bSot 49a).[311]
Und (man spreche) Qaddish auch nach *ashre* des *minḥa*-Gebets, da auch dies für sich
genommen eine *miṣwa* ist.
Wie Rav Avina gesagt hat: Jeder, der täglich *Loblied für David*
(Ps 145,1[312]) spricht, dem ist versichert, daß er ein Kind der
Kommenden
Welt ist (bBer 4b). (Außerdem) nach den *berakhot* des *qeriyat*
shemaᶜ im *ᶜaravit*,
denn das *ᶜaravit*(-Achtzehn-Bitten-Gebet) ist freigestellt. Man
verläßt die Synagoge nach den *berakhot* des *emet we-emuna* und
spricht *shemone ᶜesre*,
ohne Qaddish gesprochen zu haben.

Dieser bemerkenswerte Text führt deutlich vor Augen, daß die Verwendung des Qaddish im täglichen Gebet noch im 12. Jh. als nur unzureichend begründet galt. Der Gebrauch des Qaddish wird in diesem Schreiben zwar bereits als selbstverständlich vorausgesetzt, doch bereits der einleitende Satz weist auf den Kern des Problems hin: Aus älterer Zeit (Bavli, Midrashim und wohl auch gaonäischen Responsen) lagen keine genauen Informationen über die Ein-

---

310 S. hierzu *Sefer Tanya Rabbati*, ed. Hurwitz, 6c, und oben S. 218 mit Anm. 177.

311 Die zitierte Formel weicht von der in den meisten Textzeugen des Bavli überlieferten Formel, *yehe sheme rabba mevarakh de-aggadata*, ab. Vgl. oben S. 97.

312 Ps 145 ist der erste Psalm der *zemirot*; er wird hier stellvertretend für alle folgenden genannt. Gemeint ist also, daß jeder, der täglich die *zemirot* spricht, Anteil an der Kommenden Welt hat.

führung des Qaddish vor. Für die Beantwortung der Frage, aus welchen Gründen das Qaddish eingeführt wurde, konnte man sich nur auf den Minhag und die wenigen Andeutungen im Talmud stützen. Regeln bzw. Prinzipien, mit denen sein Gebrauch begründet werden konnte, mußten erst gefunden werden.[313]

Bemerkenswert an diesem Text ist dabei auch, wie der siebenmalige Gebrauch des Qaddish mit Argumenten begründet wird, die auf seine gebetstechnische Funktion abzielen.[314] Das Qaddish wurde offensichtlich nicht nur als ein Gebet betrachtet, mit dem ein vorangehendes Schriftwort abgeschlossen werden kann. Daneben scheint auch von Bedeutung gewesen zu sein, daß es generell den Abschluß einer *miṣwa* markieren und darüber hinaus der Gliederung der einzelnen Abschnitte der Liturgie dienen konnte.[315]

2.5 Zusammenfassung

Alle in diesem Abschnitt untersuchten Erklärungen zeigen, daß es kein übergreifendes Prinzip gab, nach dem das Qaddish an allen Orten eingeführt worden ist. Verschiedene Grundsätze werden nebeneinander und aus unterschiedlichen Erwägungen heraus genannt. Insbesondere der zu Anfang dieses Abschnitts erläuterte Midrash, in dem der siebenmalige Gebrauch des Qaddish mit Ps 119,164 begründet wird, macht dabei deutlich, daß und wie man erst

---

313 Man beachte auf fol. 23a die Begründung der Einführung des Qaddish nach der *qedusha de-sidra* mit einem Hinweis auf bSot 49a.

314 Zum Überblick über die sieben hier angedeuteten Rezitationen des Qaddish vgl. etwa Nulman, *Encyclopedia*, 184ff.; Assaf, ספר הקדיש, 204ff. Demnach wird das Qaddish (üblicherweise) an folgenden sieben Orten des täglichen Gebetes gesprochen:

(1) Nach *pesuqe de-zimra* bzw. *yishtabaḥ* und vor *barekhu* bzw. *yoṣer*.

(2) Nach der Wiederholung des Achtzehn-Bitten-Gebets durch den Vorbeter, die eine *miṣwa* ist.

(3) Nach der *qedusha de-sidra*, die eine Heiligung ist - dann als *titqabal*.

(4) Nach *ashre* des *minḥa*-Gebets (‘*tehilla le-david*’), die eine *miṣwa* ist.

(5) Nach der *tefilla* des *minḥa*-Gebets (oder nach *ashre*).

(6) Nach den *berakhot* des *shemaᶜ* im *ᶜaravit*.

(7) Nach Abschluß des *ᶜaravit* (als Qaddish *titqabal*).

Das zuletzt genannte Qaddish wird zwar in dem oben angeführten Responsum nicht erwähnt und ist durch das Qaddish nach der Lesung - an Montagen, Donnerstagen, Shabbatot und Festtagen - ersetzt, um auf die Zahl sieben zu kommen. Zu anderen Zählweisen vgl. auch Jacobson, קדיש-*Gebet*, 32-35.

315 Auch das Qaddish nach der Tora-Lesung wird nicht mehr damit begründet, daß jedem Schriftvers eine Heiligung des göttlichen Namens zu folgen hat. Der Vollzug der Tora-Lesung wird vielmehr als eine *miṣwa* bezeichnet, die durch ein Qaddish abgeschlossen werden soll, wobei aufgrund des gleichen Gedankens dann auch auf das Qaddish nach dem Achtzehn-Bitten-Gebet des *ᶜaravit* verzichtet werden kann, da es freigestellt (*reshut*) ist. Zur Entwicklung des Abendgebetes vgl. oben S. 80 Anm. 10.

retrospektiv zu erklären suchte, was sich in der Praxis bereits längst etabliert hatte.

Der allgemein verbreitete Gebrauch von sieben Qaddish-Gebeten dürfte insofern das Ergebnis einer Entwicklung sein, deren genauer Verlauf anhand der zur Verfügung stehenden Texte nicht mehr zu rekonstuieren ist. Zunächst scheinen Anzahl, Begründung und Verwendung an verschiedenen Orten dem lokalen Minhag überlassen worden sein. Das Qaddish nach den *pesuqe dezimra* konnte z. B. noch anders begründet werden als das Qaddish nach der Wiederholung des Achtzehn-Bitten-Gebets. Selbst das Qaddish zum Abschluß des Gebetes (Qaddish *titqabal*), also nach der *qedusha de-sidra*, scheint erst zu einem Zeitpunkt in die Liturgie aufgenommen worden, nachdem es bereits üblich geworden war, diese spezielle *qedusha* unabhängig von ihrem ursprünglichen Kontext zu rezitieren.

Daß das Qaddish erst nach und nach und nicht nach dem Begründungsprinzip »Sieben Qaddish-Gebete pro Tag« in die Liturgie aufgenommen wurde, läßt sich schließlich auch an den verschiedenen, hier nicht im einzelnen zu erläuternden Sonderapplikationen im Kontext von Festtagsgebeten beobachten. So ist die Rezitation eines Qaddish nach dem Hallel oder nach dem *minḥa*-Gebet des Neunten Av[316] erst in mittelalterlichen Quellen erwähnt. Auch angesichts der Entwicklung solcher Sonderapplikationen kann von einer systematisch begründeten Einführung des Qaddish in gaonäischer Zeit keine Rede sein.[317]

Bevor die formalen Begründungen für die Einführung des Qaddish zusammenfassend beurteilt werden können, müssen nun noch einige seinen Inhalt betreffende Probleme erörtert werden. Eigenartigerweise wird ja dem Inhalt des Qaddish - seinem Wortlaut und seiner Intention - in den bisher untersuchten Texten nur wenig Beachtung geschenkt.

---

316 D. h. am Ausgang dieses Fast- und Trauertages zur Erinnerung an die Zerstörung des Tempels (Qaddish wird in der übrigen Liturgie des Neunten Av üblicherweise nicht gesprochen). Vgl. dazu ausführlich Halivni, מקום הקדיש, 10ff.

317 Dies zeigt sich im übrigen auch an der weiteren Responsenliteratur; vgl. Lampronti, פחד יצחק, Bd. 10, 155b-158b; Kahana-Shapira, אוצר, Bd. 1, 142-152; Assaf, ספר הקדיש, passim. S. ferner Jacobs, *Theology*, bes. 135f.; 273f.; 312f.

3. *Das Qaddish als »Heiligung des Namens«*

Die Heiligung aller Bereiche des täglichen Lebens wird gewöhnlich als eines der wichtigsten Ziele rabbinischer Frömmigkeit und Ethik betrachtet.[318] Gebote, die sich ursprünglich auf die kultischen Handlungen am Tempel bezogen, seien von den Rabbinen auf das häusliche Leben und den Ritus der Synagoge übertragen worden.[319] So wie der Gott Israels bzw. sein Name als »heilig« bezeichnet wurde, so sollte auch das, was zu ihm gehört, sein Volk, »heilig« sein[320]; in letzter Konsequenz konnte dies das um der Vermeidung der »Entweihung des Namens« (*ḥillul ha-shem*) willen (in der Öffentlichkeit) aufgenommene Martyrium, den *qiddush ha-shem*, die unbedingte Heiligung des Namens, miteinschließen.[321]

Wie ist eingedenk dieser hier nur knapp skizzierten traditionellen Vorstellungen, die sich mit dem Begriff »Heiligung« verbanden, die Heiligung durch das Qaddish zu interpretieren? Wurden mit dem Qaddish besondere Akzente der Heiligung verbunden? Oder brachte die gehäufte Applikation eine Veränderung seiner Interpretation mit sich?

Ein Indiz für das mit dem Qaddish verbundene »Heiligungskonzept« scheint die Bezeichnung »Qaddish« selbst zu sein. Auf die Eigentümlichkeit dieses aramäischen Namens ist bereits oft hingewiesen worden. Bevor auf die Deutungen der mit dem Qaddish-Gebet zum Ausdruck gebrachten Heiligung näher eingegangen wird, seien zunächst einige Erläuterungen zur Entstehung und zum Verständnis des Terminus »Qaddish« vorangestellt.

3.1 *Die Bezeichnung »Qaddish«*

Von der Bezeichnung »Qaddish« wird zumeist angenommen, daß sie zum ersten Mal in dem in Hebräisch verfaßten Traktat Soferim belegt ist.[322] In *Mas-*

---

318 Zu den unterschiedlichen Aspekten von »Heiligung« im rabbinischen Judentum vgl. Schechter, *Aspects*, 199ff.; Kadushin, *Worship*, 216ff.

319 Vgl. Lev 19,2; 20,7.26; 21,8.

320 Vgl. dazu z. B. die Einleitung in die *qedusha de-ʿamida*, in der es heißt: »Laßt uns seinen Namen in der (= dieser) Welt heiligen, wie er in den oberen Himmeln geheiligt wird«. Vgl. *Seder ʿAvodat Yisraʾel*, ed. Baer, 89.

321 Vgl. dazu den *locus classicus* für die Vorstellung des *qiddush ha-shem*, der Heiligung des Namens, in SifDev 32 (Finkelstein 55). Im Hinblick auf die Wirkungsgeschichte ist diesbezüglich auch die sog. Hinrichtungslegende von Rabbi Aqiva in yBer 9,7 - 14b,59-69; bBer 61b zu berücksichtigen. Zur Entwicklung des Konzeptes des *qiddush ha-shem* vgl. Urbach, קידוש השם, 510-519; Kadushin, *Worship*, 232. Zur Rezeptionsgeschichte dieses Konzeptes, die in christlichen und islamischen Lebenswelten sehr unterschiedlich verlaufen ist, vgl. Grossman, שורשיו של קידוש השם, 99-130; ders., קידוש השם, 27-46.

322 Vgl. Sof 21,6 (Higger 357f.). S. auch 16,9 (Higger 294f.).

sekhet Soferim wird sie dabei bereits als bekannt vorausgesetzt[323], während sie in (älteren) Geniza-Fragmenten, die einen palästinischen Ritus widergeben, nicht belegt ist.[324] Häufiger findet sich das Wort erst in gaonäischen Responsen. In ihnen findet sich jedoch noch oft die Bezeichnung »*yitgadal*« bzw. »*yitgadal we-yitqadash*«.[325] Wie der Terminus zu deuten ist, wird im einzelnen sehr unterschiedlich erklärt:

So wird vermutet, der Name »Qaddish« sei aus dem zweiten Wort des ersten Abschnittes, יתקדש, abgeleitet.[326] Dagegen ist jedoch einzuwenden, daß kein rabbinisches Gebet nach seinem *zweiten* Wort benannt wird. Vergleichbare Gebete werden stets entweder aufgrund des *ersten* Wortes oder der Art ihrer Verwendung bezeichnet.[327] Außerdem ist das Wort יתקדש, wie die sprachliche Analyse gezeigt hat, nicht sicher als eine hebräische oder aramäische Form zu identifizieren.

Pool, der sich als erster ausführlich Gedanken über die Bezeichnung macht, vermutet, der Name »Qaddish« beruhe nur auf der Wichtigkeit bzw. der großen »Heiligkeit«, die diesem Gebet - insbesondere als Gebet der Trauernden für die Toten - zugedacht worden sei.[328] Da es anfänglich nur nach aramäischen Lehrvorträgen verwendet worden sei, hätte man ihm einen aramäischen Namen gegeben. Die Bezeichnung »Qaddish« sei jedoch nicht auf die bereits in der Bibel belegte Form יתקדש zurückzuführen, da dieses Wort *nicht* das »Leitmotiv« des Qaddish bezeichne.[329]

Als schwierig erweist sich dabei bereits die Übersetzung des Wortes »*qaddish*«: einerseits wird es oft substantivisch mit »der« oder »das Heilige« übersetzt, andererseits als Adjektiv mit »heilig« (wie hebräisch קדוש) wiedergeben.[330] Gelegentlich wird auch die Übersetzung mit dem Substantiv »Heiligung«[331] vertreten. Ungeklärt bleibt dabei, welchem Objekt das Wort zuzuordnen ist: Soll man die Bezeichnung auf die Heiligung des Namens *im* Qaddish oder auf die Heiligung einer »Handlung« *durch* das Qaddish beziehen?[332]

---

[323] Wobei zu beachten ist, daß die Bezeichnung in Sof 10,6 (Higger 214f.) neben Ps 113,2 erwähnt wird. Blank, *Soferim*, 268f. vermutet daher, daß Ps 113,2 »an alternative manner of referring to the Kaddish« sei. Vgl. auch TPs 113,2.

[324] Vgl. Mann, *Genizah Fragments*, 285f. und 307. Auch die Verwendung der Bezeichnung in MHG Lev 22,32 (Steinsaltz 631) beruht wohl erst auf einer späteren Überarbeitung eines älteren Überlieferungsstückes.

[325] Vgl. dazu *Seder R. Amram Gaon*, ed. Hedegård, 83; *Teshuvot Rav Naṭronai*, ed. Brody, 435; *Siddur Rav Seʿadya Gaʾon*, ed. Davidson et al. 358f. (oben S. 20ff.). Vgl. dann auch *Otzar ha-Gaonim*, Bd. 4/3, (Mashqin), Teil 1 (teshuvot), 49 (§ 139).

[326] So etwa Kadushin, *Worship*, 142. S. auch Pool, *Kaddish*, 101.

[327] Vgl. die *qedusha*, die nach dem dreimaligen *qadosh* in Jes 6,3 benannt ist (so Elbogen, *Gottesdienst*, 61). Das Achtzehn-Bitten-Gebet wird bekanntlich auch als *ʿamida* bezeichnet, da es im Stehen verrichtet wird - dann auch als »das« Gebet schlechthin, *(ha-)tefilla*.

[328] Vgl. Pool, *Kaddish*, 101. S. auch Trepp, *Gottesdienst*, 156.

[329] Pool, ebd. - Er betrachtet die Bitte um das Kommen des Reiches als das Leitmotiv.

[330] Vgl. Obermeyer, *Judentum*, 92, und s. auch Pool, *Kaddish*, 100, der darauf hinweist, daß sich in einigen Handschriften des Werkes *Orḥot Ḥayyim* auch die emphatische Form קַדִּשָׁא findet. Vgl. auch *Abudarham ha-Shalem*, ed. Wertheimer, 68 (קדישתא), und s. die interessante Erklärung in *Sefer Abudarham*, ed. Ehrenreich, 250 zur Wendung דעסקין באוריתא קדישתא im Qaddish *de-Rabbanan*. In diesen Erklärungen des Wortes קדיש bzw. קדישתא spiegelt sich noch die Unsicherheit im Umgang mit der Bezeichnung »Qaddish« wider.

[331] Vgl. Jastrow, *Dictionary*, 1315f. s. v. קַדִּישׁ; Levy, *Wörterbuch*, Bd. 4, 255 s. v. קַדִּישׁ, קַדִּשָׁא.

Wie sich die Bezeichnung »Qaddish« im einzelnen entwickelt hat, läßt sich aufgrund der Etymologie des Wortes wohl nicht mehr rekonstruieren. Fraglich erscheint bereits, ob der Name von Anfang an ausschließlich in Aramäisch verwendet oder ob auch die hebräische Bezeichnung *»qadosh«* benutzt wurde, wie sie in einigen Handschriften des Traktates Soferim belegt zu sein scheint.[333] Denkbar ist, daß zunächst nur die doxologische Formel oder vergleichbare Kurzdoxologien als Bezeichnung herangezogen wurden.[334]

Einen Einblick in die Entwicklung der Bezeichnung »Qaddish« kann m. E. ein Abschnitt aus dem nur durch sekundäre Quellen bezeugten Midrash *Avkir*[335] geben. In diesem »ashkenazischen« Midrash wird das Wort *»qaddish«* zwar (noch) nicht erwähnt; dennoch läßt sich am Vergleich zweier unterschiedlicher Rezensionen dieses Midrash gut nachvollziehen, wie es zu der Bildung der Bezeichnung gekommen ist:

3.1.1 Midrash Avkir (Buber 23)[336]

Yalq *wa-yaqhel* § 408 Shem 35,1 (119d)[337]	MHG Ex 35,1 (Margulies 722)[338]
	ד"א זה הוא שאמר הכתוב במקהלות ברכו אלהים.
	דורשי אגדה אומרים
ויקהל משה. רבותינו בעלי אגדה אומרים	מתחלת התורה ועד כאן
מתחלת התורה ועד סופה אין בו פרשה	לא נאמרה פרשה בהקהלה אלא זו
שנאמר בראשה ויקהל אלא זאת בלבד	ולמה אלא כך אמר הקב"ה למשה
אמר הקב"ה עשה לך קהילות גדולות	הקהל את בני במצות שבת
ודורש לפניהם ברבים הלכות שבת	כדי שתהיה שמורה לדורות

---

332 Vgl. zu diesem Problem bereits Pool, *Kaddish*, 100.

333 Vgl. oben, Kap. IV.2.2.1. S. auch Sof 16,9 (Higger 294f.). Allerdings zeigt sich an der Erwähnung des Qaddish *le-ḥaddata* in Sof 19,9 (Higger 337), daß in diesem Traktat bereits der aramäische Wortlaut des Qaddish vorausgesetzt wird

334 Zu dem eng mit dem Gebrauch der hebräischen Form *»qadosh«* verknüpften Problem der Verwechselung mit der *»qedusha«* vgl. Karl, "הַ"קָדִּיש, 47, doch s. hierzu nun Blank, *Soferim*, 170 Anm. 55.

335 Dieser nur in Zitaten in MHG und Yalq belegte Midrash ist zuerst von S. Buber (Ha-Shaḥar 11 [1883] 338-345; 409-418; 453-461) rekonstruiert worden. Seine Datierung und Herkunft sind umstritten: Nach Buber ist er noch vor ShemR entstanden. Aus stilistischen und sprachlichen Gründen und weil jene Stellen aus ShemR, die in ihm zitiert werden, aus dem zweiten sog. *Tanḥuma-Yelamdenu*-Teil dieses Werkes stammen, dürfte es jedoch später verfaßt worden sein. Vgl. dazu ausführlich Geula, מדרש אבכיר, 97ff.; zur Identifikation des Werkes in MHG vgl. auch Tovi, המדרש הגדול, 211ff. Da Midrash *Avkir* erst von Elʿazar von Worms in *Sefer ha-Roqeaḥ ha-Gadol*, ed. Shneurson, 42 und von Ṭuvya ben Eliʿezer in LeqT (vgl. die Einleitung in Ed. Buber 40) zitiert wird, ist eine »abschließende« Redaktion vor dem Ende des 10. Jh. unwahrscheinlich.

336 Zum Text vgl. auch Geula, מדרש אבכיר, 169.

337 Text nach: MS Oxford, Bodleian Library, 2637 (Heb b 6).

338 Vgl. noch *Midrash ha-Ḥefeṣ* 35, Bd. 1, ed. Ḥavaṣelet, 34.

כדי שילמדו ממך דורות הבאים
להקהיל קהילות בכל שבת ושבת
ליכנס בבתי מדרשות, ללמד ולהורות לישראל
דברי תורה איסור והיתר,
כדי שיהא שמי הגדול מתקלס בין בנ׳.

Und Mose versammelte (Ex 35,1). Unsere Lehrer, die *baʿale aggada*, sagen: Vom Beginn der Tora bis zu ihrem Ende gibt es keine *parasha*, an deren Anfang es *»und er versammelte«* heißt, sondern nur in dieser. Der Heilige, gepriesen sei er, sprach: Mache dir große Versammlungen und lege vor ihnen öffentlich *halakhot shabbat* aus, damit von dir die kommenden Geschlechter lernen, jeden Shabbat Gemeinden zu versammeln, sich in den *bate midrashot* zu versammeln, um Israel in Worten der Tora, Verbotenem und Erlaubtem zu lehren und zu unterweisen, damit mein großer Name gerühmt sei unter meinen Kindern.

ליהעשות קלות קהלות
ולהכנס בבתי כנסיות
ובבתי מדרשות לשמוע
דברי תורה
ולקדש את שמי הגדול
כעין שנמאר במקהלות
ברכו אלהים ה׳ ממקור ישראל.

Eine andere Auslegung: Das ist, was die Schrift sagt: *In Versammlungen segnet Gott* (Ps 68,27).
(Die) *dorshe aggada* sagen: Vom Beginn der Tora bis hierhin wird keine *parasha* in der Versammlung gesprochen, nur diese.
Und warum?
Weil der Heilige, gepriesen sei er, zu Mose sprach: Versammle meine Kinder um *miṣwot* des Shabbat willen, damit er bei ihnen behütet sei für (alle) Generationen, daß sie Versammlungen versammeln und sich in den Synagogen und den *bate midrashot* versammeln, um die Worte der Tora zu hören und meinen großen Namen zu heiligen gemäß der Schriftstelle: *In Versammlungen segnet Gott* (Ps 68,27).

Beide Rezensionen dieses Midrash von Ex 35,1 (bzw. Ps 68,27) beziehen sich auf die Rezitation des Qaddish nach der Tora-Auslegung oder nach einer *derasha*. Die Intention dieses Abschnittes ist es, zu betonen, daß das Studium der Tora bzw. der Ge- und Verbote der Heiligung des Namens dient. Erst durch das gemeinschaftliche Studium der Gebote - in diesem Fall der Gebote für den Shabbat - wird der Name Gottes »gerühmt« (Yalq) bzw. »geheiligt« (MHG).

Während dabei in Yalq zur Umschreibung der Heiligung eine Formulierung verwendet wird, die an die aus Talmud und Midrash bekannte doxologische Formel erinnert, und außerdem das bekannte Wort קלס (im *hitpaʿel*) aufgegriffen wird, benutzt MHG die Wendung לקדש את שמי הגדול (»um meinen großen Namen zu heiligen«). Denkbar ist also, daß sich in Yalq eine ursprünglichere Umschreibung für die Verwendung des Qaddish erhalten hat, während MHG bereits eine »abstraktere« Formulierung benutzt.

Da das Verhältnis zwischen den Fassungen des Midrash *Avkir* in Yalq und MHG bislang nicht umfassend untersucht ist[339], lassen sich diesbezüglich wohl nur Vermutungen anstellen. Dafür, daß sich in Yalq die ältere Ausdrucksweise

---

339 Vgl. nun aber Geula, מדרש אבכיר. Er vermutet, daß Yalq und MHG auf einer gemeinsamen palästinischen Quelle beruhen.

findet, spricht vor allem die größere Übereinstimmung mit einer sehr ähnlichen Überlieferung in einem Rashi zugeschriebenen Kommentar zu bShab 115a.[340] Zu Anfang der terminologischen Entwicklung stand demnach die Verwendung der doxologischen Formel *yehe sheme rabba* (bzw. auch hebräisch: *yehi shemo ha-gaddol*), wie sie im Bavli und in einigen Midrashim belegt ist. Später jedoch, als sich der Gebrauch der (vielleicht gelegentlich gesondert verwendeten) Formel »etabliert« hatte, konnte die Rezitation der Namensdoxologie bzw. des durch sie synekdochisch bezeichneten Gebets ebenfalls mit der Wendung לקדש את השם (»den Namen heiligen«) angedeutet werden. Aus dieser erst in nach-talmudischer Zeit belegbaren Umschreibung mag sich dann der *terminus technicus* »*qadosh*« bzw. »*qaddish*« entwickelt haben.[341] Die Bezeichnung »Qaddish« mag insofern erst auf nach-talmudische Zeit zurückgehen.

Sollte diese Rekonstruktion einer terminologischen Entwicklung zutreffen, bleibt zu fragen, ob sie nur auf einer Vereinfachung des Sprachgebrauchs beruht oder ob mit ihr auch Veränderungen des Verständisses des Inhaltes der Heiligung verbunden sind. Auffällig ist ja, daß in diesen Texten nicht mehr wie in gaonäischen Schreiben von »*yitgadal*-Sprechen« die Rede ist, sondern das Heiligungsmotiv betont wird.

Für eine Beantwortung dieser im Hinblick auf die Einführung des Qaddish in die tägliche Liturgie nicht unwichtigen Frage, bedarf es der Analyse einiger bislang nicht berücksichtigter Kommentare und Erklärungen zum Qaddish. In ihnen wird der Wortlaut des ersten Abschnitts des Qaddish mit dem bereits mehrfach erwähnten Vers Ez 38,23 (»*Groß werde ich, und heilig werde ich, und ich werde mich kundtun vor vielen Völkern, und sie werden erkennen, daß ich der Herr bin*«) erklärt. Wie ist das Verhältnis dieses Verses zum Qaddish zu erklären? Bildete er die thematische und traditionsgeschichtliche »Vorlage« für das Qaddish? Oder lehnte sich die Formulierung des Qaddish nur an diesen Vers an?

---

340 bShab 115a s. v. בין שאין קורין בהן (dort im Namen des Rabbenu ha-Levy, des Lehrers Rashis). Vgl. hierzu Geula, מדרש אבכיר, 98 Anm. 469.

341 Wie angedeutet, läßt sich dieser Terminus jedoch nicht vor dem (ashkenazischen) Mittelalter nachweisen. Der Eindruck einer terminologischen Entwicklung verstärkt sich, berücksichtigt man, daß MS Oxford des Yalq (laut Kolophon) aus dem Jahre 1307 stammt und die MHG *Shemot* zugrundeliegenden Handschriften sogar erst aus dem 17. Jh. Vgl. ferner das oben, Kap. IV.2.4.1, zitierte Responsum aus *Shibbole ha-Leqeṭ ha-Shalem*, wo die Rezitation schlicht mit dem Wort לקדש angedeutet wird. Zu berücksichtigen sind hier auch die Doxologien in SER 2 (Friedmann 9.11); 4 (18); 7 (32f.); 12 (56; 59); 17 (84); 18 (95); 18 (109); 19 (115); 25 (136; 139); 27 (143); 28 (149); 29 (156).

3.2 *Die Deutung der 'Heiligung des Namens' im Qaddish*

Im Hinblick auf die Deutung der Heiligung des Namens im Qaddish wird gelegentlich darauf verwiesen, daß das Qaddish aus Ez 38,23 »herausgewachsen«[342] sei und dieser Vers gewissermaßen den »Kern« des Qaddish bilde, der den »ursprüngliche(n) Sinn«[343] verrate. Unbeachtet bleibt dabei allerdings, daß alle Erklärungen und Kommentare, in denen auf diese traditionsgeschichtliche Verbindung zwischen Qaddish und Ez 38,23 hingewiesen wird, aus relativ später Zeit stammen.[344] Einen ersten Beleg für diese Art der Ableitung des ersten Abschnitts des Qaddish findet man in dem bereits mehrfach zitierten Responsum, welches von L. Ginzberg Rav Hai Gaon zugeschrieben wird[345]:

3.2.1 *T.-S. 12.828 (Ginze Schechter II, 164f.)*

27 [החזן לפרוס על שמע הוא] מתחיל ואומ׳ יתגדל
1 [בחייכו]ן וביומיכון וב[חיי דכל בית ישראל בעגלא]
2 ובזמן קריב וגו׳ מ[תחלה הוא מבקש מל]פני המקום
3 להחיש בטחונו. כמו [שהבטיחנו] על יד הנביא והתגד׳
4 והתקדשתי ונודעתי ל[עיני] גוים רבים. ועוד וקדשתי
5 את שמי הגדול המחולל בגוים. ובקשתינו מלפני
6 הקב״ה שיקדש את שמו בעולם הזה שברא
7 כרצונו ויחדש מלכותו [עלי]נו ובימינו כמה שהבטיחנו
8 על ידי החוזים והיה [יי למלך] על כל הארץ ביום
9 ההוא יהיה יי אחד [ושמו א]חד וימלך בעולמו. (. . .)

27 [Der *ḥazzan*[346], der die Benediktionen über das *shemaʿ* spricht,] beginnt und sagt: *yitgadal*
1 [zu euren Lebzeite]n und zu euren Tagen und zu [Lebzeiten des ganzen Hauses Israel, in Bälde
2 und in naher Zeit usw. A[m Anfang bittet er] »vor« dem Allgegenwärtigen (*maqom*) darum,
3 seine Rettung zu beschleunigen. Wie es uns durch den Propheten [versichert wurde]: *Groß werde ich,*
4 *und heilig werde ich, und ich werde mich kundtun vor vielen Völkern* (Ez 38,23). Und weiter: *Und ich werde meinen*
5 *großen Namen, den die Völker entweiht haben, heiligen* (Ez 36,23).

---

[342] Hübscher, *Kaddisch-Gebet*, 29; vgl. auch Nulman, *Encyclopedia*, 185; Telsner, *Kaddish*, 11.

[343] Elbogen, *Gottesdienst*, 93. Ähnlich bereits Pool, *Kaddish*, 27; dann auch *Seder R. Amram Gaon*, ed. Hedegård, 42.

[344] Vgl. z. B. *Siddur Rabbenu Shelomo*, ed. Hershler, 76; *Machsor Vitry*, ed. Hurwitz, 8; 55; *Sefer ha-Pardes*, ed. Ehrenreich, 325; *Siddur Raschi*, ed. Buber, 9; dann auch *Abudarham ha-Shalem*, ed. Wertheimer, 66; *Sefer Orḥot Ḥayyim*, ed. Stiṣberg, 22a. Vgl. außerdem Yehuda ben Yaqars *Perush ha-Tefillot*, ed. Yerushalmi, 16.

[345] Text, Ergänzungen und Zeilenzählung nach Ginzberg, תשובות, 164f. Zum Problem der Zuschreibung des Textes an Hai Gaon vgl. oben S. 204f.

Und unsere Bitte »vor«
6 dem Heiligen, gepriesen sei er, daß er seinen Namen heiligen möge, in dieser Welt, die er geschaffen hat,
7 nach seinem Willen, und er seine Königsherrschaft erneuere; [über] uns und in unseren Tagen, wie er es uns versichert hat
8 durch die Propheten: *[Der Herr wird König sein] über die ganze Erde an jenem Tag,*
9 *und er wird einzig sein, und sein [Name wird ein]zig sein* (Sach 14,9), und er wird in seiner Welt herrschen. (. . .)

Wie dieser Text zeigt, konnte man das Qaddish nicht nur mit Ez 38,23 in Verbindung bringen. Auch andere Verse, in diesem Fall Ez 36,23 und Sach 14,9, konnten für seine Erläuterung herangezogen werden. Der Hinweis auf Ez 38,23 dürfte freilich besonders wegen der *hitpaʿel*-Verben nahegelegen haben. Außerdem ließen sich aus diesem Vers weitere apokalyptische Motive ableiten, zu denen auch die zusätzlich hier angeführten Verse passen.

Ob der Wortlaut des ersten Abschnitts des Qaddish jedoch anfänglich allein aus Ez 38,23 »abgeleitet« wurde oder ob dieser Kommentar »nur« eine nachträgliche Deutung übermittelt, läßt sich schwer entscheiden. Zu beachten ist, daß der Gebrauch des Aramäischen im ersten Abschnitt des Qaddish in dieser Erklärung völlig ausgeblendet wird. Das Targum von Ez 38,23 kennt außerdem eine etwas andere Interpretation dieses Verses.[347]

Aufschlußreich im Hinblick auf das Verhältnis des Qaddish zu Ez 38,23 ist ein weiterer Abschnitt aus dem ebenfalls bereits erwähnten Geniza-Fragment, welches B. M. Lewin für einen Ausschnitt aus einem babylonischen Maḥazor aus Pumbedita hält. In ihm wird der Hinweis auf Ez 38,23 mit »wie es heißt« (ד[כ]תיב)[348] eingeführt, eine Formel, die üblicherweise für die Begründung mittels Schriftbeleg verwendet wird[349]:

3.2.2 MS New York, Adler 4053 (Ginze Qedem III, 54)

1 אמן כין תהי רעוא מן//
2 קדמוהי דקב׳ ה[וא] וירחם על
3 קדושת שמיה רבא ויקדשיה
4 השתא בעגלא: ויתקיים בע׳ ק׳
5 דכ׳ והתגדלתי והתקדשתי ונודעתי
6 לעיני גוים רבים ויד׳ כ׳ א׳ ײ׳ ויתב[ני]
7 מקדשא ביומנא: וישתכלל היכלא ב[עגלא]
8 ויכנש [גל]ותהון דכלישראל לאתרהון
9 בריש גלי השתא בעגלא:

1 Amen, so geschehe (sein) Wille, vor[350]//

---

[346] Vielleicht ist statt *ḥazzan* hier *sheliaḥ ṣibbur* zu ergänzen. Vgl. dazu S. 120 Anm. 204.

[347] Vgl. TEz 38,23 (Druck Wilna): ואתרבי ואתקדש ואגלי גבורתי לעיני עממין סגיאין.

[348] Vgl. Bacher, *Terminologie*, Bd. 2, 91.

[349] S. Lewin, שרידים, 50f.

2 dem Heiligen, gepriesen sei er, er erbarme sich über
3 die Heiligkeit seines großen Namens, und er heilige ihn
4 jetzt, in Bälde! Und er möge [unsere] B[itten] erfüllen,
5 wie ge(schrieben steht): *Groß werde ich, und heilig werde ich, und ich werde mich kundtun*
6 *vor vielen Völkern, und sie werden erkennen, daß ich der Herr bin* (Ez 38,23), und er möge
7 den Tempel wiedererrichten[351] in unseren Tagen. Und er wird den *hekhal* wiederherstellen, in [Bälde],
8 und er möge alle Verbannten Israels mit
9 erhobenem Haupte an ihren Ort[352] zurückbringen, jetzt, in Bälde!

Diese Erklärung des Qaddish belegt, daß man die Bitten einerseits als Wunsch um die Erfüllung der in Ez beschriebenen Ereignisse gedeutet hat. Andererseits wurden mit der durch das Qaddish vollzogenen Heiligung auch Vorstellungen verbunden, die weit über das in Ez 38,23 Angedeutete hinausgehen. Der Belegvers scheint gewissermaßen als »Aufhänger« gedient zu haben, um die im Wortlaut des Qaddish verarbeiteten Motive weiter zu entfalten bzw. fortzuschreiben.

Daß solche Erklärungen dabei natürlich an ältere Traditionen anknüpften, zeigt sich im Vergleich mit einem Text in WaR 24 zu Lev 19,2 (Margulies 549) - einem typischen Auslegungsmidrash[353], in dem die Heiligung des Namens mit den Motiven des Gerichtes Gottes und der »Vergrößerung« seines Namens verbunden wird. Das Qaddish scheint in ihm noch nicht im Blick gewesen zu sein[354]:

[A] *Heilige sollt ihr sein* (Lev 19,2); *der Herr der Heerscharen wird erhaben sein im Gericht* (Jes 5,16).

[B] Es wird gelehrt (תניא)[355]: Es sprach Rabbi Shim^con ben Yoḥai: Wann wird der Name

---

350 Zu מן דקדמוהי vgl. Jastrow, *Dictionary*, 1317 s. v. קְדָם.

351 Man beachte das *itpa^cal*, was hier vielleicht auch reflexiv wiedergegeben werden könnte: »er möge sich wiedererrichten«.

352 לאתרהון ist hier wohl nicht wie im Qaddish *de-Rabbanan* auf »ihre Synagogen« zu beziehen, sondern auf den eschatologischen Tempel in Jerusalem; vgl. zum Wort אתר die sprachlichen Erläuterungen oben S. 60 mit Anm. 227.

353 Der Kommentar von Margulies verweist auf die Parallelen in MekhY *be-shallaḥ* 1 [2] (Horovitz/Rabin 85 [= Lauterbach 1, 193]) und Tan *be-shallaḥ* 7 (110b). Beide Stellen sind allerdings keine wörtlichen Parallelen, sondern in ihnen wird lediglich das Motiv des sich im Gericht an den Völkern verherrlichenden Herrn aufgegriffen. Dabei wird nur in MekhY auf Ez 38,23 verwiesen, während in Tan auf Jes 66 Bezug genommen wird. Ob die Überlieferung in WaR also bereits auf »tannaitischer Überlieferung« fußt, läßt sich auch aufgrund dieser »Parallelen« nicht entscheiden. Man beachte allerdings die Einleitung des Diktums in Abschnitt [B], und vgl. hierzu Anm. 355.

354 Vgl. zu diesem Midrash auch Sifra *qedoshim* 1,1 zu Lev 19,1 (Weiss 86c), wo Ez 38,23, im Unterschied zu WaR 24,1 zu Lev 19,1 (Margulies 549), jedoch (noch) nicht erwähnt wird! Vgl. auch Tan *qedoshim* 1,1 (219b), wo immerhin auf die Vorstellung des mit der Heiligung des Namens verbundenen eschatologischen Gerichtes Bezug genommen wird.

355 D. h. in einer Baraita, einer tannaitischen Überlieferung.

des Heiligen, gepriesen sei sein Name, in seiner Welt vergrößert?[356] Zur Stunde, da er zu Gericht sitzt über die Frevler.

[C] Und dafür gibt es viele Schriftstellen (ואית ליה קריין סגין): *Groß werde ich und heilig werde ich und ich werde mich kundtun* usw. (Ez 38,23); *kundgetan hat sich der Herr, hat Gericht geübt* (Ps 9,17)[357]; *und ich werde mich kundtun, wenn ich dich richten werde* (Ez 35,11); *und die Hand des Herrn wird sich kundtun an seinen Knechten* (Jes 66,14); *daher, siehe, will ich sie diesmal wissen lassen* (Jer 16,21)[358]; *damit alle die Hand des Herrn erkennen* (Jos 4,24). (Und) dieser (Vers): *Der Herr der Heerscharen wird erhaben sein im Gericht* (Jes 5,16).

In Anlehnung an Ez 38,32 und andere Verse wurde die Heiligung des Namens also bereits lange vor den Geonim als das »Vergrößern« bzw. »Kundtun des Namens Gottes« unter den Völkern interpretiert. Wie dieser Midrash zeigt, wurde mit der Heiligung wie im biblischen Text vor allem das Motiv des Gerichtes Gottes an den Völkern verbunden. Dieses Gerichtsmotiv hatte seinen wichtigsten exegetischen Bezugspunkt in Ez 38,23.

Einem wohl später entstandenen, aber ebenfalls auf älterer (ashkenazischer?) Auslegungstradition fußenden Kommentar zum Qaddish, der im *Sefer ha-Manhig* des Avraham ben Natan überliefert ist, wird dieser Bezug zum Motiv des Völkergerichts breit ausgestaltet. Zwar wird in diesem Kommentar Ez 38,23 nicht explizit erwähnt. Der besondere Bezug des Qaddish zu diesem Vers dürfte jedoch auch in ihm vorausgesetzt sein:

3.2.3 Sefer ha-Manhig, dine tefilla 25 (Raphael 56)

יהא שמיה רבא מברך שיהא שמו שלם שנ'
כי יד על כס יה נשבע בשמו ובכסאו
שלא יהא שמי וכסאי שלם עד שינקום נקמת עשו
שנ' האויב תמו חרבות לנצח וערים נתשת אבד
זכרם המה. ויי'לעולם ישב כונן למשפט כסאו,
הרי השם והכסא שלם.

Yehe sheme rabba mevarakh, damit sein Name vollständig werde,
wie es heißt:
Denn die Hand an den Thron Yahs (Ex 17,16). Er hat einen Schwur abgelegt
bei seinem Namen und bei seinem Thron:
Mein Name wird nicht vollständig sein, bis daß die Vergeltung
an Esau vollzogen ist,
wie es heißt: *Der Feind - stumm sind (seine) Ruinen für immer,*
und die Städte, die du zerstört hast - dahin ist ihr Gedächtnis.
Der Herr sitzt ewiglich auf seinem Thron, der zum Gericht
aufgestellt ist (Ps 9,7f.);
siehe, so (werden) der Name und der Thron vollständig!

Diese Auslegung des Qaddish nimmt auf eine bekannte tannaitische Überlieferung Bezug, derzufolge der Name Gottes »auf seinem Thron« erst dann gehei-

---

356 Vgl. zu dieser Frage oben, S. 126, MMish 14 (Visotzky 112) [A].

357 Vgl. auch die Fortsetzung des Verses und das Targum.

ligt ist, wenn die Taten der Feinde Israels vergolten und der in der eigentümlichen Schwurformel in Ex 17,16 fehlende Teil des Tetragramms (ו״ה), der Eigenname Gottes, »vollständig« gemacht worden ist.[359] Mit der Heiligung des Namens im Qaddish wird hier also vor allem die Idee der Durchsetzung der Einzigkeit des Namens Gottes und deren »Kehrseite«, die Vernichtung der Feinde Israels - hier repräsentiert durch Esau, dem Synonym für das verhaßte Rom bzw. für alle Israel feindlich gesinnten Mächte - verknüpft.[360] Wie im älteren Midrash spielten bei der Ausprägung solcher Konzepte besonders Motive der endzeitlichen Vergeltung (נקמה) für »die Taten Esaus« eine Rolle.

Wie solche mit der Heiligung des Namens verbundenen apokalyptisch-eschatologischen, »nach außen«[361], d. h. gegen alle Feinde Israels gerichteten Heiligungsvorstellungen ausgestaltet wurden, ist an einem Abschnitt aus dem Rabbi Elᶜazar ben Yehuda ben Kalonymus von Worms (ca. 1165-1230) zugeschriebenen Kommentar zu beobachten. Dort wird der Midrash von der eschatologischen »Vervollständigung des Namens« nach Ex 17,16 mit der Heiligung des Namens à la Ez 38,23 verknüpft[362]:

3.2.4 *Siddur ha-Tefilla la-Roqeaḥ (Hershler 251f.)*

יתגדל ויתקדש על שם המקרא הוסד כדכת׳ התגדלתי והתקדשתי ונודעתי לעיני
העמים וידעו כי אני ה׳ ומלחמת גוג ומגוג הכתוב מדבר
[שאז] יתגדל שמו של הקב״ה שכתוב ועלו מושיעים בהר ציון לשפוט את הר עשו

[358] Auch hier ist der zweite Abschnitt des Verses zu beachten.

[359] Vgl. hierzu bes. MekhY *be-shallaḥ* 1 (Horovitz/Rabin 186) [= Lauterbach 2, 160] und auch die Parallelen in MekhSh *be-shallaḥ* 17,15 (Epstein/Melamed 126f.); PesK *zakhor* 17 (Mandelbaum 53); PesR 12 (Friedmann 51a); Tan *ki-teṣe* 18 (23a); TanB *ki-teṣe* 18 (22a-b); *Midrash ḥaserot wi-yterot* 59 (BatM II, 256); LeqT Ex 17,16 (Buber 60a); TFragP Ex 17,16; TPsJ Ex 17,16. S. auch Seᶜadya Gaon zu Ex 17,16 (*Perushe Rabbenu Seᶜadya Ga'on ᶜal ha-Tora*, ed. Kafiḥ, 78) und Rashi zu Ex 17,16. Zum Ganzen vgl. auch Ego, *Weltherrschaft*, 274f.

[360] Zu Esau als dem Feind Israels *par excellence* vgl. Cohen, *Esau*, 19-48; Maier, *Edom*, 135-184.

[361] D. h. im Sinne von »gegenüber den *goyim*« - wie es in Ez 38,23 heißt: ונודעתי לעיני גוים רבים.

[362] Text nach: MS Vatikan, Biblioteca Apostolica Vaticana, Vat. Ebr. 285. Eine ähnliche Rezension findet sich in dem *Sefer Orḥot Ḥayyim*, ed. Stiṣberg, 22a. Verwandt ist auch ein Kommentar in MS München, Bayerische Staatsbibliothek, cod. hebr. 215, fol. 207v-208r (Faksimile in Telsner, *Kaddish*, 136f.). Vgl. dann auch *Perush ha-Tefilla la-Roqeaḥ*, ed. Hershler, 241 (*sodot ha-tefilla*); *Perush Siddur meyuḥas le-R'aBa''N*, ed. Hershler, 77. Vgl. außerdem *Siddur Raschi*, ed. Buber, 9; *Seder Raw Amrom Gaan*, ed. Coronel, 3b; *Liqquṭe ha-Pardes*, ed. Hershkovitz, 98; *Sefer Abudarham ha-Shalem*, ed. Wertheimer, 66. Vgl. ferner *Tosafot Rabbenu Yehuda Sirillon ᶜal Massekhet Berakhot*, ed. Sacks, 14 mit den Hinweisen von Sperber, יהא שמיה רבא, 71ff.). - Vgl. auch den Kommentar zum Qaddish in einer bislang unveröffentlichten Handschrift des Maḥzor Vitry, MS Cambridge, Add. 667, fol. 36b-37a, auf den Leveen, *Maḥzor*, 123 hinweist. Vgl. dazu auch Reif, *Manuscripts*, 216ff.

וכתיב בתריה והיה ה׳ למלך על כל הארץ ביום ההוא יהיה ה׳ אחד ושמו אחד
כלומר השם מד׳ אותיות הנחלק לשנים על השבועה שנשבע בעמלק להלחם בו
שנאמר כי יד על כס י־ה השם מד׳ אותיות לא נאמר כי אם י־ה.
וכסא לא נאמר כי אם כס חסר אל״ף, כלומר (ו)נשבע ה׳
בימינו ובכס שלו שלעולם לא יתמלא שמו וכסאו עד שינקם מאותו עמלק.

Groß sei und geheiligt sei: Dies fußt auf der Bibelstelle, in der es heißt: *Groß werde ich, und heilig werde ich, und ich werde mich kundtun vor den Augen* der Völker[363] *und sie sollen erkennen, daß ich der Herr bin* (Ez 38,23); und Krieg mit Gog und Magog,

wie es heißt, daß der Name des Heiligen, gepriesen sei er, groß sei; wie geschrieben steht: *Und Retter werden hinaufziehen auf den Berg Zion, Gericht zu halten auf dem Berg Esaus* (Ob 21); und dann heißt es: *Der Herr wird König sein über die ganze Erde an jenem Tag, und er wird einzig sein, und sein [Name wird ein]zig sein* (Sach 14,9).

Das heißt, der aus vier Buchstaben bestehende Name, der in zwei Teile geteilt wurde, durch den Schwur, den er gegen Amalek geschworen hat, gegen ihn Krieg zu führen,

wie es heißt: *Denn die Hand an den Thron Yahs* (כס י־ה) (Ex 17,16). Es (wird hier) nicht der Name aus vier Buchstaben verwendet, sondern (ein Name) aus (zwei Buchstaben): *Yud He*.

Und es heißt כס, ohne das Alef[364], d. h.: Der Herr hat bis in unsere Tage und bei seinem Thron (בכס) geschworen, daß sein Thron nicht vollständig sein wird, bis (die Taten) Amaleks vergolten sind.

Dieser Kommentar stammt in seiner vorliegenden Form wohl erst aus dem 12./13. Jh.[365] Einzelne in ihm verarbeitete und auf das Qaddish übertragene Traditionen dürften jedoch - wie vor allem der Vergleich mit den oben zitierten Abschnitten aus T.-S. 12.828 und MS New York, Adler 4053 zeigt - auf gaonäische Überlieferungen zurückgehen. Der erste Satz des Qaddish wird in diesem Kommentar aus Ez 38,23 abgeleitet[366], und außerdem wird auf den auf Ex 17,16 basierenden tannaitischen Midrash[367] verwiesen. Des weiteren wird das auf der rabbinischen Auslegung von Ez 38 fußende Motiv des Krieges *gegen* Gog und Magog (= Edom-Esau [vgl. Ob 1ff.]) aufgegriffen.[368] Der endzeitliche Völkerkrieg wird demzufolge erst beendet sein, wenn der Name Gottes auf seinem Thron »(ver)vollständig(t)« ist, d. h. der die Durchsetzung der Einzigkeit seines Namens fordernde Schwur erfüllt ist und die Frevel Amaleks vergolten sowie Gog und Magog besiegt sind. Dieser eschatologische

---

363 Statt גוים (masoretischer Text) hat MS Vatikan hier עמים. Das Wort רבים fehlt.

364 D. h., weil das Wort כסא in Ex 17,16 auffälligerweise ohne *Alef* geschrieben wird, ist dies als ein Hinweis auf den Inhalt des Schwurs zu verstehen. Vgl. MekhY *be-shallaḥ* 1 (Horovitz/Rabin 186) [= Lauterbach 2, 160].

365 Möglicherweise ist er älter als der oben zitierte Abschnitt aus *Sefer ha-Manhig*.

366 Man beachte die Formulierung: על שם המקרא הוסד כרכת׳.

367 Vgl. oben Anm. 359.

368 Zur Vorstellung des endzeitlichen Endscheidungskrieges Gottes (oder seines Messias) gegen Gog *und* Magog nach Ez 38-39, die in rabbinischer Auslegungstradition (vgl. bSan 97b) als Repräsentanten des verhaßten Edom-Rom angesehen wurden, vgl. Waxman, גלות, 218ff.

Motivzusammenhang wird hier auch mit Ob 21 in Verbindung gebracht, einer weiteren Bitte um das Kommen der Königsherrschaft Gottes.[369]

Angesichts dieser besonders martialisch ausgerichteten Kommentare zum Qaddish stellt sich nun noch einmal die Frage, ob in ihnen lediglich ältere, hinter der Formulierung des Qaddish stehende Motive und Vorstellungen zusammengestellt wurden oder ob sie sich einer Zeit verdanken, in der man Traditionen, die ursprünglich *nicht* mit dem Qaddish verbunden worden waren, auf das Qaddish übertragen hat, um seiner Verwendung einen neuen, zusätzlichen Sinn zu verleihen. Mit anderen Worten: Wurden mit der Heiligung des Namens im Qaddish schon von Beginn an Vorstellungen vom endzeitlichen Krieg gegen Amalek bzw. Gog und Magog und der »Vervollständigung«[370] des Namens nach Ex 17,16 in Verbindung gebracht? Oder geschah dies erst, nachdem sein Wortlaut standardisiert worden war und ihm eine zusätzliche, stärker gegen die »Feinde Israels« ausgerichtete Interpretation zugedacht wurde?

Eine Beantwortung dieser Fragen fällt nicht nur angesichts der komplizierten, nicht hinreichend untersuchten literarischen Beziehungen zwischen den zitierten Kommentarwerken aus gaonäischer und späterer Zeit schwer. Festhalten läßt sich aufgrund der vorgestellten Materials zunächst nur, daß die Verbindung der Vorstellung von der Heiligung des Namens mit Motiven von der Ausmerzung der Feinde Israels zu jenen Ideen zählte, die bereits bei der Ausgestaltung des Wortlautes eine Rolle gespielt haben.[371] Welche Bedeutung solche in der gaonäisch-mittelalterlichen Kommentarliteratur mit dem Qaddish in Verbindung gebrachten Vorstellungen im einzelen dann auf seine Applikation in der Liturgie gehabt haben, läßt sich diesen Kommentaren nicht mehr entnehmen.[372] Offensichtlich ging es den Verfassern dieser Kommentare erst einmal darum, den Wortlaut des Qaddish verständlicher zu machen. Hierfür zogen sie nachträglich auch solche biblischen Belege heran, die anfänglich keinen Bezug zum Qaddish hatten.

Auffällig ist schließlich, daß vor allem Kommentatoren in Ashkenaz die aus der gaonäischen Überlieferung bekannten Motive adaptiert und unter Hinzuzie-

---

369 Vgl. dazu auch den Rashi-Kommentar zu Ob 21 - ein Vers, der im übrigen ebenfalls in den *pesuqe de-zimra* zitiert wird.

370 Später konnte der mit dieser Vorstellung verbundene Gedanke auch mit dem Begriff der »Einung« (יחוד) umschrieben werden (vgl. z. B. *Siddur Raschi*, ed. Buber, 9; *Perushe Siddur ha-Tefilla la-Roqeaḥ*, ed. Hershler, Bd. 1, 242, und vgl. auch Asher ben Sha'ul, *Sefer ha-Minhagot*, ed. Assaf, 139). - Diese Auffassung der Einung des Namens ist nicht zu verwechseln mit philosophisch-mystisch begründeten »Einungen des Namens«, wie sie dann vor allem in Schriften der *ḥaside ashkenaz* belegt sind. Vgl. hierzu etwa Dan, תורת הסוד, 71ff.

371 Man beachte auch die Bitten um die Ausmerzung der Feinde und des Fremdkultes, die einige Rezensionen des Qaddish *le-ḥaddata* auszeichnen. Vgl. oben Kap. I.1.2.3.

372 Wie sich aber vor allem an dem Stück aus einer Handschrift des *Perush Siddur ha-Tefilla la-Roqeaḥ* beobachten läßt, wurden in den Kommentaren zum Qaddish Traditionsstücke aus ganz unterschiedlichen Kontexten zusammengestellt und auf das Qaddish übertragen. Besonders deutlich wird dies an der Adaption des Midrash von Ex 17,16.

hung weiterer Midrash-Traditionen ausgeweitet haben.[373] Das Qaddish wurde offensichtlich vor allem dort mit den »nach außen« gerichteten Vorstellungenin Verbindung gebracht, wo das Konzept des *qiddush ha-shem*[374] radikaler gedeutet wurde.

Kommen wir auf die Ausgangsfrage nach der Bedeutung der Interpretation des Qaddish für seine Einführung in die Liturgie zurück, so ist also festzuhalten, daß auch die Deutungen des Qaddish vom lokalen Minhag beeinflußt wurden. Die Kommentare des Qaddish bewegten sich zwar in einem durch biblisch-rabbinische Tradition vorgegebenen Rahmen. Doch so wie der Wortlaut des Qaddish ergänzt und in den Hauptzweigen des Ritus unterschiedlich fortgeschrieben bzw. rezipiert wurde, so unterlagen auch die mit der Heiligung des Namens verbundenen Vorstellungen und Motive einem von Brauch und Lebensumständen abhängigen Wandel.

3.3 Zusammenfassung

Welche Bedeutung die erst in relativ späten Quellen belegten Interpretationen des Wortlautes des Qaddish für seine Einführung in die Liturgie hatten, läßt sich eingedenk dieser Überlegungen nur schwer übergreifend beantworten. Bereits die Entwicklung der Bezeichnung »Qaddish« deutet darauf hin, daß sich in nach-talmudischer Zeit ein Wandel des Verständnisses des so bezeichneten Gebetes vollzogen hat. Mit der Einführung der Bezeichnung scheint nicht nur eine Standardisierung seiner Applikation, sondern auch eine Akzentverlagerung der Interpretation verbunden gewesen zu sein.

Die Standardisierung des Wortlautes wird es mit sich gebracht haben, daß auf die Herleitung des Wortlautes des ersten Abschnitts des Qaddish aus Ez 38,23 besonderer Wert gelegt wurde. Während in der älteren Überlieferung das »Großmachen des Namens« (*yitgadal*), mithin namentheologische Motive, im Mittelpunkt des Verständnisses des Qaddish gestanden zu haben scheinen, werden in späteren Kommentaren die mit dem zweiten Wort des Qaddish, *yitqadash*, verbundenen Interpretationen in den Vordergrund gerückt. Zunächst scheint dabei besonders apokalyptisch-eschatologischen Motiven Aufmerksamkeit geschenkt worden zu sein; später traten aus der älteren Tradition bekannte namentheologische Midrashim hinzu.

---

373 Zu beachten ist, daß in einigen ashkenazischen Riten eingeführt wurde, die Gemeinde nach der Eröffnung des Qaddish durch den Vorbeter mit dem Vers Ex 17,16 (כי יד על כס יה) respondieren zu lassen; vgl. dazu Wieder, צעקת "הוא", 23f.

374 Vgl. hierzu Grossman, קידוש השם, 46.

Daß die »traditionsgeschichtlichen« Erklärungen des Wortlautes auch apologetische Interessen verfolgt haben (etwa im Hinblick auf die Karäer), mag sich darin widerspiegeln, daß in allen Erklärungen die Verwendung des Aramäischen im Qaddish auffällig ausgeblendet ist. Wie bereits die sprachliche Analyse zeigte, ist jedoch gerade für den auf Ez 38,23 zurückgeführten Abschnitt des Qaddish nicht vorauszusetzen, daß er wie seine angeblich biblische Vorlage in Hebräisch abgefaßt ist. Sollten die Hinweise auf die biblischen »Belegverse« also tatsächlich etwas über die Hintergründe des Wortlautes des Qaddish verraten, bliebe zu klären, warum diese Formulierungen in das Aramäische übertragen worden sind. Anders ausgedrückt: Warum wurde aus dem »*qadosh*« ein »*qaddish*«? Und wie wurde dies begründet? Wie daher nun noch gesondert zu betrachten ist, muß auch die Verwendung des Aramäischen im Qaddish noch einmal beachtet werden. Neben dem Inhalt könnte auch sie für seine Einführung in die ansonsten fast ausschließlich in Hebräisch gehaltene Liturgie von Bedeutung gewesen zu sein.

4. Die Bedeutung der aramäischen Sprache für die Einführung des Qaddish

Auf das Problem, ob der Wortlaut des Qaddish zum Teil auf einer Übersetzung aus dem Hebräischen beruht, d. h. als eine Art Targum betrachtet werden muß, ist bereits im Zusammenhang mit der sprachlichen Analyse (Kap. I.2.2) erörtert worden. Dort konnte gezeigt werden, daß es sich durch eine Mischsprache auszeichnet und daß rein hebräische oder aramäische Rezensionen des Qaddish nicht belegt sind. Trotz dieses relativ eindeutigen Befundes ist auf die Sprache(n) des Qaddish nun noch einmal einzugehen, da die Verwendung des Aramäischen in der Kommentarliteratur unterschiedliche Erklärungen gefunden hat. Sie werfen auf die Motive für seine Einführung zusätzliches Licht.

4.1 Die Sprache des ʿam ha-areṣ (Babyloniens)

Die erste der drei im folgenden zu analysierenden Erklärungen für die Verwendung des Aramäischen scheint auf den ersten Blick die zuverlässigste Nachricht zu überliefern.[375] In ihr wird als Grund für die Übersetzung auf die Unkenntnis des Hebräischen im sog. *ʿam ha-areṣ* verwiesen, in einigen Fassungen sogar auf den »*ʿam ha-areṣ* in Babylonien«. Die bekannteste Version dieser Erklärung findet sich in den Tosafot zu bBer 3a[376]:

4.1.1 Tosafot zu bBer 3a s. v. ועונין

(. . .) אין העולם מתקיים אלא אסדרא דקדושתא ואיהא שמיה רבא דבתר אגדתא שהיו רגילין לומר קדיש אחר הדרשה ושם היו עמי הארצות ולא היו מבינים כולם לשון הקודש לכך תקנוהו בלשון תרגום שהיו הכל מבינים שזה היה לשונם.

Die Welt ruht nur auf der *sidra de-qedusha*[377] und auf dem *yehe sheme rabba* nach der Aggada[378].

---

[375] Vgl. etwa Telsner, *Kaddish*, 39ff., und s. auch Margalit, תפילת הקדיש, 121.

[376] Zu Entstehung und Herkunft dieses auf die Tosafot des Yehuda Sirillo (geb. 1166) zurückgehenden Kommentars vgl. Urbach, בעלי התוספות, 600f. und *Tosafot Rabbenu Yehuda Sirillon ʿal Massekhet Berakhot*, ed. Sacks, 13f. Speziell zu dieser Stelle vgl. auch Sperber, יהא שמיה רבא, 72f. Ähnliche Fassungen finden sich in *Perushe Siddur ha-Tefilla la-Roqeaḥ*, ed. Hershler, 242; *Perush Siddur meyuḥas le-R'aBa''N*, ed. Hershler, 51 und in *Siddur Rabbenu Shelomo*, ed. Hershler, 77 [MS München 393]. Später wurde diese Erklärung in Yehuda ben Yaqars, *Perush ha-Tefillot*, Bd. 1, ed. Yerushalmi, 19 und in die von ihm abhängigen *Sefer Abudarham ha-Shalem*, ed. Wertheimer, 66 bzw. ed. Ehrenreich, 254 (andere Fassung), *Sefer Orḥot Ḥayyim*, ed. Stiṣberg, 21a sowie in *Ṭur Oraḥ Ḥayyim*, 58a aufgenommen.

[377] Eigentlich müßte es wie in bSot 49a »*qedusha de-sidra*« heißen.

[378] An dieser Stelle weicht der Kommentar der Tosafot interessanterweise von der talmudischen Vorlage ab. Statt ויהא שמיה רבא דאגדתא (o. ä.) liest er ויהא שמיה רבא דבתר אגדתא, interpretiert also die Formel.

Denn man pflegte Qaddish nach der *derasha* zu sprechen. Und dort[379] gab es
ʿam ha-areṣ, und er verstand die
Heilige Sprache[380] nicht. Deshalb verordnete man es in der Sprache des Targum[381],
damit es alle verstehen, denn dies war
ihre Sprache.

Diese Erklärung bezieht sich auf die oben analysierte Stelle in bSot 49a, in der die »welterhaltene« kosmologische Bedeutung der Rezitation der doxologischen Formel thematisiert wird. Zudem wird auf ein Argument rekurriert, das in anderem Zusammenhang mit der Einführung der Targum-Lesung in Verbindung gebracht wurde. So wie der Vortrag des Targum nach der Bibellesung damit begründet werden konnte, daß der *ʿam ha-areṣ* kein Hebräisch (mehr) verstand, so konnte ebenso darauf verwiesen werden, daß im Qaddish nur deshalb Aramäisch verwendet wird, um es einer bestimmten Bevölkerungsgruppe verständlich zu machen.

Wer in diesem im 11.-13. Jh. verfaßten Kommentar mit dem schon in der »klassischen« rabbinischen Literatur zuweilen unscharf benutzten Begriff *ʿam ha-areṣ* gemeint ist, läßt sich freilich nicht ausmachen.[382] Offenbar genügte der Hinweis auf die nahezu sprichwörtliche Unkenntnis »des« *ʿam ha-areṣ*, um an ein bekanntes Argumentationsmuster anzuknüpfen.[383] Die Komplexität des sprachlichen Befundes im Qaddish wird hierbei ausgeblendet.

Eine Variante dieser Erklärung findet sich im Sondergut einer Handschrift des *Sefer ha-Manhig*:

4.1.2 Sefer ha-Manhig, dine tefilla 25 (Raphael 57f.)[384]

ויש עוד טעם אחר בקדיש לפי שעולי גלות בבל היה עקר לשונם בארמית
כרוב הענינים שבתלמוד שהיו מדברים בלשון ארמית שהיו מבינים יותר מלשון הקדש
ובקדיש שיש בו הזכרת קץ הימין וצריכין כל ישראל לענות אותו בכונה על כן
תקנוהו כך. (. . .)

Und es gibt noch eine andere Begründung bezüglich des Qaddish[385]: Denn

---

[379] D. h. in Babylonien.

[380] D. h. Hebräisch.

[381] D. h. Aramäisch.

[382] Zur Beurteilung des *ʿam ha-areṣ* im rabbinischen Judentum vgl. Oppenheimer, *ʿAm ha-Aretz*. Zur Bedeutungsentwicklung der Bezeichnung in späterer Zeit s. EJ 2 (1971) 836.

[383] So wurde z. B. auch die Einführung des Brauches, *be-me-madliqin* (mShab 2) im Abendgottesdienst des Shabbat zu rezitieren, damit begründet, daß auf diese Weise der *ʿam ha-areṣ* über die in diesem Kapitel beschriebenen Bräuche des Shabbat-Abend unterrichtet werden konnte. Vgl. *Perushe Siddur ha-Tefilla la-Roqeaḥ*, ed. Hershler, 488. Zum Ganzen vgl. Elbogen, *Gottesdienst*, 111f.

[384] Dieser Text findet sich nur in MS New York, JTS Rab 527 (Mic 6361). Eine fast gleichlautende Fassung findet sich ebenso in einer Handschrift des *Siddur Rabbenu Shelomo*, ed. Hershler, 77 und im *Perush ha-Tefillot* des Yehuda ben Yaqar (Bd. 1, ed. Yerushalmi, 19).

[385] Im Manuskript findet sich unmittelbar vor dem hier zitierten Text die Erklärung, daß

die wichtigste Sprache der Einwanderer aus der babylonischen
Diaspora war das Aramäische,
denn die meisten Angelegenheiten im Talmud besprachen sie in Aramäisch,
denn sie verstanden es besser als die Heilige Sprache.
Und das Qaddish, in dem an das Ende der Tage erinnert wird, müssen
alle Israeliten mit der richtigen Intention sprechen, und daher
verordneten sie es so. (. . .)

Nach dieser vielleicht etwas früher als die oben zitierte Fassung aus den Tosafot entstandenen Erklärung waren es also die »Einwanderer aus der babylonischen Diaspora« (עולי גלות בבל), die die Übertragung des Qaddish in das Aramäische notwendig machten. Der anonyme Verfasser dieses Textes hielt Aramäisch offensichtlich für eine Sprache, die nur (noch?) in Babylonien gesprochen wurde. Da die Einwanderer aus Babylonien diese Sprache besser verstanden, hätten sie das Qaddish in Aramäisch rezitiert. Welche »Rückkehrer« gemeint sind - solche, die unter Esra und Nehemia, oder Rabbinen, die in amoräischer oder gaonäischer Zeit nach Palästina zurückkehrten[386] - bleibt dabei allerdings genauso unbestimmt wie der Hinweis auf »den« *ʿam ha-areṣ* in den Tosafot.

Dieser Text reflektiert mithin wiederum eine vereinfachende Sicht der Sprachentwicklung(en). Zwar wird in ihm berücksichtigt, daß Aramäisch die »*wichtigste* Sprache« (עקר לשונם) der »Einwanderer aus Babylonien« gewesen sei und daß man außerdem diese Sprache einführte, weil man Aramäisch in Babylonien »besser verstand«.[387] Die Übertragung sollte also der richtigen *kawwana*, d. h. der dem Inhalt angemessenen Konzentration beim Gebet, dienen. Doch trotz dieser fast rational anmutenden Argumente ist wohl auch diese Fassung lediglich ein weiterer Beleg dafür, wie man im 13. Jh., zur Zeit und am Ort der Abfassung des *Sefer ha-Manhig*, den aramäischen Anteil im Qaddish zu erklären versuchte. Vermutlich geriet der liturgische Gebrauch von Targumim zur Zeit der Abfassung dieses Textes langsam außer Übung.[388] Eine Erklärung, die in bezug auf die Verwendung von Targumim akzeptiert war, konnte daher auch auf das Qaddish übertragen werden.[389]

---

das Qaddish in das Aramäische übertragen wurde, damit es die Engel nicht verstehen. S. dazu unten 4.3.

386 Zu der in der rabbinischen Literatur häufig belegten Wendung »Rückkehrer aus der (babylonischen) *galut*« vgl. z. B. bHag 3b. Dort sind mit »Rückkehrern« solche Rabbinen gemeint, die aus Babylonien nach Palästina »zurückkehrten«.

387 Vgl. hierzu auch *Siddur Rabbenu Shelomo*, ed. Hershler, 79, wo auf einen weiteren Grund für die Verwendung des Aramäischen im Qaddish hingewiesen wird: ובבל היו מדברים לשון ארמית, כדי שיבינו טף ונשים ועמי הארץ (»und in Bavel sprach [man es] in Aramäisch, damit es die *Kleinkinder* und die *Frauen* und das *ʿam ha-areṣ* verstehen«).

388 Vgl. dazu etwa Zunz, *Vorträge*, 426.

389 Dabei ist zu berücksichtigen, daß noch zur Zeit Rashis und der Tosafisten in Frankreich, trotz des allmählichen Rückgangs des Gebrauchs von Targumim, aramäische Gebete und *Piyyuṭim* verfaßt wurden. Erinnert sei an das berühmte *aqdamut milin* des Rabbi Me'ir ben Yiṣḥaq Nehorai aus Orléans (11. Jh.) aus der Festtagsliturgie des ersten Feiertags

4.2 Verfolgung bzw. Straferlaß

Die zweite Erklärung für die Verwendung des Aramäischen im Qaddish führt sie auf einen »obrigkeitlichen Erlaß«, d. h. auf eine Verfolgungssituation, zurück. Diese Erklärung findet sich sowohl in *Sefer Tanya Rabbati* als auch im *Sefer Shibbole ha-Leqeṭ*. Dort wird sie im Namen des Binyamin bar Avraham ha-Rofe, einem Bruder des Verfassers des *Sefer Shibbole ha-Leqeṭ*, überliefert[390]:

4.2.1 Sefer Tanya Rabbati (Hurwitz 6d)

ומפני מה תקנו לומר הקדיש בלשון ארמי.
לפי שבימיהם גזרו שלא יאמרו שמו הגדול מבורך.
לכך הנהיגו לאומרו בלשון ארמי שלא היו האויבים מכירים בו
ואע״פ שבטלה הגזירה לא רצו להחזיר הדבר לישנו
לאומרו בלשון עברי כדי שלא ישתכחו הנסים והנפלאות
וכדי לעשות פומבי לדבר. כך מצאתי בשם החבר ר׳ בנימן בר אברהם הרופא.

Und warum verordnete man, das Qaddish in aramäischer Sprache zu sprechen?
Weil man zu ihren Lebzeiten eine Verordnung erließ, seinen großen Namen nicht zu preisen.
Deshalb verordnete man, es in aramäischer Sprache zu sprechen, damit es die Feinde nicht verstehen können.
Und obwohl die (Straf)verordnung aufgehoben wurde, wollte man es nicht mehr rückgängig machen[391]
(und es wieder) in Hebräisch sprechen, damit man die Wunder und Zeichen nicht vergäße und um die Sache öffentlich zu machen.[392] - So fand ich (es) im Namen des *ḥaver* Rabbi Binyamin bar Avraham ha-Rofe.[393]

---

von *Shavuʿot* (*Machsor Vitry*, ed. Hurwitz, 159f.) - ein aramäisches Gebet, das sich aus einem Einleitungsgebet für den bis ins Mittelalter in Ashkenaz üblichen Targum-Vortrag nach der Lesung dieses Tages entwickelt hat (vgl. Nulman, *Encyclopedia*, 14). Zu berücksichtigen sind auch aramäische Kompositionen wie das berühmte *kol nidre* aus der Liturgie des Yom Kippur und zahlreiche andere aramäische *Piyyuṭim*, die in den ashkenazischen Ritus Aufnahme gefunden haben. Zur Verwendung des Aramäischen in Ashkenaz vgl. auch Reif, נוסח, 272, der mit Blick auf das Geniza-Fragment einer aramäischen Fassung eines Abschnitts des *we-ilu finu* aus dem *nishmat* auf das bislang wenig untersuchte Phänomen einer »Renaissance« des Aramäischen hinweist.

390 Vgl. *Sefer Shibbole ha-Leqeṭ ha-Shalem*, ed. Mirsky, 155f. Der in *Sefer Tanya Rabbati* erhaltene Text dieses Erklärungsversuchs scheint wiederum eine »bessere« Rezension bewahrt zu haben.

391 Vgl. zu dieser Formulierung tAZ 5,6 (Zuckermandel 468), yKet 1,5 - 25c,34 u. ö.

392 Mit der schwer zu übersetzenden Wendung לעשות פומבי לדבר (vgl. yYom 2,3 - 39d,23; ySheq 1,1 - 45d,59f. u. ö.) soll zum Ausdruck gebracht werden, daß die Kunde der Wunder und Zeichen besonders feierlich verbreitet, d. h. öffentlich gemacht, werden soll (vgl. Krauss, *Lehnwörter*, Bd. 2, 426f. s. v. פומבי). Ein Hinweis, der auch im Hinblick auf den *qiddush ha-shem*, das Martyrium, von Bedeutung ist.

393 Die Fassung in *Shibbole ha-Leqeṭ* hat: . . . ור׳ בנימין אחי נר״ו כתב (»und Rabbi Binyamin, mein Bruder - Schutz, Gnade und Segen [über ihn] - hat [folgendes] geschrieben . . .«).

Nach D. de Sola Pool[394] bewahrt dieser Text nicht nur eine »etiological explanation« des Qaddish, sondern ein Echo auf die berühmte Novelle 146 Kaiser Justinians aus dem Jahre 553, in der die Verbreitung der *δευτέρωσις*[395] verboten wurde.[396] Gegen diese oft rezipierte[397] Interpretation sind gewichtige Einwände vorzubringen: Zunächst fällt auf, daß das Argument, man hätte die Verwendung des Aramäischen im Qaddish nicht mehr rückgängig machen wollen, nicht schlüssig ist. Auch die Begründung, »damit die Feinde es nicht verstehen können« mutet, wenn man bedenkt, daß »die Feinde« - wer immer damit gemeint war (Römer, byzantische Herrscher?) - demzufolge zwar Hebräisch, aber kein Aramäisch verstanden, fast kurios an. Gegen die Zuverlässigkeit dieser Nachricht spricht schließlich vor allem, daß mit einer ähnlichen Begründung auch zahlreiche andere Entwicklungen und Veränderungen der Liturgie erklärt worden sind, es sich also um ein »übertragenes« Erklärungsmuster handelt.[398]

Charakteristisch für dieser Art »Erklärung« ist dabei auch der Gebrauch des Wortes גזר, mit dem sowohl »obrigkeitliche Erlasse« als auch »göttliche Verhängnisse« bezeichnet werden konnten.[399] Der Gebrauch dieses Terminus läßt die eigentümliche Vermischung historisierender und theologischer Erklärungsschemata erkennen.[400] Auch dieser Text ist insofern nicht als (im modernen

[394] Vgl. Pool, *Kaddish*, 20. S. auch Mirskys Kommentar zu der Parallele in *Shibbole ha-Leqeṭ*.

[395] Mit diesem Terminus ist eigentlich die gesamte Auslegungsüberlieferung gemeint; vgl. Bacher, *Terminologie*, Bd. 1, 122f.

[396] Zu den Hintergründen dieses Ediktes aus dem Jahre 553 vgl. Kahle, *Kairoer Geniza*, 41 und 335; Mann, *Changes*, 272. S. ferner Schäfer, *Geschichte*, 205; Veltri, *Novelle*, 116-130.

[397] Vgl. z. B. Fleischer, תפילה, 248.

[398] So wurden z. B. auch der Brauch des Rezitierens des *shemaᶜ* eines einzelnen (בסתר) (vgl. *Shibbole ha-Leqeṭ*, ed. Buber, 6), die Verwendung des Targum von Jes 6,3 sowie Ez 3,12 in der *qedusha de-sidra* und die Einführung der *hafṭara*-Lesung durch eine Verfolgung bzw. ein Dekret der Obrigkeit erklärt. Vgl. dazu Elbogen, *Gottesdienst*, 175; Mann, *Changes*, 282f. (beide unter Hinweis auf Levita, *Tishbi*, 169f. s. v. פטר). Eine ähnliche Begründung ist auf das Verbot des *shofar*-Blasens am Shabbat übertragen worden; s. yRHSh 4,8 - 59c,48-59; Sof 19,6 (Higger 329). In der älteren Forschung hat man außerdem vermutet, das Verbot der *δευτερῶσις* durch Justinian sei eine der Ursachen für die Entstehung des *Piyyuṭ* gewesen (so etwa Eppenstein, *Beiträge*, 26f.; Mann, *Changes*, 281). Aufgrund besserer Quellenkenntnis und neuerer Überlegungen zur Entwicklung des frühen *Piyyuṭ* kann von einem Zusammenhang zwischen dem Erlaß Justinians und dem Aufkommen von *Piyyuṭim* jedoch keine Rede sein. Vgl. dazu Lieberman, חזנות, 127; Veltri, *Novelle*, 129.

[399] Vgl. Levy, *Wörterbuch*, Bd. 1, 320f. s. v. גְּזֵירָה.

[400] Rückschlüsse auf mit dem Wort גזר in Verbindung gebrachte Vorgänge sind daher schon in Texten in der »klassischen« rabbinischen Literatur problematisch. Vgl. etwa die Untersuchung einiger Stellen, die man mit den Verfolgungen unter Hadrian in Verbindung bringen wollte, durch Schäfer, *Bar Kokhba*, 224.

Sinne) plausibele Deutung zu interpretieren, sondern als ein Versuch der Verankerung von im einzelen nicht mehr erklärbaren (weil »gewachsenen«) Gegebenheiten - in diesem Fall des Gebrauchs von Aramäisch in einem Gebet - in traditioneller Sichtweise.

Berücksichtigt man schließlich, daß es sich bei dieser Erklärung nur um eine von insgesamt drei verschiedenen Erklärungen handelt, wird die Zuverlässigkeit dieser Nachricht noch fraglicher. In dem dritten Text wird nun allerdings nicht mehr auf einen Vorgang in der Vergangenheit, sondern auf ein aggadisches Motiv verwiesen. Doch ist diese Erklärung deswegen von vornherein als weniger zuverlässig zu beurteilen?

4.3 'Engel verstehen kein Aramäisch'

Die Vorstellung, daß Engel kein Aramäisch verstehen, ist in bShab 12b und in einer Parallele in bSot 33a belegt. Dort heißt es im Namen des Rabbi Yoḥanan, eines palästinischen Amoräers, daß die Gebete desjenigen, der um seine Belange (צורכיו) in Aramäisch bittet, nicht erhört werden, denn die *Dienst*engel »werden sich nicht darum kümmern« (אין נזקקין לו), weil sie kein Aramäisch verstünden.

Dieses Motiv ist natürlich auf dem Hintergrund des bereits erwähnten Komplexes von Vorstellungen von der Rivalität zwischen Engeln und Menschen zu sehen. Engel wurden demnach zwar als Fürsprecher betrachtet.[401] Doch einige Texten ist ebenso zu entnehmen, daß die Menschen den Engeln überlegen sind und mit Gott unmittelbar Kontakt aufnehmen können.[402]

Auf diesem Hintergrund ist zu sehen, was in einigen Handschriften der Siddurim aus der Schule Rashis bzw. dem *Maḥzor Vitry* (MS London) zum Aramäischen im Qaddish ausgeführt wird[403]:

4.3.1 Maḥzor Vitry (Hurwitz 54f.)

לכך תקנו רבותי׳ קדיש לאומרו בלשון ארמית כדי שלא יבינו המלאכים.
שאילו יהיו מבינים בקדיש כשאומ׳ אותו למטה יבלבלו את כולם ויהיו דוחים אותו
מלעלות למעלה לפי כי עצבון רב יש למעלה בשעה שעונין למטה יהא שמיה רבא מברך.

---

401 Vgl. dazu Schäfer, *Rivalität*, 64; dann auch Yahalom, *Angels*, 33f.

402 Vgl. Schäfer, *Rivalität*, 62ff. S. oben Ps-SEZ 20 (MS Parma).

403 Vgl. auch die Fassungen in *Sefer ha-Pardes*, ed. Ehrenreich, 325 und *Siddur Raschi*, ed. Buber, 9; *Liqquṭe ha-Pardes*, ed. Hershkovitz 99. Und s. ferner auch *Sefer ha-Minhagot*, ed. Assaf, 139; *Sefer Orḥot Ḥayyim*, ed. Stiṣberg, 21a; *Shibbole ha-Leqeṭ ha-Shalem*, ed. Mirsky, 155; *Ṭur Oraḥ Ḥayyim*, 56a; *Sefer Abudarham*, ed. Ehrenreich, 254; Yehuda ben ha-Yaqar, *Perush ha-Tefillot*, ed. Yerushalmi, 19f.; *Siddur Rabbenu Shelomo*, ed. Hershler, 79; *Siddur ha-Tefilla la-Roqeaḥ*, ed. Hershler, 252; vgl. auch die Fortsetzung des oben zitierten Abschnitts aus den Tosafot zu bBer 3a s. v. ועונין.

Daher verordneten unsere Rabbinen, das Qaddish in Aramäisch zu sprechen, damit
es die Engel nicht verstehen.
Denn falls sie das Qaddish, wenn man es unten (auf der Erde) spricht, verstünden, so
würden sie alle verwirrt, und sie würden es zurückhalten und es daran hindern, nach
oben (in den Himmel) zu steigen, denn (es ist bekanntlich) so, daß es oben große Betrübnis auslöst, während sie unten respondieren: *yehe sheme rabba mevarakh*.

Daß Engel kein Aramäisch verstehen, ist demnach aus zwei Gründen wichtig: Erstens, damit das Qaddish *direkt* vor Gott gelangen kann; zweitens, damit die Engel nicht beunruhigt werden und es, wenn sie es verstünden, daran hindern würden, »nach oben« zu steigen. Was eigentlich *gegen* die Rezitation des Qaddish in Aramäisch vorgebracht werden konnte, wird in dieser Erklärung also als Vorteil gegenüber anderen Gebeten gedeutet. Weil gewisse Handlungen der Menschen bei den Engeln große Verwirrung und Betrübnis hervorrufen können, sei es besser, diese vor den Engeln zu verbergen. Daher sollte man das bei Gott eine besonders unmittelbare Reaktion evozierende Qaddish nicht in der den Engeln verständlichen Sprache, der »Heiligen Sprache«, rezitieren.

In einer wohl etwas später entstandenen Fassung, die sich im Minhag-Buch des Avraham ben Natan findet, wird dieser bemerkenswerte Motivzusammenhang unter Bezug auf die talmudische Tradition, nach der zumindest die drei *Erz*engel Aramäisch verstehen[404], noch weiter ausgestaltet[405]:

4.3.2 Sefer ha-Manhig, dine tefilla 25 (Raphael 57)[406]

ושמעתי שלכך מנהג לומר בארמית לפי שאין מלאכי השרת מכירי׳ בלשון ארמי
זולתי שלשת הממוני׳ על ישראל והמליצים ושרים מיכאל גבריאל רפאל
וכד אמ׳ בסנהדרי׳ בא גבריאל ולימדו שבעים לשונות ואת שאינן ממונין ומקטרגי׳
יתקנאו בשליח ציבור המזכיר את הקץ ויבהלוהו ועוד יתקנאו בזה שישמעו שאנו
מקדשי׳ את ה׳ יותר מהן ע״כ מנהג זה סדר קדושה לתרגם.

Und ich habe gehört, daß man Qaddish in Aramäisch spricht, weil die
Engel kein Aramäisch verstehen,
außer jenen drei, die über Israel ernannt sind, die Mittler und Erzengel
Mikha'el, Gavri'el und Rafa'el.
Und so heißt es im (Traktat) Sanhedrin[407]: »Da kam Gavri'el und lehrte ihn siebzig
Sprachen«, damit sie nicht entsetzt werden und zu klagen beginnen.
Sie würden dann nämlich den *sheliaḥ ṣibbur* beneiden, der an das Ende (der Zeiten)
erinnert, und sie würden sich beunruhigen und uns sogar noch mehr beneiden,
wenn sie hören würden,
daß wir den Herrn mehr heiligen als sie. Daher (kommt) der Brauch,
diese »Ordnung der *qedusha*[408] zu übersetzen.

---

[404] Vgl. bSot 33a.

[405] Eine sehr ähnliche Fassung findet sich auch in *Ṭur Oraḥ Ḥayyim*, 58a.

[406] Text nach: MS Oxford, die der Edition Raphael zugrunde liegt.

[407] Richtig müßte es heißen: »im Traktat Sota«; vgl. bSot 33a.

[408] Die Formulierung סדר קדושה im abschließenden Satz läßt zwar an die *qedusha de-sidra* denken, der Kontext erfordert aber, daß hier das Qaddish gemeint ist.

Pointierter als in *Maḥzor Vitry* wird hier betont, daß die Heiligung durch das Qaddish viel wichtiger ist als das Gebet der Engel. Die Wirkung des Qaddish (als dem Gebet Israels) und der *qedusha* (als dem Gebet der Engel) werden dabei miteinander verglichen. Weil das Qaddish »Gott m e h r heiligt«, kommt ihm größere Bedeutung zu. Deswegen sollte es in Aramäisch gesprochen werden, damit die durch dieses Gebet erzielte Wirkung nicht den Neid der Dienstengel weckt.

Auch dieser Abschnitt rekurriert auf einen Aspekt der Rivalität in dem Verhältnis zwischen Engeln und Menschen.[409] Der besondere sprachliche Charakter des Qaddish wird dabei ausdrücklich mit der besonderen Stellung Israels, nämlich mit seiner Erwählung, begründet. Was eigentlich Nachteil dieses Gebetes zu sein scheint, kann daher als sein Vorzug gedeutet werden.

Grundlegend für diese bemerkenswerte Umdeutung, die das »aramäische« Qaddish gewissermaßen salonfähig zu machen versucht, dürfte die Erzählung in bBer 3a gewesen sein. Wie sich an einem weiteren Abschnitt aus *Maḥzor Vitry* (MS London) beobachten läßt, konnte die oben zitierte Erklärung auf dem Hintergrund des in bBer 3a angedeuteten himmlischen Szenarios noch weiter ausgestaltet werden[410]:

4.3.3 Maḥzor Vitry (Hurwitz 55)

(. . .) אוי לבנים שגלו מעל שלחן אביהם. וכשהמלאכי׳
שומעין את העצב הזה מתבהלין ונרתעין ביניהן. ולאלתר הציבור מתחילין לשון
עברית. יתברך וישתבח כדי שיבינו המלאכים שבח משובח שישר׳ משבחי׳
לאביהם שבשמי׳ ולא ירגישו בעצב מחמת מה הוא בא. וכשצריכין לנחמו מזה
העצב הופכין הלשון לארמית כדי שלא יבינו. שהכל יודעין שאין נחמה באה אלא
על העצב. שנחמה באה על העצבון. ואומ׳ לעילא מכל ברכת׳ יתברך. ולעילא מכל
שירתא תושבחתא ישתבח. ומכל נחמתא יתנחם אותו עצב של מעלה.

»(. . .) doch wehe den Kindern, die vom Tisch ihres Vaters verbannt
wurden« (bBer 3a). Und wenn die Engel
diese Klage hören, entbrennen sie und entrüsten sich.[411] Und daher beginnt
die Gemeindeversammlung sofort in hebräischer Sprache: *yitbarakh, we-yishtabaḥ*,
damit die Engel den Lobpreis, mit dem Israel
ihren Vater im Himmel preist, verstehen. Und weil sie nicht verstanden haben,
wo die Klage (Gottes) herrührt und wie sie ihn in (seiner)
Klage trösten können. Daher wechselt man in die aramäische Sprache,
damit sie es nicht verstehen.
Denn alle wissen, daß es keine Tröstung gibt, außer infolge von Trauer. Denn Tröstung

---

[409] Vgl. hierzu Schäfer, *Rivalität*, 232f.

[410] Vgl. auch die Fassungen in *Sefer ha-Roqeaḥ ha-Gadol*, ed. Shneurson, 249; *Siddur Raschi*, ed. Buber, 10; *Siddur Rabbenu Shelomo*, ed. Hershler, 76 und 79 [MS München 393]; *Sefer ha-Minhagot*, ed. Assaf, 140; *Seder Raw Amrom Gaan*, ed. Coronel, 12b; *Sefer Abudarham ha-Shalem*, ed. Wertheimer, 68; *Ṭur Oraḥ Ḥayyim*, 58b.

[411] Wörtl.: »Und sie machen Lärm untereinander«.

sollte der Klage folgen. Und daher spricht man auch: Über alle Preisungen, sei er gepriesen; über alle Lieder und Lobpreisungen sei er gepriesen; über alle Tröstungen sei er getröstet - jene Klage dort oben.

Der eigentliche Grund für die durch das Qaddish ausgelöste Klage Gottes ist diesem Kommentar zufolge das in bBer 3a thematisierte Gedenken an die Zerstörung des Tempels und die Zerstreuung Israels. Weil die Klage Gottes die Engel beunruhigen könnte, sollte man das Qaddish nicht nur in Aramäisch rezitieren, sondern unbedingt auch einige hebräische Sätze hinzufügen.[412] Denn, so wie Gott in seiner Trauer um die Zerstörung des Tempels erst durch das Qaddish bzw. durch die Doxologie des göttlichen Namens getröstet wird, so werden die Engel in ihrer durch die Klage Gottes verursachten Sorge erst durch einen hebräischen, ihnen verständlichen Abschnitt im Qaddish beruhigt werden. Trauer Gottes und Beunruhigung der Engel werden hier zu einem Motivzusammenhang verschmolzen, der das Qaddish auf aggadische Weise immer näher mit dem Totengedenken in Verbindung bringt.

Die Autoren und Tradenten solcher Erklärungen mögen dabei davon beeinflußt worden sein, daß das Aramäische als Sprache der Klage und Trauer galt.[413] Daß in einigen *kinot* und *seliḥot* des privaten Trauergebets und am Neunten Av Aramäisch in Gebeten verwendet wurde, darf in diesem Zusammenhang jedenfalls nicht unbeachtet bleiben.[414] Die eigentümliche Verknüpfung von Motiven der Trauer mit der Sprache Aramäisch im ashkenazischen Ritus mag dann auch die Applikation des Qaddish als Gebet *für* die Toten begünstigt haben.[415]

---

412 Im Unterschied zur älteren Textüberlieferung dieser »Baraita« ging der ashkenazische Kommentator des Qaddish in *Maḥzor Vitry* also davon aus, daß die doxologische Formel an dieser Stelle in Aramäisch gehalten war.

413 Vgl. hierzu bes. das berühmte Diktum des Rabbi Yoḥanan von Bet Guvrin (סורסי לאיליייא) in ySot 7,2 - 21c,12-17; yTaan 1,11 - 71b,63-69, und s. auch MTeh 31,7 (120b); EstR 4,12 (9a) (anders!).

414 Vgl. dazu die Hinweise von Yahalom, *Angels*, 33ff., der neben einigen Beispielen aus der klassischen rabbinischen Literatur (wie z. B. dem Klagegebet Hiskias in SOR 28 [Ratner 63a]) auch auf einige aramäische *Piyyuṭim* aus der Kairoer Geniza hinweist, in denen Aramäisch in der privaten Totenklage und in der öffentlichen Klage über die Zerstörung des Tempels verwendet wird (s. Sokoloff / Yahalom, *Piyyuṭim*, 315; *Shirat bene Maʿarava*, ed. Sokoloff / Yahalom, 282ff.). Zu berücksichtigen sind auch Responsen des Sherira und Hai Gaon, die darauf hinweisen, daß der Gebrauch des Aramäischen im Gebet zulässig ist (vgl. bes. *Responsen der Gaonim*, ed. Harkavy, 188-190 und auch *Otzar ha-Gaonim*, Bd. 2 [Shabbat], Teil 1 [teshuvot], 5-6 [§ 16]). Ob man allerdings mit Lieberman, הערות, 508 davon auszugehen hat, daß Aramäisch nur deshalb verwendet wurde, weil man Trauer und Klage am besten »in der Muttersprache« zum Ausdruck bringen kann, hängt wiederum davon ab, ob man von einem traditionellen Entwicklungsmodell der Verbreitung des Aramäischen ausgeht oder ob man soziologisch, chronologisch und geographisch nicht exakt abzugrenzende Entwicklung(en) von Sprachen und Dialekten voraussetzt.

415 S. hierzu das folgende Kapitel. - Man beachte auch ein im Namen des Meʾir ben Barukh von Rothenburg (gest. ca. 1293) überliefertes Responsum in *Shibbole ha-Leqeṭ ha-*

4.4 Zusammenfassung

Obwohl allen drei Erklärungen für die Verwendung des Aramäischen im Qaddish in der älteren Forschung große Beachtung geschenkt wurde, läßt sich ihnen über die Hintergründe der Entwicklung des Wortlautes und der Sprache dieses Gebetes nichts Zuverlässiges entnehmen. Zunächst spiegeln alle Texte nur die im 11.-13. Jh. (in Frankreich und Ashkenaz) mit dem Qaddish verknüpften Motive und Vorstellungen wider. Diese waren zum Teil in der älteren Überlieferung vorgegeben und wurden dann weiter ausgestaltet und eng mit Motiven der Trauer Gottes und der Rivalität zwischen Engeln und Menschen verwoben.

Sämtliche Erklärungen beleuchten dabei noch einmal, daß die Verwendung »der« Sprache(n) des Qaddish wohl nie »bewußt« eingeführt worden ist, sondern auf einen langen, nicht mehr rekonstruierbaren Prozeß der Rezeption zurückzuführen ist. Nachdem sich das hebräisch-aramäische Qaddish einmal Gewohnheitsrecht erworben hatte, wurde die besondere sprachliche Mischform des Textes beibehalten. Dies konnte mit Hilfe dieser Erklärungen im nachhinein gestützt werden. Meinungen, nach denen das Qaddish in das Hebräische (rück)übertragen werden sollte, konnte hiermit entgegengetreten werden.

Alle untersuchten Texte belegen insofern auch, wie man sich im Verlauf der Rezeptionsgeschichte des Qaddish darum bemühte, eine »Traditionslücke« zu schließen. Weil man über den eigenartigen sprachlichen Charakter des Qaddish keine älteren Nachrichten hatte, zog man Erklärungen zurate, die im Hinblick auf vergleichbare Phänomene geprägt worden waren. Im Verlauf der Adaption und Zusammenstellung dieser Erklärungen entwickelten sich dabei aggadische Motivzusammenhänge, die dem Qaddish einen völlig neuen Sinn verliehen. Abermals erweist sich hieran, daß es sich beim Qaddish im Unterschied zum *shema*ᶜ und seinen Benediktionen sowie dem Achtzehn-Bitten-Gebet um ein Gebet handelt, das sich stärker dem Brauch verdankt als rabbinischer Verordnung oder gaonäischen »Kanonisierungs«-Bestrebungen.

Shalem, ed. Mirsky, 155: וה"ר מאיר נר"ו פירש מה טעם אומרין אותו בלשון ארמי כאדם עצב המשנה מבגדי מילתין לבגדי סמרטוטין על שם העצב שפירשנו. (»Und Rabbi Me'ir, möge seine Gnade und Gunst bewahrt werden, legte aus, was es damit auf sich hat: Wenn jemand traurig ist, so wechselt er seine Kleidung und zieht statt wollener Kleider Lumpen an, wegen der Trauer - wie wir es erklärt haben«). - Zu beachten sind ferner die Melodien, mit denen das Qaddish vorgetragen wurde. So wurde das Wochentags-Qaddish nach Jerensky, EJ (D) 9 (1932) 739f. »im Osten« stets in Moll kantilliert. Zu weiteren musikologischen Aspekten der Einführung des Qaddish vgl. ausführlich Telsner, *Kaddish*, 89ff.

5. *Zwischenergebnisse*

Die Einzelergebnisse der Textanalysen dieses Kapitels lassen sich nur schwer zu einem Gesamtbild zusammenfügen. Dies ist vor allem auf die Quellenlage zurückzuführen. Nach wie vor scheitert die genaue historische Auswertung gaonäischer und späterer Texte schon an textgeschichtlichen und literarischen Problemen.

(1) An der Untersuchung der Responsen zum Gebrauch des Wortes *yitqalas* zeigt sich, wie schwierig die Rekonstruktion der chronologischen Reihenfolge der Äußerungen einzelner Geonim zum Gebrauch dieses Wortes ist. Sämtliche Antwortschreiben belegen zunächst, daß der Wortlaut des Qaddish in gaonäischer Zeit bereits relativ festgestanden haben muß. Die Differenzen über das Wort *yitqalas* erwuchsen aus einem divergierenden Sprachgebrauch, der retrospektiv exegetisch erklärt wurde. Auf einen Ursprung der Formulierung in Palästina oder auf den Einfluß gewisser Kreise können die Unterschiede nicht zurückgeführt werden. Weder das Lexem קלס noch das mit ihm in Seder Rav Amram in Verbindung gebrachte Formulierungsmuster »sieben Wörter des Lobpreises entsprechend sieben *reqi*ʿ*im*« sind mit »mystischen« Vorstellungen in Verbindung zu bringen. Vielmehr wird das Wort ganz in der Tradition prophetischer Texte, d. h. in Übereinstimmung mit Motiven interpretiert, wie sie im Bavli und einigen Midrashim begegnen.

(2) Die Analyse der Hinweise auf die Applikation des Qaddish in der täglichen Liturgie ergibt des weiteren, daß auch seine Verwendung bereits zu Beginn der gaonäischen Epoche relativ fixiert gewesen sein muß. Das Qaddish wurde späten Quellen zufolge aufgrund zweier Prinzipien eingeführt: Zum einen sollte jedem Qaddish ein Schriftvers vorangehen; zum anderen sollte eine *miṣwa* durch ein Qaddish »abgeschlossen« werden. Nur das erste dieser beiden Grundsätze wird dabei einer bekannten Persönlichkeit, Moshe Gaon, zugeschrieben. Die mit der Befolgung dieser Prinzipien verbundene Systematisierung wird insofern erst in der gaonäischen Epoche ihren Ausgang genommen haben; einen Abschluß fand sie wohl erst viel später, im Verlauf einer weitergehenden Vereinheitlichung der Riten, wie sie sich dann in den aus Ashkenaz stammenden Erklärungen der siebenmaligen Verwendung des Qaddish in der täglichen Liturgie widerspiegelt.

(3) Außer diesen formalen Begründungen für die Verwendung haben auch inhaltliche Motive bei der Einführung des Qaddish eine Rolle gespielt. Zwar wird in keinem der untersuchten Texte aus gaonäischer (oder späterer) Zeit ausdrücklich auf die mit dem Qaddish verbundenen Vorstellungen und Deutungen seines Wortlautes als Grund für seine Einführung in die Liturgie verwiesen. Die Interpretation des Qaddish als einer »Heiligung des Namens« dürfte aber mit dazu beigetragen haben, daß man dieses Gebet besonders häufig ver-

wendete. In gaonäischen Quellen wird der erste Abschnitt des Qaddish dann besonders auf dem Hintergrund von Ez 38,23 als Bitte um den endzeitlichen Kampf Gottes bzw. seines Messias gegen Amalek, Edom und/oder Gog und Magog gedeutet. Diese schwer vom traditionsgeschichtlichen Kern des ersten Abschnitts des Qaddish abzuhebenden Auslegungstradition ist dann besonders von französischen und ashkenazischen Kommentatoren im Hochmittelalter adaptiert und unter Hinzuziehung weiterer Midrash-Traditionen, wie denen zu Ex 17,16, expliziert worden.

(4) Neben diesen inhaltlichen Motiven darf schließlich auch die Sprache des Qaddish nicht unbeachtet bleiben. Das Qaddish ist das einzige Gebet der (täglichen) Liturgie, das zum Teil in Aramäisch eingeführt wurde. Nachträgliche Versuche, die Verwendung des Aramäischen im Qaddish zu erklären, finden sich erst in Werken aus nach-gaonäischer Zeit. Auch wenn diese Erklärungen allesamt nicht als »historisch« zu bewerten sind, zeigt sich an ihnen, daß man den Gebrauch des Aramäischen schon in früherer Zeit als ungewöhnlich betrachtet haben wird, zumal diese Sprache nicht nur mit dem Studium, der *derasha* oder dem Aggada-Vortrag assoziiert war, sondern vor allem in Ashkenaz auch mit Trauer und Klage über Tod und Tempelzerstörung - mit Gemütszuständen also, deren Vergegenwärtigung innerhalb der Liturgie, vermittelt nicht zuletzt durch die ausgestaltete »Baraita« in bBer 3a, die weitere Rezeption des Qaddish als Gebet der Waisenkinder beeinflußt haben mag.

V. Die Rezeption des Qaddish im Mittelalter

Die Untersuchung der gaonäischen Responsen zum Wortlaut des Qaddish ergab, daß die Rekonstruktion der Entwicklung der synagogalen Liturgie im allgemeinen und des Qaddish im besonderen eng mit literarischen Fragen der Überlieferung gaonäischer Texte verbunden ist. Die Tatsache, daß gaonäische Stellungnahmen zum Qaddish zumeist in Werken überliefert sind, die lange nach ihrer Abfassung zusammengestellt worden sind, hatte zudem darauf aufmerksam gemacht, wie groß der Einfluß der Tradenten dieser Äußerungen sein konnte. Über Interpretation und Bearbeitung des von ihnen aufgenommenen gaonäischen Materials scheint sich daher im Grunde erst dann Genaueres sagen zu lassen, wenn auch die Entwicklungen des Ritus in der Zeit mitberücksichtigt werden, in der jene Sammlungen und Werke entstanden sind, in denen sich die gaonäischen Schreiben finden.

Im folgenden Abschnitt der Arbeit können nicht sämtliche Aspekte der weiteren Rezeption des Qaddish in dem nur unzureichend mit der Bezeichnung »Mittelalter« abzugrenzenden Zeitraum berücksichtigt werden. Die Entwicklung des Ritus verlief in diesem Zeitabschnitt regional bereits zu unterschiedlich, als daß auf alle Entwicklungen eingegangen werden könnte. Um dennoch das Problem der Rezeption gaonäischer Stellungnahmen weiterzuverfolgen, sei im folgenden wenigstens auf jene Entwicklung des Qaddish eingegangen, die seine Rezeption in der »nach-gaonäischen« Zeit am stärksten geprägt hat: die Verwendung des Qaddish als Gebet für Verstorbene. »Die« Geonim selbst haben sich zur Verwendung des Qaddish als Gebet eines Waisen für einen Verstorbenen zwar nicht (mehr) geäußert. Einigen Responsen ist aber zu entnehmen, daß gewisse Geonim zumindest jegliche Gebete *für* Tote abgelehnt bzw. die Rezitation von Gebeten *für* Tote sogar ausdrücklich untersagt haben.[1] Wie ist auf diesem Hintergrund die Entwicklung des sog. Qaddish *yatom* zu erklären?

Wann und wo der Brauch aufgekommen ist, das Qaddish als Gebet *für* die Toten zu verwenden, ist - wie im Forschungsrückblick angedeutet - umstritten. Ein Konsens bezüglich des Qaddish *yatom* besteht eigentlich nur darüber, daß

---

[1] Vgl. z. B. die Stellungnahmen gegen Gebete für Tote von Hai Gaon in *Otzar ha-Gaonim*, Bd. 4/2 (Ḥagiga), Teil 1 (teshuvot), 27 (§ 22). S. dazu auch Benyahu, תפילת המתים, 49f.; ferner Elbogen, *Gottesdienst*, 549 Anm. 4; Reif, *Judaism*, 218f. Zu beachten sind auch die Erklärungen der Verwendung des Qaddish nach der Beerdigung. Näheres dazu unten, S. 279 Anm. 9.

die Entwicklung dieses Brauches erst mit den Glossen des Rabbi Moshe Isserles aus Krakau (gest. 1572) zum *Shulḥan Arukh*[2] zu einem gewissen Abschluß gekommen ist. Erst in diesem einflußreichen Kommentar zu dem sowohl für das sefardisch-orientalische als auch ashkenazische Judentum autoritativen halakhischen Werk des Yosef ben Efrayim Karo aus Safed (gest. 1575) ist eine Entscheidung fixiert worden, durch die das Qaddish *yatom* zu einem für alle Riten verpflichtenden Brauch innerhalb der täglichen Liturgie wurde.[3]

Doch wie verlief die Entwicklung des Waisen-Qaddish vor dieser Festlegung? Welche der in der älteren Überlieferung mit dem Qaddish verbundenen Vorstellungen bedingten seine Verwendung als Gebet *für* die Verstorbenen? Fußte diese Applikation auf einer Umdeutung seines Inhaltes? Oder rekurriert sie auf der Applikation des Qaddish *le-ḥaddata* nach der Beerdigung?

1. Das 'Waisen-Qaddish'

Die Untersuchung der Applikation des Qaddish als Gebet für die Toten erfordert die Analyse von Überlieferungen, die sich in Werken finden, die aus dem 11.-13. Jh. stammen. Auch für diese Texte kann allerdings nicht von vornherein ausgeschlossen werden, daß in ihnen älteres Material enthalten ist. Die Untersuchung der Rezeptionsgeschichte des Qaddish in einer nur schwer abzugrenzenden Phase steht insofern vor ähnlichen literarischen und traditionsgeschichtlichen Problemen wie in den vorangegangenen Kapiteln.

1.1 Der zusätzliche Ort in der Liturgie

Als Qaddish *yatom* wird ein zusätzlich von einer Waisen, Hinterbliebenen oder Trauernden rezitiertes Qaddish bezeichnet. In der Regel wird dieses Qaddish n a c h der »offiziellen« Liturgie, d. h. nach dem abschließenden Qaddish *titqabal* und im Anschluß an das wahrscheinlich erst im 12./13. Jh. eingeführte *ʿalenu (le-shabbeaḥ)*[4] in Anwesenheit eines *minyan* rezitiert.[5] Dies soll übli-

---

[2] *Shulḥan Arukh*, *oraḥ ḥayyim*, § 132.

[3] Vgl. hierzu Obermeyer, *Judentum*, 109f.; Jacobson, קדיש-*Gebet*, 51.

[4] Vgl. *Seder ʿAvodat Yisraʾel*, ed. Baer, 132. Zum *ʿalenu* vgl. Elbogen, *Gottesdienst*, 80f.; Ta-Shma, מקורה, 85-95. Vermutlich hat sich dieses Gebet aus sog. *maʿamadot*-Gebeten entwickelt. In der üblichen Fassung ist es erst in ashkenazischen und französischen Handschriften des 12. Jh. belegt.

[5] Bereits an dieser Stelle sei darauf hingewiesen, daß es im folgenden nur um den Brauch der zusätzlichen Rezitation eines Qaddish im *täglichen* Gebet geht. Der erst zu Beginn der Neuzeit aufgekommene Brauch des »Jahrzeit«-Qaddish (von jidd. יארצייט) bedürfte einer eigenen Untersuchung. Zum christlichen Einfluß auf diesen Brauch vgl. Rieger, AZdJ 78 (1914)

cherweise täglich geschehen, und zwar zwölf (bzw. elf) Monate lang nach dem Todestag des Verwandten, d. h. für die Dauer, in der ein Mensch gemäß traditioneller Auffassung nach seinem Tod im Gehinnom weilt.[6] Im ashkenazischen Ritus wird dabei als Qaddish *yatom* stets das Halb-Qaddish verwendet, während in sefardisch-orientalischen Riten auch das die Liturgie abschließende Qaddish *de-Rabbanan* rezitiert wird.[7]

Grundlegend für diesen Brauch war die Idee, daß es möglich ist, auf das »chthonische Leben« bzw. auf die Befindlichkeit der Seelen in der *she'ol*, Einfluß zu nehmen. Dieser Gedanke basiert auf der im rabbinischen Judentum erst spät belegten Vorstellung, nach dem es postmortal zu einer Trennung von Körper und Seele kommt, die nach der Auferstehung wieder aufgehoben wird.[8] Obwohl sich diese Vorstellung in der nach-talmudischen Zeit durchzusetzen begann, ist zu bedenken, daß von »offizieller« rabbinischer Seite, und später auch von einigen Geonim, Gebeten *für* das Wohlergehen der Seelen der Verstorbenen große Vorbehalte entgegengebracht wurden.[9] Das Qaddish *yatom* stellt insofern eine liturgische Entwicklung dar, die einigen gaonäischen Stellungnahmen eindeutig entgegensteht.[10] Seine Entwicklung ist daher auch in der Forschung unterschiedlich beurteilt worden:

Die am häufigsten vertretene Erklärung bringt die Einführung des Waisen-Qaddish mit den Veränderungen im ashkenazischen Ritus nach den großen Verfolgungen der Jahre 1096 und 1146/47 in Verbindung.[11] Die Massaker in den Gemeinden des Rheinlandes hätten eine Radi-

---

468; Dalman, *Seelenmesse*, 169-190; Obermeyer, *Judentum*, 127f.

[6] Vgl. bQid 31b. Nach mEd 2,10 gelten zwölf Monate als die längste Dauer des Aufenthalts im Gehinnom; vgl. oben tSan 13,4f.(Zuckermandel 434), S. 132. Im 16. Jh. ging man (unter dem Einfluß des Zohar?; so Elbogen, *Gottesdienst*, 528 Anm. 4) im ashkenazischen Ritus dazu über, die tägliche Rezitation des Waisen-Qaddish auf elf Monate zu begrenzen. Hierdurch sollte zum Ausdruck gebracht werden, daß die Verstorbenen nicht (bzw. nicht so lange) wie die Frevler im Gehinnom weilen. Das Waisen-Qaddish sollte elf Monate lang gewissermaßen prophylaktisch, für den Fall, daß sich ein verstorbener Verwandter tatsächlich im Gehinnom befindet, gesprochen werden. Vgl. dazu Obermeyer, *Judentum*, 123; Telsner, *Kaddish*, 83.

[7] Was auf die späte Einführung des Qaddish *yatom* in den sefardischen Ritus zurückzuführen sein dürfte. Auch sind die unterschiedlichen Deutungen der Wirksamkeit des Qaddish in sefardischen Riten zu beachten; vgl. Pool, *Kaddish*, 105f.; Lerner, מעשה, 62. S. auch Telsner, *Kaddish*, 81.

[8] Vgl. dazu Stemberger, *Auferstehungslehre*, 60ff.; Hirsch, *Psychology*, 150ff.

[9] Zur rabbinischen Sicht des Gebetes für die Toten vgl. etwa Schechter, *Aspects*, 198f. Vgl. ferner Benyahu, תפילת המתים, 49f. - Zur Frage, ob das Gebet für die Toten überhaupt gestattet ist, vgl. *Sefer Hegjon ha-Nefesch*, hg. v. Freimann, 32 (hebr. Zählung). Avraham bar Ḥiyya (geb. 1065 oder 1070) bestritt demnach, daß die guten Taten und Gebete der Lebenden einen toten Frevler im nachhinein erlösen können - eine rationalistische Position, wie sie besonders unter sefardischen Gelehrten verbreitet war. Vgl. dazu Reif, *Judaism*, 219.

[10] Vgl. oben S. 277 Anm. 1.

[11] So z. B. Elbogen, *Gottesdienst*, 95, und s. auch ders., *Kaddisch*; Obermeyer, *Judentum*, 91f.; Petuchowski, *Prayerbook*, 323. Pool, *Kaddish*, 106 dagegen möchte nur den Brauch des »Jahrzeit«-Qaddish auf die Verfolgungen während der Kreuzzugszeit zurückführen.

kalisierung des Verständnisses des *qiddush ha-shem*, dem in dieser Zeit zigfach erlittenen Martyrium, zur Folge gehabt, was sich auf die Deutung des Qaddish ausgewirkt habe.[12] Da dem Totengedenken in diesen Gemeinden von jeher eine größere Bedeutung beigemessen worden sei, habe sich das bereits in der älteren Überlieferung mit den Toten im Gehinnom in Verbindung gebrachte Qaddish als Gebet für die Verstorbenen besonders angeboten.[13]

Andere bislang weniger beachtete Erklärungen für das Waisen-Qaddish verweisen auf die Verwendung des Qaddish nach der Beerdigung (Qaddish *le-ḥaddata*): Das Qaddish sei wegen seiner Rezitation am Grab schon früh mit dem Totengedenken assoziiert worden. Daher könne der Brauch, das Qaddish als Gebet für die Toten zu verwenden, bis in gaonäische Zeit zurückverfolgt werden.[14]

Z. Karl[15] möchte die Entwicklung des Waisen-Qaddish aus der in Sof 19,9 (Higger 337) erwähnten zusätzlichen Rezitation des Qaddish für die Angehörigen eines Verstorbenen nach dem *musaf*-Gebet am Shabbat ableiten. Diese zusätzliche Rezitation sei ursprünglich nur am Shabbat vom *ḥazzan* vor der Tür der Synagoge und nach dem eigentlichen Gebet erfolgt. Aus diesem Brauch habe sich später der Minhag entwickelt, Qaddish auch *in* der Synagoge und durch einen Angehörigen des Verstorbenen sprechen zu lassen.

S. Krauss[16] versucht die Entwicklung durch die Rezeption der oben untersuchten Midrash-Apokalypsen zu erklären. Da bereits in diesen »Midrashim« die erlösende und sühnende Wirkung der Amen-Responsion der Gemeinde bzw. der Toten hervorgehoben werde, hätte sich das Waisen-Qaddish nicht aus der in Sof 19,12 angedeuteten zusätzlichen Rezitation des Qaddish und *barekhu* für die Trauernden nach dem Gebet entwickelt, sondern beruhe auf Vorstellungen, wie sie in den Schilderungen der Wirkung der Amen-Responsion (bShab 119b) entgegentreten.

Der traditionsgeschichtliche Hintergrund der Entwicklung des Waisen-Qaddish wird auch von D. de Sola Pool herausgestellt. Seiner Meinung nach sei das Qaddish als Gebet der Waisen auf die »*utmost importance attributed to the Kaddish, and its recital attended with the most far reaching results, according to the tradition of the mystics*«[17] zurückzuführen. Neben einem von ihm nicht näher erläuterten Einfluß »der Mystiker« sei die Entwicklung auch durch Vorstellungen beeinflußt worden, die den Taten und Gebeten der Angehörigen besondere Wirkung zuschreiben. Im Verlauf der Entwicklung des Waisen-Qaddish seien mithin zwei »streams of thought« ineinandergeflossen.[18]

A. N. Z. Roth[19] schließlich vermutet, daß das Waisen-Qaddish mit einem in gaonäischen Quellen belegten Minhag in Beziehung stünde. Einem Waisenkind sei am Shabbat die Pflicht übertragen worden, die Propheten-*hafṭara* zu verlesen bzw. als achter Leser (*shemini*) zu fungieren.[20] Durch die Verrichtung dieser zusätzlichen *miṣwa* konnte man das *purgatorium* der Verstorbenen im Gehinnom erleichtern oder sie sogar davon erlösen.[21] Das Waisen-Qaddish

---

[12] Vgl. dazu auch Telsner, *Kaddish*, 66.

[13] Häufig wurde die Entwicklung des Waisen-Qaddish daher auch in die Nähe des Brauches der *azkara neshamot* und der Verwendung des Gebetes *el male raḥamim* gestellt. Vgl. Elbogen, *Gottesdienst*, 203; Krauss, מהות, 134 Anm. 22.

[14] Vgl. Idelsohn, *Liturgy*, 87, und s. auch Jacobson, קדיש-*Gebet*, 51; ferner Abramson, עניינות, 107f.

[15] Vgl. Karl, "הַ"קַדִּישׁ, 523ff.

[16] Vgl. Krauss, מהות, 128ff.

[17] Pool, *Kaddish*, 103.

[18] Vgl. Pool, *Kaddish*, 103f.

[19] Roth, אזכרה, 369-381.

[20] Vgl. Roth, אזכרה, 376; dann auch Assaf, ספר הקדיש, 236.

[21] Vgl. Roth, אזכרה, 376f. Demnach ist der Brauch des *hafṭara*-Lesens durch einen *yatom* allerdings erst in dem Buch *Orḥot Ḥayyim* des Aharon ben Yaʿaqov ha-Kohen aus Lunel

hätte sich aus der nach der *haftara*-Lesung vorgenommenen Qaddish-Rezitation entwickelt. Später, zu einem nicht mehr genau ermittelbaren Zeitpunkt, als man die Lesung der gesamten *haftara* durch einen Waisen als zu schwierig ansah, hätte man ihm nur noch die Rezitation des Qaddish übertragen.

Die meisten Beiträge zum Qaddish *yatom* verweisen im übrigen auf einen Text, der von Pool sogar als die Ätiologie[22] der Verwendung des Qaddish als Gebet eines Waisen für seinen verstorbenen Vater bezeichnet wird: das sog. *ma'ase* von dem Tannaiten und dem Toten.

Diese Erzählung ist weder in den Talmudim noch in den »klassischen« Midrashim überliefert. Meist wird sie in »nach-talmudische« Zeit datiert[23] und sogar »den Mystikern« zugeschrieben.[24] Andere möchten sie auf christlichen Einfluß zurückführen.[25] Jüngst wird ihre Entstehung auch in tannaitischer und amoräischer Zeit angesetzt.[26] Von fast allen Forschern wird dabei betont, daß vom Verständnis und der Datierung dieses *ma'ase* abhängt, wie Alter und Entstehung des Qaddish *yatom* zu beurteilen sind.

1.1.1 Das ma'ase von dem Tannaiten und dem Toten

In ihrer klassischen und im Hinblick auf die Einführung des Waisen-Qaddish besonders wichtigen Fassung findet sich die Erzählung in dem im 13. Jh. verfaßten Halakha-Kompendium *Sefer Or Zarua'* des Rabbi Yiṣḥaq ben Moshe aus Wien (1180-1250), einem Schüler des Yehuda ben Shemu'el he-Ḥasid aus Regensburg (1140-1217).[27] Diese Fassung steht einer wahrscheinlich im 12. Jh. verfaßten Rezension nahe, die sich in dem von Simḥa ben Shemu'el aus Speyer verfaßten *Maḥzor Vitry* findet, wobei diese Fassung selbst wiederum

(Druck Florenz 1750, 44) aus dem 14. Jh. belegt - dort aber im Namen des Rav Hai Gaon.

22 Vgl. Pool, *Kaddish*, 105.

23 Vgl. Obermeyer, *Judentum*, 95-129. Er geht von einer Entstehung in gaonäischer Zeit aus; vgl. bes. aaO. 113. Eine Spätdatierung vertritt auch Ginzberg, לקוטי סדר אליה זוטא, 237.

24 Vgl. etwa Obermeyer, *Judentum*, 112; Jacobson, קדיש-*Gebet*, 46ff.; Hübscher, *Kaddisch-Gebet*, 20ff.; Assaf, הקדיש, 144. Zum »mystischen Einfluß« vgl. auch Elbogen, *Kaddisch-Gebet*, 16 und Trepp, *Gottesdienst*, 156.

25 Vgl. Heller, *Notes*, 308-312, der allerdings nur die Fassungen in Ps-SEZ 17, *Kalla Rabbati* und in *Sefer ma'asiot*, ed. Gaster (s. hierzu unten Anm. 30) berücksichtigt.

26 Vgl. hierzu die drei grundlegenden, bereits erwähnten Beiträge aus neuerer Zeit von Ta-Shma, קדיש, der sich weitgehend der Position Lerners, מעשה anschließt und einen Ursprung des *ma'ase* in tannaitischer Zeit annimmt. Kushelevsky, התנא, 41-63 kommt dagegen aufgrund sprachlicher Beobachtungen zu dem Ergebnis, daß es erst aus amoräischer Zeit stammt. Obermeyer, *Judentum*, 95-129 nimmt dagegen eine Entstehung in gaonäischer Zeit (11. Jh.) an.

27 *Sefer Or Zarua'*, Bd. 2, ed. Lehrn, 11c-d. - Zu diesem Werk und seinem Verfasser vgl. Havlin, EJ 9 (1971) 25-27; Urbach, בעלי התוספות, 436-447. Zur Textgeschichte s. Schrijver, *Light*, 53-82.

von dem *Perush Siddur ha-Tefilla la-Roqeaḥ* des El'azar von Worms (1165-1230) abhängig zu sein scheint.[28] Von besonderer Bedeutung für die Datierung dieser Geschichte ist im übrigen ein Geniza-Fragment[29], in dem wahrscheinlich eine der ältesten Fassungen dieses aggadischen *ma'ase* erhalten ist.[30]

Die von Rabbi Yiṣḥaq ben Moshe aus Wien überlieferte Version lautet:

a. Sefer Or Zarua' (Lehrn 11c-d)

[A] Unser Brauch im Lande »Kanaan« (כנען)[31] ist es, und so ist es auch Brauch bei den Bewohnern des Rheinlandes (ארצות הרינוס): Nachdem die Gemeinde *eyn ke-elohenu* gehört hat, steht ein Waisenknabe auf und spricht Qaddish. In Frankreich (צרפת) sah ich aber, daß man nicht darauf achtet, wer das Qaddish spricht, ob es ein Waise spricht oder ein Junge, der einen Vater hat. Unser Brauch aber läßt sich mit einem *ma'ase* von Rabbi Aqiva erklären:

[B] Ein *ma'ase* von Rabbi Aqiva: Er sah einen Mann, der nackt und schwarz war wie ein Köhler, und er trug auf seinem Haupt fast zehn Kilo und rannte hin und her wie ein Pferd.

[C] Hielt ihn Rabbi Aqiva an und stellte ihn (zur Rede) und sprach zu diesem Mann: Warum tust du so schwere Arbeit? Falls du ein Sklave bist und dein Herr dir solches antut, (dann) werde ich dich aus seiner Hand befreien. Falls du arm bist, mache ich dich reich.

---

[28] Vgl. *Perushe Siddur ha-Tefilla la-Roqeaḥ*, ed. Hershler, 603. Diese Rezension wird von Lerner nicht berücksichtigt. Auf ihre Bedeutung macht jedoch schon Karl, "הַקָּדִישׁ", 523 aufmerksam.

[29] Der Text dieses Fragments ist zuerst von Mann, *Bible*, Bd. 2, 229f. veröffentlicht worden, dann erneut von Lerner, מעשה, 69 (s. unten).

[30] Zum Verhältnis der Rezensionen vgl. ausführlich Lerner, מעשה, 55-60. Er geht davon aus, daß der »Urtext« dieses *ma'ase* in dem Geniza-Fragment erhalten ist. Diesem Text stünde eine in *Pirqe Derekh Ereṣ* 2 = Ps-SEZ 17 (ed. Friedmann, 23) überlieferte Fassung nahe, die wiederum mit einigen nur handschriftlich erhaltenen Fassungen des *Midrash 'Aseret ha-Divrot* (vgl. BHM I, 80f.) verwandt sei. Eine weitere Entwicklungsstufe des *ma'ase* sei seiner Meinung nach in einer Fassung in *Sefer ha-Liqquṭim*, Bd. 6.1, ed. Grünhut, 17f. zu finden, und diese Fassung hätte ihre engste Parallele wiederum in einem Geniza-Fragment des SEZ, welches von Ginzberg, לקוטי סדר אליהו זוטא, 238f. veröffentlicht worden ist (s. hierzu auch Abramson, עניינות, 371f.). Als von diesen Textzeugen unmittelbar abhängig erwiesen sich die bereits erwähnten Fassungen in *Sefer Or Zarua'* (s. o.) und in *Maḥzor Vitry* (ed. Hurwitz, 112f.); ferner seien mit ihnen auch noch Rezensionen aus einem von Gaster veröffentlichten *ma'ase*-Buch (vgl. Gaster, *Exempla*, 92f.) und eine Version aus dem sog. *Ḥibbur Yafe min ha-Yehoshua'* des Rav Nissim Gaon (Nord-Afrika; 11. Jh.), 55 (§ 105) verwandt. Besondere Bedeutung kommt nach Lerner auch einer aramäischen Rezension dieser Erzählung in dem sog. außerkanonischen Traktat *Kalla Rabbati* zu (vgl. *Massekhtot Kalla*, ed. Higger, 202f.). Diese Fassung stünde einer Version in dem großen sefardischen Sammelwerk des Rabbi Yiṣḥaq Abohav (gest. 1493), *Sefer Menorat ha-Ma'or*, ed. Fris Ḥorev / Kazenelenbogen, 51, nahe, wo sie als aus »Tanḥuma« stammend eingeführt wird. Oft wurde diese Fassung als die älteste betrachtet (vgl. etwa Obermeyer, *Judentum*, 102). Tatsächlich dürfte sie aber erst viel später entstanden sein, denn in den bekannten Tanḥuma-Midrashim ist das *ma'ase* bislang nicht belegt.

[31] Kanaan ist *kinnui* für das süd-östliche Europa, in denen slawische Sprachen gesprochen wurden; s. Binyamin von Tudela, *Sefer ha-Massa'ot* (Übers. Schmitz 49); hier wird Böhmen gemeint sein; s. Tykocinski, *Lebenszeit*, 488-494; Havlin, EJ 9 (1971) 25.

[D] Sprach er zu ihm: (Ich) bitte dich, halte mich nicht auf, damit die, die über mich bestimmt sind, nicht zornig werden über mich. Sprach er zu ihm: Was hat es damit auf sich, und was hast du getan? Sprach er zu ihm: Ich bin tot, und jeden Tag sendet man mich aus, um Holz zu sammeln, um mich (nachher) damit zu verbrennen. Sprach er zu ihm: Mein Sohn, welche Arbeit hast du in der Welt verrichtet, von der du gekommen bist? Spricht er zu ihm: Steuereintreiber war ich, und ich gehörte zu den Oberen des Volkes, und ich war einer, der gute Miene bei den Reichen machte, und die Armen machte ich zunichte. Sprach er zu ihm: Hast du nichts von denen gehört, die über dich ernannt sind? Gibt es keine 'Rettung' (תקנה) für dich?

[E] Sprach er zu ihm: Ich bitte dich, halte mich nicht auf, damit nicht meine Peiniger über mich zürnen, denn für jenen Mann gibt es keine 'Rettung' (תקנה). Allerdings hörte ich von ihnen etwas, was nicht sein kann. (Nämlich) daß, falls dieser Arme einen Sohn hätte, der in der Gemeinde stünde und spräche: *barekhu et adonai ha-mevorakh* und sie nach ihm respondieren würden: *barukh adonai ha-mevorakh le-ʿolam wa-ʿed* oder er spricht: *yitgadal* . . ., und sie respondieren nach ihm: *yehe sheme rabba mevarakh*. Sofort würden sie jenen Mann von den Bedrängnissen erlösen.

[F] Aber jener Mann hinterließ keinen Sohn auf der Welt. Aber er ließ seine Frau schwanger zurück. Allerdings ohne zu wissen, ob er männlichen (Nachwuchs) hinterlassen hat. Und wenn: Wer unterrichtet ihn? Denn dieser hat keinen, der ihn unterrichtet.

[G] Zu jener Stunde nahm Rabbi Aqiva es auf sich hinzugehen und nachzuforschen, ob ihm ein Sohn geboren worden war, damit er ihn Tora lehren und vor die Gemeinde stellen könne.

[H] Sprach er zu ihm: Was ist dein Name? Sprach er zu ihm: Aqiva! - Und der Name deiner Frau? Sprach er zu ihm: Shoshniva! - Und der Name deiner Stadt? Sprach er zu ihm: Ludqia[32]. - Sofort spürte Rabbi Aqiva einen großen Schmerz und ging hin, um nach ihm zu suchen.

[I] Als er an jenen Ort kam, fragte er nach ihm. Sprachen sie zu ihm: Mögen seine Knochen zermalmt werden, dieser Verbrecher! - Er fragte nach seiner Frau. Sprachen sie zu ihm: Möge ihr Gedächtnis aus der Welt getilgt werden! - Er fragte nach dem Sohn. Sie sagten: Siehe, er ist sogar ein Unbeschnittener - die *miṣwa* der Beschneidung ist an ihm noch nicht vollzogen!

[J] Sofort nahm ihn Rabbi Aqiva und beschnitt ihn. Und er nahm die Tora nicht an, solange er nicht vierzig Tage lang gefastet hatte. Da ging eine *bat qol* aus und sprach zu ihm: Rabbi Aqiva, geh und unterrichte ihn!

[K] Er ging und unterrichtete ihn in der Tora und im *qeriyat shemaʿ* und in den 18 Benediktionen und im Tischsegen, und (dann) stellte er ihn vor die Gemeindeversammlung. Und er sprach: *barekhu* und *adonai ha-mevorakh*[33], und die Gemeindeversammlung respondierte: *barekhu et adonai ha-mevorakh le-ʿolam wa-ʿed! yitgadal . . . yehe sheme rabba*. Zur gleichen Stunde entließen sie den Toten von seinen Bedrängnissen.

[L] Und alsbald kam der Tote zu Rabbi Aqiva im Traum und sprach: Deine Seele möge im Garten Eden ruhen, denn du hast mich vom Gericht des Gehinnom erlöst!

[M] So sprach er zu Rabbi Aqiva: *Dein Name sei ewig, deine Erinnerung von Geschlecht zu Geschlecht!* (Ps 135,13f.).

Bereits die einleitende Bemerkung [A] zeigt, daß es sich bei dieser Fassung des *maʿase* um eine späte Bearbeitung handelt. Durch sie wollte Rabbi Yiṣhaq ben

---

[32] Gemeint ist eine Stadt »Laodicea«; der Name wurde für mehrere Städte im syrisch-kleinasiatischen Raum verwendet; s. Jastrow, *Dictionary*, 695 s. v. לוּדְקְיָא.

[33] Hier ist natürlich die bekannte Eröffnungsformel ברכו את ה' המבורך gemeint, nicht zwei unterschiedliche Formeln.

Moshe den Brauch (מנהגינו) erklären, warum ein Waisenknabe am Shabbat für seinen verstorbenen Vater Qaddish sprechen sollte. Zu beachten an dieser Fassung ist auch - und darauf ist bereits oft hingewiesen worden -, daß hier nicht nur das Qaddish erwähnt wird, sondern auch das etwa aus Sof 10,6 bekannte *barekhu*-Gebet.[34] Gemäß der Bitte des »lebenden Toten« kann nur durch *barekhu* u n d Qaddish seine Rettung aus dem Gehinnom bewirkt werden. Außerdem sollte dies am Shabbat-Ausgang nach dem im ashkenazischen Ritus üblichen *eyn ke-elohenu*[35] geschehen - ein Hinweis, der sicher auf die Vorstellung zurückzuführen ist, daß der Shabbat-Ausgang als der Zeitpunkt gilt, an dem die Seelen der Toten in das Gehinnom zurückkehren.[36] Von daher erklärt sich auch, warum dieses *maʿase* von Rabbi Yiṣḥaq ben Moshe in den *Hilkhot Shabbat* angeführt wird.

Vergleicht man nun diese Fassung des *maʿase* mit der bereits erwähnten, wohl wesentlich älteren Version aus der Geniza, so sind wichtige Unterschiede auszumachen. Sowohl die Frage nach Alter und Herkunft des in *Sefer Or Zaruaʿ* angedeuteten Brauchs der Rezitation des Qaddish *yatom* als auch das Problem der Herkunft dieses *maʿase* erscheinen auf dem Hintergrund dieser Fassung in einem anderen Licht[37]:

b. T.-S. C.2 144 c-d

א״ר יוחנן בן זכאי פעם אחת הייתי עובר בדרך פגעתי באדם אחד שהוא מלקט עצים נתתי לו שלום ולא החזיר לי שלום אמ׳ לו מן החיים אתה אמ׳ למן המתים אתו האיש אמ׳ לו אם מן המתים אתה עצי[ם] שאתה מלקט למה לך אמר לי האזין ממני דבר אחד כשהייתי באותו העולם אני וחבירי בלטיר אחד [היינ]ו עוסקין נגזרה עלינו שריפה כשאני מלקט עצים שורפים אתי כשהוא מלקט עצים שו[ר]פין אתו אמר לו עד מתי דינכם א׳ לי רבי כשבאתי לכן הנחתי אשתי מעוברת ועכשיו איני יודע אם זכר ילדה או נקבה בבקשה ממך הוי זהיר בו   לה׳ שנים את מוליכו לבית הכנסת ומלמדו תפלה וקרית שמע ומלמדו ג׳ פסוקין ויעלה ויקרא בספר תורה ויענו הקהל אחריו ברכו ברוך י״י המבורך ואני פטור מן הדין הזה מיד ר׳ יוחנן ועשה כך לאחר כך יצא ר׳ יוחנן מצא אתו האיש באתו

---

[34] Vgl. Abschnitt [E], und vgl. auch die Version in *Machsor Vitry*, ed. Hurwitz, 113, wo es ausdrücklich heißt: על כן נהגו לעבור לפני התיבה במוצאי שבת אדם שאין לו אב או אם לומר ברכו או קדיש (»Daher führte man es ein, jemanden, der weder Vater noch Mutter hat, am Shabbat-Ausgang vor die *teva* zu stellen, um ihn *barekhu* oder Qaddish sprechen zu lassen«). Vgl. auch *Perushe Siddur ha-Tefilla la-Roqeaḥ*, ed. Hershler, 603.

[35] S. dazu oben S. 36 Anm. 90.

[36] Vgl. etwa Tan *tisa* 33 (164a) bzw. PesR 23 (120a); Yalq Ijob § 506 (505a) und auch *Aruch*, Bd. 7, ed. Kohut, 20 s. v. צַלְמָוֶת; dann auch Ginzberg, *Legends*, Bd. 5, 22 und Ta-Shma, קדיש, 307.

[37] Text nach: Lerner, מעשה, 69. Vgl. auch Mann, *Bible*, Bd. 2, 229f.

15 המקום שפגע בו א׳ לו תנוח נפשך כשם שהנחת אתי
16 ואת נפשי נפטרתי מאתו הדין מיד פתח ר׳ יוחנן וא׳ י״י
17 שמך לעולם ג׳

1 Sprach Rabbi Yoḥanan ben Zakkai: Einst ging ich des
2 Wegs, da traf ich einen Mann, der Holz sammelte. Ich grüßte ihn,
3 er erwiderte jedoch den Gruß nicht. Ich sprach zu ihm: Weilst du unter den Lebenden? Sprach er: Von den Toten ist
4 dieser Mann! Sprach ich zu ihm: Wenn du unter den Toten weilst, warum sammelst du Holz?
5 Sprach er zu mir: Höre von mir eine Geschichte: Als ich in dieser Welt weilte, da verdingten sich
6 ich und mein Freund als Räuber.[38] Daher wurde über uns Verbrennen als Strafe verhängt:
7 Wenn ich Holz gesammelt habe, dann verbrennen sie mich; wenn er Holz gesammelt hat,
8 dann verbrennen sie ihn. Da fragte ich ihn: Wie lange noch wird die Bestrafung dauern? Sprach er zu mir: Rabbi, bevor ich hierhin kam,
9 ließ ich meine Frau geschwängert zurück, und nun weiß ich nicht, ob sie einen Knaben
10 oder ein Mädchen geboren hat. Ich bitte dich, (kümmere dich um ihn), und im Alter von fünf Jahren
11 führe ihn in eine Synagoge und lehre ihn die *tefilla*, das *shemaᶜ*, und lehre ihn
12 drei Verse (aus der Tora). Und wird er dann aufgerufen, aus der Tora zu lesen, und wird die Gemeinde daraufhin *barekhu* respondieren:
13 *barukh adonai ha-mevorakh*[39], dann werde ich von dieser Strafe befreit. Sofort (ging) Rabbi Yoḥanan (hin)
14 und machte es so. Nachdem er es so gemacht hatte, ging Rabbi Yoḥanan hin und traf jenen Mann an ebendemselben Ort,
15 an dem er ihn zuvor getroffen hatte. Sprach er zu ihm: Deine Seele möge (im Garten Eden) ruhen, denn du hast mich zur Ruhe gebracht
16 und meine Seele von jener Strafe befreit. Sofort sprach Rabbi Yoḥanan und sagte: *Herr,*
17 *dein Name (sei gepriesen) immer (und ewig)* [u]sw. (Ps 135,13)

Die auffälligsten Unterschiede dieser Fassung des *maᶜase* zu der oben vorgestellten in *Sefer Or Zaruaᶜ* sind zweifellos, daß in ihr der Erzählstoff mit dem Namen des Rabbi Yoḥanan ben Zakkai, einem anderen bedeutenden Tannaiten, in Verbindung gebracht[40] und daß in ihr nur auf das *barekhu*-Gebet hinge-

---

[38] Die Übersetzung des Wortes לטיר ist schwierig: Zum einen könnte man es vom griech. Wort λατρεία ableiten - dann wäre hier davon die Rede, daß die beiden Männer sich zu Lebzeiten mit Götzendienst, also *ᶜavoda zara* und allem, was darunter nach rabbinischer Auffassung zu verstehen ist, abgegeben haben. Andererseits kann das Wort vom lat. *latro*, »Räuber«, abgeleitet werden (so Lerner, מעשה, 36ff.). Jene Rezensionen, in denen die Lesart בפלטירי, vielleicht vom griech. πωλητήρ, »Verkäufer«, überliefert wird (s. z. B. Ps-SEZ 17, ed. Friedmann, 23), könnten hieraus entstanden sein.

[39] Hier ist zweifellos die Formel ברכו אתה ה׳ המבורך gemeint.

[40] Lerner, מעשה, 31 hält diese Zuschreibung für wahrscheinlicher, da die Geschichte in

wiesen wird (vgl. Z. 13). Lerner und andere vermuten aus sprachlichen und inhaltlichen Gründen[41], daß in dem Geniza-Fragment die ursprüngliche Fassung der Erzählung bewahrt ist. Weil in dieser in einem einfacheren Hebräisch verfaßten Version das Qaddish noch nicht erwähnt wird, sei das *ma'ase* erst später mit dem Qaddish *yatom* in Verbindung gebracht worden.[42]

Lerner weist nun allerdings auch darauf hin, daß, aufgrund des Zusammenhangs des erwähnten Gebetes mit der Tora-Lesung, eine Verknüpfung dieses Minhag mit dem Qaddish-Sagen nahegelegen haben muß. Diese Beobachtung aufnehmend zieht Ta-Shma[43] daher sogar in Erwägung, in der Geniza-Fassung wäre gewissermaßen stillschweigend vorausgesetzt worden, daß *barekhu* u n d Qaddish zusammen rezitiert werden - d. h. auch in dieser Fassung des *ma'ase* sei bereits die Verwendung des Qaddish im Blick gewesen, obwohl es (noch) nicht explizit erwähnt werde. Den Grund hierfür könne man nach Ta-Shma der oben untersuchten Stelle aus Sof 10,6 (Higger 214-216) entnehmen. Denn bereits dort wird vorausgesetzt, daß die beiden Gebete stets zusammen rezitiert wurden.[44] Nach Ta-Shma hätte sich die Entwicklung des *gesonderten* Gebrauchs des Qaddish als eines Gebetes eines Waisen zwar im 12. Jh. vollzogen.[45] Doch das Geniza-Fragment zeige, daß *barekhu* u n d Qaddish[46] schon viel früher als Gebete für die Toten verwendet worden seien. Dies könne im übrigen auch ein zur selben Zeit aufgekommener Brauch im ashkenazischen Ritus be-

---

dem Geniza-Fragment als persönlicher Bericht des Rabbi Yoḥanan ben Zakkai geschildert wird, während spätere, Rabbi Aqiva zugeschriebene Fassungen in der 3. Person von der Begegnung mit dem bzw. den Toten berichten.

[41] Vgl. Lerner, מעשה, 48f. Neben der typischen Ausdrucksweise früher Midrashim verweist er z. B. darauf, daß in dieser Fassung das Gehinnom und die dort vorgenommene Strafe nicht erwähnt werden. Die Erwähnung des Gehinnom sei ein typisches Merkmal später, vom Bavli abhängiger Versionen des *ma'ase*. Vgl. hierzu allerdings die vorsichtigere Beurteilung des Befundes von Kushelevsky, התנה, 62f. Zur Entwicklung des Motivs der Bestrafung im Gehinnom in tannaitischer und amoräischer Literatur s. auch Milikowsky, גיהנום, 320 mit Anm. 38. Demnach ist die Vorstellung, daß die Verstorbenen nach dem Tod eine Zeit im Gehinnom weilen, erst in Texten aus amoräischer Zeit belegt.

[42] So z. B. Krauss, מהות, 131 Anm. 13; Obermeyer, *Judentum*, 117; Ginzberg, לקוטי סדר אליהו זוטא, 235; *Massekhtot Kalla*, ed. Higger, 71; Lerner, מעשה, 60ff.

[43] Vgl. Ta-Shma, קדיש, 304, der damit der Interpretation dieses *ma'ase* durch Ginzberg widerspricht, da Ginzberg in der Geniza-Fassung sogar eine *gegen* die Verwendung des Qaddish gerichtete Fassung dieser Erzählung erkennen möchte.

[44] Vgl. oben S. 212f.

[45] Vgl. Ta-Shma, קדיש, 308f. Er erwägt darüber hinaus, ob der Gebrauch des Waisen-Qaddish in dem *usus* begründet war, am Shabbat-Ausgang (*ma'ariv shel-moṣa'e shabbat*) ein Gebet für die Toten zu sprechen. Dies wird Ta-Shma zufolge bereits in *Maḥzor Vitry* und *Sefer Or Zarua'* angedeutet. Der Moment der Rückkehr der Toten in das Gehinnom bot sich für ein Bittgebet für die Toten besonders an. Nachdem sich das Qaddish an diesem Ort der Liturgie - also nach dem *'aravit* des Shabbat - ein gewisses Gewohnheitsrecht erworben habe, sei es später mit dem Brauch in Verbindung gebracht worden, ein zusätzliches Gebet für den verstorbenen Vater zu rezitieren.

[46] Vgl. hierzu allerdings das oben, S. 216, Gesagte. Demnach läßt sich der in Sof 10,6 angedeutete Brauch der Wiederholung von *barekhu* und Qaddish *nach* der *tefilla* wohl erst für einen ashkenazischen Ritus belegen.

legen: die Rezitation eines dem Qaddish sehr ähnlichen Gebetes im Verlauf der üblichen Rezitation von *barekhu* durch den Vorbeter.[47] Auch dieser Minhag lege die Vermutung nahe, daß Qaddish und *barekhu* ursprünglich als eine Einheit aufgefaßt wurden.[48] Qaddish werde in dem Geniza-Fassung des *ma^case* also nur deshalb nicht erwähnt, weil es genügte, auf das *barekhu*-Gebet hinzuweisen.[49]

Schließt man sich diesen Überlegungen zum Verhältnis der Geniza-Fassung des *ma^case*[50] zur Fassung in *Sefer Or Zarua^c* an, so hat dies weitreichende Konsequenzen für die Rekonstruktion des Brauchs des Qaddish *yatom*: Nicht nur, daß man die Entwicklung dieses Brauchs viel früher datieren müßte, auch müßte man dann annehmen, daß die Entwicklung nicht mit der gesonderten Rezitation eines Qaddish am *Ausgang* der Liturgie begonnen hat, sondern mit der Rezitation der zu Beginn des Gottesdienstes gesprochenen Gebete.

Für die Annahme einer frühen Entstehung des Brauchs hat Ta-Shma allerdings auch darauf hingewiesen, daß er eng mit dem bereits erwähnten Brauch zusammengehangen haben könnte, einen Waisenknaben die *haftara* des Shabbat lesen zu lassen. An diesem Brauch, den Ta-Shma wie Roth[51] in gaonäische Zeit datiert, zeige sich, wie eng das Qaddish mit den Bräuchen des Shabbat-Ausgangs - dem Zeitpunkt, da die Toten ins Gehinnom zurückkehren - verbunden war. Das zumindest im *ma^cariv* des Shabbat rezitierte Waisen-Qaddish (mit oder ohne vorangestelltem *barekhu*) könne daher bereits viel früher mit dem Toten-Gedenken in Verbindung gebracht worden sein, als es die Version des *ma^case* in *Sefer Or Zarua^c* erkennen ließe.[52]

Wann und wo die Verwendung des Qaddish ohne *barekhu* als gesondert von einer Waisen für den verstorbenen Vater gesprochenes Gebet mit der Vorstellung der besonderen, sühnenden Wirkung verknüpft worden ist, läßt Ta-Shma offen. Er stellt diesbezüglich nur fest, daß der Beginn der *regelmäßigen* Rezitation des Qaddish als Gebet einer Waisen am Schluß der Liturgie nach dem Zeugnis des *Sefer Or Zarua^c* wohl erst in der ersten Hälfte des 12. Jh. in einigen Gemeinden in Ashkenaz und in Frankreich aufgenommen wurde.

Zu Recht kritisiert daher D. Blank, daß Ta-Shma nicht überzeugend zu erklären vermag, warum in gaonäischen Quellen die Wiederholung von *barekhu* belegt ist, nicht aber die Einheit von Qaddish und *barekhu*.[53] Blank hält die zusätzliche Erwäh-

---

47 Gemeint ist das Gebet 'יתברך וישתבח וכו' (*Seder ^cAvodat Yisra[>]el*, ed. Baer, 164), das wegen seiner Serienbildung auch mit den Merkava-Mystikern in Verbindung gebracht wird.

48 Ta-Shma, קדיש, 306 verweist diesbezüglich auch auf den bereits mehrfach erwähnten Rashi-Kommentar zu bMeg 23b s. v. פורס על השמע. Auch in ihm wird vorausgesetzt, daß beide Gebete als eine Einheit zu betrachten sind.

49 Vgl. Ta-Shma, der sich hiermit gegen die Interpretation eines ähnlichen Fragments aus SEZ durch Ginzberg, לקוטי סדר אליה זוטא, 235f., ausspricht.

50 Immerhin läßt sich so am besten erklären, warum sogar in einigen späten Fassungen des *ma^case* nur *barekhu* erwähnt wird, obwohl zur Zeit ihrer Abfassung das Qaddish *yatom* bereits in Gebrauch gewesen sein muß. Außerdem könnte man auf die problematische - weil dem Befund in *Massekhet Soferim* widersprechende - Erklärung verzichten, daß das Qaddish nachträglich in das *ma^case* »eingeschoben« worden sei (so etwa Obermeyer, *Judentum*, 188, der allerdings die Rezension in Ps-SEZ für die älteste Fassung hält).

51 Vgl. Roth, אזכרה. Vgl. oben S. 280f.

52 Vgl. Ta-Shma, קדיש, 308. Hier verweist er auf die Fassung des *ma^case* in *Machsor Vitry*, ed. Hurwitz, 112, in der bereits von »*barekhu* oder Qaddish« die Rede ist.

nung von Qaddish neben dem *barekhu*-Gebet in einigen Fassungen des *maʿase* daher für eine »later addition«. Und dafür mag auch sprechen, daß die Bezeichnung Qaddish selbst - wie oben, Kap. IV.3.1, erörtert - erst in relativ späten, meist ashkenazischen oder ashkenazisch beeinflußten Texten belegt ist.

Daß sich *barekhu* und Qaddish getrennt entwickelt haben, läßt sich dabei auch noch an anderen Quellen belegen. Sie erhellen darüber hinaus das für die gesamte Entwicklung grundlegende Konzept, nach dem ein Sohn seinen verstorbenen Vater retten kann.

1.2 Das Prinzip »Sohn rettet Vater«

Die Idee, daß ein Sohn durch seine Taten die über seinen verstorbenen Vater verhängten, göttlichen Strafverfügungen aufheben bzw. erleichtern kann, begegnet bereits in einigen tannaitischen Midrashim.[54] Ihren wohl bekanntesten Ausdruck erhielt diese Vorstellung allerdings erst in einem Satz in bShab 104a: ברא מזכי אבא[55] - eine Sentenz, die in nach-talmudischer Zeit häufig zitiert wurde[56] und die für die weitere Entwicklung der Vorstellung, daß die Toten der sühnenden Handlungen (*miṣwot*) der Lebenden bedürfen, große Bedeutung gehabt hat.

Wie diese in der rabbinischen Literatur häufig begegnende Vorstellung im einzelnen weiterentwickelt wird, kann hier nicht in aller Ausführlichkeit dargestellt werden.[57] Im Hinblick auf unsere Fragestellung ist jedoch zu bedenken, warum diese Vorstellung schließlich mit der Rezitation des Qaddish und nicht etwa (nur) mit dem *barekhu* oder anderen Gebeten verknüpft worden ist.

Bereits Pool verweist darauf, daß sich die traditionsgeschichtlichen Wurzeln dieses Gedankens in Jes 29,23, »*wenn sie sehen, was meine Hände unter ihnen getan, so werden sie meinen Namen heilig halten, werden heiligen den Heiligen Jakobs und den Gott Israels fürchten*«, finden.[58] Diesen Vers könne man nicht nur als den *locus classicus* für das Prinzip betrachten, daß die Taten

---

53 S. Blank, *Soferim*, 187 Anm. 92.

54 Vgl. SifDev 331 (Finkelstein 380, Z. 1-5); MTann Dtn 32,39 (Hoffmann 202); dann auch bSan 104a; MTeh 46,1 (Buber 136b). S. auch Ginzberg, דרשות, 115; 136ff.

55 Vollständig lautet dieser Spruch: ברא מזכי אבא אבא מזכי ברא (»die Tugenden des Sohnes nützen dem Vater, die des Vaters aber nicht dem Sohne«). S. dazu Pool, *Kaddish*, 102 mit Hinweis auf bTaan 5b und bBB 116a, wo es allerdings nur heißt, daß »ein Mann in seinem männlichen Nachkommen« fortlebt.

56 Vgl. z. B. PesR 20 (95b); dann auch *Shibbole ha-Leqeṭ*, ed. Mirsky, 311.

57 Weitere Stellen, die die Entwicklung dieses Prinzips in der rabbinischen Literatur beleuchten, stellt Hübscher, *Kaddisch-Gebet*, 25ff. zusammen.

58 Vgl. Pool, *Kaddish*, 104. - Im masoretischen Text erinnert dabei bes. Vers 23 an eines der zentralen Themen des Qaddish, die Heiligung des Namens: כִּי בִרְאֹתוֹ יְלָדָיו מַעֲשֵׂה יָדַי בְּקִרְבּוֹ יַקְדִּישׁוּ שְׁמִי וְהִקְדִּישׁוּ אֶת־קְדוֹשׁ יַעֲקֹב וְאֶת־אֱלֹהֵי יִשְׂרָאֵל יַעֲרִיצוּ׃.

eines Sohnes den verstorbenen Vater retten bzw. für ihn Sühne leisten können; er verweise überdies auf die Heiligung des Namens, d. h. er lasse auf eine mit der Rezitation des Qaddish vergleichbare Intention schließen.[59]

Wie dieser Vers die Entwicklung des Waisen-Qaddish beeinflußt hat, läßt sich vielleicht noch einigen Lesarten des Targum zum Buch Jesaja entnehmen. In einigen alten Druckfassungen des Propheten-Targum (*Biblica Rabbinica*, Druck Venedig 1515-1517 und 1525), die wohl im weitesten Sinne der ashkenazischen Texttradition zuzurechnen sind, findet sich folgende interessante Lesart[60]:

TJes 29,23

ארי במחזוהי גבורן דאעביד לבנוהי טבות אברהם לזרעיה בתרוהי על ארעהון
ביניהון יקדישון שמי ויימרון קדיש על קדישא דיעקב . . .

Wenn sie sehen, welche Wunder ich unter ihren Söhnen vollbracht habe, die Wohltaten für Abraham und für seine Nachkommenschaft in ihrem Land, dann werden sie meinen Namen heiligen und *Qaddish* über (על) den Heiligen Jakobs sprechen . . .

In dieser Rezension des Targum findet sich mithin ein deutlicher Hinweis auf das Qaddish als einem die Sünden der Väter sühnendes Gebet.[61] Auch wenn der Hinweis auf das Qaddish in diese Rezension des Targum erst nachträglich eingetragen worden ist, um an die traditionelle Sicht der erlösenden Wirkmacht des Qaddish zu erinnern, zeigt sich, daß die Verknüpfung des Qaddish mit dem Gedanken seiner den Vater erlösenen Kraft älter gewesen sein könnte als das *maʿase* von dem Tannaiten.[62] Die Vorstellung der sühnenden Wirkung des Gebetes eines Sohnes für den verstorbenen Vater scheint jedenfalls nicht zufällig mit dem Qaddish verbunden worden zu sein.

---

[59] Im Hinblick auf die Vorstellung der erlösenden Kraft der Taten des Sohnes wird Jes 29,23 etwa in BerR 63,1 (Theodor/Albeck 679); Tan *toledot* 1,1 (42b); 1,4 (45a); AgBer 37,2 (Buber 73) zitiert. Vgl. auch WaR 36,4 zu Lev 26,42 (Margulies 846); bSan 19b; SEZ 12 (Friedmann 194); BamR 2,13 (63c); ferner ySan 10,5 - 29c,25-29.

[60] Zitiert nach: *Bible*, ed. Sperber, Bd. 3, 58.

[61] Die meisten östlichen Handschriften dieses Targum übersetzen dagegen wörtlich: ויימרון קדיש קדישא דיעקב (»und sie werden sagen, *heilig ist* der Heilige Jakobs«). Vgl. hierzu Chilton, *Isaiah Targum*, 59. Wahrscheinlich hatte das Targum hier ursprünglich die Lesart קדיש קדישא, und erst die späteren »Übersetzer« haben den Vers durch die Hinzufügung der Präposition על zu einem eindeutigen Hinweis auf die erlösende Kraft des Qaddish-Gebets gemacht. Man könnte zwar auch an die *qedusha* denken (vgl. etwa ABdRA B *ṭet* [BatM II 415]); aus inhaltlichen Gründen dürfte jedoch das Qaddish gemeint sein. S. hierzu bereits Dalman, *Worte*, 306.

[62] Wobei hier auch an die Vorstellung der *zekhut avot*, die »Verdienste der Erzväter«, zu denken ist; vgl. hierzu etwa Schechter, *Aspects*, 170ff.; Urbach, *Sages*, 510f.; Shmidman, EJ 16 (1991) 976ff.; Avemarie, *Bund*, 181ff. Die Vorstellung von der sühnenden Kraft der Verdienste der Erzväter wurde im Hinblick auf das Waisen-Qaddish also gewissermaßen umgekehrt: Nun oblag es den Söhnen, für die Taten der Väter zu sühnen.

Daß das Waisen-Qaddish einen anderen Ursprung haben könnte als das *maʿase* ist auch einem kurzem Abschnitt aus dem Yehuda he-Ḥasid (1140-1217) zugeschriebenen ethischen Sammelwerk *Sefer Ḥasidim* zu entnehmen.[63] Diesem kurzen Bericht zufolge scheint sich das Qaddish *yatom* ganz anders entwickelt zu haben, als es sich aufgrund des *maʿase* in *Sefer Or Zaruaʿ* darstellt[64]:

1.2.1 Sefer Ḥasidim § 722

אחד חלה למות וביקש מיהודי אחד שילמד לבנו קדיש
ועוד ביקש ממנו שלא יניח לאשתו כנען בן חורין.
אמר בעצתי לא יהיה והיאך אני יכול למחות
והיה בן חסיד אומר קדיש. והיה קשה לו מאוד ללמדו קדיש
כדי שיאמר קדיש אמר לו מכל מקום מצוה
ללמדו קדיש ולומד לבן המצוה.

Jemand erkrankte zu Tode und bat einen Juden, er möge seinen Sohn Qaddish lehren.
Auch bat er ihn, seine Frau nicht einem Kanaanäer[65], Sohn eines Freigelassenen[66], zu geben.
Er sprach: An mir soll es nicht liegen! Und wie könnte ich (dir diese Bitte) verwehren?
Und er hielt den Sohn des Frommen dazu an, Qaddish zu sprechen. Doch es fiel ihm sehr schwer, ihn Qaddish zu lehren.
Damit er Qaddish sage, sprach er zu ihm: In jeder Hinsicht ist es eine Pflicht,
ihn Qaddish zu lehren und den Sohn in der *miṣwa*[67] zu unterrichten.

Alter und Herkunft dieser Geschichte lassen sich nur annähernd bestimmen[68], da Redaktionsgeschichte und Herkunft des in *Sefer Ḥasidim* verarbeiteten Materials bislang zu wenig untersucht sind.[69] Auffällig ist, daß in ihr weder die Rezitation eines *zusätzlichen* Qaddish nach *eyn ke-elohenu* im *musaf*-Gottesdienst des Shabbat noch an einem anderen Ort im Blick ist; es geht allein um

---

[63] Vgl. zu diesem Werk bes. Marcus im Vorwort zur Faksimile-Edition der einzigen vollständigen Handschrift dieses Werkes, *Sefer ha-Ḥasidim. MS Parma 3280 H*, 13-21; dann auch Scholem, *Mystik*, 89; Singer, *Introduction*, 145-156; Dan, *Hasidim*, bes. 95f. Zu den speziellen Anliegen dieses Buches s. auch Schäfer, *Ideal*, 9-23.

[64] Text nach: *Sefer Ḥasidim. MS Parma 3280 H*, ed. Marcus, 39b (§ 314).

[65] Also einem Mann aus Böhmen; s. oben Anm. 31.

[66] D. h. hier wohl einem Nichtjuden.

[67] D. h. in der *miṣwa*, für den an einer Krankheit gestorbenen Vater Qaddish zu sprechen.

[68] Zu beachten ist, daß diese Geschichte in der Rezension des *Sefer Ḥasidim*, ed. Margoliot, 443 (§ 722), die auf dem Druck Bologna 1538 basiert, im Namen eines Tannaiten, Abba Shaʾul ben Botnit, überliefert wird. Diese Zuschreibung fehlt in MS Parma und besagt daher wenig für die Datierung dieser Überlieferungseinheit. In der Edition von Wistinetzki fehlt der gesamte Passus.

[69] Vgl. Gruenwald, *Religiosität*, 117-126, bes. 124ff.; zum Problem der Autorschaft der einzelnen, nach und nach zusammengefügten Abschnitte des *Sefer Ḥasidim* vgl. Singer, *Introduction*, 149ff.; zu den in diesem Werk verarbeiteten Traditionen s. Dan, הקדושה, 333-337.

die Unterrichtung eines Sohnes in der Rezitation »eines« Qaddish, und dieses wird als schwierig dargestellt.[70] Anscheinend ist dabei nicht an die Rezitation eines Qaddish an einem speziellen Ort gedacht, sondern an den aramäischen Wortlaut des Qaddish. Die Fassung des *ma'ase* in *Sefer Or Zarua'* bezieht sich dagegen schon auf einen später aufgekommenen speziellen Brauch der Qaddish-Rezitation, der (nur) in einigen Gemeinden gepflegt wurde. Auch diese Erzählung kann somit als Beleg dafür dienen, daß sich das Qaddish *yatom* zunächst unabhängig von einem speziellen Ort in der Liturgie als Gebet für die Verstorbenen entwickelt hat.

Eine Kurzfassung des *ma'ase*, die in einer Rabbi Shelomo bar Shimshon aus Worms (13. Jh.)[71], einem Schüler des El'azar von Worms (gest. ca. 1230), zugeschriebenen Handschrift erhalten ist, kann diese Annahme stützen[72]:

1.3 Siddur Rabbenu Shelomo (Hershler 75)

ויש שעונין זכור רחמיך כשאומרום יתגדל ונראה לי מפני מעשה דר׳ עקיבא
שמצא אדם אחד ביער שטעון קיסין משוי כמה בני אדם,
ושאלו מה זה שאתה טעון כל כך והשיב לפי ששורפין אותי בהן בכל יום
שבעלתי נערה המאורסה ביום הכפורים.
ואמר לו ר׳ עקיבא יש לך בן הודיעהו שיאמר בכל יום יהא שמיה רבא ותנוח
והלך ועשה כן.
וזהו שאנו משיבין זכור רחמיך שייטב לנו
כאשר לאותו האיש שהגיעהו ליד ר׳ עקיבא הקדוש.

Und es gibt welche, die respondieren: *Gedenke deiner Barmherzigkeit* (Ps 25,6), während man *yitqadal* spricht. Und mir scheint, (dies geschieht) wegen des *ma'ase* von Rabbi Aqiva,
der einen Mann in einem Wald fand, der mit Hölzern im Gewicht von mehreren Menschen beladen war.
Und er fragte ihn: Warum bist du so schwer beladen? Und er antwortete: Weil man mich mit ihnen täglich verbrennt,
denn ich habe einem jungen verlobten Mädchen am Yom Kippur beigewohnt.[73]
Und sprach zu ihm Rabbi Aqiva: Wenn du einen Sohn hast, so lasse ihn

[70] Sollte das Qaddish also einmal den Gebrauch von *barekhu* ersetzt haben - eine Vermutung, wie sie z. B. von Obermeyer, *Judentum*, 118 vertreten wird -, so wohl nicht, weil es ein »für jedermann leicht zu erlernendes« (ebd.) Gebet gewesen ist.

[71] Vgl. zu ihm Ta-Shma, EJ 15 (1971) 125.

[72] MS Oxford, Bodleian Library, 404 (Neubauer 794). Vgl. zu diesem Manuskript Hershler in seiner Edition, 15f. Der Schreiber dieser Handschrift war der bekannte *Payyeṭan* Efra'im ben Ya'aqov von Bonn (1133-1221).

[73] Zu dieser Begründung für die Bestrafung des Toten vgl. Lerner, מעשה, 40, der vermutet, daß es sich um ein nachträglich in das *ma'ase* eingefügtes Detail handelt. Durch den Hinweis auf die besondere Schwere des Verbrechens sollte die Schwere der Bestrafung des Toten erklärt werden.

wissen, daß er jeden Tag *yehe sheme rabba* sprechen soll, und du wirst erlöst.
Und er ging hin und tat so.
Und daher respondieren wir mit *Gedenke deiner Barmherzigkeit* (Ps 25,6),
damit es uns so gut ergehe,
wie jenem Mann, dem Rabbi Aqiva, der Heilige, begegnete.

Zwar bezieht sich auch dieser Kommentar auf die bekannte Erzählung von Rabbi Aqiva. Dies geschieht jedoch nicht, um die Einführung des Qaddish *yatom* zu begründen, sondern um den »von einigen« geübten Brauch der Rezitation von Ps 25,6 zu erklären - ein Vers, der traditionell als Beleg für das gütige Vergeben Gottes im Gericht interpretiert wurde.[74]

Die leise Rezitation von Versen ist für die Frömmigkeit des diesen Kommentar repräsentierenden ashkenazischen Judentums nicht ungewöhnlich. Ähnliche, der *kawwana* dienende Verse wurden auch in das Achtzehn-Bitten-Gebet eingefügt.[75] Für unsere Fragestellung ist dabei nur von Interesse, wie in dieser Version des *ma^case* die Einführung eines neuen Brauches begründet wird. Wie die Fassung in *Sefer Or Zarua^c* handelt es sich um eine im Hinblick auf einen neuen Minhag überarbeitete Version. Der Gebrauch des Qaddish als Gebet für die Toten an sich, wird in beiden bereits vorausgesetzt.

Betrachtet man auf diesem Hintergrund noch einmal das oben skizzierte Modell zur Entstehung des Waisen-Qaddish von Ta-Shma, so ist festzuhalten, daß der Brauch, ein Qaddish für seinen verstorbenen Vater zu rezitieren, älter sein dürfte als die Kommentarwerke und Halakha-Kompendien, in denen der *gesonderte* Gebrauch des Qaddish *yatom* (im Zusammenhang mit dem *musaf* des Shabbat) zum ersten Mal explizit erwähnt wird. Die ersten Belege für eine Verwendung des Qaddish als Gebet eines Waisenknaben stammen zwar tatsächlich erst aus Werken, die dem ashkenazischen Judentum des Hochmittelalters zugeschrieben werden können.[76] Aber in diesen Werken wird zumeist schon auf andere, speziellere Bräuche hingewiesen wird, während der Brauch, ein Qaddish für einen Verstorbenen zu sprechen bereits als bekannt betrachtet wird. Sowohl aufgrund der Erzählung in *Sefer Ḥasidim* als auch der Fassung

---

74 Vgl. zur »ashkenazischen« Rezeption dieses Psalmverses z. B. Yalq Teh 25,7 § 702 (451b); ferner ABdRA A *dalet* (BatM II 364) und MTeh 25,8 (Buber 107a) basierend auf BerR 22,1 (Theodor/Albeck 204).

75 So wurde etwa zur gleichen Zeit auch der Brauch eingeführt, Num 14,17 (ועתה יגדל־נא) einzufügen; vgl. hierzu Ta-Shma, קדיש, 302. S. auch *Seder Avodat Yisra'el*, ed. Baer, 235. Zu beachten ist noch, daß in das Qaddish *titqabal* später ein Vers aus der 16. *berakha* des Achtzehn-Bitten-Gebets (*shomea^c tefilla*) eingefügt wurde. Vgl. dazu *Seder ^cAvodat Yisra'el*, ed. Baer, 130.

76 Hierauf hat zuletzt wieder Telsner, *Kaddish*, 66 in bezug auf *Perushe Siddur ha-Tefilla la-Roqeaḥ*, ed. Hershler, 580 hingewiesen. An dieser Stelle des Kommentars zum Gebetbuch des El^cazar von Worms wird allerdings nur berichtet, daß ein Waisenknabe Qaddish im Anschluß an das *musaf*-Gebet des Shabbat, nach *eyn ke-elohenu* und *piṭum ha-keṭoret* (vgl. yYom 4,5 - 41d,27-36; bKer 6a), v o r *^calenu* rezitieren soll.

des *ma'ase* in *Siddur Rabbenu Shelomo* muß somit davon ausgegangen werden, daß das Qaddish als Gebet mit besonderer Wirkung für die Toten im mittelalterlichen Ashkenaz (und Frankreich) bereits vor den Verfolgungen der Kreuzzugszeit in Umlauf war. Wann genau die Vorstellung der erlösenden Wirkung des Qaddish eines Waisen dann mit einer *zusätzlichen* Rezitation am Ausgang des Gottesdienstes (am Shabbat) verbunden wurde, ist eine andere Frage.

Geht man mit Lerner und Ta-Shma davon aus, daß das *ma'ase*, wie es uns in dem Geniza-Fragment vorliegt, aus Palästina stammt, kann man annehmen, daß die Vorstellung der erlösenden Kraft des Gebetes für einen Verstorbenen bereits in älteren Minhagim bekannt war.[77] In dem zitierten Geniza-Fragment des *ma'ase* wird Qaddish zwar noch nicht erwähnt; *barekhu* wird also anfänglich also auch ohne Qaddish als Gebet eines Waisen für einen verstorbenen Vater verwendet worden sein. Dies bedeutet aber nicht, daß nicht auch mit dem Qaddish solche Vorstellungen assoziiert werden konnten.[78] Das Qaddish könnte demzufolge (wie *barekhu*) bereits in einem älteren Ritus als Gebet für die Toten appliziert worden sein, wenn auch zunächst nicht an einem festen Ort in der Liturgie.

In der Verfolgungszeit wird diese Applikationsmöglichkeit dann aufgrund des zigfach erlittenen *qiddush ha-shem* in den ashkenazischen Minhagim mit einem speziellen Ort und einer passenden Zeit (Shabbat-Ausgang) verbunden worden sein. Vor allem in Gemeinden Frankreichs (צרפת) und des Rheinlands blieben diesbezüglich allerdings noch lange viele Unterschiede bestehen. Von einer Einführung des Waisen-Qaddish, die erst in dieser Zeit und nur aufgrund von Verfolgungen erfolgt ist, kann man daher nicht sprechen.[79]

---

[77] Im Hinblick auf das Alter des Stoffes dieses *ma'ase* ist zu berücksichtigen, daß sie bereits in *Maḥzor Vitry* als den *sefarim ha-penimim* (»den esoterischen Büchern«) entnommen zitiert wird (vgl. *Machsor Vitry*, ed. Hurwitz, 112). In dem Werk *Menorat ha-Ma'or* des Rabbi Yiṣḥaq Abohav, Spanien, 14. Jh. (ed. Fris Ḥorev / Kazenelenbogen, 55) wird er dagegen als aus Midrash Tanḥuma *Noaḥ* stammend zitiert. Auch wenn sich diese Fundortangaben nicht verifizieren lassen (vgl. hierzu schon Roth, אזכרה, 372 Anm. 16), deutet dies darauf hin, daß man das *ma'ase* als sehr alt angesehen hat.

[78] Dies ist m. E. im Hinblick auf Lerners Überlegungen zu berücksichtigen (מעשה, 63). Vgl. hierzu das oben, Kap. IV.2.1, zu der doppelten Rezitation von *barekhu* und Qaddish *batara* Gesagte.

[79] S. hierzu Telsner, *Kaddish*, 83ff. Vgl. ferner Guggenheimer, פורס, 89, der auf einen Brauch elsässischer Gemeinden hinweist, in dem das Waisen-Qaddish (und *barekhu*) vor der lauten Wiederholung der *tefilla* durch den *sheliaḥ ṣibbur* rezitiert wurde - also an einem ganz anderen Ort als in den bislang untersuchten Quellen begründet wird. Vgl. dazu auch Ta-Shma, קדיש, 302. Divergierende Bräuche spiegeln sich dann auch in den zahlreichen neuzeitlichen Responsen zu speziellen Problemen wider: Vgl. etwa die Unterweisungen in dem Minhag-Buch des Eiziq Tirna (gest. 1408), *Sefer Haminhagim*, ed. Spitzer, 171ff. Dort wird u. a. erörtert, wie in dem Fall zu verfahren ist, wenn mehrere Waisenkinder bzw. Trauernde in einer Synagoge zusammenkommen und entschieden werden muß, wem die besondere Ehre zukommt, Qaddish *yatom* zu sprechen. Vgl. dazu auch Jacobson, קדיש-*Gebet*, 51f.; Zimmels,

1.4 Zusammenfassung

Die zu Beginn dieses Kapitels aufgeworfene Frage nach der Rezeption gaonäischer Überlieferungen zum Qaddish in der mittelalterlichen Kommentarliteratur läßt sich anhand der Entwicklung des Waisen-Qaddish nur schwer übergreifend, d. h. im Hinblick auf sämtliche Zweige des Ritus, beantworten. Dennoch läßt sich erkennen, daß man es beim Qaddish *yatom* mit einem ashkenazischen Brauch zu tun hat, der vielleicht eine ältere, palästinische (?), zunächst nur mit dem *barekhu*-Gebet verbundene Tradition aufgreift, weiter ausbaut und neu begründet. Der italienisch-ashkenazische Zweig des Ritus wird am Qaddish bereits vor der Zeit der Kreuzfahrer-Verfolgungen besonderes Interesse gehabt haben, denn an den ashkenazischen Bearbeitungen des *maᶜase* von dem Tannaiten und dem Toten läßt sich erkennen, daß die Verwendung des Qaddish als Gebet für einen Toten in ihnen bereits als bekannt vorausgesetzt wird. Sie bedurfte im 11.-12. Jh. keiner besonderen Begründung mehr. In ihnen geht es nur noch um die Einführung an besonderen Orten der Liturgie.[80]

Die Entwicklung des Qaddish *yatom* ist somit ein weiteres Beispiel dafür, wie sich liturgische Veränderungen unabhängig von gaonäischen Stellungnahmen vollzogen: Ältere, lange Zeit nur in sog. außerkanonischen Werken überlieferte liturgische Praktiken sind offensichtlich trotz anderslautender Meinungen tradiert und rezipiert worden. Schließlich konnten sie sogar »offizieller« Bestandteil des Gottesdienstes werden.[81]

An der breiten Rezeption der Erzählung von dem Tannaiten und dem Toten wird dabei auch klar, daß die Entwicklung des Qaddish *yatom* weder nur durch »Volksglauben« noch auf »mystisch-magische Vorstellungen« zurückgeführt werden kann, wie es zuweilen sowohl von christlichen[82] als auch von jüdischen Forschern versucht wird.[83] Zwar ist diese Geschichte zunächst nur in

---

Ashkenazim, 328f. Zahlreiche die Rezitation des Qaddish *yatom* betreffende Fragen wurden im übrigen erst mit der Einführung gedruckter Siddurim »entschieden« (s. *Seder ᶜAvodat Yisraʾel*, ed. Baer, 16f.). Hingewiesen sei hier auch auf die »Übertragungen« des Qaddish *yatom* an zusätzliche Orte der Liturgie: So wurde es später in einigen ashkenazischen und polnischen Riten Brauch, dieses Qaddish zusätzlich im Morgengebet vor Ps 30 zu sprechen (vgl. *Siddur Rinat Yisraʾel*, ed. Tal, 41f.). Hinzu kamen weitere Psalmen, die zu bestimmten Zeiten vor oder nach dem Qaddish *yatom* rezitiert wurden (z. B. Ps 27 zwischen Elul und dem letzten Tag des *Sukkot*-Festes; s. *Siddur Shabbetai Sofer*, Bd. 2, ed. Katz, 230).

[80] Unverständlich ist daher, warum Elbogen, *Gottesdienst*, 95 im Hinblick auf das Waisen-Qaddish bemerkt, daß diese Sitte dem *Maḥzor Vitry* »noch völlig fremd« gewesen sei. Zwar erwähnen die Maḥazorim aus der Schule Rashis noch nicht die *gesonderte* Rezitation eines *zusätzlichen* Qaddish am Abschluß des Gebetes. Doch wird in ihnen bereits vorausgesetzt, daß ein Waise durch ein Gebet (*barekhu* und Qaddish), die Seele seines verstorbenen Vaters erlösen kann.

[81] Vgl. dazu etwa auch die Hinweise auf die später eingeführten Orte der Rezitation des Waisen-Qaddish in *Seder ᶜAvodat Yisraʾel*, ed. Baer, 132.

[82] Vgl. etwa schon Buxdorf, *Synagoga*, 709f, der mit Blick auf das Waisen-Qaddish be-

solchen Werken belegt, die keinen »kanonischen« Rang besaßen. Die in ihr ausgestalteten Motive sind aber vielen älteren Überlieferungen, in denen die Wirkung des *yehe sheme rabba* erläutert wird, so nahe verwandt, daß es nicht verwundert, daß sie schließlich dennoch »offiziellen« Status erlangte.

---

merkt, daß es sich bei diesem Brauch um »superstitio« handle. Der Vorwurf des Aberglaubens hat dann auch in den Diskussionen um die Beibehaltung des Waisen-Qaddish in den unterschiedlichen Entwürfen eines Reform-Siddur eine große Rolle gespielt. Vgl. dazu Petuchowski, *Prayerbook*, 323-333.

[83] Man beachte, wie pointiert z. B. noch Elbogen, *Kaddisch-Gebet*, 16 hervorhebt, daß das Waisen-Qaddish erst »unter der Herrschaft der M y s t i k e r« zu einer Institution geworden sei. Diese Vermutung fußt offensichtlich auf den oben untersuchten Midrash-Apokalypsen, in denen seiner Meinung nach die »Zauberkraft der Kaddischresponsion« (ebd.) erläutert wird. Wie wir gesehen haben, lassen sich diese Texte aber weder mit den *yorede merkava* in Verbindung bringen noch ist die ihnen zugrundeliegende Eschatologie als »mystisch« im Sinne einer Mystik, wie sie uns etwa in der Hekhalot-Literatur entgegentritt, zu bezeichnen. Das Urteil Elbogens über das Waisen-Qaddish entspricht insofern eher einer für die »Wissenschaft des Judentums« typischen Tendenz als einer differenzierten Analyse der Quellen. Zu einer vergleichbaren rationalistischen Kritik am Waisen-Qaddish vgl. etwa auch Obermeyer, *Judentum*, 138ff., der u. a. auf das sog. Fürther Qaddish verweist, d. h. die »gekaufte« Rezitation von Qaddishim für Verstorbene durch »professionelle« Beter in der Gemeinde von Fürth im 19. Jh.

2. *Zwischenergebnisse*

Im Hinblick auf die übergreifende Fragestellung nach der Rezeption des Qaddish lassen sich an der Entwicklung des Qaddish *yatom* somit folgende Einsichten gewinnen:

(1) Das Qaddish *yatom* ist ein weiteres Beispiel dafür, daß und wie sich liturgische Bräuche unabhängig vom Einfluß der babylonischen Geonim entwickelten. Die Entwicklung des Qaddish *yatom* konnte sich dabei auf Überlieferungen stützen, die wie das *maʿase* von dem Tannaiten und dem Toten außerhalb der »offiziellen« Werke des »klassischen« rabbinischen Judentums tradiert wurden. Wie sich an der Rezeptionsgeschichte dieser vielleicht auf tannaitische oder amoräische Überlieferung zurückgehenden Erzählung nachvollziehen läßt, konnten sich Bräuche entwickeln, die den Ansichten der Rabbinen der klassischen Periode oder denen einiger Geonim eindeutig entgegenstanden.

(2) Die Vorstellung, ein Gebet könne die Sünden eines Verstorbenen sühnen, scheint freilich schon älter zu sein als der Brauch, Qaddish zu rezitieren. Die Entwicklung eines zusätzlichen Ortes für das Qaddish *yatom*, wie er sich dann in einigen ashkenazischen Minhagim eingebürgert hat und später in viele Riten übernommen wurde, wird vom Brauch der zusätzlichen Rezitation eines *barekhu* seinen Ausgang genommen haben. In ashkenazischen Minhagim dürfte dann allerdings auch die gesonderte Rezitation eines Qaddish durch einen Angehörigen bekannt gewesen sein. Die Entwicklung dieses Verständnisses konnte sich z. B. auch auf TJes 29,23 stützen und mußte nicht allein aus dem *maʿase* von dem Tannaiten und dem Toten abgeleitet werden.

(3) Was den Einfluß jener Kreise des ashkenazischen Judentums, die man als *ḥaside ashkenaz* zu bezeichnen pflegt, auf die Entwicklung des Qaddish *yatom* anbetrifft, so ist festzuhalten, daß auch sie Rezipienten und Tradenten eines Brauchs waren, der bereits vor ihnen in Umlauf gewesen ist. *Sefer Ḥasidim* § 722 (MS Parma) ist zu entnehmen, daß das Qaddish als Gebet für den verstorbenen Vater zunächst nicht mit einem spezifischen Ort verbunden gewesen sein muß. Wie sich darüber hinaus an der Einleitung des *maʿase* in *Sefer Or Zaruaʿ* des Rabbi Yiṣḥaq ben Moshe erkennen läßt, blieb der Brauch noch lange nach der Blütezeit der sog. *ḥaside ashkenaz* auf einige Minhagim beschränkt. Das Qaddish war somit schon früher als Gebet für die Toten bekannt, seine Verwendung als Qaddish *yatom* an einem spezifischen Ort der Liturgie ist dagegen erst später und sehr unterschiedlich in ashkenazischen Riten des 11./12. Jh. belegt.

VI. Ergebnisse

Vornehmliches Ziel der vorliegenden Untersuchung war es, zu klären, wie und warum das Qaddish zu einem zentralen Bestandteil der jüdischen Liturgie geworden ist, d. h. welche Motive, Vorstellungen und Traditionen die Entwicklung und Rezeption des Qaddish bedingt haben und welche Bedeutung es für die Entstehung des synagogalen Gottesdienstes insgesamt hatte. Methodisch hat sich dabei im Verlauf der Arbeit gezeigt, daß entstehungsgeschichtliche Probleme hinsichtlich eines Textes wie dem Qaddish oft nur unter Berücksichtigung rezeptionsgeschichtlicher Probleme erörtert werden können. Besonders deutlich wurde das Ineinander von entstehungs- und rezeptionsgeschichtlicher Fragestellung an der Untersuchung der textlichen Identität. Anhand der ältesten erreichbaren Textzeugen erwies sich, daß bereits innerhalb der Textüberlieferung Prozesse der Adaption und Interpretation reflektieren. Ebensowenig wie sich ein »Urtext« erschließen ließ, sowenig liegen die meisten alten Rezensionen in einer von den Entwicklungen der unterschiedlichen Riten unbeeinflußten Fassung vor. Die Geschichte eines in seiner textlichen Identität derart flukturierenden und von verschiedenen Riten unterschiedlich rezipierten Textes wie dem Qaddish-Gebet kann daher nur unter simultaner Berücksichtigung text-, literar- und rezeptionsgeschichtlicher Überlegungen rekonstruiert werden. Wird im folgenden nacheinander eine Zusammenfassung der Ergebnisse der entstehungs- und rezeptionsgeschichtlichen Untersuchungen geboten, sind also Verbundenheit und Ineinanderverschränktheit beider Fragerichtungen stets mitzubedenken.

1. Entstehung

Ein signifikanter Unterschied zwischen Qaddish und Stammgebeten wie dem *shema*ᶜ und dem Achtzehn-Bitten-Gebet besteht zweifellos darin, daß seine Entstehung weder mit einem bestimmten Gelehrten, einer Person der Vorzeit oder mit einem bestimmten Ereignis in Verbindung gebracht wird, noch daß seine Inhalte und Verwendungsorte in der sog. klassischen rabbinischen Literatur diskutiert oder näher erläutert werden. Das Qaddish fußt zum großen Teil auf Überlieferungen, deren genauer Inhalt sich unserer Kenntnis entzieht. Die aus dieser »Überlieferungslücke« erwachsenen Probleme haben bereits die ersten Rezipienten in der nach-talmudischen Zeit beschäftigt. Im Verlauf der Forschungsgeschichte hat dies zu weitreichenden Spekulationen Anlaß geboten, die sich nach einer erneuten Analyse der zur Verfügung stehenden Quellen in den meisten Fällen nicht verifizieren ließen.

Die Rekonstruktion der Genese eines Textes, der lange Zeit nicht fixiert und mündlich tradiert worden ist, bleibt insofern immer mit Unsicherheiten verbunden; methodisch ist man gezwungen, den Befund in den literarischen Zeugnissen weitestgehend für sich sprechen zu lassen. Zwar lassen sich im Qaddish relativ klar alte Traditionen ausmachen, und dies hat oft zu Vermutungen geführt, es stünde zu in älteren Quellen belegten Gebeten, wie dem Vaterunser, in besonderer Beziehung. Redlicherweise muß man aber aufgrund des bekannten Materials festhalten, daß sich über eine vermeintliche »protorabbinische« Geschichte des Qaddish ebensowenig etwas Definitives ausmachen läßt wie über die Vorläufer anderer vergleichbarer jüdischer Gebete, die außerhalb rabbinischer Schriften überliefert werden.

Gerade im Hinblick auf das Vaterunser ist festzuhalten, daß sich das Qaddish nur als ein Text verstehen läßt, der sukzessiv, in einem Prozeß von Erweiterung, Umdeutung und Neuverwendung entstanden ist, also einen ganz anderen Werdegang genommen hat, als das auf einen Autor zurückgeführte Gebet Jesu. Zu Beginn des Prozesses mag etwa der Gebrauch einer doxologischen Formel, *yehe sheme rabba mevarakh* (o. ä.), gestanden haben. Diese und ähnliche Formeln sind offensichtlich (zunächst) auch unabhängig von den anderen Abschnitten und Formeln des Qaddish verwendet worden.

Daß man diese kurze Formel nicht immer als *pars pro toto* des Qaddish verstanden hat, läßt sich SifDev 306 entnehmen, einer Stelle, die wohl erst im Verlauf ihrer Rezeption mit dem Qaddish in Verbindung gebracht wurde. Wie sich außerdem an den »palästinischen« Targumim zu Gen 35,9 und Ex 20,2 belegen läßt, wurden kurze doxologische Formeln zunächst nur als Umschreibung des Tetragramms, des *shem ha-meforash*, gebraucht. Erst im Zuge ihrer Verwendung an spezifischen liturgischen Orten - sowohl innerhalb der Liturgie als auch im Kontext von Schriftlesung, Targum oder Aggada-Vortrag - scheinen sie dann erweitert und ergänzt worden zu sein. Hierdurch ergaben sich neue Deutungszusammenhänge, die die weitere Rezeption solcher Formeln beeinflußt haben.

Wo solche »Erweiterungen« stattgefunden haben - in Palästina oder (erst) in Babylonien - läßt sich nur vermuten. Weder die ältesten erreichbaren Rezensionen noch die Hinweise in der rabbinischen Literatur lassen sich diesbezüglich zu einem zuverlässigen Bild der Textgenese zusammenfügen. Zwar sind einige, vor allem in Geniza-Fragmenten überlieferte Texte aufgrund charakteristischer Merkmale wie der Verwendung von hebräischen Wörtern als einem palästinischen Ritus nahestehend zu betrachten. Ob hinter diesen nur zum Teil in Hebräisch gehaltenen Fassungen jedoch der »ursprüngliche« Wortlaut eines vollständig hebräischen Qaddish »durchscheint«, ist angesichts der besonderen Entstehungsbedingungen und -anläße solcher Versionen (in Ägypten), der für dieses Gebet ohnehin charakteristischen *polysemen* Sprache und auch der späteren Erklärungen für die Verwendung des Aramäischen zu bezweifeln.

Wahrscheinlicher als die Annahme einer Übersetzung des Qaddish aus einer hebräischen »Urfassung« in das Aramäische bleibt nach einer erneuten Analyse aller für diese Frage relevanten Quellen, daß sein Wortlaut auch in palästinischen Riten bereits in einer hebräisch-aramäischen Mischfassung eingeführt worden ist. Darauf deutet zum einen hin, daß die doxologische Formel in Talmud und Midrash in Mischfassungen überliefert wird. Zum anderen ist zu bedenken, daß die Erweiterungen und Zusätze des Qaddish *titqabal* und Qaddish *le-ḥaddata* stets in Aramäisch gehalten sind. In den palästinischen Ritus, wie er uns aus Quellen aus der Geniza von Alt-Kairo bekannt ist, mögen diese Versionen zwar erst nachträglich und unter Einfluß des babylonischen Ritus eingeführt worden sein. Hätte ein palästinischer Ritus aber »rein« hebräische Fassungen gekannt, so hätte man wohl auch diese Versionen vollständig ins Aramäische übertragen oder es müßten sich Belege für hebräische Teilübersetzungen der genannten Versionen finden.

Daß dem mit dem Aramäischen vertrauteren babylonischen Ritus ein besonderer Einfluß auf die Entstehung des Textes bzw. auch auf seine Einführung in die tägliche Liturgie zugestanden werden muß, läßt sich auch an der Verteilung von Erwähnungen der doxologischen Formel in der rabbinischen Literatur erkennen. Bis auf zwei Stellen, die tannaitischer Überlieferung zugeschrieben werden können (SifDev 306; bBer 3a), finden sich nur im Bavli oder in solchen Texten, die vom Bavli beeinflußt worden sind (QohR [?], MMish 10 und 14, Ps-SEZ, ABdRA A *zayin*, *Pereq Mashiaḥ*, eventuell auch *Midrash Avkir*), Hinweise auf das Qaddish.

Die Untersuchung sämtlicher Erwähnungen der doxologischen Formel im Bavli zeigt hierbei deutlich, daß man mit dem durch *yehe sheme rabba mevarakh* angedeuteten Text an den meisten Stellen (bBer 3a, 21b, 57a; bSuk 38b-39a und auch bSot 49a[!]) ein Gebet verband, das innerhalb der täglichen Liturgie gesprochen wurde, und nicht nur nach der Schriftlesung bzw. nach dem Studium. Besonders aussagekräftig ist in diesem Zusammenhang, daß die Formel im Bavli zumeist im Hinblick auf ihre Rezitationsweise, das *minyan*-Gebot sowie in bezug auf das Verbot ihrer Unterbrechung erwähnt wird. Zudem findet das *yehe sheme rabba* im Kontext anderer synagogaler Gebete wie dem *shemaᶜ*, der *ᶜamida* bzw. der *qedusha (de-ᶜamida)* Erwähnung.

Die Applikation des Qaddish nach dem Aggada-Vortrag scheint im Bavli dagegen nur in bSot 49a angedeutet zu sein. In dieser Stelle wird das *yehe sheme rabba* im Zusammenhang mit einem *qedusha de-sidra* bezeichneten Gebet erwähnt, einem (später) ebenfalls in der *täglichen* Liturgie verwendetem Text. Da es im Kontext dieser Stelle um täglich größer werdende Nöte Israels geht, müssen jedoch auch in bSot 49a täglich rezitierte Gebete gemeint gewesen sein. Allein von daher erklärt sich die beiden Gebeten zugeschriebene kosmisch-universale Bedeutung. Rückschlüsse auf »den« ursprünglichen *Sitz im Leben* des mit der Formel synekdochisch bezeichneten Gebetes lassen sich nicht ziehen. Erst im Verlauf der Rezeptionsgeschichte dieser Stelle scheint sie mit dem von Babylonien ausgehenden Prozeß einer Institutionalisierung des

Lehrhausbetriebes verknüpft worden zu sein - ein Vorgang, den auch die von bShab 119b ausgehenden motivischen Ausgestaltungen der *ʿal tiqre*-Auslegungen von Jes 26,2 in späteren Midrashim reflektieren.

Aufschlußreich ist dabei die Berücksichtigung der Textgeschichte einiger Stellen: Während sich z. B. an Texten wie bBer 3a, der sog. David-Apokalypse (§ 122 B2) und MMish 14 (MS Vatikan) beobachten läßt, daß die doxologische Formel als ein Text betrachtet wurde, der sowohl im *bet ha-knesset* (Liturgie) als auch im *bet ha-midrash* (Studium) verwendet wurde, wird in den Midrashim QohR und *Midrash Avkir* sowie in den späten Midrash-Apokalypsen wie ABdRA A *zayin* und *Pereq Mashiaḥ* nur noch seine Verwendung im Lehrhaus bzw. nach dem Studium thematisiert.

Die in der Forschung aufgrund der formgeschichtlichen Untersuchungen von Joseph Heinemann in der Forschung verbreitete Sicht, das Qaddish stamme aus dem »*bet ha-midrash*«, beruht somit auf einer unvollständigen und ungenauen Analyse der Quellen. Eine formgeschichtliche Differenzierung zwischen den *Sitzen im Leben* »Synagoge« und »Lehrhaus«, wie sie von Heinemann eingebracht wurde, wird der Komplexität des Befundes für die Frühzeit der Entwicklung des Qaddish jedenfalls nicht gerecht. Vieles von dem, was sich den Handschriften im Hinblick auf angeblich frühe Stadien seiner Genese entnehmen läßt, scheint sich späteren Applikationen zu verdanken. Über »den« bzw. »einen« ursprünglichen *Sitz im Leben* des Qaddish läßt sich angesichts der Quellenlage nichts Zuverlässigeres sagen.

Auf diesem Hintergrund ist auch zu beachten, wie unterschiedlich die Wirkung der Formel vor allem in den späten Midrashim bzw. Midrash-Apokalypsen gedeutet wurde. Während die »Baraita« in bBer 3a und das Diktum in bSot 49a sowie die sog. David-Apokalypse die kosmisch-welterhaltende Wirkung eines täglich »in den Synagogen (und Lehrhäusern)« durch die Gemeinde rezitierten Gebetes hervorheben, wird in den Midrash-Apkalypsen seine futurisch-eschatologische Relevanz im Gericht Gottes am Ende der Tage betont. Diese unterschiedlichen Deutungstraditionen der doxologischen Formel scheinen sich den unterschiedlichen Kontexten, in denen das Gebet rezipiert wurde, zu verdanken. Wurde der eine traditionelle Eschatologie stützende Gedanke an das zukünftige Gericht im Lehrbetrieb adaptiert, so scheint die Idee einer welterhaltenden, kosmisch-universalen Bedeutung des Qaddish eher im synagogalen Gebetszusammenhang verankert zu sein. Vielleicht spiegelt sich in diesem Befund eine in amoräischer Zeit anzusetzende und in Babylonien zu lokalisierende Neubewertung des Studiums wider. Durch die Betonung der im Endzeitgericht wirksam werdenden Kraft der Formel nach dem Studium konnte anscheinend die Bedeutung des traditionellen Lernpensums, wie es exemplarisch in MMish 10 aufgelistet ist, aufgewertet werden. Im Kontext anderer Gebete mag für die Rezipienten dagegen von Interesse gewesen sein, die häufige Applikation des Qaddish durch die Vorstellung seiner gewissermaßen statischen Wirkung zu stützen.

Ein weiteres wichtiges Ergebnis der Untersuchung der rabbinischen Literatur ist, daß einige der traditionellen Deutungsschemata im Verlauf der Rezeption des Qaddish auf Kritik stießen bzw. Versuche unternommen wurden, die Bedeutung des Zusammenhangs von Qaddish und Studium (wieder) zu relativieren. Wie sich bereits den Belegstellen in MMish entnehmen läßt, wurde die traditionelle Sicht der Bedeutung von Studium und doxologischem Abschluß vom Autor dieses Werkes zwar übernommen, doch in der Beschäftigung mit den traditionellen Stoffen des Lernens sah der nur schwer einzuordnende Verfasser dieses Midrash nicht mehr das einzige Ziel des Studiums. Seiner Meinung nach sollte das Studium nicht mehr nur in einem »eschatologischen Ausblick« wie dem Qaddish kulminieren, sondern in der Schau der Herrlichkeit Gottes im Hier und Jetzt. An der traditionellen Eschatologie des Qaddish hatten solche »Mystiker« offenbar kein Interesse (mehr). Nicht das Gebet der Gemeinde Israels, wie es z. B. auch in bBer 3a propagiert wird, steht im Mittelpunkt, sondern die individualisierte Meditation der Geheimnisse Gottes.

Eingedenk dieser innerhalb der rabbinischen Literatur erkennbaren Tendenzen in der Bewertung des *yehe sheme rabba* muß die These einer besonderen Beziehung zwischen Qaddish und früher jüdischer Mystik wohl endgültig *ad acta* gelegt werden. Nicht nur der spärliche Befund innerhalb der Hekhalot-Literatur spricht eine deutliche Sprache. Auch die Vermutung, der Wortlaut einiger Abschnitte des Qaddish sei durch Lieder, wie sie in der Hekhalot-Literatur überliefert sind, geprägt worden, läßt sich nicht schlüssig belegen. Zwar bleibt auffällig, daß in Liedern der Makroformen *Hekhalot Rabbati* und *Maᶜase Merkava* besonders gehäuft Serien von *hitpaᶜel*-Verben verwendet werden, und bei einigen Liedern der Makroform *Maᶜase Merkava* deutet überdies einiges darauf hin, daß sie, ausgehend von aus der regulären Liturgie bekannten Texten, durch Serienbildungen erweitert wurden. Wie sich jedoch im Vergleich mit Gebeten aus dem Umfeld der Hekhalot-Literatur und Texten aus der klassischen rabbinischen Literatur erweist, kann dieses Stilmittel weder auf die Kreise der Merkava-Mystiker zurückgeführt werden, noch dient es in ihren Liedern einem besonderen Zweck oder bringt ein spezifisch mystisches Anliegen zum Ausdruck. Auch wenn somit nicht auszuschließen ist, daß die mit Liedern der *yorede merkava* vergleichbaren Abschnitte des Qaddish zu ihm erst später hinzugekommen sind (hierfür mag etwa der Befund in Seder Rav Amram [MS Oxford] sprechen), kann nicht davon ausgegangen werden, ausgerechnet die Hekhalot-Mystiker hätten das Qaddish »erweitert« oder »beeinflußt«.

Dieses Ergebnis wird durch die Responsen und Stellungnahmen unterschiedlicher Geonim zum Wort *yitqalas* bestätigt. Alle untersuchten Texte, die auf den Gebrauch dieses Verbes eingehen, sind sicher erst nach der Aufnahme des Qaddish in einen relativ feststehenden liturgischen Ablauf entstanden. Sie reflektieren einerseits Auseinandersetzungen um ein Wort, das im Vergleich von biblischem und rabbinischem Sprachgebrauch eine bemerkenswerte Bedeutungsentwicklung hinter sich hatte. Andererseits sind diese Äußerungen auf dem Hintergrund der Rezeption des Qaddish in einem sich vom Hebräisch-

Aramäischen zum Arabischen hin wandelnden sprachlichen Umfeld zu sehen. Sie belegen weder ein spezifisch mystisches Interesse am Qaddish (im Sinne einer Mystik wie sie uns in der Hekhalot-Literatur begegnet) noch Auseinandersetzungen mit Gruppierungen am Rande des rabbinisch geprägten Judentums. Vor allem führen sie vor Augen, daß die Deutungen des Wortlautes stets vom Minhag und damit auch von durch die Lebenswelt abhängigen Wandlungen beeinflußt waren. Von einer von »den« oder einzelnen, etwa einer speziellen Lehrhaustradition verpflichteten Geonim verordneten »Kanonisierung« des Qaddish-Wortlautes kann dagegen keine Rede sein.

2. *Rezeption*

Die Rezeption des Qaddish in der nach-talmudischen Zeit war durch die im Bavli und den nach-talmudischen Midrashim begründete Sicht geprägt. Die wenigen Hinweise in anderen Schriften wie dem sich durch starke Bearbeitungen auszeichnenden Traktat Soferim reichen dagegen nicht aus, um die Annahme einer geregelten liturgischen Verwendung des Qaddish vor der Verbreitung des Bavli zu stützen. Erste sichere Belege für die liturgische Applikation des Qaddish finden sich in gaonäischen Responsen, die einen babylonischen Ritus widerspiegeln, wie er vielleicht auch hinter einigen im Bavli überlieferten Dikta aufscheint. Offensichtlich nahm die Rezeptionsgeschichte des Qaddish also erst im amoräischen Babylonien und nicht schon im tannaitischen Palästina ihren Ausgang, auch wenn man für Palästina den Gebrauch kurzer doxologischer Formeln, wie sie in der »palästinischen« Targum-Tradition belegt sind, voraussetzen kann. Wie die wenigen Andeutungen zum Gebrauch und der Rezitationsweise der doxologischen Formel im Bavli, so legen auch die (allerdings oft nur in sekundären Quellen überlieferten) gaonäischen Responsen die Vermutung nahe, das Qaddish sei vergleichbar der *qedusha* erst in Babylonien in das tägliche Gebet eingeführt worden.

Mit seiner Einführung sind retrospektiv zwei Begründungsprinzipien in Verbindung gebracht worden: (1.) Seine Verwendung aufgrund eines vorangehenden Schriftverses, wobei dies damit begründet wurde, daß jeder Vers der Bibel, wenn auch verborgen, den göttlichen Namen enthält; (2.) die Einführung als Abschluß einer *miṣwa*, d. h. eines Gebotes, das nicht unbedingt mit einem in der schriftlichen oder mündlichen Tora überlieferten Gebot identisch sein mußte. Obgleich das erste der beiden Prinzipien sogar im Namen einer bekannten Persönlichkeit, Moshe Gaon, überliefert ist, scheinen beide Begründungen nicht von Anfang an allen Orten und konsequent befolgt worden zu sein. Neben solchen »offiziellen«, d. h. erst im nachhinein formulierten Prinzipien, ist das Qaddish wohl stets auch aufgrund gebetstechnisch-funktionaler, gewissermaßen gebetspraktischer Gesichtspunkte eingeführt worden. Die Motive für seine Applikation hingen dabei stets auch von Bräuchen ab, die zunächst durch keinen der beiden Grundsätze begründet gewesen sein dürften.

Durch die Einfügung eines Qaddish in den Ablauf der Gebete wie auch in die (je nach Ritus länger werdenden) Folgen von Lesungen konnte signalisiert werden, ob ein halakhisch verpflichtender Abschnitt abgeschlossen war oder nicht. Das Qaddish übernahm somit die Aufgabe, die sich erweiternde Liturgie zu strukturieren bzw. die unterschiedlichen Teile miteinander zu verbinden. Erst die Einführung des Qaddish als einem strukturierenden Gebet scheint dabei das sukzessive Hinzuwachsen weiterer Gebete an die Stammgebete begünstigt bzw. ermöglicht zu haben.

Daß zu diesem Zweck ein Gebet verwendet wurde, welches sich zu größeren Teilen aus aramäischen Wörtern zusammensetzt, scheint kein Zufall gewesen zu sein. Man darf hinter dieser Entwicklung zwar nicht den Willen eines einzelnen Kompositeurs oder einer Schule von Rabbinen vermuten. Doch dürfte die sprachliche Ausprägung des Qaddish, die ihm eine Sonderstellung verlieh und es aus der ansonsten (bis auf die *qedusha de-sidra*) in Hebräisch gehaltenen Liturgie hervorhob, von gewisser Bedeutung gewesen sein. Der eigentümliche sprachliche Charakter verlieh dem Qaddish einen Status, der schließlich auch mit unterschiedlichen inhaltlichen Konnotationen verknüpft werden konnte. Einerseits erinnerte das Aramäische an die aggadisch begründbare Bedeutung des Zusammenhangs von Studium und Gebet; andererseits gemahnte der sprachliche Charakter auch an mit dem Aramäischen traditionell verbundene Motive von Klage und Trauer, insbesondere an die in bBer 3a thematisierte Klage über die Zerstörung des Tempels, jenes Ereignis, das für die theologische Neukonstituierung des Gottesdienstes in rabbinischer Zeit zentrale Bedeutung besaß.

Der auffälligerweise erst in relativ späten Texten eindeutig mit dem Qaddish verknüpfte Motivzusammenhang von Studium und Doxologie scheint dabei mit dazu beigetragen zu haben, rabbinischer Liturgie insgesamt den Charakter von Studium zu verleihen. Die kurze doxologische Kernformel muß zwar zunächst nicht nur mit dem Abschluß von Studium, sei es das Studium von Tora, Propheten oder ihren Auslegungen in Targum und *derasha*, verbunden gewesen sein. Aus einer relativ kurzen Andacht, bestehend aus *shema*ᶜ und Achtzehn-Bitten-Gebet, scheint sich mit der Zeit jedoch eine Liturgie entwikkelt zu haben, die durch die Einführung des Qaddish einen wichtigen liturgischen »Eckpfeiler« erhielt. Das Qaddish strukturierte die Abfolge der Gebete und verlieh ihm gleichzeitig einen neuen konnotativen Charakter. Zudem mag die Einführung des traditionelle eschatologische Vorstellungen repitierenden Qaddish den Gottesdienst vor mystischen Einflüssen, wie sie etwa bei der Rezeption der *qedusha* eine Rolle gespielt haben mögen, abgeschirmt haben.

Die auf den Zusammenhang von Studium und Gebet Bezug nehmende Aufwertung des Qaddish ist dann im Verlauf seiner Rezeptionsgeschichte durch die Verknüpfung mit weiteren Vorstellungskomplexen ausgebaut worden. Einerseits wurde dem Qaddish eine immer größere Wirkung zugedacht - es konnte sogar gesagt werden, daß man durch das Qaddish Gott »mehr heiligen« kann als durch die auf die Partizipation am himmlischen Gottesdienst der

Engel abzielende *qedusha*. Andererseits wurden die einzelnen Wörter des Qaddish, wie sich besonders an den Responsen zum Wort *yitqalas* zeigt, immer genauer auf ihren biblischen Hintergrund hin untersucht und somit fixiert. Jedem einzelnen Wort kam mit der Zeit immer größeres Gewicht zu und wurde Gegenstand einer eigenen Auslegungstradition. Es entstand eine Art *textus receptus*.

Einige in der älteren Tradition angelegte Ideen, wie die von der besonderen Wirkung der doxologischen Formel, wurden von den Geonim dagegen nicht weiter ausgebaut. In ihren Schriften werden vor allem die apokalyptisch-eschatologischen Motive erläutert, und erst in schwer zu definierenden Kreisen des 12./13. Jh. wurde das Qaddish dann als ein »mystisches« Gebet, d. h. als ein besondere Reaktionen Gottes evozierender Text gedeutet. Die Schriften und Kommentare, die dem Kreis der *ḥaside ashkenaz* zugerechnet werden können (u. a. in *Siddur ha-Tefilla la-Roqeaḥ*, *Siddur Rabbenu Shelomo*), stehen dagegen noch weitgehend in den Deutungstraditionen, wie sie in den gaonäischen Kommentaren zum ersten Abschnitt des Qaddish (MS New York, Adler 4053) und zum Wort *yitqalas* (T.-S. 12.828) belegt sind.

Daß sich vor allem im ashkenazischen Judentum des 12.-13. Jh. ein besonders großes Interesse an einer mystischen Interpretation des Qaddish herauskristallisierte, mag mit der sich verbreitenden Verwendung des Qaddish *yatom* zusammenhängen. Dieser Brauch, der seine Wurzeln in dem Gebrauch ähnlicher Gebete, wie dem älteren *barekhu*, haben dürfte, überschattet die gesamte spätere Rezeption des Qaddish im Mittelalter. Betrachtet man auf dem Hintergrund der unterschiedlichen Deutungstraditionen des Qaddish die Entwicklung seiner Verwendung als Gebet für die Toten, so ist klar, daß sich in diesem Brauch, trotz der in ihm aufgenommenen traditionellen Ideen, eine gegenüber dem Anspruch der babylonischen Geonim und der durch sie repräsentierten älteren Tradition bemerkenswert eigenständige Deutung äußert. Zwar sind für das Qaddish *yatom* auch die Vorstellungen von einer besonders direkten Wirkung des Gebets grundlegend. Jedoch basiert dieses Verständnis des Qaddish ebenso auf dem im Bavli überlieferten Konzept, daß die Taten eines Sohnes für den Vater Sühne leisten können. Und neben diesen wiederum in den Schriften der Geonim belegten Vorstellungen, beruht die Entwicklung des Qaddish zu einem Gebet für einen Verstorbenen natürlich auch auf eschatologischen Konzepten, die sich erst auf dem Hintergrund der sich verändernden Lebensbedingungen und einer sich wandelnden Theologie nachvollziehen lassen.

Das Qaddish insgesamt erweist sich somit insbesondere unter Berücksichtigung des Waisen-Qaddish als ein liturgischer Text, der, weil über seinen Ursprung und seine Verwendung keine genauen Nachrichten in der älteren Überlieferung vorlagen, in ganz besonderer Weise von Bräuchen und aktualisierenden Deutungen seines Wortlautes geprägt war (und ist). Für einen gewissen Typ von Gebet und damit auch für eine gewisse Haltung gegenüber dem Phänomen Gebet im Judentum insgesamt kann das Qaddish somit als exemplarisch gelten. Wie sich seine Deutungen im Laufe der Zeiten wandelten, so veränderten sich auch seine Applikationen. Der für unterschiedliche Interpretationen offene, sich aus der Tradition fortschreibende *polyseme* Inhalt ermöglichte eine Rezeptiongeschichte, in deren Verlauf sich das Qaddish von einem Bindeglied zwischen den Hauptteilen der Liturgie zu einem der zentralen Gebetstexte der jüdischen Liturgie, ja des Judentums insgesamt entwikkelte. Durch seine sprachliche Beschaffenheit und seine wiederholte Rezitation verlieh (und verleiht) es dem rabbinisch geprägten Gottesdienst einen Charakter, der über die in ihm artikulierte zentrale Bitte um das Kommen der Königsherrschaft Gottes und die mit ihm intendierte Heiligung des Namens weit hinausweist.

Qaddish *le-ḥaddata*	Qaddish *de-Rabbanan*	Voll-Qaddish	Halb-Qaddish
יתגדל ויתקדש שמה רבא בעלמא דהוא עתיד לחדתא ולאחאה מיתיא [ולאסקא יתהון לחיי עלמא] ומלבני קרתא דירושלם ולשכללא היכלא [בנוה] ולמעקר פלחנא נכראה מארעא ולאחא פלחן קודשא דשמיא לאתרה וימליך מלכותה ויקרב [ויבע] משיחה [ויצמח פרקנה]	יתגדל ויתקדש שמה רבא בעלמא די ברא כרעותה וימליך מלכותה [ויצמח פרקנה ויקרב משיחה]	יתגדל ויתקדש שמה רבא בעלמא די ברא כרעותה וימליך מלכותה [ויצמח פרקנה ויקרב משיחה]	יתגדל ויתקדש שמה רבא בעלמא די ברא כרעותה וימליך מלכותה [ויצמח פרקנה ויקרב משיחה]
בחייכון וביומיכון ובחיי דכל בית ישראל בעגלא ובזמן קריב ואמרו אמן.	בחייכון וביומיכון ובחיי דכל בית ישראל בעגלא ובזמן קריב ואמרו אמן.	בחייכון וביומיכון ובחיי דכל בית ישראל בעגלא ובזמן קריב ואמרו אמן.	בחייכון וביומיכון ובחיי דכל בית ישראל בעגלא ובזמן קריב ואמרו אמן.
יהא שמה רבא מברך לעלמי לעלם ולעלמיא. יתברך וישתבח ויתפאר ויתרומם ויתנשא ויתהדר ויתעלה ויתהלל שמה דקדשא בריך הוא. לעלא מן כל ברכתא ושירתא תשבחתא ונחמתה דאמרין בעלמא ואמרו אמן.	יהא שמה רבא מברך לעלם ולעלמי עלמיא. יתברך וישתבח ויתפאר ויתרומם ויתנשא ויתהדר ויתעלה ויתהלל שמה דקדשא בריך הוא. לעלא מן כל ברכתא ושירתא תשבחתא ונחמתה דאמרין בעלמא ואמרו אמן.	יהא שמה רבא מברך לעלם ולעלמי עלמיא. יתברך וישתבח ויתפאר ויתרומם ויתנשא ויתהדר ויתעלה ויתהלל שמה דקדשא בריך הוא. לעלא מן כל ברכתא ושירתא תשבחתא ונחמתה דאמרין בעלמא ואמרו אמן.	יהא שמה רבא מברך לעלם ולעלמי עלמיא. יתברך וישתבח ויתפאר ויתרומם ויתנשא ויתהדר ויתעלה ויתהלל שמה דקדשא בריך הוא. לעלא מן כל ברכתא ושירתא תשבחתא ונחמתה דאמרין בעלמא ואמרו אמן.
	על ישראל ועל רבנן ועל תלמידיהון ועל כל תלמידי תלמידיהון ועל כל מאן דעסקין באוריתא די באתרא הדין ודי בכל אתר ואתר יהא להון ולכון שלמא רבא חנא וחסדא ורחמי וחיי אריכי ומזוני רויחי ופרקנא מן קדם אבוהון די בשמיא ואמרו אמן. יהא שלמא רבא שמיא וחיים [טובים] עלינו ועל כל ישראל ואמרו אמן.	תתקבל צלותהון ובעותהון דכל ישראל קדם אבוהון דבשמיא ואמרו אמן.	
עשה שלום במרומיו הוא יעשה שלום עלינו ועל כל ישראל ואמרו אמן.	עשה שלום במרומיו הוא יעשה שלום עלינו ועל כל ישראל ואמרו אמן.	עשה שלום במרומיו הוא יעשה שלום עלינו ועל כל ישראל ואמרו אמן.	עשה שלום במרומיו הוא יעשה שלום עלינו ועל כל ישראל ואמרו אמן.

1. Eine judeo-arabische Rezension des Halb-Qaddish

Text nach: E. Z. Grayewsky, מגנזי ירושלים, כולל תעודות הסטוריות, כתובות עתיקות; מכתבי אנשי שם וכו׳, Bd. 6, Jerusalem 1930, 42 (eine Pergament-Handschrift aus dem Besitz des Seʿadya Madmoni Halewi); vgl. auch D. Margalit, תפילת הקדיש. מקורותיה וניקודה, in: Hommage à Abraham. Recueil Littéraire en l'honneur de Abraham Elmaleh. A l'occasion de son 70ème anniversaire 1885, par le comité du Jubilé, Jerusalem 1959, 125. Eine hebräisch-aramäische Fassung findet sich in *Teshuvot ha-Rambam*, ed. A. Lichtenberg, Leipzig 1859, 9a.

יִתְכַּבַּר וְיִתְקַדַּס אִסְם אַלְרַבּ. פִּי הַאדִ׳י אַלְדֻנְיָא כַּ׳לַק מִתְל פִּכְּרַהוּ. וַיִסַלְטֵן סוּלְטָנַהוּ
וַיִנְבַּת פֻּרְקָנַהוּ. וַיִקַרֵב מַשִׁיחַ תַבַּעֲהוּ. פִּי חַיַאתְכּוּן וַפִּי אַיַאמְכּוּן וַפִּי חַיַאת כֻּל בֵּית
יִשְׂרָאֵל וַבְּחַיַאת סַיִדְנָא אַלְמֻעַלִּם מוּסַא אִבְּן אַל מַיְמוּן (. . .)

Groß und geheiligt sei sein großer Name!
In der Welt, die er erschaffen hat, nach seinem Willen,
und seine Königsherrschaft komme,
und seine Erlösung erscheine, und sein Messias komme, zu euren Lebzeiten und zu euren Tagen, zu Lebzeiten
des ganzen Hauses
Israel und zu Lebzeiten unseres Lehrers *Mūsā Ibn al-Maimūn* (Moshe ben Maimon) (. . .)

2. Ein Geniza-Fragment eines Qaddish aus einem »palästinischen« Siddur

Zu dieser Handschrift vgl. die Beschreibung von I. M. Ta-Shma in: *Hilkhot Ereṣ Yisraʾel min ha-Geniza*, ed. M. Margaliot / I. M. Ta-Shma, Jerusalem 1973, 127. Abschrift nach F 21307 bzw. P 3437. - Der nur teilweise erhaltene Text findet sich zu Beginn einer dem palästinischen Ritus entsprechenden Siddur-Handschrift, nach den *taḥanunim*.

MS Oxford Heb. g. 2 (Neubauer 2700)

1]בא בעלמא די ברא כרעותיה ימלך מלכותה
2 ויצמח פורקניה ויקרב משיחי בחייכון
3 וביומיכון ובחיי די כל בית ישראל במהרה
4 ובזמן קריב ואמרו אמן. יהי שמיה רבא
5 מברך לעלמא ולעלמי עלמיא ויתברך
6 ישתבח יתפאר יתרומם יתנשא יתעלה
7 יתהדר שמו של קדוש ברוך הוא.
8 למעלה מכל הברכות השירות התשבח׳
9 והנחמות האמורות בעולם כרצונו
10]ן עושה שלום במרומיו הוא
11]ם שלום וחסד ורחמים
12]ל ואמרו אמן

1 gr]oß, in der Welt, die er geschaffen, nach seinem Willen,
er lasse sein Reich erstehen,
2 er lasse seine Erlösung wachsen und seinen Messias herbeikommen zu euren Tagen

3 und zu euren Tagen und zu Lebzeiten des ganzen Hauses Israel, bald[1]
4 und in naher Zeit, und sie sollen sprechen: Amen! Sein großer Name
5 sei gepriesen, in Ewigkeit und von Ewigkeit zu Ewigkeit! Er sei
gepriesen!
6 Es sei gelobt, es sei verherrlicht, es sei erhoben, es sei erhaben,
es sei erhöht,
7 es sei geschmückt der Name des Heiligen, gepriesen sei er.
8 Über alle Preisungen, Lieder, Lobpreisungen
9 und Tröstungen, die je in der Welt gesprochen, nach seinem Willen
10 Ame]n! Er mache Frieden in seinen Höhen. Er
11]m, Frieden, und Gnade und Erbarmen
12]l und sie sollen sprechen: Amen!

3. Ein Geniza-Fragment eines Qaddish le-ḥaddata

Vgl. Catalogue of the Jack Mosseri Collection, ed. Institute of Microfilmed Hebrew Manuscripts, Jerusalem 1990, 144. Abschrift nach F 4373.

MS Mosseri V 179 (a)

1 יתגדל ויתקדש שמֵה רבָא
2 דעַתִיד לחדַתא עלמַא ולאַחאַא (sic!)
3 מיתייה ולמבנֵי קריַא ירושלם
4 ול[שכללא הי]כלא ולמֵעקר פולחָנָ[א]
5 [נכראה מ]ארענַא ולאַתאָבָא
6 [פ]לחָנָא דשמַייא דאתרֵיה בזי[וה]
7 [וי]קריה [ ]מימריה שבה יל[ ]
8 עם אבתנה[ ]דג[ ] ע"פ אבה[ ]
9 [בית ישראל] [ ]בזמן קרי[ב]
10 [י]תר[ ] עלמ[י]א
11 עלמיא יתברך וי[ ]

1 Groß und geheiligt sei sein großer Name,
2 der zukünftig erneuern möge die Welt[2] und wiederbeleben die
3 Toten, die Stadt Jerusalem erbauen,
4 wiedererrichten den Tempel und ausmerzen den Fremdkult
5 aus unserem Land und zurückbringen
6 den Kult des Himmels an seinen Ort in [seiner] Her[rlichkeit]
7 und seiner [*ye*]*qara* [ ] [um] seiner *memra* [willen]
8 mit unseren Vätern [ ]
9 [Haus Israel] [ ] in naher Zeit
10 [Y] [R] Ewigke[i]t
11 Ewigkeit, er sei gepriesen und[ ]

---

[1] Hier in Hebräisch, statt בעגלא.

[2] Hier fehlt wieder das Personalpronomen הוא.

4. Geniza-Fragment eines Qaddish titqabal

In diesem längeren Fragment findet sich das Qaddish hinter einer (palästinischen) Rezension einer *ʿamida* des Shabbat-Gottesdienstes. Der Text ist »tiberi(ani)sch« bzw. infra-linear vokalisiert, und der erste Abschnitt (fol. 1a) entspricht dem bekannten Wortlaut des Halb-Qaddish. Zu beachten ist, daß die Rezension typische Merkmale für palästinische (und einige sefardisch-orientalische) Rezensionen aufweist: die Bitten um Erlösung und das Kommen des Messias, das doppelte לעילא und die Schreibweise der doxologischen Formel (1a, Z. 6).

MS New York, JTS ENA 6161 1 Mic 7276 [F 32914]

1a

1 יִתְגַדַּל וְיִתְקַדַּשׁ שְׁמֵיהּ רָבָה בְּעָלְמָה
2 דִבְרָא כִרְעוּתֵיה יַמְלִיךְ מַלכותֵיהּ
3 וְיַצְמַח פורְקָנֵיהּ יְקַרִיב מְשִׁיחֵיהּ וְיִפרוק
4 עַמֵיהּ בְרַחְמְתֵיהּ בְחַיֵיכון וּבְיוֹמיכוֹן
5 וּבְחַייהוֹן דְכָל בֵית יִשְׂרָאֵל בַעֲגַלא בזְמָן
6 קָרִיב. אָמֵן יְהִי שְׁמֵיהּ רבָה מְבָרַךְ
7 לְעָלְמָא וְלָעָלְמֵי עָלְמַיָא. יִתְבַרַךְ
8 יִשתַבַח יִתְפַאַר יִתרומַם יִתְנַשֵׂא יִתעַלֶה
9 יִתהַדַר וְיִתְהַלָל שְׁמֵיהּ דְקוּדשָׁא בְרִיךְ
10 הוּא לְעֵילָא לְעֵילָא מִכל בִרְכָתָא שׁ
11 שִׁירַתָא תוּשְׁבְּחָתָא נֶחָמָתָא דַאַמִירַן

1b

1 בְעָלמָא ואִמְרוּ אָמֵן. תִתְקַבַל
2 צְלוֹתֶנָא וְתִתְעַנֵיהּ בְעוּתֶנָא עִם
3 צְלוֹתהוֹן וּבָעוּתהוֹן עַמֵיהּ דְכָל בֵית
4 יִשְׂרָאֵל קָדָם אַבוּנָא אֱלַהּ דִי בִשְׁמַיָא
5 וְאִמרוֹ אָמֵן יְהֵוי שְׁלָמָא רַבַה
6 וְרַוּחָא וּפוּרְקָנָא וְסייעְתָא וְאָסוּתָא מִן
7 שְׁמַיָא עֲלֵינוּ וַעֲלֵיכוֹן וְעל כָל קָהָלְיהוֹן
8 דְישְׂרָאֵל וְאִמְרו אָמֵן
9 עֹשֶׂה שלוֹם בִמרוֹמַיו הוּא בְרַחַמָיו
10 הָרַבִים וּבַחַסָדיו הַגְדוֹלִים יַעֲשֶׂה
11 שָׁלוֹם עָלֵינוּ וַעֲלֵיכֶם וַעַל כְלַל עַמוֹ

1a

1 Groß und geheiligt sei sein großer Name, in der Welt,
2 die er geschaffen, nach seinem Willen, er lasse sein Reich kommen
3 und lasse seine Erlösung wachsen, seinen Messias kommen und erlöse
4 sein Volk in seiner Gnade zu euren Tagen und zu euren Lebzeiten
5 und zu Lebzeiten des ganzen Hauses Israel, bald und in
6 naher Zeit. Amen! Sein großer Name sei gepriesen,
7 in Ewigkeit und von Ewigkeit zu Ewigkeit. Er sei gepriesen!
8 Es sei gelobt, verherrlicht, erhoben, erhaben, erhöht,
9 geschmückt, und es sei besungen, sein heiliger Name, er sei gepriesen,
10 über und über alle Preisungen,
11 Lieder, Lobpreisungen und Tröstungen, die je in der

1b

1 Welt gesprochen wurden, und man spreche: Amen! Nimm an

2 unser Gebet und antworte auf unsere Bitten,
3 mit ihren Gebeten und ihren Bitten, seines Volkes, des ganzen Hauses
4 Israel, vor unserem Vater, Gott im Himmel,
5 und man soll sprechen: Amen! Großer Frieden
6 und Befreiung und Erlösung und Hilfe und Heilung
7 komme vom Himmel über uns und über euch und über alle eure Gemeinden
8 Israels und man spreche: Amen!
9 Er mache Frieden in seinen Höhen, er mache in seinem umfassenden Erbarmen
10 und seiner großen Gnade
11 Frieden über uns und euch und über die Gesamtheit seines Volkes!

5. Eine Rezension des Halb-Qaddish nach einem Geniza-Fragment des Seder Rav Amram (?) der Alliance Israélite Universelle

Text nach: I. Lévi, [Appendix] »Sur le même sujet«, in: Büchler, A.: »Le mot ויתקלס dans le Kaddisch«, REJ 54 (1907) 204. - Man beachte die Hinweise auf die Rezitationsweise, die Zusätze und das scheinbar fehlende *yitqalas* in der Serienbildung aus acht (!) Verben im *hitpa^cel*.

עומד שליח ציבור ואומ׳
יתגדל ויתקדש שמיה רבה בעלמא די ברא כרעותיה
וימליך מלכותיה ויצמח פורקניה בחייכון וביומיכון ובחיי כל בית יש׳
בעגלא ובזמן קריב
ואמר׳ אמן ועונין
אמן יהא שמיה רבא מברך לעלם ולעלמי עלמיא
יתברך וישתבח ויתפאר ויתרומם
ויתנשא ויתעלה ויתהדר ויתהלל שמיה דקודשא בריך הוא
לעילא מכל ברכתא ושירתא [תושבחתא] ונחמתא
דאמירן בעלמא הדן ואמרו אמן

Der *sheliaḥ ṣibbur* steht auf und spricht:
Groß und geheiligt sei sein großer Name! In der Welt, die er erschaffen hat, nach seinem Willen,
und seine Königsherrschaft komme und seine Erlösung wachse[3], zu euren Lebzeiten und zu euren Tagen, zu Lebzeiten des ganzen Hauses Israel,
bald und in naher Zeit.
Und sie sollen sprechen: Amen! und respondieren:
Amen, sein großer Name sei gepriesen, in Ewigkeit und von Ewigkeit zu Ewigkeit,
Es sei gepriesen, und es sei gelobt, und es sei verherrlicht, und es sei erhoben, und es sei erhaben, und es sei erhöht, und es sei geschmückt, und es sei besungen der Name des Heiligen, gepriesen sei er!
Über alle Preisungen und Lieder, [Lobpreisungen] und Tröstungen,
die je in der Welt gesprochen wurden. Und sie sollen sprechen: Amen!

---

[3] Dieser »Zusatz« findet sich häufig in Rezensionen sefardischer und orientalischer Riten. Vgl. aber auch die oben mitgeteilte Rezension MS Oxford Heb. g. 2.

6. Eine Rezension des Qaddish titqabal (italienischer Ritus)

Text nach: *Seder Ḥibbur Berakhot* aufgrund der Abschrift des verlorengegangenen Manuskripts, MS Turin, LI A. III.2, von S. Schechter, S. 45. Vgl. zu dieser Handschrift A. I. Schechter, Studies in Jewish Liturgy. Based on a Unique Manuscript Entitled Seder Ḥibbur Berakot. In Two Parts, Philadelphia 1930. - Man achte auf das doppelte לעילא, die Serienbildung aus sieben bzw. acht Verben und die unterschiedlichen Amen-Responsionen.

יתגדל ויתקדש וישתבח שמיה רבא בעלמא דברא כרעותיה
וימליך מלכותיה דאמ׳ בחייכון וביומיכון ובחיי דכל בית
ישראל בעגלא ובזמן קריב
ועונין הקהל
יהא שמיה רבא מברך לעלם ולעלמי עלמיא
ואומ׳ החזן יתברך ישתבח ויתפאר ויתרומם
ויתנשא ויתעלה ויתהדר ויתהלל שמה דקדשא בריך הוא אמן
<u>לעילא לעילא</u> מכל ברכתא ושירתא תושבחתא ונחמתא
דאמירן בעלמא ואמרו אמן.
תתקבל צלותהון ובעותהון דכל בית ישראל קדם אבוהון
ואמרו אמן
יהי שלמא רבא מן שמיא וחיים על כל בית ישראל
ואמרו אמן
עושה שלום במרומיו הוא יעשה שלום על כל ישראל.

Groß und geheiligt und gepriesen, sei sein großer Name! In der Welt,
die er erschaffen hat, nach seinem Willen,
und seine Königsherrschaft komme, wie er gesprochen
zu euren Lebzeiten und zu euren Tagen, zu Lebzeiten des ganzen Hauses
Israel, bald und in naher Zeit.
Und die Gemeinde respondiere:
Sein großer Name sei gepriesen, in Ewigkeit und von Ewigkeit zu
Ewigkeit,
Und der *ḥazzan* spreche: Es sei gepriesen, es sei gelobt, und es sei
verherrlicht, und es sei erhoben, und es sei erhaben, und es sei erhöht,
und es sei geschmückt, und es sei besungen der Name des Heiligen, gepriesen sei er!
Amen!
Über und über alle Preisungen, Lieder, Lobpreisungen und Tröstungen,
die je in der Welt gesprochen wurden. Und sie sollen sprechen: Amen!
Es möge angenommen werden euer Gebet und eure Bitten, des ganzen
Hauses Israels, vor eurem Vater im Himmel,
und sie sollen sprechen: Amen!
Es möge großer Frieden kommen vom Himmel und Leben über das ganze Haus
Israel
Und sie sollen sprechen: Amen!
Der Frieden schafft in seinen Höhen, der schaffe Frieden über ganz Israel!

7. *Eine piyyuṭ-artige Bearbeitung des Qaddish le-ḥaddata (für den Neunten Av?)*

Text nach: M. Ginsburger, »Aramäische Piutim aus der Genisa«, MGWJ 48 NF 12 (1904) 417-422, zuerst veröffentlicht von M. Gaster, »Geniza Fragmente«, in: Gedenkbuch zur Erinnerung an David Kaufmann, hg. v. M. Brann u. a., Bd. 2, Breslau 1900, 226-227; 236-237 [= ders., Studies and Texts, Bd. 2, London 1928, 682-683; Bd. 3, 205-206].[4]

ויבועון ויחדון כל [דבעיין יתך] ובכין יתכל[י חרבא וכפ]נא וכל דמעתא
ולא יש[מע] עוד קל דבכין וקל דמצווחין ויסוק מנהון דוונא ותינחתא וישרון על
ארעהון לעלם כמא דאמיר על ידי עבדוהי נבייא לאחאה מיתייא ולמבני קרתא
ירושלם ולמבני יתה בניין עלם בניין [ ] לח
ביניין מתקן ביניין משכלל ביניינא [דע?] למא בניינא די לא מתפגר לעלם ארי
תהי [מת]בנייא גבורתיה דקודש׳ בר׳ הו׳ ויכבוש בצדייא אבני ויצפתה וישכללינה
באבנין טבן ומרגליין ואבני גמר ואבני צרוך כרום ימא וסמקן ופנתירין וירקן
וסבהלום וברקן שבזיז וברלא איזמרגדין ועין עגלא קנכירי וטרקיא משקען מרמצן
בדהב ויבנון בני עממיא שורתא ויפתחון תרעהא תדירא יממ ולילי ולא יתאחדון
ויתבכנון חרבת עלם צדיית קדמאי יתקממון יתחדתון קירוין דהו[אה
חרבן] ויבועון וישבחון [אלה ו]ויתבניין ויתמליין [ב]עם גלוות[י] כמא
[דאמיר] על ידי עבדוהי נבי׳ למיבני קרתא ירושלם לשכללא היכל׳ לשכללא יתיה
[ב]יקר שכינתיה די שוי עלוהי בגבורתיה עד די יתמלי עלמא נהורא מזיו
יקריה ויהכון עממיא לניהוריה יו . . . א לקביל זיהוריה ותנה[ור?] ירושלם
נהור ויקריה עלה יתגלי ארי יהי חשוכא יתג . . . וקבלא מלכוותא ובה ישרי
שכינתיה ולא יצטריך עלמא עוד [לזיהור] שימשא ביממא ולא לזיהור ס[יהרא]
בליליא ארי יהי לה ניהור עלם וירימון פרנסיא קלהון וידון וישבחון כד יחזון
בעיניהון ודאתיב קודש׳ בר׳ הו׳ שכינתיה להיכליה דקודשה כמא דאמיר על ידי
עבדוהי נבי׳ לשכללא היכלא ולמעקר פולחנא נכרא למעקר יתה מן שמיא ומן ארעא
ו[למעקר יתה] מן [די]רתיה כל עלמא מן שמיא שמי [שמיא] חדא
[ערפי] לייא ורקיעייא וקלא[לי] מלאכייא וכל חילי שמיא רברביא וזעיריא ומן
ארעא טעותא וצלמנייא ואשירייא וחמנייא ושיקוצייא ובעלייא ואשתא ורואמשא
ובעירא וחיותא ורחשא דארעא ועופא דפרה על אפי ארעא רקיעא [ו]אלנייא ומן
אילן עוף ומן יממיא תהומיא [ומ]יא נוניא ושרא דימא וכל חיותא דבימא
[ודב]מיא ומן מדברא טורייא רמיא מנטלייא ושידייא ורוחייא ומזיקייא [ ]
וביריאתא דמשתניין ויעקרן מעלמא אנין ופלחיהון ולא יהי דוכרן לטעוותא
ויפלון כולהון על אפיהון ויסגדון ויתברון ויבהתהון ויתכנעון ויבטלון ויהון
ללמא בעידן דיסער עלהון חוביהון ויתבון כל עלמא עממיא אומיא ולישנייא
ומלכוותא לפולחנא דקודש׳ בר׳הו׳ ויפלחון קודמוהי כתף חד ויצון בשמיה לחודיה
ותתגלי מלכותיה על כל יתבי ארעא מ[ן סופי ד]עלמ[א ועד] סופי [עלמא ויסגד]ון
כל אנש[י ארעא] באנפי ה׳ אלהא [ד]ישראל [מלך] [מלכי] מלכי׳ [דימלך
לע׳ על׳ ובכין ימל[יך] מלכותיה וגו׳ בחי[יכון] וכו׳

Und es sollen dich preisen und verehren[5] alle, [die dich preisen]! Und dann halt[e fern Dürre und Hungers]not und alle Tränen; der Klang des Weinens und *der Klang der Klage möge nicht mehr gehört werden* (TJes 65,19), *Leid und Seufzen möge von ihnen*

---

[4] Die von mir unterstrichenen Textpassagen bezeichnen Zitate bzw. Stellen, die mit dem Qaddish *le-ḥaddata* übereinstimmen. Die übrigen verwendeten Zeichen entsprechen der Edition Ginzburgers. Zu der Vermutung es handele sich um einen Text, der am Neunten Av vorgetragen wurde, vgl. Ginsburger, aaO., 419f.

[5] Die Wurzel יחד im *pa^cel* kann auch die Bedeutung »das *shema^c* rezitieren« haben; vgl. Jastrow, *Dictionary*, 572f. s. v. יַחַד.

genommen werden[6] (TJes 35,10), und Yeshurun *möge auf seinem Land* für ewig (weilen)[7], wie er gesagt hat durch seine Diener, die Propheten: Die Toten wieder lebendig zu machen und die Stadt Jerusalem aufzubauen zur ewigen Wohnstatt und zum Haus . . . ein schönes (und) vollendetes Gebäude, dieses Gebäude [?], ein Gebäude, welches niemals zerstört wird, denn [es wird] erbaut sein in der Macht (*gevura*) des Heiligen, ge[priesen] sei [er], und es wird an den Seiten gestützt sein von Paviment-Steinen und vollendet durch Edelsteine und Diamanten; und die Schlußsteine und die Quersteine [?] werden türkisfarben sein wie das Meer und rötlich, gestreift und grünlich, und sie werden aus Diamant, Smaragd, Safir, aus (smaragdartigem) Beryll[8], aus Achat[9] und aus Kankirion und Anthrakion sein; sie werden überzogen und geschmiedet sein mit Gold. *Und die Söhne der Nichtjuden werden die Mauern errichten* (TJes 60,10). *Und deine Tore sollen stets geöffnet sein, Tag und Nacht, und sie sollen nicht geschlossen werden* (TJes 60,11). *Sie sollen die Ruinen wiedererrichten, sie sollen frühere Verwüstungen wiederherstellen, und Städte, die [zerstört waren], sollen wiedererbaut werden* (TJes 61,4).[10] Und sie sollen anbeten und preisen [Gott], und sie werden (*sc.* den Tempel) wiedererrichten und (ihn) erfüllen [mit] dem Volk der Verbannung (*galut*), wie er [bekundet hat] durch seine Diener, die Pro[pheten]: Die Stadt Jerusalem wiederaufzurichten und den Tempel[11] durch die Herrlichkeit (*yeqara*) seiner *shekhina*, die er über ihm in seiner Macht (*gevura*) erstrahlen lassen wird, zu vollenden, bis die Welt erfüllt sein wird vom Licht und Glanz seiner Herrlichkeit (*yeqara*). *Und alle Völker werden zu seinem Licht kommen* (TJes 60,3)[12], [ ] zu erhalten seine Pracht und Jerusalem erst(rahlen zu lassen) im Glanz seiner Herrlichkeit (*yeqara*), und er wird sich offenbaren, wenn sie in der Finsternis liegen wird [ ] und sie seine Königsherrschaft annimmt und in ihr diejenigen (sein werden), die auf seine *shekhina* vertrauen; *und die Welt wird weder [des Strahlens seiner] Sonne am Tag noch des Glanzes des [Mondes] in der Nacht bedürfen, denn der Herr wird ein ewiges Licht sein* (TJes 60,19). Die *parnasim*[13] werden ihre Stimme erheben, um zu loben und zu preisen, bis sie mit ihren Augen sehen, wie die *shekhina* des Heiligen, gepriesen sei er, in den Tempel des Heiligen einzieht[14], wie er durch seine Diener, die Propheten, gesagt hat: Den Tempel wiederaufzurichten, den Fremdkult auszumerzen[15], ihn auszumerzen im Himmel und auf der Erde, ihn auszumerzen von jedem Wohnort auf der Welt und unter dem Himmel, ob unter den Engeln oder ob unter allen Heerscharen des Himmels, große und kleine und auszurotten die Götzen, Abgötter, Asheren, Statuen, Greuelbilder, Baal-

---

6 TJes 35,10 liest hier ויסוף; vgl. *Bible*, ed. Sperber, Bd. 3, 71.

7 Von Ginsburger wird irrtümlich auf T*Jes* statt T*Jer* 23,8 verwiesen. Entweder ist dieser Vers in Anlehnung an den Targum formuliert worden, oder er basiert auf einer anderen Rezension des Targum Jeremia.

8 Vgl. Levy, *Wörterbuch*, Bd. 1, 203 s. v. בּוּרְלָא.

9 עין עגלא. Gemeint ist eine weitere Edelsteinart, deren Bezeichnung (wörtl. »rundes Auge«) nicht genau bekannt ist; vgl. TO und TPsJ zu Ex 28,19, wo das Wort als Äquivalent für אחלמה verwendet wird. Vgl. zu den aufgezählten Steinen auch Ez 27,13.

10 Der Text weicht auch hier von der Rezension des Targum, ed. Sperber, ab.

11 Vgl. TSach 8,9; THab 2,12; T I Sam 2,8; TJes 42,5. Auch dieser Vers scheint nur in Anlehnung an die genannten Targumstellen formuliert worden zu sein.

12 Der Targum liest statt dessen wie MT לְנִיהוּרִיךְ, »zu *deinem* Licht«.

13 Gemeint sind wohl »Gemeindevorsteher«; vgl. Levy, *Wörterbuch*, Bd. 4, 120f. s. v. פַּרְנָס.

14 Vgl. zu diesem Vers TJes 52,8; *Bible*, ed. Sperber, Bd. 3, 106.

15 Auch dieser Satz ist anscheinend nur in Anlehnung an Stellen aus dem Propheten-Targum formuliert worden. Vgl. etwa TSach 8,9.

statuen, Ishta (einer Frau gleich) und alle (unreinen) Tiere und Reptilien der Erde und Vögel des Himmels, die über die Erde fliegen, und die (Raub)vögel, die von Baum zu Baum fliegen, und die Fische aus den Tiefen des Meeres und alle Fische und Lebewesen des Meeres und die (wilden) Tiere der Wüste und der Gebirge; auszurotten die Schadegeister, Kobolde, Dämonen und Plagegeister [ ][16] und die Götzenbilder. Sie werden zunichte und von der Welt vertilgt werden, und es wird keine Erinnerung an die Verehrer der Greuel geben, und sie alle werden auf ihr Angesicht fallen, niederfallen, gebeugt und beschämt werden, und sie werden niedergeschlagen, vernichtet und zunichte werden zu der Zeit, da ihre Schuld über sie kommt. Dann werden alle Völker dieser Welt, alle Nationen, Zungen und Königreiche sich zum Dienst des Heiligen, gepriesen sei sein Name, hinwenden, *und sie werden vor ihm einmütig dienen* (TZef 3,10).[17] Und sie werden nur seinen Namen anbeten, und seine Königsherrschaft wird sich allen Bewohnern der Erde offenbaren, von einem [Ende der] Erde [bis zum] anderen [Ende]. Und alle Bewohner [der Erde] werden sich vor dem Angesicht Gottes, des Herrn Israels, des [Königs der Könige der Könige], der herrscht von Ewigkeit zu Ewigkeit, niederwerfen. Und dann (folgt): Er möge seine Königsherrschaft [erstehen lassen] usw. zu [euren] Lebzeiten usw.

---

[16] Ginsburger ergänzt hier תניניא, »Seeungeheuer«.

[17] Zur schwer zu übersetzenden Wendung כתף חד vgl. Cathcart / Gordon, *Targum*, 172.

Handschriftenverzeichnis

Manuskripte, Drucke und ihre Sigla
(F = Mikrofilm; P = Photostat im IMHM)

1. Rabbinische Literatur

Mishna

MS Parma, Biblioteca Palatina, De Rossi 138

Sifre

B3	MS Berlin (-Tübingen), Staatsbibliothek Preußischer Kulturbesitz, 33 Or. 1594
G1	MS Oxford, Bodleian Library, heb. C 10.6 (Neubauer 2679.4)
L1	MS London, British Museum, Add. 16.406 (341.4)
N2	MS New York, JTS Rab 2170 Mic 4973a
O15	MS Oxford, Bodleian Library, 150 (Uri 119)
V1	Sifre, Druck Venedig 1546, Ndr. Jerusalem 1971

Mekhilta de-Rabbi Shimʿon bar Yoḥai

MS Petersburg, Firkovitch 268 A II

Ps-Seder Eliyyahu Zuṭa

MS London, British Library, 937 (Beit-Arié 147-148)
MS Parma, Biblioteca Palatina, De Rossi 1240/9 [F 12284]

Qohelet Rabba

MS Vatikan, Biblioteca Apostolica Vaticana, Vat. Ebr. 291,11 [F 8633]

Midrash Tehillim

MS Parma, Biblioteca Palatina, De Rossi 2552 (1232) [F 13514]
MS Paris, Bibliothèque nationale, hebr. 152/1 [F 4139]
MS Warschau 119

Alfa Beta de-Rabbi Aqiva

MS Jerusalem, Mussajoff Collection 130 / 2 [F 22949]
MS New York, JTS Mic 1833 [F 10931]

Pereq Mashiaḥ

MS München, Bayerische Staatsbibliothek, cod. hebr. 222

Massekhet Soferim

MS München, Bayerische Staatsbibliothek, cod. hebr. 95 [Faksimile-Ausgabe]
MS Oxford, Bodleian Library, 2257 (Mich. 175) [F 20538]
MS Parma, Biblioteca Palatina, De Rossi 2342/14 (541) [F 13218]
MS Parma, Biblioteca Palatina, De Rossi 2574 (159)

Yalquṭ Shimʿoni

O2	MS Oxford, Bodleian Library, heb. b 6 (Neubauer 2637) [F 22703]

Tanḥuma

MS New York Columbia X893 M 5843
MS Oxford Bodleian Hunt. Donat. 20 Uri 116
MS Parma, Dei Rossi 261

Targumim

CN [M]	MS Vatikan, Targum Neophyti 1 [Marginal-Glossen] [ed. Díez Macho]
T [N.N.]	MS London, British Museum, Or. 2210 [ed. Sperber]
TFragP	MS Paris, Bibliothèque nationale, hebr. 110 [ed. Klein / Ginsburger]
TFragV	MS Vatikan, Biblioteca Apostolica Vaticana, Vat. Ebr. 440 [ed. Klein]
TFragL	MS Leipzig, Universitäts-Bibliothek [ed. Klein]
TFragN	MS Nürnberg, Stadtbibliothek, Solger 2.2 [ed. Klein]
TO	MS London, British Museum, Or. 2363 [ed. Sperber = ed. Drazin]
TPsJ	Targum Pseudo-Jonathan [ed. Clarke]

2. Hekhalot-Literatur

B2	MS Budapest, Rabbinerseminar, Kaufmann 238
D4	MS Dropsie, Philadelphia, Dropsie University 436
F4	MS Florenz, Biblioteca Laurenziana, Plut. 44/13
L4	MS Leiden, Universitätsbibliothek, Or. 4730
M2	MS München, Bayerische Staatsbibliothek, cod. hebr. 22
M4	MS München, Bayerische Staatsbibliothek, cod. hebr. 40
N8	MS New York, JTS Mic 8128
O1	MS Oxford, Bodleian Library, Michael 9 (Neubauer 1531)
V2	MS Vatikan, Biblioteca Apostolica Vaticana, Vat. Ebr. 228

Geniza-Fragmente

T.-S. K 21.95 C

3. Schriften liturgischen Inhalts

Seder Rav Amram Ga'on

MS Budapest, Kaufman G 3
MS London, British Museum, Or. 1067 (Margoliouth 206) [F 5939]
MS New York, JTS Mic 4074 (Halberstamm 489/490) [F 24976]
MS Oxford, Bodleian Library, Opp. Add. 4° 28 (Neubauer 1095) [F 17703]
MS Oxford, Bodleian Library, Or. 2116.19 [F 39561]

Siddur Rav Se'adya Ga'on

MS Oxford, Bodleian Library, heb. d. 51 (Cowley 2742)
MS Oxford, Bodleian Library, Hunt. 448 (Neubauer 1996)

Seder Ḥibbur Berakhot

MS Turin, LI A. III.2 [nach Abschrift von I. Schechter] [F 8402]

Maḥzor Vitry (Maḥzorim aus der Schule Rashis)

MS Cambridge, Add. 667.1 [F 16997]
MS München, Bayerische Staatsbibliothek, cod. hebr. 215

Siddur Rabbenu Shelomo

MS München, Bayerische Staatsbibliothek, cod. hebr. 393

Sefer ha-Tikhlal

MS New York, JTS Mic 3038 [F 29075]

Shibbole ha-Leqeṭ

MS Oxford, Bodleian Library, Opp. Add. 4° 18 (Neubauer 659) [F 5348]

Sefer Tanya Rabbati

MS Parma, Biblioteca Palatina, De Rossi 2400 (190/3) [F 13265]
MS Vatikan, Biblioteca Apostolica Vaticana, Vat. Ebr. 307/1 [F 358]

Geniza-Fragmente (liturgischen Inhalts)

MS Cambridge, Add. 3159
MS New York, Adler 4053
MS New York, JTS ENA 6161 1 Mic 7276 [F 32914]
MS Paris, Mosseri, V 19.2 [F 26201]
MS Paris, Mosseri, V 179 [F 4373]

MS Philadelphia, [Dropsie College] (Halper 185) [P 5102]
T.-S. 6 H 6/6 [F 18935]
T.-S. NS 123.119
T.-S. 124.60 [= Fleischer, Asufot 7 (1993), 240f.]
T.-S. 156.81
T.-S. H 12/11 [a]
T.-S. H 2/108 [Abrahams, JQR OS 10 (1898) 43]

4. Verwendete Zeichen (Texte und Übersetzungen)

[ ]	Marginal- oder Interlinearglosse; fehlende Buchstaben
{ }	Gestrichener Buchstabe
( )	Ergänzter Buchstabe oder Lesehilfen
/ /	Zeilenumbruch
(. . .)	Vorangehender oder nachfolgender Text

Literaturverzeichnis

1. Quellen

1.1 Bibelausgaben

Biblia Hebraica Stuttgartensia, quae antea cooperantibus A. Alt, O. Eißfeldt, P. Kahle, ed. K. Elliger et W. Rudolph, Stuttgart 1984.

Miqra'ot Gedolot, Bd. 1-5, Wien u. a. 1858ff., Ndr. Jerusalem 1976.

Novum Testamentum Graece, ed. E. Nestle / K. Aland, Stuttgart ^{27}1993.

Torat Ḥayyim. Ḥamisha Ḥumshe Tora, ed. M. L. Kaṣenelenbogen, Bd. 1-7, Jerusalem 1986-1993.

1.2 Pseudepigraphen: Textausgaben und Übersetzungen

Duensing, H. / Santos Otero, A. de: Apokalypse des Paulus, in: Neutestamentliche Apokryphen in deutscher Übersetzung, Bd. 2: Apostolisches. Apokalypsen und Verwandtes, hg. v. W. Schneemelcher, Tübingen 1989, Ndr. Tübingen 1997, 644-674.

Knibb, M. A.: The Ethiopic Book of Enoch. A New Edition in the Light of the Aramaic Dead Sea Fragments, Bd. 1: Text, Apparatus; Bd. 2: Introduction, Translation, Commentary, Oxford 1978.

1.3 Targumim

1.3.1 Textausgaben

The Bible in Aramaic, ed. A. Sperber, Bd. 1-4, Leiden 1959-1962 (abgekürzt als: Bible, ed. Sperber).

Das Fragmententhargum (Thargum Jerushalmi zum Pentateuch), hg. v. M. Ginsburger, Berlin 1899, Ndr. Jerusalem 1969.

The Fragment-Targums of the Pentateuch. According to their Extant Sources, ed. M. L. Klein, Bd. 1-2, AnBib 76, Rom 1980.

Genizah Manuscripts of Palestinian Targum to the Pentateuch, ed. M. L. Klein, Bd. 1-2, Cincinnati 1986.

Hagiographa Chaldaice, ed. P. de Lagarde, Leipzig 1873, Ndr. Osnabrück 1967.

Neophyti 1. Targum Palestinense Ms de la Biblioteca Vaticana, ed. A. Díez Macho, Bd. 1-6, Madrid u. a. 1968-1979.

Pseudo-Jonathan (Thargum Jonathan ben Usiël zum Pentateuch), hg. v. M. Ginsburger, Berlin 1903, Ndr. Jerusalem 1974.

Targum des Chroniques (Cod. Vat. Urb. Ebr. 1), ed. R. Le Déaut / J. Robert, Bd. 1-2, AnBib 51, Rom 1971.

Targum Pseudo-Jonathan of the Pentateuch. Text and Concordance, ed. E. G. Clarke, Hoboken 1984.

The Targum Sheni to the Book of Esther. A Critical Edition Based on MS Sassoon 282, ed. B. Grossfeld, New York 1994.

Targumic Toseftot to the Prophets, ed. R. Kasher, Sources for the Study of Jewish Culture 2, Jerusalem 1996.

The Text of the Targum of Job. An Introduction and Critical Edition, ed. D. M. Stec, AGJU 20, Leiden u. a. 1994.

1.3.2 Übersetzungen und Kommentare

Aberbach, M. / Grossfeld, B.: Targum Onkelos to Genesis. A Critical Analysis Together with an English Translation of the Text (Based on A. Sperber's Edition), New York 1982.

Beattie, D. R. G. / McIvor, J. S.: The Targum of Ruth. Translated, with Introduction, Apparatus, and Notes. The Targum of Chronicles. Translated, with Introduction, Apparatus, and Notes, The Aramaic Bible 19, Collegeville Minn. 1994.

Cathcart, K. J. / Gordon, R. P.: The Targum of the Minor Prophets. Translated, with a Critical Introduction, Apparatus, and Notes, The Aramaic Bible 14, Wilmington Del. 1989.

Chilton, B. D.: The Isaiah Targum. Introduction, Translation, Apparatus, and Notes, The Aramaic Bible 11, Edinburgh 1987.

Drazin, I.: Targum Onkelos to Deuteronomy. An English Translation with Analysis and Commentary (Based on A. Sperber's Edition), New York 1982.

Drazin, I.: Targum Onkelos to Leviticus. An English Translation with Analysis and Commentary (Based on A. Sperber's and A. Berliner's Editions), New York 1994.

Grossfeld, B.: The Targum Onqelos to Genesis. Translated, with a Critical Apparatus and Notes, The Aramaic Bible 6, Wilmington Del. 1988.

Levey, S. H.: The Targum of Ezekiel. Translated, with a Critical Introduction, Apparatus, and Notes, The Aramaic Bible 13, Wilmington Del. 1987.

Maher, M.: Targum Pseudo-Jonathan: Genesis. Translated, with Introduction and Notes, The Aramaic Bible 1B, Collegeville Minn. 1992.

McNamara, M.: Targum Neofiti 1. Genesis, The Aramaic Bible 1A, Edinburgh 1992.

Smelik, W. F.: The Targum of Judges, OTS 36, Leiden u. a. 1995.

1.4 Rabbinische Literatur (einschl. Hekhalot-Literatur)

1.4.1 Textausgaben

Aboth de-Rabbi Nathan. Huius libri recensiones duas collatis variis apud bibliothecas et publicas et privatas codicibus edidit, prooemium notas appendices indicesque addidit S. Schechter, Wien u. a. 1887, Ndr. Hildesheim 1979 u. ö.

Agadath Bereshit. Midraschische Auslegung zum ersten Buche Mosis. Nach den ältesten Druckwerken, in Vergleichung mit einer Oxforder Handschrift Cod. 2340, hg. mit Erklärungen und einer Einleitung versehen v. S. Buber, Krakau 1902, Ndr. Jerusalem o. J.

Agadath Shir Hashirim. Edited from a Parma Manuscript Annotated and Illustrated with Parallel Passages from Numerous MSS. and Early Prints, with a Postscript on the History of the Work, ed. S. Schechter, Cambridge 1896, Ndr. aus: JQR OS 6 (1894) 672-697.

Babylonian Talmud. Codex Florence. Florence National Library VII, I 7-9. The Earliest Dated Talmud Manuscript, Including an Introduction by D. Rosenthal, Jerusalem 1972.

Batei Midrashot, ed. S. A. Wertheimer, überarbeitete Ausgabe v. A. J. Wertheimer, Bd. 1-2, Jerusalem [2]1967.

Bereshit Rabba mit kritischem Apparat und Kommentar, ed. J. Theodor, bearb. v. C. Albeck, Bd. 1-3, Berlin 1912-1936, erw. Ndr. Jerusalem [2]1965.

Bet ha-Midrasch. Sammlung kleiner Midrashim und vermischter Abhandlungen aus der älteren jüdischen Literatur, ed. A. Jellinek, Bd. 1-4, Jerusalem [3]1967.

Faksimile Ausgabe des Mischnacodex Kaufmann A 50, hg. v. G. Beer, Bd. 1-2, Jerusalem 1968.

The Geniza Fragments of Bereshit Rabba. Edited on the Basis of Twelve Manuscripts and Palimpsests with an Introduction and Notes, ed. M. Sokoloff, Jerusalem 1982.

Geniza-Fragmente zur Hekhalot-Literatur, hg. v. P. Schäfer, TSAJ 6, Tübingen 1981.

Die Geschichte von den zehn Märtyrern. Synoptische Edition mit Übersetzung und Einleitung, hg. v. G. Reeg, TSAJ 10, Tübingen 1985.

Ginzé Midrash. The Oldest Forms of Rabbinic Midrashim According to Geniza Manuscripts, ed. Z. M. Rabinovitz, Tel Aviv 1976.

Halakhot we-Aggadot, ed. M. Higger, New York 1939, Ndr. Jerusalem 1971.

Jalkut ha-Machiri. Sammlung halachischer und haggadischer Stellen aus Talmud und Midraschim zu den 150 Psalmen von R. Machir ben Abba Mari, zum ersten Male nach einer Handschrift hg. mit Bemerkungen, genauer Indicirung der Quellenausgaben, Varianten und einer Einleitung Versehen (sic!), von S. Buber, Berdyczew 1899, Ndr. Jerusalem 1964.

Jalkut ha-Machiri. Sammlung midraschischer Auslegungen der Sprüche Salomos von R. Machir bar Abba Mari, zum ersten Male nach einer Handschrift hg. mit Anmerkungen, Quellennachweis und Einleitung versehen von L. Grünhut, Frankfurt a. M. 1902, Ndr. Jerusalem 1964.

Lekach Tob (Pesikta Sutarta). Ein agadischer Commentar zum ersten und zweiten Buche Mosis von Rabbi Tobia ben Eliezer, zum ersten Male hg. nach einer Jerusalemischen Handschrift, mit Vergleichungen der betrefenden (sic!) Handschriften aus den Bibliotheken in Florenz und St. Petersburg. Kritisch bearbeitet und mit einem Commentar und einer ausführlichen Einleitung versehen v. S. Buber, Wilna 1880, Ndr. Jerusalem 1986.

Liqquṭim mi-Midrash Avkir, ed. S. Buber, Ha-Shaḥar 11 (1883) 338-345; 409-418; 453-461, Ndr. in: Liqquṭim mi-Midrashim Shonim, ed. S. Buber, Tel Aviv o. J.

Manuscripts of the Babylonian Talmud from the Collection of the Vatican Library, Bd. 1-4, Jerusalem 1972.

Masechet Soferim. Der talmudische Traktat der Schreiber, eine Einleitung in das Studium der althebräischen Graphik, der Masora und der altjüdischen Liturgie, hg. v. J. Müller, Leipzig 1878.

Massekhet Avot we-Qinyan Tora, ed. M. Higger, Horeb 7 (1943) 110-131.

Massekhet Derekh Ereṣ Zuṭa u-Fereq ha-Shalom, ed. D. Sperber, Jerusalem 1994.

Massekhet Hekhalot. Traktat von den himmlischen Palästen. Edition, Übersetzung und Kommentar, hg. v. K. Herrmann, TSAJ 39, Tübingen 1994.

Massekhet Soferim, ed. M. Higger, New York 1937, Ndr. Jerusalem 1970.

Massekhet Sota. The Babylonian Talmud with Variant Readings, ed. A. Liss, Bd. 1-2, Jerusalem 1980.

Massekhtot Kalla, ed. M. Higger, New York 1936, Ndr. Jerusalem 1969.

Mechilta d'Rabbi Ismael cum variis lectionibus et adnotationibus, ed. H. S. Horovitz / I. A. Rabin, Frankfurt a. M. 1931, Ndr. Jerusalem [2]1960.

Mekhilta d'Rabbi Šimo'n b. Jochai. Fragmenta in Geniza Cairensi reperta digessit apparatu critico, notis, praefatione instruxit, J. N. Epstein defuncti editoris opus absolvit et edendum curavit E. Z. Melamed, 2. erw. Aufl. (!), Jerusalem 1979.

Midrash Bereshit Rabba. Codex Vatican 60. A Previously Unknown Manuscript, Recently Established as the Earliest and Most Important Version of Bereshit Rabba, Jerusalem 1972.

Midrash Debarim Rabbah, ed. S. Lieberman, Jerusalem ^{3}1974.

Midrash Ekha Rabba, ed. S. Buber, Wilna 1889, Ndr. Jerusalem 1967.

Midrash Haggadol on the Pentateuch. Genesis, ed. M. Margulies, Jerusalem 1957.

Midrash Haggadol on the Pentateuch. Exodus, ed. M. Margulies, Jerusalem 1956.

Midrash Haggadol on the Pentateuch. Leviticus, ed. A. Steinsaltz, Jerusalem 1975.

Midrash Haggadol on the Pentateuch. Deuteronomy, ed. S. Fisch, Jerusalem 1972.

Midrash ha-Ḥefeṣ, ed. M. Ḥavaṣelet, Bd. 1-2, Jerusalem 1990.

Midrash Hashkem, ed. L. Grünhut, in: Sefer ha-Liqquṭim. Qoveṣ Midrashim yeshanim u-ma'amarim shonim, Bd. 1, Jerusalem 1898, Ndr. Jerusalem 1967, 1-26 [getr. Zählung].

Midrash Lekach Tob (Pesikta Sutarta). Ein aggadischer Commentar zum ersten und zweiten Buch Mosis von Tobia ben Eliezer, Bd. 1-2, hg. v. S. Buber, Wilna 1880, Ndr. Jerusalem 1986.

Midrash Mishle. A Critical Edition Based on Vatican MS. Ebr. 44, ed. B. L. Visotzky, New York 1990.

Midrash Mishle. Sammlung agadischer Auslegung der Sprüche Salomonis. Hg. nach einer Handschrift aus der Nationalbibliothek zu Paris cod. 152, mit Vergleichungen der Lesarten anderer zwei Handschriften aus den Bibliotheken zu Rom cod. 44 und Parma cod. 616 wie auch Constantinopler Edition 1512. Kritisch bearbeitet, commentiert und mit einer ausführlichen Einleitung versehen v. S. Buber, Wilna 1893, Ndr. Jerusalem 1965.

Midrash Qohelet Rabba. Chapters 1-4 Commentary (Ch.1) and Introduction (Hebrew Text), ed. M. G. Hirshman, Ann Arbor 1982.

Midrash Rabba, Bd. 1-2, Wilna 1887, Ndr. Israel o. J.

Midrash Shemot Rabbah. Chapters I-XIV. A Critical Edition Based on a Jerusalem Manuscript with Variants, Commentary and Introduction, ed. A. Shinan, Jerusalem 1984.

Midrash Tanḥuma, Wilna 1831, Ndr. Jerusalem 1969.

Midrash Tanḥuma ha-qadum we-ha-yashan, ed. S. Buber, Bd. 1-2, Wilna 1885, Ndr. Jerusalem 1967.

Midrasch Tannaïm zum Deuteronomium, aus der in der Königlichen Bibliothek zu Berlin befindlichen Handschrift des »Midrasch haggadol«, hg. v. D. Hoffmann, Berlin 1908-1909, Ndr. Israel o. J.

Midrash Tehillim. Ha-mekhune Shoḥer Tov, ed. S. Buber, Wilna 1892, Ndr. Jerusalem 1977.

Midrash Wayyikra Rabbah. A Critical Edition Based on Manuscripts and Genizah Fragments with Variants and Notes, ed. M. Margulies, Bd. 1-2, New York u. a. ^{3}1993.

Midrash we-Hizhir, ed. I. M. Freimann, Bd. 1-2, Leipzig 1873-1880, Ndr. Tel Aviv 1964.

Midreshe Ge'ulla. Pirqe ha-Apoqalipsa ha-yehudit me-ḥatimat ha-Talmud ha-Bavli we-ʿad reshit ha-elef ha-shishi, ed. Y. Even-Shemuel, Jerusalem ^{3}1968.

The Mishnah on which the Palestinian Talmud Rests. From a Unique Manuscript Presented in the University Library of Cambridge, ed. W. H. Lowe, Cambridge 1883.

Otiot shel Rabbi Aqiva, Venedig 1546.

Ozar ha-Midrashim. A Library of Two Hundred Minor Midrashim, ed. J. D. Eisenstein, Bd. 1-2, New York 1915, Ndr. Jerusalem 1969.

Pesikta de Rav Kahana. According to an Oxford Manuscript with Variants from All Known Manuscripts and Genizoth Fragments and Parallel Passages with Commentary and Introduction, ed. B. Mandelbaum, Bd. 1-2, Jerusalem 1987.

Pesikta Rabbati. Midrasch für den Fest-Cyclus und die ausgezeichneten Sabbathe, kritisch bearbeitet, commentiert, durch neue handschriftliche Haggadas vermehrt . . . von M. Friedmann, Wien 1880, Ndr. Tel Aviv 1963.

Pesiqta de-Rav Kahana, ed. S. Buber, Lyck 1868, Ndr. Jerusalem o. J.

Pirqe Rabbenu ha-Qadosh, ed. M. Higger, Horeb 5 (1939) 115-149.
Pirqe Rabbenu ha-Qadosh, in: Sefer ha-Likkutim. Sammlung älterer Midraschim und wissenschaftlicher Abhandlungen, Dritter Theil, ed. L. Grünhut, Jerusalem 1889, Ndr. Jerusalem 1967.
Pseudo-Seder Eliahu zuta (Derech Ereç und Pirke R. Eliezer) nach Editio princeps des Seder Eliahu und einem Manuskripte, hierzu drei Abschnitte der Pirkê d'Rabbi Eliezer Kap. 39-41 nach demselben Manuskripte, kritisch bearbeitet von M. Friedmann, Wien 1904, Ndr. Jerusalem 1969.
Re'uyyot Yeḥezqel. Mahadura biqortit u-ferush, ed. I. Gruenwald, Temirin. Text and Studies in Kabbala and Hasidism 1 (1972/73) 101-139.
Seder Eliahu rabba und Seder Eliahu zuta (Tanna d'be Eliahu). Nach einem vaticanischen Manuscripte aus dem Jahre תתל"ג (1073) ediert, kritisch bearbeitet und commentiert von M. Friedmann, Wien 1902, Ndr. Jerusalem 1969.
Seder Olam: A Rabbinic Chronography, ed. Ch. J. Milikowsky, Bd. 1-2, Ann Arbor 1981.
Seder Olam Rabba. Die große Weltchronik. Nach Handschriften und Druckwerken hg. v. B. Ratner, Wilna 1897, Ndr. New York 1966.
Sefer Merkava Shelema, ed. S. Mussajof, Jerusalem 1921, Ndr. Jerusalem 1974.
Sefer Pirqe de-Rabbi Eliᶜezer, me-ha-Tana Rabbi Eliᶜezer ha-Gadol ben Hurqanos ᶜim bi'ur ha-RaDa''L, Warschau 1852, Ndr. Jerusalem 1970.
Seven Minor Treatises. Sefer Torah, Mezuzah, Tefillin, Ẓiẓit, ᶜAbadim, Kutim, Gerim and Treatise Soferim II, ed. from Manuscripts with an Introduction, Notes, Variants and Translation by M. Higger, New York 1930.
Shisha Sidre Mishna, ed. Ḥ. Albeck, Jerusalem u. a. 1952-1958.
Shisha Sidre Mishna menuqqadim ᶜim Perush Rabbenu ᶜOvadya mi-Bertinoro we-ᶜim Perush ᶜIqqar Tosafot Yom Tov, Bd. 1-3, Jerusalem 1978.
The Shiᶜur Qomah: Text and Recensions, ed. M. S. Cohen, TSAJ 9, Tübingen 1985. (abgekürzt als: Shiᶜur Qomah: Text and Recensions, ed. Cohen)
Sifre, Venedig 1546, Ndr. Jerusalem 1971.
Sifre Midrash Halakha le-Bemidbar we-Devarim, we-nilwe elaw Perush David Pardo, ed. Makhon Sameaḥ, Bd. 1-4, Jerusalem 1990.
Siphre ad Numeros adjecto Siphre zuta. Cum variis lectionibus et adnotionibus, ed. H. S. Horovitz, Corpus Tannaiticum 2.3.1, Leipzig 1917, 2. verb. Aufl. Jerusalem 1966, Ndr. Jerusalem 1976 u. ö.
Siphre ad Deuteronomium, ed. E. Finkelstein, Corpus Tannaiticum 2.3.2, Berlin 1939, Ndr. New York 1969 u. ö.
Synopse zum Talmud Yerushalmi, hg. v. P. Schäfer / H.-J. Becker, Bd. 1-4, TSAJ 31.33.35.47.67.82.83., Tübingen 1991-2001.
Synopse zur Hekhalot-Literatur, in Zusammenarbeit mit M. Schlüter und H. G. von Mutius, hg. v. P. Schäfer, TSAJ 2, Tübingen 1981.
Talmud Bavli, Bd. 1-20, Jerusalem o. J., erw. Ndr. der Ausgabe Wilna 1880-1886.
Talmud Yerushalmi, Krotoszyn 1865, Ndr. Jerusalem 1959.
Torath Cohanim (Sifra). Seder Eliyahu Rabba and Zutta. Codex Vatican 31, Jerusalem 1972.
Tosefta. According to Codex Vienna. With Variants from Codex Erfurt, Genizah Mss. and Editio Princeps (Venice 1521). Together with Reference to Parallel Passages in Talmudic Literature and a Brief Commentary, ed. S. Lieberman, Bd. 1-4, New York 1955-1973.
Tosephta nach der Erfurter und Wiener Handschriften mit Parallelstellen und Varianten, ed. M. S. Zuckermandel, Trier 1882, erw. Ndr. mit einem Supplement von S. Liebermann (sic!), Jerusalem 1970.
Tractate 'Avodah Zarah of the Babylonian Talmud. Ms Jewish Theological Seminary of America, ed. S. Abramson, New York 1957.
The Treatise Derekh Erez. Massekhet Derekh Erez. Pirke Ben Azzai. Tosefta Derekh Erez,

Edited from Manuscripts with an Introduction, Notes, Variants, and Translation, ed. M. Higger, Bd. 1-2, New York 1935, Ndr. Jerusalem 1970.

Treatise Semaḥot and Treatise Semaḥot of R. Ḥiyya and Sefer Ḥibbuṭ ha-Keber and Additions to the Seven Minor Treatises and to the Treatise Soferim II, ed. M. Higger, New York 1931, Ndr. Jerusalem 1970.

Yalquṭ Shimᶜoni. Midrash ᶜal Tora, Neviʾim we-Ketuvim, Bd. 1-2, Warschau 1876, Ndr. Jerusalem 1975.

Yalquṭ Shimᶜoni ᶜal ha-Tora. Sefer Devarim, ed. A. Hyman / Y. Shiloni, Bd. 1-2, Jerusalem 1991.

Yalquṭ Shimᶜoni ᶜal ha-Tora. Sefer Shemot, ed. A. Hyman / Y. Shiloni, Bd. 1-2, Jerusalem 1980.

Yerushalmi Fragments from the Genizah, Bd. 1, ed. L. Ginzberg, New York 1909, Ndr. Jerusalem 1974.

1.4.2 Übersetzungen

Braude, W. G.: The Midrash on Psalms, Bd. 1-2, YJS 13, New Haven u. a. ^{2}1987.

Braude, W. G. / Kapstein, I. J.: Tanna dĕbe Eliyyahu. The Lore of the School of Elijah, Philadelphia 1981.

Buttenweiser, M.: Die hebräische Elias-Apokalypse und ihre Stellung in der apokalyptischen Litteratur des rabbinischen Schrifttums und der Kirche, 1. Hälfte: Kritische Ausgabe mit Erläuterungen, sprachlichen Untersuchungen. Einleitung, nebst Übersetzung und Untersuchung zur Abfassungszeit, Leipzig 1897.

Gaster, M.: The Exempla of the Rabbis, New York ^{2}1968.

Goldschmidt, D.: Der Babylonische Talmud, Bd. 1-12, Berlin 1929-1936.

Lauterbach, J. Z.: Mekilta de-Rabbi Ishmael, Bd. 1-3, Philadelphia ^{2}1961.

Lehnardt, A.: Rosh ha-Shana. Neujahr, ÜTY II/7, Tübingen 2000.

Schäfer, P. (Hg.): Übersetzung der Hekhalot-Literatur II, §§ 81-334, in Zusammenarbeit mit H.-J. Becker, K. Herrmann, C. Rohrbacher-Sticker und S. Siebers, TSAJ 17, Tübingen 1987.

Schäfer, P. (Hg.): Übersetzung der Hekhalot-Literatur III, §§ 335-597, in Zusammenarbeit mit K. Herrmann, L. Renner, C. Rohrbacher-Sticker und S. Siebers, TSAJ 22, Tübingen 1989.

Schäfer, P. (Hg.): Übersetzung der Hekhalot-Literatur IV, §§ 598-985, in Zusammenarbeit mit K. Herrmann, L. Renner, C. Rohrbacher-Sticker und S. Siebers, TSAJ 29, Tübingen 1991.

Slotki, I. W.: Masseketh Soferim. Tractates for Scribes. Translated into English with Introduction and Notes, in: The Minor Tractates of the Talmud. Massektoth Ḳeṭannoth, ed. A. Cohen, Bd. 1, London ^{2}1971, III-X; 211-324.

Visotzky, B. L.: The Midrash on Proverbs. Translated from the Hebrew with an Introduction and Annotations, YJS 27, New Haven u. a. 1992.

1.5 Siddurim, Maḥazorim, Piyyuṭim und Kommentarwerke zum Siddur

The Book of Prayer and Order of Service According to the Custom of the Spanish and Portuguese Jews with an English Translation Based Principally on the Work of the Late D. A. de Sola, ed. M. Gaster, Bd. 1-2, London 1936.

Machsor Vitry. Nach der Handschrift im British Museum (Cod. Add. No. 27200 u. 27201), zum ersten Male herausgegeben und mit Anmerkungen versehen von S. Hurwitz, Bd. 1-2, Nürnberg 1923, Ndr. Jerusalem 1988. (abgekürzt als: Machsor Vitry, ed. Hurwitz)

Maḥazor Pesaḥ le-fi Minhage bene Ashkenaz le-khol ᶜanfehem, ed. J. Fraenkel, Jerusalem 1993.
Maḥazor Sukkot, Shemini ᶜAṣeret we-simḥat Tora le-fi Minhage Bene Ashkenaz le-khol ᶜanfehem, ed. D. Goldschmidt / J. Fraenkel, Jerusalem 1981.
Maḥazor le-Yamim Noraᵓim, ed. D. Goldschmidt, Bd. 1-2, Jerusalem 1970.
Perushey Siddur HaTefilah LaRokeach. A Commentary on the Jewish Prayerbook, Edited for the First Time from Manuscripts with Notes and Comments by M. Hershler and Y. A. Hershler, Bd. 1-2, Jerusalem 1992. (abgekürzt als: Perushe Siddur ha-Tefilla la-Roqeaḥ, ed. Hershler)
Perush ha-Berakhot we-ha-Tefillot Abudarham ha-Shalem, ed. S. A. Wertheimer, Jerusalem ²1963. (abgekürzt als: Abudarham ha-Shalem, ed. Wertheimer)
Perush ha-Tefillot we-ha-Berakhot, ḥibbero ḥad min qamaᵓi Yehuda ben Yaqar, Bd. 1: Ḥeleq ha-Tefillot, ed. S. Yerushalmi, Jerusalem ²1979.
Perush Siddur ha-Tefilla we-ha-Maḥazor, meyuḥas le-Rabbi Elᶜazar ben Nathan mi-Magenṣa ha-Rᵓ aBa''N, ed. A. Y. Hershler, Genuzot 3, Jerusalem 1991, 1-128. (abgekürzt als: Perush Siddur meyuḥas le-RᵓaBa''N, ed. Hershler)
The Poems of Rabbi Isaac Ibn Ghiyyat. Lucena 1038 - Cordoba 1089, ed. Y. David, Jerusalem 1987.
Seder ᶜAvodat Yisraᵓel, ed. Y. Baer, Rödelheim 1868, Ndr. Jerusalem o. J.
Seder Biqqur Ḥolim. Maᶜavar Yabboq we-Sefer Ḥayyim - Vollständiges Gebet- und Andachtsbuch zum Gebrauch bei Kranken, Sterbenden und Leichenbestattungen sowie beim Besuchen der Gräber von Verwandten und Lieben, hg. v. E. (L.) Landshut, Berlin 1867.
Seder Seliḥot ke-Minhag Liṭa we-qehillot ha-perushim be-ereṣ Yisraᵓel, ed. D. Goldschmidt, Jerusalem 1965.
Seder Qerova hu Maḥazor le-khol ha-Shana, ed. W. Heidenheim, Rödelheim 1832.
Seder R. Amram Gaon, Part I, ed. D. Hedegård, Lund 1951. (abgekürzt als: Seder R. Amram Gaon, ed. Hedegård)
Seder R. Amram Gaon, Part II, The Order of the Sabbath Prayer, ed. T. Kronholm, Lund 1974. (abgekürzt als: Seder R. Amram Gaon, ed. Kronholm)
Seder Rav Amram Gaᵓon, ed. D. S. Goldschmidt, Jerusalem 1972. (abgekürzt als: Seder Rav Amram Gaᵓon, ed. Goldschmidt)
Seder Raw Amrom Gaan I (sic!), ed. N. N. Coronel, Warschau 1865, Ndr. Jerusalem 1965. (abgekürzt als: Seder Raw Amram Gaon, ed. Coronel)
Sefer Abudarham von Rabbi David Abudraham (sic!), nach einer Lisaboner 1489 Ausgabe, sowie mit Vergleichungen der Lesarten, Verbesserungen und Zusätze einer Handschrift, im Besitze der Bibliothek der Jeschivah Rabbiner Ganin in Jerusalem . . ., hg. v. C. L. Ehrenreich, Klausenburg 1927. (abgekürzt als: Sefer Abudarham, ed. Ehrenreich)
Sefer ha-maspik le'ovdey ha-shem. Kitāb kifāyat al-'abidīn, Abraham ben Moshe ben Maimon, The Arabic Original with an Introduction and an Annotated Hebrew Translation, Part Two: Vol. 2, ed. N. Dana, Ramat-Gan 1989.
Sefer ha-Roqeaḥ ha-Gadol. Ḥibbero ḥad min qamaᵓi mi-Rabbenu Baᶜale ha-Tosafot, Rabbenu Elᶜazar mi-Germaise, ed. B. S. Shneurson, Jerusalem 1967. (abgekürzt als: Sefer ha-Roqeaḥ ha-Gadol, ed. Shneurson)
Sefer ha-Tikhlal. Siddur Tefilla Qadmon ke-Minhag Yehude Teman, Jerusalem 1946.
Ha-Shira ha-ᶜIvrit be-Sefarad u-va-Provanṣ, ed. Ḥ. Schirman, Bd. 1-4, Jerusalem ²1960.
Shirat bene Maᶜarava. Shirim Aramaim shel Yehude Ereṣ-Yisraᵓel be-Tequfat ha-bizanṭit, ed. M. Sokoloff / J. Yahalom, Jerusalem 1995.
Shirim ḥadashim min ha-Geniza, ed. H. Schirman, Jerusalem 1966.
Siddur ha-GR''ᵓa, Jerusalem 1895, Ndr. Jerusalem o. J.
Siddur Hegyon Lev, ed. H. Edelmann, Königsberg 1845.

Siddur ha-medaqdeq ha-gadol baqi be-khol ḥadre Tora Shabbetai Sofer bar Yiṣḥaq mi-Premyshla, ed. Y. Katz, Bd. 1-2, Baltimore 1987. (abgekürzt als: Siddur Shabbetai Sofer, ed. Katz)

Siddur MaHaRY''L ha-niqra be-shem Qol Yaᶜaqov, Slavuta 1802, Ndr. Israel 1972.

Siddur Oṣar ha-Tefilla, Nusaḥ Sefarad, Jerusalem 1959/60.

Siddur of R. Solomon ben Samson of Garmaise Including the Siddur of the Haside Ashkenas. Edited for the First Time from Manuscripts with Explanatory Notes and Comments by M. Hershler, Jerusalem 1971. (abgekürzt als: Siddur Rabbenu Shelomo, ed. Hershler)

Siddur Raschi. Ritualwerk R. Salomo ben Isaak zugeschrieben, ed. S. Buber, bearb. v. J. Freimann, Schriften des Vereins Mekize Nirdamim 3. 11, Berlin 1911.

Siddur Rinat Yisraᵓel. Nusaḥ Ashkenaz, ed. S. Tal, 3. bearb. Aufl., Jerusalem 1984.

Siddur R. Saadja Gaon. Kitāb Gāmiᶜ Aṣ-ṣalawāt wat-tasābīh, ed. I. Davidson / S. Assaf / B. I. Joel, Jerusalem [2]1967, Ndr. Jerusalem 1985. (abgekürzt als: Siddur Rav Seᶜadya Gaᵓon, ed. Davidson et al.)

Siddur Safa Berura, Rödelheim 1892.

Siddur Sefat Emet, mit deutscher Übersetzung von S. Bamberger, Basel 1972; Ndr. 1986 u. ö.

Siddur Tefilla ke-Minhag Ashkenaz ᶜim Seder Rav Amram ha-Shalem, ed. A. L. Frumkin, Bd. 1-2, Jerusalem 1912. (abgekürzt als: Seder Rav Amram ha-Shalem, ed. Frumkin)

Tefillat Yesharim. Gebete der Israeliten, übersetzt von J. Bleichrode, Rödelheim [8]1906.

1.6 Gaonäische Literatur, Rishonim und mittelalterliche Werke

1.6.1 Textausgaben und Sammlungen

1.6.1.1 Gaonäische Literatur (einschl. Sheᵓiltot)

The Differences between Babylonian and Palestinian Jews, with Reference to Laws, Customs and Ritual Observances of Jews during the Geonic Period. A Critical Edition on the Basis of all Printed Texts and Several Manuscripts, with Introduction and Examination of Sources by. M. Margulies, Jerusalem 1936/37. (abgekürzt als: Differences, ed. Margulies)

Gaonic Responsa. From Genisa MSS., ed. with Prefatory and Other Notes, S. Assaf, Jerusalem 1928, Ndr. Jerusalem 1986.

Geonic Responsa. From Manuscript in Russia and Fragments from the Cairo Geniza, ed. E. Hurvitz, New York 1995.

Halakhische Schriften der Geonim. Zweiter Teil: Gutachten des Natronai Gaon; Hilchoth Nidda; Gutachten der Geonim; Gutachten des Rabbi Haj Gaon, hg. v. C. M. Horovitz, Frankfurt a. M. 1881.

Halakhot Gedolot, ed. A. Hildesheimer, Berlin 1888.

Iggeret Rav Sherira Gaon, ed. B. M. Lewin, Haifa 1921, Ndr. Jerusalem 1971.

Newly Discovered Geonic Responsa and Writings of Early Provençal Sages. Edited from MS Guenzburg 566, Russian State Library, Moscow and Genizah Fragment, ed. S. Emanuel, Jerusalem 1995.

Otzar ha-Gaonim. Thesaurus of the Gaonic Responsa and Commentaries Following the Order of the Talmudic Tractates, Bd. 1: Tractate Berakhot, ed. B. M. Lewin, Haifa 1928.

Otzar ha-Gaonim. Thesaurus of the Gaonic Responsa and Commentaries Following the Order of the Talmudic Tractates, Bd. 2: Tractate Shabbath, ed. B. M. Lewin, Haifa 1930.

Otzar ha-Gaonim. Thesaurus of the Gaonic Responsa and Commentaries Following the Order of the Talmudic Tractates, Bd. 4: Tractate Jom Tov, Chagiga and Maschkin, ed. B. M. Lewin, Jerusalem 1931.

Otzar ha-Gaonim. Thesaurus of the Gaonic Responsa and Commentaries Following the Order

of the Talmudic Tractates, Bd. 5: Tractate Megilla, Taanith and Rosh ha-Shana, ed. B. M. Lewin, Jerusalem 1932.
Otzar ha-Gaonim. Thesaurus of the Gaonic Responsa and Commentaries Following the Order of the Talmudic Tractates, Bd. 11: Tractates Nedarim, Nazir and Sota, ed. B. M. Lewin, Jerusalem 1942.
Perushe Rabbenu Seʿadya Gaʾon ʿal ha-Tora, ed. Y. D. Kafiḥ, Jerusalem 1984.
Qevuṣat Ḥakhamim, ed. W. Warnheim, Wien 1861.
Rechtsgutachten der Geonim. Nach einer Handschrift, hg. v. D. Cassel, Berlin 1848, Ndr. Jerusalem 1967.
Responsen der Geonim . . . nebst Anmerkungen und Einleitung, ed. A. E. Harkavy, Berlin 1887, Ndr. Israel o. J.
Sefer Shaʿare Ṣedeq. Teshuvot ha-Geʾonim, Jerusalem 1946, Ndr. Jerusalem 1986.
Shaʿare Teshuva, in: Ben Mesheq, Neharot Dameseq B', Saloniki 1802.
Sheeltot de Rab Ahai Gaon. A Critical and Annotated Edition Based on All Available Mss. With an Introduction on the Nature and Scope of the First Post-Talmudic Book, ed. S. K. Mirsky, Bd. 1-5, Jerusalem 1982-1987.
Sheʾiltot de-Rav Aḥai, Venedig 1546, Ndr. Jerusalem 1971.
Teshuvot Geʾone Mizraḥ u-maʿarav, ed. J. Müller, Berlin 1888, Ndr. Israel o. J.
Teshuvot ha-Geʾonim, ed. Y. Mussafia, Lyck 1864.
Teshuvot ha-Geʾonim Shaʿare Teshuva, Petersburg 1846.
Teshuvot Rav Naṭronai bar Hilai Gaʾon, ed. Y. Brody, Bd. 1-2, Jerusalem 1994.

1.6.1.2 Übersetzungen gaonäischer Werke

Schlüter, M.: Auf welche Weise wurde die Mishna geschrieben? Das Antwortschreiben des Rav Sherira Gaon. Mit einem Faksimile der Handschrift Berlin Qu. 685 (Or. 160) und des Erstdrucks Konstantinopel 1566, TSMJ 9, Tübingen 1993. (abgekürzt als: Schlüter, Rav Sherira Gaon)

1.6.1.3 Minhag-Bücher, Halakha-Kompendien, Talmud-Kommentare, Reiseberichte

Benjamin von Tudela. Buch der Reisen (Sefär ha-Massa'ot) ins Deutsche übertragen von R. P. Schmitz, JudUm 22, Frankfurt a. M. u. a. 1988.
The Book of Maharil. Customs by Rabbi Yaacov Mulin. Published According to the First Edition with Additions and Ornaments from Various Manuscripts with References, Notes and Indices, ed. S. Y. Spitzer, Jerusalem 1989.
The Book of Tradition (Sefer ha-Qabbalah) by Abraham Ibn Daud, ed. G. D. Cohen, Philadelphia 1967.
Commentary on Talmudic Aggadoth by Rabbi Azriel of Gerona 13th Century. Edited from a Unique Ms. with Emendations, Notes, Introductions, and Indexes, by Y. Tishby, Jerusalem 1983.
Ḥibbur Yafe min ha-Yehoshuaʿ, ed. Ḥ. Z. Hirshberg, Jerusalem 1970.
Hilkhot Ereṣ Yisraʾel min ha-Geniza, ed. M. Margaliot / I. M. Ta-Shma, Jerusalem 1973.
Hilkhot Rav Alfas. Massekhet Berakhot, Shabbat, ʿIruvin, Pesaḥim, Megilla, Wilna 1926.
Kitve Rabbenu Moshe ben Naḥman, ed. H. D. Chavel, Bd. 1-2, Jerusalem 1964.
Kol bo. Da-da beh kula beh, Lemberg 1860, Ndr. Jerusalem 1988.
Mediaeval Jewish Chronicles and Chronological Notes II, ed. A. Neubauer, Oxford 1895, Ndr. Jerusalem ^{2}1967.
Ha-Orah. Ritualwerk Rabbi Salomo ben Isaac (Raschi) zugeschrieben. Herausgegeben nach einer Handschrift des Rabbi Chajim Joseph David Asulai, mit Vergleichungen der Lesar-

ten, Verbesserungen und Zusätze anderer drei Handschriften, im Besitze der Alliance Israelite Paris und der Bodlejana in Oxford (cod 563 und 564), sowie der Excerpte, die der Editor des Sefer ha-Pardes aus einer Handschrift hinzufügte, und mit Anmerkungen nebst einer Einleitung versehen von S. Buber, Lemberg 1905, Ndr. Israel 1999. (abgekürzt als: Sefer ha-Ora, ed. Buber)

Orḥot Ḥayyim, Aharon ha-Kohen mi-Lunel, Florenz 1750, Ndr. Jerusalem 1956.

Pseudo-Rabad Commentary to Sifre Deuteronomy, Edited and Annotated According to Manuscripts and Citations, ed. H. Basser, SFSHJ 92, Atlanta Ga. 1994.

Responsa Rashi. Solomon ben Isaac ex Codicibus Librisque Impressis congessit praefationem annotationes indices adiecit I. Elfenbein, Notisque Instruxit L. Elfenbein, New York 1953, Ndr. Bene Brak 1999.

Sechel Tob. Commentar zum ersten und zweiten Buch Mosis von Rabbi Menachem ben Salomo verfaßt i. J. 1139. Zum ersten Male hg. nach den beiden Handschriften Cod. 165 u. 166 in der Bodlejana, kritisch bearbeitet, commentiert und mit einer ausführlichen Einleitung versehen von S. Buber, Berlin 1900, Ndr. New York 1958.

Sefer Arugat HaBosem. Auctore R. Abraham b. R. Azriel (saec. XIII), ed. E. E. Urbach, Bd. 1-3, Jerusalem 1939-1963.

Sefer Ḥasidim. MS Parma 3280 H, ed. I. G. Marcus, »Kuntresim« Text and Studies 66-67, Jerusalem 1985.

Sefer Ḥasidim she-ḥibber Yehuda he-Ḥasid, ed. R. Margoliot, Jerusalem 1957, Ndr. Jerusalem 1993.

Sefer Hasidim. Das Buch der Frommen nach der Rezension in Cod. de Rossi No 1133. Zum ersten Male herausgegeben und mit Anmerkungen versehen von J. Wistinetzki, Frankfurt a. M. ^{2}1924.

Sefer Hegjon ha-Nefesch oder Sitten-Buch von Abraham bar Chijja ha-Nasi (c. 1100), hg. aus einer sehr alten Handschrift der Leipziger Raths-Bibliothek v. E. Freimann, Leipzig 1860.

Sefer ha-ʿIṭṭim, le-R. Yehuda Barzilay al-Barṣeloni, ed. I. Schor, Krakau 1903.

Sefer Kol Bo, Venedig 1547.

Sefer Liqquṭe ha-Pardes, ed. M. Hershkovitz, Kopyst 1908, Ndr. Bene Brak 1999.

Sefer ha-Manhig, le-Rabbi Avraham bi-Rabbi Natan ha-Yarḥi, ed. Y. Raphael, Bd. 1-2, Jerusalem 1978.

Sefer Haminhagim (Rulings and Customs) of Rabbi Eisik Tirna. Published According to the First Edition with Additions and Variants of Various Manuscripts with Introduction, References, Notes, and Commentaries, ed. S. J. Spitzer, Jerusalem 1979.

Sefer ha-Minhagot, in: Sifran šel Rišonim. Responsa, Decisiones atque Minhagoth ex codicibus manuscriptis cum introductionibus et adnotationibus, ed. S. Assaf, Jerusalem 1935, 123-182 [Ndr. mit getrennter Seitenzählung Jerusalem 1988].

Sefer ha-Pardes. An Liturgical and Ritual Work Attributed to Rashi, ed. with Introduction and Critical Notes by H. L. Ehrenreich, Budapest 1924, Ndr. Jerusalem 1999.

Sefer Maʿase ha-Geʾonim, ed. A. Epstein, Berlin 1909.

Sefer Menorat ha-Maʾor, Rabbenu Yiṣḥaq Abohav, ed. Y. Fris Ḥorev / M. H. Kazenelenbogen, Jerusalem 1961, 8. Ndr. Jerusalem 1992.

Sefer Minhag Avot. Tanya, Venedig 1546.

Sefer Mishne Tora, hu Yad ha-Ḥazaqa, ed. Z. H. Freisler, Jerusalem 1986.

Sefer Miṣwot Gadol, Kopyst 1907.

Sefer Or Zaruaʿ, ḥibbero Gaʾon tifʾeret ḥokhme Yisraʾel R. Yiṣḥaq ben Moshe mi-Wina, ed. A. Lehrn, Bd. 1-2, Zitomir 1862, Ndr. Bene Brak 1958.

Sefer Or Zaruaʿ, ḥibbero Gaʾon tifʾeret ḥokhme Yisraʾel R. Yiṣḥaq ben Moshe mi-Wina, ed. Y. A. Hirshensohn, Bd. 3-4, Jerusalem 1847, Ndr. Bene Brak 1958.

Sefer Orḥot Ḥayyim, le-Rav Aharon ha-Kohen mi-Lunel, ed. Y. Stiṣberg, Jerusalem 1956.

Sefer RAVYa''H. Kolel dinim ḥadashim u-sheʾelot u-teshuvot le-khol ha-Sha''S, ḥibbero Rabbenu Eliʿezer bi-Rabbi Yoʾel ha-Lewi, ed. A. Aptowitzer, Bd. 1-4, Berlin u. a. 1913-1936, Ndr. New York 1983.

Sefer Shibbole ha-Leqeṭ. Ha-Ḥeleq ha-sheni, ed. A. Y. Ḥasida, Jerusalem 1988.

Sefer Shibbole ha-Leqeṭ ha-Shalem . . . ḥibbero Rabbenu Ṣidqia bar Avraham ha-Rofe, ed. S. Buber, Wilna 1887, Ndr. New York 1959.

Sefer Tanya Rabbati, ed. S. Hurwitz, Warschau 1879, Ndr. Jerusalem 1963.

Shibolei Haleket Completum, ed. S. K. Mirsky, New York 1966. (abgekürzt als: Shibbole ha-Leqeṭ ha-Shalem, ed. Mirsky)

Shulḥan ʿArukh, Bd. 1-8, Wilna 1875, Ndr. Jerusalem 1977.

ShW''T Rabbi Shelomo Ibn Aderet, New York 1958.

Teshuvot ha-Rambam, ed. Y. Blau, Jerusalem 1958.

Teshuvot ha-Rambam, ed. A. Lichtenberg, Leipzig 1859.

Tosafot Rabbenu Yehuda Sirillon ʿal Massekhet Berakhot, ed. N. Sacks, Jerusalem 1969.

Ṭur Oraḥ Ḥayyim, meʾet R. Yaʿaqov ben Asher, Bd. 1-7, Warschau 1861, Ndr. Jerusalem 1969.

1.6.1.4 Magische Texte

Naveh, J. / Shaked, S.: Amulets and Magic Bowls. Aramaic Incantations of Late Antiquity, Jerusalem 1987.

—, Magic Spells and Formulae. Aramaic Incantations of Late Antiquity, Jerusalem 1993.

Schäfer, P. / Shaked, S. (Hg.): Magische Texte aus der Kairoer Geniza, Bd. 1, in Zusammenarbeit mit M. Jacobs, C. Rohrbacher-Sticker und G. Veltri, TSAJ 42, Tübingen 1994.

—, (Hg.): Magische Texte aus der Kairoer Geniza, Bd. 2, in Zusammenarbeit mit R. Leicht, G. Veltri und I. Wandrey, TSAJ 64, Tübingen 1997.

2. Hilfsmittel

2.1 Abkürzungsverzeichnisse, Grammatiken, Konkordanzen, Lexika

The Academy of the Hebrew Language (ed.): The Historical Dictionary of the Hebrew Language, Jerusalem 1988 [Mikrofiche Edition].

Avinery, I.: Heichal Rashi. Encyclopedia, Containing Alphabetically All that Rashi Created in the Field of Language and Exegesis, Bd. 1: New Words and Expressions, Jerusalem 1979.

Bacher, W.: Die exegetische Terminologie der jüdischen Traditionsliteratur. Teil 1: Die bibelexegetische Terminologie der Tannaiten, Leipzig 1899, Ndr. zus. mit Teil 2, Darmstadt 1990.

—, Die exegetische Terminologie der jüdischen Traditionsliteratur. Teil 2: Die bibel- und traditionsexegetische Terminologie der Amoräer, Leipzig 1905, Ndr. zus. mit Teil 1, Darmstadt 1990.

Beyer, K.: Die aramäischen Texte vom Toten Meer samt den Inschriften aus Palästina, dem Testament Levis aus der Kairoer Genisa, der Fastenrolle und den alten talmudischen Zitaten, Göttingen 1984.

Brandsdorfer, Y.: ספר אוצר דבי אליהו, New York 1981.

Brockelmann, K.: Lexicon Syriacum, Halle a. S. 1928, Ndr. Hildesheim u. a. 1982.

Dalman, G.: Grammatik des Jüdisch-Palästinischen Aramäisch. Nach den Idiomen des palästinischen Talmud des Onkelostargum und Prophetentargum und der jerusalemischen Targume, Leipzig ²1905, Ndr. Darmstadt 1960.

—, Aramäisch-neuhebräisches Handwörterbuch zu Targum, Talmud und Midrasch. Mit Lexikon der Abbreviaturen von G. H. Händler und einem Verzeichnis der Mischna-Abschnitte, Göttingen 1938, Ndr. Hildesheim 1987.

Fassberg, S. E.: A Grammar of the Targum Fragments from the Cairo Genizah, HSSt 38, Atlanta Ga. 1990.

Gesenius, W. / Buhl, F.: Hebräisches und aramäisches Handwörterbuch über das Alte Testament, Leipzig ^{17}1915, Ndr. Berlin u. a. 1962 u. ö.

Golomb, D. M.: A Grammar of Targum Neofiti, HSM 34, Chico Ca. 1985.

Hyman, A.: ספר תולדות תנאים ואמוראים, Bd. 1-3, London 1910, Ndr. Jerusalem 1987. (abgekürzt als: Hyman, תולדות)

Jastrow, M.: A Dictionary of the Targumim, the Talmudim Babli and Yerushalmi, and the Midrashic Literature, Bd. 1-2, New York 1886-1903, Ndr. New York 1985.

Kasowsky, C. Y.: אוצר לשון האונקלוס, Bd. 1-2, Jerusalem 1933-1940, erw. Ndr. Jerusalem 1986.

Kaufman, S. A. / Sokoloff, M.: A Key-Word-in-Context Concordance to Targum Neofiti, Publications of the Comprehensive Aramaic Lexicon Project 2, Baltimore u. a. 1993.

Kohut, A. (ed.): Aruch completum sive lexicon vocabula et res, quae in libris Targumicis, Talmudicis et Midraschicis continentur, explicans auctore Nathane filio Jechielis, Bd. 1-8, New York ^{2}1955, Ndr. Israel o. J.

Krauss, S.: Griechische und lateinische Lehnwörter im Talmud, Midrasch und Targum, Bd. 1-2, Berlin 1898-1899, Ndr. Hildesheim 1987.

—, Additamenta ad Librum Aruch Completum Alexandri Kohut, Wien 1937, Ndr. in: Kohut, A. (ed.): Aruch completum sive lexicon vocabula et res, quae in libris Targumicis, Talmudicis et Midraschicis continentur, explicans auctore Nathane filio Jechielis, Bd. 8, Israel o. J.

Levias, C.: A Grammar of the Aramaic Idiom Contained in the Babylonian Talmud, Cincinnati 1900, Ndr. Farnborough 1971.

Levita, E.: Lexicon Hebraicum utilissimum sexcentorum vocabulorum copia vel etiam ultra . . . [Tishbi], Basel 1557. (abgekürzt als: Levita, Tishbi)

Levy, J.: Neuhebräisches und chaldäisches Wörterbuch über die Talmudim und Midraschim, Bd. 1-4, Leipzig 1876-1889; Berlin u. a. ^{2}1924, Ndr. Darmstadt 1963.

Moor, J. C. de (ed.): A Bilingual Concordance to the Targum of the Prophets, Bd. 1: Joshua, Leiden u. a. 1995.

Rabbinovicz, R.: Diqduqe Sopherim. Variae lectiones in Mishnam et in Talmud Babylonicum, Bd. 1-15, München u. a. 1867-1886; Bd. 16, Przemyl 1897, Ndr. in 12 Bd. New York 1960.

Rapoport, S. Y.: ספר ערך מלין על סדר א"ב, Bd. 1-2, Warschau 1914, Ndr. Jerusalem 1970.

Schäfer, P. (Hg.): Konkordanz zur Hekhalot-Literatur, in Zusammenarbeit mit G. Reeg und unter Mitwirkung von K. Herrmann, C. Rohrbacher-Sticker, G. Weyer und R. Otterbach, Bd. 1-2, TSAJ 12.13, Tübingen 1986-1988.

Schlesinger, M.: Satzlehre der aramäischen Sprache des babylonischen Talmuds, Veröffentlichungen der Alexander-Kohut-Stiftung 1, Leipzig 1928, Ndr. Hildesheim u. a. 1995.

Smelik, W. F. (ed.): A Bilingual Concordance to the Targum of the Prophets, Bd. 2: Judges, Leiden u. a. 1996.

Sokoloff, M.: A Dictionary of Jewish Palestinian Aramaic of the Byzantine Period, Dictionaries of Talmud, Midrash and Targum 2, Ramat-Gan 1990.

Staalduine-Sulman, E. van (ed.): A Bilingual Concordance to the Targum of the Prophets, Bd. 3-4: Samuel (I-II), Leiden u. a. 1996.

Wehr, H.: Arabisches Wörterbuch, Wiesbaden ^{5}1985.

Zijl, J. B. van: A Concordance to the Targum of Isaiah. Based on the Brit. Mus. Or MS 2211, SBL Aramaic Studies 3, Missoula Mont. 1979.

2.2 Datenbanken

Responsa Project. The Database for Jewish Studies, ed. Bar Ilan University, Ramat-Gan 1972-1973.

2.3 Bibliographische Hilfsmittel, Indices

Adler, E. / Davidson, G. / Kehath, A. / Ziv, P. (ed.): J. Schirmann's Bibliography of Studies in Hebrew Mediaval Poetry 1948-1978. A Cumulative Index, Beer-Sheva 1989.

Davidson, I.: Thesaurus of Mediaval Hebrew Poetry, Bd. 1-4, New York 1970.

Friedberg, C. B. / Friedberg, F.: בית עקד ספרים - Bet Eked Sepharim. Bibliographical Lexicon of the Whole Hebrew and Jewish-German Literature, Inclusive of the Arab, Greek, French-Provencal, Italian, Latin, Persian, Samaritan, Spanish-Portugese and Tartarian Works, Printed in the Years 1474-1950 with Hebrew Letters, Bd. 1-4, Jerusalem [ca. 1951], Ndr. Jerusalem o. J.

Grossfeld, H.: A Bibliography of Targum Literature, BJud 3. 8, Bd. 3, New York 1990.

Kahana-Shapira, M.: אוצר השאלות ותשובות. מפתח ענייני לספרי השאלות ותשובות מחתימת התלמוד עד זמננו, Bd. 1-4, Jerusalem 1971.

Lampronti, Y.: פחד יצחק, Bd. 1-10, Lyck 1874.

Rafeld, M. / Tabory, Y.: המנהג. שלוחותיו ומחקריו, in: Minhage Yisra'el. Meqorot we-Toledot, ed. D. Sperber, Bd. 3, Jerusalem 1995, 217-309.

Rakover, N.: The Multi-Language Bibliography of Jewish Law, Bd. 1-3, Jerusalem 1979-1990.

Reif, S. C. (ed.): Published Material from the Cambridge Genizah Collections. A Bibliography 1896-1980, CULGS 6, Cambridge 1988.

Richler, B.: Guide to Hebrew Manuscript Collections, Jerusalem 1994.

Tabory, Y.: Jewish Prayer and the Yearly Cycle. A List of Articles, Kiryat Sefer. Bibliographical Quarterly of the Jewish National and University Library Jerusalem, Supplement to Bd. 64 (1992-1993).

Vinograd, Y.: Thesaurus of the Hebrew Book, Part 1: Indexes, Books and Authors - Bible, Prayers and Talmud . . ., Jerusalem 1995; Part 2: Places of Print, Jerusalem 1993.

2.4 Handschriften-Kataloge

Adler, E. N.: Catalogue of Hebrew Manuscripts in the Collection of Elkan Nathan Adler, Cambridge 1921.

Beit-Arié, M.: Catalogue of the Hebrew Manuscripts in the Bodleian Library. Supplement of Addenda and Corrigenda to Vol. 1 (A. Neubauer's Catalogue), ed. R. A. May, Oxford 1994.

Catalogue of the Jack Mosseri Collection. Edited by the Institute of Microfilmed Hebrew Manuscripts with Collaboration of Numerous Specialists, Jerusalem 1990.

Halper, B.: Descriptive Catalogue of Genizah Fragments in Philadelphia, Philadelphia 1924.

Hopkins, S.: A Miscellany of Literary Pieces from the Cambridge Genizah Collections. A Catalogue and Selection of Texts in the Taylor Schechter Collection, Old Series, Box A 45, CULGS 3, Cambridge 1978.

Margaliouth, G.: Catalogue of the Hebrew and Samaritan Manuscripts in the British Museum, London 1899-1935, Ndr. London 1965.

Mendelsohn, I.: Catalogue of Hebrew Manuscripts in the Columbia University Library (unveröffentlicht).
Reif, S. C.: Hebrew Manuscripts at Cambridge University Library. Description and Introduction, UCOP 52, Cambridge 1997.
Richler, B. et al.: Catalogue of the Hebrew Manuscripts in the Biblioteca Palatina Parma, Jerusalem 1997ff. [Computerised Catalogue of the JNUL / IMHM].
Schwab, M.: »Les Manuscripts du Consistoire Israélite de Paris. Provenance de la Gueniza du Caire«, REJ 54 (1907) 194-203; 62 (1911) 107-119; 267-277; 63 (1912) 100-120; 276-296; 64 (1913) 118-141.

3. Sekundärliteratur

3.1 Literatur zum Qaddish

Ashkenazi, Sh.: קדיש, in: Avne ḥen. Sugyot be-halikhot bet Yisraʾel, Tel Aviv 1990, 387-398.
Assaf, D.: ספר הקדיש. מקורו, משמעותו ודיניו, Haifa 1966.
Büchler, A.: »Le mot ויתקלס dans le Kaddisch«, REJ 54 (1907) 194-203.
[Ed.] / Avenary, H.: Art. »Kaddish«, EJ 10 (1971) 660-663.
Elbogen, I.: »Das Kaddisch-Gebet«, Gemeindeblatt der jüdischen Gemeinde zu Berlin 6 (1916) 15-17.
—, »Kaddisch«, Sammelblätter jüdischen Wissens 37 (1920) [o. Z.].
Gartner, Y.: המענה בקדיש "יהא שמיה רבא מבֹרך", Sidra 11 (1996) 39-53.
Ginzberg, L.: שתי תשובות על קדיש לר' האי, in: ders., Genizah Studies in Memory of Solomon Schechter, Bd. 2: Geonic and Early Karaitic Halakah, TSJTSA 8, New York 1929, Ndr. Jerusalem 1969, 161-165.
Grayewsky, E. Z.: ספר קדיש לעלם. והוא חלק מחבורי הגדול אשר פי יקבנו בשם גנת אגוז, Jerusalem 1891.
—, מגנזי ירושלים, כולל תעודות הסטוריות, כתובות עתיקות; מכתבי אנשי שם וכו', Bd. 6, Jerusalem 1930, 42.
Halivni, E.: מקום הקדיש בתפילה, Alon Shavut 106 (1984) 4-14.
Hamburger, J.: Art. »Kaddisch«, in: Real-Enciclopädie des Judentums, Abteilung II. Talmud und Midasch, Leipzig 1896, 603-608.
Heinemann, J.: Art. קַדִּישׁ, EIb 29 (1977) 155-156.
Hübscher, J.: Das Kaddisch-Gebet, dessen Sinn, Bedeutung und Tendenz, erklärt und commentiert, Berlin 1912.
Jacobson, W. S.: Ueber das קדיש-Gebet, Frankfurt a. M. 1932, Ndr. Basel 1974.
—, תפלת הקדיש וקונטרס ה"י דבר, Jerusalem 1975.
Jerensky, M. E.: Art. »Kaddisch«, EJ (D) 9 (1932) 734-740.
Karl, Z.: "הַ"קַדִּישׁ, Ha-Shiloaḥ 34 (1918) 36-49; 426-430; 521-527, ges. Ndr. Lvov 1918.
Kohen, A. M.: ספר הנשמה והקדיש, Kairo 1919, erw. Ndr. Jerusalem 1921.
Kohler, K. / Eisenstein, J. D. / Cohen, F. L.: Art. »Ḳaddish«, JE 7 (1894) 401-407.
Krauss, S.: מהות הקדיש מקורותיו וקורותיו, Biṣaron 1 (1940) 125-136.
Kushelevsky, R.: ?התנא והמת הנודד: האומנם אגדה לא יהודית, Criticism and Interpretation 30 (1994) 41-63.
Lerner, M. B.: מעשה התנא והמת. גילגוליו הספרותיים וההלכתיים, Asufot 2 (1988/89) 29-70.
Lévi, I.: [Appendix] »Sur le même sujet«, in: Büchler, A.: »Le mot ויתקלס dans le Kaddisch«, REJ 54 (1907) 203-204.
Lewin, B. M.: קדיש עתיק מימי הגאונים, Ginze Qedem 2 (1923) 46-48.

Liber, M.: »[On] D. de Sola Pool, The Old Jewish Aramaic Prayer: The Kaddish«, REJ 68 (1914) 125-128.
Margalit, D.: תפילת הקדיש. מקורותיה וניקודה, in: Hommage à Abraham. Recueil Littéraire en l'honneur de Abraham Elmaleh. A l'occasion de son 70ème anniversaire 1885, par le comité du Jubilé, Jerusalem 1959, 120-125.
Margolis, M. L.: »Pool's "Kaddish"«, JQR NS 2 (1911/12) 281-284.
Marmorstein, A.: קַדִּישׁ עַתִּיק מִימֵי הַגְּאוֹנִים, Ha-Tor 4,7 (1924) 9-11.
Nulman, M.: Art. »Kaddish«, in: The Encyclopedia of Jewish Prayer. Ashkenazic and Sephardic Rites, ed. M. Nulman, Northvale u. a. 1993, 184-187.
Pool, D. de Sola: The Old Jewish Aramaic Prayer: The Kaddish, Leipzig 1909, 3. unveränderter Ndr. New York 1964 u. ö. [= The Kaddish, Inaugural-Dissertation Heidelberg, Leipzig 1909].
—, Art. »Kaddish«, UJE 6 (1948) 273-275.
Roth, A. N. Z. (E.): אזכרה והפטרה וקדיש יתום, Talpiot 7 (1961/62) 369-381.
Schechter, S.: נוסחא בקדיש, in: Gedenkbuch zur Erinnerung an David Kaufmann, ed. M. Brann u. a., Bd. 2, Breslau 1900, 52-54.
Scherman, N.: The Kaddish Prayer. A New Translation with a Commentary, Anthologized from Talmudic, Midrashic, and Rabbinic Sources, Art Scroll Messorah Series, New York 1980.
Sperber, D.: "יהא שמיה רבה", in: ders., Minhage Yisra'el. Meqorot we-Toledot, Bd. 1, Jerusalem [3]1991, 71-77.
Tal, S.: בעניין "ברכו" אחרי אמירת קדיש בתרא, Sinai 79 (1976) 188-191.
—, "ה"קדיש", Areshet 6 (1987/88) 23-25.
Ta-Shma, I.: קצת ענייני קדיש יתום ומנהגיו, in: ders., Early Franco-German Ritual and Custom, Jerusalem [2]1994, 299-310 [= überarbeitete Fassung von: Tarb. 53 (1984/85) 559-568].
Telsner, D.: The Kaddish. Its History and Significance, ed. A. Sivan, Jerusalem 1995.
Weizman, M.: תפילת הקדיש וה"פשיטא" לדברי הימים, in: Hebrew and Arabic Studies in Honour of Joshua Blau, ed. H. Ben-Shammai, Jerusalem u. a. 1993, 261-290.
—, »The Origin of the Qaddish«, in: Hebrew Scholarship and the Medieval World, ed. N. de Lange, Cambridge 2001, 131-137.
Wieseltier, L.: Kaddish, New York [3]1998 [= ders., Kaddish, übers. von F. Griese, München u. a. 2000].

3.2 Aufsätze, Handbücher, Lexikonartikel und Monographien

Abrahams, I.: »Some Egyptian Fragments of the Passover Hagada«, JQR OS 10 (1898) 41-57.
Abrams, D.: »The Evolution of the Intention of Prayer to the 'Special Cherub': From the Earliest Works to a Late Unknown Treatise«, FJB 22 (1995) 1-26.
—, »Ma'aseh Merkabah as a Literary Work. The Reception of Hekhalot Traditions by the German Pietists and Kabbalistic Reinterpretation«, JSQ 5 (1998) 329-345.
—, »A Neglected Talmudic Reference to Maᶜase Merkava«, FJB 26 (1999) 1-5.
Abramson, S.: לחקר הערוך, Sinai 36 (1971/72) 122-149; 37 (1972/73) 26-42; 38 (1973/74) 91-117.
—, עניינות בספרות הגאונים. מחקרים בספרות הגאונים ותשובותיהם שבדפוס ובכתבי־יד, Jerusalem 1974.
—, נוסח "על הכל" בהוצאת ספר תורה, Turei Yeshurun 6 (1974/75) 12-14.
Adler, E. N.: »The Persian Jews: II. Their Ritual«, JQR OS 10 (1898) 603-623.
Albeck, H.: מבוא לתלמודים, Tel Aviv 1969; [3]1987.
—, Einführung in die Mischnah, SJ 6, Berlin u. a. 1971.

Alexander, Ph. S.: »The Rabbinic Lists of Forbidden Targumim«, JJS 27 (1976) 177-191.

—, »The Targum and the Rabbinic Rules for the Delivery of the Targum«, in: Congress Volume Salamanca 1983, ed. J. A. Emerton, VT.S 36, Leiden 1985, 14-28.

—, »Prayer in the Hekhalot Literature«, in: Prière, Mystique et Judaïsme, Colloque de Strasbourg 10-12 Septembre 1984, ed. R. Goetschel, Travaux du centre d'histoire des religions de Strasbourg 2, Paris 1987, 43-64.

—, »Jewish Aramaic Translations of Hebrew Scriptures«, in: Mikra. Text, Translation, Reading, and Interpretation of the Hebrew Bible in Ancient Judaism and Early Christianity, ed. M. J. Mulder, CRI II/1, Assen u. a. 1988, 217-254.

—, »Bavli Berakhot 55a-57b: The Talmudic Dreambook in Context«, JSJ 46 (1995) 230-248.

Alon, G.: The Jews in their Land in the Talmudic Age (70-640 C. E.), ed. G. Levi, Bd. 2, Jerusalem 1984.

Altmann, A.: שירי־קדושה בספרות ההיכלות הקדומה (מתוך כ״י אוקספורד), Melila 2 (1946) 1-24.

Aptowitzer, V.: »בשכמ״ל. Geschichte einer liturgischen Formel«, MGWJ 73 NF 37 (1929) 93-118; 403-414.

—, בית המקדש של מעלה על פי האגדה, Tarb. 2 (1930/31) 137-153; 287-297 [= ders., »The Celestial Temple as Viewed in the Aggadah«, Binah 2 (1989) 1-29].

—, »Sheeltoth und Jelamdenu«, MGWJ 76 NF 40 (1932) 558-575.

—, מבוא לספר ראבי״ה, Jerusalem 1938.

Arussi, R.: קריאת תרגום התורה וההפטרה בציבור, Sinai 88 (1981) 219-238.

Arzi, A.: Art. »Dreams. In the Talmud«, EJ 6 (1971) 209-210.

Assaf, S.: בִּקֹּרֶת סֵפֶר, Ha-Tor 4,6 (1923) 8-10.

—, שריד מספר לקוטים קדמון, in: Gaonic Responsa. From Genisa MSS., ed. with Prefatory and Other Notes, S. Assaf, Jerusalem 1928, Ndr. Jerusalem 1986, 242-256.

—, מתוך סדור תפלה קדמון, in: ders., Gaonica. Gaonic Responsa and Fragments of Halachic Literature from the Geniza and Other Sources, Rabbinic Texts and Documents 1, Jerusalem 1933, Ndr. Jerusalem 1986, 71-97.

—, מסדר התפילה בארץ ישראל, in: Sefer Dinaburg, ed. Y. Baer u. a., Jerusalem 1949, 116-131.

—, ראשי הגולה, in: ders., תקופת הגאונים וספרותה. הרצאות ושיעורים, ed. M. Margaliut, Jerusalem 1955, 26-41.

—, רב האיי גאון וספריו ההלכיים, in: ders., תקופת הגאונים וספרותה. הרצאות ושיעורים, ed. M. Margaliut, Jerusalem 1955, 198-202.

—, תשובות הגאונים, in: ders., תקופת הגאונים וספרותה. הרצאות ושיעורים, ed. M. Margaliut, Jerusalem 1955, 211-220.

— / Brand, J.: Art. »Gaon«, EJ 7 (1971) 315-324.

Avemarie, F.: »Bund als Gabe und Recht. Semantische Überlegungen zu b^{e}rît in der rabbinischen Literatur«, in: Bund und Tora. Zur theologischen Begriffsgeschichte in alttestamentlicher, frühjüdischer und urchristlicher Tradition, hg. v. F. Avemarie / H. Lichtenberger, WUNT 92, Tübingen 92, Tübingen 1996, 163-216.

Bacher, W.: »Alte aramäische Poesien zum Vortrage des Haphtara-Targum«, MGWJ 22 (1873) 220-228.

—, »The Origin of the Word Haggada (Agada)«, JQR OS 4 (1892) 406-429.

—, »Der südarabische Siddur und Jaḥjâ Ṣâliḥ's Commentar zu demselben«, JQR OS 14 (1902) 581-621.

—, Die Agada der babylonischen Amoräer, Bd. 1-3, Frankfurt a. M. ^{2}1913, Ndr. Hildesheim 1965.

Bar-Ilan, M.: סתרי תפילה והיכלות, Ramat-Gan 1987.

—, קווי יסוד להתהוותה של הקדושה וגיבושה, Da^{c}at 25 (1990) 5-20.

Basser, H. W.: Midrashic Interpretations of the Song of Moses, AmUSt.TR 2, New York u. a. 1984.

—, In the Margins of the Midrash. Sifre Ha'azinu Texts, Commentaries, and Reflections, SFSHJ 11, Atlanta Ga. 1990.

Ben-Sasson, H. H.: Art. »Hai ben Sherira«, EJ 7 (1971) 1130-1131.

Benyahu, M.: "תפילת המתים". נוסחי תפילה פיוטים והשכבות כמנהג כורדיסתן ובבל, Sinai 91 (1982) 49-74.

Berliner, A.: Über den Einfluß des ersten hebräischen Buchdrucks auf den Cultus und die Cultur der Juden, Beilage zum Jahresbericht des Rabbiner-Seminars in Berlin v. J. 1893-94, Berlin 1896.

—, הקדמה הכללית לסידור שבתי הסופר על פי הכ"י אשר בבית המדרש בלונדון. Abhandlung über den Siddur des Schabbatai ha-Sofer aus Przemysl, Berlin 1909, Ndr. Jerusalem 1970.

—, Randbemerkungen zum täglichen Gebetbuche (Siddur), Zweites Buch, Berlin 1912.

Blank, D. R.: Soferim: A Commentary to Chapters 10-12 and a Reconsideration of the Evidence, Diss. JTS New York 1998.

—, »It's Time to Take Another Look at "Our Little Sister" Soferim: A Bibliographical Essay«, JQR 90 (1999) 1-26.

Bloch, Ph.: »Die יורדי מרכבה, die Mystiker der Gaonenzeit und ihr Einfluß auf die Liturgie«, MGWJ 37 (1893) 18-25; 69-74; 257-266; 305-311. (abgekürzt als: Bloch, Mystiker)

—, Geschichte der Entwicklung der Kabbalah und der jüdischen Religionsphilosophie kurz zusammengefaßt, Trier 1894.

Bokser, B. M.: »The Wall Separating God and Israel«, JQR NS 73 (1983/84) 349-374.

Bondi, J.: Der Siddur des Rabbi Saadia Gaon, Rechenschafts-Bericht der Jüdisch-Literarischen Gesellschaft 1902-1903, Frankfurt a. M. 1904.

Bregman, M.: ספרות תנחומא־ילמדנו. תיאור נוסחיה בדרכי התהוותם, Diss. Jerusalem 1991.

Brody, R.: »Groner's The Legal Methodology of Hai Gaon«, JQR NS 76 (1985/86) 237-245.

—, עמרם בר ששנא - גאון סורא?, Tarb. 56 (1986/87) 327-345.

—, ספרות הגאונים והטקסט התלמודי, in: Meḥqerei Talmud. Talmudic Studies I, ed. Y. Sussmann et al., Jerusalem 1990, 237-303.

—, לתולדות נוסח השאילתות, TSAAJR 7, New York u. a. 1991.

—, »Saadya Gaon on the Limits of Liturgical Flexibility«, in: Genizah Research after Ninety Years. The Case of Judeo-Arabic, ed. J. Blau et al., UCOP 47, Cambridge 1992, 40-46.

—, לחידת עריכתו של סדר רב עמרם גאון, in: Knesset Ezra. Literature and Life in the Synagogue. Studies Presented to Ezra Fleischer, ed. S. Elizur et al., Jerusalem 1994, 21-34.

—, מחקר ספרות ההלכות מתקופת הגאונים, Tarb. 64 (1995/96) 139-152.

—, תשובות רב נטרונאי גאון בקטעי גניזה, Teʿuda 10 (1996) 155-183.

—, The Geonim of Babylonia and the Shaping of Medieval Jewish Culture, New Haven u. a. 1998.

Büchler, A.: »Die Grundbedeutung des hebräischen und neuhebräischen Stammes קלס. (Ein Beitrag zur Geschichte der Hochzeits- und Trauerbräuche.)«, WZKM 17 (1903) 165-181.

—, »Le Kedouscha du "Yocêr" chez les Gueonim«, REJ 53 (1907) 220-229.

Buxtorf, J.: Synagoga Judaica de Judaeorum fide, ritibus, ceremoniis, tam publicis & sacris, quam privatis, in domestica vivendi ratione, Basel 1611.

Cassel, D.: »Abraham b. Natan aus Lunel, Verfasser des Manhig«, in: Jubelschrift zum Neunzigsten Geburtstag des L. Zunz, hg. durch das Kuratorium der Zunz-Stiftung, Berlin 1884, Ndr. Jerusalem 1969, 122-137.

Charlesworth, J. H.: »Jewish Hymns, Odes, and Prayers (ca. 167 B.C.E. - 135 C.E.)«, in: Early Judaism and its Modern Interpreters, ed. R. Kraft et al., The Bible and its Modern Interpreters 2, Atlanta Ga. 1986, 411-436.

Chernus, I.: »Individual and Community in the Redaction of the Hekhalot Literature«, HUCA 52 (1981) 253-274.

Chester, A.: Divine Revelation and Divine Titles in the Pentateuchal Targumim, TSAJ 14, Tübingen 1986.

Churgin, P.: Targum Jonathan to the Prophets, YOS 14, Yale 1927, Ndr. New York u. a. 1983.

Cohen, G. D.: »Esau as Symbol in Early Medieval Thought«, in: Jewish Medieval and Renaissance Studies, ed. A. Altmann, Cambridge Mass. 1967, 19-48.

Cohen, M. R.: Jewish Self-Government in Medieval Egypt. The Origins of the Office of Head of the Jews, ca. 1065-1126, Princeton 1980.

Cohen, S. M.: The Shiʿur Qomah. Liturgy and Theurgy in Pre-Kabbalistic Jewish Mysticism, Lanham u. a. 1983. (abgekürzt als: Cohen, Shi'ur Qomah)

Cook, E. M.: Rewriting the Bible. The Text and Language of the Pseudo-Jonathan Targum, Diss. Los Angeles 1986.

—, »A New Perspective on the Language of Onqelos and Jonathan«, in: The Aramaic Bible. Targums in their Historical Context, ed. D. R. G. Beattie et al., JSOT.S 166, Sheffield 1994, 142-156.

Crüsemann, F.: Studien zur Formgeschichte von Hymnus und Danklied in Israel, WMANT 32, Neukirchen-Vluyn 1969.

Dalman, G.: »Jüdische Seelenmesse und Totenanrufung«, SaH 27 (1890) 169-190.

—, Die Worte Jesu, mit Berücksichtigung des nachkanonischen Schrifttums und der aramäischen Sprache erörtert, Bd. 1: Einleitung und wichtige Begriffe, Leipzig 1898; ^{2}1930, Ndr. Darmstadt 1965.

Dan, Y.: תורת הסוד של חסידות אשכנז, Jerusalem 1968.

—, Art. »Meshullam ben Kalonymus«, EJ 11 (1972) 1401-1402.

—, עיונים בספרות חסידי אשכנז, Ramat-Gan 1975.

—, »The Emergence of Mystical Prayer«, in: Studies in Jewish Mysticism. Proceedings of Regional Conferences held at University of California, Los Angeles and McGill University in April 1978, ed. J. Dan et al., Cambridge Mass. 1982, 85-120.

—, The Ancient Jewish Mysticism, Tel Aviv 1993.

—, »Ashkenazi Hasidim, 1941-1991: Was there Really a Hasidic Movement in Medieval Germany?«, in: Gershom Scholem's Major Trends in Jewish Mysticism 50 Years After. Proceedings of the Sixth International Conference on the History of Jewish Mysticism, ed. P. Schäfer et al., Tübingen 1993, 87-102.

—, לבעיית מעמדם ההיסטורי של יורדי המרכבה, Zion 60 (1995) 179-199.

—, על הקדושה. דת, מוסר ומיסטיקה ביהדות ובדתות אחרות, Jerusalem 1997.

—, The 'Unique Cherub' Circle. A School of Mystics and Esoterics in Medieval Germany, TSMJ 15, Tübingen 1999.

Danzig, N.: תשובות הגאונים 'שערי תשובה' ו'שו"ת מן השמים', Tarb. 58 (1988/89) 21-48.

—, מבוא לספר הלכות פסוקות. עם תשלום הלכות פסוקות, New York u. a. 1993.

David, A.: Art. »Moses Kahana ben Jacob«, EJ 12 (1971) 432.

—, Art. »Nathan ben Jehiel of Rome«, EJ 12 (1971) 859-860.

Davidson, I.: »The 'Seder Ḥibur Berakot'«, JQR NS 21 (1930/31) 241-279.

Deichgräber, R.: Gotteshymnus und Christushymnus in der frühen Christenheit. Untersuchungen zu Form, Sprache und Stil der frühchristlichen Hymnen, StUNT 5, Göttingen 1967.

Díez Macho, A.: »The Recently Discovered Palestinian Targum. Its Antiquity and Relationship with the Other Targums«, in: Congress Volume. Oxford 1960, VT.S 7, Leiden 1960, 222-245.

Dothan, M.: Hammath Tiberias. Early Synagogues and the Hellenistic and Roman Remains, Jerusalem 1983.

Duschinsky, C.: »The Yekum Purkan (יקום פורקן)«, in: Livre d'Hommage à la Mémoire du S. Poznański (1864-1921) offert par les amis et les compagnons du travail scientifique, ed. par le comité de la Grande Synagogue a Varsovie, Leipzig 1927, Ndr. Jerusalem 1969, 182-198.

[Ed.]: Art. »Am ha-Areẓ. In Later Times«, EJ 2 (1971) 836.

[Ed.]: Art. »Bloch, Philipp«, EJ 4 (1971) 1109.
[Ed.]: Art. »Pool, David de Sola«, EJ 13 (1971) 849.
[Ed.]: Art. אמן, $ETal^2$ 2 (1956) 46-50.
[Ed.]: Art. הלכה, $ETal^2$ 9 (1959) 267-275.
[Ed.]: Art. הפטרה, $ETal^2$ 10 (1961) 1-31.
Ego, B.: Im Himmel wie auf Erden. Studien zum Verhältnis von himmlischer und irdischer Welt im rabbinischen Judentum, WUNT II 34, Tübingen 1989.
—, »Gottes Weltherrschaft und die Einzigkeit seines Namens. Eine Untersuchung zur Rezeption der Königsmetapher in der Mekhilta de R. Yishmaᶜel«, in: Königsherrschaft Gottes und himmlischer Kult im Judentum, Urchristentum und in der hellenistischen Welt, hg. v. M. Hengel u. a., WUNT 55, Tübingen 1991, 257-283.
Elbaum, Y.: Art. »Yalkut Shimoni«, EJ 16 (1971) 707-709.
Elbogen, I.: »Geschichte des Achtzehnbittengebetes«, MGWJ 46 NF 10 (1902) 330-357; 427-439; 513-530.
—, Studien zur Geschichte des jüdischen Gottesdienstes, SAWJ 1, Berlin 1907.
—, »Der Ritus im Mischne Thora«, in: Moses ben Maimon. Sein Leben, seine Werke und sein Einfluß, hg. v. W. Bacher u. a., Bd. 1, Leipzig 1908, 319-331.
—, »Eingang und Ausgang des Sabbats nach talmudischen Quellen«, in: Festschrift zu Israel Lewy's siebzigstem Geburtstag, hg. v. M. Brann u. a., Analecta Poznanskia 8. 8, Breslau 1911, Ndr. Jerusalem 1972, 173-187.
—, »Die Tefilla für die Festtage«, MGWJ 55 NF 19 (1911) 426-446; 589-599; 58 NF 22 (1914) 323-325.
—, »Die messianische Idee in den alten jüdischen Gebeten«, in: Judaica. FS zu Hermann Cohens Siebzigstem Geburtstage, Berlin 1920, 669-679.
—, Der jüdische Gottesdienst in seiner geschichtlichen Entwicklung, GGJ 21, Frankfurt a. M. ^{3}1931, Ndr. Hildesheim 1967 und 1995.
—, »Saadia's Siddur«, in: Saadia Anniversary Volume, ed. B. Cohen, New York 1943, Ndr. New York 1980, 247-261.
—, התפילה בישראל בהתפתחותה ההיסטורית, übers. v. Y. Amir, überarb. v. J. Heinemann et al., Tel Aviv 1972.
—, Jewish Liturgy. A Comprehensive History, transl. R. P. Scheindlin, New York u. a. 1993.
Emanuel, S.: לענייני של מחזור ויטרי, Ale Sefer 12 (1985/86) 129-130.
Ephrati, J. E.: תקופת הסבוראים וספרותה. בבבל ובארץ ישראל. משנת תתי״א לשטרות (ד׳ רס) עד שנת אלפא (ד׳ תמ״ט) 500 - 689, Petach Tikwa 1973.
Eppenstein, S.: Beiträge zur Geschichte und Literatur im geonäischen Zeitalter, Berlin 1913.
Epstein, J. N.: »Notes on Post-Talmudic-Aramaic Lexicography. II. Sheeltot«, JQR NS 12 (1922/23) 299-390.
—, מבוא לספרות התנאים. משנה, תוספתא ומדרשי־הלכה, ed. E. Z. Melamed, Jerusalem 1957.
—, מבואות לספרות האמוראים. בבלי וירושלמי, ed. E. Z. Melamed, Jerusalem 1962.
—, שרידי שאילתות. קטעי אוכספורד, in: ders., Studies in Talmudic Literature and Semitic Languages, ed. E. Z. Melamed, Bd. 2. 2, Jerusalem 1988, 378-537.
—, סדר רב עמרם. סידורו ומסדריו, in: ders., Studies in Talmudic Literature and Semitic Languages, ed. E. Z. Melamed, Bd. 2. 1, Jerusalem 1988, 569-588.
—, להקים שם. ב. ״מעשה הגאונים״, in: Studies in Talmudic Literature and Semitic Languages, Bd. 2. 2, ed. E. Z. Melamed, Jerusalem 1988, 746-750.
—, ספרי דברים (מהדורת פינקלשטיין), in: ders., Studies in Talmudic Literature and Semitic Languages, ed. E. Z. Melamed, Bd. 2. 2, Jerusalem 1988, 889-906.
—, בקורת גנזי קדם, in: ders., Studies in Talmudic Literature and Semitic Languages, ed. E. Z. Melamed, Bd. 2. 2, Jerusalem 1988, 927-939.
Esh, S.: הק׳(ב׳ה׳) »Der Heilige (er sei gepriesen)«. Zur Geschichte einer nachbiblisch-hebräischen Gottesbezeichnung, Leiden 1957.

Eshel, E., H. / Yardeni, A.: »A Qumran Composition Containing Part of Ps. 154 and a Prayer for the Welfare of King Jonathan and His Kingdom«, IEJ 42 (1992) 199-299.
Feintuch, Y. Z.: תניא רבתי, Sinai 80 (1977) 15-25.
Fiebig, P.: Das Vaterunser. Ursprung, Sinn und Bedeutung des christlichen Hauptgebetes, BFCTh 30, Gütersloh 1927.
Fine, S.: »"Chancel" Screens in Late Antique Palestinian Synagogues: A Source from the Cairo Genizah«, in: Religious and Ethnic Communities in Later Roman Palestine, ed. H. Lapin, Studies and Texts in Jewish History and Culture 5, Maryland 1998, 67-85.
Finkelstein, L.: Prolegomena to an Edition of the Sifre Deuteronomy, in: ders., Sifra on Leviticus, Bd. 5, Jerusalem 1991, 53*-92*.
Fishman, Y. L.: ה"מנהג" בספרות הגאונים, in: Sefer ha-yovel qoveṣ torani madaʿi muggash le-Vinyamin Menashe Lewin le-yovlo ha-shishim, ed. Y. L. Fischman, Jerusalem 1940, 132-159.
Fleischer, E.: לנוסחה הקדום של קדושת העמידה, Sinai 63 (1968) 229-241.
—, לתפוצתן של קדושות העמידה והיוצר במנהגות התפילה של בני ארץ־ישראל, Tarb. 38 (1968/69) 255-284.
—, נוספות למורשתו הפייטנית של רב האיי גאון, Sinai 67 (1970) 180-198.
—, לליבון עניין ה'פורס על שמע', Tarb. 41 (1971/72) 133-140.
—, היוצרות. בהתהוותם ובהתפתחותם, Jerusalem 1984.
—, »Prayer and Piyyut in the Worms Maḥzor«, in: Worms Maḥzor MS Jewish National and University Library Heb 4° 781/1. Introductory Volume, ed. M. Beit Arié, London 1985, 27-69. (abgekürzt als: Fleischer, Worms Maḥzor)
—, תפילה ומנהגי תפילה ארץ־ישראליים בתקופת הגניזה, Jerusalem 1988.
—, לקדמוניות תפילות החובה בישראל, Tarb. 59 (1989/90) 397-441.
—, מענה (בשולי השגותיו של ש"ק רייף), Tarb. 60 (1990/91) 683-688.
—, לסדרי התפילה בבית הכנסת של בני ארץ־ישראל בפוסטאט בראשית המאה השלוש עשרה, Asufot 7 (1993) 217-260.
—, תפילת שמונה־עשרה - עיונים באופיה, סדרה, תוכנה ומגמותיה, Tarb. 62 (1993/94) 179-223.
—, קדושת העמידה (ושאר הקדושות): היבטים היסטוריים, ליטורגיים ואידאולוגיים, Tarb. 67 (1998/99) 301-350.
Flusser, D. / Safrai, S.: "שירי דוד" החיצוניים, in: Bible Studies. Y. M. Grintz in Memoriam, ed. B. Uffenheimer, Teʿuda 2, Tel Aviv 1982, 83-105.
Foerster, G.: כתובות מבתי־הכנסת העתיקים וזיקתן לנוסחים של ברכה ותפילה, Kathedra 19 (1981) 11-40.
Fraade, S. D.: »Sifre Deuteronomy 26 (ad Deut. 3:23): How Conscious the Composition?«, HUCA 54 (1983) 239-301.
—, From Tradition to Commentary. Tora and its Interpretation in the Midrash Sifre to Deuteronomy, New York 1991.
—, »Rabbinic Views on the Practice of Targum and Multilingualism in the Jewish Galilee of the Third-Sixth Centuries«, in: Galilee in Late Antiquity, ed. L. I. Levine, New York u. a. 1992, 253-288.
Fraenkel, J.: דרכי של רש"י בפירושו לתלמוד הבבלי, Jerusalem 1975.
—, הזמן ועיצובו בסיפור האגדה, in: Studies in Aggadah, Targum, and Jewish Liturgy in Memory of Joseph Heinemann, ed. J. J. Petuchowski et al., Jerusalem 1981, 133-162.
—, דרכי האגדה והמדרש, Bd. 1-2, Givataim 1991.
Fraenkel, K. A.: תפילת יקום פורקן בשבת (מקורה נוסחה וארמית שבה), Ha-Kerem 1 (1936/37) 18-29.
Frankel, Z.: Entwurf einer Geschichte der Literatur der nachtalmudischen Responsen, Breslau 1865.
—, Zu dem Targum der Propheten, Breslau 1872.
Freiman, A. Ḥ. / Rivlin, Y. Y.: תשובות הר' יהושע הנגיד. מבן בניו של הרמבם ז"ל, Qoveṣ ʿal-Yad 3 (1940) 77-113.

Friedman, M. A.: "מחלוקת לשם שמים". פולמוס התפילה של ר' אברהם בן הרמבם ובני דורו, Teʿuda 10 (1996) 245-298.

Friedman, Sh. Y.: כתיב השמות "רבה" ו"רבא" בתלמוד הבבלי, Sinai 100 (1992) 140-164.

Friedmann, M.: מאיר עין על סדר והגדה של לילי פסח, Wien 1895.

Fuchs, M. Z.: תשובות לשני מהפכנים, Sinai 114 (1994) 162-170.

Gafni, Y.: יהודי בבל בתקופת התלמוד. חיי חברה ורוח, Jerusalem 1991.

—, על הדרשות בציבור בבבל התלמודית: הפירקא, in: Knesset Ezra. Literature and Life in the Synagogue. Studies Presented to E. Fleischer, ed. S. Elizur et al., Jerusalem 1994, 121-129.

Gartner, Y.: למה הנהיגו הגאונים אמירת "אבות" בשבת?, Sidra 4 (1988) 17-32.

Gaster, M.: »Geniza Fragmente«, in: Gedenkbuch zur Erinnerung an David Kaufmann, hg. v. M. Brann u. a., Bd. 2, Breslau 1900, 226-227; 236-237 [= ders., Studies and Texts, Bd. 2, London 1928, Ndr. New York 1971, 682-683; Bd. 3, 205-206].

—, »Hebrew Visions of Hell and Paradise«, in: ders., Studies and Texts in Folklore, Magic, Medieval Romance, Hebrew Apocrypha, and Samaritan Archaeology, Bd. 1, London 1925, 124-164.

Gavra, M.: מחקרים בסידורי תימן (= תִּכְּאליל). א' הגדה של פסח, Kiryat Ono 1993.

Geiger, A.: »Zur Geschichte der thalmudischen Lexikographie. Einige unbekannte Vorgänger und Nachfolger des Arukh«, ZDMG 12 (1858) 142-149.

—, Urschrift und Übersetzungen der Bibel in ihrer Abhängigkeit von der Entwicklung des Judentums, Frankfurt a. M. 1928.

Gerlemann, G.: Art. רצה, THAT 2 (1984) 810-813.

Geula, A.: מדרש אבכיר. מבואות ומובאות, unveröffentlichte MA-These Jerusalem 1998.

Gil, M.: A History of Palestine. 634-1099, Cambridge 1992.

Gilat, Y. D.: מתולדות קריאת־שמע. לפירושן של משניות ברכות א,א–ב, in: ders., Studies in the Development of the Halakha, Ramat-Gan 1992, 283-300.

Ginsburger, M.: »Aramäische Piutim aus der Geniza«, MGWJ 48 NF 12 (1904) 417-422.

Ginzberg, L.: »Bondi, J., Der Siddur des Rabbi Saadia Gaon«, ZHB 9 (1905) 104-107.

—, »Aramaic Dialect Problems«, AJSL 50 (1933) 1-9.

—, »Saadia's Siddur«, in: Saadia Studies, ed. A. A. Neuman et al., Philadelphia 1943, 207-255.

—, Geonica I. The Geonim and their Halakhic Writings, TSJTSA 1, New York ^{2}1968, Ndr. Jerusalem 1995.

—, Geonica II. Genizah Studies, TSJTSA 2, New York 1909, Ndr. Jerusalem 1995.

—, עשרים ואחת תשובות קצרות ורבן לר' נטרונאי, in: ders., Genizah Studies in Memory of Solomon Schechter, Bd. 2: Geonic and Early Karaitic Halakah, TSJTSA 8, New York 1929, Ndr. Jerusalem 1969, 97-108.

—, לקוטי סדר אליה זוטא, in: ders., Genizah Studies in Memory of Solomon Schechter, Bd. 1: Midrash and Haggadah, TSJTSA 8, New York 1928, Ndr. Jerusalem 1969, 235-245.

—, פירקוי בן באבוי תלמידיה דראבא, in: ders., Genizah Studies in Memory of Solomon Schechter, Bd. 2: Geonic and Early Karaitic Halakah, TSJTSA 8, New York 1929, Ndr. Jerusalem 1969, 504-573.

—, שלש דרשות קטועות ממדרש שאינו ידוע, in: ders., על הלכה ואגדה. מחקר ומסה, Tel Aviv 1960, 104-170.

—, סידורו של רב סעדיה גאון, in: ders., על הלכה ואגדה. מחקר ומסה, Tel Aviv 1960, 171-204.

—, The Legends of the Jews, Bd. 1-7, Philadelphia 1909-1938, Ndr. 1967-1969.

Gleßmer, U.: Einleitung in die Targume zum Pentateuch, TSAJ 48, Tübingen 1995.

Glick, A.: קטע נוסף ממכילתא דרשב"י, Leš. 48-49 (1984/85) 210-215.

Gluska, I.: התפילה במסורת תימן: בחינות לשוניות, Eda we-Lashon 20, Jerusalem 1995.

Goitein, S. D.: A Mediterranean Society. The Jewish Communities of the Arab World as Portrayed in the Documents of the Cairo Geniza, Bd. 1-4, Berkeley u. a. 1967-1983.

—, »Prayer from the Geniza for Fatimid Caliphs, the Head of the Jerusalem Yeshiva, the Jewish Community, and the Local Congregation«, in: Studies in Judaica, Karaitica, and Islamica Presented to Leon Nemoy on his Eightieth Birthday, ed. S. R. Brunswick, Ramat-Gan 1982, 47-57.

Goldberg, A. M.: »Die spezifische Verwendung des Terminus Schekhinah im Targum Onkelos als Kriterium einer relativen Datierung«, Jud. 19 (1963) 43-61.

—, Untersuchungen über die Vorstellung von der Schekhinah in der frühen rabbinischen Literatur - Talmud und Midrasch, SJ 5, Berlin 1969.

—, »Einige Bemerkungen zu den Quellen und redaktionellen Einheiten der Großen Hekhalot«, FJB 1 (1973) 1-49 [= ders., Mystik und Theologie des rabbinischen Judentums. Gesammelte Studien, hg. v. M. Schlüter / P. Schäfer, TSAJ 61, Tübingen 1997, 49-77].

—, »Der Vortrag der Ma'asse Merkawa. Eine Vermutung zur frühen Merkawamystik«, Jud. 29 (1973) 4-23 [= ders., Mystik und Theologie des rabbinischen Judentums. Gesammelte Studien, hg. v. M. Schlüter / P. Schäfer, TSAJ 61, Tübingen 1997, 1-15].

—, Erlösung durch Leiden. Drei rabbinische Homilien über die Trauernden Zions und den leidenden Messias Efraim (PesR 34. 36. 37), FJS 4, Frankfurt a. M. 1978.

—, »Service of the Heart. Liturgical Aspects of Synagogue Worship«, in: Standing Before God. Studies on Prayer in Scriptures and in Tradition with Essays in Honor of J. M. Oestereicher, ed. A. Finkel et al., New York 1981, 195-211.

—, »Pereq Re'uyot Yeḥezqe'el. Eine formanalytische Untersuchung«, in: ders., Mystik und Theologie des rabbinischen Judentums. Gesammelte Studien, hg. v. M. Schlüter / P. Schäfer, TSAJ 61, Tübingen 1997, 93-147.

Goldschmidt, D.: סדר רב עמרם גאון, QS 18 (1951/52) 336-342 [= ders., On Jewish Liturgy. Essays on Prayer and Religious Poetry, 2. verb. Aufl., Jerusalem 1996, 407-412 (hebr.)].

—, »Studies on Jewish Liturgy by German-Jewish Scholars«, YLBI 2 (1957) 119-135.

—, הגדה של פסח. מקורותיה ותולדותיה במשך הדורות, Jerusalem 1960.

—, »Le MS. Reggio du Mahzor Vitry«, REJ 125 (1966) 63-75.

—, Art. »Landshut, Eliezer«, EJ 10 (1971) 1413-1414.

—, על מחזור רומניא ומנהגו, in: ders., On Jewish Liturgy. Essays on Prayer and Religious Poetry, 2. verb. Aufl., Jerusalem 1996, 122-152.

—, מנהג בני רומא, in: ders., On Jewish Liturgy. Essays on Prayer and Religious Poetry, 2. verb. Aufl., Jerusalem 1996, 153-176.

—, סדר התפילה של הרמב"ם ע"פ כ"י אוקספורד, in: ders., On Jewish Liturgy. Essays on Prayer and Religious Poetry, 2. verb. Aufl., Jerusalem 1996, 187-216.

—, מחזורים כמנהג קהילות יוון, in: ders., On Jewish Liturgy. Essays on Prayer and Religious Poetry, 2. verb. Aufl., Jerusalem 1996, 217-289.

—, סדור תפילות כתב־יד מן המאה החמש־עשרה, in: ders., On Jewish Liturgy. Essays on Prayer and Religious Poetry, 2. verb. Aufl., Jerusalem 1996, 289-296.

—, על דפוס קדום של מחזור ספרדי, in: ders., On Jewish Liturgy. Essays on Prayer and Religious Poetry, 2. verb. Aufl., Jerusalem 1996, 303-314.

—, סדור רב סעדיה גאון, in: ders., On Jewish Liturgy. Essays on Prayer and Religious Poetry, 2. verb. Aufl., Jerusalem 1996, 413-420.

Goodblatt, D. M.: Rabbinic Instruction in Sassanian Babylonia, SJLA 9, Leiden 1975.

Gordon, R. P.: Studies in the Targum to the Twelve Prophets. From Nahum to Maleachi, VT.S 51, Leiden u. a. 1994.

Goshen-Gottstein, E.: הכינוי "אב בשמים" בספרות חז"ל, in: Studies in Bible and Exegesis. M. Goshen-Gottstein in Memoriam, ed. M. Bar-Asher et al., Bd. 3, Ramat-Gan 1993, 79-103.

Goshen-Gottstein, M. H.: »The Language of Targum Onqelos and the Model of Literary Diglossia in Aramaic«, JNAS 37 (1978) 169-179.

Graetz, H.: »Die mystische Literatur der gaonäischen Epoche«, MGWJ 8 (1859) 67-78; 103-118; 140-153.

Greenfield, J. C. / Stone, M. E.: »The Enochic Pentateuch and the Date of the Similitudes«, HThR 70 (1977) 51-65.

Grözinger, K. E.: Musik und Gesang in der Theologie der frühen jüdischen Literatur. Talmud, Midrasch, Mystik, TSAJ 3, Tübingen 1982.
Groner, T.: The Legal Methodology of Hai Gaon, BJS 66, Chico Ca. 1985.
Groner, T.: רשימת תשובות רב האי גאון, Ale Sefer 13 (1985/86) 1-123.
Gross, M. D.: אוצר האגדה. מהמשנה והתוספתא התלמודים והמדרשים וספרי הזוהר, Bd. 1-3, Jerusalem 1986.
Grossman, A.: בני מכיר וספרם "מעשה המכירי", Tarb. 46 (1976/77) 110-132.
—, חכמי אשכנז הראשונים. קורותיהם, דרכם בהנהגת הציבור, יצירתם הרוחנית, Jerusalem ²1988.
—, חכמי צרפת הראשונים. קורותיהם, דרכם בהנהגת הציבור, יצירתם הרוחנית, Jerusalem ²1997.
—, שורשיו של קידוש השם באשכנז הקדומה, in: Sanctity of Life and Martyrdom. Studies in Memory of Amir Yekutiel, ed. I. M. Gafni et al., Jerusalem 1992, 99-130.
—, קידוש השם במאות הי"ב: בין אשכנז לארצות האסלאם, Peᶜamim. Studies in Oriental Jewry 75 (1998) 27-46.
Gruenwald, I.: Apocalyptic and Merkavah Mysticism, AGJU 14, Leiden u. a. 1980.
—, שירת המלאכים, ה'קדושה' ובעיית חיבורה של ספרות ההיכלות, in: Jerusalem in the Second Temple Period. A. Schalit Memorial Volume, ed. A. Oppenheimer et al., Jerusalem 1980, 459-481.
—, »Normative und volkstümliche Religiosität im Sefer Chasidim«, in: Judentum im deutschen Sprachraum, hg. v. K. E. Grözinger, Frankfurt a. M. 1991, 117-126.
—, לבעיית המחקר בעיסוקם של חכמים במיסטיקה, in: Jews and Judaism in the Second Temple, Mishna, and Talmud Period. Studies in Honor of Shmuel Safrai, ed. I. Gafni et al., Jerusalem 1993, 297-315.
Guggenheimer, Ḥ.: פורס על שמע, Moria 13,5-6 (1984/85) 89.
Haberfeldt, J. F.: Baruch oder über die Doxologie der Schrift, Leipzig 1806.
Halamish, M.: בעיות בחקר השפעת הקבלה על התפילה, in: Massuᶜot. Studies in Kabbalistic Literature and Jewish Philosophy in Memory of Prof. Ephraim Gottlieb, ed. M. Oron et al., Jerusalem 1994, 199-223.
Halperin, D.: The Merkabah in Rabbinic Literature, AOS 62, New Haven Con. 1980.
—, The Faces of the Chariot. Early Jewish Responses to Ezekiel's Vision, TSAJ 16, Tübingen 1988.
Havazelet, M.: Art. »Paltoi bar Abbaye«, EJ 13 (1971) 50.
—, Art. »Ṣemaḥ ben Ḥayyim«, EJ 16 (1971) 985.
Havlin, S. Z.: Art. »Isaac ben Moses of Vienna«, EJ 9 (1971) 25-27.
—, Art. »Kol Bo«, EJ 10 (1971) 1159-1160.
Hayward, R.: »The Date of Targum Pseudo-Jonathan. Some Comments«, JJS 40 (1989) 7-30.
Heineman, Y.: דרכי האגדה, Jerusalem ³1970.
Heinemann, J.: »Prayers of Beth Midrash Origin«, JSSt 5 (1960) 264-280.
—, התפילה בתקופת התנאים והאמוראים. טיבה ודפוסיה, Jerusalem 1964.
—, »An Introduction to Distinctive Talmudic Concepts of Prayer«, in: The Second Step - Short Course in Jewish Studies, 12-15 April 1966, ed. C. MacInnes, Jerusalem 1966, 20-25.
—, »The Background of Jesus' Prayer in the Jewish Liturgical Tradition«, in: The Lord's Prayer and the Jewish Liturgy, ed. J. J. Petuchowski / M. Brocke, London 1974, 81-89.
—, Prayer in the Talmud. Forms and Patterns, SJ 9, Berlin u. a. 1977.
—, דרשות בציבור בתקופת התלמוד, Jerusalem 1982.
—, קדושה ו"מלכות" של קריאת שמע וקדושה דעמידה, in: ders., Studies in Jewish Liturgy, ed. A. Shinan, Jerusalem ²1983, 12-21.
—, לשון "אתם" בתפילה, in: ders., Studies in Jewish Liturgy, ed. A. Shinan, Jerusalem ²1983, 99-102.
—, הלל, ברכה והודיה על הנסים, in: ders., Studies in Jewish Liturgy, ed. A. Shinan, Jerusalem ²1983, 173-175.
—, "הגדה של פסח ותולדותיה" לד' גולדשמידט, in: ders., Studies in Jewish Liturgy, ed. A. Shinan, Jerusalem ²1983, 184-189.

Heller, B.: »Notes de folk-lore juif. II. Le conte hébreu sur l'effet des prières pour les morts«, REJ 82 (1926) 308-312.

Herr, M. D. / Elon, M.: Art. »Minhag«, EJ 12 (1971) 4-26.

Herrmann, K.: »Text und Fiktion. Zur Textüberlieferung des Shiᶜur Qoma«, FJB 16 (1988) 89-142.

— / Rohrbacher-Sticker, C.: »Magische Traditionen der New Yorker Hekhalot-Handschrift JTS 8128 im Kontext ihrer Gesamtredaktion«, FJB 17 (1989) 101-149.

Hezser, C.: The Social Structure of the Rabbinic Movement in Roman Palestine, TSAJ 66, Tübingen 1997.

Higger, M.: ספרי התנאים בתקופת הגאונים, New York 1938, Ndr. Jerusalem 1971.

—, »Saadia and the Treatise Soferim«, in: Saadia Anniversary Volume, ed. B. Cohen, New York 1943, Ndr. New York 1980, 263-270.

Hildesheimer, E. E.: »Die Komposition der Sammlungen von Responsen der Gaonen«, in: Jüdische Studien. Josef Wohlgemuth zu seinem sechzigsten Geburtstage von Freunden und Schülern gewidmet, Frankfurt a. M. 1928, 12-272.

—, »Mystik und Agada im Urteile der Gaonen R. Scherira und R. Hai«, in: FS für Jacob Rosenheim anläßlich seines 60. Lebensjahres dargebracht von seinen Freunden, Frankfurt a. M. 1931, 259-286.

Hirsch, W.: Rabbinic Psychology. Beliefs about the Soul in Rabbinic Literature of the Talmudic Period, London 1947, Ndr. New York 1973.

Hirshman, M.: לדרך השימוש של מדרש קהלת רבה במקורותיו, in: Studies in the Aggadic Midrashim in Memory of Z. M. Rabinowitz, ed. M. A. Friedman et al., Teᶜuda 11, Tel Aviv 1996, 179-190.

Hoffman, L. A.: The Canonization of the Synagogue Service, Notre Dame Ind. u. a. 1979.

—, »Censoring in and Censoring out. A Function of Liturgical Language«, in: Ancient Synagogues. The State of Research, ed. J. Gutmann, BJS 22, Chico Ca. 1981, 19-37.

Hoffmann, D.: Zur Einleitung in die halachischen Midraschim, Beilage zum Jahresbericht des Rabbiner-Seminars zu Berlin 5647 (1886-87), Berlin 1887.

Horowitz, Y.: Art. »Yehudai Ben Naḥman (Yehudai Gaon)«, EJ 16 (1971) 731-732.

Hüttenmeister, F. (G.): Die antiken Synagogen in Israel, Teil 1: Die jüdischen Synagogen, Lehrhäuser und Gerichtshöfe, BTAVO.B 12/1, Wiesbaden 1977.

—, »The Aramaic Inscription from the Synagogue at Ḥ. ᶜAmudim«, IEJ 28 (1978) 109-112.

—, בית־הכנסת ובית המדרש והזיקה ביניהם, Kathedra 18 (1981) 38-44.

Hyman, A.: מקורות ילקוט שמעוני לנביאים וכתובים על פי כתבי יד ודפוס ראשון עם מקבילים והערות המאמרים, Bd. 1-2, Jerusalem 1965.

Idelsohn, A. Z.: Jewish Liturgy in its Development, New York 1932, Ndr. New York 1995.

Jacobs, L.: Theology in the Responsa, London u. a. 1975.

Janzen, J. G.: »The Root prᶜ in Judges V 2 and Deuteronomy XXXII 42«, VT 39 (1989) 393-406.

Jawitz, Z.: ספר מקור הברכות. התפילות, הקריאות וכל חלקי הסדור למיניהם ולתודותיהם, Berlin 1910.

Kadari, M. Z.: »The Use of ־ד Clauses in the Language of Targum Onkelos«, Textus 3 (1963) 36-89.

Kadushin, M.: Worship and Ethics. A Study in Rabbinic Judaism, Northwestern University 1964.

Kahana, M.: אקדמות להוצאת חדשה של ספרי במדבר, Jerusalem 1982.

—, פירושים לספרי הגנוזים בכתב־יד, in: Studies in Memory of the Rishon le-Zion R. Yitzhaq Nissim, ed. M. Benyahu, Bd. 2, Jerusalem 1985, 95-118.

—, אוצר כתבי היד של מדרשי ההלכה. שחזור העותקים ותיאורם, Jerusalem 1995.

Kahle, P.: Die Kairoer Geniza. Untersuchungen zur Geschichte des hebräischen Bibeltextes und seiner Übersetzungen, Berlin 1962.

Kaminka, A.: »Die Komposition der Schëeltoth des R. Achai und die Rhetorik in den babylonischen Hochschulen«, in: FS Adolf Schwarz zum siebzigsten Geburtstage, hg. v. S. Krauss, Berlin u. a. 1917, 437-453.

Kasher, R.: »The Aramaic Targumim and their Sitz im Leben«, PWCJS 9 (1985) Jerusalem 1988, 75-85.

Kaufman, S. A.: »Dating the Language of the Palestinian Targums and their Use in the Study of First Century Texts«, in: The Aramaic Bible. Targums in their Historical Context, ed. D. R. G. Beattie et al., JSOT.S 166, Sheffield 1994, 118-141.

Kimelman, R.: »The Šĕma‘ and its Blessings: The Realization of God's Kingship«, in: The Synagogue in Late Antiquity, ed. L. I. Levine, Philadelphia 1987, 73-86.

Klein, M. L.: »The Preposition קדם ('Before'). A Pseudo-Anti-Anthropomorphism in the Targums«, in: ders., Anthropomorphisms and Anthropopathisms in the Targumim of the Pentateuch with Parallel Citations from the Septuagint, Jerusalem 1982, XXI-XXVI [= JThS 30 (1979) 502-507].

—, »The Translation of Anthropomorphisms and Anthropopathisms in the Targum«, in: Congress Volume Vienna 1980, ed. J. A. Emerton, VT.S 32, Leiden 1981, 162-177.

Kohler, K.: »Über die Ursprünge und Grundformen der synagogalen Liturgie«, MGWJ 37 (1893) 441-451; 489-497.

Komlosh, Y.: המקרא באור התרגום, Tel Aviv 1973.

Kook, S. H.: עיונים ומחקרים, Bd. 1-5, Jerusalem 1963.

Kraemer, D.: The Meanings of Death in Rabbinic Judaism, London u. a. 2000.

Krauss, S.: »Zur Literatur der Siddurim«, Soncino-Blätter. Beiträge zur Kunde des jüdischen Buches 2 (1927) 1-30.

—, פרס ורומי בתלמוד ובמדרשים, Jerusalem 1948.

Kries, A. von: Zur Erforschung der jüdischen Liturgie innerhalb der Wissenschaft des Judentums, Diss. München 1976.

Kristianpoller, A.: »Traum und Traumdeutung«, in: Monumenta Talmudica 4.2: Aberglauben, hg. v. K. Albrecht u. a., Berlin u. a. 1923, Ndr. Darmstadt 1972.

Krupp, M.: »Manuscripts of the Mishna«, in: The Literature of the Sages I, ed. S. Safrai, CRI II/3, Assen u. a. 1987, 252-259.

—, »Manuscripts of the Babylonian Talmud«, in: The Literature of the Sages I, ed. S. Safrai, CRI II/3, Assen u. a. 1987, 346-366.

Kuhn, P.: Gottes Trauer und Klage in der rabbinischen Überlieferung (Talmud und Midrasch), AGJU 13, Leiden 1978.

—, Bat Qol. Die Offenbarungsstimme in der rabbinischen Literatur. Sammlung, Übersetzung und Kurzkommentierung der Texte, EichM 13.5, Regensburg 1989.

Kutscher, R. Y.: A History of the Hebrew Language, ed. R. Kutscher, Jerusalem 1982.

Kuyt, A.: The 'Descent' to the Chariot. Towards a Description of the Terminology, Place, Function, and Nature of the Yeridah in Hekhalot Literature, TSAJ 45, Tübingen 1995.

Langer, R.: To Worship God Properly. Tensions Between Liturgical Custom and Halakhah in Judaism, MHUC 22, Cincinnati 1998.

Lattke, M.: Hymnus. Materialien zu einer Geschichte der antiken Hymnologie, NTOA 19, Freiburg / Schweiz 1991.

Lehnardt, A.: »'Therefore They Ordained to Say it in Aramaic'. Some Remarks on Language and Style of the Kaddish«, in: Jewish Studies at the Turn of the Twentieth Century. Proceedings of the 6th EAJS Congress Toledo, July 1998. Bd. I: Biblical, Rabbinical, and Medieval Studies, ed. J. Targaona Borrás / A. Sáenz-Badillos, Leiden u. a. 1999, 303-310.

—, »Once again: "ᶜoseq be-maᶜase merkava" and Qaddish in bBerakhot 21b«, FJB 27 (2000) 17-23.

—, »A New Book on the Kaddish«, JSQ 8 (2001), 190-203.

—, »Qaddish und Sifre Devarim 306 - Anmerkungen zur Entwicklung eines rabbinischen Gebetes«, FJB 28 (2001) [im Druck].

Leicht, R.: »A Newly Discovered Hebrew Version of the Apocryphal 'Prayer of Manasseh'«, JSQ 3 (1996) 359-373.

Lerner, M. B.: »The External Tractates«, in: The Literature of the Sages I, ed. S. Safrai, CRI II/3, Assen u. a. 1987, 367-403.

Leveen, J.: »A Maḥzor of the School of Raschi in the Cambridge Library«, REJ 125 (1966) 127-149.

Levey, S. H.: »The Date of the Targum Jonathan to the Prophets«, VT 21 (1971) 186-196.

—, The Messiah: An Aramaic Interpretation. The Messianic Exegesis of the Targum, MHUC 2, Cincinnati u. a. 1974.

Levine, L. I.: The Ancient Synagogue. The First Thousand Years, New Haven - London 2000.

Levinsohn, M. W.: Der Prophet Elia nach den Talmudim und Midraschim (Mit Anschluß des eschatologischen Teils), Diss. Zürich, New York 1929.

Lewin, B. M.: שרידים עתיקים ממחזור הישיבה בפומבדיתא, Ginze Qedem 3 (1925) 50-56.

—, ספר הפרדס, Ginze Qedem 3 (1925) 87-96.

—, אוצר חלוף מנהגים בין בני ארץ ישראל ובין בני בבל, Jerusalem 1942, Ndr. Jerusalem 1973.

Lewin, L.: »Materialsammlung zu einer Biographie Wolf Heidenheims«, MGWJ 44 NF 8 (1900) 127-138; 45 NF 9 (1901) 422-432; 549-558; 53 NF 17 (1909) 360-364.

Libson, G.: »Halakhah and Reality in the Gaonic Period: Taqqanah, Minhag, Tradition, and Consensus: Some Observations«, in: The Jews of Medieval Islam. Community, Society, and Identity. Proceedings of an International Conference Held by the Institute of Jewish Studies, University College London 1992, ed. D. Frank, ESJM 16, Leiden u. a. 1995, 67-100.

Lieberman, S.: Greek in Jewish Palestine, New York 1942, Ndr. New York 1994.

—, »Some Aspects of After Life in Early Rabbinic Literature«, in: Harry Austryn Wolfson Jubilee Volume on the Occasion of his Seventy-Fifth Birthday (English Section), ed. S. Lieberman, Bd. 2, Jerusalem 1965, 495-532.

—, »On Sins and their Punishments«, in: ders., Texts and Studies, New York 1974, 29-56.

—, »Metatron, the Meaning of his Name and his Functions (Appendix)«, in: I. Gruenwald, Apocalyptic and Merkavah Mysticism, AGJU 14, Leiden 1980, 235-241.

—, Tosefta ki-fshuṭah. A Comprehensive Commentary on the Tosefta, Bd. 1-5, 2. erw. Aufl., Jerusalem 1955-1988.

—, הערה לפרק א של קהלת רבא, in: ders., Studies in Palestinian Talmudic Literature, ed. D. Rosenthal, Jerusalem 1991, 53-69.

—, חזנות יניי, in: ders., Studies in Palestinian Talmudic Literature, ed. D. Rosenthal, Jerusalem 1991, 123-152.

—, קלס קילוסין, in: ders., Studies in Palestinian Talmudic Literature, ed. D. Rosenthal, Jerusalem 1991, 433-439.

—, הוראות נשכחות, in: ders., Studies in Palestinian Talmudic Literature, ed. D. Rosenthal, Jerusalem 1991, 482-495.

—, הערות למאמרו של י' קוטשר מ'בעיות המילונות' וגו', in: ders., Studies in Palestinian Talmudic Literature, ed. D. Rosenthal, Jerusalem 1991, 507-510.

—, תוספות הערוך השלם לש' קרויס, in: ders., Studies in Palestinian Talmudic Literature, ed. D. Rosenthal, Jerusalem 1991, 555-565.

Liebes, Y.: Studies in the Zohar, New York 1993.

Liebreich, L. J.: »The Benedictory Formula in the Targum to the Song of Songs«, HUCA 18 (1944) 177-197.

—, »The Invocation to Prayer at the Beginning of the Yozer Service«, JQR NS 39 (1948/49) 285-329; 407-412.

—, »The Pesuke de-Zimra Benedictions«, JQR NS 41 (1950/51) 195-206.

—, »An Analysis of U-Ba' Le Ziyyon in the Liturgy«, HUCA 34 (1963) 176-269.
—, »The Insertions in the Third Benediction of the Holy Day 'Amidoth«, HUCA 35 (1964) 79-101.
Lifshitz, B.: "מנהג מבטל הלכה", Sinai 44 (1979/80) 8-13.
Luger, Y.: תפילת העמידה לחול על פי הגניזה הקהירית, Jerusalem 2001.
Luzatto, S. D.: מבוא למחזור בני רומא. בצירוף ביאורים וסקירה על המנהג, ed. D. Goldschmidt, Tel Aviv 1966.
Madmony, Z.: הרמב"ם ונוסח התפילה של יהודי תימן, in: The Jews of Yemen. Studies and Researches, ed. Y. Yeshayahu et al., Jerusalem 1975, 373-394.
Maher, M.: »The Meturgamim and Prayer«, JJS 41 (1980) 226-246.
Maier, J.: Geschichte der jüdischen Religion. Von der Zeit Alexander des Großen bis zur Aufklärung mit einem Ausblick auf das 19./20. Jahrhundert, Berlin u. a. 1972.
—, »Serienbildung und "numinoser" Eindruckseffekt in den poetischen Stücken der Hekhalot-Literatur«, Semitics 3 (1973) 36-66.
—, Jüdische Auseinandersetzung mit dem Christentum in der Antike, EdF 177, Darmstadt 1982.
—, »Zur Verwendung der Psalmen in der synagogalen Liturgie (Wochentage und Sabbate)«, in: Liturgie und Dichtung 1, hg. v. H. Becker u. a., St. Ottilien 1983, 55-90.
—, »Zu Kult und Liturgie der Qumrangemeinde«, RdQ 14 (56) (1990) 543-586.
—, »Das christliche Edom / Rom als heilsgeschichtliche Größe in jüdischen Texten des Früh- und Hochmittelalters«, in: Judentum - Ausblicke und Einsichten. Festgabe für Kurt Schubert zum siebzigsten Geburtstag, hg. v. C. Thoma et al., JudUm 43, Frankfurt a. M. 1993, 135-184.
Malter, H.: Saadia Gaon. His Life and Works, Philadelphia 1921, Ndr. Hildesheim u. a. 1978.
Mann, J.: »The Responsa of the Babylonian Geonim as a Source of Jewish History«, JQR NS 7 (1916/17) 457-490; 8 (1917/18) 339-366; 9 (1918/19) 139-179; 10 (1919/20) 121-151; 309-365; 11 (1920/21) 433-471 [= ders., The Collected Articles, Bd. 2: Gaonic Studies, Gedera 1971, 1-231].
—, »'Anan's Liturgy and his Half-Yearly Cycle of the Reading of the Law«, JJLP 1 (1919) 329-353 [= ders., The Collected Articles, Bd. 3: Karaitic and Genizah Studies, Gedera 1971, 1-25].
—, The Jews in Egypt and in Palestine under the Fāṭimid Caliphs. A Contribution to their Political and Communal History Based Chiefly on Geniza Material Hitherto Unpublished, Bd. 1-2, Oxford 1920-1922, Ndr. New York 1970.
—, פרק ראויות יחזקאל, Ha-Ṣofe 5 (1921/22) 256-264 [= ders., The Collected Articles, Bd. 3: Karaitic and Genizah Studies, Gedera 1971, 315-323].
—, Genizah Fragments of the Palestinian Order of Service, HUCA 2 (1925) 269-338 [= ders., The Collected Articles, Bd. 3: Karaitic and Genizah Studies, Gedera 1971, 352-391].
—, »A Second Supplement to "The Jews in Egypt and in Palestine under the Fāṭimid Caliphs"«, HUCA 3 (1926) 257-295 [= ders., The Collected Articles, Bd. 3: Karaitic and Genizah Studies, Gedera 1971, 392-443].
—, »Changes in the Divine Service of the Synagogue due to Religious Persecutions«, HUCA 4 (1927) 241-310.
—, Text and Studies in Jewish History and Literature, Bd. 1, Cincinnati 1931.
—, Text and Studies in Jewish History and Literature, Bd. 2: Karaitica, Philadelphia 1935.
—, »Some Midrashic Genizah Fragments«, HUCA 14 (1939) 303-358.
—, The Bible as Read and Preached in the Old Synagogue. A Study in the Cycles of the Readings from Torah and Prophets, as well as from Psalms, and in the Structure of the Midrashic Homilies, Vol. 2: The Palestinian Trienniel Cycle: Leviticus and Numbers to Seder 106, Cincinnati 1966.

Marcus, I.: »The Organization of the Haqdamah and Hilekhoth Hasiduth in Eleazar of Worms' Sefer ha-Rokeah«, PAAJR 36 (1968) 85-94.

Margoliuth, E.: עברית וארמית בתלמוד ובמדרש, Leš. 27-28 (1963-1964) 20-33.

Margulies, M.: לבעיית קדמותו של ספר סדר אליהו, in: Sefer Assaf. Qoveṣ Ma'amare Meḥqar, ed. M. D. Cassuto et al., Jerusalem 1953, 370-390.

Markon, I. D. B. / [Ed.]: Art. »Baer, Seligman Isaac«, EJ 4 (1971) 80-81.

Marmorstein, A.: »A Fragment of the Visions of Ezekiel«, JQR NS 8 (1917/18) 367-378.

—, »Mitteilungen zur Geschichte und Literatur aus der Geniza. 4. Fragmente einer alten Gebet-ordnung«, MGWJ 68 NF 32 (1924) 150-160.

—, The Old Rabbinic Doctrine of God I: The Names and Attributes of God, London 1927, Ndr. Farnborough 1969.

Marx, A.: »Untersuchungen zum Siddur des Gaon R. Amram«, JJLG 5 (1907) 341-366; 1-38 (hebr. Teil), Ndr. Amsterdam 1974.

—, »Studies in Gaonic History and Literature«, JQR NS 1 (1910/11) 61-103.

Milikowsky, Ch. J.: גיהנום ופושעי ישראל על פי 'סדר עולם', Tarb. 55 (1985/86) 311-343.

Millgram, A. E.: Jewish Worship, Philadelphia 1971.

Mishcon, A.: »Disputed Phrases in the Siddur«, JQR NS 7 (1916/17) 519-552.

Müller, J.: »Handschriftliche, Jehudai Gaon zugewiesene Lehrsätze«, Achter Bericht über die Lehranstalt für die Wissenschaft des Judenthums in Berlin, Berlin 1890, 3-18.

—, מפתח לתשובות הגאונים, Berlin 1891, Ndr. Jerusalem 1967.

—, »Die Responsen des R. Meschullam Sohn des R. Kalonymus«, Elfter Jahresbericht über die Lehranstalt für die Wissenschaft des Judentums, Berlin 1893, 3-16.

—, לקוטים, in: Œuvres complètes de R. Saadia Ben Iosef al-Fayyoûmî, ed. M. Derenburg, Bd. 9, Paris 1897, Ndr. Hildesheim 1979, 148-160.

Munk, E.: Die Welt der Gebete. Kommentar zu den Werktags- und Sabbat-Gebeten nebst Übersetzung, Bd. 1-2, Basel 1962.

Naveh, J.: על פסיפס ואבן. הכתובות הארמיות והעבריות מבתי־הכנסת העתיקים, Jerusalem 1978.

Nöldeke, T.: Die semitischen Sprachen. Eine Skizze, Leipzig ²1899.

Nulman, M.: The Encyclopedia of Jewish Prayer. Ashkenazic and Sephardic Rites, Northvale u. a. 1993.

Obermeyer, J.: Modernes Judentum im Morgen- und Abendland, Wien u. a. 1907.

Oppenheim, D.: »Über den Verfasser des Nishmath und das Alter der Piutim«, MGWJ 10 (1861) 212-224.

Oppenheimer, A.: The ʿAm ha-Aretz. A Study in the Social History of the Jewish People in the Hellenistic-Roman Period, ALGHJ 8, Leiden 1977.

Orenstein, W.: »The Influence of Judah ben Jakar's Liturgy on Abudraham«, JQR NS 62 (1971/72) 120-128.

Otto, R.: Das Heilige. Über das Irrationale in der Idee des Göttlichen und sein Verhältnis zum Rationalen, Gotha ¹¹1923, Ndr. München 1991.

Perles, A.: Der Minhag im Talmud, in: FS zu Israel Lewy's siebzigstem Geburtstag, Bd. 2, hg. v. M. Brann u. a., Analecta Poznanskia 8.8, Breslau 1911, Ndr. Jerusalem 1972, 66-75.

Petuchowski, J. J.: Prayerbook Reform in Europe. The Liturgy of European Liberal and Reform Judaism, New York 1968.

Pfeiffer, I.: »A Szeder-esti Haggada konyv Analysisehez«, in: Jubilee Volume in Honour of B. Heller, Budapest 1941, 265-275.

Pollack, H.: »An Historical Explanation of the Origin and Development of Jewish Books of Customs (Sifre Minhagim): 1100-1300«, JSocS 49 (1987) 195-216.

Posner, R.: Art. »Anav, Zedekiah Ben Abraham«, EJ 2 (1971) 939-940.

Poznański, S.: »Ein Wort über das מעשה המכירי«, MGWJ 41 NF 5 (1897) 456-460.

—, Babylonische Geonim im nachgaonäischen Zeitalter nach handschriftlichen und gedruckten Quellen, SLWJ 4, Berlin 1914.

Rabinowitz, L. I.: Art. »Haftara«, EJ 16 (1971) 1342-1345.

Raphael, D.: התיאולוגיה של תרגום אונקלוס, BetM 26 (1980/81) 28-60.

Rapoport, S. Y.: מכתב ג', Kerem Ḥemed 3 (1838) 38-53.

—, מכתב יד', Kerem Ḥemed 6 (1841) 227-259.

—, תולדות רבינו נתן, Biqqure ha-ʿIttim 10 (1829) 43-44 (Appendix), Ndr. Warschau 1913.

Razhaby, Y.: עיונים בהתפתחות מחזור־תימן, Ale Sefer 9 (1980/81) 99-114.

—, סדר 'רחמין' מתקופת הגאונים לעשרת ימי תשובה, in: Sefer Aviʿad. Qoveṣ Maʾamarim u-Meḥqarim le-zekher Yeshayahu Wolfsberg-Aviʿad, ed. Y. Raphael, Jerusalem 1986, 319-369.

Reif, S. C.: Shabbathai Sofer and his Prayer-Book, UCOP 27, Cambridge u. a. 1979.

—, »Jewish Liturgical Research. Past, Present, and Future«, JJS 34 (1983) 161-170.

—, »Some Observations on Solomon Luria's Prayer Book«, in: Tradition and Transition. Essays Presented to Chief Rabbi Sir Immanuel Jakobovits, ed. J. Sachs, London 1986, 245-257.

—, על התפתחות התפילה הקדומה בישראל, Tarb. 60 (1990/91) 678-681.

—, »Codicological Aspects of Jewish Liturgical History«, BJRL 75 (1993) 117-131.

—, Judaism and Hebrew Prayer. New Perspectives on Jewish Liturgical History, Cambridge 1993.

—, נוסח ארמי מפויט לתפילת 'ואילו פינו', in: Knesset Ezra. Literature and Life in the Synagogue. Studies Presented to Ezra Fleischer, ed. S. Elizur et al., Jerusalem 1994, 269-283.

Renner, L.: Qedusha und Hekhalot. Zum Verhältnis von synagogaler Liturgie und früher jüdischer Mystik, ungedruckte Magisterarbeit, Berlin 1989.

—, Rez. »M. D. Swartz, Mystical Prayer in Ancient Judaism, TSAJ 28, Tübingen 1992«, FJB 20 (1994) 219-224.

Rieger, P.: Rez. »I. Elbogen, Der jüdische Gottesdienst in seiner geschichtlichen Entwicklung, Frankfurt a. M. 1913«, AZdJ 78 (1914) 465-468.

Rodwell, J. M.: »Remarks upon a Terra-Cotta Vase«, TSBA 2 (1873) 114-118.

Rosenthal, A.: Die Aramaistische Forschung seit Th. Nöldeke's Veröffentlichungen, Leiden 1939, Ndr. Leiden 1964.

Rosenzweig, A.: »Die Al-Tikri-Deutungen. Ein Beitrag zur talmudischen Schriftdeutung«, in: FS zu I. Lewy's siebzigstem Geburtstag, hg. v. M. Brann u. a., Bd. 2, Analecta Poznanskia 8. 8, Breslau 1911, Ndr. Jerusalem 1972, 204-253.

Rosner, A.: Davids Leben und Charakter nach Talmud und Midrasch, Oldenburg 1908.

Roth, A. N. Z.: מבית מדרשם של הגאונים ב"גנזי קויפמן", Sura 2 (1956/57) 276-312 [= Toratan shel Geʾonim. Osef ḥibbure halakha u-teshuvot shel Geʾone Bavel we-Ereṣ Yisraʾel sheneʾesfu mi-tokh qevaṣim we-kitve ʿet, ed. Y. Yudlov et al., Bd. 7, Jerusalem 1992, 619-655].

Rothkoff, A.: Art. »Zerubbabel. In the Aggadah«, EJ 16 (1971) 1001.

Rubin, N.: קץ החיים. טקסי קבורה ואבל במקורות חז"ל, Tel Aviv 1997.

Safrai, S.: הערות היסטוריות למשנת פסחים פרק עשירי, in: ders., In Times of Temple and Mishnah. Studies in Jewish History, Bd. 2, Jerusalem 1994, 610-619.

Sarason, R. S.: »The Modern Study of Jewish Liturgy«, in: The Study of Ancient Judaism, ed. J. Neusner, Bd. 1, SFSHJ 49, New York ^{2}1992, 109-179.

—, »Recent Developments in the Study of Jewish Liturgy«, in: The Study of Ancient Judaism, ed. J. Neusner, Bd. 1, SFSHJ 49, New York ^{2}1992, 180-187.

Sawyer, D. F.: »Heterodoxy and Censorship: Some Critical Remarks on Wertheimer's Edition of Midrash Aleph Beth«, JJS 42 (1991) 115-121.

Schäfer, P.: »Der synagogale Gottesdienst«, in: Literatur und Religion des Frühjudentums. Eine Einführung, hg. v. J. Maier u. a., Würzburg 1973, 391-413.

—, Rivalität zwischen Engeln und Menschen. Untersuchungen zur rabbinischen Engelvorstellung, SJ 8, Berlin u. a. 1975.

—, »Die sogenannte Synode von Jabne. Zur Trennung von Juden und Christen im 1./2. Jh. n. Chr.«, in: ders., Studien zur Geschichte und Theologie des rabbinischen Judentums, AGJU 15, Leiden 1978, 45-64.

—, »Die Torah der messianischen Zeit«, in: ders., Studien zur Geschichte und Theologie des rabbinischen Judentums, AGJU 15, Leiden 1978, 198-213.

—, Art. »Bibelübersetzungen II. Targumim«, TRE 6 (1980) 216-228.

—, Der Bar Kokhba-Aufstand. Studien zum zweiten jüdischen Krieg gegen Rom, TSAJ 1, Tübingen 1981.

—, Rez. »The Fragment-Targums of the Pentateuch. According to their Extant Sources, ed. M. L. Klein, Bd. 1-2, AnBib 76, Rom 1980«, FJB 10 (1982) 155-158.

—, Geschichte der Juden in der Antike. Die Juden Palästinas von Alexander dem Großen bis zur arabischen Eroberung, Stuttgart 1983.

—, »Research into Rabbinic Literature. An Attempt to Define the Status Quaestionis«, JJS 37 (1986) 139-152.

—, »Tradition and Redaction in Hekhalot Literature«, in: ders., Hekhalot-Studien, TSAJ 19, Tübingen 1988, 8-16.

—, »Aufbau und redaktionelle Identität der Hekhalot Zuṭarti«, in: ders., Hekhalot-Studien, TSAJ 19, Tübingen 1988, 50-62.

—, »Zum Problem der redaktionellen Identität von Hekhalot Rabbati«, in: ders., Hekhalot-Studien, TSAJ 19, Tübingen 1988, 63-74.

—, »Handschriften zur Hekhalot-Literatur«, in: ders., Hekhalot-Studien, TSAJ 19, Tübingen 1988, 154-233.

—, »Engel und Menschen in der Hekhalot-Literatur«, in: ders., Hekhalot-Studien, TSAJ 19, Tübingen 1988, 250-276.

—, »The Aim and Purpose of Early Jewish Mysticism«, in: ders., Hekhalot-Studien, TSAJ 19, Tübingen 1988, 277-295.

—, »Once Again the Status Quaestionis of Research in Rabbinic Literature: An Answer to Chaim Milikowsky«, JJS 40 (1989) 89-94.

—, »The Ideal of Piety of the Ashkenazi Hasidim and its Roots in Jewish Tradition«, Jewish History 4 (1990) 9-23.

—, »Jewish Magic Literature in Late Antiquity and Early Middle Ages«, JJS 41 (1990) 75-91.

—, Der verborgene und offenbare Gott. Hauptthemen der frühen jüdischen Mystik, Tübingen 1991. (abgekürzt als: Schäfer, Mystik)

Schechter, A. I.: Studies in Jewish Liturgy. Based on a Unique Manuscript Entitled Seder Ḥibbur Berakot. In Two Parts, Philadelphia 1930.

Schechter, S.: Saadyana. Geniza Fragments of Writings of R. Saadya Gaon and Others, Cambridge 1903.

—, Aspects of Rabbinic Theology. Major Concepts of the Talmud, New York ³1960.

Schlüter, M.: »Zum Formular der Berakha«, FJB 11 (1983) 47-56.

—, »Untersuchungen zu Form und Funktion der Berakha in der Hekhalot-Literatur«, FJB 13 (1985) 83-146.

—, Art. »Gaon«, RGG⁴ 3 (2000) 465-466.

Scholem, G.: »Über eine Formel in den koptisch-gnostischen Schriften und ihren jüdischen Ursprung«, ZNW 30 (1931) 170-176.

—, Die jüdische Mystik in ihren Hauptströmungen, Zürich 1957, Ndr. Frankfurt a. M. 1967.

—, ראשית הקבלה וספר הבהיר, ed. R. Shatz, Jerusalem 1962.

—, Ursprünge und Anfänge der Kabbala, SJ 3, Berlin 1962.

—, Von der mystischen Gestalt der Gottheit. Studien zu Grundbegriffen der Kabbala, Zürich 1962.

—, Jewish Gnosticism, Merkavah Mysticism, and Talmudic Tradition, 2. überarb. Aufl., New York 1965.

Schrijver, E. L. G.: »Some Light on the Amsterdam and London Manuscripts of Isaac ben Moses of Vienna's Or Zarua'«, BJRL 75 (1993) 53-82.

Séd, N.: »Une cosmologie juive du haut moyen Age. La Běraytā dī Maʿaseh Berěšit«, REJ 123 (1964) 259-305; 124 (1965) 23-123.

Sharvit, S.: מנהג הקריאה של אבות בשבת ותולדות הברייתות שנספחו לה בעקבותיו, Bar-Ilan 13 (1976) 169-187.

Shinan, A.: אגדתם של מתורגמנים, Bd. 1-2, Diss. Jerusalem 1979.

—, עברית וארמית בספרות בית־הכנסת, in: Tura. Studies in Jewish Thought S. Greenberg Jubilee Volume, ed. M. Ayali, Tel Aviv 1989, 224-232.

—, »Dating Targum Pseudo-Jonathan: Some More Comments«, JJS 41 (1990) 57-61.

—, תרגום והאגדה בו, Jerusalem 1992.

—, מקרא אחד ותרגומים הרבה. סיפורי התורה בראי התרגומים הארמיים, Tel Aviv 1993.

—, תרגומי התורה הארמיים וקריאת התורה בבתי הכנסת הקדומים, in: Knesset Ezra. Literature and Life in the Synagogue. Studies Presented to Ezra Fleischer, ed. S. Elizur et al., Jerusalem 1994, 131-148.

Shmidman, J. H.: Art. »Zekhut Avot«, EJ 16 (1991) 976-978.

Shunari, J.: »Avoidance of Anthropomorphism in the Targum of Psalms«, Textus 5 (1966) 133-144.

Sigal, P.: »Early Christian and Rabbinic Liturgical Affinities. Exploring Liturgical Acculturation«, NTS 30 (1984) 63-90.

Simer, A. Y.: תיקוני הגוף בשעת התפילה, Sidra 5 (1989) 89-130.

Singer, A.: »An Introduction to Sefer Ḥasidim«, HUCA 35 (1964) 145-156.

Sky, H. I.: Redevelopment of the Office of Hazzan Through the Talmudic Period, San Francisco 1992.

Smolar, L. / Aberbach, M.: Studies in Targum Jonathan to the Prophets, New York 1983.

Sokoloff, M.: הערות אפיגרפיות לירושלמי, Bar-Ilan 18/19 (1980) 218-220.

Sokoloff, M. / Yahalom, Y.: »Aramaic Piyyutim from the Byzantine Period«, JQR NS 75 (1984/85) 309-321.

Spanier, A.: »Dubletten in Gebetstexten«, MGWJ 83 NF 47 (1939) 142-149.

Sperber, D.: תענית בה״ב. נספח: על נוסח מסכת סופרים של רבנו תם, in: ders., Minhage Yisraʾel. Meqorot we-Toledot, Bd. 1, Jerusalem ^{3}1991, 200-204.

—, מנהג ישראל תורה הוא, in: ders., Minhage Yisraʾel. Meqorot we-Toledot, Bd. 1, Jerusalem ^{3}1991, 235-237.

Stemberger, B.: »Der Traum in der rabbinischen Literatur«, Kairos NF 18 (1976) 1-42.

Stemberger, G.: »Zur Auferstehungslehre in der rabbinischen Literatur«, in: ders., Studien zum rabbinischen Judentum, SBAB 10, Stuttgart 1990, 47-88.

—, »Pesachhaggada und Abendmahlsberichte des Neuen Testaments«, in: ders., Studien zum rabbinischen Judentum, SBAB 10, Stuttgart 1990, 357-374.

—, Einleitung in Talmud und Midrasch, München ^{8}1992.

Swartz, M. D.: »ʿAlay le-Shabbeaḥ. A Liturgical Prayer in Maʿaseh Merkabah«, JQR NS 77 (1986/87) 179-190.

—, Mystical Prayer in Ancient Judaism. An Analysis of Maʿseh Merkavah, TSAJ 28, Tübingen 1992.

Syrén, R.: The Blessings in the Targums. A Study on the Targumic Interpretations of Genesis 49 and Deuteronomy 33, AAAbo 64, Åbo 1986.

Sysling, H.: Teḥiyyat ha-Metim. The Resurrection of the Dead in the Palestinian Targums of the Pentateuch and Parallel Traditions in Classical Rabbinic Literature, TSAJ 57, Tübingen 1996.

Tabory, J.: »The Prayer Book (Siddur) as an Anthology of Judaism«, Prooftexts 17 (1997) 115-132.

Tal, A.: לשון התרגום לנביאים ראשונים ומעמדה בכלל ניבי הארמית, Jerusalem 1985.

Tal, S.: נוסח התפילה של יהודי פרס. מהדורה מצולמת של כתב־יד אדלר 23 שבבית המדרש לרבנים באמריקה, Jerusalem 1991.

Ta-Shma, I. M.: Art. »Machir ben Judah«, EJ 11 (1971) 669.

—, Art. »Minhagim Books«, EJ 12 (1971) 26-29.

—, Art. »Rishonim«, EJ 14 (1971) 192-193.

—, Art. »Solomon ben Samson«, EJ 15 (1971) 125.

—, על כמה ענייני מחזור ויטרי, Ale Sefer 11 (1984/85) 81-89.

—, ספרייתם של חכמי אשכנז בני המאה הי"א־הי"ב, QS 60 (1985/86) 298-309.

—, תגובה להערה, Ale Sefer 12 (1985/86) 131-132.

—, 'הוספות למאמרי 'ספרייתם של חכמי אשכנז בני המאה הי"א–הי"ב', QS 61 (1986/87) 581-582.

—, מקורה ומקומה של תפילת 'עלינו לשבח' בסידור התפילה: מסדר המעמדות ושאלת סיום התפילה, in: The Frank Talmage Memorial Volume, ed. B. Walfish, Bd. 1 (hebr. Teil), Haifa 1993, 85-95.

—, הלכה, מנהג ומסורת ביהדות אשכנז במאות הי"א–י"ב, in: ders., Early Franco-German Ritual and Custom, Jerusalem [2]1994, 13-105.

—, ספר 'שבלי הלקט' וכפיליו, Italia 11 (1995) 39-51.

—, הלכה, מנהג ומציאות באשכנז 1100–1350, Jerusalem 1996.

—, תפילת ערבית: רשות או חובה?, in: From Qumran to Cairo. Studies in the History of Prayer. Proceedings of the Research Group Convened under the Auspices of The Institute for Advanced Studies of the Hebrew University of Jerusalem 1997, ed. J. Tabory, Jerusalem 1999, 131-144.

Theodor, J.: »Die neue Ausgabe des Seder Eliahu rabba und suta«, MGWJ 47 NF 11 (1903) 70-79.

Tovi, Y.: המדרש הגדול. מקורותיו ומבנהו, Diss. Jerusalem 1994.

Trepp, L.: Der jüdische Gottesdienst. Gestalt und Entwicklung, Stuttgart u. a. 1992.

Tykocinski, H.: »Lebenszeit und Heimat des Isaak Or Sarua.«, MGWJ 55 NF 9 (1911) 478-500.

Unna, I.: »Über den Minhag«, Jeschurun [Wohlgemuth] 10 (1923) 468-478.

Urbach, E. E.: בעלי התוספות. תולדותיהם, חיבוריהם, שיטתם, Bd. 1-2, Jerusalem [5]1986.

—, The Sages. Their Concepts and Beliefs, Translated from the Hebrew by I. Abrahams, Bd. 1-2, Jerusalem [2]1987.

—, הדרשה כיסוד ההלכה ובעית הסופרים, in: ders., The World of the Sages. Collected Studies, Jerusalem 1988, 50-66.

—, לשאלת לשונו ומקורותיו של ספר "סדר אליהו", in: ders., The World of the Sages. Collected Studies, Jerusalem 1988, 418-437.

—, מסורות על תורת הסוד בתקופת התנאים, in: ders., The World of the Sages. Collected Studies, Jerusalem 1988, 486-513.

—, קידוש השם, in: ders., Studies in Judaica, Bd. 2, ed. M. D. Herr / J. Fraenkel, Jerusalem 1998, 510-519.

Urman, D.: בית־הכנסת ובית מדרש - האחד הם?, in: Synagogues in Antiquity, ed. A. Kasher et al., Jerusalem 1987, 53-75.

Veltri, G.: »Die Novelle 146 *περὶ Ἑβραίων*. Das Verbot des Targumvortrags in Justinians Politik«, in: Die Septuaginta zwischen Judentum und Christentum, hg. v. M. Hengel u. a., WUNT 72, Tübingen 1994, 116-130.

Vitringa, C.: De Synagoga vetere libri tres. Quibus tum de nominibus structura origine praefectis ministris et sacris synagogarum agitur, tum praecipue formam regiminis et ministerii earum in ecclesiam Christianam translatam esse demonstratum, cum prolegominis, Weißenstein 1669.

Wacholder, B.-Z.: »The Sheeltot«, JQR NS 53 (1962/63) 257-261.

Wachten, J.: Midrasch-Analyse. Strukturen im Midrasch Qohelet Rabba, JTSt 8, Hildesheim u. a. 1978.

Waxman, M.: גלות וגאולה בספרות ישראל, New York 1952.

Weiser, A.: ר׳ צבי קארל כחוקר וסופר, in: Le-zekher Ṣewi Qarl Z''L, Pirsume ha-ḥevra le-ḥeqer ha-miqra be-Yisraʾel 10, Jerusalem 1960, 7-11.

Weiss, A.: מחקרים במסרות האמוראים, New York 1962.

Weisz, M. Z.: פתיחה לתרגום מעשה מרכבה, in: Geniza-Fragmente der Bibliothek David Kaufmann im Besitze der Ungarischen Akademie der Wissenschaften, hg. v. M. Weisz, Budapest 1924, Ndr. Jerusalem 1968, 34-40.

Weizman, M.: »The Interpretative Character of the Syriac Old Testament«, in: Hebrew Bible / Old Testament. The History of its Interpretation, Bd. 1, From the Beginnings to the Middle Ages (Until 1300), ed. M. Sæbø, Göttingen 1996, 587-611.

Werner, E.: »The Doxology in Synagogue and Church. A Liturgico-Musical Study«, HUCA 19 (1945-1946) 275-351.

—, The Sacred Bridge. The Interdependence of Liturgy and Music in Synagogue and Church During the First Millenium, London u. a. 1959.

Wewers, G. A.: »Die Überlegenheit des Mystikers. Zur Aussage der Gedulla-Hymnen in Hekhalot Rabbati 1,2-2,3«, JSJ 17 (1986) 3-22.

Wieder, N.: »Fourteen New Genizah-Fragments of Saadya's Siddur Together with a Reproduction of a Missing Part«, in: Saadya Studies, ed. E. I. J. Rosenthal, Manchester 1943, Ndr. New York 1980, 245-283.

—, השפעות אסלמיות על הפולחן היהודי, Melila 2 (1946/47) 37-120, erw. Ndr. Oxford 1947 [= ders., The Formation of Jewish Liturgy in the East and the West. A Collection of Essays, Bd. 2, Jerusalem 1998, 659-778 (hebr.)].

—, לחקר מנהג בבל הקדמון, Tarb. 37 (1967/68) 135-157; 240-264 [= ders., The Formation of Jewish Liturgy in the East and the West. A Collection of Essays, Bd. 1, Jerusalem 1998, 13-64 (hebr.)].

—, חמישה נושאים בתחום התפילה, Areshet 6 (1975) 77-90 [= ders., The Formation of Jewish Liturgy in the East and the West. A Collection of Essays, Bd. 1, Jerusalem 1998, 181-195 (hebr.)].

—, צעקת "הוא" בימים הנוראים, Sinai 89 (1981) 6-41 [= ders., The Formation of Jewish Liturgy in the East and the West. A Collection of Essays, Bd. 2, Jerusalem 1998, 395-430 (hebr.)].

—, ברוך הוא (ו)ברוך שמו. מקורו זמנו ונוסחו, in: Studies in Rabbinic Literature, Bible, and Jewish History, ed. Y. Gilat et al., Ramat-Gan 1982, 277-290 [= ders., The Formation of Jewish Liturgy in the East and the West. A Collection of Essays, Bd. 1, Jerusalem 1998, 259-280 (hebr.)].

—, כתובת יריחו והליטורגיה היהודית, Tarb. 52 (1982/83) 557-579 [= ders., The Formation of Jewish Liturgy in the East and the West. A Collection of Essays, Bd. 1, Jerusalem 1998, 126-152 (hebr.)].

Winter, J. / Wünsche, A.: Geschichte der jüdisch-hellenistischen und talmudischen Literatur zugleich eine Anthologie für Schule und Haus, in: Die jüdische Literatur seit Abschluß des Kanons. Eine prosaische und poetische Anthologie mit biographischen und literaturgeschichtlichen Einleitungen, Bd. 1, Trier 1894, Ndr. Hildesheim 1965.

Yaari, A.: תפילות "מי שברך", השתלשותן, מנהגיהן ונוסחאותיהן, QS 33 (1957/58) 233-250.

—, תוספות למאמרי תפילות "מי שברך", השתלשותן, מנהגיהן ונוסחאותיהן, QS 36 (1960/61) 103-118.

Yahalom, J.: »Angels Do Not Understand Aramaic. On the Literary Use of Jewish Palestinian Aramaic in Late Antiquity«, JJS 57 (1996) 33-44.

Yanun (Fenton), Y.: תפילה בעד הָרשות ורשות בעד התפילה. זוטות מן הגניזה, East and Maghreb. Researches in the History of the Jews in the Orient and North Africa 4 (1983) 7-20.

Ydit, M.: Art. »Hesped«, EJ 8 (1971) 429-430.

York, A. D.: »The Dating of Targumic Literature«, JSJ 5 (1974) 46-62.

—, »The Targum in the Synagogue and in the School«, JSJ 10 (1979) 74-86.

Zimmels, Y.: בגליוני "סדור רב סעדיה", in: Rav Seʿadya Gaʾon. Qoveṣ torani-madaʿi yoṣe le-or le-milʾet elef shana le-peṭirato (D' TSh''B-H' TSh''B), ed. Y. L. Kohen, Jerusalem 1943, 533-560.
—, לשאלת ההוספות בסדורו של רב עמרם גאון, Sinai 18 (1945) 262-273.
—, על החתימה בשלום של ברכות ותפילה, Sinai 20 (1947) 49-55.
—, Ashkenazim and Sephardim. Their Relations, Differences, and Problems as Reflected in the Rabbinical Responsa, PJC 2, London 1958, Ndr. Farnborough 1969.
Zulay, M.: שמונה עשרה לרבינו סעדיה גאון, Tarb. 15-16 (1943-1944) 57-68.
Zunz, L.: Literaturgeschichte der synagogalen Poesie, Berlin 1865, Ndr. Hildesheim 1966.
—, Die gottesdienstlichen Vorträge der Juden historisch entwickelt. Ein Beitrag zur Altertumskunde und biblischen Kritik, zur Literatur- und Religionsgeschichte, Frankfurt a. M. [2]1892, Ndr. Hildesheim 1966.
—, הדרשות בישראל והשתלשותן ההיסטורית, übers. v. D. Caro, bearb. v. Ḥ. Albeck, Jerusalem 1974.

Stellenregister

Hebräische Bibel

Gen
2,1 110
4,12.16 115
23,2 239
50,10 239

Ex
2,23 82
13,4.9 94
14,14 173f.
15,1-21 83
15,18 98
17,16 259f.-263, 276
20 54
20,2 54
32,25 111f.
35,1 54, 254

Lev
8,2 116
19,2 251, 258
20,7.26 251
21,8 251
22,32 *88*, 211, 247

Num
14,17 292
15,37-41 1, 245
15,38 123
16,21 88
28 226

Dtn
5 54
6,4-9 1
6,8-10 123
7,9 112
9,20 115f.
11,13-21 1
20,8 95
28,67 *97*f.
32,1-52 81
32,2 81
32,3 82, 86
32,4 237
32,39 60

Jos
4,24 259

Jdc
4 117
5,2 111f., 114, 116f., 213

I Sam
2,2 36
17,5 202
25,1 239

II Sam
1,12 239

I Reg
10,9 55

II Reg
2,23 207

Ijob
1,21 55
10,22 *97*f.
25,2 61

Koh
1,7 122

9,14 120

Ps
2,1.4 202
6 220
9,7f.17 259
11,1 57
18,12 159
18,51 30
19,15 70
25,6 291f.
27 294
30 294
40,3 135
41,14 113f.
42,5 57
43,7.21 163
47,5 26
53,1 57
54,1 57
55,1 57
61,1 57
68,27 163, 254
68,35 159
72,18 220
76,1 57
77,18 159
78,38 216f.
79,13 163
84 218
84,5 231
89,37 137
100,1 57
104,31 55, 220
106,48 4
113,2 49, 55, 213f., 216, 223, 225, 252
113-114 170
113-118 92
118,26 92f.
119,164 244-246, 249
135,4 163
135,13 285
135,13f. 283
136 162
144 218
145 220, 248
145,1 57, 218, 248
146,10 98, 220
149,1 57
149,6 174
150 220
150,1 218

Prov
14,28 *126*

Jes
2,1.4.17f. 202
5,16 258
6,3 7, 98, 143, 153, 233, 252
26,2 111, 130, 134f. 139, 299
29,23 *288*
32,9 137
36,1 115f.
38,5 115
38,14 107
43,7.21 163
52,8 202
59,11 107
59,20 98f., 231
66 258

Jer
11,21 115
15,2 147f.
16,21 259

Ez
1 89f., 124
3,12 98, 143, 232f.
10 89
16 90
22,4.5 189
27,13 312
35,11 259
36,23 257
38,23 11, *48*, 203, 255-258, 260f., 264, 276

Am
6,8 26

Ob
1ff. 261
21 261f.

Jona
2,2 57

Nah
2,3 26

Hab
1,10 189, 191, 207

Zef
2,3 153

Sach
3,8 53
6,12 52f.
14,3 202
14,9 257

Mal
3,21 132

I Chr
16,36 4
28,18 89
29,19 11

II Chr
6,14 160
6,41 135
9,8 55

Koh
1,7 122
9,14 120

Dan
2,20 4, 55
11,36 *48*
16,11f. 59

Esra
2,23 115
5,3.9.11 54
6,14 54
7,19 59

Neh
7,27 115
9,5 56

Targumim

Fragmenten-Targumim
Gen
35,2 54, 298
49,18 53

Ex
20,2 54, 298
20,7 51
20,11 54
32,25 50

Dtn
29,19 50

TFragV
Gen
21,14 120
21,33 59
24,62 50
25,22 50
49,1 57
49,12 53

Ex
32,18 56

Num
20,33 59
21,34 56

Dtn
32,43 56

TFragP
Ex
15,2 59
15,17 60
17,16 260
21,33 59

Dtn
32,3 56

Targum Neofiti
Gen
2,2.8 50
3,1 50
3,15 53
3,24 57
4,7M 57
4,32 50
5,1.2M 50
9,27 50
15,1M.17 57
21,33M 59
22,14.22M 58
24,7 56
24,62 50

25,22 50
26,19 50
30,8 58
30,17.22 58
33,7 58
35,2 54
35,9M 52
38,25 58
39,10 57
41,43 56
45,2 58, 153
49,1.11f. 53, 56f.
49,12M 53
49,17M 120
49,18 52
49,22 56f.

Ex
1,19 59
2,12M 57
12,42 52
15,12 57
19,18M 60
20,2 54
20,24 52
23,13 58
28,40 56
29,37M 49
29,41 51
32,10 52
32,43M 56
34,30M 60

Lev
8,28 51
22,27 56

Num
11,26 53
14,44 120
20,21 59
22,30 57
23,10 57
24,6M 60
28,2 51

Dtn
3,26 58
7,10M 57
9,19 58
10,10 58
13,18 52
19,11 120
31,21f.30 56
32,1 57
32,2 56
33,6 57
33,24 59

Targum Ps-Jonatan
Gen
3,24 58
4,15 49
15,1 56, 58
21,9.11.15 60
22,1 56
22,19 49
24,31 60
24,62 49
25,27 49
25,29.34 58
30,8.17 58
35,3 58
35,21 53
39,10 58
48,22 58
49,1.11f. 53
49,24 56

Ex
1,19 59
2,21 49
3,2 52
4,20 49
14,21 49
15,12.18 58
15,25 49, 74
16,25 49
17,16 260
20,2f. 56
22,26 58
23,13 58
24,18 56
25,8.19 52
27,20 60
28,58 49
29,18.25 50
32,25 49
34,29.35 60
40,9 53

Lev
1,9.13 50
16,21 49
24,11 49

Num	
5,19	49
12,16	58
20,6	52
20,21	59, 74
21,34	56
22,26.30	58
23,21	53
24,6	60
24,17.20.24	53
24,23	52
31,8	49
31,50	58
Dtn	
1,1	56
7,10	58
9,19	49, 58
10,10	58
25,18	60
25,19	53
26,7	58
28,58	49
30,4	53
30,19	58
31,15	52
31,19.21f.	56
32,1	58
32,2	60
32,3	49
32,44	56
33,6f.	58
Targum Onqelos	
Gen	
3,13	56
5,2	50
8,20	51
8,21	50
16,11	58
17,20	58
28,2	56
30,6.8.17.22	58
32,3	82
32,28	56
33,3.7.21	58
33,28	56
35,3	58
49,10	53
Ex	
15,1	56
28,19	312
29,21	49
Num	
20,16	58
21,3	58
21,17	56
24,8	56
24,17	52f.
31,19	56
Dtn	
1,45	58
8,19	52
9,19	58
10,10	58
14,13	52
26,7	58
30,17.21f.30	56
31,44	56
32,3	82
32,12	59
32,18	50
49,18	52
Propheten-Targumim	
TJos	
2,11	59
TJdc	
5,2	*117*
I Reg	
8,39.45.49.54	58
II Reg	
5,10	74
I Sam	
2,8	312
II Sam	
22,7	58
TJes	
4,2	53
5,19	52
9,5	53
10,27	53
13,22	52
14,29	53
16,5	53
18,4	57
28,5	53

29,23 *289*, 296
33,13 52
33,22 52, 57
35,4 52
35,10 312
41,4 51
41,27 57
42,5 54, 312
43,10 53
46,13 52
47,4 52
50,11 56
51,3 57
52,7 52
52,8 312
52,13 53
53,5 53
56,1 52
60,10f.19 312
61,4 312
63,16 59
64,7 59
65,19 311
65,24 58
66,9 51

TJer
4,2 56
23,5 52
23,8 312
33,15 52
44,26 49
49,4 56

TEz
3,21 232
29,21 52
38,23 257

TJoel
2,14 57f.

TOb
21 52

TJon
2,3 58

TMi
7,14 59

THab
1,10 191
2,12 312
3,2 59

TMal
1,11 49
2,10 59

TZef
3,10 313

TSach
6,12f. 53
8,9 54, 312
14,9 52

Sonstige Targumim

TPs
6,10 58
18,7 58
18,27.35 52
31,19.21f. 56
41,14 58
41,43 56
49,22 56
61,8 52
62,2 52
66,1 56
72,19 58
78,63 56
83,1 56
87,17 57
88,1 56
89,27 59
90,2 58
108,1 56
110,4 57
113,2 49, 252
120,1 58
132,17 52
145,2 58

II TChr
6,21.29.33.35.39. 58
30,27 58

TIjob
20,5 52
25,2 61

TShir
1,3 58

5,10 131
8,1 131

TProv
29,1 52

T2Est
1,1 52
6,9 56
6,10 52

Zusatz-Targum zu Ez
BatM II, 138-139
= Kasher, 192
Ez 1 145

Jüd. Schriften aus hell.-röm. Zeit

Hen(äth)
61 4
61,11f. 177

II Makk
15,9 4

Oratio Manasse 166

Sir
47,15 (hebr.) 191

Schriften vom Toten Meer (Qumran)
1QM XI,15 11

4Q448 11

Neues Testament / Frühchristliches

Lk 4,16f. 1

Apokalypse des Paulus 132

Rabbinische Literatur

Mishna
Ber
4,1 80
7,1 83
7,3 212
9,1 109

Shab
2 266

Pes
4,1ff. 197
10,5 170, *171*f., 174, 192, 207

Suk
3,10 92

RHSh
1,2 134
4,5 192

Taan
2,4f. 69

Meg
4,2 89, 211, 229
4,3 212f., 216
4,4.6.9f. 46

Hag
2,1 90

Naz
9,5 83

Sot
3,10 93
9,12 97

Qid
4,14 83

Tam
7,3 70

Ed
2,10 106, 132, 279

Av
4,14 83
5,1 207
5,20 *70*

Tosefta
Ber (Lieberman)
3,6 (13) 214
3,7 (13) 106
3,21 (17) 57
3,23 (17) 236
6,16 (70) 70
6,25 (40) 244

Shab (Lieberman)
13,4 (79) 79, 279

Pes (Lieberman)
3,14 (154f.) 197
3,15 (155) 213
10,7 (197) 93

Meg (Lieberman)
3,11-13 (335f.) 89, 211
3,14 (356) 213
3,20 (359) 120

Yom (Lieberman)
4,5(8) (252) 124

Sot (Zuckermandel)
6,2 (183) 93

San (Zuckermandel)
8,3 (427) 57
13,4f. (434) 131

AZ (Zuckermandel)
5,6 (268) 268

Yerushalmi
Ber
3,2 - 6b,23f. 239
4,2 - 7d,42-44 70
4,3 - 8a,53-63 106
4,3 - 8a,73-74 70
4,4 - 8b,24-25 83
5,1 - 8d,28f. 57
5,1 - 8d,40 90
5,4 - 9c,38 60
7,3 - 11c,16-18 88
9,3 - 14a,7-10 175
9,6 - 14b,10-13 70
9,7 - 14b,59-69 251
9,8 - 14d,24-26 244

Pea
7,6 - 20c,18-25 197

Kil
9,4 - 32b,26-29 110

MSh
4,9 - 55c,15-55c,33 110

Shab
1,6 - 3c,26 110
4,7 - 15c,45f. 191

Pes
4,3 - 30d,70 197
8,8 - 36b,37 192
10,7 - 37d,46-48 117

Yom
2,3 - 39d,23 268
4,5 - 41d,27-36 292
8,9 - 45c,44-48 70

Sheq
1,1 - 45d,59f. 268

Suk
5,4 - 55b,73 192

RHSh
4,7 - 59c,26-41 194
4,7 - 59c,27 191
4,8 - 59c,48-59 269

Bes
5,2 - 63a,52 100

Taan
1,11 - 71b,63-69 175, 273

Meg
4,1 - 75a,44-49.59-63 224
4,3(2) - 75a,50-66 89
4,3(2) - 75a,50-56 211
4,4 - 75a,7-75b,6 213
4,4 - 75b,6-13 88

Hag
2,1 - 77b,42 90
1,7 - 76c,45 192

MQ
1,8 - 80d,14 192

3,5 - 82b,71-82c,2 236

Yev
12,1 - 12c,22f. 198

Sot
7,2 - 21c,12-17 273
8,1 - 22b,45 95

Ket
1,1 - 25a,29-31 89
1,5 - 25c,34 268
12,1 - 35a,29-33 110

BM
7,1 - 11b,40f. 198

San
1,7 - 19c,2-9 88
6,5 - 23b,67-69 57
10,3 - 29b,71-76 132
10,5 - 29c,25-29 289

AZ
3,1 - 42c,4 192

Bavli
Ber
3a 97, *104*f., 114, 118, 138, 142, 147-148, 192, 272f., 276, 299f.
3b 56
4b 110
14b 245
16b 70, 114
17a 70, 131, 137f.
18a 239
19a 70, 237
21b *87*, 90-93f., 141-143, 211, 213f., 247, 299
27b 80
28b 70
29a 106
31a 57, 214
32a 115, 218
32b 108, 114, 194
43b 106
46b 236
53b 82
55a 109
57a *109*, 118, 141, 239, 299
59b 176
60a-b 70
61b 251
62a 239

Shab
12b 270
23a 106
89a 114
101b 92
104a 288
110b 112
115a 255
118b 212
119a 118
119b *112*f., 114-116, 118, 121, 124, 132, 140, 150, 280, 299

Er
21a 138
101b 197
299

Pes
50b 90
54b 57
56a 83
118a 94
119b 130

Yom
87b 70

Suk
28a 109
38b-39a *92*f., 94, 141

RHSh
16b 114
17a 131

Bes
38b 92

Taan
2a 108
5b 288

7b 176
21b 138
23a-b 176

Meg
11a 131
23a 211, 224, 228, 230
23b 88, 110, 142
28b 110
31a 90

Hag
3b 267
15a 114
16b 57

Meg
24b 192
27b 192

Sot
7b 138
33a 270f.
40a 131
42b 95
43b 239
48b 131
49a *97*, 100, 102, 105, 141, 143, 148, 222, 248f., 265f., 299f.

Ket
8b 110, 114, 236
16b 192
17a 192
67a 57
77b 56
111a 110

Qid
31b 132, 279

Naz
66b 82

Git
68a 138

Yev
105b 138

Ket
7a 89
8b 110
67a 57
77b 56
111a 110

Ned
8b 134

BQ
82a 231

BM
86a 138

BB
116a 288

San
11a 109
19b 289
39a 56
47a 239
74b 88
97b 261
104a 288
110b-111a 111f.

Mak
24a-b 106

AZ
2a-b 131
18a 237
58b 45

Ker
6a 292

Men
36a 95f.
43b 244

Hul
93a 92
137b 45, 100

Nid
73a 110

Sog. außerkanonische Traktate

DER
58a *70*f.

DEZ (Sperber)
9,8 (49) 114

Kalla Rabbati (Massekhtot Kalla) (Higger)
202 282, 286

Sem (Higger)
3,3 (110) 192
8,12 (158) 237
10,2 (180) 237
10,15 (186) 236
11,4 (188) 192
11,6.7 (189f.) 192
12,13 (200) 192

Sof (Higger)
10,6 (212-216) *212*, 215f., 286
10,6 (214-216) 89, 215f.
10,6 (214f.) 252
10,32 (216) 214
14,6 (259) 50, 51, *65*
14,16 (270) 198
14,16 (271) 197f.
16,9 (294f.) 251, 253
17,3 (299) 215
17,11 (Müller XXXIII) 220
17,11 (306ff.) 212
18,6 (317) 198
18,8 (Müller XXXV) 214
19,6 (42b) 236
19,7 (332) 60
19,8 (333) 192
19,9 (337) 33, 235, 253, 280
19,9 (42b) 236
19,12 280
21 (43b) 225
21,1 (352) 215
21,5 (257) 214, 223, 225f.
21,6 (357f.) 49, 251

Midrashim und Haggada-Werke

MekhY (Horovitz/Rabin)
be-shallaḥ 1 [2] (52) 174
be-shallaḥ 1 [2] (56) 173f.
be-shallaḥ 1 [2] (59) 174
be-shallaḥ 1 [2] (85) 132, 258
be-shallaḥ 1 (90) 174
be-shallaḥ 1 (186) 260f.
be-shallaḥ 4 (171) 57

MekhSh (Epstein/Melamed)
be-shallaḥ zu Ex 14,14 (56) 173
be-shallaḥ zu Ex 17,15 (126f.) 260

Sifra (Weiss)
qedoshim 1,1 zu Lev 19,1 (86c) 258

SifDev (Finkelstein)
32 (55) 251
36 (68) 244
43 (100) 148
306 (342) *81*f., 105, 120, 141, 168, 298f.
307 (346) 237
331 (380) 288

SifBam (Horovitz)
161 (222f.) 108

MTann (Hoffman)
32,3 (186) 82f.
32,39 (202) 288

BerR (Theodor/Albeck)
13,15 (124) 175
17,1 (151) 207
33,8 (303) 120
63,1 (679) 289
64,4 (704) 138
65,12 (722) 57
68,12 (784ff.) 110
91,3 (1110f.) 88
95,3 (1190) 130

WaR (Margulies)
24,1 zu Lev 19,1 (549) 115, 127, 132, 258
30,7 zu Lev 23,40 (705) 191
36,4 zu Lev 26,42 (846) 289

BamR
2,13 (63c) 289

DevR (Lieberman)
7,6 (110) 175

QohR
9,14 (25c) 114, 119, 121, 124, 141, 300
11,5 (29b) 57

RutR
7,8 (12a) 89

EstR
4,12 (9a) 273

EkhaR (Buber)
petiḥa 23 (11b) 148
petiḥa 24 (13a) 107
1,1 (26a-28a) 110

PesK (Mandelbaum)
5,16 (53) 70
13,14 (238) 57
ʿasor taʿaser (165) 132
Parasha Aḥeret (452) 131
25 (Buber 185b) 131
zakhor 17 (53) 260

MMish (Visotzky)
10 (83f.) *121*-123f., 131, 139, 141, 178, 299f.
14 (112) *125*-128, 139, 141, 178f., 259, 299f.

Ps-SEZ (Friedmann)
17 (23) 281f., 285
20 (33) *128*f., 136, 139f, 147f., 270, 299

MTeh (Buber)
3,2 (17a) 220
6,1 (29a) 80, 244, *245*
18,16 (73a) 175
25,8 (107a) 292
30,3 (117b) 131
31,7 (120b) 273
40,2 (129a) 114
46,1 (136b) 288
92,7 (203b) 89

Tan
bereshit 1 (6a) 220
bereshit 25 (10a) 115
noaḥ (?) 293
wa-yera 1 (31a) 244
be-shallaḥ 7 (110b) 132
bo 14 (108b) *94*f., 96, 258
tisa 33 (164a) 98, 284
toledot 1,1 (44a) 289
toledot 1,4 (45a) 289
ṣaw 7 (192a) 113
qedoshim 1,1 (219b) 259
ki-teṣe 18 (23a) 260
haʿazinu 1 (339b) 218

TanB
ṣaw 9 (9a) 113
ʿeqev 1 (8b) *68*f.
ki-teṣe 18 (22a-b) 260

PesR (Friedmann)
12 (51a) 260
20 (95b) 288
21 (108) 207
23 (120a) 98, 284
47 (188b) 115

ABdRA A
dalet (BatM II 364) 292
zayin (BatM II, 367f.) *133*, 139-141, 147, 289, 299f.

ABdRA B
ṭeṭ (BatM II 415) 289

AgBer (Buber)
37,2 (73) 289

AgShir (Schechter)
13 (13) 148

BerRbti (Albeck)
1,8 (14) 131

Derash le-Purim
OṣM 57 69

Exempla of the Rabbis (Gaster)
92f. 282

LeqT (Buber)
Ex 17,16 (60a) 260

Num 17,13 (116b) 115

Massekhet Gehinnom
4 (BHM I, 149) 131

MHG
Gen 41,2 (Margulies 696) 109
Ex 17,16 (Margulies 346) 69
Ex 35,1 ((Margulies 722) 253
Ex 35,3 (Margulies 733) 98
Lev 22,33 (Steinsaltz 631) 213, 252
Dtn 32,3 (Fisch 696) 82f.

Midrash Avkir (Buber)
23 253f., 300

Midrash ʿAseret ha-Divrot
BHM I, 65 220
BHM I, 80f. 282

Midrash Hashkem (Grünhut)
Shemot (4b) 112

Midrash le-Ḥanukka
OṣM 192 69

Midrash ḥaserot wi-yterot
59 (BatM II, 256) 260

Midrash ha-ḥefeṣ (Ḥavaṣelet)
34 (34) 253

Midrash Konen
BHM II, 26 145

Midrash le-ʿatid la-vo (Higger)
155ff. 136

Midrash we-Hizhir (Freiman)
7a-b 94

Midrash Yitbarakh
OṣM 251 = BatM I,177 69

Pereq de-Rabbi Eliʾezer ben Hyrkanos
OṣM 32 69

Pereq Mashiaḥ
BHM III, 75 137, 139f., 147, 222, 299f.

PRE (Luzatto)
4 (1a) 165

Reʾuyyot Yeḥezqel (Gruenwald)
139 167f.

SekhT
bereshit 94 (Buber 334) 238

SER (Friedmann)
2 (9.11) 67, 255
3 (15) 131
4 (18) 67, 255
7 (32f.) 67, 255
8 (39f.) 67
11 (52) 117
12 (56.59) 67, 255
12 (57) *67*
17 (84) 67, 255
18 (94) 90
18 (95) 67, 255
18 (109) 68, 255
19 (115) 255
25 (136.139) 255
27 (149) 255
29 (156) 255

SEZ (Friedmann)
7 (37) 115
12 (194) 289

SOR (Ratner)
3 (9a) 131
28 (63a) 273

Peṭirat Moshe
OṣM 371 69

Seder Gan ʿEden
BHM III, 131ff. =
OṣM 85ff. 136

Yalq
wa-yaqhel § 408 (119d) 253
ṣaw § 512 (151d) 115
Jdc 5 § 46 (353d) 111
Jes 26 § 429 (393a) 133
Teh 25,7 § 702 (451b) 292
Mish 14 § 951 (494a) 126
Ijob § 506 (505a) 284
Qoh 9,14 § 109 (546b) 119

YalqM
Ps 149,1 (Buber 146b) 174
Mish 14 (Grünhut 56a) 126f.

Hekhalot-Literatur (und affine Texte)

SHL

§§ 1-80 148
§ 13 148
§ 53 165
§§ 81-93 146
§ 94-106 154
§ 110 M 148
§ 111 D4 148
§ 122 131, *146*f., 164, 179, 300
§ 124 153
§ 125 148
§§ 130-139 146
§§ 140-145 146
§ 152-169 154
§ 153 194
§ 153 O1 (§ 306 N8) *153*
§ 156 M2 148
§ 156 N8 148
§ 157 194
§ 158 148
§ 160 165
§ 161 O1 157
§ 162 N8 192
§ 163 O1 149
§ 168 165
§ 183 N1 165
§ 185 N1 165
§ 188 153
§ 188 N8 (789) 157
§§ 190ff. 148
§ 191 170
§ 194 170
§§ 194-195 O1 154
§§ 198-201 156
§ 216 O1 *156*f.
§ 217 170
§ 226 B2 153
§ 249 170
§ 251 O1 151, *152*f., 158
§ 254 165
§ 254 O1 165
§ 256 M2 V2 F4 B2 154
§ 257 N8 192
§ 257 O1 (§ 266 N8) *154*
§ 259 154
§ 260 N8 151
§ 266 N8 154, 192
§ 274 184
§ 274 O1 *155*f., 167
§ 296 B2 149
§ 306 N8 *153*
§ 321 N8 157, 167, 192
§ 322 194
§ 323 B2 149, 163
§ 326 153
§ 328 B2 149
§ 330 B1 165
§ 374 N1 149
§ 378 N8 (§ 941 M4) *169*f.
§ 383 149
§ 393 N1 149
§§ 393 N8 70
§ 403 N8 148
§ 413 149
§ 418 M 4 70
§ 419 M2 167
§ 488 M2 167
§ 509 N1 149
§ 538 M2 153, 157
§ 539 M2 (819 O1) 145
§ 550 160
§ 551 N1 165
§ 551 O1 149
§ 553 149
§ 555 149
§ 559 N8 148
§ 571 149
§ 576 N8 149
§ 582 N8 167
§ 584 160
§ 585 O1 158, *161*
§ 590 N8 158, *160*
§ 593 153
§§ 593-594 N8 31, *158-160*
§ 594 159, 192
§ 595 159
§ 596 O1 192
§ 638 149
§ 654 O1 192
§§ 666-670 192
§ 708 O1 M4 153
§ 789 153
§ 813 O1 165
§ 818 O1 192
§ 881 M1 165
§ 941 M4 *169*f.
§ 952 M2 165
§ 964 M1 160
§ 974 M1, M4 165, 192
§ 977 M4 192

GHL

G11 165

G13 149

Séd, *Cosmologie*
92 (*nusaḥ b*, Z. 335) 153

»Gebet Abrahams« (T.-S. NS 322.21)
166

Re'uyyot Yeḥezqel (Gruenwald)
111.114f. 194
139 168, 194

Talmud-Kommentare

Rashi (Bavli-Kommentar)
Ber 21b s. v. מפסק לא פסיק
89
Shab 115a s. v. בין שאין קורין בהן
255
Shab 118b s. v. פסוקי דזמרא
212
Shab 119b s. v. אל מלך נאמן
112
Suk 38b s. v. הוא אומר ברוך
93, 96

Suk 38b s. v. לא לימא איניש
93
Bes 38b s. v. שפיר
92
Meg 23a s. v. מפני כבוד התורה
224
Meg 23b s. v. אין פורסין
212, 215

Sot 49a s. v. אקודשא דסידרא
99

Tosafot
Ber 3a s. v. היה לך 106
Ber 3a s. v. ועונין 45, 100, 102, *265*, 270
Ber 4b s. v. דאמר 221
Ber 21b s. v. עד 92
Ber 38b s. v. שמע 93
Shab 119b s. v. כל 113, 179
Shab 119b s. v. א"ר 112
Suk 38b s. v. שמע 92
Meg 23b s. v. ואין 212
San 111a s. v. אל מלך נאמן 112f.

Nachtalmudische Literatur

Ma'ase ha-Ge'onim (Epstein)
49 241

Maḥzor Vitry (Hurwitz)
48, *57*f., 67, *68*, *71*f., 97, 102, 150, 162, 177, 185f., 190, 194, 212, 217f., 231f., 248, 256, 268, 270, 272, 284, 293

Perush Siddur meyuḥas le-R'aBa''N (Hershler)
50ff. 150
51 244, 265
77 209, 260

Perush ha-Tefillot we-ha-Berakhot (Yehuda ben Yaqar)
6 256
17 51, 151, 177
19 266
19f. 270

Perushe Rabbenu Se'adya Ga'on 'al ha-Tora (Kafiḥ)
Ex 17,16 260

Perushe Siddur ha-Tefilla la-Roqeaḥ (Hershler)
52 221
241 260
242 86, 262, 265
243 51
247 244
249 86
251f. 260
252 270
488 266
580 292
603 282, 284

Rashi 'al ha-Tora
Ex 17,16 260
Dtn 32,4 237

Responsa Rashi (Elfenbein)
209f. 241f.

Seder Rav Amram Ga'on (Frumkin)
85 3
330 215

(Goldschmidt)
11 19f.
12 183, *185*
39 *31*
74 *230*
80 *237*
187 236, *238*

(Hedegård)
40 216
41 19f., *188*
46 188
83 231, 252
184 231

(Kronholm)
59ff. 212
67f. 162
95 229

Sefer Abudarham ha-Shalem (Ehrenreich)
250 252
253 244
254 270

(Wertheimer)
66 256, 260, 265
68 252, 272
69 244
70 189

Sefer ha-Iṭṭim (Schor)
270 227f.

Sefer ha-Manhig (Raphael)
61 186, *189*
56 *259*
57 *271*
57f. *266*, *271*f.
60f. 212
159 230

Sefer ha-Maspiq (Dana)
192 206f.

Sefer ha-Minhagot (Assaf)
139 262
140 272

Sefer ha-Pardes (Ehrenreich)
325 256, 270

Sefer ha-Roqeaḥ ha-Gadol (Shneurson)
42 253
193 241
249 *86*, 104, 272
251 244

Sefer Kol Bo
2c *222*, 234

Sefer Liqquṭe ha-Pardes (Hershkovitz)
190, 194, 223, 225, 260, 270

*Sefer Or zarua*ʿ (Lehrn)
Bd. 1, 18c 212, 215
Bd. 2, 11c-d 215, 281, *282*f.

Sefer Orḥot Ḥayyim (Stiṣberg)
190, 194, 222, 244, 256, 260, 265, 270

Sefer Tanya Rabbati (Hurwitz)
6c 217, *218*, 248, 268
6d 244, 268

*She*ʾ*iltot de-Rav Aḥai*
bereshit 1 *69*, *113*

Shibbole ha-Leqeṭ ha-Shalem (Buber)
6 269
8 27
745 242

(Mirsky)
149 *219*, 221
149f. 242, 246
151 207
153 *201*f., 203
154 *195*
155 268
156 44, *244*
206 212, 215
309 228
311 218, 288

Shulḥan Aruḥ
oraḥ ḥayyim § 132 278

Siddur Rabbenu Shelomo (Hershler)
75 *291*
76 256, 272
76ff. 150
77 265f.
79 270, 272
79f. 207
81 244

Siddur Raschi (Buber)
8 218
9 190, 194, 262, 270
9ff. 150
10 185, 272
223 226

Siddur Rav Seʿadya Gaʾon (Davidson et al.)
35f. *200*
89 70
119f. 162
358f. *240*f., 252

Teshuvot ha-Rambam (Blau)
51b-c *206*

Teshuvot Rav Naṭronai Gaʾon (Brody)
146 *232*f.
199 *229*
237 238
435 *238*, 252

Ṭur Oraḥ Ḥayyim
Yaʿaqov ben Asher
56a 27
56b 244
58a 189, 271
58b 272

Autorenregister

Aberbach, M. / Grossfeld, B. 58
Abrams, D. 90, 150
Abramson, S. 67, 69, 215, 217, 280
Albeck, H. 3, 47, 81, 100, 104, 125, 171, 192
Alexander, P. S. 44, 46, 109, 145, 160, *178*
Alon, G. 106
Altmann, A. 143, 153
Aptowitzer, V. 69, 83, 226, 229
Arussi, R. 225
Arzi, A. 110
Ashkenazi, Sh. 8
Assaf, D. 16, 17, 38-40, 48, 50, 79
Assaf, S. 17, 22, 25, 29, 71, 162, 181, 201, 203, 210, 215, 217, 235, 249f., 262, 272, 280
Avemarie, F. 289
Avinery, I. 191

Bacher, W. 68, 74, 82, 88, 100-102, 104, 114, 121, 175, 192, 227f., 231, 257, 269
Baer, Y. *3*f., 17f., 22, 24, 35f., 42, 48, 51, 55, 59, 67, 69f., 87, 98, 160, 163, 177, 192, 218, 231, 236f., 251, 278, 287, 292, 294
Bamberger, S. 49, 67, 71
Bar-Ilan, M. 11, 99, 143, 154, 163
Basser, H. W. 81, 83-85
Beattie, D. R. G. / McIvor, J. S. 58
Beer, G. 171
Beit-Arié, M. 129
Ben-Sasson, H. H. 201
Benyahu, M. 38, 277, 279
Berliner, A. 3, 5
Beyer, K. 44
Blank, D. R. 65, 83, 91, 121, 187, 211-214, *215*f., 223-225, 227, 236, 252, *287*f.
Blau, J. (Y.) 206
Bloch, P. *4*, 133, 143, *144*, *151*f., 164, *178*
Bokser, B. M. 115
Bondi, J. 22, 31
Braude, W. G. 245
Braude, W. G. / Kapstein, I. J. 68, 117
Bregman, M. 94
Brockelmann, K. 30
Brody, R. (Y.) 19, 22, 29, 69, 91, 113, 181f., 194, 197, 201, 210, 220, 227-229, 235, *238*f., 240, *241*, 252
Buber, S. 27, 96f., 102, 150, 185f., 190, 194, 196, 202, 218, 226, 229, 232, 238, 242, 245f., 253, 256, 260, 262, 270, 272
Büchler, A. 164, *183*, 185, *191*f., 195, *208*
Buttenweiser, M. 137
Buxtorf, J. 11, 294f.

Cassel, D. 188
Cathcart, K. J. / Gordon, R. P. 52, 313
Charlesworth, J. H. 9
Chavel, H. D. 38
Chernus, I. 147
Chester, A. 52, 60
Chilton, B. D. 47, 53, 289
Churgin, P. 53, 117
Cohen, F. L. 5
Cohen, G. D. 203, 260
Cohen, M. R. 25, 29
Cohen, M. S. 124f., 169f., 172
Cook, E. M. 46f.
Coronel, N. N. 20, 65, 128f., 133, 260, 272

Crüsemann, F. 151

Dalman, G. 6, 9, *46*, 51, 56, 71, 174, 279, 289
Dan, Y. 86, 144, 147, 150, 187, 241, 262, 290
Dana, N. 206f.
Danzig, N. 181, 194, 197, 205, 227-229
David, A. 217f.
David, Y. 182
Davidson, I. 22f., 33f., 70, 73f., 162, 166, 240, 252
Le Déaut, R. / Robert, J. 59
Deichgräber, R. 63
Díez Macho, A. 44, 54f.
Dothan, M. 61
Duensing, H. / Santos Otero, A. de 132
Duschinsky, C. 71, 73

Edelmann, H. 3
Ego, B. 194, 260
Ehrenreich, H. L. 24, 38, 94, 228, 244, 252, 256, 265, 270
Eisenstein, J. D. 5
Elbogen, I. *6*f., 10, 12, 17f., 19, 22, 36, 38f., 53, 57, 61, 65, 67, 69, 71, 73, 79-82, 87, *99*f., 104, 106, 111, 143, 162, 164, 177, 188, 192, 197, *211*f., 216, 220, 222, 224f., 231-233, 235, 242, 252, 256, 266, 277f., 281, 294f.
Elfenbein, I. 241f.
Elon, M. 197
Emanuel, S. 38, 182, 196, 226, 242, 246f.
Ephrati, J. E. 65
Eppenstein, S. 269
Epstein, A. 241
Epstein, J. (Y.) N. 19, 29, 69, 81, 173
Eshel, E. / H. 11
Esh, S. 21, 56, 64
Even Shemu'el, Y. 3, 137f.

Fassberg, S. E. 50, 54
Feintuch, Y. Z. *196*
Fiebig, P. 11
Fine, S. 138f.
Finkelstein, L. 84f.
Fishman, Y. L. 199
Fleischer, E. 1, 24-27, *35*f., 40, 55, 79, 87, 99f., 101, 143, 163-164, 182, 212, 214, 216, 225, 269
Flusser, D. / Safrai, S. 11
Foerster, G. 55
Fraade, S. D. 45, 81
Fraenkel, J. 89, 92, 101, 105f., 108, 170
Frankel, Z. 47, 71, 117, 181
Freiman, A. Ḥ. / Rivlin, Y. Y. 227
Freimann, E. 94, 279
Freisler, Z. H. 31, 206
Friedlander, M. 5
Friedmann, M. A. 35, 207
Friedmann, Meir *5*, 27, *49*, 86, 129, 136, 171
Frumkin, A. L. 3, 20, 215

Gafni, Y. 71, 102
Gartner, Y. 96, 191, 235
Gaster, M. 6, 136, 281f., 311
Gavra, M. 40
Geiger, A. *47*, 217
Gerlemann, G. 50
Geula, A. 253-255
Gil, M. 26
Gilat, Y. D. 212
Ginsburger, M. 54, 311
Ginzberg, L. (= Ginsberg, L.) 19, 22, 47, 60, 69, 73, 83, 91, 93, *99*f., 115, 130, 136, 138, 181, *184*, 185, 203-205, 256, 281f., 284, 286-288
Gleßmer, U. 44, 46f., 54
Glick, A. 173
Gluska, I. 40
Goitein, S. D. 24, 26
Goldberg, A. M. 60, 90, 108f., 123, 145, 156, 167f.
Goldschmidt, D. (E.) 3, 6, *9*, 10, 17-19, 22f., 27, 31, 33, 40, 73, 85, 94, 97, 161f., 170-172, 183, 185, 193, 195, 200, 206, 223f., 233, 236
Goldschmidt, D. / Fraenkel, J. 92
Golomb, D. M. 45
Goodblatt, D. M. 60, 71, 100, 102
Gordon, R. P. 47, 52, 313
Goshen-Gottstein, E. 59
Goshen-Gottstein, M. H. 47

Graetz, H. 4, 135, *144*
Grayewsky, E. Z. 3, 25, 306
Greenfield, J. C. / Stone, M. E. 177
Grözinger, K. E. 130f.
Groner, T. 181, 197, 201
Gross, M. D. 174
Grossfeld, B. 45, 60
Grossman, A. 58, 198f., 241, 251, 263
Gruenwald, I. 90, 143, 145, 167f., 290
Guggenheimer, Ḥ. 293

Haberfeldt, J. F. 11
Halamish, M. 145, 177
Halivni, E. 211, 216, 222, 250
Halper, B. 29
Halperin, D. 89f., 144, 167
Hamburger, J. 4, 16
Harkavy, A. E. 22, 56, 194, 273
Ḥasida, A. Y. 195f.
Havazelet, M. 29
Havlin, S. Z. 222, 281f.
Hayward, R. 45
Hedegård, D. 19, 49, 98, 185, 188, 211, 216, 231f., 252, 256
Heidenheim, W. B. 3
Heineman, Y. 112, 120
Heinemann, J. 2, *8*f., 10, 24, *63*f., 67-69, *70*, 71, 73, *77*, 79f., 83, 99, 102, 108, 121, 162, 164, 170, 175f., *211*, 237, 300
Heller, B. 281
Herrmann, K. 90, 135, *136*, 144, 146
Herrmann, K. / Rohrbacher-Sticker, C. 144, 146
Herr, M. D. / Elon, M. 197
Hershkovitz, M. 190, 194, 223
Hershler, M. (und Y. A.) 51, 86, 96, 150, 207, 209, 221, 244, 260, 262, 265-267, 270, 282, 284, 292
Hezser, C. 9
Higger, M. 22, 65, 70f., 86, 104, 214, 236
Hildesheimer, E. E. 164, 182, 185, 209, 227
Hirsch, W. 279
Hirshman, M. 119
Hoffman, L. A. *10*, 90, 143, 145, *184*f., 186, 194, 200, 203, *208*, 210
Hoffmann, D. 81
Hopkins, S. 137
Horowitz, Y. 194
Hübscher, J. 6, 11, 16, 49f., 256, 281, 288
Hüttenmeister, F. G. 9, 60, 120
Hurwitz, S. 48, 67, 71, 97, 102, 150, 162, 177, 185f., 194, 196, 217f., 231f., 248, 268, 284, 293
Hyman, A. 88, 93, 113, 127, 133

Idelsohn, A. Z. 6, 49, 55, 73, 92f., 112, 177, 209, 232, 280

Jacobs, L. 250
Jacobson, W. S. 8, 11, 19, 48, 249, 278, 280f., 294
Janzen, J. G. 114
Jastrow, M. *39*, 42, 57, 58f., 82, 92, 100f., 111, 114, 120, 134, 191, 228, 252, 258, 283, 311
Jawitz, Z. 8
Jellinek, A. *137*, 139
Jerensky, M. E. 6, 17, 274
Joel, B. I. 22

Kadari, M. Z. 60
Kadushin, M. 6, 220, 251f.
Kafaḥ (Kafiḥ), Y. D. 260
Kahana, M. 81, 83-86, 173
Kahana-Shapira, M. 250
Kahle, P. 3, 47, 269
Kaminka, A. 69
Kapstein, I. J. 68, 117
Karl, Z. *7*f., 11, 19, 50, 65, 79, 81, 138, 236, 238, 253, 280, 282
Kasher, R. 45f., 145
Katz, Y. 3, 48, 50, 55, 294
Kaufman, S. A. 47
Kimelman, R. 1
Klein, M. L. 44, 50f., 53f., 55, *59*
Knibb, M. A. 177
Kohen, A. M. 3
Kohler, K. *4-6*, 177
Kohler, K. / Eisenstein, J. D. / Cohen, F. L. 5

Kohut, A. 52, 100, 120, 191, 217, *219*, 284
Komlosh, Y. 52
Kook, S. H. 196
Kraemer, D. 239
Krauss, S. 3, 11, 79, 81f., 86, *191*, 202, 217, 268, *280*, 286
Kries, A. von 2-4, 8, 223
Kristianpoller, A. 110
Kronholm, T. 19f., 33, 39, 162, 212, 229
Krupp, M. 87, 171
Kuhn, P. 105-107
Kushelevsky, R. 11, 281, 286
Kutscher, R. Y. 47
Kuyt, A. 143

Lampronti, Y. 250
Landshut, E. (L.) *3*, 17, 61, 71, 73
Langer, R. 83, 91, 164, 193
Lattke, M. 9
Lehnardt, A. 81, 86, 90f., 194
Lehrn, A. 212, 215, 281
Leicht, R. 166
Lerner, M. B. 11, 65, 215, 279, 282, 284-286, 291, 293
Leveen, J. 260
Levey, S. H. 45, 52f.
Lévi, I. *185*, 309
Levine, L. I. 174
Levinsohn, M. W. 106
Levita, E. 191, 269
Levy, J. 8, 100f., 114, 120, 188, 191, 218, 220, 224, 229, 231, 239, 252, 269, 312
Lewin, B. M. *27*f., 29, 69f., 99, 199, 242, 257
Lewin, L. 3
Lewy, I. 6
Liber, M. 6
Libson, G. 199f.
Lichtenberg, A. 306
Lieberman, S. 110, 119, 121, 124, 132, 147, 191f., 224, 273
Liebes, Y. 133
Liebreich, L. J. 56, 68f., 98, 101, 177, 225
Lifshitz, B. 198
Liss, A. 97f.
Lowe, W. H. 171
Luger, Y. 1
Luzatto, S. D. 8, 246

Madmony, Z. 40
Maher, M. 46, 55
Maier, J. 2, 11, 63, 131, *151*-153, 161, 165, 170, 260
Malter, H. 22
Mann, J. 19, 26, 29, 36, 55, 68, 89, *99*f., 127, 167, 177, 182, 209, 214, 217, 222, 245, 252, 269, 282, 284
Marcus, I. (G.) 86
Margaliot, M. / Ta-Shma, I. M. 306
Margalit, D. 265, 306
Margoliot, R. 290
Margolis, M. L. 5
Margoliuth, E. 20, 45, 239
Margulies, M. 68, 199, 212, 237
Marmorstein, A. 29, 69, 107, 167f., 170
Marx, A. 19f., 25
McIvor, J. S. 58
McNamara, M. 55
Mendelsohn, I. 94
Milikowsky, Ch. J. 132, 286
Millgram, A. E. 6
Mirsky, S. K. 44, 69, 113, 195f., 207, 211, 218, 221, 228, 242, 246f., 268-270, 274, 288
Mishcon, A. 51
Müller, J. 22, 67, 83, 91, 99, 174, 182, 194, 198, 212f., 215, 219, 236, 241
Munk, E. 163, 231
Mussafia, Y. 232
Mussajof, S. 125

Naveh, J. 60, 74, 120, 209
Naveh, J. / Shaked, S. 74, 209
Neubauer, A. 25
Nöldeke, T. *46*
Nulman, M. 16, 67, 112, 249, 256, 268

Obermeyer, J. 5, 12, 79, 252, 278f., 281f., 286f., 291, 295
Oppenheim, D. 162
Oppenheimer, A. 266
Orenstein, W. 244
Otto, R. 151

Perles, A. 197
Petuchowski, J. J. 279, 295

Pfeiffer, I. 170
Pollack, H. 198
Pool, D. de Sola *5*f., 7, 11, 17f., 25, 34, 38, 42, *44*, 45, *46*, 48-57, 59, 62, 68f., 73f., 79, 85, 98, 102, 153, 167, 183, 191, 211, 222, 235, *252*, 253, 256, *269*, 279, *280*, *288*
Posner, R. 195
Poznański, S. 25, 29, 241

Rabbinovicz, R. 88, 92, 104, 107, 109, 111
Rabinovitz, Z. M. 125
Rabinowitz, L. I. 224
Raphael, D. 59, 94, 96f.
Raphael, Y. 186, 188, 212, 225, 230, 271
Rapoport, Sh. Y. 5, 18, 71
Razhaby, Y. 40, 71
Reeg, G. 146
Reif, S. C. 1-3, 10, 12, 18, 71, 81, 99, 178, 195, 260, 268, 277, 279
Renner, L. 143, 158, 164
Richler, B. 185
Rieger, P. 6, 278
Rivlin, Y. Y. 227
Robert, J. 59
Rodwell, J. M. 209
Rohrbacher-Sticker, C. 144, 146
Rosenthal, A. 47
Rosenthal, D. 87
Rosenzweig, A. 112
Rosner, A. 131
Roth, A. N. Z. (E.) 11, 229, *280*, 287, 293
Rothkoff, A. 136
Rubin, N. 192, 239

Sacks, N. 260, 265
Safrai, S. 11, 170
Santos Otero, A. de 132
Sarason, R. S. 2ff., 6f., 10
Sawyer, D. F. 133
Schäfer, P. 44, 46, 54, 61, 74, 90, 117, 125, 127, 130f., 143-145, 148, 154, 157f., 163, 166, 169, 269f., 272, 290
Schäfer, P. / Shaked, S. (MTKG) 61, 74, 90, 166
Schechter, A. I. 164, 310
Schechter, S. 25, 50, 116, 164, 243, 251, 279, 289
Scheindlin, R. P. 39
Scherman, N. 8, 49, 55
Schirman, H. 182
Schlüter, M. 64, 70, 160f.
Schmitz, R. P. 282
Scholem, G. 124f., 127, 129, 135, *143*, 144, *151*, 154, 167, 205, 220, 290
Schor, I. 227f.
Schrijver, E. L. G. 281
Schwab, M. 185
Séd, N. 153
Shabbatai Sofer *3*, 48, 50, 55, 294
Shaked, S. 61, 74, 90, 209
Sharvit, S. 235
Shinan, A. 44-47, 49, 55
Shmidman, J. H. 289
Shneurson, B. S. 86, 128, 150, 241, 244, 253, 272
Shunari, J. 59
Sigal, P. 9
Simer, A. Y. 188
Singer, A. 290
Sky, H. I. 83, 121, 212, 225
Slotki, I. W. 65, 215
Smelik, W. F. 46, 60, 117
Smolar, L. / Aberbach, M. 58
Sokoloff, M. 57, 60f., 120, 175, 191, 273
Sokoloff, M. / Yahalom, Y. 192, 273
Spanier, A. *8*
Sperber, A. 52, 131, 289, 312
Sperber, D. 260, 265
Spitzer, S. J. (Y.) 27, 293
Stemberger, B. 109f.
Stemberger, G. 68, 81-83, 88f., 97, 112, 115, 119, 121, 139, 167, 170f., 228, 279
Stone, M. E. 177
Stișberg, Y. 190, 194, 244, 256, 260, 265, 270
Swartz, M. D. 151, 154, 158, 160f., 163
Syrén, R. 53, 59
Sysling, H. 57, 60

Tabory, J. 3
Tal, A. 46
Tal, S. 211, 214, 216, 294

Ta-Sh(e)ma, I. M. 11, 58, 80, 86, 144, 150, 196-199, 211, 217, 221, 223, 241, 247, 278, 281, 286f., 291-293, 306
Telsner, D. 6, 49, 62, 151, 256, 260, 265, 274, 279, 293
Theodor, J. 5
Tishby, Y. 124
Tovi, Y. 70, 253
Trepp, L. 143, 252, 281
Tykocinski, H. 282

Unna, I. 197
Urbach, E. E. 49f., 68, 92, 107, 114, 116, 125, 130, 150, 197, 243, 251, 265, 281, 289
Urman, D. 9

Veltri, G. 269
Vinograd, J. 3
Visotzky, B. L. 121f., *125*, 126f.
Vitringa, C. 11

Wacholder, B.-Z. 113
Wachten, J. 119f.
Warnheim, W. 38
Waxman, M. 261
Wehr, H. 205
Weiser, A. 7
Weiss, A. 109
Weisz, M. Z. 145
Weitzman, M. 11
Werner, E. 9, 63, 81
Wertheimer, S. A. 133, 162, 244, 252, 256, 265, 272, 289
Wewers, G. A. 146-148
Wieder, N. 19, 22f., *65*, *67*, 68, 188, 263
Wiesetltier, L. 11
Winter, J. / Wünsche, A. 121
Wistinetzki, J. 290
Wünsche, A. 121

Yaari, A. 69
Yahalom, J. (Y.) 192, 273
Yanun (Fenton), Y. 25
Yardeni, A. 11
Ydit, M. 239
Yerushalmi, S. 48, 49ff., 151, 177, 256, 265f.
York, A. D. 45f.

Zimmels, Y. 2, 18, 22, 64, 185f., 197f., 217, 243, 294
Zulay, M. 22
Zunz, L. (Y.) *3*, *38*, 57, 68, 81, 101, 119, 121, 125, 237, 267

Namen- und Sachregister

Aaron 116
Abendgebet s. Gebet(e): *ᶜaravit*
Abba Ḥilqiya 176
Abba Shaʾul ben Botnit 290
Abraham 166
Abfassungssprache 48ff., s. auch Aramäisch, Hebräisch
Abudarham s. David Abudarham
Achtzehn-Bitten-Gebet s. *ᶜamida*
Rav Adda bar Ahava 88
Ägypten, ägyptisch 40, 82, 208, 240
Aggada 101-103, 105, 122f., 129, 134, 138, 141, 222, 241, 254, 265, 276
Aggadat Rabbi Yishmaʾel 146
Aharon ha-Kohen ben Yaᶜaqov mi-Lunel 3, 194, 222
Aḥaronim 247
ᶜal tiqre-Midrash 112, 130
Almosen, *ṣedaqa* 218, 248
Alphabet-Midrash 133
Alt-Kairo 24, 29, 207
ᶜamida s. Gebet(e)
ᶜam ha-areṣ 265f.
Amalek 261f., 276
Amen 83, 85, 110f., 113, 120, 132, 134f., 139, 280
Amoräer 91, 97, 101, 111f., 175, 228
Amram bar Sheshna 19, 183, 189, 210, 221, 229
Amulette 74, 220
Anatot 115
Angelologie 148, s. auch Engel
anthropomorphe Redeweise 58f., 107
Antiphon 85f., 217
Apokalyptik, apokalyptisch 123f., 257, 263
Apokatastasis 136
Rabbi Aqiva 251, 283, 291f.
Arabisch 205f., 227
Aramäisch 1, 5, 62, 233, 239, 264-268, 273, 276
Arukh 52, 100, 120, 191, 217f., 219, 284
Asher ben Shaʾul 262
Ashkenaz, ashkenazisch 18, 53, 199, 208, 211, 214f., 220, 223, 225, 229, 235, 244, 268, 274, 278, 287f., 292, 296
Auferstehung 12, 17, 34f., 57, 60, 132, 235f., 279
Av, Neunter s. *Tishaᶜ be-Av*
Av Bet Din 25
Rav Avina 248
ᶜavoda zara 111, 285
Avot (Sprüche der Väter) 33, 237
Avraham Abele 120
Avraham Anav 195
Avraham bar Ḥiyya
Avraham ben David 226, 242, 246
Avraham ben Moshe ben Maimon 206
Avraham ben Natan aus Lunel 188f., 190, 231, 259, 271
Avraham Ibn Daud 203
Avyatar ha-Kohen, *Rosh Yeshiva* 25f.
Azriel von Gerona 124

Babylonien, babylonisch 6, 72, 121, 199, 265-267
Bankett, messianisches 130
Bar Kokhba 4, 106, 117, 270
Baraita, Baraitot 104, 142, 276
bat qol 105, 107, 283
Bavli 142, 143f., 148, 198, 220, 227, 275, 302
Beerdigung 134, 234ff.
Ben Baboi 91
berakha (formgesch.) 64, 69, 160, s. auch Gebet(e)
bet ha-midrash 9, 12, 49, 63, 75, 94, 107, 120, 126, 137f., 141, 147, 150, 227

Bibel 209, 217, 219, 249, 261
- Sprache der Bibel 45, 204

Bilingualismus 47, s. auch Abfassungssprache, Polysemie
Binyamin bar Avraham ha-Rofe 269
Binyamin von Tudela 282
Brauch s. Minhag

Cochin 73

Daniel (bibl. Buch) 62, 163f.
Datierung 80
David (bibl.) 129, 202f.
David-Apokalypse 145, 150, 178f.
David Abudarham 8, 24, 38, 94, 189, 228, 244, 252, 256, 265, 270
Debora (bibl.) 112
Dekalog 55, 162
derasha, *derashot* 68, 75, 101, 115, 120, 131, 276
Deuteronomistisches Konzept 116
Dialekt(e) 46ff.
Diaspora 86, 267
Diglossie 45, s. auch Bilingualismus, Mischsprache
Rav Dimi 88
Donnerstag 99, 231f., 234, 249
Doppeldeutigkeit 204f.
Doppeltes לעילא 27, 29, 42, 217, 308, 310
Doxologie, doxologische Formel(n) 63, 169, 187, 253

Edels, Shemu'el 105
Edom (Chiffre für Rom) 260f., 276
Efra'im ben Ya^caqov von Bonn 291
El^cazar ben Yehuda ben Kalonymus von Worms 86, 177, 260, 282, 291
Elia (bibl.) 105f.
Elia von Wilna (Gaon) 50, 225, 236
Rabbi Eli^cezer ben Ya^caqov
Eli^cezer ben Yo'el ha-Lewi 226
Engel 108, 127, 130, 147f., 157f., 165, 175f., 193, 202, 267, 270f., 274f.
- Dienstengel 126, 130, 134, 137, 270, 272
- Engelnamen 124, 146f., 161
- Vermittlung durch Engel 108, 271

England 12
Erzväter s. Vater
Esau s. Edom
Eschatologie 52, 57, 130, 149, 263
- futurische 118, 179
- Kommende Welt 57, 109, 113, 137, 205, 248
- präsentische 146, 148, 179
- *restitutio* 136,

s. auch Bankett, messianisches
Esra (bibl. Buch) 62
Essener s. Qumran
Ewigkeit 58
Exegese 201, 206, 259
Ezechiel (bibl. Buch) 90, 259

Feiertag 142, 211, 224, 226, 230, 245
Form 63, 77
Frankreich, französisch 198f., 201, 207, 214ff., 274, 278, 282, 287, 293
Frevler Israels 130-132, 135, 279, s. auch Völker der Welt
Frieden, Friedensbitte 60f., 64
Fürth 295
Fusṭaṭ s. Alt-Kairo

Rabban Gamli'el (II.) 170
Gaon, Geonim 10, 25, 181, 198, 203, 206, 242, 244, 296
Garten Eden 111, 130f., 138, 283
Gattung 64, 77
Gavri'el 134f., 202, 271
Gebet(e):
Achtzehn-Bitten-Gebet s. *^camida*
^cal ha-kol 7, 51, *65*f., 67, 75, 77, 177, 184, 222
^calenu 149, 160, 222, 278, 292
^camida 1, 7, 17, 53, 80, 87-91, 105f., 116, 142, 149, 160, 213, 215, 218, 232, 248, 252, 274, 283, 285
- *minim* (XII.) 131
- *shomea^c tefilla* (XVI.) 292
- *modim* (XVIII.) 87

aqdamut 71, 267
ʿaravit 80, 107, 221, 248f., 286
ashre 218, 222, 231, 249
azkara neshamot 280
barekhu 82, 114, 177, 212ff., 216, 221, 249, 283-287, 293
birkat avelim / evel 55, 235
birkat ha-mazon 55, 64, 82f., 283
birkat ha-minim 131
birkat ha-shir 162
birkat ha-yoṣer 150, 164, 249
birkat kohanim 88, 212
el male raḥamim 280
eyn ke-elohenu 36f., 284, 290, 292
geʾula 213, 221
havinenu 106
hafṭara-Gebete 68
hallel 92f., 170f.
ʿilu finu 71, 268
kinot 273
kol nidre 268
maʿamadot 278
maʿariv 107, 149, 245, 286
maran de-vishmaya 73
minḥa 33, 149, 237, 248f.
mi she-berakh 69, 73
musaf 222, 235, 237, 290, 292
nishmat kol ḥai 9, 149, 162f., 164, 169, 176
pesuqe de-zimra s. *zemirot*
piṭum ha-keṭoret 292
qaddish s. Qaddish
qedusha 7f., 14, 87-89, 91, 96, 143, 149, 153-155, 158, 161, 164, 166, 177f., 184, 192, 233, 247, 252, 272, 289
qedusha de-ʿamida 87, 98, 141, 160, 251
qedusha de-sidra 88, 97f., 100, 102, 141, 222, 231f., 248f., 265
qedusha de-yoṣer 88, 162, *164*
qedushat ha-yom 192
reshut 25, 38, 249
seder ha-qorbanot 17
seliḥot 273
shaḥarit 80, 93, 100, 107, 149, 211, 231, 245f.
shemaʿ 1, 55, 82f., 104, 109, 112, 122f., 141, 149, 212, 218f., 221, 239, 245f., 248, 256, 269, 274, 283, 285, 311
ṣidduq ha-din 134, 139f., 237f., 241-243
taḥanunim 192, 222, 232f., 242, 306
tefilla s. *ʿamida*
u-va-le-ṣiyyon 98f.
we-hu raḥum (Ps 78,38) 216f., 222
yehi raṣon 51, 70, 149
yequm purqan 25, *71*f., 73, 77
yishtabaḥ 19, 177, 216, 247, 249
zemirot 19, 177, 211ff., 216, 218-221, 247-249
zikhronot 161
Gebet(e)
- Dankgebet 174f.
- für Tote 12, 273f., 277f.
- mystisch, rational 145
- Wirkung 111, 114-116, 132, 147f., 179, 279
Gehinnom, *sheʾol* 132, 134f., 137f., 279, 284, 286
Gemeinde 85, 254
Geniza (Kairo) 6, 24, 27, 44, 273
Geniza-Fragmente:
MS Cambridge, Add. 3159 *217*
MS New York, Adler 4053 *29*f., 257
MS New York, JTS ENA 6161 61, 64, 188, *308*f.
MS Oxford Heb. g. 2 27, *306*f.
MS Paris, AIU (?) *185*f., 188, *309*f.
MS Paris, Mosseri, V 19.2 *36*
MS Paris, Mosseri, V 179 60, *307*
MS Philadelphia (Halper 185) *28*, 188
T.-S. 12.828 *204*f., *256*f.
T.-S. 124.60 *35*f., 40, 42, 61, 68
T.-S. 156.81 *37*, 40
T.-S. 182.69 53
T.-S. 8 C 1 168
T.-S. C.2 144 c-d *284*f.
T.-S. F 11.19 *227*f.
T.-S. 6 H 6/6 *25*, 163, 188, 214

T.-S. H 2/108 *171*f.
T.-S. H 12/11 [a] 40
T.-S. H 18/20 23
T.-S. NS 123.119 *65*f.
T.-S. NS 253.1 173f.
Gerechte 129, 134-136
Gericht, Endzeitgericht 148, 237, 258f., 283, 286
Gestaltungsmuster 186-188, 193
gezera shawa 112
Götzendienst s. *ʿavoda zara*
Gog und Magog 203, 261f., 276
Gott
- als Tora-Lehrer 130f.
- Epitheta 67, 107
- Gericht Gottes 148, 237, 258f.
- Gottesverhältnis 118, 142, 270
- Heimsuchung (*gezar din*) 114
- Königsherrschaft Gottes 51f., 70, 82, 157, 165, 174, 191, 240, 252, 257, 262
- Name(n) 154, 218f., 231, 233, 254f., 260f., 263, 268
- Trauer Gottes 105-107, 274
- Urteil Gottes 114-116, 122, 134, 237
goyyim s. Völker der Welt
Grundbestand s. »Ur-Qaddish«

Hadrian 117
hafṭara 68, 75, 90, 99, 222, 224, 226f., 229, 269, 280
hagbaha 67
Haggada s. Aggada
Hai bar Sherira 184, 201, 203-205, 209f., 232, 277
Halakha 129, 197ff., 234, 243
Halakhot Gedolot 181, 197
Halakhot Pesuqot 227, 230
Hallel s. Gebet(e), s. *hallel*
Rabbi Ḥama bar Laqish 113
Ḥanina 112
Ḥanukka 224, 240
ḥaside ahskenaz 150, 187, 220, 296
Havdala de-Rabbi Aqiva 166
ḥazzan 87, 93, 120, 184, 204, 206f., 213, 235, 256, s. auch *sheliaḥ ṣibbur*, Vorbeter
Hebräisch 2, 5ff., 61f., 264-266
Ḥefeṣ Aluf 94
Heiligung 229, 248, 251, 255, 257f., 272, 289
- Heiligungsgebet(e) 143
- des Names s. *qiddush ha-shem*
Hekhalot Rabbati 144f., 148, 152ff., 170, 178
Hekhalot Zuṭarti 144, 153, 166, 169
Hekhalot-Literatur 125, 143ff., 150, 170
Heller, Yom Tov Lipman 172
Henoch, 3. Henoch 177, 194
hesped 239f.
Himmel, himmlisch 147, 159, 251
- himmlischer Thron 147, 158, 259
- himmlisches Lehrhaus 138
- *raqiaʿ*, *reqiʿim* 186ff., 190, 194, 208
Hiskia (bibl.) 115
Rabbi Ḥiyya bar Abba 88, 111f.
Ḥoni ha-Meʿagel 176

Inschriften 60f.
Israel 72, 111, 113, 117, 139, 147, 173f., 247, 262, 272
Isserles, Moshe 278
Italien, italienisch 121, 164, 197f., 229, 244

Jahrzeit 278f.
Jerusalem 105f., 312
Justinian 269

Kain (bibl.) 115
Kairouan 91, 282
kalla-Versammlungen 71f.
Kanaan (*kinnui*) 282, 290
Kanonisierung (des Ritus) 10, 184, 208, 250, 274
Karäer 121, 184, 208f., 233, 235, 264
Karo, Yosef ben Efrayim 278
kawwana 117, 224, 292
keruv ha-meyuḥad 150
Kimanon 120
Klage 273f., 276, 311
Königsherrschaft Gottes 51f., 70, 82, 157, 165, 174, 191, 240, 252, 257, 262
Körperhaltung 186, 188, 224
Kommende Welt s. Eschatologie

Kosmologie, kosmologisch 136, 188, 193f., 208, 266
Kreuzzüge 279ff.
Krieg, Kriegsschauplatz 95, 117, 174, 202

Laubhüttenfest s. *Sukkot*
Lehrhaus s. *bet ha-midrash*
Liturgie
- Qaddish als Bestandteil 11, 149, 221f. 233, 250, 275
Ludqia 283
Luria, David 121

Ma^case ha-Mekhiri 241
ma^case merkava 88f., 124f.
Ma^case Merkava 144, 158-162, 170
maftir 67, 223f., *224f.*, 226f., 229
Magie, magisch 61, 74, 90, 209, 220, 294
Maḥzor Vitry 58, 68, *71f.*, 216, 260, 270, 272f.
Mainz 242
Makroform 144
malkhiyyot 194
ha-maqom 107, 256
Massekhet Hekhalot 135f.
Massekhet Soferim 65, 184, 211, 214ff., 225, 236
Mattatya ben Mar Ravi 237
Rabbi Me'ir 112
Me'ir ben Barukh von Rothenburg 274
Me'ir ben Yiṣḥaq Nehorai aus Orléans 267
Mekhilta de Rabbi Shim^con ben Yoḥai 173
melekh-Litanei 153, 169
memra 35, 60, 74
memra (amoräisches Diktum) 112
Menaḥem ben Shelomo 238
Merkava Rabba 144, 153
Rabbi Meshullam ben Kalonymus 241
Messias, messianisch 53, 70, 131, 137, 147, 202f.
Messias-Aggada 146
Meṭaṭron 147f.
metivta de-reqia^c 138
meturgeman 120
mezuza 122f.
Midrash-Apokalypse 123f., 280, 295
Midrash Avkir 253f.
Midrash ha-Gadol 69f., 253f.
Midrash Mishle 121
Midrash Tehillim 245
Mikha'el 134f., 202, 271
Minhag 195-200, 206f., 215, 225f., 249
- Stellung der Geonim zum 198-200
- Halakha und Minhag 198f.
- einer Minderheit 240
Minhag-Bücher 198f.
minyan 88, 91, 103, 110, 112, 211, 213, 228, 230, 278
Mischsprache 47, 62, 265, s. auch Bilingualismus, Diglossie, Polysemie
miṣwa, *miṣwot* 69, 218, 220, 230, 232, 242f., 275, 280, 283, 290
Monatsanfang s. *rosh ḥodesh*
Montag 99, 231f., 234, 249
Morgengebet s. Gebet(e): *shaḥarit*
Mose (bibl.) 30, 81f., 109, 115f., 254
Moshe Kahana ben Ya^caqov 219
Rabbi Moshe ben Ya^caqov von Coucy 217
Rabbi Moshe ben Maimon (Maimonides) 25, 31, 206f.
Multilingualismus 47
Musik 274
Mystik, mystisch 7, 11, 124, 172f., 184, 208, 220, 281, 294
Mystiker s. *yorede merkava*

Nadab und Abihu (bibl.) 116
Namensformeln 49, 54f., 75, 84, 141
Naḥota, »der Babylonienfahrer« 89
Rav Naḥshon bar Amram 185, 210
Rabbi Natan ben Yeḥi'el 217
Natan ha-Bavli 25
Rav Naṭronai bar Hilai Ga'on 99f., 215, 228f., 237f.
Rabbi Nehorai 82
Rabbi Neḥunya 158
Neujahr s. *Rosh ha-Shana*
Neunter Av s. *Tisha^c be-Av*
Rav Nissim Gaon 282
Notarikon 110, 112

Opfer s. Tempel
Orthographie 62

Ovadya mi-Bertinoro 172
Palästina, palästinisch 121, 184, 199, 208, 211, 225f., 237, 240, 267, 275
Palṭoi Gaon 228f.
Pesaḥ 68, 101, 170f.
Pesiqta de-Rabbi Yishma'el 150
Petrus, Simon (Apostel) 162
Pflicht 230
Phylakterien s. *tefillin*
pirqa 102
Pirqe de-Rabbi Eliᶜezer 129
Piyyutim 164, 182, 267, 273
Polysemie, polyseme Sprache 62, 298
Priestersegen s. Gebet(e), s. *birkat kohanim*
Propheten-Lesung 4, 99, 213, 224f., 232f.
Prophetie 109f., 275
Provence, provenzalisch 49, 151, 242, 244
Pseudo Seder Eliyyahu Zuṭa 129
Pumbedita 29, 181, 184, 201, 209, 257
purgatorium 132, 280
Purim 224, 240

Qaddish
- *avelim* 16
- *de-aggadata* 17, 98, 101f., 121, 248
- *de-oraita* 17
- *de-Rabbanan* 17, 36f., 39f., *40*, 59, 73, 188, 252, 258
- *de-tefillot* 16
- *evel* 16
- *ḥaṣi* 16
- *le-ᶜalem* 16
- *le-ḥaddata* 16, *33f.*, 36f., *40*, 54, 60, 63, 68, 76, 178, 183, 235, 237f., 240f., 262, 278, 280
- *le-itḥaddata* 17, 59
- *le-yaḥid* 18
- *qaṣar* 16
- *shalem* 16
- *siyyum* 17
- *teḥiyyat ha-metim* 17
- *titkele ḥarba 38f.*, 63, 74, 182
- *titqabal* 31f., 222, 232f., 249, 278, 310
- *yatom* 11, 16, 277ff.
- *yehe shelama* 17
- *zuta* 16,
s. auch Liturgie, Rückübersetzung, *Sitz im Leben*, Studium, »Ur-qaddish«
qedusha s. Gebet(e) und Jes 6,3
qiddush ha-shem 222, 239, 263, 251, 254, 263, 268, 275f., 293
Qohelet Rabba 119
Qumran, Essener 5f., 11, 44
Quorum s. *minyan*

Rabba 91f., 94, 97
Rabba bar Yosef Ḥama 97
Rabba bereh de-Rav Yosef Bar Ḥama 93
Rabbanai, der Bruder des Rabbi Ḥiyya bar Abba 88
Rabbanan 60
Rabbenu ha-Levy 255
Rabbi 174
Rafa'el 271
raqiaᶜ, *reqiᶜim* s. Himmel
Rashi 89, 150, 199, 215, 267, 270, 294
Regen 174f.
Reich s. Königsherrschaft Gottes
resh galuta, Exilarch 25, 29f., 71, 203
Responsum (*teshuva*) 181f., 194
Re'uyyot Yeḥezqel 144, 167f.
Rezeptionsgeschichte 128, 277ff., 296
Rezitationsweise
- der doxologischen Formel 85
Rheinland 198, 279f., 293
Rishonim 233, 238, 244, 247
Ritus
- ashkenazischer 18, 20, 53, 199, 279, 294, 296
- babylonischer 18, 30f., 36, 40, 91, 103, 142, 221, 240
- italienischer 164, 197
- orientalischer 18, 20, 53
- palästinischer 18, 30, 36, 55, 171, 211, 216f., 221, 225f., 237, 240
- polnischer 294
- romaniotischer 18
- sefardischer 18, 20, 38, 53
- yemenitischer 40

Rom, römisch 217, 261, 269, s. auch Edom
Rosh ha-Shana 161, 194, 269
rosh ḥodesh 224, 226, 240
Rückübersetzung des Qaddish 62, 303

Rabbenu Ṣadoq 26
Safed 278
Rav Safra 92f.
Sanuniʾel 147
Savoräer, savoräisch 65, 229f., 247
Schilfmeerlied 98, 173f.
Schöpfung 51, 110
Schreibweise 54
Schriftlichkeit 19, 79f.
Seʿadya ben Yosef (al-Fayyumi) 19, 22, 24, 31, 183f., 199f., 210, 216f., 222, 240
ṣedaqa s. Almosen
Seder Eliyyahu Rabba 5, 67f.
Seder Ḥibbur Berakhot 164f.
Seder Rabba de-Bereshit 144, 153
Seder Rav Amram 19, 185, 195, 231f., 236
Seder Rav Naḥshon 185
Seele 132, 279, 283, 286, 294
Sefarad, sefardisch 5, 17f., 38, 53, 244f., 279
Ṣemaḥ bar Ḥiyya 29
Ṣemaḥ bar Paltoi 29
Serienbildung(en) 55, 63, 151ff., 170
Sefer ha-Iṭṭim 227
Sefer Ḥasidim 290f., 293, 296
Sefer Kol Bo 222, 234
Sefer Or Zaruaʿ 281f., 296
Sefer ha-Tikhlal 40, 49, 74, 188
Sefer ha-Manhig 188f.
Sefer Miṣwot Gadol 217
Sefer Tanya Rabbati 196, 217, 219f., 222
Segen s. Gebet(e), s. *birkat* . . .
Shaʿare Ṣedeq 237
Shabbetai Sofer 3
shāmyʿim 24
Shabbat 25, 99, 111, 142, 220, 230, 235f., 242, 245, 249, 254, 266, 283f., 286f., 293
- Gebote 111
- Morgenliturgie 25, 224
- *musaf* 222
Sar Shalom 28f.
Sar Shalom ben Moshe ha-Lewi 29
Sar Shalom ben Boʿaz 29
Shavuʿot 55, 68, 90, 268
Sheʾiltot de-Rav Aḥai 69, 113
sheliaḥ ṣibbur 64, 83, 85, 87, 93f., 120, 136, 139, 215, 222, 227f., 249, 256, 309
Rabbenu Shelmo, *Av Bet Din* 25
Shelomo ben Shimshon 291
Shelomo ben Yeḥiʾel Luria 3
Shelomo ha-Kohen, *Av ha-Yeshiva* 26
Shelomo Ibn Adret 62
shekhina 60, 109, 312
shem ha-meforash 154, 218f., 298, s. auch Tetragramm
shemone esre s. Gebet(e), s. *ʿamida*
sheʾol s. Gehinnom
Sherira Gaon 70
Shibbole ha-Leqeṭ *196*f., 222, 246f.
Rabbi Shimʿon 88
Rabbi Shimʿon ben Yoḥai 146, 258
Rabban Shimʿon Gamliʾel 97
Rabbi Shimshon aus Sens 112, 150
shiʿur qoma 124f., 169f.
Siddur 3, 35, 73, 211, 294
Ṣidqiya ben Avraham Anav 196
sidra 99f., 102, 226, 230
Sifra, Sifre 81, 122
Rabbi Simon 126
Sitz im Leben (Qaddish) 9, 63f., 74f., 77
Speyer 281
Sprache 45f., 62, 266f., 271f., 274-276
Stil 46ff., 62
Studium 101f.
- *berakha* über das 240
- Qaddish nach dem 12, 121, 124, 127, 139, 179, 247, 276
Sühne 115f., 120-122, 124, 288f., 296, 304
Sünde, Erlaß von Sünden 114, 122, s. auch Sühne
Sukkot 92
Sura 181, 184, 194, 219, 227f.
Synagoge 9, 12, 39, 60, 75, 77, 117, 120, 126, 147, 219, 227, 234f., 248, 258, 280, 293

Talmud 10, 122, 204, 209, 217, 249, s. auch Bavli, Yerushalmi
Tanḥuma-Literatur 68, 94, 103, 282
Targum(im) 44, 46f., 62, 101, 138f., 141, 225, 266
- Datierung 45, 52
- Propheten-Targum(im) 62, 289
- *Sitz im Leben* 46f., 101
tefilla s. Gebet(e), s. *ᶜamida*
tefillin 95f., 109, 122f.
Tempel 4, 12, 53f., 83, 108, 114, 177, 218, 240, 258, 312
- himmlischer 138
- Opfer 17, 51, 114f.
- Tempelgottesdienst 143
Tempelzerstörung 93, 97f., 105-107, 115, 118, 250, 273, 276
Tetragramm 49, 54, 161, 218, 260, 298 s. auch *shem ha-meforash*
Thron, himmlischer 147, 158, 194, 259
Thronlied 154
Thronwagen 4, 89, 124, 143
Tirna, Eiziq 293f.
Tischsegen s. Gebet(e), s. *birkat ha-mazon*
Tishaᶜ be-Av 250, 273
Toledo 188, 203
Toledot Yeshu 162
Tora 70, 126, 129, 134, 137, 139, 221, 230, 254, 283
- Ehre der 228, 230
- der Endzeit 130f.
- Geheimnisse der 127
- Tora-Lehrer 130
- Tora-Lesezyklus 90
- Tora-Lesung 33, 99, 120, 142, 212f., 223-225, 227, 229, 231, 235, 248f.
- Tora-Rolle 223-225
- Tora-Segenssprüche 69
Torat Kohanim s. Sifra
Tosefta 131
Totengedenken 10, 236, 238, 273f.
Traditionsgeschichte 255ff., 262
Traum 109f., 283f.
Trishagion s. Gebet(e), s. *qedusha* und Jes 6,3
Tröstungen, Trostworte 4, 56f., 153
Ṭuvya ben Eliᶜezer 253
Tyrus 26

Übersetzungshypothese 5, 62, 76f., 265ff.
Ulla (bar Yishmaʾel) 228, 230
Umkehr 115-117, 132, 140
Unterbrechung (des Gebets) 95f.
»Ur-Qaddish«, Grundbestand 9, 45, 63, 76, 168, 200
Urteil, Gottes 117, 147

Vater, Väter, Erzväter 288ff., 294, 304
Vater-Anrede 59, 272
Vaterunser 4, 6f., 11, 14, 298
Verbeugungen s. Körperhaltung
Versöhnungstag s. *Yom Kippur*
Völker der Welt 117, 131, 202, 260
Vokalisation 20, 62
Vorbeter s. *sheliaḥ ṣibbur*

Waisen-Qaddish s. Qaddish *yatom*
Wochenfest s. *Shavuᶜot*

Yaᶜaqov ben Moshe Möllin 3, 27
yehe sheme rabba mevarakh s. Qaddish
Yeḥiʾel ben Yekutiʾel (ha-Rofe) 196
Rabbi Yehoshuaᶜ 97
Rabbi Yehoshuaᶜ ben Lewi 111f., 114-118, 121, 245
Rabbi Yehoshuaᶜ ha-Nagid 227
Rabbi Yehuda 88
Rabbi Yehuda s. Rabbi Yehuda bar Yeḥezqiʾel
Rabbi Yehuda Barṣeloni 228
Rabbi Yehuda bar Gedaya 113
Rabbi Yehuda ben Lewi 245
Yehuda ben Shemuʾel he-Ḥasid 187, 281, 290
Rabbi Yehuda bar Yeḥezqiʾel 174f.
Rabbi Yehuda ben Yaqar 51, 151, 177, 244
Rabbi Yehuda Birabbi (bar Ḥiyya) 115f.
Yehudai bar Naḥman Gaon 181, 184, 195, 197, 199, 204, 210, 227
yeqara 60, 312
Yerushalmi, Talmud 65, 191, 197

Yeshiva, *Yeshivot* 10, 26, 71-73, 181, 186, 189, 208, 219, 228
Rav Yirmya bar Abba 228
Rabbi Yishmaᶜel 123, 126, 158
Rabbi Yiṣḥaq Abohav 293
Rabbi Yiṣḥaq bar Yehuda 198f.
Rabbi Yiṣḥaq ben Moshe aus Wien 212, 215, 281, *282*-284
Yiṣḥaq ben Yaᶜaqov Alfasi 228
Rabbi Yishmaᶜel 146f.
Rabbi Yiṣḥaq Ibn Ghiyyat 182
Yoʾel ben Yiṣḥaq ha-Lewi 226
Rabbi Yoḥanan 111f., 176, 270
Rabbi Yoḥanan (von Bet Guvrin) 88, 273
Rabbi Yoḥanan ben Zakkai 285
Yom Kippur 124, 230, 268, 291
yorede merkava 4, 6, 125, 163, 166, 170, 178, 184, 192, 194, 280, s. auch Mystik, mystisch
Rabbi Yose [ben Ḥalafta] 82, 104, 106f.

zekhut avot 289
Zerubbavel ben Sheʾaltiʾel 134-138
zikhronot 161
ziw 60
Zohar 69, 279
Zyklus, palästinischer und babylonischer 90

Texts and Studies in Ancient Judaism

Alphabetisches Verzeichnis

Albani, M., J. Frey, A. Lange (Ed.): Studies in the Book of Jubilees. 1997. *Band 65.*
Avemarie, Friedrich: Tora und Leben. 1996. *Band 55.*
Becker, Hans-Jürgen: Die großen rabbinischen Sammelwerke Palästinas. 1999. *Band 70.*
– siehe *Schäfer, Peter*
Cansdale, Lena: Qumran and the Essenes. 1997. *Band 60.*
Chester, Andrew: Divine Revelation and Divine Titles in the Pentateuchal Targumim. 1986. *Band 14.*
Cohen, Martin Samuel: The Shi^cur Qomah: Texts and Recensions. 1985. *Band 9.*
Crown, Alan D.: Samaritan Scribes and Manuscripts. 2001. *Band 80.*
Doering, Lutz: Schabbat. 1999. *Band 78.*
Ego, Beate: Targum Scheni zu Ester. 1996. *Band 54.*
Engel, Anja: siehe *Schäfer, Peter*
Frey, J.: siehe *Albani, M.*
Frick, Peter: Divine Providence in Philo of Alexandria. 1999. *Band 77.*
Gibson, E. Leigh: The Jewish Manumission Inscriptions of the Bosporus Kingdom. 1999. *Band 75.*
Gleßmer, Uwe: Einleitung in die Targume zum Pentateuch. 1995. *Band 48.*
Goldberg, Arnold: Mystik und Theologie des rabbinischen Judentums. Gesammelte Studien I. Hrsg. von *M. Schlüter* und *P. Schäfer.* 1997. *Band 61.*
– Rabbinische Texte als Gegenstand der Auslegung. Gesammelte Studien II. Hrsg. von *M. Schlüter* und *P. Schäfer.* 1999. *Band 73.*
Goodblatt, David: The Monarchic Principle. 1994. *Band 38.*
Grözinger, Karl: Musik und Gesang in der Theologie der frühen jüdischen Literatur. 1982. *Band 3.*
Gruenwald, I., Sh. Shaked and *G.G. Stroumsa* (Ed.): Messiah and Christos. Presented to David Flusser. 1992. *Band 32.*
Halperin, David J.: The Faces of the Chariot. 1988. *Band 16.*
Herrmann, Klaus (Hrsg.): Massekhet Hekhalot. 1994. *Band 39.*
– siehe *Schäfer, Peter*
Herzer, Jens: Die Paralipomena Jeremiae. 1994. *Band 43.*
Hezser, Catherine: Form, Function, and Historical Significance of the Rabbinic Story in Yerushalmi Neziqin. 1993. *Band 37.*
– The Social Structure of the Rabbinic Movement in Roman Palestine. 1997. *Band 66.*
– Jewish Literacy in Roman Palestine. 2001. *Band 81.*
– siehe *Schäfer, Peter*
Hirschfelder, Ulrike: siehe *Schäfer, Peter*
Horbury, W.: siehe *Krauss, Samuel*
Houtman, Alberdina: Mishnah und Tosefta. 1996. *Band 59.*
Ilan, Tal: Jewish Women in Greco-Roman Palestine. 1995. *Band 44.*
– Integrating Jewish Woman into Second Temple History. 1999. *Band 76.*

Instone Brewer, David: Techniques and Assumptions in Jewish Exegesis before 70 CE. 1992. *Band 30.*
Ipta, Kerstin: siehe *Schäfer, Peter*
Jacobs, Martin: Die Institution des jüdischen Patriarchen. 1995. *Band 52.*
Kasher, Aryeh: The Jews in Hellenistic and Roman Egypt. 1985. *Band 7.*
– Jews, Idumaeans, and Ancient Arabs. 1988. *Band 18.*
– Jews and Hellenistic Cities in Eretz-Israel. 1990. *Band 21.*
Krauss, Samuel: The Jewish-Christian Controversy from the earliest times to 1789. Vol.I. Hrsg. von *W. Horbury.* 1996. *Band 56.*
Kuhn, Peter: Offenbarungsstimmen im Antiken Judentum. 1989. *Band 20.*
Kuyt, Annelies: The ‚Descent' to the Chariot. 1995. *Band 45.*
Lange, A.: siehe *Albani, M.*
Lange, Nicholas de: Greek Jewish Texts from the Cairo Genizah. 1996. *Band 51.*
Lapin, Hayim: Economy, Geography, and Provincial History in Later Roman Galilee. 2001. *Band 85.*
Lehnardt, Andreas: Qaddish. 2002. *Band 87.*
Leonhardt, Jutta: Jewish Worship in Philo of Alexandria. 2001. *Band 84.*
Lohmann, Uta: siehe *Schäfer, Peter*
Loopik, M. van (Übers. u. komm.): The Ways of the Sages and the Way of the World. 1991. *Band 26.*
Luttikhuizen, Gerard P.: The Revelation of Elchasai. 1985. *Band 8.*
Mach, Michael: Entwicklungsstadien des jüdischen Engelglaubens in vorrabbinischer Zeit. 1992. *Band 34.*
Mendels, Doron: The Land of Israel as a Political Concept in Hasmonean Literature. 1987. *Band 15.*
Mutins, Georg von: siehe *Schäfer, Peter*
Necker, Gerold: siehe *Schäfer, Peter*
Niehoff, Maren: Philo on Jewish Identity and Culture. 2001. *Band 86.*
Olyan, Saul M.: A Thousand Thousands Served Him. 1993. *Band 36.*
Otterbach, Rina: siehe *Schäfer, Peter*
Prigent, Pierre: Le Judaisme et l'image. 1990. *Band 24.*
Pucci Ben Zeev, Miriam: Jewish Rights in the Roman World. 1998. *Band 74.*
Reeg, Gottfried (Hrsg.): Die Geschichte von den Zehn Märtyrern. 1985. *Band 10.*
– siehe *Schäfer, Peter*
Renner, Lucie: siehe *Schäfer, Peter*
Reichman, Ronen: Sifra und Mishna. 1998. *Band 68.*
Rohrbacher-Sticker, Claudia: siehe *Schäfer, Peter*
Salvesen, A. (Ed.): Origen's Hexapla and Fragments.1998. *Band 58.*
Samely, Alexander: The Interpretation of Speech in the Pentateuch Targums. 1992. *Band 27.*
Schäfer, Peter: Der Bar-Kokhba-Aufstand. 1981. *Band 1.*
– Hekhalot-Studien. 1988. *Band 19.*
Schäfer, Peter (Hrsg.): Geniza-Fragmente zur Hekhalot-Literatur. 1984. *Band 6.*
– siehe *Goldberg, Arnold*
– in Zusammenarbeit mit *Klaus Herrmann, Rina Otterbach, Gottfried Reeg, Claudia Rohrbacher-Sticker, Guido Weyer:* Konkordanz zur Hekhalot-Literatur. Band 1: 1986. *Band 12.* –Band 2: 1988. *Band 13.*

Schäfer, Peter, Margarete Schlüter, Hans Georg von Mutins (Hrsg.): Synopse zur Hekhalot-Literatur. 1981. *Band 2.*

Schäfer, Peter (Hrsg.) in Zusammenarbeit mit *Hans-Jürgen Becker, Klaus Herrmann, Ulrike Hirschfelder, Gerold Necker, Lucie Renner, Claudia Rohrbacher-Sticker, Stefan Siebers:* Übersetzung der Hekhalot-Literatur. Band 1: §§ 1-80. 1995. *Band 46.* – Band 2: §§ 81-334. 1987. *Band 17.* – Band 3: §§ 335-597. 1989. *Band 22.* – Band 4: §§ 598-985. 1991. *Band 29.*

Schäfer, Peter, und *Hans-Jürgen Becker* (Hrsg.) in Zusammenarbeit mit *Anja Engel, Kerstin Ipta, Gerold Necker, Uta Lohmann, Martina Urban, Gert Wildensee:* Synopse zum Talmud Yerushalmi. Band I/1-2: 1991. *Band 31.* – Band I/3-5: 1992. *Band 33.* – Band I/6-11: 1992. *Band 35.* – Band III: 1998. *Band 67.* – Band IV: 1995. *Band 47.*

Schäfer, Peter, und *Shaul Shaked* (Hrsg.): Magische Texte aus der Kairoer Geniza. Band 1: 1994. *Band 42* – Band 2: 1997. *Band 64.* – Band 3: 1999. *Band 72.*

Schäfer, Peter (Ed.): The Talmud Yerushalmi and Graeco-Roman Culture. 1998. *Band 71.* Band II: 2000. *Band 79.*

Schäfer, Peter und *Hezser, Catherine* (Ed.): The Talmud Yerushalmi and Graeco-Roman Culture II. 2000. *Band 79.*

Schlüter, Margarete: siehe *Goldberg, Arnold*

– siehe *Schäfer, Peter*

Schmidt, Francis: Le Testament Grec d'Abraham. 1986. *Band 11.*

Schröder, Bernd: Die ‚väterlichen Gesetze'. 1996. *Band 53.*

Schwartz, Daniel R.: Agrippa I. 1990. *Band 23.*

Schwemer, Anna Maria: Studien zu den frühjüdischen Prophetenlegenden. Vitae Prophetarum Band I: 1995. *Band 49.* – Band II (mit Beiheft: Synopse zu den Vitae Prophetarum): 1996. *Band 50.*

Shaked, Shaul: siehe *Gruenwald, I.*

– siehe *Schäfer, Peter*

Shatzman, Israel: The Armies of the Hasmonaeans and Herod. 1991. *Band 25.*

Siebers, Stefan: siehe *Schäfer, Peter*

Spilsbury, Paul: The Image of the Jew in Flavius Josephus' Paraphrase of the Bible. 1998. *Band 69.*

Stroumsa, G.G.: siehe *Gruenwald, I.*

Stuckenbruck, Loren T.: The Book of Giants from Qumran. 1997. *Band 63.*

Swartz, Michael D.: Mystical Prayer in Ancient Judaism. 1992. *Band 28.*

Sysling, Harry: Tehiyyat Ha-Metim. 1996. *Band 57.*

Urban, Martina: siehe *Schäfer, Peter*

Veltri, Giuseppe: Eine Tora für den König Talmai. 1994. *Band 41.*

– Magie und Halakha. 1997. *Band 62.*

Weyer, Guido: siehe *Schäfer, Peter*

Wewers, Gerd A.: Probleme der Bavot-Traktate. 1984. *Band 5.*

Wildensee, Gert: siehe *Schäfer, Peter*

Wilson, Walter T.: The Mysteries of Rigtheousness. 1994. *Band 40.*